广西地名词典

GVANGJSIH DIEGMINGZ SWZDENJ

《广西地名词典》编纂委员会　编

百色市田阳区

广西科学技术出版社

·南宁·

图书在版编目（CIP）数据

广西地名词典. 百色市田阳区 /《广西地名词典》编纂委员会编. —南宁：广西科学技术出版社，2023.12

ISBN 978-7-5551-2070-4

Ⅰ. ①广… Ⅱ. ①广… Ⅲ. ①地名—百色—词典 Ⅳ. ① K926.7-61

中国国家版本馆 CIP 数据核字（2023）第 251579 号

GUANGXI DIMING CIDIAN · BAISESHI TIANYANGQU

广西地名词典 · 百色市田阳区

《广西地名词典》编纂委员会　编

责任编辑：罗绍松　　助理编辑：黄玉洁
责任校对：夏晓雯　　装帧设计：韦宇星
责任印制：韦文印　　排版助理：吴　康

出 版 人：梁　志
出版发行：广西科学技术出版社
社　　址：广西南宁市东葛路66号
邮政编码：530023
网　　址：http：//www.gxkjs.com

印　　刷：广西广大印务有限责任公司

开　　本：787mm × 1092mm　1/16
印　　张：37.5
字　　数：787千字
版　　次：2023年12月第1版
印　　次：2023年12月第1次印刷
书　　号：ISBN 978-7-5551-2070-4
定　　价：168.00元

《广西地名词典》编纂委员会

主　　任： 黄武海

副 主 任： 王祝广

委　　员： 叶佐斌　黄禹治　唐小若　王　红　肖必忠
黄继宗　董林军　李拥琴　吴　超　蓝　胜
覃榕冰　丁丽华　陈文珍　韦云峰　谢丽珍
凌盛南

《广西地名词典》编辑部

总 编 辑： 黄禹治

副总编辑： 余承君　黄清南　蒙向梅　零振洪　蒋文兵
宁理龙　周荣锦　黄超亮　余昌华　唐光勇
卢靖武　李炜霞　苏　强　唐泽林　任建伟
付榆寿　黄凤晓　陈海武　王政军

编　　辑： 张　鹏　刘钦安　刘翠明　黄县德　卢贤锐
覃海宁　刘其品　黄招贵　梁科凤　王文涛
吕成英　陈　飞　朱成光　蒙尉兴

《广西地名词典·百色市田阳区》编辑部

主　　编：梁祖能

副 主 编：农福灯

编　　辑：黄春聪　张金英

《广西地名词典·百色市田阳区》编纂人员

编　　审：黄禹治　零振洪　黄　瑛　方　丁　黄少兰
莫丽敏　黄心颖　廖美妮　陈庆聪　白向春
何捷冰　黄明碧　周程茜　庄雨惠

校　　对：黄　瑛　方　丁　莫丽敏　黄心颖　廖美妮
陈庆聪　白向春　何捷冰　黄明碧　周程茜
庄雨惠　廖静静

前言

地名作为一种社会文化形态和文化载体，记录着人类社会发展的历程、民族的变迁与融合、人们生活环境的发展变化，是重要的民族文化遗产。因此，加强地名文化建设已经成为地名管理部门的一项重要职责。在当今这个信息时代，随着经济、社会、文化快速发展，新地名大量涌现，地名信息传递速度不断加快，使用频率日益增高，人们对地名信息的需求越来越大、要求越来越高。无论是对社会交往、经济交流、文化传承，以及对维护国家统一和领土完整，还是对国际政治斗争、外交活动、军事活动来说，地名信息都具有十分重要的意义。新的形势向地名信息服务工作提出了新的要求。编纂出版地名图、录、典、志等地名工具书，收集、整理、传输地名信息，为社会各界提供地名公共服务，已成为经济社会发展的客观需求。

在这种形势下，广西壮族自治区民政厅2010年启动“广西地名词典编纂工程”。该项工程以设区市为单位逐卷出版。至2021年上半年，广西14个设区市的地名词典全部完成出版。

在这十余年的编纂过程中，《广西地名词典》编辑部遇到了两大机遇。

一是广西开展大规模地名普查。2014年，第二次全国地名普查工作启动。广西累计发动了5万余人参与，通过实地走访、召开专家座谈会等方式核对各类地名，收集了大量关于地名的第一手材料和信息。这些材料和信息为《广西地名词典》的编纂提供了更完善和更具现势性的资料。与此同时，这项工作的开展也让我们不断认识到还有许多蕴含丰富历史文化的自然村地名等待去挖掘和保护。这次普查历时4年多，广西共普查11大类地名合计约54.69万条，其中陆地水系类5500多条、陆地地形类约11.39万条、非行政区域类约4.81万条、行政区域类3200多条、群众自治组织类约2.4万条、居民点类约21.75万条、交通运输设施类约3.36万条、水利电力通信设施类约2.33万条、纪念地旅游景点类4400多条、建筑物类5400多条、单位类约6.8万条；收集历史地名约1.72万条；地名信息数据库地名信息条目1080万条；共普查跨省界自然地理实体地名1344条，省级界线标识地名631条；共普查跨设区市界地理实体地名约2.32万条，其中自然地理实体约1.07万条、人文地理实体约1.25万条；累计采集多媒体信息（地名照片、录音、视频等）数量154万件，其中地名照片114万张、地名录音40多万个、地名录像1500多个；累计修测标绘国家下发1∶50000及自治区配发1∶10000工作图共5284幅，形成1∶50000地名普查成果图1294幅；共新设或更新地名标志约3.31万块。这些成果为今后广西开展地名图录典志编纂出版工作打下了坚实的基础。

二是国家高度重视文化的保护和传承。2017年党的十九大报告指出："文化是一个国家、一个民族的灵魂。文化兴国运兴，文化强民族强。没有高度的文化自信，没有文化的繁荣兴盛，就没有中华民族伟大复兴。要坚持中国特色社会主义文化发展道路，激发全民族文化创新创造活力，建设社会主义文化强国……完善公共文化服务体系，深入实施文化惠民工程，丰富群众性文化活动。加强文物保护利用和文化遗产保护传承。"2020年，党的十九届五中全会通过了《中共中央关于制定国民经济和社会发展第十四个五年规划和二〇三五年远景目标的建议》，强调在"十四五"时期推进社会主义文化强国建设，其中要"推进城乡公共文化服务体系一体建设，创新实施文化惠民工程，广泛开展群众性文化活动，推动公共文化数字化建设"。2020年12月，习近平总书记在中央农村工作会议上指出，全面实施乡村振兴战略"要加强社会主义精神文明建设，加强农村思想道德建设，弘扬和践行社会主义核心价值观，普及科学知识，推进农村移风易俗，推动形成文明乡风、良好家风、淳朴民风"。2021年，习近平总书记到广西考察时强调，广西是全国民族团结进步示范区，要继续发挥好示范带头作用，"要搞好民族团结进步宣传教育，引导各族群众牢固树立正确的国家观、历史观、民族观、文化观、宗教观，增进各族群众对伟大祖国、中华民族、中华文化、中国共产党、中国特色社会主义的认同，促进各民族像石榴籽一样紧紧抱在一起"。2022年5月，国务院新修订实施的《地名管理条例》设地名文化保护专章，明确加强地名文化遗产保护、制定保护名录、做好档案管理、鼓励社会参与等要求。2022年10月，党的二十大报告指出："全面建设社会主义现代化国家，必须坚持中国特色社会主义文化发展道路，增强文化自信，围绕举旗帜、聚民心、育新人、兴文化、展形象建设社会主义文化强国，发展面向现代化、面向世界、面向未来的，民族的科学的大众的社会主义文化，激发全民族文化创新创造活力，增强实现中华民族伟大复兴的精神力量。"国家对文化传承保护的重视，尤其是对历史文化、民族文化、乡土文化的传承、保护的重视，进一步激发了编辑部挖掘、整理广西地名文化、民族文化、乡土文化的热情。

在这种背景下，作为地名管理部门，广西壮族自治区民政厅进一步发挥经验优势，启动了县级地名词典编纂工作，并于2022年出版了首卷县级地名词典《广西地名词典·河池市宜州区》。

编纂县级地名词典意义重大。编纂县级地名词典，既是经济社会发展的客观需求，又是建设地名文化、开发地名文化产品的重要任务；既是丰富广西地方文化、民族文化内涵的重要举措，又是发展丰富地名学内涵，为地理、历史、社会、民俗、民族、语言、文学等学科建设提供研究资料的基础工程；既是加强地名管理、推动地名标准化、开展地名公共服务的重要手段，又是地名普查成果的集中体现；既是普及地名知识的重要载体，又是民政部门加强地名管理的重要职责，更是地名工作者的神圣使命。

县级地名词典内容丰富。在词目释文上，县级地名词典延续设区市地名词典系列的地名“十要素”；在采词上，县级地名词典以第二次全国地名普查入库数据的海域，陆地水系，陆地地形，行政区域，群众自治组织，非行政区域，居民点，交通运输设施，水利、电力、通信设施，纪念地与旅游景点，建筑物，单位等12个类别为基础，其中将行政区域、群众自治组织、居民点3个类别合并为政区居民地类；将水利、电力、通信设施类中的“通信”剔除，改为水利、电力设施类；将单位类明确为只收录其中的文教卫机构类。在此基础上，按照先人文地理实体后自然地理实体的顺序排列政区居民地，非行政区域，交通运输设施，水利、电力设施，纪念地与旅游景点，建筑物，文教卫机构，海域，陆地地形，陆地水系等10个类别。

县级地名词典特色鲜明。县级地名词典具有实用性、标准性、系统性、综合性、地方性的特色。第一，实用性。县级地名词典是供人查考的工具书，必须讲究实用性，有较高的使用价值和收藏价值。一是为广大读者了解广西提供最基本的信息；二是为行政机关、企事业单位广大职工的案头工作提供翔实可靠的参考资料；三是为社会学、历史学、地理学、民族学、语言学等学科的专家、学者研究广西提供大量的原始资料；四是在行政位置、地理位置、交通位置等方面体现地名的指位功能，为人们出行提供便利；五是词目编排简洁明了，便于读者查找。第二，标准性。县级地名词典作为地名专业用书，标准性是衡量和评价其质量高低的重要考量，也是地名标准化的内在要求。因此，我们在编纂过程中按照地名标准化的要求，提供地名的标准书写、标准读音、准确指位、准确含义，做到释义尊重群众，数据翔实可靠，资料注重调查考证，杜绝以讹传讹。第三，系统性。县级地名词典系统介绍每一个县（市、区）地名的标准名称、位置、名称的来历、含义和沿革，以及当地的自然地理、社会历史、经济文化、交通状况等，力求准确和全面地反映每个县（市、区）各类重要地名的丰富内容，使之成为各个县（市、区）第一部大型的、标准化的、具有较高水平的常备地名工具书。第四，综合性。县级地名词典向读者介绍广西各县（市、区）居民点的基本信息，是广西区情的大汇总，涉及面广，使读者能全面了解广西各地的社会、经济、交通、历史、地理、文化、传统、习俗、语言等方面的基本情况。第五，地方性。县级地名词典详细介绍广西各县（市、区）的基本信息，客观地反映广西各地的特色，是广西地方文化、民族文化的大汇集。

编纂县级地名词典的重点和亮点。挖掘整理自然村地名含义、历史沿革及文化内涵，是县级地名词典编纂的重点与亮点。一方面，自然村地名体量大，在全区地名中占主要部分，收集、挖掘、整理自然村地名的含义有利于梳理广西乡村发展史，为乡村振兴事业添砖加瓦；另一方面，民政部门作为地名管理职能部门，拥有地名资料，理应对地名含义做出权威解释。尽管地名普查和资料的补充更新为编纂工作提供了基础资料，但是在编纂过程中，我们发现还有许多资料缺失或不完善，如词条及其要素不全，部分地名含义及其演变没有文字记录，难以准确把握其本来含义、来历及演变。为了杜绝望文生义或凭主观臆断撰写词条的现象，还需通过查阅文献资料、现场访谈、电话咨询、信函索证等方式，进一步开展地名调查、收集材料、研究考证等工作，把地名含义补充完整并力求准确，这给编纂工作增加了较大的难度和工作量。

在编纂工作过程中，各县（市、区）民政系统编纂人员在编纂委员会的领导下开展工作，付出了大量的心血和劳动，使得县级地名词典逐步面世。我们希冀县级地名词典能够为广大读者和相关部门提供基本的信息资料，为社会提供有效的地名公共服务。由于词条繁多，编纂工程浩大，时间紧迫，编纂水平有限，错漏、不足之处在所难免，祈望各界有识之士不吝指正。

《广西地名词典》编纂委员会

2023 年 9 月

凡例

1 采词规则

1.1 本词典收录地名 2217 个，按第二次全国地名普查入库数据的地名分类进行重新排序，包括行政区域、群众自治组织、居民点、非行政区域、交通运输设施、水利设施、纪念地与旅游景点、建筑物、单位、陆地地形和陆地水系 11 类。

1.2 本词典收录的行政区域、群众自治组织和居民点 3 类地名合并称政区居民地类地名，共收录地名条目 1637 个。政区包括百色市田阳区及其辖镇、乡，1984 年后设立但现已撤销的乡作为重要的政区历史地名亦收录在本词典中。居民地包括社区、村和居民点。居民地类地名中，城镇居民点选收具有地标意义或文化意义的，农村居民点全收。已撤销的自然村不收录，但因近年来扶贫易地安置而导致无人居住的部分自然村仍收录以作说明。

1.3 本词典收录的非行政区域类地名包括林场、工业区 2 个小类 6 个地名。

1.4 本词典收录的交通运输设施类地名，包括码头、渡口，公路线，汽车站、收费站，铁路线、铁路车站，航空港，城区道路街巷，桥梁，隧道 11 个小类 173 个地名。码头、渡口采收用于货渡、客渡及满足当地居民生活需求的；公路线采收高速公路及普通国道、省道、县道、乡道，汽车站采收目前运营使用的县级长途汽车站，收费站采收目前运营使用的高速公路收费站；铁路线采收途经田阳区的铁路线，铁路车站采收目前运营使用的铁路客运站；航空港采收民用机场；城区道路街巷采收城区主干路、次干路和部分重要支路；桥梁采收重要的铁路桥、公路桥、立交桥；隧道采收公路隧道和铁路隧道。

1.5 本词典收录的水利设施类地名，包括池塘、水利枢纽，水库，灌溉渠、堤坝 3 个小类 20 个地名。

1.6 本词典收录的纪念地与旅游景点类地名，包括纪念地、旅游景点 2 个小类 29 个地名。纪念地采收人物纪念地、事件纪念地、宗教纪念地，旅游景点采收公园、风景名胜区（点）。

1.7 本词典收录的建筑物类地名，包括房屋和广场、体育场、市场2个小类11个地名。房屋采收有地标意义的高楼大厦、酒店等。

1.8 本词典收录的单位类地名，只采收其中的文教卫机构类地名，包括学校、医院、文化场馆共49个地名。

1.9 本词典收录陆地地形和陆地水系两大类自然地理实体地名。陆地地形类地名，收录山、洞穴2个小类278个地名。山采收海拔1000米以上的山，洞穴采收有显著文化内涵（如有传说或历史事件）的洞穴。陆地水系类地名，收录河流和河岛、洲、瀑布2个小类14个地名。河流采收地表河流，河岛、洲、瀑布采收以在当地有一定知名度为标准。

2 排序规则

2.1 本词典地名条目按照先人文地理实体后自然地理实体顺序排列，具体人文地理实体为政区居民地、非行政区域、交通运输设施、水利设施、纪念地与旅游景点、建筑物、文教卫机构，自然地理实体为陆地地形、陆地水系。

2.2 政区居民地地名条目的排序：政区条目按行政区划代码由小到大排列，已经撤并的乡镇历史条目排在同级政区条目之后，在目录及正文中均用与其他政区条目不一样的楷体字以示区分；市辖区条目后列政区居民地一览表，表内有下画线的为乡镇驻地所在村或社区；乡镇政区条目后列该乡镇居民地一览表，表内有下画线的为社区居民委员会、村民委员会驻地；社区、村条目排在所属镇、乡之后；同一个乡镇的社区、村，先排社区再排村，社区或村的第一条应为镇人民政府或乡人民政府驻地；居民点排在所属社区、村之后，居民点的第一条应为社区、村驻地。

2.3 非行政区域地名条目先根据地名类别排列，具体为林场、工业区。每一个地名类别先排跨界地名（指跨两个镇、乡以上的地名，下同），再按所在（属）乡镇的区划代码排列。

2.4 交通运输设施地名条目先根据地名类别排列，具体为码头、渡口、公路、汽车站、收费站、铁路、火车站、航空港、城区道路街巷、桥梁、隧道。每一个地名类别先排跨界地名，再按所在（属）乡镇的区划代码排列。部分类别条目较少，根据实际情况调整排序。其中，公路条目按高速公路、普通国道、省道、县道、乡道的顺序排列；城区道路街巷条目按主干路、次干路、支路的顺序排序，同类道路街巷按先东西向后南北向的顺序排列。

2.5 水利设施地名条目先根据池塘、水利枢纽、水库、灌溉渠、堤坝的地名类别排列，每一个地名类别先排跨界地名，再按所在（属）乡镇的区划代码排列。

2.6 纪念地与旅游景点先根据纪念地、旅游景点的地名类别排列，每一个地名类别先排跨界地名，再按所在（属）乡镇的区划代码排列。

2.7 建筑物按房屋、广场、体育场、市场的地名类别排列，每一个地名类别按所在（属）乡镇的区划代码排列及其在当地的知名度排列。

2.8 文教卫机构先根据乡镇行政区划代码由小到大排序，再按文化设施、教育设施、医疗设施的顺序排列。

2.9 自然地理实体类地名条目按陆地地形、陆地水系的地名类别排列，每一个地名类别先排跨界地名，再按所在（属）乡镇的区划代码排列。

3 注音

3.1 每个条目都用汉语拼音注音，标准遵循《中国地名汉语拼音字母拼写规则》。属壮语地名的，在释文中标出壮文，其中有部分为当地音。

3.2 地方用字。“弄”字有特殊注音，在本词典中为壮语译音，含义为岽场、石山间平地，当地群众读 lòng。根据“名随主人”的原则，以地方音标注。

4 释文规则

4.1 条目释文由基本要素、历史沿革、现状特点、其他要素四个方面构成。地名基本要素包括名称、读音、类别、位置、人口、民族、面积、来历及含义。现状特点有4个，分别为自然特点、社会文化特点、经济特点、交通特点。其中，“位置”要素中的距离为驻地间直线距离，“含义”要素中没有写出具体含义的是因为暂时无法考证而标注“含义待考”。

4.1.1 本词典采用标准名称和规范简称。行政区划名称，居民地名称，自然地理实体名称，各专业部门使用的具有地名意义的台、站、港、场等名称，均按国家确定的规范汉字书写。简称采用政府公布或社会公认的名称。在第二次全国地名普查中，群众自治组织收录的名称为“社区居民委员会（街居民委员会）、村民委员会”，社区居民委员会（街居民委员会）、村民委员会属于单位组织类，不属于区域类，社区（街）、村才是社区居委会（街居民委员会）、村民委员会设立形成的管理区域，因此词目名称写作“×× 社区”“×× 街”“×× 村”。一个县分属不同村的同名居民点名称不加上属。公路名称不写编号，名称规范为“×× 公路”“××—×× 公路”。

4.1.2 本词典中的位置分经纬位置和地理位置两类。田阳区词条注明经纬跨度到秒，其他地名采用地理位置。地理位置的表示包括地理实体在上属全境的部位、距上属驻地的方位及距离、四邻（四至）等。市辖区、乡、镇，社区、村的四邻为同等建制。市辖区、乡、镇，社区、村处于县界、市界、省界，四邻的标注则追溯上属。距上属驻地的距离为直线距离。

4.1.3 本词典中的民族指世居民族和居住人数较多的民族。按人数多少排序写出主要民族。

4.1.4 政区居民地以现地域为限，写明其置废分合、治所迁徙、上属与下辖变化等情况。其他人文地理实体写明始建时间、建成时间、改扩建时间。

4.1.5 本词典中的地名语词含义与普通话不一致的做具体解释，尤其是方言词和不常用的古语词。

4.1.6 本词典中的自然特点指地质、地貌、气候、河流、土壤、生物、矿产等方面的实际状况。

4.1.7 政区居民地类地名的社会文化特点包括科研、教育、文艺、卫生、体育等状况，文化遗产［包括文物保护单位、爱国主义教育基地、纪念地、历史文化名镇（村）、中国传统村落、千年古镇、非物质文化遗产等］，重要的名胜古迹，重要且已有定论的历史事件，历史人物和所获荣誉。所获荣誉只收录与文化有关或在一段时间内具有相对稳定性的荣誉，写明批准年份、所评部门和所在批次。如国家批准、公布的历史文化名镇（村）、中国传统村落等在相应的镇、乡、村条中写明，并注明批准年份和所在批次。经济特点包括稳定的经济结构（三次产业比例）和每一个产业主要的发展情况，并点明重要的地理标志产品、著名品牌，等等。交通特点包括铁路、公路、水运和民航的状况。

4.2 我国历代纪年和民国纪年括注公元纪年，括号中统一只写明对应的具体年份，省略其后的“年”。

4.3 全书标点符号使用以国家标准 GB/T 15834—2011《标点符号用法》的规定为准。

4.4 全书数字用法以国家标准 GB/T 15835—2011《出版物上数字用法》的规定为准。

4.5 全书计量单位以国家标准 GB 3100—3102—1993《量和单位》的规定为准，使用法定计量单位。

4.6 全书统计数据截止时间为 2021 年 12 月 31 日。其中，政区居民地类的面积单位为公顷、平方千米或平方米，火车站、纪念地和旅游景点类、建筑物类、文教卫机构类的面积单位为平方米。面积、人口数据超万的取其近似值，四舍五入保留 2 位小数，保留的 2 位小数若末尾为“0”则舍弃。

4.7 全书插图主要由中共百色市田阳区委宣传部、百色市田阳区文联及百色市田阳区民政局提供，书中不再括注图片提供部门及拍摄者、拍摄时间等信息。

4.8 全书数据由百色市田阳区民政局及相关部门提供，仅供参考。

目录

田阳区政区居民地 …… 1
田阳区 …… 1
田州镇政区居民地 …… 4
田州镇 …… 4
中山社区居民地 …… 5
中山社区 …… 5
民生花园小区 …… 6
滨江小区 …… 6
瑞阳阁小区 …… 6
碧桂豪庭小区 …… 7
一品湾小区 …… 7
定律廉租房小区 …… 7
兴华社区居民地 …… 7
兴华社区 …… 7
阳光家园小区 …… 8
天盛小区 …… 8
宁馨家园小区 …… 8
茂业小区 …… 8
荣鑫苑小区 …… 9
欧艺新城小区 …… 9
万和新城小区 …… 9
合源美地小区 …… 10
广投银海小区 …… 10
常安社区居民地 …… 10
常安社区 …… 10
金穗小区 …… 10
金源小区 …… 10
供销家源小区 …… 11
瑞田花园小区 …… 11
华迅城小区 …… 11
公路局小区 …… 11
河东社区居民地 …… 11
河东社区 …… 11
公园新城小区 …… 12
金狮苑小区 …… 12
江与城小区 …… 12
壮城小区 …… 12
田阳县廉租房县城小区 …… 13
三雷林场廉租房小区 …… 13
田阳绢纺厂小区 …… 13
丽林老乡家园社区居民地 …… 13
丽林老乡家园社区 …… 13
老乡家园一期 …… 13
老乡家园二期 …… 14
雷公点 …… 14
五指山老乡家园社区居民地 …… 14
五指山老乡家园社区 …… 14
老乡家园三期 …… 15
红康社区居民地 …… 16
红康社区 …… 16
朝马 …… 16
义安 …… 16
陇升 …… 16
德乐 …… 16
鑫祥 …… 16
康达社区居民地 …… 17
康达社区 …… 17
双达新村 …… 17
个强 …… 17
兴鸿 …… 17
兴旺 …… 17
隆平村居民地 …… 18
隆平村 …… 18
马巷 …… 18
那豆 …… 18
平街 …… 18

顺隆……18
牌楼……19
四芽……19
兰地……19
凤马村居民地……19
凤马村……19
秣马……20
度立……20
花园……21
兰松……21
塘罗……21
墙红……21
凤凰……21
龙河村居民地……21
龙河村……21
那务……22
定贯上屯……22
定贯下屯……23
朗江……23
那亮……23
晚亮……24
高旺……24
那逻……24
平坡村居民地……24
平坡村……24
久怀……24
治使……25
治使新屯……25
那温……25
那谨……25
那龙……25
那塘村居民地……26
那塘村……26
那坚……26
塘茶上屯……26
塘茶中屯……26
塘茶下屯……27
晚使……27
三雷村居民地……27
三雷村……27
河口……28
雷公……28
百朝……28
那广……28
那兵……29
那楼……29
三今……29
六古……29
东江村居民地……29
东江村……29
东江上屯……30
东江下屯……31
东江新屯……31
东旺村居民地……31
东旺村……31
东位……31
祥旺……32
东包……32
兴城村居民地……32
兴城村……32
旧城……33
东尾……33
那直……33
那赖……34
长沙……34
那居……34
刘屋……34
定律村居民地……34
定律村……34
定律中屯……35
定律上屯……35
定律下屯……35
城厢……35
那坡镇政区居民地……35
那坡镇……35
百峰乡……38

那坡街居民地 …… 38
那坡街 …… 38
那坡街 …… 38
平朴村居民地 …… 39
平朴村 …… 39
平朴旧屯 …… 39
平朴新屯 …… 40
万平村居民地 …… 40
万平村 …… 40
万村 …… 40
水塘 …… 40
江洪 …… 40
那怀 …… 41
瓦窑 …… 41
那测 …… 41
哩额 …… 41
那桃 …… 41
敢亮村居民地 …… 41
敢亮村 …… 41
敢亮 …… 42
那老 …… 42
平陇 …… 42
谷界 …… 42
山口新屯 …… 43
那驮村居民地 …… 43
那驮村 …… 43
坡律 …… 43
田垌 …… 43
巴怀 …… 43
那驮 …… 44
暨布 …… 44
那芘村居民地 …… 44
那芘村 …… 44
那葛 …… 44
那葛新屯 …… 45
那哩上屯 …… 45
那哩下屯 …… 45
那测 …… 45
秩芽 …… 45
那匿 …… 45
那吉 …… 46
义安村居民地 …… 46
义安村 …… 46
下皓 …… 46
陇慢 …… 46
陇有 …… 46
挂色 …… 47
驮乙 …… 47
陇德 …… 47
朗含 …… 47
驮干 …… 47
龙云 …… 47
盎淋新屯 …… 48
古罗新屯 …… 48
那逻新屯 …… 48
岩金新屯 …… 48
宝美村居民地 …… 48
宝美村 …… 48
坡平 …… 49
新村 …… 49
陇驮 …… 50
陇总 …… 50
陇扫 …… 50
陇旺内屯 …… 50
陇旺外屯 …… 50
登贡 …… 50
塘桃 …… 51
朝马 …… 51
陇劳 …… 51
荷洪 …… 51
个凤 …… 51
陇穷 …… 51
陇沓 …… 52
六合村居民地 …… 52
六合村 …… 52
渌碧 …… 52

驮亮……52
百慢……52
那弼上屯……53
那弼中屯……53
那弼下屯……53
巴州……53
合力村居民地……54
合力村……54
敢利……54
忑面……54
绿郎……54
敢间……54
巴州安置点……55
下哩安置点……55
网顶安置点……55
弄蕉安置点……55
弄鸡安置点……55
弄淋安置点……55
那西安置点……56
河边安置点……56
红岭坡安置点……56
二塘安置点……56
兴鸿安置点……56
陇会安置点……56
弄坡村居民地……56
弄坡村……56
陇帮……57
卫东……57
百登……58
下坡……58
更闷……58
内坡新屯……58
谷坡……58
永常村居民地……58
永常村……58
陇黎……59
陇荷上屯……59
陇荷下屯……59
班除……59
陇京……59
陇匿上屯……60
陇匿下屯……60
陇想佬屯……60
陇想依屯……60
陇吓……60
陇落……61
谷力……61
陇秋……61
濑旺村居民地……61
濑旺村……61
新村……61
谷麦……62
下村……62
坟背……62
邓屋……62
李屋……62
塘哩……62
罗屋……62
四维……63
尚兴村居民地……63
尚兴村……63
平旺内屯……64
弄蕉……64
弄鸡……64
兴鸿……64
绿务……64
兴福……65
那桃……65
红岭坡……65
安楼……65
池琴……65
那合……65
定弄……65
百峰村居民地……66
百峰村……66
百峰圩……66

渡口……66
坡脚……66
六密……67
平镜……67
新村……67
那音村居民地……67
那音村……67
冲口……68
那音……68
桥头……68
桥烟……68
达里……69
六累……69
那排……69
坡落……69
响水……69
濑奎……69
八冬……69
四冬……70
内坡……70
弄山村居民地……70
弄山村……70
弄山外屯……70
弄山内屯……71
弄羊外屯……71
弄羊内屯……71
那龙……71
六龙……71
琴叫……71
弄为……72
东明……72
弄初村居民地……72
弄初村……72
弄浪……72
那慢……73
那林……73
驮呆……73
平法……73
弄良……73
弄谷……73
坡蛇……74
龙门……74
弄道……74
坡平……74
百岩……74
弄初……74
下更……74
东城……75
常红……75
坡桑……75
晚塘村居民地……75
晚塘村……75
晚塘……75
苏屋……76
六逢……76
六华……76
六楞……76
那濑……76
那塘……76
东红村居民地……77
东红村……77
东红……77
社王……77
那莫……77
久濑……77
那苏……77
洞印村居民地……78
洞印村……78
洞印中屯……78
洞印上屯……78
洞印下屯……78
谷周……79
驮索……79
坡洪镇政区居民地……79
坡洪镇……79
琴华乡……81

坡丹村居民地 ………………………… 81
坡丹村……………………………………81
坡洪街……………………………………82
坡拿………………………………………82
陇环………………………………………82
江巴………………………………………82
炸定………………………………………82
百叫………………………………………82
定师………………………………………83
驮宁………………………………………83
那丹………………………………………83
那勤………………………………………83
驮甫………………………………………83
那么………………………………………83
新屯村居民地 ………………………… 84
新屯村……………………………………84
新屯………………………………………84
新联………………………………………84
布呈………………………………………84
陇抗………………………………………85
陇沓………………………………………85
勤丰………………………………………85
布奄………………………………………85
农老………………………………………85
布尧………………………………………85
驮章………………………………………86
沙泉………………………………………86
下邦村居民地 ………………………… 86
下邦村……………………………………86
下邦新屯…………………………………86
陇盈………………………………………87
陇平………………………………………87
驮汉………………………………………87
百国………………………………………87
局盛村居民地 ………………………… 88
局盛村……………………………………88
坡星………………………………………88
局盛………………………………………88
巴律………………………………………88
坡六………………………………………88
陇合………………………………………89
陇劳………………………………………89
新屯………………………………………89
裂山………………………………………89
三重………………………………………89
陇甲………………………………………90
陇羊………………………………………90
陇兰………………………………………90
坡谢………………………………………90
郎来………………………………………90
陇南………………………………………91
陇含村居民地 ………………………… 91
陇含村……………………………………91
及马………………………………………91
陇含………………………………………91
下琴………………………………………92
百叫………………………………………92
陇洪………………………………………92
更劳………………………………………92
陇雅………………………………………92
陇崩………………………………………93
驮前………………………………………93
陇沌………………………………………93
陇升村居民地 ………………………… 93
陇升村……………………………………93
郎汉………………………………………94
桥头………………………………………94
谷布………………………………………94
三升………………………………………94
驮如………………………………………94
更红………………………………………94
巴刚………………………………………95
陇阮………………………………………95
陇累………………………………………95
新安………………………………………95
陇敢………………………………………95

淋定……96
淋仙……96
个强……96
郎含村居民地……96
郎含村……96
郎含……97
百务……97
陇由……98
敢拔……98
兴达村居民地……98
兴达村……98
农地……98
陇内……99
达里……99
驮孟……99
岩央……99
陇祥……99
叫架……100
六算……100
五合村居民地……100
五合村……100
那六……100
雷屯……101
大色……101
金光……101
百迈……101
新屯……101
古美村居民地……102
古美村……102
古美街……102
东美……102
巴盆……103
巴旺……103
那老……103
更宜……103
新建村居民地……103
新建村……103
大德……104
果花……104
大道……105
更邦……105
陇兰……105
头孔……106
陇梅……106
马凌……106
登应……107
登的……107
新景村居民地……107
新景村……107
境布……107
那来……107
那池……108
陇帮……108
境立……108
那六……108
新美村居民地……108
新美村……108
新美……109
卡楼……109
江堂……109
驮电……109
陇含……109
登叫……110
加灵……110
六合……110
那美……110
新屯……110
天安村居民地……111
天安村……111
驮罗……111
走洞……112
驮林……112
驮筹……112
驮兰……112
驮吞……112
驮抗……112

驮昌…… 112
新洞村居民地 …… 113
新洞村…… 113
良屯…… 114
内驮…… 114
外驮…… 114
农豆…… 114
塘定…… 114
巴汉…… 114
洞楼…… 115
那墙…… 115
百叫…… 115
驮农…… 115
陇隘…… 115
百合村居民地 …… 116
百合村…… 116
岩屯…… 116
新屯…… 117
百发…… 117
陇样…… 117
下洒…… 117
伏领…… 117
盆地…… 117
农周…… 118
驮瓜…… 118
陇下…… 118
陇床…… 119
陇割…… 119
陇梅…… 119
琴华村居民地 …… 119
琴华村…… 119
琴华街…… 120
小驮楼…… 120
驮楼…… 120
谷针…… 121
弄民…… 121
驮华…… 121
弄沌…… 121
谷守…… 121
枯沙…… 122
更卜…… 122
叫王…… 122
驮立…… 122
驮利…… 123
驮虽…… 123
淋塘…… 123
弄值…… 123
乐上村居民地 …… 123
乐上村…… 123
乐上…… 124
乐下…… 124
弄仪…… 124
弄旦…… 124
驮吞…… 125
驮帮…… 125
弄六…… 125
弄立…… 125
南兴村居民地 …… 125
南兴村…… 125
下说…… 126
那用…… 126
敢瓜…… 126
那渐…… 126
那谨…… 126
新合村居民地 …… 127
新合村…… 127
弄坡…… 127
弄定…… 127
弄增外屯…… 127
弄增内屯…… 127
城旺…… 128
弄禁…… 128
盎六…… 128
布完…… 128
驮楞…… 128
弄作…… 129

留基…………………………………… 129
弄洋…………………………………… 129
弄下…………………………………… 129
央律村居民地 ………………………… 129
央律村………………………………… 129
驮谷…………………………………… 130
新屯…………………………………… 130
下更…………………………………… 130
驮央…………………………………… 131
局蒙…………………………………… 131
农洒…………………………………… 131
敢城…………………………………… 131
亮往…………………………………… 131
驮闷…………………………………… 131
朝马村居民地 ………………………… 132
朝马村………………………………… 132
朝马…………………………………… 132
驮或…………………………………… 132
令烈…………………………………… 132
驮硬…………………………………… 132
弄律…………………………………… 133
弄彭…………………………………… 133
弄内…………………………………… 133
弄提…………………………………… 133
抗读…………………………………… 133
巴生…………………………………… 134
笔号…………………………………… 134
康浮村居民地 ………………………… 134
康浮村………………………………… 134
康弄下屯……………………………… 134
康弄上屯……………………………… 135
驮从外屯……………………………… 135
驮从内屯……………………………… 135
贝上…………………………………… 135
贝下…………………………………… 135
贝更…………………………………… 136
下邦…………………………………… 136
弄弄…………………………………… 136
崩提…………………………………… 136
告劳下屯……………………………… 136
告劳上屯……………………………… 136
弄勒…………………………………… 137
驮还…………………………………… 137
驮架…………………………………… 137
弄浮…………………………………… 137
弄飞…………………………………… 137
弄令…………………………………… 138
弄黎…………………………………… 138
弄照…………………………………… 138
弄道…………………………………… 138
弄扣…………………………………… 138
茶灯…………………………………… 138
三弄…………………………………… 139
弄任…………………………………… 139
双达村居民地 ………………………… 139
双达村………………………………… 139
弄照…………………………………… 139
叫照…………………………………… 140
弄洪上屯……………………………… 140
弄洪下屯……………………………… 140
坡乐内屯……………………………… 140
坡乐外屯……………………………… 140
弄石…………………………………… 141
弄依…………………………………… 141
弄黎上屯……………………………… 141
弄黎下屯……………………………… 141
弄辞…………………………………… 141
弄周…………………………………… 141
南宁…………………………………… 142
弄达上屯……………………………… 142
弄达下屯……………………………… 142
弄显…………………………………… 142
弄岱…………………………………… 142
弄动…………………………………… 143
下驮…………………………………… 143
那满镇政区居民地 …………………… 143
那满镇………………………………… 143

三同村居民地 …………………… 144
三同村…………………………………… 144
那满街…………………………………… 145
三同……………………………………… 145
内江村居民地 …………………… 145
内江村…………………………………… 145
东内……………………………………… 146
高地……………………………………… 146
那华……………………………………… 146
晚江……………………………………… 147
琴坡……………………………………… 147
自强村居民地 …………………… 147
自强村…………………………………… 147
自强……………………………………… 147
东色……………………………………… 147
大成村居民地 …………………… 148
大成村…………………………………… 148
大成……………………………………… 148
治塘村居民地 …………………… 149
治塘村…………………………………… 149
治例……………………………………… 149
东弓……………………………………… 149
塘例……………………………………… 149
百敢村居民地 …………………… 150
百敢村…………………………………… 150
忑更下屯………………………………… 150
忑更上屯………………………………… 150
百香……………………………………… 150
坡立……………………………………… 151
敢忑……………………………………… 151
乐讲……………………………………… 151
乐讲上屯………………………………… 151
凹令……………………………………… 151
坡靠……………………………………… 151
新立村居民地 …………………… 152
新立村…………………………………… 152
同乐……………………………………… 152
下祖……………………………………… 153
亭闹……………………………………… 153
布沙……………………………………… 153
弄百……………………………………… 153
更怀……………………………………… 153
指挥……………………………………… 153
弄贡……………………………………… 154
下果……………………………………… 154
下弄……………………………………… 154
弄菜……………………………………… 154
弄那……………………………………… 154
弄琴……………………………………… 154
更桑……………………………………… 155
弄依……………………………………… 155
更达……………………………………… 155
下崩……………………………………… 155
弄仑……………………………………… 155
法度……………………………………… 155
共联……………………………………… 156
弄急……………………………………… 156
露美村居民地 …………………… 156
露美村…………………………………… 156
布露……………………………………… 157
头龙……………………………………… 157
叫眼……………………………………… 157
宝市……………………………………… 158
光琴村居民地 …………………… 158
光琴村…………………………………… 158
岩桃……………………………………… 159
弄光……………………………………… 159
下叫……………………………………… 159
胜荷……………………………………… 159
弄骨……………………………………… 159
弄棒……………………………………… 160
万班……………………………………… 160
勿林……………………………………… 160
勿隆……………………………………… 160
弄额……………………………………… 160
弄仰……………………………………… 160

岩照…… 161
弄冲外屯…… 161
弄冲内屯…… 161
京风…… 161
弄残…… 161
弄敢…… 162
琴梨…… 162
五才…… 162
岩拉…… 162
新楼村居民地 …… 162
新楼村…… 162
驮九…… 163
驮楼…… 163
陇井…… 163
翁棉…… 163
翁兰…… 163
驮割…… 163
驮帝…… 164
驮灵…… 164
陇沓…… 164
驮或…… 164
洲垢…… 164
陇桑…… 164
陇外…… 165
陇孟…… 165
陇飞上…… 165
驮文…… 165
新生村居民地 …… 166
新生村…… 166
驮老…… 166
忑夏…… 166
驮兰…… 166
驮内…… 166
驮尧…… 167
驮架…… 167
驮乐…… 167
驮足…… 167
驮雁…… 167
驮虽…… 167
谷昔…… 168
百琴…… 168
凌云…… 168
下更…… 168
下更怀…… 168
凹地…… 168
新仑村居民地 …… 169
新仑村…… 169
驮仑…… 169
陇列…… 169
陇发…… 169
陇外…… 170
巴郎…… 170
布青…… 170
驮庄…… 170
陇礼…… 170
驮楼…… 171
陇坡…… 171
陇桥…… 171
陇产…… 171
卜多…… 171
驮翁…… 171
陇石…… 172
新层村居民地 …… 172
新层村…… 172
井靛…… 172
陇忑…… 172
陇召…… 173
陇层…… 173
陇桑内屯…… 173
陇桑外屯…… 173
陇勒…… 173
过灯…… 174
更老…… 174
幕陋…… 174
陇弄…… 174
陇禁…… 174

更近…… 175
谷陋…… 175
提马…… 175
头羊…… 175
埋断…… 175
郎米…… 175
陇怕…… 176
百育镇政区居民地 …… 176
百育镇…… 176
新街社区居民地 …… 177
新街社区…… 177
百育新街…… 178
百育村居民地 …… 178
百育村…… 178
胜利街…… 178
百育…… 179
百昌…… 179
东干…… 179
爽使…… 179
陆园…… 179
巴僚…… 179
百灵…… 180
那东…… 180
头东…… 180
驮岂…… 180
树标…… 180
那话…… 181
百鸾…… 181
九合村居民地 …… 181
九合村…… 181
那戈…… 181
坡林…… 182
濑觉…… 182
旧绿海屯…… 183
新绿海屯…… 183
绿托…… 183
绿浓…… 183
那托…… 183
那尊…… 184
那兰…… 184
四那村居民地 …… 184
四那村…… 184
那生下屯…… 185
那生上屯…… 185
那生新屯…… 186
绿江…… 186
那藏…… 186
峒忙…… 186
绿端…… 187
塘汉…… 187
塘平…… 187
那柏…… 187
那笔…… 187
哩徐下屯…… 188
哩徐上屯…… 188
坡虫…… 188
五指山…… 188
新民村居民地 …… 189
新民村…… 189
甫圩…… 189
花茶…… 189
那宁…… 190
那亨…… 190
那坤上屯…… 190
那坤下屯…… 190
那冷…… 190
那立…… 191
篆虞中屯…… 191
篆虞上屯…… 191
塘甘…… 191
新村…… 192
六联村居民地 …… 192
六联村…… 192
那贯…… 192
憧舍…… 193
那了…… 193

晚老…… 193
那务…… 194
百慢…… 194
东平…… 194
平怀林…… 194
七联村居民地 …… 195
七联村…… 195
那立…… 195
濑鄂…… 195
布砚…… 195
那塘…… 195
东帮…… 196
韦屋…… 196
玉凤镇政区居民地 …… 196
玉凤镇…… 196
坤平乡 …… 198
玉凤村居民地 …… 198
玉凤村…… 198
那么街…… 199
那东…… 199
六算…… 199
在标…… 199
那沙…… 200
停怀…… 200
百乐…… 200
朔柳村居民地 …… 200
朔柳村…… 200
百徐…… 201
更屯…… 201
大平…… 201
小平…… 201
六么…… 201
百庙…… 202
那娄…… 202
朔上…… 202
朔下…… 202
统合村居民地 …… 203
统合村…… 203
东茶…… 203
百里…… 203
百懂…… 203
百耀…… 203
那银…… 204
朔客…… 204
东六…… 204
懂立村居民地 …… 204
懂立村…… 204
浪社…… 205
岩立…… 205
那了…… 205
甫少…… 205
甫懂…… 205
上往…… 205
下往…… 205
那美…… 206
甫里村居民地 …… 206
甫里村…… 206
上里…… 206
下里…… 206
岩念…… 207
百关…… 207
甫穷…… 207
上镇村居民地 …… 207
上镇村…… 207
谷西…… 208
谷西新屯…… 208
岩霞…… 208
东一…… 208
东二…… 208
谷丰…… 209
外论…… 209
甫夜…… 209
长高村居民地 …… 209
长高村…… 209
贤农…… 210
上腮…… 210

弄下…… 210
那徐…… 211
甫勇…… 211
在飘…… 211
绿塘…… 211
那晚…… 211
弄烈…… 212
那关…… 212
那卖…… 212
岭平村居民地 …… 212
岭平村…… 212
六勒…… 212
甫华上屯…… 213
甫华下屯…… 213
六元…… 213
那恒…… 213
东贯…… 213
巴时…… 214
六惠村居民地 …… 214
六惠村…… 214
下仇…… 214
上仇…… 214
驮惠…… 215
六显…… 215
六直…… 215
在吾…… 215
外老…… 215
巴庙村居民地 …… 216
巴庙村…… 216
班六…… 216
巴庙…… 216
六贯…… 216
六令…… 217
六红…… 217
坡东…… 217
那巴…… 217
那床…… 217
六往…… 218
那务…… 218
那夜…… 218
华彰村居民地 …… 218
华彰村…… 218
巴造…… 219
巴令…… 219
弄腰…… 219
巴朗…… 219
巴桃…… 220
那类…… 220
作里…… 220
平那…… 220
那朝…… 220
能带村居民地 …… 221
能带村…… 221
能造…… 221
弄甲…… 221
甫牙…… 221
东令…… 221
那造…… 222
坡福…… 222
弄楼…… 222
六旺…… 222
六才…… 222
坤平村居民地 …… 223
坤平村…… 223
实力…… 223
那老…… 223
朔莫…… 223
塘兵…… 223
那礼…… 224
那停…… 224
坤圩…… 224
那虾…… 224
百沙…… 224
那耐…… 225
那怀…… 225
那敏…… 225

坡旺村居民地 …… 225
坡旺村 …… 225
那造 …… 226
那了 …… 226
那晚 …… 226
坡旺 …… 226
那当 …… 226
行马 …… 227
那要 …… 227
那沙 …… 227
那烟 …… 227
那谷 …… 227
优屯 …… 227
百民村居民地 …… 228
百民村 …… 228
那陋 …… 228
使除 …… 228
六追 …… 228
百社 …… 228
方屯 …… 229
百甲村居民地 …… 229
百甲村 …… 229
百雅 …… 229
坡达 …… 229
百甲 …… 229
那中 …… 230
那平 …… 230
相屯 …… 230
六林 …… 230
那江村居民地 …… 230
那江村 …… 230
下月 …… 231
坡求 …… 231
江洲 …… 231
那将 …… 231
百力 …… 231
孔福 …… 232
那累 …… 232
那太 …… 232
舍屯 …… 232
三中 …… 232
那路 …… 232
坡赖 …… 233
头塘镇政区居民地 …… 233
头塘镇 …… 233
兴侨社区居民地 …… 234
兴侨社区 …… 234
兴侨三组 …… 235
兴侨一组 …… 235
兴侨二组 …… 236
兴侨四组 …… 236
兴侨五组 …… 236
兴侨六组 …… 236
头塘村居民地 …… 237
头塘村 …… 237
头塘街 …… 237
头塘 …… 237
平泗 …… 237
那围 …… 238
平旺 …… 238
平合 …… 238
平高 …… 238
下栋 …… 238
下栋新屯 …… 238
砍社 …… 239
绿谷 …… 239
四联村居民地 …… 239
四联村 …… 239
那斛中屯 …… 239
那斛上屯 …… 240
那斛下屯 …… 240
那斛新屯 …… 240
囊黎 …… 240
塘民上屯 …… 240
塘民下屯 …… 241
百荷新屯 …… 241

百荷旧屯…… 241
岩喜…… 241
二塘村居民地 …… 241
二塘村…… 241
二塘街…… 242
那培…… 242
那厚…… 243
那厚栋…… 243
百斛…… 243
新山村居民地 …… 243
新山村…… 243
下练…… 244
上练…… 244
那更…… 244
绿机…… 245
那丹…… 245
新加坡…… 245
百沙村居民地 …… 245
百沙村…… 245
那徐…… 246
东沙…… 246
百堪…… 246
那爷上屯…… 246
那爷下屯…… 246
治落…… 247
坡哩上屯…… 247
坡哩新屯…… 247
琴音…… 247
花山上屯…… 247
花山下屯…… 248
绿扣怀…… 248
百坡村居民地 …… 248
百坡村…… 248
那驮…… 248
百武…… 248
那荷…… 249
坡圩上屯…… 249
坡圩下屯…… 249
那坡上屯…… 249
那坡下屯…… 250
那标…… 250
万斤…… 250
百里村居民地 …… 250
百里村…… 250
百果…… 250
治使…… 251
那里…… 251
那雷…… 251
那浩…… 251
联坡村居民地 …… 251
联坡村…… 251
个劳下屯…… 252
个劳上屯…… 252
六合…… 252
五村镇政区居民地 …… 252
五村镇…… 252
雷圩乡 …… 254
五村居民地 …… 255
五村…… 255
五村街…… 255
甫雅…… 255
大亮…… 256
塘细…… 256
巴明…… 256
大立…… 256
下更桑…… 256
那门…… 256
加旺…… 257
大管…… 257
大外…… 257
科蒙…… 257
濑贡村居民地 …… 257
濑贡村…… 257
农贡…… 258
下莫…… 258
大雁…… 258

大绿…………………………………… 258
达吝…………………………………… 258
那来…………………………………… 259
定恩…………………………………… 259
陇沓…………………………………… 259
达巴村居民地 …………………………… 259
达巴村………………………………… 259
琴那…………………………………… 259
达巴…………………………………… 260
布块…………………………………… 260
下山…………………………………… 260
达龙…………………………………… 260
陇华村居民地 …………………………… 260
陇华村………………………………… 260
陇华上屯……………………………… 261
陇华下屯……………………………… 261
大合…………………………………… 261
大勤…………………………………… 261
三界…………………………………… 262
大浓…………………………………… 262
大若…………………………………… 262
大娥上屯……………………………… 262
大娥下屯……………………………… 262
大盟…………………………………… 263
大端…………………………………… 263
大坤…………………………………… 263
大言村居民地 …………………………… 263
大言村………………………………… 263
新屯…………………………………… 264
旧屯…………………………………… 264
大甫…………………………………… 264
叫那…………………………………… 264
言内…………………………………… 265
谷干…………………………………… 265
大林…………………………………… 265
下郎…………………………………… 265
陇凹…………………………………… 265
陇谢…………………………………… 265
陇下…………………………………… 266
敢示村居民地 …………………………… 266
敢示村………………………………… 266
敢示…………………………………… 266
大兰…………………………………… 266
大船…………………………………… 267
大剪…………………………………… 267
大吞…………………………………… 267
大路村居民地 …………………………… 267
大路村………………………………… 267
大路…………………………………… 268
陇运…………………………………… 268
陇位…………………………………… 268
大旺…………………………………… 268
陇洪…………………………………… 268
桥马村居民地 …………………………… 269
桥马村………………………………… 269
下巴…………………………………… 270
桥马…………………………………… 270
上帮…………………………………… 270
大安…………………………………… 270
乙华…………………………………… 270
大楞…………………………………… 270
陇怀…………………………………… 271
大边…………………………………… 271
达立…………………………………… 271
百亩村居民地 …………………………… 271
百亩村………………………………… 271
更结…………………………………… 272
百亩…………………………………… 272
农地…………………………………… 272
陇怀…………………………………… 272
大楼…………………………………… 272
大信…………………………………… 273
陇合…………………………………… 273
下叫…………………………………… 273
更佛上屯……………………………… 273
更佛下屯……………………………… 273

三界……………………………… 273
陇外……………………………… 274
大列村居民地 ……………………… 274
大列村…………………………… 274
大列……………………………… 274
甫也……………………………… 274
大酉……………………………… 275
陇洪……………………………… 275
加亮……………………………… 275
弄内……………………………… 275
下养……………………………… 275
朴图……………………………… 275
拉萨……………………………… 276
巴浪村居民地 ……………………… 276
巴浪村…………………………… 276
江巴……………………………… 276
浪下……………………………… 276
作老……………………………… 277
大嫩……………………………… 277
大増……………………………… 277
陇傍……………………………… 277
巴甲……………………………… 277
大若……………………………… 277
玩毒……………………………… 278
大远……………………………… 278
陇宜……………………………… 278
占谷……………………………… 278
肚因……………………………… 278
陇陋……………………………… 278
大将……………………………… 279
陇逢上屯………………………… 279
陇逢下屯………………………… 279
叫能……………………………… 279
定夜村居民地 ……………………… 280
定夜村…………………………… 280
夜上……………………………… 280
夜下……………………………… 280
驮拜……………………………… 280
陇洪……………………………… 281
大内……………………………… 281
大力……………………………… 281
谷周……………………………… 281
巴忙……………………………… 281
康华村居民地 ……………………… 281
康华村…………………………… 281
康华街…………………………… 282
康华下屯………………………… 282
大路……………………………… 282
大毕……………………………… 282
洞琴……………………………… 283
巴帝……………………………… 283
达落……………………………… 283
天阳村居民地 ……………………… 283
天阳村…………………………… 283
天阳……………………………… 283
陇逻……………………………… 284
大出……………………………… 284
雷圩村居民地 ……………………… 284
雷圩村…………………………… 284
雷圩街…………………………… 285
旧圩……………………………… 285
大力……………………………… 285
大层……………………………… 286
大永……………………………… 286
大卜……………………………… 286
惠洞……………………………… 286
大侧……………………………… 287
谷力……………………………… 287
伏王村居民地 ……………………… 287
伏王村…………………………… 287
伏王……………………………… 287
驮朗……………………………… 288
驮妥……………………………… 288
坛道……………………………… 288
陇盂……………………………… 288
驮盘……………………………… 288

弄里村居民地 …… 289
弄里村…… 289
弄怀…… 289
驮侦…… 289
驮旦…… 290
弄外…… 290
弄念…… 290
驮逢村居民地 …… 290
驮逢村…… 290
驮逢…… 291
驮宜…… 291
砚逢…… 291
安怀…… 291
驮闹…… 292
巴某村居民地 …… 292
巴某村…… 292
加旭…… 292
巴陋…… 293
驮富…… 293
驮伞…… 293
巴生…… 293
巴弄…… 294
陇里…… 294
驮忠…… 294
百谷村居民地 …… 294
百谷村…… 294
浪要…… 295
孟屯…… 295
驮邦…… 295
那东…… 295
东梅…… 295
更朝…… 296
百谷…… 296
下更…… 296
大浪…… 296
万屯…… 296
甲屯…… 296
百朝…… 297
更旺…… 297
洞靖镇政区居民地 …… 297
洞靖镇…… 297
桥业乡 …… 299
靖安村居民地 …… 299
靖安村…… 299
洞靖街…… 299
大文布…… 299
小文布…… 300
洞靖…… 300
那琴…… 300
甫安…… 300
那平…… 300
那鸡…… 300
那贯…… 300
那东…… 301
弄岩村居民地 …… 301
弄岩村…… 301
岩央…… 301
仁德…… 301
大帮…… 302
角龙…… 302
吞雷…… 302
大路…… 302
大亮…… 302
龙针…… 302
大麦…… 303
堂东…… 303
布直…… 303
布尖…… 303
陇洪…… 303
丁淡…… 303
西平村居民地 …… 304
西平村…… 304
下晚…… 304
达蓬上屯…… 304
达蓬中屯…… 304
怀号…… 304

那龙…………………………………… 305
西一…………………………………… 305
西二…………………………………… 305
片一…………………………………… 305
片二…………………………………… 305
那虎…………………………………… 306
百勇村居民地 …………………… 306
百勇村………………………………… 306
下勇…………………………………… 306
上勇…………………………………… 306
礼敏…………………………………… 307
百赖…………………………………… 307
那迷…………………………………… 307
那甲…………………………………… 307
那告新屯……………………………… 307
岩朝…………………………………… 307
班贯…………………………………… 307
礼科…………………………………… 308
雪平村居民地 …………………… 308
雪平村………………………………… 308
上雪…………………………………… 308
下雪…………………………………… 308
百敢…………………………………… 309
朗上…………………………………… 309
朗下…………………………………… 309
甫平…………………………………… 309
东下…………………………………… 309
东下新屯……………………………… 309
建保…………………………………… 309
百林村居民地 …………………… 310
百林村………………………………… 310
琴内…………………………………… 310
琴外…………………………………… 310
百林…………………………………… 310
塘坤…………………………………… 311
林莫…………………………………… 311
大命…………………………………… 311
甫力…………………………………… 311
新屯…………………………………… 311
淋楞村居民地 …………………… 311
淋楞村………………………………… 311
方外…………………………………… 312
方内…………………………………… 312
央内…………………………………… 312
央外…………………………………… 312
淋楞…………………………………… 313
下叫…………………………………… 313
龙我…………………………………… 313
达押…………………………………… 313
塘坤…………………………………… 313
岩旺…………………………………… 313
龙门…………………………………… 314
扁村居民地 ……………………… 314
扁村…………………………………… 314
百牙…………………………………… 314
甫孟…………………………………… 314
晚老…………………………………… 315
足壮…………………………………… 315
龙妹…………………………………… 315
龙六…………………………………… 315
龙洪…………………………………… 315
含外…………………………………… 315
含内…………………………………… 316
桥业村居民地 …………………… 316
桥业村………………………………… 316
桥业…………………………………… 317
大还…………………………………… 317
林基…………………………………… 317
新屯…………………………………… 317
布本…………………………………… 317
安上…………………………………… 317
安下…………………………………… 318
大信…………………………………… 318
陇排…………………………………… 318
大贡…………………………………… 318
敢常…………………………………… 318

天德村居民地 …… 318
天德村…… 318
琴色…… 319
表内…… 319
表外…… 319
琴爱…… 319
陇怀…… 319
陇忙…… 320
巴烟…… 320
陇朴…… 320
天德…… 320
陇爱…… 320
登更…… 320
念堂村居民地 …… 321
念堂村…… 321
念堂…… 321
陇吓…… 321
岩户…… 321
陇律…… 322
陇里…… 322
大伟…… 322
大能村居民地 …… 322
人能村…… 322
大能…… 322
发财…… 323
大派…… 323
含莫…… 323
大益…… 323
大熬…… 323
谷卜…… 323
陇呈…… 323
马宁…… 324
陇酬…… 324
登朗上屯…… 324
登朗下屯…… 324
岩松…… 324
岩朗…… 325
德乐村居民地 …… 325
德乐村…… 325
德乐…… 325
岑金…… 325
大德…… 325
广内…… 326
广外…… 326
大连…… 326
含甫…… 326
大斗…… 326
福龙…… 326
太平村居民地 …… 327
太平村…… 327
太平…… 327
岩桃…… 327
达数…… 327
龙京…… 327
陇迷…… 328
陇爱…… 328
陇典…… 328
马岭…… 328
那峨村居民地 …… 328
那峨村…… 328
谷布…… 329
怀仁…… 329
新胜…… 329
新立…… 329
大初…… 329
大良…… 329
小布益…… 330
布益…… 330
甫华…… 330
那峨…… 330
琴鸟…… 330
新建…… 330
谷就…… 330
陇干…… 331
活旺村居民地 …… 331
活旺村…… 331

活卜…… 332
布羊…… 332
那弄…… 332
陇直…… 332
那敏…… 332
头晚…… 332
巴麦…… 333
陇娘…… 333
百谷…… 333
下圩…… 333
巴旺…… 333
百牙…… 334
那旁…… 334
多感村居民地 …… 334
多感村…… 334
多感…… 335
多亮…… 335
布洒…… 335
谷救…… 335
陇京…… 335
宜洒村居民地 …… 336
宜洒村…… 336
德宜…… 336
百洒…… 336
鲁龙…… 336
灯塔…… 336
德灯…… 336
布爱…… 337
叮叭村居民地 …… 337
叮叭村…… 337
福林…… 337
丁坡…… 337
龙腊…… 338
东那…… 338
大音…… 338
叮叭…… 338
大架村居民地 …… 338
大架村…… 338
壮圩…… 339
下架…… 339
大林…… 339
壮东…… 339
那东…… 339
更登…… 339
陇立…… 340
那洒…… 340
陇英…… 340
叫羊…… 340
东省…… 340
大文…… 340
大架…… 341
架内…… 341
岩位…… 341
巴别乡政区居民地 …… 341
巴别乡…… 341
巴别村居民地 …… 343
巴别村…… 343
巴别圩…… 344
岑石…… 344
更表…… 344
念三…… 344
甘帮…… 345
桥头…… 345
百安…… 345
安内…… 345
安外…… 345
百布…… 345
多吉…… 346
陇南…… 346
王台…… 346
岑任…… 346
专上…… 346
专下…… 346
多敏…… 347
德录…… 347
甘念…… 347

甘合…………………………………… 347
德合…………………………………… 347
三坡村居民地 ……………………… 347
三坡村………………………………… 347
三坡…………………………………… 348
德荣…………………………………… 348
古沙…………………………………… 348
多乐…………………………………… 348
多曲…………………………………… 349
多料…………………………………… 349
多朗…………………………………… 349
多无…………………………………… 349
三多…………………………………… 349
多寿…………………………………… 349
多敬…………………………………… 350
上敬…………………………………… 350
多班…………………………………… 350
多令…………………………………… 350
德安村居民地 ……………………… 350
德安村………………………………… 350
德莫…………………………………… 351
德麻…………………………………… 351
丁坡…………………………………… 351
定吉…………………………………… 351
东来…………………………………… 351
德林…………………………………… 351
登利…………………………………… 352
德良…………………………………… 352
安一…………………………………… 352
安二…………………………………… 352
中安…………………………………… 352
多荣…………………………………… 352
大元…………………………………… 353
念登…………………………………… 353
更阳…………………………………… 353
德弄村居民地 ……………………… 353
德弄村………………………………… 353
汝那…………………………………… 354
德仰…………………………………… 354
登四…………………………………… 354
多俄…………………………………… 354
德翁…………………………………… 354
陇赖…………………………………… 354
陇拆…………………………………… 354
大亮…………………………………… 355
登岁…………………………………… 355
多邦…………………………………… 355
德爱村居民地 ……………………… 355
德爱村………………………………… 355
多柳…………………………………… 355
德爱…………………………………… 356
翁部…………………………………… 356
德巴…………………………………… 356
多达…………………………………… 357
岑练…………………………………… 357
登宁…………………………………… 357
多用…………………………………… 357
丁安…………………………………… 357
陇站…………………………………… 357
大录村居民地 ……………………… 358
大录村………………………………… 358
大录…………………………………… 358
大朗…………………………………… 358
东桥…………………………………… 358
多别…………………………………… 358
多列…………………………………… 359
谷秋…………………………………… 359
多眉…………………………………… 359
岑巴…………………………………… 359
巴利…………………………………… 359
岑那…………………………………… 359
金宝…………………………………… 359
大问村居民地 ……………………… 360
大问村………………………………… 360
大问…………………………………… 360
果腊…………………………………… 360

花参村居民地 ………………………… 360
花参村……………………………………… 360
花参………………………………………… 361
马洪………………………………………… 361
陇麦………………………………………… 361
大江………………………………………… 361
弄朗村居民地 ………………………… 361
弄朗村……………………………………… 361
朗下………………………………………… 362
朗上………………………………………… 362
谷刚………………………………………… 362
登有………………………………………… 362
坡烟………………………………………… 362
新兴………………………………………… 362
大令………………………………………… 363
新平村居民地 ………………………… 363
新平村……………………………………… 363
和平………………………………………… 363
弄朋………………………………………… 363
甘吉………………………………………… 363
陇谷………………………………………… 364
陇有………………………………………… 364
弄朝………………………………………… 364
陇怀村居民地 ………………………… 364
陇怀村……………………………………… 364
陇培………………………………………… 364
陇怀………………………………………… 365
陇都………………………………………… 365
都康………………………………………… 365
陇孟………………………………………… 365
陇求………………………………………… 365
陇帮………………………………………… 365
陇吉………………………………………… 366
吉朗………………………………………… 366
陇爱………………………………………… 366
陇现………………………………………… 366
陇接………………………………………… 366
昔居………………………………………… 366
多太………………………………………… 366
陇翁………………………………………… 367
陇力………………………………………… 367
陇合………………………………………… 367
陇合村居民地 ………………………… 367
陇合村……………………………………… 367
陇合………………………………………… 367
陇乐………………………………………… 368
堂备………………………………………… 368
多宽………………………………………… 368
登帮………………………………………… 368
陇南………………………………………… 368
多隆………………………………………… 368
多敖………………………………………… 369
安宁村居民地 ………………………… 369
安宁村……………………………………… 369
安宁………………………………………… 369
堂弄………………………………………… 369
千上………………………………………… 369
千中………………………………………… 370
千下………………………………………… 370
多眉………………………………………… 370
多六………………………………………… 370
陇龙………………………………………… 370
大龙………………………………………… 370
多留………………………………………… 371
德怀………………………………………… 371
陇正………………………………………… 371
陇右………………………………………… 371
多柏………………………………………… 371
谷力………………………………………… 371
安康………………………………………… 372
陇公………………………………………… 372
非行政区域……………………………… 373
林场 …………………………………… 373
三雷林场…………………………………… 373
右江林场…………………………………… 373
那么林场…………………………………… 373
工业区 ………………………………… 374
百色新山铝产业示范园…………………… 374

田阳区城东轻工业园区…………………… 374
田阳区红岭坡工业园区…………………… 375
交通运输设施 ……………………………… 376
码头、渡口 ………………………………… 376
百色港田阳港区二塘作业区………… 376
田州渡口………………………………… 376
六联渡口………………………………… 376
公路线 ……………………………………… 376
广昆高速公路………………………… 376
银百高速公路………………………… 377
汕昆高速公路………………………… 377
瑞金—清水河公路…………………… 377
福州—昆明公路……………………… 378
兰州—龙邦公路……………………… 378
坡洪—弄陇公路……………………… 378
大化—五村公路……………………… 379
那坡—定夜公路……………………… 379
坡洪—桥业公路……………………… 379
百育—那满公路……………………… 379
头塘—那坡公路……………………… 380
田州—红岭坡公路…………………… 380
田州—三雷公路……………………… 380
那老—公篓公路……………………… 380
坡洪—百合公路……………………… 381
田东大桥—新立公路………………… 381
谷西—坤平公路……………………… 381
那坡—那满公路……………………… 381
坡洪—雷圩公路……………………… 382
坡洪—桥马公路……………………… 382
百务—百林公路……………………… 382
绢纺厂—定律公路…………………… 382
田州—平坡公路……………………… 383
万平—那驮公路……………………… 383
永常—义安公路……………………… 383
那芘—濑旺公路……………………… 383
瓦窑—坟背公路……………………… 383
农科所—弄坡公路…………………… 383
古美二桥—新建公路………………… 384
坡洪—下邦公路……………………… 384
新屯—新景公路……………………… 384
陇合—陇梅公路……………………… 384
新立—那满公路……………………… 384
陇列—新楼公路……………………… 385
百色机场公路………………………… 385
风情园—七联公路…………………… 385
四那—新民公路……………………… 385
四那—六联公路……………………… 385
百育—敢壮山公路…………………… 386
百育—科技园区公路………………… 386
亭怀—能带公路……………………… 386
懂立—朔柳公路……………………… 386
玉凤—巴庙公路……………………… 386
坡旺—百民公路……………………… 387
平泗—百东河公路…………………… 387
琴光—绿机公路……………………… 387
头塘—百沙公路……………………… 387
二塘—新山公路……………………… 387
五村—雷圩公路……………………… 388
雷圩—陇里公路……………………… 388
桥业—太平公路……………………… 388
桥业—连安下公路…………………… 388
巴别—三坡公路……………………… 388
汽车站、收费站 …………………………… 389
田阳汽车总站………………………… 389
田阳收费站…………………………… 389
那坡收费站…………………………… 389
百务收费站…………………………… 389
铁路线、铁路车站 ………………………… 390
云桂铁路……………………………… 390
南昆铁路……………………………… 391
田阳站………………………………… 391
航空港 ……………………………………… 392
百色巴马机场………………………… 392
城区道路街巷 ……………………………… 392
百色大道……………………………… 392
敢壮大道……………………………… 393

花园大道…… 394
解放东路…… 394
解放中路…… 395
解放西路…… 395
布洛陀大道…… 395
荣鑫路…… 396
阳光路…… 396
育才路…… 396
金狮路…… 397
文体路…… 397
瓦氏路…… 397
明珠路…… 397
兴华路…… 397
红棉路…… 398
将军路…… 398
中山街…… 398
桑园街…… 398
民生街…… 398
民主街…… 399
博爱街…… 399
港口路…… 399
百东南路…… 399
香芒路…… 399
百东路…… 400
玉兰路…… 400
港阳路…… 400
扁桃路…… 400
谷林路…… 400
常安路…… 401
民族街…… 401
民权街…… 401
维新街…… 401
广场一路…… 401
广场二路…… 402
金穗街…… 402
桥梁 …… 402
田阳双线特大桥…… 402
田州大桥…… 402
田阳互通立交桥…… 402
田阳右江大桥…… 403
百东河大桥…… 404
那坡大桥…… 404
那坡一号高架大桥…… 404
那坡二号高架大桥…… 405
那坡互通立交桥…… 405
那驮高架大桥…… 405
那音大桥…… 405
那音中桥…… 405
那音车行天桥…… 406
那音桥…… 406
百峰互通立交桥…… 406
百峰右江大桥…… 406
百峰林场大桥…… 407
百峰林场中桥…… 407
稠烟大桥…… 407
闷约一号大桥…… 407
闷约二号大桥…… 408
琴叫大桥…… 408
琴叫中桥…… 408
那林大桥…… 408
坡南岭大桥…… 408
坡三搜 1 号大桥…… 409
坡三搜 2 号大桥…… 409
陆立大桥…… 409
陆现半幅桥…… 409
陆现中桥…… 409
驮呆大桥…… 410
岩康乐天桥…… 410
岩康乐大桥…… 410
陇内中桥…… 410
更宜大桥…… 410
头孔 1 号中桥…… 411
头孔 2 号中桥…… 411
新建—马凌中桥…… 411
那满大桥…… 411
四那桥…… 412

玉凤中桥…… 412
凤桥中桥…… 412
巴令桥…… 412
巴朗桥…… 412
巴庙一桥…… 412
巴庙二桥…… 413
那徐桥…… 413
谷西桥…… 413
谷丰一桥…… 413
谷丰二桥…… 413
文东中桥…… 414
百懂大桥…… 414
百东河二号双线特大桥…… 414
百里桥…… 414
百沙桥…… 414
平泗中桥…… 414
甫孟大桥…… 415
六头山 1 号大桥…… 415
六头山 2 号大桥…… 415
六头山 3 号大桥…… 415
坡六遥 1 号大桥…… 416
坡六遥 2 号大桥…… 416
乾母洞中桥…… 416
坡洪一桥业跨线桥…… 416
隧道 …… 416
古美隧道…… 416
百务隧道…… 417
陇内隧道…… 417
六联隧道…… 417
岩下隧道…… 417
陇央外屯隧道…… 417
念登隧道…… 418
水利设施 …… 419
池塘、水利枢纽 …… 419
土司官塘…… 419
下路山塘…… 419
那吉航运枢纽…… 419
水库 …… 420
那音水库…… 420
兴达水库…… 420
六谷水库…… 421
六华水库…… 421
那生水库…… 421
百育水库…… 422
下花水库…… 422
绿岭水库…… 422
懂立水库…… 422
朔柳水库…… 423
百东河水库…… 423
惠洞水库…… 424
灌溉渠、堤坝 …… 424
百东河干渠…… 424
磺桑江干渠…… 425
惠洞南干渠…… 425
惠洞总干渠…… 425
磺桑江坝首…… 425
纪念地与旅游景点 …… 426
纪念地 …… 426
那赖遗址…… 426
百色市田阳区革命烈士纪念陵园…… 426
瓦氏夫人墓…… 426
田阳粤东会馆…… 427
北府庙…… 427
崇正书院…… 428
列圣宫…… 428
水月宫…… 429
玉皇阁…… 429
田州区苏维埃政府旧址…… 429
恩阳县苏维埃政府旧址…… 430
黄恒栈四平楼…… 430
黄恒栈烟厂旧址…… 430
田阳县国民党政府旧址…… 430
蝙蝠洞石刻…… 431
那坡烈士公墓…… 431
坡洪烈士公墓…… 431

执邑志山照碑…………………………… 431
莲花山寺遗址…………………………… 431
驮岂赤卫队烈士公墓………………… 432
敢壮山赤卫军战斗遗址……………… 432
花茶庙遗址……………………………… 433
新民村烈士陵园………………………… 433
雷圩碑刻………………………………… 433
清咸丰元年路碑………………………… 434
旅游景点 ………………………………… 434
田州古城………………………………… 434
狮子山森林公园………………………… 435
敢壮山布洛陀文化遗址景区………… 435
田阳聚之乐休闲农业景区…………… 436
建筑物 ………………………………… 437
房屋 ………………………………… 437
田阳商场………………………………… 437
田阳布洛陀文化中心………………… 437
田阳国际大酒店………………………… 438
田阳电力大厦…………………………… 438
田阳县水利局综合楼………………… 438
田阳体育馆……………………………… 438
广场、体育场、市场………………… 439
布洛陀文化中心广场………………… 439
三雷花园广场…………………………… 439
中国–东盟（百色）农业新技术
新品种交易中心广场……………… 440
田阳体育场……………………………… 440
广西田阳农副产品综合批发市场…… 440
文教卫机构………………………… 442
百色市田阳区博物馆………………… 442
百色市田阳区田阳高中……………… 442
百色市田阳区民族高级中学………… 443
百色市田阳区实验中学……………… 443
百色市田阳区民族中学……………… 443
百色市田阳区第三初级中学………… 444
百色市田阳区第四初级中学………… 444
百色市田阳区第一小学……………… 444
百色市田阳区第二小学……………… 445
百色市田阳区第三小学……………… 445
百色市田阳区第四小学……………… 445
百色市田阳区第五小学……………… 445
百色市田阳区第六小学……………… 446
百色市田阳区第七小学……………… 446
百色市田阳区第八小学……………… 447
百色市田阳区第九小学……………… 447
百色市田阳区第十小学……………… 447
百色市田阳区第十一小学…………… 447
百色市田阳区南山实验小学………… 448
百色市田阳区特殊教育学校………… 448
百色市田阳区人民医院……………… 448
百色市田阳区妇幼保健院…………… 449
百色市田阳区中医医院……………… 449
百色市田阳区田州镇卫生院………… 450
百色市田阳区初级中学……………… 450
百色市田阳区那坡镇中心小学……… 451
百色市田阳区那坡镇百峰小学……… 451
百色市田阳区那坡镇中心卫生院…… 451
百色市田阳区坡洪镇坡洪中心小学… 451
百色市田阳区坡洪镇琴华中心小学… 452
百色市田阳区坡洪镇中心卫生院…… 452
百色市田阳区那满镇中心小学……… 452
百色市田阳区那满镇露美小学……… 453
百色市田阳区那满镇中心卫生院…… 453
百色市田阳区百育镇中心小学……… 453
百色市田阳区百育镇卫生院………… 453
百色市田阳区玉凤镇中心小学……… 454
百色市田阳区玉凤镇中心卫生院…… 454
百色市田阳区第五初级中学………… 454
百色市田阳区头塘镇中心小学……… 455
百色市田阳区头塘镇卫生院………… 455
百色市田阳区五村镇中心小学……… 455
百色市田阳区五村镇雷圩小学……… 455
百色市田阳区五村镇中心卫生院…… 456
百色市田阳区洞靖镇中心小学……… 456
百色市田阳区洞靖镇桥业小学……… 456
百色市田阳区洞靖镇卫生院………… 457

百色市田阳区巴别乡中心小学……… 457
百色市田阳区巴别乡卫生院………… 457
陆地地形 ………………………… 458
山 ………………………………… 458
莲花山………………………………… 458
狮子山………………………………… 458
那龙山………………………………… 458
谷内山………………………………… 458
肯兰山………………………………… 459
板老山………………………………… 459
根的山………………………………… 459
德云山………………………………… 459
布定山………………………………… 459
大毕山………………………………… 459
山岩基山……………………………… 459
三记山………………………………… 459
敢壮山………………………………… 460
下啃罩山……………………………… 461
炸劳山………………………………… 461
弄谢山………………………………… 461
足窑岭………………………………… 461
当斗山………………………………… 461
丁凳山………………………………… 461
发叶山………………………………… 461
翻云山………………………………… 461
岗傕山………………………………… 462
哥卢山………………………………… 462
谷布山………………………………… 462
啃兰山………………………………… 462
陇弟山………………………………… 462
陇内山………………………………… 462
陇体山………………………………… 462
龙削山………………………………… 462
陇章上山……………………………… 463
陇章下山……………………………… 463
农卜山………………………………… 463
山陇卜山……………………………… 463
塘兵山………………………………… 463
陇谷山………………………………… 463
炸巴老山……………………………… 464
兰弯山………………………………… 464
蜂山…………………………………… 464
凡星山………………………………… 464
谷内山………………………………… 464
布查山………………………………… 464
垦田山………………………………… 464
陇谷山………………………………… 464
那劳山………………………………… 465
独山…………………………………… 465
那同山………………………………… 465
塘磊山………………………………… 465
炸劳山………………………………… 465
那朗山………………………………… 465
陇安山………………………………… 465
德崖山………………………………… 465
角刚山………………………………… 466
肯兰山………………………………… 466
陇桑山………………………………… 466
陇烈山………………………………… 466
板斜山………………………………… 466
都爱山………………………………… 466
岗低山………………………………… 466
谷怀山………………………………… 466
更革山………………………………… 467
肯兰山………………………………… 467
肯设山………………………………… 467
陇内山………………………………… 467
那么山………………………………… 467
塘领山………………………………… 467
下岗山………………………………… 467
岩岗山………………………………… 468
岩怀山………………………………… 468
鹰嘴山………………………………… 468
炸浪山………………………………… 468
旧村山………………………………… 468
科坤山………………………………… 468

塘换山…… 468
石龙山…… 468
凹坊山…… 469
拉单山…… 469
那弓山…… 469
土汗山…… 469
岩育山…… 469
炸桑山…… 469
三燕山…… 469
大伟山…… 470
布兰山…… 470
敢那山…… 470
半巴山…… 470
门前山…… 470
依更山…… 470
登雷山…… 470
登腰胺马山…… 470
登思山…… 471
谷登山…… 471
怀台山…… 471
坡顶山…… 471
灵山…… 471
陇蒙山…… 471
陇钦山…… 471
陇桑山…… 472
念仙山…… 472
弄权山…… 472
陇上山…… 472
陇泥山…… 472
布爱山…… 472
路半山…… 472
半谷山…… 473
琴伊山…… 473
万吹山…… 473
坡腰山…… 473
专上前山…… 473
光玉山…… 473
帽头山…… 473
兆壮山…… 473
念槽山…… 474
排崩山…… 474
排逢山…… 474
排荣成山…… 474
坡庙山…… 474
山尖山…… 474
山林山…… 474
山美山…… 474
堂弄前山…… 475
岩猪山…… 475
发令山…… 475
谷优山…… 475
交多加山…… 475
路班山…… 475
崖红山…… 475
大吉山…… 476
多留后山…… 476
多平山…… 476
坡松山…… 476
排坤山…… 476
大山…… 476
顶雷山…… 476
法烈山…… 476
放哨山…… 477
角靠山…… 477
山依山…… 477
争恐山…… 477
百林山…… 477
安康后山…… 477
拜铭山…… 477
登班山…… 478
丁角山…… 478
顶拜山…… 478
顶者山…… 478
林龙山…… 478
陇内山…… 478
排灵山…… 478

德六山…………………………………… 479
岜弄山…………………………………… 479
丁农山…………………………………… 479
把信山…………………………………… 479
班牟山…………………………………… 479
丁补山…………………………………… 479
丁谷山…………………………………… 479
顶崭山…………………………………… 479
排领山…………………………………… 480
多龙那屋山……………………………… 480
叫那山…………………………………… 480
陇现山…………………………………… 480
陇林山…………………………………… 480
岩闷山…………………………………… 480
安显山…………………………………… 480
陇翁后山………………………………… 481
陇鹰山…………………………………… 481
胶山……………………………………… 481
多太门前山……………………………… 481
多担山…………………………………… 481
多里山…………………………………… 481
角谷目山………………………………… 481
坡盖山…………………………………… 482
山布山…………………………………… 482
山泽山…………………………………… 482
炸志者山………………………………… 482
钟山……………………………………… 482
威龙山…………………………………… 482
陇现门前山……………………………… 482
陇美山…………………………………… 483
陇衣山…………………………………… 483
昔居后山………………………………… 483
路畔山…………………………………… 483
陇牙山…………………………………… 483
陇内山…………………………………… 483
陇登加山………………………………… 483
百陇邦山………………………………… 484
应山……………………………………… 484
妈江山…………………………………… 484
甘羊山…………………………………… 484
陇吾山…………………………………… 484
顶陇亮山………………………………… 484
顶泥泊山………………………………… 484
陇荒山…………………………………… 484
吉朗前山………………………………… 485
陇木美山………………………………… 485
陇吉后山………………………………… 485
陇顶山…………………………………… 485
桥刚山…………………………………… 485
排大山…………………………………… 485
都康后山………………………………… 485
叫猫山…………………………………… 486
陇深山…………………………………… 486
鞍马山…………………………………… 486
巴怀山…………………………………… 486
岜望山…………………………………… 486
排大山…………………………………… 486
五鬼山…………………………………… 486
坡松山…………………………………… 486
平江山…………………………………… 487
弩弓山…………………………………… 487
门前山…………………………………… 487
陇问山…………………………………… 487
鸡冠山…………………………………… 487
岩表山…………………………………… 487
得地山…………………………………… 487
布压山…………………………………… 488
鞍窑山…………………………………… 488
坡大山…………………………………… 488
榨贤栏山………………………………… 488
大朗山…………………………………… 488
德狼山…………………………………… 488
坡尖山…………………………………… 488
岩四山…………………………………… 489
榨肯栏山………………………………… 489
榨肯栏山………………………………… 489

坡盖山…… 489
夏位山…… 489
三修山…… 489
者山…… 489
德心山…… 489
德心山…… 490
登岭山…… 490
要深山…… 490
山排女山…… 490
各淘山…… 490
顶香山…… 490
德文山…… 491
大排山…… 491
排漠山…… 491
叫甘山…… 491
排积山…… 491
大山…… 491
排三山…… 491
德育山…… 491
排岭…… 492
排拦山…… 492
德玖山…… 492
上堂山…… 492
叫金山…… 492
弄拆山…… 492
大亮后山…… 492
大山…… 492
得太山…… 493
甲酒山…… 493
叫娃山…… 493
者山…… 493
德绿山…… 493
登谷山…… 493
公丈山…… 493
叫胡山…… 494
山牛山…… 494
山嫩山…… 494
三角架山…… 494
坡索山…… 494
坡岁山…… 494
排鹰山…… 494
排翁卖山…… 495
排拿山…… 495
叫门石山…… 495
更对山…… 495
得布山…… 495
布牙山…… 495
卜星山…… 495
排邦山…… 495
天阳岭…… 496
洞穴 …… 496
感云洞…… 496
母娘洞…… 496
敢怀洞…… 496
凉洞岩…… 497
陆地水系 …… 498
河流 …… 498
右江…… 498
田州河…… 498
那音河…… 499
扁村河…… 499
驮烈河…… 499
响水河…… 499
玉凤河…… 500
磺桑江…… 500
活旺河…… 500
河岛、洲、瀑布 …… 501
东慕岛…… 501
秣马沙洲…… 501
万平沙洲…… 502
驮亮沙洲…… 502
响水瀑布…… 502
拼音索引 …… 503
笔画索引 …… 529
后记 …… 554

田阳区政区居民地

田阳区 Tiányáng Qū 百色市辖区。在百色市境东部，百色市人民政府驻地东南 38 千米处。处东经 106° 22′ 14″～107° 8′ 32″，北纬 23° 28′ 20″～24° 6′ 55″。东接田东县，南连德保县，西邻右江区，北靠河池市巴马瑶族自治县。面积 2394 平方千米。辖田州、那坡、坡洪、那满、百育、玉凤、头塘、五村、洞靖 9 镇和巴别 1 乡。城区人民政府驻田州镇解放中路 42 号。常住人口 30.84 万，城镇人口 18.03 万，城镇化率占 58.46%。有壮、汉、瑶等民族，其中壮族占 90%。秦属象郡地。汉元鼎六年（公元前 111），属郁林郡。西晋属晋兴郡。隋属郁林郡。唐属田州。宋皇祐五年（1053）置勘羁縻州于今区境西南古美，先属右江道镇安军民宣抚司，后属广南西路邕州；又置奉议羁縻州于今区境东南右江东岸，属广南西路邕州。南宋于今区境北部置上隆羁縻州，于今城区置来安军（相当于州、县），均属邕州。元至元十三年（1276），改来安军为来安路，领辖罗博、泗城、归乐、睢殿、路城、唐兴 6 土州，辖及今百色市右江区、田阳、田林、凌云、乐业、隆林、西林等地；同期，废勘州，奉议、上隆 2 州改属田州路。明洪武二年（1369），来安路改来安府，田州路改田州府，奉议、上隆 2 州属田州府；明洪武五年（1372），奉议州省入来安府；明洪武七年（1374），复置奉议州，直隶广西等处行中书省；明洪武十七年（1384），废来安府入田州府；明洪武二十八年（1395），奉议州改奉议卫。明成化三年（1467），上隆州迁治今桂平市东北并更名武靖州；成化六年（1470），奉议卫复改奉议州，直隶广西等处承宣布政使司。明嘉靖七年（1528），田州府降为田州，奉议州改隶思恩府。清雍正七年（1729），奉议州改隶镇安府。清乾隆七年（1742）析田州土州置阳万土州判，治今百峰圩，属思恩府。清光绪元年（1875），田州之中田里划入奉议州判。清光绪五年（1879）奉议州判改奉议州，阳万土州判改恩阳土州判。民国元年（1912）改奉议州为奉议县，改恩阳土州判为恩阳县，均属百色府；民国二年（1913）改属田南道；民国十六年（1927）奉议县治迁到今田州镇，直隶广西省；民国十九年（1930）改属恩隆民团区；民国二十一年（1932）改属百色民团区；民国二十二年（1933），奉议县改属天保民团区，并析老村、大位、大邦、马翁、果隆、山落、大问、大净、大将、咟贡、示洪、示下、秾洪、那当、那造、陇林 16 村归天保县；民国二十三年（1934），奉议县改属天保行政监督区，恩阳县改属百色行政监督区；民国二十四年（1935），奉议、恩阳 2 县合为田阳县，治今那坡镇，属百色行政监督区；奉议、恩阳 2 县合并为田阳县的同时析出原属奉议县仁安、慕桃、平马、檀河、作登、大榄、岜立 7 乡归田东县，析出原属恩阳县毕禄、平杨、楞安、温平、畔水 5 乡归百色县，析出德赖、扶隆、塘日、东凌 4 乡归敬德县。民国二十九年（1940）改属第十区行政督察区，民国三十一年（1942）改属第六行政督察区，民国三十三年（1944）改属第五行政督察区。1949 年中华人民共和国成立后属百色专区。

1952年原万冈县鹅桥、凤桥、百羌3乡并入，改属桂西僮族自治区百色专区。1953年原万冈县西南2乡并入。1955年析出新层乡驮洪屯部分辖地划归田东县，划辖原德保县新美乡，迁治今田州镇。1956年改属桂西僮族自治州百色地区。1958年改属广西僮族自治区百色专区。1965年属广西壮族自治区百色专区。1971年改属广西壮族自治区百色地区。2002年改属广西壮族自治区百色市。2019年，田阳县撤销，改设百色市田阳区。田阳，含义有两说：一说因原驻地那坡处田州之南得名，据邱昌渭《广西县政》（民国）云，“那坡居田州之南，因更名田阳”；一说取田州、恩阳各一字得名。处右江河谷盆地中部，东西最大距离43千米，南北最大距离117千米。有平原台地、丘陵、山地三种地形，地势南北高、中间低，东西狭、南北宽，素有“两山一谷”之称。海拔250～1250.8米。南部石山区为岩溶地貌，北部土山区为砂页岩地貌。有右江、田州河、那音河、驮烈河、响水河、活旺河、磺桑江、扁村河、玉凤河等大小河流9条。主要山峰有丁农山（海拔1250.8米）、三记山（海拔1116.7米）、方屯山（海拔1026.6米）等。处北回归线附近，属南亚热带季风气候，年均气温18～22℃，1月平均气温10～17℃，7月平均气温27～34℃。年均降水量1100～1350毫米，是广西降水量较少的地区之一。年无霜期为307～352天。年均日照总数2000小时。矿产资源有煤、石油、铝土、石灰石、大理石等；野生植物有900多种，国家二级保护野生植物有蚬木、擎天树2种；常见野生动物有野猪、松鼠、猫头鹰、喜鹊、杜鹃、青鱼、荷元鲤、蜜蜂、蟋蟀、果子狸、野猫、黄狼、猴子、啄木鸟、斑鸠、八哥、红毛鸡、野鸡、鹧鸪、麻雀等，国家一级保护野生动物有穿山甲1种，国家二级保护野生动物有蟒、蛤蚧和山瑞3种。有百东河市级自然保护区1个。三次产业比例为23.5∶53.5∶23.0。农业主种水稻、甘蔗、玉米、西红柿、芒果、香蕉等。工业集中于百色新山铝产业示范园，铝加工为支柱产业，还有造纸、建材、制糖、化工、电力等工业企业。服务业以交通运输、仓储和邮政业、商务服务为主。特产田阳香芒、圣女果、玉凤茶油，有“中国芒果之乡”之称。南昆铁路及云桂铁路经此设田阳站。广昆高速公路、银百高速公路，212国道、323国道、324国道，大化—五村公路（306省道）、坡洪—弄陇公路（307省道）过境。有田阳、

田阳城区远眺

那坡镇、百务等高速公路出入口。有右江航道。百色巴马机场在境内。有中学 8 所，其中普通高中 2 所，初级中学 6 所。有田阳图书馆、田阳博物馆、田阳档案馆、田阳体育馆各 1 个。有百色市田阳区人民医院、百色市田阳区妇幼保健院、百色市田阳区中医医院（广西中医药大学附属瑞康医院田阳院区）3 家二级医院。有那赖遗址 1 个全国重点文物保护单位和瓦氏夫人墓、田阳粤东会馆 2 个广西壮族自治区文物保护单位。有百色市田阳区革命烈士纪念陵园、田州区苏维埃政府旧址、新民村烈士陵园等多个纪念地。有布洛陀、田阳壮族狮舞 2 项国家级非物质文化遗产和田州壮族山歌、壮族抢花炮（田阳抢花炮）、田阳敢壮山壮族歌圩、壮族多声部民歌等多项自治区级非物质文化遗产。有田州古城、敢壮山布洛陀文化遗址景区 2 个国家 AAAA 级旅游景点。是壮族文化的重要发祥地之一，明代抗倭女英雄瓦氏夫人的故乡，右江革命根据地重要组成部分。2020 年被认定为第三批中国特色农产品优势区。

田阳区政区居民地一览表

镇、乡名称	驻地及街、社区、村名称
田州镇	8 社区：中山、兴华、常安、河东、丽林老乡家园、五指山老乡家园、红康、康达 10 村：隆平、凤马、龙河、平坡、那塘、三雷、东江、东旺、兴城、定律
那坡镇	1 街：那坡 20 村：平朴、万平、敢亮、那驮、那苊、义安、宝美、六合、合力、弄坡、永常、濑旺、尚兴、百峰、那音、弄山、弄初、晚塘、东红、洞印
坡洪镇	24 村：坡丹、新屯、下邦、局盛、陇含、陇升、郎含、兴达、五合、古美、新建、新景、新美、天安、新洞、百合、琴华、乐上、南兴、新合、央律、朝马、康浮、双达
那满镇	13 村：三同、内江、自强、大成、治塘、百敢、新立、露美、光琴、新楼、新生、新仓、新层
百育镇	1 社区：新街 6 村：百育、九合、四那、新民、六联、七联
玉凤镇	17 村：玉凤、朔柳、统合、懂立、甫里、上镇、长高、岭平、六惠、巴庙、华彰、能带、坤平、坡旺、百民、百甲、那江
头塘镇	1 社区：兴侨 8 村：头塘、四联、二塘、新山、百沙、百坡、百里、联坡
五村镇	20 村：五村、濑贡、达巴、陇华、大言、敢示、大路、桥马、百宙、大列、巴浪、定夜、康华、天阳、雷圩、伏王、弄里、驮逢、巴某、百谷
洞靖镇	20 村：靖安、弄岩、西平、百勇、雪平、百林、淋楞、扁村、桥业、天德、念堂、大能、德乐、太平、那峨、活旺、多感、宜洒、叮叭、大架
巴别乡	13 村：巴别、三坡、德安、德弄、德爱、大录、大问、花参、弄朗、新平、陇怀、陇合、安宁
合计：9 镇 1 乡，1 街 10 社区 151 村	

田州镇政区居民地

田州镇 Tiánzhōu Zhèn 百色市田阳区辖镇。城区人民政府驻地。在区境中部。东接百育镇，南连那满镇、那坡镇，西邻那坡镇、头塘镇，北靠头塘镇、玉凤镇。面积118平方千米。辖中山、兴华、常安、河东、丽林老乡家园、五指山老乡家园、红康、康达8社区和隆平、凤马、龙河、平坡、那塘、三雷、东江、东旺、兴城、定律10村。镇人民政府驻中山社区解放中路23号。有12.45万人，有壮、汉族。通行普通话、壮话、蔗园话。清光绪二年（1876）为田州团，属奉议州北区。民国元年（1912）属奉议县北区；民国二十二年（1933）改田州镇，属中田区；民国二十四年（1935）属田阳县。1951年与四厢、正荣、联荣3乡及新荣乡五合、那隆、那温、治使、见隆、塘茶、那三7村并为田阳县第九区。1955年改称田州区。1958年8月改设田州公社，并析出头塘公社。1962年8月复改田州区。1968年8月复改田州公社。1980年析置田州镇。1984年11月田州公社撤销，并入田州镇。2019年属百色市田阳区。因自唐代起历为田州、田州路、田州府治所得名。田州，据2001年版《广西通志·行政区划志》载："开元中，始置田州，因州治地旷如田而以'田'名州。"处右江河谷平原，地势较为平坦，地形分为盆地、平原、土坡。最高峰亭点山，海拔472.9米。有百色市田阳区田阳高中、百色市田阳民族高级中学2所高中，有百色市田阳区民族中学、百色市田阳区实验中学、百色市田阳区第三初级中学、百色市田阳区第四初级中学4所初中，有百色市田阳区第一小学、百色市田阳区第二小学等12所小学，有百色市田阳区人民医院、百色市田阳区妇幼保健院、百色市田阳区中医医院3家二级医院。有那赖遗址、百色市田阳区革命烈士纪念陵园、瓦氏夫人墓、田阳粤东会馆、崇正书院、田州区苏维埃政府旧址、田州古城等纪念地和旅游景点。耕地面积2236.67公顷。农业主种水稻、甘蔗、玉米等。特产芒果、香蕉、蔬菜等。有东江村、龙河村无公害蔬菜种植基地、兴城现代农业技术集成示范区。工业以化工、建材为主。云桂铁路、南昆铁路、广昆高速公路、323国道、324国道、田州—红岭坡公路（745县道）、田州—三雷公路（746县

田州镇风光

道)、那坡—那满公路（703 乡道）等过境。铁路车站田阳站和公路汽车站田阳汽车总站在境内，广昆高速公路在兴城村设有互通出入口。右江、田州河流经。2014 年被农业部认定为第四批全国一村一品示范村镇，建有广西田阳农副产品综合批发市场。

田州镇居民地一览表

社区、村名称	驻地及自然村名称
中山社区	驻民族街 1-1 号
兴华社区	驻凤马村兰松屯
常安社区	驻金穗街
河东社区	驻解放东路公园新城 5 号
丽林老乡家园社区	驻老乡家园一期 7 号楼
五指山老乡家园社区	驻老乡家园农事城办服务中心
红康社区	驻朝马
康达社区	驻双达新村
隆平村	7 自然村：马巷、那豆、平街、顺隆、牌楼、四芽、兰地
凤马村	7 自然村：秣马、度立、花园、兰松、塘罗、墙红、凤凰
龙河村	8 自然村：那务、定贯上屯、定贯下屯、朗江、那亮、晚亮、高旺、那逻
平坡村	6 自然村：久怀、治使、治使新屯、那温、那谨、那龙
那塘村	5 自然村：那坚、塘茶上屯、塘茶中屯、塘茶下屯、晚使
三雷村	驻金狮路 1 号 8 自然村：河口、雷公、百朝、那广、那兵、那楼、三今、六古
东江村	3 自然村：东江上屯、东江下屯、东江新屯
东旺村	3 自然村：东位、祥旺、东包
兴城村	7 自然村：旧城、东尾、那直、那赖、长沙、那居、刘屋
定律村	驻港阳路 4 自然村：定律中屯、定律上屯、定律下屯、城厢
合计：8 社区 10 村，58 自然村	

中山社区居民地

中山社区 Zhōngshān Shèqū 田州镇辖社区。镇人民政府驻地。在镇境中部。东接河东社区、东江村，南连常安社区、兴华社区，西邻定律村，北靠那塘村。面积 4 平方千米。辖区有中山街、桑园街、民权街、民族街、民主街、博爱街、维新街、民生街等街路和民生花园、滨江小区等住宅小区和居民自建住宅。社区居委会驻民族街 1–1 号。有 7126 户 2.02 万人，有壮、汉族。通行普通话、壮话。2002 年前属田州街、定律村、那塘村辖地。2002 年设中山社区，属田州镇。因辖区内中山街得名。中山街曾名启明街，后为纪念革命先行者孙中山而改为中山街。百色市田阳区人民医院、百色市田阳区交通运输局、百色市田阳区水利局、百色市田阳区粮食行政管理局、百色市田阳区邮政局、百色市田阳区电信局、百色市田阳区疾病预防控制中心、百色市田阳区人民检察院、百色市田阳区工商行政管理局、国家税务总局田阳区税务局等机关企事业单位驻此。纪念地有水月宫。田州古城、田阳汽车总站在辖区内。经济以服务业为主。324 国道过境。田州河流经。2005—2008 年度被国家体育总局评为全国群众体育先进单位。通公交车。

田州古城夜景

民生花园小区 Mínshēnghuāyuán Xiǎoqū 田州镇中山社区辖住宅小区。在港阳路 78 号。占地面积 4 万平方米，总建筑面积 9.5 万平方米。有楼房 18 栋。有 980 户 3000 人，壮、汉族聚居。2007 年建成。因是保障性安居民生工程得名。周边主要街道有民生街、民主街、港阳路、解放西路等。

滨江小区 Bīnjiāng Xiǎoqū 田州镇中山社区辖住宅小区。在百东南路西段。占地面积 4000 平方米，总建筑面积 6000 平方米。有楼房 3 栋。有 60 户 200 人，壮、汉族聚居。2009 年建成。因临田州河得名。周边主要街道有瑞田路、港口路、解放东路等。

瑞阳阁小区 Ruìyánggé Xiǎoqū 田州镇中山社区辖住宅小区。在解放中路 16 号。占地面积

1 万平方米，总建筑面积 9000 平方米。有楼房 2 栋。有 72 户 200 人，壮、汉族聚居。2007 年 12 月建成。因在田阳城区中心，是瑞气之地，故名。周边主要街道有解放中路、中山街、桑园街、民主街，并设有公交线路和上下站点。

碧桂豪庭小区 Bìguìháotíng Xiǎoqū 田州镇中山社区辖住宅小区。在解放东路 55 号。占地面积 1.02 万平方米，总建筑面积 3.3 万平方米。有楼房 4 栋。有 280 户 600 人，壮、汉族聚居。2010 年建成。取雄心创大业，壮志写春秋意得名。周边主要街道有解放东路、中山新街，并设有公交线路和上下站点。

一品湾小区 Yīpǐnwān Xiǎoqū 田州镇中山社区辖住宅小区。在百东南路中段南侧。占地面积 1.32 万平方米，总建筑面积 3.99 万平方米。有商住楼 11 栋、住宅楼 2 栋。有 30 户 100 人，壮、汉族聚居。2014 年建成。因该小区在田州河转弯处，又是高品质的滨江住宅小区，故名。周边主要街道有解放东路、百东南路。

定律廉租房小区 Dìnglǜ Liánzūfáng Xiǎoqū 田州镇中山社区辖住宅小区。在解放西路尾。占地面积 3000 平方米，总建筑面积 4500 平方米。有楼房 4 栋。有 84 户 250 人，壮、汉族聚居。2009 年建成。因是田阳县人民政府出资建设在定律村，并以租金补贴或实物配租的方式向社会供应的保障性住房，故名。周边主要街道有解放西路、民生街、民主街、港阳路，并设有公交线路和上下站点。

兴华社区居民地

兴华社区 Xīnghuá Shèqū 田州镇辖社区。在镇境中部。驻地在镇人民政府驻地西 1.3 千米处。东接常安社区，南连隆平村，西邻凤马村，北靠定律村、中山社区。面积 5 平方千米。辖区有解放西路、花园大道（西段）、敢壮大道、兴华路、扁桃路、玉兰路、红棉路、将军路、荣鑫路（西段）、阳光路等街路和阳光家园小区、天盛小区、宁馨家园、茂业小区、荣鑫苑、欧艺新城等居民小区。社区居委会驻凤马村兰松屯。有 10025 户 2.95 万人，有壮、汉族。通行普通话、壮话。2002 年前属田州街和凤马、隆平、定律 3 村辖地。2002 年设兴华社区，以辖区内兴华路取名，属田州镇。百色市田阳区教育局、百色市田阳区广播电视局、百色市田阳区博物馆、百色市田阳区民族中学、百色市田阳区实验中学、百色市田阳区实验小学等单位驻此。有布洛陀文化中心广场、田阳布洛陀文化中心、田阳国际大酒店、香芒湖等重要地标建筑。经济以服务业为主。324 国道过境。通公交车。

香芒湖及田阳国际大酒店等俯瞰

阳光家园小区 Yángguāngjiāyuán Xiǎoqū 田州镇兴华社区辖住宅小区。在阳光路东段。总占地面积11.64万平方米，总建筑面积13.28万平方米，容积率2.4，建筑密度33.4%。有楼房24栋1009套。有1009户4500人，壮、汉族聚居。2005年8月由五洲房地产公司开发建设，分三期建成，一期占地面积3.51万平方米，有楼房6栋，建筑面积4.02万平方米，2007年3月始建，2009年3月建成；二期占地面积2.55万平方米，有楼房5栋，建筑面积2.92万平方米，2008年1月始建，2010年3月建成；三期占地面积5.58万平方米，有楼房13栋，建筑面积6.34万平方米，2009年5月始建，2011年11月建成。因在阳光路，取生活充满阳光意得名。周边主要街道有谷林路、扁桃路、玉兰路、红棉路、荣鑫路。

天盛小区 Tiānshèng Xiǎoqū 田州镇兴华社区辖住宅小区。在将军路4号。占地面积3.7万平方米，总建筑面积9.07万平方米，容积率1.89，绿化面积1.12万平方米。有楼房12栋。有628户3000人，壮、汉族聚居。2009年3月始建，2012年建成。因由广西天盛房地产开发有限公司开发建设，故名。周边主要街道有阳光路、花园大道、敢壮大道。毗邻百色市田阳区第二小学和百色市田阳区人民法院。

宁馨家园小区 Níngxīnjiāyuán Xiǎoqū 田州镇兴华社区辖住宅小区。在阳光路3号。占地面积1.08万平方米，总建筑面积5.91万平方米。有楼房24栋。有279户1260人，壮、汉族聚居。2006年始建，2008年建成。取宁静温馨家园意得名。周边主要街道有荣鑫路、红棉路、将军路。

茂业小区 Màoyè Xiǎoqū 田州镇兴华社区辖住宅小区。在红棉路6号。占地面积2.57万平方米，总建筑面积 7.72 万平方米。有楼房 12 栋。有 667 户 3200 人，壮、汉族聚居。2007 年始建，2009 年建成。取伟大功业意得名。周边主要街道有荣鑫路、将军路、将军路东一巷等。

荣鑫苑小区 Róngxīnyuàn Xiǎoqū 田州镇兴华社区辖住宅小区。在荣鑫路西段，分 3 个区，一区在荣鑫路北侧，二区、三区在荣鑫路南侧。占地面积 6.39 万平方米，总建筑面积 12.19 万平方米，容积率 2.4，建筑密度 33%。有楼房 37 栋 1065 套。有 1035 户 3900 人，壮、汉族聚居。2005 年始建，2006 年建成。因由荣鑫房地产公司开发建设，故名。周边主要街道有将军路、敢壮大道。毗邻合源美地小区、宁馨家园小区、茂业小区。田阳 1 路公交车途经并设停靠站点。配套有 140 多间商铺。

欧艺新城小区 Ōuyìxīnchéng Xiǎoqū 田州镇兴华社区辖住宅小区。在玉兰路 1 号。占地面积 2.25 万平方米，总建筑面积 38.1 万平方米。有楼房 8 栋。有 300 户 800 人，壮、汉族聚居。2012 年始建，2013 年建成一期。因由广西欧艺集团有限公司开发建设，故名。周边主要街道有花园大道、阳光路、红棉路。毗邻阳光家园小区、华润家园小区。配套有农贸市场、购物中心、步行街等商业体。

万和新城小区 Wànhéxīnchéng Xiǎoqū 田州镇兴华社区辖住宅小区。在敢壮大道与荣鑫路交叉路口西侧。占地面积 3.98 万平方米，总建筑面积 3.3 万平方米。有楼房 14 栋。有 1800 户 5400 人，壮、汉族聚居。2012 年始建，2015 年建成一期，2017 年建成二期。取众人和睦之意得名。周边主要街道有敢壮大道、解放西路、荣鑫路等。毗邻荣鑫苑小区和白色市田阳区民族中学。田阳 1 路、2 路、13 路公交车通达。配套有商业广场。

万和新城小区（右侧）

合源美地小区 Héyuánměidì Xiǎoqū 田州镇兴华社区辖住宅小区。在将军路 2 号。占地面积约 2.52 万平方米，总建筑面积 6.3 万平方米。有楼房 18 栋。有 403 户 1209 人，壮、汉族聚居。2007 年始建，2009 年建成。取汇聚美好家园意得名。周边主要街道有敢壮大道、将军路、将军路西三巷、将军路西四巷等。毗邻荣鑫苑、万和新城等住宅小区。田阳 1 路公交车途经将军路并设合源美地停靠站点。

广投银海小区 Guǎngtóuyínhǎi Xiǎoqū 田州镇兴华社区辖住宅小区。在花园大道与敢壮大道交叉路口旁。占地面积 2.36 万平方米，总建筑面积 5.19 万平方米。有住宅楼 7 栋。有 350 户 1000 人，壮、汉族聚居。2009 年始建，2011 年建成。因由广投银海有限公司投资建设，故名。周边主要街道有敢壮大道、花园大道，毗邻天盛小区。

常安社区居民地

常安社区 Cháng'ān Shèqū 田州镇辖社区。在镇境中部。驻地在镇人民政府驻地西 0.38 千米处。东接东江村，南连隆平村，西邻兴华社区，北靠中山社区。面积 3 平方千米。辖区有解放中路、解放东路、花园大道（东段）、荣鑫路（东段）、布洛陀大道、常安路、明珠路、瓦氏路等街路和金穗小区、瑞田花园小区、华迅城小区等居民小区。社区居委会驻金穗街。有 5519 户 2.73 万人，有壮、汉族。通行普通话、壮话。2002 年前属田州街和隆平村辖地。2002 年设常安社区，以辖区内常安路取名，属田州镇。2018 年社区居委会搬迁至瓦氏路金惠小区旁。处右江河谷，地势平坦。百色市田阳区人民政府、百色市田阳区公安局、百色市田阳区田阳高中等单位驻此。纪念地有瓦氏夫人墓。经济以服务业为主。324 国道过境。通公交车。

金穗小区 Jīnsuì Xiǎoqū 田州镇常安社区辖住宅小区。在解放中路与瓦氏路交会路口。占地面积 2472 平方米，总建筑面积 1.06 万平方米。有楼房 2 栋。有 65 户 200 人，壮、汉族聚居。2002 年始建，同年建成。因该小区是粮食管理部门职工的住宅区，取金色稻穗意得名。周边主要街道有解放中路、瓦氏路、金穗街。

金源小区 Jīnyuán Xiǎoqū 田州镇常安社区辖住宅小区。在解放东路 14 号。占地面积 5300 平方米，总建筑面积 3180 平方米。有宿舍楼 8 栋。有 42 户 130 人，壮、汉族聚居。2007 年建成。因是田阳财政局职工住宅生活区，而财政部门是财政资金的源头，故名。周边主要街道有解放大道、港口街。田阳 1 路、4 路、4 路延长线、10 路、15 路、19 路等公交车经此并设停靠站点。

供销家源小区 Gōngxiāojiāyuán Xiǎoqū 田州镇常安社区辖住宅小区。在解放中路28号。占地面积1.2万平方米，总建筑面积2.4万平方米。有综合楼2栋，1～2层为办公用房或商铺，2层以上为住宅。有240户710人，壮、汉族聚居。2013年建成。因所在地原属田阳供销合作联社得名。周边主要街道有解放中路、明珠路。百色市田阳区住房公积金田阳服务大厅、田阳供销合作联社等驻此。

瑞田花园小区 Ruìtiánhuāyuán Xiǎoqū 田州镇常安社区辖住宅小区。在布洛陀大道中段。占地面积8.4万平方米，总建筑面积25.98万平方米。有楼房38栋。有1888户5600人，壮、汉族聚居。分三期建成，一期占地面积1.43万平方米，有楼房7栋，建筑面积3.15万平方米，2007年12月始建，2009年8月建成；二期占地面积3.21万平方米，有楼房19栋，建筑面积7.98万平方米，2013年11月始建，2017年11月建成；三期占地面积3.76万平方米，有楼房12栋，建筑面积14.85万平方米，2017年10月始建，2022年12月建成。因由田阳瑞田房地产开发有限公司开发建设，故名。周边主要街道有荣鑫路、解放中路。

华迅城小区 Huáxùnchéng Xiǎoqū 田州镇常安社区辖住宅小区。在布洛陀大道与花园大道交会处。占地面积6.67万平方米，总建筑面积15.56万平方米。有楼房14栋。有856户2600人，壮、汉族聚居。2018年10月始建，2020年9月建成。因由广西田阳华迅房地产开发有限公司开发建设，故名。周边主要街道有布洛陀大道、花园大道、瓦氏路。

公路局小区 Gōnglùjú Xiǎoqū 田州镇常安社区辖住宅小区。在港口路南侧。占地面积3600平方米，总建筑面积5.08万平方米。有宿舍楼19栋。有249户800人，壮、汉族聚居。2002年建成。因是由田阳公路管理局职工集资兴建的宿舍区，故名。周边主要街道有解放中路、港口路。

河东社区居民地

河东社区 Hédōng Shèqū 田州镇辖社区。在镇境东部。驻地在镇人民政府驻地东3千米处。东接三雷村、东江村，南隔右江与东江村相望，西邻中山社区、那塘村，北靠三雷村。面积4.2平方千米。辖区有解放东路、金狮路、敢壮大道（东段）等街路和公园新城、金狮苑、江与城、壮城小区等居民小区。社区居委会驻解放东路公园新城5号。有4635户1.49万人，有壮、汉族。通行普通话、壮话。2002年前属三雷村、东江村辖地。2002年设河东社区，因处右江东畔得名，属田州镇。处右江河谷，地势平坦，右江流经。狮子山公园在辖区内。经济以服务业为主。324国道过境。通公交车。

公园新城小区 Gōngyuánxīnchéng Xiǎoqū 田州镇河东社区辖住宅小区。在金狮街85号。占地面积1.7万平方米，总建筑面积3.73万平方米。有楼房13栋。有355户1500人，壮、汉族聚居。2016年8月始建，2018年8月建成。因该小区背靠狮子山公园，故名。周边主要街道有解放东路。

金狮苑小区 Jīnshīyuàn Xiǎoqū 田州镇河东社区辖住宅小区。在解放东路232号。占地面积5869平方米，总建筑面积5544平方米。为经济适用房住宅小区，有楼房3栋。有78户230人，壮、汉族聚居。1999年始建，2001年建成。2002年划出1号楼和400平方米地给新迁来的田阳县妇幼保健院作为业务办公用房。因在金狮路右边且附近有狮子山，故名。周边主要街道有解放东路、金狮路。毗邻江与城小区。

江与城小区 Jiāngyǔchéng Xiǎoqū 田州镇河东社区辖住宅小区。在解放东路242号，东接狮子山公园，西邻右江。占地面积5.07万平方米，总建筑面积15万平方米。有18层楼房3栋、9层楼房10栋。有544户1600人，壮、汉族聚居。原为田阳县建材厂、桂西饲料厂、植物油厂，后开发成小区。2010年始建，2012年建成。因地处田阳城区东部右江河畔，故名。周边主要街道有解放东路、金狮路。

壮城小区 Zhuàngchéng Xiǎoqū 田州镇河东社区辖住宅小区。在金狮路与敢壮大道交会处。占地面积6.68万平方米，总建筑面积23.37万平方米，容积率2。有楼房30栋，多为6+1多层与11+1层小高层住宅，小区外围为天地楼。现入住有1976人，壮、汉族聚居。分二期四个主题区，分别为铜鼓文化区、壮锦文化区、花山文化区和绣球文化区。2015年始建，2021年建成一期铜鼓文化区和壮锦文化区。因是以壮族文化与历史为主题建造的住宅小区，故名。周边主要街道有金狮路、敢壮大道。通公交车。

壮城小区全景图

田阳县廉租房县城小区 Tiányáng Xiàn Liánzūfáng Xiànchéng Xiǎoqū 田州镇河东社区辖住宅小区。在金狮路与敢壮大道交叉路口东侧。占地面积 3.8 万平方米，总建筑面积 5.7 万平方米。有楼房 11 栋。有 500 户 1200 人，壮、汉族聚居。2011 年始建，2013 年建成。因是田阳县人民政府出资在田阳城区建设并以租金补贴或实物配租的方式向社会供应的保障性住房，故名。又因其所在地原为雷公屯，故亦称雷公廉租房。周边主要街道有金狮路、敢壮大道。

三雷林场廉租房小区 Sānléilínchǎng Liánzūfáng Xiǎoqū 田州镇河东社区辖住宅小区。在解放东路东段北侧。占地面积 1.7 万平方米，总建筑面积 2.65 万平方米。有宿舍楼 11 栋。有 550 户 2200 人，壮、汉族聚居。2009 年始建，2012 年建成。因是田阳县人民政府出资在三雷林场建设并以租金补贴或实物配租的方式向社会供应的保障性住房，故名。周边主要街道有解放东路、敢壮大道。

田阳绢纺厂小区 Tiányáng Juànfǎngchǎng Xiǎoqū 田州镇河东社区辖住宅小区。在金狮路 14 号。占地面积 2.83 万平方米，总建筑面积 10 万平方米。有宿舍楼 32 栋。有 760 户 3000 人，壮、汉族聚居。2011 年始建，2015 年建成。因是田阳绢纺厂的回迁经济适用房，故名。周边主要街道有金狮路。三雷检查站至头塘镇公路、南昆铁路经此。

丽林老乡家园社区居民地

丽林老乡家园社区 Lìlín Lǎoxiāngjiāyuán Shèqū 田州镇辖社区。在镇境中部。驻地在镇人民政府驻地东北 3.6 千米处。四周被三雷村包围。面积 0.1 平方千米。辖区内有老乡家园一期、老乡家园二期、雷公点 3 个移民安置小区。社区居委会驻老乡家园一期 7 号楼。有 1.05 万人，有壮、汉族，以壮族为主。通行普通话、壮话。原属三雷村辖地。2014 年作为田阳县易地扶贫搬迁安置点进行建设，2016 年 12 月建成老乡家园一期。2018 年设绿林老乡家园社区，属田州镇。2020 年取谐音更名丽林老乡家园社区。绿林，壮语 Lueglingq，“绿 lueg”指山谷，“林 lingq”指陡峭的斜坡，因地处两边是陡峭斜坡的山谷，故名。经济以劳务输出为主。

老乡家园一期 Lǎoxiāngjiāyuán Yīqī 田州镇丽林老乡家园社区辖住宅小区。在田阳城区东部敢壮大道旁。占地面积 6 万平方米，总建筑面积 11.65 万平方米。有 12 层电梯楼 6 栋。安置建档立卡贫困群众 1122 户 5000 人，壮族聚居。2014 年 12 月 31 日始建，2016 年 11 月建成。因是田阳县易地扶贫搬迁工程中首个建成的集中安置小区，取老乡新家园意，故名。

2016 年 11 月 16 日老乡家园一期竣工交房

老乡家园二期 Lǎoxiāngjiāyuán Èrqī 田州镇丽林老乡家园社区辖住宅小区。在田阳城区东部敢壮大道旁。占地面积 5 万平方米，总建筑面积 10 万平方米。有 12 层电梯楼 7 栋。安置建档立卡贫困群众 1056 户 4800 人，壮族聚居。2015 年 12 月 31 日始建，2017 年 12 月建成。因是田阳县易地扶贫搬迁工程中第二个建成的集中安置小区，取老乡新家园意，故名。

雷公点 Léigōngdiǎn 田州镇丽林老乡家园社区辖住宅小区。在田阳城区东部敢壮大道旁。有楼房 4 栋。有 124 户 795 人，壮、汉族聚居。2017 年 12 月建成。原是田阳县廉租房县城小区建设点的一部分，后划为移民安置小区，因毗邻老乡家园一期和老乡家园二期而一同划归丽林老乡社区管辖。

五指山老乡家园社区居民地

五指山老乡家园社区 Wǔzhǐshān Lǎoxiāngjiāyuán Shèqū 田州镇辖社区。在镇境中部。驻地在镇人民政府驻地东北 3.5 千米处。东接河东社区，南、北连三雷村，西邻中山社区。面积 1.57 平方千米。辖区内有老乡家园三期 1 个移民安置小区。社区居委会驻老乡家园三期老乡家园农事城办服务中心。有 3488 户 1.44 万人，有壮、汉、瑶等民族。通行普通话、壮话。原属三雷村辖地。2014 年列为田阳县易地扶贫搬迁安置点进行建设。2018 年建成老乡家园三期，并设五指山老乡家园社区，因处五指山脚得名，属田州镇。经济以劳务输出为主。设有农事城办服务中心、田阳县易地扶贫搬迁展示馆。

农事城办服务中心和田阳县易地扶贫搬迁展示馆

老乡家园三期 Lǎoxiāngjiāyuán Sānqī 田州镇五指山老乡家园社区辖住宅小区。在田阳城区东部敢壮大道旁。占地面积1.3平方千米，总建筑面积94.69万平方米。有12层电梯楼32栋，户型主要有50平方米、75平方米、85平方米三种。安置建档立卡贫困群众3488户1.44万人，壮、汉、瑶等民族聚居，壮族居多。2016年始建，2017年12月建成。因是田阳县易地扶贫搬迁工程中第三个建成的集中安置小区，取老乡新家园意，故名。

新建成的老乡家园三期

红康社区居民地

红康社区 Hóngkāng Shèqū 田州镇辖社区。在镇境西部。驻地在镇人民政府驻地西北 6.4 千米处。东接龙河村，南连凤马村，西、北邻头塘镇头塘村。辖朝马、义安、陇升、德乐、鑫祥 5 居民点。社区居委会驻朝马。有 927 户 3301 人，壮族聚居。通行壮话。原属龙河村辖地。2014 年后为易地扶贫安置点建设用地，先后建成义安、鑫祥、德乐、陇升、朝马 5 个易地扶贫安置点。2018 年设红康社区，取居民生活红火奔小康意得名，属田州镇。经济以劳务输出为主。百色大道从旁边经过。

朝马 Cháomǎ 田州镇红康社区辖居民点。社区居委会驻地。有 130 户 390 人，壮族聚居。姓氏有黄、农、罗、陈、韦、周等。2018 年建成。因该居民点是坡洪镇朝马村朝马屯易地安置点，故名。聚落呈块状。通行壮话。经济以劳务输出为主。百色大道从旁边经过。

义安 Yì'ān 田州镇红康社区辖居民点。在社区居委会驻地东 0.1 千米处。有 248 户 903 人，壮族聚居。姓氏有莫、宋、苏、黄等。2015 年建成。因该居民点是那坡镇义安村陇匿等屯易地安置点，故名。聚落呈块状。通行壮话。经济以劳务输出为主。百色大道从旁边经过。

陇升 Lǒngshēng 田州镇红康社区辖居民点。在社区居委会驻地北约 0.1 千米处。有 163 户 620 人，壮族聚居。姓氏有黄、农、岑等。2017 年建成。因该居民点是坡洪镇陇升村淋淀、陇敢等屯易地安置点，故名。聚落呈块状。通行壮话。经济以劳务输出为主。百色大道从旁边经过。

德乐 Délè 田州镇红康社区辖居民点。在社区居委会驻地东 0.2 千米处。有 200 户 830 人，壮族聚居。姓氏有黎、李、廖等。原为龙河村那逻屯辖地。2014 年为易地扶贫安置点建设用地。2017 年建成。因该居民点是洞靖镇德乐村含甫、大连、广内等屯易地安置点，故名。聚落呈块状。通行壮话。经济以劳务输出为主。百色大道从旁边经过。

鑫祥 Xīnxiáng 田州镇红康社区辖居民点。在社区居委会驻地东 0.3 千米处。有 186 户 558 人，壮族聚居。姓氏有黄、马、苏、卢等。2016 年建成。原属鑫祥商贸公司原料场地，安置五村镇雷圩村大层屯、巴弄屯和弄里村驮侦屯，坡洪镇双达村弄达上屯等移民，故名。聚落呈块状。通行壮话。经济以劳务输出为主。百色大道从旁边经过。

康达社区居民地

康达社区 Kāngdá Shèqū 田州镇辖社区。在镇境西部。驻地在镇人民政府驻地西北 6 千米处。东、南接凤马村，西邻头塘镇头塘村，北靠龙河村。面积 0.1 平方千米。辖区内有双达新村、个强、兴鸿、兴旺 4 居民点。社区居委会驻双达新村。有 652 户 2364 人，有壮、汉族。通行壮话。原属凤马村凤凰自然村辖地。2006 年后为易地扶贫安置点建设用地，先后建成兴鸿、个强、兴旺、兴达新村 4 个易地扶贫安置点。2018 年设康达社区，因主要安置坡洪镇康浮、双达 2 村移民，各取一字得名，属田州镇。经济以劳务输出为主。田州—红岭坡公路（745 县道）过境。

双达新村 Shuāngdáxīncūn 田州镇康达社区辖居民点。社区居委会驻地。有 302 户 1131 人，壮、汉族聚居。姓氏有黄、覃、韦、李等。2013 年建成。因该居民点主要是坡洪镇双达村易地安置点，故名。聚落呈块状。通行壮话。经济以劳务输出为主。田州—红岭坡公路（745 县道）过境。

个强 Gèqiáng 田州镇康达社区辖居民点。在社区居委会驻地东北 0.1 千米处。有 64 户 241 人，壮族聚居。姓氏有隆、农、李等。2009 年建成。因该居民点主要是坡洪镇陇升村个强屯易地安置点，故名。聚落呈块状。通行壮话。经济以劳务输出为主。田州—红岭坡公路（745 县道）过境。

兴鸿 Xīnghóng 田州镇康达社区辖居民点。在社区居委会驻地东 0.15 千米处。有 179 户 587 人，壮、汉族聚居。姓氏有覃、黄、杨等。2006 年建成。因该居民点主要是那坡镇尚兴村、弄坡村易地安置点，且最早由尚兴村兴鸿屯迁来，故名。聚落呈块状。通行壮话。经济以劳务输出为主。田州—红岭坡公路（745 县道）过境。

兴旺 Xīngwàng 田州镇康达社区辖居民点。在社区居委会驻地东南 0.15 千米处。有 107 户 405 人，壮、汉族聚居。姓氏有黄、李、罗等。2012 年建成。因该居民点主要是那坡镇义安村茄落屯、坡洪镇朝马村等异地安置点，原称茄落安置点，2019 年以兴旺发达意改名兴旺。聚落呈块状。通行壮话。经济以劳务输出为主。田州—红岭坡公路（745 县道）过境。

隆平村居民地

隆平村 Lóngpíng Cūn 田州镇辖村。在镇境中部。驻地在镇人民政府驻地西南 1.6 千米处。东接常安社区，南隔右江与东旺村相望，西隔右江与兴城村相望，北靠凤马村、兴华社区。面积 5.71 平方千米。辖马巷、那豆、平街、顺隆、牌楼、四芽、兰地 7 自然村。村委会驻马巷。有 1823 户 5782 人，壮族聚居。通行壮话。民国二十四年（1935）为牌楼、顺隆、马巷、平街、那兰 5 村，属四厢乡。1952 年顺隆、牌楼、马巷 3 村合为隆马乡，平街、那兰 2 村合为平兰乡，后隆马、平兰 2 乡合为隆平乡，取“隆马”“平兰”各一字得名，属田阳县第九区。1955 年属田州区。1958 年改大队，属田州公社。1962 年改公社，属田州区。1968 年复改大队，属田州公社。1984 年改村，属田州镇。处右江河畔，地势平坦，右江流经，有东慕岛。纪念地有北府庙、华光庙、鸳鸯庙、玉皇阁、瓦氏夫人墓。地方特色文化有田州壮族山歌。经济以农业为主。耕地面积 244.68 公顷。农业主种水稻、蔬菜等。特产圣女果。

马巷 Mǎxiàng 田州镇隆平村辖自然村。村委会驻地，南临右江。有 272 户 955 人，壮族聚居。姓氏有黄、杨、甘、覃、陈等。传宋靖康二年（1127）建村。因村址曾是买卖马匹的市场，故名。聚落呈块状。通行壮话。经济以农业为主，主种水稻、蔬菜。特产圣女果。花园大道经此。

那豆 Nàdòu 田州镇隆平村辖自然村。在村委会驻地东 2.3 千米处，东面、北临右江。有 162 户 486 人，壮族聚居。姓氏有黄、凌、韦等。传宋景定元年（1260）由广东人迁来建村。那豆，壮语 Nazdaeuh，“那 naz”指水田，“豆 daeuh”指山龟。因建村在形似山龟的水田边，故名。聚落呈块状。通行壮话。有瓦氏夫人墓。经济以农业为主，主种水稻、蔬菜。特产圣女果。花园大道经此。

平街 Píngjiē 田州镇隆平村辖自然村。在村委会驻地东 0.3 千米处，南临右江。有 481 户 1589 人，壮族聚居。姓氏有黄、周、韦、覃等。传宋靖康二年（1127）建村。“街”，指集市、圩场。因地势平坦，曾是集市，故名。聚落呈块状。通行壮话。经济以农业为主，主种水稻、蔬菜。特产圣女果。花园大道经此。

顺隆 Shùnlóng 田州镇隆平村辖自然村。在村委会驻地西南 0.67 千米处，南临右江。有 315 户 1033 人，壮族聚居。姓氏有黄、罗、甘等。传宋靖康二年（1127）建村。原名巷务，壮语 Hanghmou，“巷 hangh”指集市、圩场，“务 mou”指猪。因该村曾是买卖生猪的集市得名。民国初因参加龙舟比赛连年夺魁，获奉议县官赠送“顺隆”二字的锦旗，遂更名顺隆。聚落呈块状。通行壮话。经济以农业为主，主种水稻、蔬菜等。特产圣女果。

牌楼 Páilóu 田州镇隆平村辖自然村。在村委会驻地西南 0.8 千米处，南临右江。有 281 户 868 人，壮族聚居。姓氏有黄、杨等。传宋建隆元年（960）建村。据 1996 年版《田阳县志》载，清乾隆年间（1736—1795）此地是个古老圩场，有东门、内街、牌楼、马巷、猪巷、鸡巷、永平、三牙、四牙、槟榔关等街道。牌楼街一带曾是岑氏土司所在地，附近有田州路、府、州署的建筑物，后受岑氏土司争夺统治权的影响，部分居民逃散，圩场自此没落，商业贸易中心随之移至田州、那坡圩。因牌楼街一带曾是土司岑氏所在地，建有用于张贴土司衙署告示的牌楼，故名。聚落呈团块状。通行壮话。纪念地有巴府庙、上帝庙、城隍庙、玉皇阁。经济以农业为主，主种水稻、蔬菜等。特产圣女果。

四芽 Sìyá 田州镇隆平村辖自然村。在村委会驻地西南 0.7 千米处，西临右江。有 134 户 372 人，壮族聚居。姓氏主要为黄姓。传宋建炎三年（1129）建村。四芽，曾写作四牙、四衙，壮语 Seiqngaz，“四 seiq”意为第四，“芽、牙、衙 ngaz”指码头。因该村曾在右江水平寨（今隆平村博易场）第四码头的上边，故名。聚落呈块状。通行壮话。经济以农业为主，主种水稻、蔬菜等。特产圣女果。

兰地 Lándì 田州镇隆平村辖自然村。在村委会驻地东 0.8 千米处，南临右江。有 178 户 479 人，壮族聚居。姓氏有黄、张等。传宋宝祐二年（1254）建村。兰地，壮语 Ranzdeih，“兰 ranz”指房子，“地 deih”指坟地。因该村建在一片坟地边，故名。聚落呈块状。通行壮话。经济以农业为主，主种水稻、蔬菜等。特产圣女果。

凤马村居民地

凤马村 Fèngmǎ Cūn 田州镇辖村。在镇境西部。驻地在镇人民政府驻地西北 3.3 千米处。东接定律村、兴华社区、隆平村，南隔右江与兴城村和那坡镇六合村相望，西邻那坡镇平朴村和头塘镇四联村，北靠龙河村、康达社区。面积 7.61 平方千米。辖秣马、度立、花园、兰松、塘罗、墙红、凤凰 7 自然村。村委会驻秣马。有 1670 户 6154 人，壮族聚居。通行壮话。民国二十四年（1935）为秣马、凤凰、度立 3 村，属四厢乡。1952 年秣马、凤凰、度立 3 村合设凤马乡，取秣马、凤凰 2 村各一字得名，属田阳县第九区。1955 年属田州区。1958 年改大队，属田州公社。1962 年改公社，属田州区。1968 年复改大队，属田州公社。1984 年改村，属田州镇。

处右江河畔，地势平坦，右江流经。纪念地有列圣宫、精忠庙。地方特色文化有田州壮族山歌。耕地面积 433.53 公顷。农业主种水稻、蔬菜、芒果等。特产圣女果。323 国道过境。2011 年参加第七届中国水城“中国联通杯”南宁国际龙舟邀请赛荣获第二名。

秣马 Mòmǎ 田州镇凤马村辖自然村。村委会驻地。有 608 户 2219 人，壮族聚居。姓氏有黄、张、农等。据 1999 年版《田阳县志》载，明洪武七年（1374）已有此村，记为“秣马”，属奉议州四厢；清代属奉议州四厢团。因村址曾是岑氏土司囤积军粮、饲养战马之地，故名。聚落呈块状。通行壮话。有列圣宫，每年农历十月十一日为列圣宫庙会。村民廖军民于 2011 年被广西壮族自治区文化厅确定为自治区级非物质文化遗产项目壮族狮舞技艺代表性传承人。经济以农业为主，主种水稻、蔬菜、芒果等。特产圣女果。南临右江，有秣马沙洲。田阳—红岭坡公路（745 县道）过境。

非物质文化遗产田阳壮族狮舞技艺

度立 Dùlì 田州镇凤马村辖自然村。在村委会驻地东南 1.7 千米处，南临右江。有 78 户 276 人，壮族聚居。姓氏有黄、韦、周等。据 1999 年版《田阳县志》载，明洪武七年（1374）已有此村，记为“度立”，属奉议州四厢；清代属奉议州四厢团。度立，壮语 Douit，“度 dou”指门，“立 it”意为第一。因该村建在田州城第一道古城门的旧址上，故名。聚落呈块状。通行壮话。经济以农业为主，主种水稻、蔬菜。特产圣女果。

花园 Huāyuán 田州镇凤马村辖自然村。在村委会驻地东南 1.5 千米处，南临右江。有 270 户 934 人，壮族聚居。姓氏有黄、韦、周等。传南宋建炎三年（1129）建村。因该村原是岑氏官族宅第的花园，故名。聚落呈块状。通行壮话。经济以农业为主。主种水稻、蔬菜。特产圣女果。

兰松 Lánsōng 田州镇凤马村辖自然村。在村委会驻地南 1 千米处，南临右江。有 247 户 907 人，壮族聚居。姓氏有黄、宋、向等。传南宋淳熙三年（1176）建村。兰松，壮语 Ranzsung，“兰 ranz”指房屋，“松 sung”指宋姓。因该村初为宋姓人聚居，故名。聚落呈块状。通行壮话。经济以农业为主，主种水稻、蔬菜等。特产圣女果。敢壮大道过境。

塘罗 Tángluó 田州镇凤马村辖自然村。在村委会驻地东南 1.2 千米处。有 59 户 230 人，壮族聚居。姓氏有黄、宋、向等。传南宋淳熙三年（1176）建村。塘罗，壮语 Daemzna，“塘 daemz”指池塘，“罗 na”野草名。因该村在有“罗”草的池塘边，故名。聚落呈块状。通行壮话。经济以农业为主，主种水稻、蔬菜等。特产圣女果。敢壮大道过境。

墙红 Qiánghóng 田州镇凤马村辖自然村。在村委会驻地西北 1.9 千米处。有 150 户 555 人，壮族聚居。姓氏有黄、覃、黎等。传明万历二十八年（1600）始由凤凰屯人迁建。因田州土司城廓曾在此，城墙为红色土质，该村在红墙附近，故名。聚落呈块状。通行壮话。经济以农业为主，主种水稻、蔬菜、芒果等。特产圣女果。田阳—红岭坡公路（745 县道）过境。

凤凰 Fènghuáng 田州镇凤马村辖自然村。在村委会驻地西 2.4 千米处。有 258 户 1033 人，壮族聚居。姓氏有黄、韦、周等。传明嘉靖二十三年（1544）建村。明万历二十八年（1600）部分村民迁至墙红。因该村地形似凤凰尾巴，故名。聚落呈块状。通行壮话。经济以农业为主，主种水稻、蔬菜。特产圣女果。田阳—红岭坡公路（745 县道）过境。

龙河村居民地

龙河村 Lónghé Cūn 田州镇辖村。在镇境西部。驻地在镇人民政府驻地西北 3.8 千米处。东接那塘村、定律村，南连凤马村，西邻红康社区和头塘镇头塘村，北靠平坡村和头塘镇百里村。面积 7.32 平方千米。辖那务、定贯上屯、定贯下屯、朗江、那亮、晚亮、高旺、那逻 8 自然村。村委会驻那务。有 1682 户 5941 人，壮、汉族聚居。通行壮话、蔗园话。民国二十四年（1935）为正荣乡那亮、高旺、那逻 3 村和四厢乡江定村。1952 年那亮、江定 2 村并为龙江乡，那逻、高旺2村并为顺河乡，后龙江、顺河2乡合为龙河乡，取“龙江”“顺河”各一字得名，属田阳县第九区。1955年属田州区。1958年改大队，属田州公社。1962年改公社，属田州区。1968年复改大队，属田州公社。1984年改村，属田州镇。2014年划出部分辖地建设移民安置点。处右江河谷，地势平坦。地方特色文化有田州壮族山歌。经济以农业为主。耕地面积520.69公顷。农业主种水稻、蔬菜、芒果等。特产圣女果。建有龙河万亩无公害蔬菜基地。1997年3月，国务院总理李鹏到龙河万亩无公害蔬菜基地视察。2012年被农业部评为全国一村一品示范村。324国道过境。田州河流经。

龙河村万亩无公害蔬菜基地

那务 Nàwù 田州镇龙河村辖自然村。村委会驻地。有31户118人，壮族聚居。姓氏有黄、韦、陆等。传明嘉靖十八年（1539）始由晚亮屯人迁来建村。那务，壮语Nazmou，“那naz”指水田，“务mou”指猪。因村址曾是野猪出没的地方，故名。聚落呈块状。通行壮话。经济以农业为主，主种水稻、蔬菜等。特产圣女果。324国道过境。

定贯上屯 Dìngguànshàngtún 田州镇龙河村辖自然村。在村委会驻地东1.7千米处。有70户236人，壮族聚居。姓氏有黄、陆、杨、李等。据1982年第一次全国地名普查资料和1999年版《田阳县志》载，明洪武七年（1374）已有此村，传始由广东人迁来建居，记为“定贯”，属奉议州四厢；清代属奉议州四厢团。定贯，壮语Dinghgonh，“定dingh”指水塘，“贯gonh”意为戽水，因从前靠水塘戽水灌田得名。后村庄扩大，以方位分称，该村居西北，俗称“上”，故名定贯上屯。聚落呈块状。通行壮话。经济以农业为主，主种水稻、蔬菜等。特产圣女果。324国道过境。

定贯下屯 Dìngguànxiàtún 田州镇龙河村辖自然村。在村委会驻地东 2 千米处。有 218 户 809 人，壮族聚居。姓氏有黄、韦、李等。据 1982 年第一次全国地名普查资料和 1999 年版《田阳县志》载，明洪武七年（1374）已有此村，传始由广东人迁建，记为“定贯”，属奉议州四厢；清代属奉议州四厢团。定贯，壮语 Dinghgonh，“定 dingh”指水塘，“贯 gonh”意为戽水，因从前靠水塘戽水灌田得名。后村庄扩大，以方位分称，该村居东南，俗称“下”，故名定贯下屯。聚落呈块状。通行壮话。经济以农业为主，主种水稻、蔬菜等。特产圣女果。324 国道过境。

朗江 Lǎngjiāng 田州镇龙河村辖自然村。在村委会驻地东 1 千米处。有 340 户 1202 人，壮族聚居。姓氏有黄、韦、罗、梁等。传明洪武元年（1368）由广东人迁建。据 1999 年版《田阳县志》载，明洪武七年（1374）记为“浪羌”，属奉议州一都定律图。1982 年第一次全国地名普查时记为“朗江”。朗江、浪羌，壮语 Ndaengqgyang，“朗、浪 ndaengq”意为地带，“江、羌 gyang”指黄姜。因该村曾是黄姜产地，故名。聚落呈块状。通行壮话。经济以农业为主，主种水稻、蔬菜等。特产圣女果。324 国道过境。

那亮 Nàliàng 田州镇龙河村辖自然村。在村委会驻地东 0.6 千米处。有 253 户 907 人，壮族聚居。姓氏有黄、梁、陆等。传明永乐十八年（1420）建村。那亮，壮语 Nazrieng，“那 naz”指水田，“亮 rieng”指末端、尾部。因该村在一垌田的尾部，故名。聚落呈块状。通行壮话。经济以农业为主，主种水稻、蔬菜等。特产圣女果。324 国道过境。

那亮自然村村民举办朝拜壮族始祖布洛陀仪式

晚亮 Wǎnliàng 田州镇龙河村辖自然村。在村委会驻地北 0.3 千米处。有 80 户 267 人，壮族聚居。姓氏有黄、韦、农等。传明嘉靖三年（1524）建村。晚亮，壮语 Mbanjrieng，“晚 mbanj”指村屯，“亮 rieng”指末端、尾部。因该村在高旺的末端，故名。聚落呈块状。通行壮话。经济以农业为主，主种水稻、蔬菜等。特产圣女果。324 国道过境。

高旺 Gāowàng 田州镇龙河村辖自然村。在村委会驻地西北 0.9 千米处。有 217 户 779 人，壮、汉族聚居。姓氏有黄、韦、梁等。传明建文四年（1402）建村。因该村在河边地势较高处，村民祈盼家业兴旺，故名。聚落呈块状。通行壮话、蔗园话。经济以农业为主，主种水稻、蔬菜等。特产圣女果。324 国道过境。

那逻 Nàluó 田州镇龙河村辖自然村。在村委会驻地西北 2 千米处。有 473 户 1623 人，壮族聚居。姓氏有黄、韦、覃、陈、罗、农等。据 1999 年版《田阳县志》载，明洪武七年（1374）已有此村，记为“那逻”，属奉议州一都定律图。2014 年划出部分辖地建红康社区德乐居民点。那逻，壮语 Nazlaq，“那 naz”指水田，“逻 laq”指海南葡萄。因该村从前长有较多的海南葡萄，村周围是田垌，故名。聚落呈块状。通行壮话。经济以农业为主，主种水稻、蔬菜、芒果等。特产圣女果。324 国道过境。

平坡村居民地

平坡村 Píngpō Cūn 田州镇辖村。在镇境北部。驻地在镇人民政府驻地西北 4 千米处。东接三雷林场、三雷村，南连那塘村、龙河村，西邻头塘镇百里村，北靠头塘镇百里村、联坡村。面积 8.34 平方千米。辖久怀、治使、治使新屯、那温、那谨、那龙 6 自然村。村委会驻久怀。有 1017 户 3686 人，壮族聚居。通行壮话。民国二十四年（1935）为治使、那温 2 村，属新荣乡。1952 年治使、那温 2 村合设平坡乡，因该地既有平地又有坡地得名，属田阳县第九区。1955 年属田州区。1958 年改大队，属田州公社。1962 年改公社，属田州区。1968 年复改大队，属田州公社。1984 年改村，属田州镇。属丘陵地貌。地方特色文化有田州壮族山歌。经济以农业为主。耕地面积 384.12 公顷。农业主种水稻、蔬菜、芒果等。特产圣女果。云桂铁路、南昆铁路和 323 国道过境。

久怀 Jiǔhuái 田州镇平坡村辖自然村。村委会驻地。有 214 户 790 人，壮族聚居。姓氏以黄为主。据 1999 年版《田阳县志》记载，明洪武七年（1374）已有此村，称久怀，属奉议州一都怕武图。久怀，壮语 Gyaeujvaiz，“久 gyaeuj”意为头，“怀 vaiz”指水牛。因该村建在形似水牛头的土坡上，故名。聚落呈块状。通行壮话。经济以农业为主，主种水稻、蔬菜、芒果等。特产圣女果。

治使 Zhìshǐ 田州镇平坡村辖自然村。在村委会驻地西北 0.2 千米处。有 214 户 790 人，壮族聚居。姓氏有黄、农、陆、马等。据 1999 年版《田阳县志》载，明洪武七年（1374）已有此村，称治使，属奉议州一都怕武图。治使，壮语 Cihsaeq，“治 cih”意为治理，“使 saeq”是古代对官吏的尊称，亦指土司、土官。因村址曾是土官治辖之地，故名。后村庄扩大，一分为三，此地习称治使中屯，1982 年第一次全国地名普查时记为治使中屯，2014 年第二次全国地名普查简为今名。聚落呈块状。通行壮话。经济以农业为主，主种水稻、蔬菜、芒果等。特产圣女果。

治使新屯 Zhìshǐxīntún 田州镇平坡村辖自然村。在村委会驻地西南 0.75 千米处。有 90 户 362 人，壮族聚居。姓氏有黄、陆、马等。据 1999 年版《田阳县志》载，明洪武七年（1374）已有此村，称治使，属奉议州一都怕武图。治使，壮语 Cihsaeq，“治 cih”意为治理，“使 saeq”是古代对官吏的尊称，亦指土司、土官。因村址曾是土官治辖之地，故名。后村庄扩大，一分为三，此地因是治使分出建立的新村，习称治使新村或治使新屯，故名。1982 年第一次全国地名普查时记为“治使新村”，2014 年第二次全国地名普查记为“治使新屯”。聚落呈块状。通行壮话。经济以农业为主，主种水稻、蔬菜、芒果等。特产圣女果。

那温 Nàwēn 田州镇平坡村辖自然村。在村委会驻地北 0.9 千米处。有 202 户 695 人，壮族聚居。姓氏有黄、农、梁、莫、王、岁等。据 1999 年版《田阳县志》载，明洪武七年（1374）已有此村，称那温，属奉议州一都怕武图。那温，壮语 Nazoen，“那 naz”指水田，“温 oen”指荆棘。因村址周边的田地多荆棘，故名。聚落呈块状。通行壮话。经济以农业为主，主种水稻、蔬菜、芒果等。特产圣女果。南昆铁路、云桂铁路和 323 国道过境。

那谨 Nàjǐn 田州镇平坡村辖自然村。在村委会驻地东北 0.9 千米处。有 94 户 344 人，壮族聚居。姓氏有黄、农、覃、甘等。据 1999 年版《田阳县志》载，明洪武七年（1374）已有此村，称那谨，属奉议州一都怕武图。那谨，壮语 Nazginj，“那 naz”指水田，“谨 ginj”指堇菜。因该村水田边多堇菜，故名。聚落呈块状。通行壮话。经济以农业为主，主种水稻、蔬菜、芒果等。特产圣女果。南昆铁路、云桂铁路和 323 国道过境。

那龙 Nàlóng 田州镇平坡村辖自然村。在村委会驻地东 0.9 千米处。有 203 户 705 人，壮族聚居。姓氏有黄、莫等。传明洪武三年（1370）建村，名渌隆，属奉议州一都怕武图。1982

年第一次全国地名普查时记为“那隆”，亦简写为“那龙”。那龙、那隆，壮语 Nazrungz，“那 naz”指水田，“龙、隆 rungz”指榕树。因该村水田附近有几棵大榕树，故名。聚落呈块状。通行壮话。经济以农业为主，主种水稻、蔬菜、芒果等。特产圣女果。百色市田阳区第八小学在境内。南昆铁路、云桂铁路和 323 国道过境。

那塘村居民地

那塘村 Nàtáng Cūn 田州镇辖村。在镇境中部。驻地在镇人民政府驻地北 1.6 千米处。东接三雷村、河东社区，南连中山社区、定律村，西邻龙河村，北靠平坡村、三雷村。面积 4.5 平方千米。辖那坚、塘茶上屯、塘茶中屯、塘茶下屯、晚使 5 自然村。村委会驻那坚。有 1051 户 3622 人，壮族聚居。通行壮话。民国二十四年（1935）为那隆、塘茶 2 村，属新荣乡。1952 年设那塘乡，取那隆、塘茶 2 村各一字得名，属田阳县第九区。1955 年属田州镇。1958 年改大队，属田州公社。1962 年改公社，属田州区。1968 年复改大队，属田州公社。1984 年改村，属田州镇。2002 年析部分辖地归中山社区。处右江河谷，地势平坦。地方特色有田州壮族山歌。经济以农业为主。耕地面积 264.7 公顷。农业主种水稻、蔬菜。特产圣女果。敢壮大道过境。田州河流经。

那坚 Nàjiān 田州镇那塘村辖自然村。村委会驻地。有 261 户 883 人，壮族聚居。姓氏有黄、李、韦、陆等。传元至元十七年（1280）建村。原名那见，后改“那坚”，壮语 Nazgeng，“那 naz”指水田，“坚、见 geng”意为土质坚硬。因该村农田土质较为坚硬，故名。聚落呈块状。通行壮话。经济以农业为主，主种水稻、蔬菜等。特产圣女果。敢壮大道过境。

塘茶上屯 Tángcháshàngtún 田州镇那塘村辖自然村。在村委会驻地东南 0.5 千米处。有 236 户 825 人，壮族聚居。姓氏有陆、李、黄等。据 1999 年版《田阳县志》载，明洪武七年（1374）已有塘茶村，属奉议州一都怕武图。塘茶，壮语 Daemzcaz，“塘 daemz”指池塘，“茶 caz”指荆棘丛。因村中水塘周边荆棘丛生得名。后村庄扩大，一分为三，以方位分称，该村居北，俗称“上”，故名塘茶上屯。聚落呈块状。通行壮话。经济以农业为主，主种水稻、蔬菜等。特产圣女果。敢壮大道过境。

塘茶中屯 Tángcházhōngtún 田州镇那塘村辖自然村。在村委会驻地东南 0.6 千米处。有 95 户 324 人，壮族聚居。姓氏有卢、陈等。据 1999 年版《田阳县志》载，明洪武七年（1374）已有塘茶村，属奉议州一都怕武图。塘茶，壮语 Daemzcaz，“塘 daemz”指池塘，“茶 caz”指荆棘丛。因村中水塘周边曾荆棘丛生得名。后村庄扩大，一分为三，以方位分称，该村居中，故名塘茶中屯。聚落呈块状。通行壮话。经济以农业为主，主种水稻、蔬菜等。特产圣女果。敢壮大道过境。

塘茶下屯 Tángcháxiàtún 田州镇那塘村辖自然村。在村委会驻地东南 1.2 千米处。有 265 户 946 人，壮族聚居。姓氏有黄、黎、苏等。据 1999 年版《田阳县志》载，明洪武七年（1374）已有塘茶村，属奉议州一都怕武图。塘茶，壮语 Daemzcaz，"塘 daemz"指池塘，"茶 caz"指荆棘丛。因村中水塘周边曾荆棘丛生得名。后村庄扩大，一分为三，以方位分称，该村居南，俗称"下"，故名塘茶下屯。聚落呈块状。通行壮话。经济以农业为主，主种水稻、蔬菜等。特产圣女果。

晚使 Wǎnshǐ 田州镇那塘村辖自然村。在村委会驻地西北 0.8 千米处。有 194 户 644 人，壮族聚居。姓氏有廖、黄、李等。据 1999 年版《田阳县志》载，明洪武七年（1374）已有此村，称晚使，属奉议州一都怕武图。晚使，壮语 Mbanjsaeq，"晚 Mbanj"指村屯，"使 saeq"指官吏。传该村曾有人当过官，故名。聚落呈块状。通行壮话。经济以农业为主，主种水稻、蔬菜等。特产圣女果。

三雷村居民地

三雷村 Sānléi Cūn 田州镇辖村。在镇境东北部。驻地在镇人民政府驻地东北 2.4 千米处。辖域被三雷林场分为两部分，东接百育镇六联村，南连东江村、河东社区和三雷林场，西邻那塘村、平坡村，北靠三雷林场、头塘镇联坡村、玉凤镇统合村和朔柳村，内包丽林老乡家园社区。面积 16.94 平方千米。辖河口、雷公、百朝、那广、那兵、那楼、三今、六古 8 自然村。村委会驻金狮路 1 号（属河口自然村）。有 1219 户 4283 人，壮族聚居。通行壮话。民国二十四年（1935）为那三、雷公 2 村，属新荣乡。1952 年设三雷乡，取那三、雷公 2 村各一字得名，属田阳县第九区。1955 年属田州区。1958 年改大队，属田州公社。1962 年改公社，属田州区。1968 年复改大队，属田州公社。1984 年改村，属田州镇。属半河谷、半丘陵地貌。田州镇最高峰亭点山在境内。地方特色有田州壮族山歌。经济以农业为主。耕地面积 441.45 公顷。农业主种水稻、蔬菜、芒果、甘蔗等。特产圣女果。有广西田阳农副产品综合批发市场。南昆铁路、云桂铁路经此设田阳站。323 国道、324 国道、田州—三雷公路（746 县道）过境。右江、田州河流经。

三雷村风貌

河口 Hékǒu 田州镇三雷村辖自然村。村委会驻地，南临右江。有 54 户 283 人，壮族聚居。姓氏有黄、陆等。传明崇祯十年（1637）建村。因村处田州河汇入右江河口旁，故名。聚落呈块状。通行壮话。经济以农业为主，主种水稻、蔬菜等。特产圣女果。324 国道过境。

雷公 Léigōng 田州镇三雷村辖自然村。在村委会驻地北 0.6 千米处。有 482 户 1563 人，壮族聚居。姓氏有黄、韦、钱、覃等。传南宋绍定三年（1230）始由广东人迁建。明洪武七年（1374）属奉议州一都怕武图，记为"雷公"。雷公，壮语 Ndoigueng，"雷 ndoi"指山坡、岭坡，"公 gueng"指桄榔树。因该村在有桄榔树的土坡上，故名。聚落呈块状。通行壮话。经济以农业为主，主种水稻、蔬菜、芒果等。特产田阳香芒、圣女果等。323 国道、敢壮大道过境。

百朝 Bǎicháo 田州镇三雷村辖自然村。在村委会驻地北 1.3 千米处。有 73 户 238 人，壮族聚居。姓氏有黄、韦、陆、廖等。清道光三年（1823）从那广村迁建。百朝，壮语 Bakcauz，"百 bak"意为口，"朝 cauz"指水槽。因该村在渡槽口旁，故名。聚落呈块状。通行壮话。经济以农业为主，主种水稻、蔬菜、芒果等。特产圣女果。南昆铁路、云桂铁路和 323 国道过境。

那广 Nàguǎng 田州镇三雷村辖自然村。在村委会驻地北 1.5 千米处。有 108 户 404 人，壮族聚居。姓氏有黄、陆、吴等。传明洪武十九年（1386）从南宁府迁建。清道光三年（1823）有部分村民迁至那朝。那广，壮语 Nazgvangq，"那 naz"指水田，"广 gvangq"意为辽阔。因该村原是一片宽广的官田，故名。聚落呈块状。通行壮话。经济以农业为主，主种水稻、蔬菜、水果等。特产圣女果。南昆铁路、云桂铁路、323 国道过境。

那兵 Nàbīng 田州镇三雷村辖自然村。在村委会驻地北 1.8 千米处。有 178 户 584 人，壮族聚居。姓氏有黄、陆等。传明洪武五年（1372）建村，记为“那宾”，属奉议州一都怕武图。1982 年第一次全国地名普查时记为“那兵”。那兵、那宾，壮语 Nazbing，“那 naz”指水田，“兵、宾 bing”指蚂蟥。因该村水田多蚂蟥，故名。聚落呈块状。通行壮话。经济以农业为主，主种水稻、蔬菜、芒果等。特产圣女果。南昆铁路、云桂铁路和 323 国道过境。

那楼 Nàlóu 田州镇三雷村辖自然村。在村委会驻地西北 2.2 千米处。有 128 户 457 人，壮族聚居。姓氏有黄、陆、赵等。据 1999 年版《田阳县志》载，明洪武七年（1374）已有此村，记为“那楼”，属奉议州一都怕武图。那楼，壮语 Nazraeuz，“那 naz”指水田，“楼 raeuz”指我们。因建村时附近的水田属于该村，故名。聚落呈块状。通行壮话。经济以农业为主，主种水稻、蔬菜等。特产圣女果。南昆铁路、云桂铁路和 323 国道过境。

三今 Sānjīn 田州镇三雷村辖自然村。在村委会驻地东北 2.2 千米处。有 169 户 654 人，壮族聚居。姓氏有黄、凌、梁等。传清康熙二年（1663）建村。三今，壮语 Samcaemh，“三 sam”即数量 3，“今 caemh”意为共同。因建屯时由 3 个小村组成，故名。聚落呈块状。通行壮话。经济以农业为主，主种水稻、甘蔗、蔬菜、芒果等。南昆铁路、云桂铁路和敢壮大道过境。

六古 Liùgǔ 田州镇三雷村辖自然村。在村委会驻地东北 6.7 千米处。有 27 户 100 人，壮族聚居。姓氏有黄、马等。1978 年从那满公社新立大队更达屯迁来建村。六古，壮语 Lueggok，“六 lueg”指山谷，“古 gok”指角落。因该村建在山谷中，故名。聚落呈块状。通行壮话。经济以农业为主，主种甘蔗、芒果等。

东江村居民地

东江村 Dōngjiāng Cūn 田州镇辖村。在镇境东部。驻地在镇人民政府驻地东 2 千米处。东接右江林场和百育镇七联村，南连东旺村和百育镇七联村，西邻常安社区、中山社区，北靠三雷村、河东社区和三雷林场。面积 5.58 平方千米。辖东江上屯、东江下屯、东江新屯 3 自然村。村委会驻东江上屯。有 839 户 3198 人，壮族聚居。通行壮话。民国二十四年（1935）为东江上村、东江下村，属旧城乡。1952 年与东旺村合设田阳县第六区三东乡。1955 年属那满区三东乡。1958 年属那满公社三东大队。1961 年属田州公社三东大队。1962 年属田州区三东公社。1968 年复属田州公社三东大队。1980 年撤三东大队，分置东江大队，属田州公社。1984 年改村，属田州镇。东江，壮语 Doengqgang，“东 doengq”指沙洲，“江 gang”意为浮。东江因被右江三面环抱形成沙洲，远看如葫芦浮在江面，故名。处右江河畔，地势平坦。经济以农业为主。耕地面积 176.89 公顷。农业主种水稻、蔬菜、芒果等。特产田阳香芒、圣女果。是田州镇的芒果生产大村。建有无公害蔬菜生产基地。2012 年被农业部评为全国一村一品示范村。有国家级非物质文化遗产“布洛陀”口传史诗流传。324 国道过境。右江流经。

夕阳下的东江村

东江上屯 Dōngjiāngshàngtún　田州镇东江村辖自然村。村委会驻地，东、西、北临右江。有 320 户 1281 人，壮族聚居。姓氏有黄、梁、王、陈等。据 1999 年版《田阳县志》载，明洪武七年（1374）已有此村，记为“东江”，属奉议州四厢。清代属奉议州四厢团。东江，壮语 Doengqgang，“东 doengq”指沙洲，“江 gang”意为浮。因其被右江三面环抱形成沙洲，远看如葫芦浮在江面，故名。清代为奉议州旧城团领村，划分为上下 2 村，以方位分称，该村居北，俗称“上”，故名东江上屯。聚落呈块状。通行壮话。经济以农业为主，主种水稻、蔬菜、芒果等。特产田阳香芒、圣女果。

东江下屯 Dōngjiāngxiàtún 田州镇东江村辖自然村。在村委会驻地南 0.2 千米处，东、西两面均临右江。有 366 户 1400 人，壮族聚居。姓氏有黄、梁、罗、陈等。据 1999 年版《田阳县志》记载，明洪武七年（1374）已有此村，记为“东江”，属奉议州四厢。清代属奉议州四厢团。东江，壮语 Doengqgang，“东 doengq”指沙洲，“江 gang”意为浮。因其被右江三面环抱形成沙洲，远看如葫芦浮在江面，故名。清代为奉议州旧城团领村，划分为上下 2 村，以方位分称，该村居南，俗称“下”，故名东江下屯。聚落呈块状。通行壮话。经济以农业为主，主种水稻、蔬菜、芒果等。特产田阳香芒、圣女果。

东江新屯 Dōngjiāngxīntún 田州镇东江村辖自然村。在村委会驻地东 1 千米处。有 153 户 517 人，壮族聚居。姓氏有黄、梁、陈等。2001 年新建。因是为安置东江村部分受洪涝灾害失去家园的群众而新建的居民点，故名。聚落呈块状。通行壮话。经济以农业为主，主种水稻、蔬菜、芒果等。特产田阳香芒、圣女果。324 国道、敢壮大道过境。

东旺村居民地

东旺村 Dōngwàng Cūn 田州镇辖村。在镇境南部。驻地在镇人民政府驻地南 2.9 千米处。东接百育镇七联村，南连那满镇内江村和三雷林场，西邻兴城村，北靠隆平村和东江村。面积 4.47 平方千米。辖东位、祥旺、东包 3 自然村。村委会驻东位。有 567 户 2123 人，汉、壮族聚居。通行壮话、蔗园话。民国二十四年（1935）为东旺村，属旧城乡。1952 年与东江上村、东江下村合设田阳县第六区三东乡。1955 年属那满区三东乡。1958 年属那满公社三东大队。1961 年属田州公社三东大队。1962 年属田州区三东公社。1968 年复属田州公社三东大队。1980 年撤三东大队，分置东旺大队，属田州公社。1984 年改村，属田州镇。东旺，壮语 Doengqvang，“东 doengq”指沙洲，“旺 vang”指横。传东旺（今东位、祥旺）明万历年间（1573—1620）始建，因地处东西走向的沙洲上，故名。处右江河畔，地势平坦。经济以农业为主。耕地面积 186.76 公顷。农业主种水稻、蔬菜、芒果。特产田阳香芒、圣女果。广昆高速公路过境。右江流经。

东位 Dōngwèi 田州镇东旺村辖自然村。村委会驻地，北临右江。有 253 户 925 人，壮族聚居。姓氏有黄、梁等。据 1999 年版《田阳县志》载，明洪武七年（1374）已有此村，记为“冻位”，属奉议州东路；清代记为“东位”，属奉议州旧城团。东位、冻位，壮语 Doenghvih，“东、冻 doengh”指沙洲，“位 vih”意为处、在。因该村在沙洲上，故名。聚落呈块状。通行壮话。经济以农业为主，主种水稻、蔬菜、芒果等。特产田阳香芒、圣女果。广昆高速公路过境。

祥旺 Xiángwàng 田州镇东旺村辖自然村。在村委会驻地西北 0.96 千米处，北临右江。有 112 户 445 人，汉族聚居。姓氏以黄为主。据 1999 年版《田阳县志》载，明洪武七年（1374）已有此村，记为“长旺”，属奉议州东路，清代属奉议州旧城团。1982 年第一次全国地名普查时记为“祥旺”。祥旺、长旺，壮语 Ciengzvang，“祥、长 ciengz”意为吉祥，“旺 vang”意为兴旺。因村民希望居此平安吉祥、事业兴旺，故名。聚落呈块状。通行蔗园话。经济以农业为主，主种水稻、蔬菜、芒果等。特产田阳香芒、圣女果。广昆高速公路过境。

东包 Dōngbāo 田州镇东旺村辖自然村。在村委会驻地东北 1.6 千米处，东、西、南临右江。有 202 户 753 人，汉族聚居。姓氏以黄为主。据 1999 年版《田阳县志》载，明洪武七年（1374）已有此村，记为“冻包”，属奉议州东路；清代记为“东包”，属奉议州旧城团。东包、冻包，壮语 Doenghbau，“东、冻 doengh”指沙洲，“包 bau”意为包围。因该村地处沙洲，三面被水包围，故名。聚落沿右江呈带状。通行蔗园话。经济以农业为主，主种水稻、蔬菜等。特产圣女果。广昆高速公路过境。

兴城村居民地

兴城村 Xīngchéng Cūn 田州镇辖村。在镇境西南部。驻地在镇人民政府驻地西南 3 千米处。东接隆平村、东江村，南连那坡镇宝美村，西邻那坡镇六合村，北靠凤马村。面积 6.37 平方千米。辖旧城、东尾、那直、那赖、长沙、那居、刘屋 7 自然村。村委会驻旧城。有 793 户 2798 人，壮、汉族聚居。通行壮话、蔗园话。民国二十四年（1935）为四兴、旧城上、旧城下 3 村，属旧城乡。1952 年四兴、旧城上、旧城下 3 村合设兴城乡，取“四兴”“旧城”各一字得名，属田阳县第六区。1955 年属那满区。1958 年改大队，属那满公社。1961 年属田州公社。1962 年改公社，属田州区。1968 年复改大队，属田州公社。1984 年改村，属田州镇。2001 年建有网顶安置点，安置那坡镇合力村岩峨、岩酧、岩酬、岩茶等自然村村民。处右江河畔，属丘陵地貌。主要山峰有坡平怀山（海拔 437 米）。右江流经。经济以农业为主。耕地面积 293.84 公顷。农业主种水稻、蔬菜、芒果。特产圣女果。建有兴城现代农业技术集成示范区。广昆高速公路经此设田阳出入口，与敢壮大道交会。2012 年被农业部评为全国一村一品示范村，被广西壮族自治区人民政府评为广西番茄村。旧城、那赖 2 屯曾为奉议羁縻州治所。有全国重点文物保护单位那赖遗址。

兴城村丰收麦浪

旧城 Jiùchéng 田州镇兴城村辖自然村。村委会驻地，东临右江。有 295 户 1052 人，壮族聚居。姓氏有黄、周、黎等。传元至元十六年（1279）建村，原称发祥。发祥，壮语 Fagcanz，“发 fag”意为成排，“祥 canz”意为栏山。因该村曾有成排的壮族干栏建筑，故名。明代奉议羁縻州治所设此，民国十三年（1924）治所迁至田州，后改旧城。聚落呈块状。通行壮话。有关帝庙、崇正书院、奉议大码头、二码头、考棚（清代百色科举考点）等古迹。经济以农业为主，主种水稻、蔬菜等。特产圣女果。广昆高速公路经此并设田阳互通出入口。

东尾 Dōngwěi 田州镇兴城村辖自然村。在村委会驻地北 0.25 千米处，东临右江。有 94 户 371 人，汉族聚居。姓氏以黄为主。据 1999 年版《田阳县志》载，明洪武七年（1374）已有此村，记为“冻尾”，属奉议州东路。1982 年第一次全国地名普查时记为“东尾”。东尾、冻尾，壮语 Riengdoengh，“东、冻 doengh”指沙洲，“尾 rieng”意为尾端。因该村在沙洲尾端，故名。聚落呈块状。通行蔗园话。经济以农业为主，主种水稻、蔬菜等。特产圣女果。广昆高速公路过境。

那直 Nàzhí 田州镇兴城村辖自然村。在村委会驻地西北 0.8 千米处，东、北临右江。有 80 户 291 人，汉族聚居。姓氏有李、罗等。据 1999 年版《田阳县志》载，明洪武七年（1374）已有此村，记为“那直”，属奉议州东路。那直，壮语 Nazciz，“那 naz”指水田，“直 ciz”意为细草。因该村田里长满细草，故名。聚落呈块状。通行蔗园话。经济以农业为主，主种水稻、蔬菜等。特产圣女果。广昆高速公路过境。

那赖 Nàlài 田州镇兴城村辖自然村。在村委会驻地西 0.9 千米处。有 71 户 241 人，壮族聚居。姓氏有黄、邓等。始建时间待考。宋代称桃城，因地形似桃子得名，为宋皇祐五年（1053）所置奉议羁縻州治所。明洪武七年（1374）时记为“那赖”，奉议羁縻州治所迁出。那赖，壮语 Nazraiq，“那 naz”指水田，“赖 raiq”指沙滩。因该村地处田垌，屯前是右江沙滩，故名。有全国重点文物保护单位那赖遗址。聚落呈团块状。通行壮话。经济以农业为主，主种水稻、蔬菜、芒果等。特产圣女果。广昆高速公路过境。

长沙 Chángshā 田州镇兴城村辖自然村。在村委会驻地西北 1.1 千米处，东、北临右江。有 92 户 302 人，汉族聚居。姓氏有黄、黎等。据 1999 年版《田阳县志》记载，明洪武七年（1374）已有此村，记为“长沙”，属奉议州东路。长沙，壮语 Canghsa，“长 cangh”指工匠、工场作坊，“沙 sa”指纸。传该村曾是制土纸的旧址，故名。聚落呈块状。通行蔗园话。经济以农业为主，主种水稻、蔬菜等。特产圣女果。

那居 Nàjū 田州镇兴城村辖自然村。在村委会驻地西北 1.5 千米处，北临右江。有 95 户 325 人，汉族聚居。姓氏有黄、李等。据 1999 年版《田阳县志》载，明洪武七年（1374）已有此村，记为“那鸡”，属奉议州东路。1982 年第一次全国地名普查记为“那居”。那居、那鸡，壮语 Nazgaeq，“那 naz”指水田，“居、鸡 gaeq”指鸡。因该村原是为土官养鸡的地方，故名。聚落呈块状。通行蔗园话。经济以农业为主，主种水稻、蔬菜等。特产圣女果。

刘屋 Liúwū 田州镇兴城村辖自然村。在村委会驻地西北 1.9 千米处，北临右江。有 66 户 216 人，汉族聚居。姓氏以刘为主。传清嘉庆二十三年（1818）由刘氏建村，故名。聚落呈块状。通行蔗园话。经济以农业为主，主种水稻、蔬菜等。特产圣女果。

定律村居民地

定律村 Dìnglǜ Cūn 田州镇辖村。在镇境中部。驻地在镇人民政府驻地西北 0.9 千米处。东接中山社区，南连兴华社区，西邻凤马村、龙河村，北靠那塘村。面积 1.38 平方千米。辖定律中屯、定律上屯、定律下屯、城厢 4 自然村。村委会驻港阳路（属定律中屯）。有 834 户 2461 人，壮、汉族聚居。通行壮话、蔗园话。民国二十四年（1935）为定律街，属田州镇。1952 年与中山街、桑园街、民族街、博爱街、维新街、民主街、民生街、民权街合为田阳县第九区田州镇。1955 年属田州区田州镇。1958 年属田州公社田州大队。1960 年析置定律大队，属田州公社。1962 年改公社，属田州区。1968 年复改大队，属田州公社。1984 年改村，属田州镇。

2002年析部分辖地归中山社区、兴华社区。定律，壮语Dinghlwt，“定dingh”指制作，“律lwt”指卷纱筒。因该地种有可制卷纱筒的竹子，故名。处右江河谷，地势平坦。经济以加工业、服务业及蔬菜种植为主。324国道过境。田州河流经。

定律中屯 Dìnglùzhōngtún 田州镇定律村辖自然村。村委会驻地。有143户410人，壮、汉族聚居。姓氏有黄、潘等。传明崇祯十二年（1639）建村。1985年称民乐屯。1995年更名为定律中屯。因在定律上屯和定律下屯间，故名。聚落呈块状。通行壮话、蔗园话。经济以加工业、服务业及蔬菜种植为主。324国道过境。

定律上屯 Dìnglùshàngtún 田州镇定律村辖自然村。在村委会驻地西北0.3千米处。有162户502人，壮族聚居。姓氏有黄、李等。传清咸丰元年（1851）始由广东省南海县金竹村人迁来建居。因毗邻定律屯，且处田州河上游，故称定律上屯。聚落呈块状。通行壮话。经济以加工业、服务业及蔬菜种植为主。324国道过境。

定律下屯 Dìnglùxiàtún 田州镇定律村辖自然村。在村委会驻地东北0.3千米处，北面临田州河。有293户833人，壮族聚居。姓氏以黄为主。据1999年版《田阳县志》载，明洪武七年（1374）已有此村，记为“定律”，属奉议州四厢。定律，壮语Dinghlwt，“定dingh”指制作，“律lwt”指卷纱筒。因该地种植可制作卷纱筒的竹子而得名。清代因在村址西面形成新村，为区分，以在田州河下游改称定律下屯。聚落呈块状。通行壮话。经济以加工业、服务业及蔬菜种植为主。324国道过境。

城厢 Chéngxiāng 田州镇定律村辖自然村。在村委会驻地东0.2千米处，北临田州河。有236户716人，壮、汉族聚居。姓氏有黄、潘、陈等。该村原属桑元街和中山街，1980年分出称为“城厢”，因近县城，故名。聚落呈块状。通行壮话、蔗园话。经济以加工业、服务业及蔬菜种植为主。324国道过境。

那坡镇政区居民地

那坡镇 Nàpō Zhèn 百色市田阳区辖镇。在区境北部。驻地在城区人民政府驻地西南8.7千米处。东接田州镇、那满镇，南连坡洪镇，西邻洞靖镇和百色市右江区龙景街道，北隔右江与头塘镇和百色市右江区龙景街道、四塘镇相望。面积254.29平方千米。辖那坡1街和平朴、万平、敢亮、那驮、那芘、义安、宝美、六合、合力、弄坡、永常、濑旺、尚兴、百峰、那音、弄山、弄初、晚塘、东红、洞印 20 村。镇人民政府驻平朴村。有 4.16 万人，有壮、汉族。通行普通话、壮话、蔗园话。清光绪二年（1876）为那坡团，属奉议州中区。民国元年（1912）属奉议县中区。民国二十二年（1933）改那坡乡，属奉州区。民国二十四年（1935），奉议县与恩阳县合置田阳县，今镇境设为那坡镇，为田阳县治所。1951 年与百峰、新隆 2 乡并为田阳县第一区。1954 年田阳县治移至田州镇。1955 年改那坡区。1958 年 8 月改那坡公社。1961 年析出百峰公社。1962 年 8 月那坡、百峰 2 公社并为那坡区。1968 年 8 月改那坡公社。1984 年改镇，并析出百峰乡。2005 年百峰乡并入。2019 年属百色市田阳区。因原驻那坡街得名。那坡，壮语 Nazmboq，“那 naz”指水田，“坡 mboq”指泉水。因那坡街原是一片田，田中常有小股泉水喷出，故名。地处右江河谷腹地，有平原、丘陵、岩溶三种地貌。主要山峰有敢修山、谷黎山。有中学 1 所、小学 6 所，乡镇卫生院 2 所。有煤、河沙、石灰石、方解石等矿产。经济以农业为主。耕地面积 4040.25 公顷。农业主种水稻、蔬菜、甘蔗和芒果。有濑旺村新品种蔬菜种植基地、尚兴村优质芒果种植基地、那芘村优质稻种植基地。有煤炭、红砖、石灰、石料加工、纸业制造、水泥制造等工业企业。有恩阳县苏维埃政府旧址、黄恒栈四平楼、黄恒栈烟厂旧址、田阳县国民党政府旧址、蝙蝠洞石刻、那坡烈士公墓等纪念地。广昆高速公路、银百高速公路、212 国道以及那坡—定夜公路（749 县道）、头塘—那坡公路（850 县道）、那老—公篓公路（748 县道）过境，其中广昆高速公路在境内设有出入口和服务区。右江、那音河、扁村河流经。建有那坡大桥连接右江南北两岸。

那坡镇全景图

那坡镇居民地一览表

街、村名称	驻地及街圩、自然村、安置点名称
那坡街	1 街圩：那坡街
平朴村	2 自然村：平朴旧屯、平朴新屯
万平村	8 自然村：万村、水塘、江洪、那怀、瓦窑、那测、哩额、那桃
敢亮村	5 自然村：敢亮、那老、平陇、谷界、山口新屯
那驮村	5 自然村：坡律、田垌、巴怀、那驮、暨布
那芘村	8 自然村：那葛、那葛新屯、那哩上屯、那哩下屯、那测、秩芽、那匿、那吉
义安村	9 自然村：下皓、陇慢、陇有、挂色、驮乙、陇德、朗含、驮干、龙云 4 安置点：盎淋新屯、古罗新屯、那逻新屯、岩金新屯
宝美村	15 自然村：坡平、新村、陇驮、陇总、陇扫、陇旺内屯、陇旺外屯、登贡、塘桃、朝马、陇劳、荷洪、个凤、陇穷、陇沓
六合村	7 自然村：渌碧、驮亮、百慢、那弼上屯、那弼中屯、那弼下屯、巴州
合力村	4 自然村：敢利、忑面、绿郎、敢间 12 安置点：巴州、下哩、网顶、弄蕉、弄鸡、弄淋、那西、河边、红岭坡、二塘、兴鸿、陇会
弄坡村	7 自然村：陇帮、卫东、百登、下坡、更闷、内坡新屯、谷坡
永常村	13 自然村：陇黎、陇荷上屯、陇荷下屯、班除、陇京、陇匿上屯、陇匿下屯、陇想佬屯、陇想依屯、陇吓、陇落、谷力、陇秋
濑旺村	9 自然村：新村、谷麦、下村、坟背、邓屋、李屋、塘哩、罗屋、四维
尚兴村	12 自然村：平旺内屯、弄蕉、弄鸡、兴鸿、绿务、兴福、那桃、红岭坡、安楼、池琴、那合、定弄
百峰村	1 街圩：百峰圩 5 自然村：渡口、坡脚、六密、平镜、新村
那音村	13 自然村：冲口、那音、桥头、桥烟、达里、六累、那排、坡落、响水、濑奎、八冬、四冬、内坡
弄山村	9 自然村：弄山外屯、弄山内屯、弄羊外屯、弄羊内屯、那龙、六龙、琴叫、弄为、东明
弄初村	17 自然村：弄浪、那慢、那林、驮呆、平法、弄良、弄谷、坡蛇、龙门、弄道、坡平、百岩、弄初、下更、东城、常红、坡桑
晚塘村	7 自然村：晚塘、苏屋、六逢、六华、六楞、那濑、那塘
东红村	5 自然村：东红、社王、那莫、久濑、那苏
洞印村	5 自然村：洞印中屯、洞印上屯、洞印下屯、谷周、驮索
合计：1 街 20 村，2 街圩 165 自然村 16 安置点	

百峰乡 Bǎifēng Xiāng 田阳县原辖乡。在县境西南部。驻地在县人民政府驻地西 18.5 千米处。东接那坡镇，南连坡洪镇，西邻洞靖乡，北靠右江区那毕乡、四塘镇。2005 年辖百峰、那音、弄山、弄初、晚塘、东红、洞印 7 村。乡人民政府驻百峰村百峰街。宋皇祐五年（1053）为勘羁縻州州治。元代勘羁縻州撤销后，今辖地历属来安路、来安府、田州府等。清乾隆七年（1742）置阳万土州判，治所设此。清光绪年间（1875—1908）属恩阳州辖地。民国元年（1912）为恩阳县辖地；民国二十一年（1932）设百峰乡，属恩阳县；民国二十四年（1935）属田阳县。1951 年与那坡镇、新隆乡合设田阳县第一区。1955 年属那坡区。1958 年属那坡公社。1961 年析置百峰公社。1962 年并入那坡区。1968 年属那坡公社。1984 年析置百峰乡。2005 年撤销，辖域并入那坡镇。

那坡街居民地

那坡街 Nàpō Jiē 那坡镇辖街。驻地在镇人民政府驻地西 1 千米处。在镇境东部。东接平朴村、六合村，南连宝美村、义安村，西邻敢亮村、那驮村，北靠万平村。面积 3.27 平方千米。辖那坡街 1 街圩。有同合、上新、下新、新和、新兴、新民 6 条街路。街道居委会驻那坡街新民街。有 975 户 2536 人，壮、汉族聚居。通行普通话、壮话、蔗园话。清末民初称湖广街和万兴街，分属奉议县和恩阳县。民国二十四年（1935）为同合、上新、下新、新和、新兴、新民 6 街，属那坡镇。1952 年设那坡镇，属田阳县第一区。1955 年属那坡区。1958 年改那坡大队，属那坡公社。1962 年改公社，属那坡区。1968 年复改大队，属那坡公社。1981 年改那坡镇，属那坡公社。1984 年改那坡街，属那坡镇。因驻地那坡街得名。那坡，壮语 Nazmboq，“那 naz”指水田，“坡 mboq”指泉水。因那坡街原是一片田，田中常有小股泉水涌出，故名。地处右江河谷平原。民国二十四年（1935）至 1955 年为田阳县治。有恩阳县苏维埃政府旧址、黄恒栈四平楼、黄恒栈烟厂旧址、田阳县国民党政府旧址、古码头等纪念地和古迹。经济以商贸业为主。耕地面积 45.23 公顷。农业主种水稻、蔬菜。特产芒果。有砖厂和石材加工企业。建有两个移民搬迁安置点。百色市田阳区那坡镇中心小学、百色市田阳区那坡镇中心卫生院在辖区内。广昆高速公路、那坡—定夜公路（749 县道）、头塘—那坡公路（850 县道）过境。右江流经。建有那坡大桥连接平朴村。

那坡街 Nàpōjiē 那坡镇那坡街辖街圩。那坡街居委会驻地，临右江。有 975 户 2536 人，壮、汉族聚居。姓氏有黄、廖、苏、李、覃等。始建于清道光年间（1821—1850）。因街圩原是一片田，田中常有小股泉水喷出，故名。聚落呈带状分布。通行普通话、壮话、蔗园话。经济以商品零售为主，兼农业、劳务输出。有砖厂、家具加工等。农业主种水稻、蔬菜。特产芒果。有同合、上新、下新、新和、新兴、新民 6 条街路。建有 2 个移民搬迁安置点。有恩阳县苏维埃政府旧址、黄恒栈四平楼、黄恒栈烟厂旧址、田阳县国民党政府旧址、古码头等纪念地和古迹。百色市田阳区那坡镇中心小学、百色市田阳区那坡镇中心卫生院在辖区内。广昆高速公路、那坡—定夜公路（749 县道）和头塘—那坡公路（850 县道）过境。

右江两岸的那坡街（左）和平朴村（右）

平朴村居民地

平朴村 Píngpǔ Cūn 那坡镇辖村。镇人民政府驻地。在镇境东部。东接六合村，南连六合村并隔右江与那坡街相望，西隔右江与万平村相望，北靠头塘镇四联村和田州镇凤马村。面积 3.07 平方千米。辖平朴旧屯、平朴新屯 2 自然村。村委会驻平朴旧屯。有 370 户 1122 人，汉、壮族聚居。通行壮话、蔗园话。民国二十四年（1935）为平朴村，属那坡镇。1952 年与万村、瓦窑村合设田阳县第一区万平乡。1955 年属那坡区万平乡。1958 年析置平朴大队，属那坡公社。1962 年改公社，属那坡区。1968 年复改大队，属那坡公社。1984 年改村，属那坡镇。平朴，壮语 Bingzbug，“平 bingz”指平坦，“朴 bug”指柚子。因村址原是长有柚子树的平地，故名。地处右江河谷平原。经济以农业为主。耕地面积 68.07 公顷。农业主种水稻、玉米、蔬菜。特产芒果、圣女果。百色市田阳区初级中学在境内。头塘—那坡公路（850 县道）过境。

平朴旧屯 Píngpǔjiùtún 那坡镇平朴村辖自然村。村委会驻地。有 296 户 982 人，汉、壮族聚居。姓氏有黄、颜、雷等。传清雍正七年（1729）由邕宁县马村人迁建。原称平朴，壮语 Bingzbug，“平 bingz”指平坦，“朴 bug”指柚子。因村址原是长有柚子树的平地，故名。后因村屯扩大，部分村民在村址附近建居形成新村，此村俗称“旧村”，后于 1985 年正式划分为新、旧2村。聚落沿公路呈带状。通行壮话、蔗园话。经济以农业为主，主种水稻、玉米、蔬菜。特产芒果、圣女果。百色市田阳区初级中学在境内。头塘—那坡公路（850县道）过境。

平朴新屯 Píngpǔxīntún 那坡镇平朴村辖自然村。在村委会驻地东北0.2千米处。有74户140人，汉、壮族聚居。姓氏有黄、李、梁等。1985年前部分村民从平朴村迁居此地形成新村，后于1985年正式与旧村分开，称平朴新屯。聚落呈块状。通行壮话、蔗园话。经济以农业为主，主种水稻、玉米、蔬菜。特产芒果、圣女果。头塘—那坡公路（850县道）过境。

万平村居民地

万平村 Wànpíng Cūn 那坡镇辖村。在镇境东北部。驻地在镇人民政府驻地西北1.3千米处。东隔右江与平朴村和头塘镇四联村相望，南连那坡街，西邻那驮村、那茈村，北靠濑旺村并隔右江与头塘镇二塘村相望。面积6.67平方千米。辖万村、水塘、江洪、那怀、瓦窑、那测、哩額、那桃8自然村。村委会驻万村。有1079户4043人，汉、壮族聚居。通行壮话、蔗园话。民国二十四年（1935）为万村、瓦窑2村，属那坡镇。1952年与平朴村并为万平乡，取“万村”“平朴”各一字得名，属田阳县第一区。1955年属那坡区。1958年改大队，并析出平朴大队，属那坡公社。1962年改公社，属那坡区。1968年复改大队，属那坡公社。1984年改村，属那坡镇。地处右江河谷平原。经济以农业和劳务输出为主。耕地面积373.15公顷。农业主种水稻、蔬菜。特产芒果、火龙果。

万村 Wàncūn 那坡镇万平村辖自然村。村委会驻地。有469户1578人，壮族聚居。姓氏有韦、廖、农等。传明洪武元年（1368）建村。传当地曾有一户声誉较好的韦姓人家，生下长子取名“亚万”，后人便取其长子名字中的万字命村名。聚落呈块状。通行壮话。经济以农业为主，主种水稻、蔬菜。特产芒果、火龙果、圣女果。

水塘 Shuǐtáng 那坡镇万平村辖自然村。在村委会驻地东北0.6千米处。有91户372人，汉、壮族聚居。姓氏以黄为主。传明天启元年（1621）建村。水塘，壮语Raemxdangz，“水raemx”指河水，“塘dangz”指水牢。传此地曾建有一间审判犯人的房子，称为堂，因该堂建在河边而得名水堂。后人将水堂改为“水塘”。聚落呈块状。通行壮话、蔗园话。经济以农业为主，主种水稻、蔬菜。特产芒果、圣女果。

江洪 Jiānghóng 那坡镇万平村辖自然村。在村委会驻地东北1.2千米处。有79户313人，汉族聚居。姓氏有梁、黄等。传清乾隆元年（1736）建村。江洪，壮语 Gyanghhungz，“江 gyangh”指右江，“洪 hungz”指洪水。因该村地处右江边，每年雨季，河水上涨，村边到处是水，故名。聚落呈块状。通行蔗园话。经济以农业为主，主种水稻、蔬菜。特产芒果、圣女果。

那怀 Nàhuái 那坡镇万平村辖自然村。在村委会驻地西北 1.8 千米处。有 79 户 298 人，壮族聚居。姓氏有黄、陆等。据黄家族谱载，清雍正元年（1723）建村。那怀，壮语 Nazvaiz，“那 naz”指田，“怀 vaiz”指牛。传黄姓人家曾以养牛为生，故名。聚落呈块状。通行壮话。经济以农业为主，主种水稻、蔬菜。特产芒果、圣女果。

瓦窑 Wǎyáo 那坡镇万平村辖自然村。在村委会驻地西北 2.2 千米处。有 123 户 551 人，汉族聚居。姓氏有梁、韦等。据梁家族谱载，明洪武元年（1368）建村。瓦窑，壮语 Vaxyiuz，“瓦 vax”指瓦片，“窑 yiuz”指瓦窑。因该村以烧制砖瓦出名，故名。聚落呈块状。通行蔗园话。经济以农业为主，主种水稻、蔬菜。特产芒果、圣女果。

那测 Nàcè 那坡镇万平村辖自然村。在村委会驻地西北 3.7 千米处。有 153 户 624 人，壮族聚居。姓氏有主、林、黄等。传元至正二十三年（1363）建村。原写作“那侧”，后改写为“那测”，壮语 Nazbyaek，“那 naz”指田，“测、侧 byaek”指菜。因该村主种蔬菜，故名。聚落呈块状。通行壮话。经济以农业为主，主种蔬菜。特产芒果、圣女果。

哩额 Lǐ'é 那坡镇万平村辖自然村。在村委会驻地西北 4.1 千米处。有 68 户 242 人，壮族聚居。姓氏有主、罗等。传清顺治六年（1649）建村。哩额，壮语 Rijngieg，“哩 rij”指水溪，“额 ngieg”指妖龙，为壮族传说中一种蛇形妖怪。因传此地溪水中有妖龙，故名。聚落呈块状。通行壮话。经济以农业为主，主种水稻、蔬菜。特产芒果、圣女果。

那桃 Nàtáo 那坡镇万平村辖自然村。在村委会驻地西北 1.2 千米处。有 17 户 65 人，壮族聚居。姓氏有陆、梁、黄等。1994 年建村。那桃，壮语 Nazdauz，“那 naz”指田，“桃 dauz”指桃树。因该村坐落在长有很多桃树的地方，故名。聚落呈块状。通行壮话。经济以劳务输出为主。

敢亮村居民地

敢亮村 Gǎnliàng Cūn 那坡镇辖村。在镇境中部。驻地在镇人民政府驻地西南 3.8 千米处。东接那坡街、义安村，南连义安村、永常村，西邻弄坡村，北靠那驮村。面积 7.7 平方千米。

辖敢亮、那老、平陇、谷界、山口新屯5自然村。村委会驻敢亮。有245户956人，壮族聚居。通行壮话。民国二十四年（1935）为敢亮村，属那坡镇。1952年与那茈、那驮2村合设田阳县第一区驮比乡。1955年属那坡区驮比乡。1958年属那坡公社驮比大队。1962年属那坡区驮比公社。1968年复属那坡公社驮比大队。1980年撤驮比大队，分置敢亮大队，属那坡公社。1984年改村，属那坡镇。因驻地敢亮得名。敢亮，壮语Gamjriengh，“敢gamj”指岩洞，“亮riengh”指牛栏。因敢亮村址附近有一岩洞，洞内分成一格一格，形似牛栏，故名。属半丘陵、半岩溶地貌。主要山峰有仇那山，海拔300米。经济以农业为主。耕地面积54.79公顷。农业主种水稻、玉米。特产芒果。是那坡镇石材生产基地。广昆高速公路、212国道和头塘—那坡公路（850县道）过境。

敢亮 Gǎnliàng 那坡镇敢亮村辖自然村。村委会驻地。有54户214人，壮族聚居。姓氏有黄、李、韦等。传明崇祯年间（1628—1644）建村。敢亮，壮语Gamjriengh，“敢gamj”指岩洞，“亮riengh”指牛栏。因村址附近有一岩洞，洞内分成一格一格，形似牛栏，故名。聚落呈带状。通行壮话。经济以农业为主，主种水稻、玉米。特产芒果。212国道过境。

那老 Nàlǎo 那坡镇敢亮村辖自然村。在村委会驻地东北1.6千米处。有38户146人，壮族聚居。姓氏有农、陶、覃等。1958年从弄月村迁此建村。那老，壮语Nazlaux，“那naz”指田，“老laux”指大。因村址在一块大田边，故名。聚落呈块状。通行壮话。经济以农业为主，主种水稻、玉米。特产芒果。212国道过境。

平陇 Pínglǒng 那坡镇敢亮村辖自然村。在村委会驻地东北0.9千米处。有79户311人，壮族聚居。姓氏有黄、罗、凌、陶等。1948年从谷界自然村迁此建村。1980年后又有村民从谷界迁来该村绿勒居民点建居。平陇，壮语Bingzluengh，“平bingz”指平坦，“陇luengh”指乘凉。因该村地势平坦，村民常在村旁泉边的大石板乘凉，故名。聚落呈块状。通行壮话。经济以农业为主，主种水稻、玉米。特产芒果。212国道过境，广昆高速公路经此设平陇分离式立交桥，是头塘—那坡公路（850县道）的终点。

谷界 Gǔjiè 那坡镇敢亮村辖自然村。在村委会驻地西南1.2千米处。有34户134人，壮族聚居。姓氏有黄、罗、凌等。传明万历三十九年（1611）建村。民国三十七年（1948）前后陆续有村民迁至今平陇建居。谷界，壮语Goekgai，“谷goek”指树根，“界gai”指扁桃树。因建居在扁桃树边，故名。聚落呈团状。通行壮话。经济以农业为主，主种水稻、玉米。特产芒果。212国道过境。

山口新屯 Shānkǒuxīntún 那坡镇敢亮村辖自然村。在村委会驻地东北0.95千米处。有40户151人，壮族聚居。姓氏有杨、黄、李、罗等。山口屯因在山谷入口处得名。2011年，山口屯因受地质灾害影响整屯搬迁至平陇自然村旁，为以示新建家园但不忘故土，故名。聚落呈块状。通行壮话。经济以农业为主，主种水稻、玉米。212国道过境。

那驮村居民地

那驮村 Nàtuó Cūn 那坡镇辖村。在镇境东北部。驻地在镇人民政府驻地西北3.6千米处。东接万平村，南连那坡街、敢亮村，西邻弄坡村、那音村，北靠濑旺村、那芘村和百色市右江区四塘镇富联村。面积5.91平方千米。辖坡律、田垌、巴怀、那驮、暨布5自然村。村委会驻坡律。有547户1948人，汉、壮族聚居。通行壮话、蔗园话。民国二十四年（1935）为那驮村，属那坡镇。1952年与敢亮、那芘2村合设田阳县第一区驮比乡。1955年属那坡区驮比乡。1958年属那坡公社驮比大队。1962年属那坡区驮比公社。1968年复属那坡公社驮比大队。1980年撤驮比大队，分置那驮大队，属那坡公社。1984年改村，属那坡镇。以所辖那驮自然村取名。那驮，壮语Nazdah，“那naz”指田，“驮dah”指河。那驮因建村在田垌中，水田逢雨季常被水淹，状如江河，故名。地处右江河谷平原。经济以农业为主。耕地面积237.52公顷。农业主种水稻、蔬菜。特产芒果、圣女果。广昆高速公路、212国道过境。为右江革命根据地之一，民国十八年（1929）当地群众在邓小平、张云逸等领导下，组织农民赤卫队，开展土地革命和武装斗争，建立工农民主政府。中华人民共和国开国少将欧致富出生于该村。

坡律 Pōlǜ 那坡镇那驮村辖自然村。村委会驻地。有42户146人，壮族聚居。姓氏有辛、潘、黄等。传明崇祯二年（1629）建村。坡律，壮语Boroed，“坡bo”指土坡，“律roed”指荆竹。因村址周边土坡曾多荆竹，故名。聚落呈块状。通行壮话。经济以农业为主，主种水稻、蔬菜。特产芒果、圣女果。

田垌 Tiándòng 那坡镇那驮村辖自然村。在村委会驻地西北0.8千米处，西临右江。有141户480人，汉族聚居。姓氏有黄、罗、邓、陆等。传清康熙十一年（1672）建村在田垌中，故名。聚落呈块状。通行蔗园话。经济以农业为主，主种水稻、蔬菜。特产芒果、圣女果。万平—那驮公路（701乡道）过境。

巴怀 Bāhuái 那坡镇那驮村辖自然村。在村委会驻地西南0.82千米处。有82户304人，汉族聚居。姓氏有卢、黄、何、韦等。传清雍正八年（1730）建村。原写作“岜怀”，后写为

“巴怀”，壮语 Baqvaiz，“巴、岜 baq”指荒地，“怀 vaiz”指水牛。因村址曾是放牛的荒地，故名。聚落呈块状。通行蔗园话。经济以农业为主，主种水稻、蔬菜。特产芒果、圣女果。广昆高速公路、那老—公篓公路（748 县道）过境。

那驮 Nàtuó 那坡镇那驮村辖自然村。在村委会驻地东南 0.32 千米处。有 225 户 823 人，汉族聚居。姓氏有李、黄、廖、梁、韦等。传宋祥兴二年（1279）建村。那驮，壮语 Nazdah，“那 naz”指田，“驮 dah”指河。因建村在田垌中，村水田逢雨季常被水淹，状如江河，故名。聚落呈块状。通行蔗园话。经济以农业为主，主种水稻、蔬菜。特产芒果、圣女果。那老—公篓公路（748 县道）、万平—那驮公路（701 乡道）过境。

暨布 Jìbù 那坡镇那驮村辖自然村。在村委会驻地西北 0.3 千米处。有 57 户 195 人，汉族聚居。姓氏有王、罗、陆等。传清康熙九年（1670）建村。原写作“十么”，后写为“暨布”，壮语 Cihmoq，“暨、十 cih”指角落，“布、么 moq”指新。因该村是在角落新建的村庄，故名。聚落呈块状。通行蔗园话。经济以农业为主，主种水稻、蔬菜。特产芒果、圣女果。万平—那驮公路（701 乡道）过境。

那芘村居民地

那芘村 Nàpí Cūn 那坡镇辖村。在镇境东北部。驻地在镇人民政府驻地西北 4.6 千米处。东接万平村，南连那驮村，西、北邻濑旺村。面积 2.68 平方千米。辖那葛、那葛新屯、那哩上、那哩下、那测、秩芽、那匿、那吉 8 自然村。村委会驻那葛。有 567 户 1867 人，壮族聚居。通行壮话。民国二十四年（1935）为那芘村，属那坡镇。1952 年与那驮、敢亮 2 村合设田阳县第一区驮比乡。1955 年属那坡区驮比乡。1958 年属那坡公社驮比大队。1962 年属那坡区驮比公社。1968 年复属那坡公社驮比大队。1980 年撤驮比大队，分置那芘大队，属那坡公社。1984 年改村，属那坡镇。那芘，壮语 Nazbiek，“那 naz”指田，“芘 biek”指堇菜。因村处有堇菜的田边，故名。处右江河谷平原。经济以农业为主。耕地面积 169.29 公顷。农业主种水稻、玉米、蔬菜。特产芒果。有优质稻种植基地。村境西面右江河道上建有那吉航运枢纽。212 国道、万平—那驮公路（701 乡道）过境。

那葛 Nàgě 那坡镇那芘村辖自然村。村委会驻地。有 146 户 441 人，壮族聚居。姓氏有鄂、付等。传明万历四十七年（1619）建村。那葛，壮语 Nazgat，“那 naz”指田，“葛 gat”指割断。因村址被一片田地隔开，村民分两边居住，故名。聚落呈块状。通行壮话。经济以农业为主，主种水稻、玉米、蔬菜。特产芒果。万平—那驮公路（701 乡道）过境。

那葛新屯 Nàgěxīntún 那坡镇那茈村辖自然村。在村委会驻地东南 0.05 千米处。有 23 户 105 人，壮族聚居。姓氏有鄂、黎等。民国三十七年（1948）从那葛屯迁此新建，故名。聚落呈块状。通行壮话。经济以农业为主，主种水稻、玉米、蔬菜。特产芒果。万平—那驮公路（701 乡道）过境。

那哩上屯 Nàlīshàngtún 那坡镇那茈村辖自然村。在村委会驻地北 1.3 千米处。有 51 户 195 人，壮族聚居。姓氏有谭、黄等。传明万历四十六年（1618）建村。原与那哩下屯统称那哩。那哩，壮语 Nazre，“那 naz”指田，“哩 re”指网。因村处形似渔网的田旁，故名。后村庄扩大，以南北分为上、下 2 屯，此屯居南，故名那哩上屯。聚落呈块状。通行壮话。经济以农业为主，主种水稻、玉米、蔬菜。特产芒果。

那哩下屯 Nàlīxiàtún 那坡镇那茈村辖自然村。在村委会驻地东北 1.5 千米处。有 58 户 189 人，壮族聚居。姓氏有覃、庞等。传明万历四十六年（1618）建村。原与那哩上屯统称那哩。那哩，壮语 Nazre，“那 naz”指田，“哩 re”指网。因村处形似渔网的田旁，故名。后村庄扩大，以南北分为上、下 2 屯，此屯居北，故名那哩下屯。聚落呈块状。通行壮话。经济以农业为主，主种水稻、玉米、蔬菜。特产芒果。

那测 Nàcè 那坡镇那茈村辖自然村。在村委会驻地东北 0.82 千米处。有 121 户 407 人，壮族聚居。姓氏以黄为主。传元至正二十三年（1363）建村。那测，壮语 Nazbyaek，“那 naz”指田，“测 byaek”指菜。因该村有种植蔬菜传统，故名。聚落呈块状。通行壮话。经济以农业为主，主种水稻、玉米、蔬菜。特产芒果。

秩芽 Zhìyá 那坡镇那茈村辖自然村。在村委会驻地东北 0.8 千米处。有 46 户 126 人，壮族聚居。姓氏有蒙、廖等。传明崇祯八年（1635）建村。秩芽，壮语 Dipyaz，“秩 dip”指某一片区，“芽 yaz”指腐烂。因村址所在的片区过去种果树结出的果子极易腐烂，故名。聚落呈团状。通行壮话。经济以农业为主，主种水稻、玉米、蔬菜。特产芒果。

那匿 Nànì 那坡镇那茈村辖自然村。在村委会驻地东北 0.5 千米处。有 58 户 195 人，壮族聚居。姓氏以黄为主。传清康熙六年（1667）建村。那匿，壮语 Naznag，“那 naz”指田，“匿 nag”指水獭。因旧时村中田野常有水獭出没，故名。聚落呈团状。通行壮话。经济以农业为主，主种水稻、玉米、蔬菜。特产芒果。

那吉 Nàjí 那坡镇那芘村辖自然村。在村委会驻地西南 0.5 千米处。有 64 户 209 人，壮族聚居。姓氏以张为主。传清康熙二年（1663）建村。那吉，壮语 Nazndok，“那 naz”指田，“吉 ndok”指骨头，意指瘦骨嶙峋，在此形容土地贫瘠。因该村田地土壤较贫瘠，故名。聚落呈块状。通行壮话。经济以农业为主，主种水稻、玉米、蔬菜。特产芒果。西面右江河道上建有那吉航运枢纽。212 国道、万平—那驮公路（701 乡道）过境。

义安村居民地

义安村 Yì'ān Cūn 那坡镇辖村。在镇境南部。驻地在镇人民政府驻地南 5 千米处。东接宝美村、尚兴村，南连坡洪镇新合村，西邻永常村、敢亮村，北靠敢亮村、那坡街。面积 17.79 平方千米。辖下皓、陇慢、陇有、挂色、驮乙、陇德、朗含、驮干、龙云 9 自然村和盎淋新屯、古罗新屯、那逻新屯、岩金新屯 4 安置点。村委会驻下皓。有 496 户 1696 人，壮族聚居。通行壮话。民国二十四年（1935）为义陇、安陇 2 村，属新隆乡。1952 年设义安乡，取义陇、安陇 2 村各一字得名，属田阳县第一区。1955 年属那坡区。1958 年改大队，属那坡公社。1962 年改公社，属那坡区。1968 年复改大队，属那坡公社。1984 年改村，属那坡镇。2011—2013 年，该村所辖的盎淋、古罗、陇匿、茄落 4 自然村迁至万平村、田州镇龙河村、凤马村等地建异地安置点。属岩溶地貌。主要山峰有弄朝山、班老山。经济以农业和劳务输出为主。耕地面积 96.47 公顷。农业主种玉米。特产芒果。

下皓 Xiàhào 那坡镇义安村辖自然村。村委会驻地。有 50 户 172 人，壮族聚居。姓氏有黎、陶等。传明崇祯十五年（1642）建村。下皓，壮语 Lajhau，“下 laj”指下面，“皓 hau”指白色。因房子建在白色石崖下，故名。聚落呈块状。通行壮话。经济以劳务输出为主。农业主种玉米。特产芒果。

陇慢 Lǒngmàn 那坡镇义安村辖自然村。在村委会驻地东北 3.6 千米处。有 53 户 171 人，壮族聚居。姓氏有潘、卢、陆等。1950 年建村。原写作“弄慢”，后写为“陇慢”，壮语 Runghmanh，“陇、弄 rungh”指峕场、石山间平地，“慢 manh”指辣椒。因村址所在峕场曾多野生辣椒，故名。聚落呈团状。通行壮话。经济以劳务输出为主。农业主种玉米。特产芒果。

陇有 Lǒngyǒu 那坡镇义安村辖自然村。在村委会驻地北 1.7 千米处。有 70 户 254 人，壮族聚居。姓氏以黄为主。传清顺治四年（1647）建村。原写作“弄有”，后写为“陇有”，壮语 Rungh'iu，“陇、弄 rungh”指弄场、石山间平地，“有 iu”指邀请。因村址所处的弄场原是青年男女邀请心仪之人谈情的地方，故名。聚落呈团状。通行壮话。经济以劳务输出为主。农业主种玉米。

挂色 Guàsè 那坡镇义安村辖自然村。在村委会驻地北偏东 1.7 千米处。有 7 户 31 人，壮族聚居。姓氏有黄、周等。传明万历四十三年（1615）建村。挂色，壮语 Ga'mbaek，“挂 ga”指坐落，“色 mbaek”指网兜。因该村四面环山，形似网兜的地方，故名。聚落呈团状。通行壮话。经济以劳务输出为主。农业主种玉米。

驮乙 Tuóyǐ 那坡镇义安村辖自然村。在村委会驻地北偏东 1.8 千米处。有 15 户 51 人，壮族聚居。姓氏以周为主。传清乾隆五十五年（1790）建村。驮乙，壮语 Deih'et，“驮 deih”指地，“乙 et”指糍粑。因该村土地大部分属黏土，黏度较大，似糍粑，故名。聚落呈团状。通行壮话。经济以劳务输出为主。农业主种玉米。

陇德 Lǒngdé 那坡镇义安村辖自然村。在村委会驻地西北 1.2 千米处。有 16 户 55 人，壮族聚居。姓氏以蔡为主。传明万历四十三年（1615）建村。原写作“弄德”，后写为“陇德”，壮语 Runghdak，“陇、弄 rungh”指弄场、石山间平地，“德 dak”指山蚂蝗。因该村在有山蚂蝗的弄场，故名。聚落呈块状。通行壮话。经济以劳务输出为主。农业主种玉米。

朗含 Lǎnghán 那坡镇义安村辖自然村。在村委会驻地东北 0.5 千米处。有 34 户 114 人，壮族聚居。姓氏有陈、覃、陶等。传清顺治五年（1648）建村。原写作“郎含”，后写为“朗含”，壮语 Rangzhaemz，“朗、郎 rangz”指笋，“含 haemz”指苦。因村周多苦笋，故名。聚落呈团状。通行壮话。经济以劳务输出为主。农业主种玉米。特产芒果。

驮干 Tuógān 那坡镇义安村辖自然村。在村委会驻地西北 0.8 千米处。有 39 户 114 人，壮族聚居。姓氏有李、潘、莫等。传明崇祯十三年（1640）建村。驮干，壮语 Deihhan，“驮 deih”指地，“干 han”指干旱。因该村所在的地方较干旱，故名。聚落呈块状。通行壮话。经济以劳务输出为主。农业主种玉米。特产芒果。

龙云 Lóngyún 那坡镇义安村辖自然村。在村委会驻地西偏北 2.1 千米处。有 68 户 237 人，壮族聚居。姓氏有罗、向、欧阳等。传明崇祯四年（1631）建村。原称弄仁或陇仁，壮语

Runghyinz，“弄、陇 rungh”指弄场、石山间平地，“仁 yinz”指杜仲。因建村在有杜仲的弄场，故名。2003 年以谐音雅化为“龙云”。聚落呈团状。2002 年 3 月胡锦涛主席到该村视察。通行壮话。经济以劳务输出为主。农业主种玉米、火龙果。

盎淋新屯 Ànglínxīntún 那坡镇义安村辖安置点。在村委会驻地东北 4.9 千米处。有 19 户 80 人，壮族聚居。姓氏以潘为主。原村址在义安村村委会驻地西南 1.6 千米处的大石山里。清雍正年间（1723—1735）建村，称盎淋，壮语 Angqraemx，“盎 angq”指缸子，“淋 raemx”指水。因村东有个形似缸子的小水塘，故名。2012 年搬迁到原那坡镇炮竹厂建安置新村，更名为“盎淋新屯”。聚落呈团状。通行壮话。经济以劳务输出为主。农业主种玉米。

古罗新屯 Gǔluóxīntún 那坡镇义安村辖安置点。在村委会驻地北 5.2 千米处。有 26 户 80 人，壮族聚居。姓氏有马、赵等。原村址在义安村村委会驻地西南 2.5 千米处的大石山里。传清康熙七年（1668）建村，称枯罗或古罗，壮语 Goloz，“枯、古 go”指棵，“罗 loz”指木菠萝。因建村在有木菠萝的弄场，故名。2011 年搬迁到万平村今址建安置新村，更名为“古罗新屯”。聚落呈团状。通行壮话。经济以劳务输出为主。农业主种玉米。

那逻新屯 Nàluóxīntún 那坡镇义安村辖安置点。在村委会驻地东北 10.2 千米处。有 52 户 160 人，壮族聚居。姓氏有苏、廖、莫、阳等。原村址在义安村村委会驻地西南 2.75 千米处的山区里。传明崇祯十二年（1639）由广东南海县人迁建，称陇匿，壮语 Runghnag，“陇 rungh”指弄场、石山间平地，“匿 nag”指水獭。因村址所在的弄场曾有水獭出没，故名。2013 年搬迁到田州镇龙河村那逻自然村建安置点，更名为“陇匿那逻新屯”，简称那逻新屯。聚落呈块状。通行壮话。经济以劳务输出为主。农业主种玉米。

岩金新屯 Yánjīnxīntún 那坡镇义安村辖安置点。在村委会驻地东北 9.5 千米处。有 47 户 177 人，壮族聚居。姓氏有李、黄、周等。原村址在义安村村委会驻地西 1.6 千米处的山区。传明崇祯十六年（1643）建村，称茄落、嫁落，壮语 Byalak，“茄、嫁 bya”指石山，“落 lak”指崩塌。因建村在崩塌的山崖下，故名。2012 年搬迁到田州镇凤马村岩金建安置新村，称岩金新屯。聚落呈团状。通行壮话。经济以劳务输出为。农业主种玉米。

宝美村居民地

宝美村 Bǎoměi Cūn 那坡镇辖村。在镇境东部。驻地在镇人民政府驻地东南 3.5 千米处。东接田州镇兴城村和三雷林场，南连合力村和那满镇露美村，西邻尚兴村、义安村，北靠那坡街、六合村。面积 17.22 平方千米。辖坡平、新村、陇驮、陇总、陇扫、陇旺内屯、陇旺外屯、登贡、塘桃、朝马、陇劳、荷洪、个凤、陇穷、陇沓 15 自然村。村委会驻坡平。有 751 户 3023 人，壮族聚居。通行壮话。民国二十四年（1935）为宝陇、美陇 2 村，属新隆乡。1952 年设宝美乡，取宝陇、美陇 2 村各一字得名，属田阳县第一区。1955 年属那坡区。1958 年改大队，属那坡公社。1962 年改公社，属那坡区。1968 年复改大队，属那坡公社。1984 年改村，属那坡镇。属半丘陵、半岩溶地貌。主要山峰有蝙蝠山、陇驮依山，海拔分别为 609 米、590 米。经济以土地流转和劳务输出为主。耕地面积 268.97 公顷。农业主种玉米、蔬菜。特产芒果。建有黑山羊养殖专业合作社、火龙果种植基地等。

宝美村火龙果种植基地

坡平 Pōpíng 那坡镇宝美村辖自然村。村委会驻地。有 126 户 446 人，壮族聚居。姓氏有韦、隆等。传明洪武十一年（1378）建村。坡平，壮语 Bobiengh，“坡 bo”指山坡，“平 biengh”指一片。因建村在一片山坡上，故名。聚落呈块状。通行壮话。经济以劳务输出和土地流转为主。农业主种玉米、蔬菜。特产芒果。有辣椒、西葫芦、火龙果等种植。

新村 Xīncūn 那坡镇宝美村辖自然村。在村委会驻地西北 2.3 千米处。有 62 户 256 人，壮族聚居。姓氏有黄、覃、阮等。因是 1971 年从陇孔屯迁此新建，故名。聚落呈块状。通行壮话。经济以劳务输出为主。农业主种玉米。特产芒果。

陇驮 Lǒngtuó 那坡镇宝美村辖自然村。在村委会驻地西北 4.5 千米处。有 116 户 424 人，壮族聚居。姓氏有蒙、黄等。传明万历四十七年（1619）建村。原写作“弄驮”，后写为“陇驮”，壮语 Runghdah，“陇、弄 rungh”指弄场、石山间平地，“驮 dah”指河。因村址所在的弄场前有条干涸的河，故名。聚落呈块状。通行壮话。经济以劳务输出为主。农业主种玉米。特产芒果。

陇总 Lǒngzǒng 那坡镇宝美村辖自然村。在村委会驻地西北 3.9 千米处。有 36 户 143 人，壮族聚居。姓氏有黄、刘、蒙等。传清康熙七年（1668）建村。原写作“弄忠”，后写为“陇总”，壮语 Runghcungj，“陇、弄 rungh”指弄场、石山间平地，“总、忠 cungj”指纱纸。因村址所在弄场曾有用于制纱纸的构树，故名。聚落呈块状。通行壮话。经济以劳务输出为主。农业主种玉米。特产芒果。

陇扫 Lǒngsǎo 那坡镇宝美村辖自然村。在村委会驻地西北 1.4 千米处。有 16 户 76 人，壮族聚居。姓氏以黄为主。1978 年建村。原写作“弄扫”，后写为“陇扫”，壮语 Runghsauj，“陇、弄 rungh”指弄场、石山间平地，“扫 sauj”指干燥。因村址所在弄场气候干燥，故名。聚落呈块状。通行壮话。经济以劳务输出为主。农业主种玉米。

陇旺内屯 Lǒngwàngnèitún 那坡镇宝美村辖自然村。在村委会驻地西北 1.3 千米处。有 26 户 114 人，壮族聚居。姓氏以韦为主。传清顺治七年（1650）建村，称“陇旺”或“弄望”。陇旺、弄望，壮语 Runghvang，“陇、弄 rungh”指弄场、石山间平地，“旺、望 vang”指横。因建村在横形的弄场，故名。后村庄扩大，以方位分为 2 屯，该村靠弄场里头，故名陇旺内屯。聚落呈块状。通行壮话。经济以劳务输出为主。农业主种玉米。特产芒果。

陇旺外屯 Lǒngwàngwàitún 那坡镇宝美村辖自然村。在村委会驻地西北 0.95 千米处。有 30 户 122 人，壮族聚居。姓氏以韦为主。传清顺治七年（1650）建村，称“陇旺”或“弄望”。陇旺、弄望，壮语 Runghvang，“陇、弄 rungh”指弄场、石山间平地，“旺、望 vang”指横。因建村在横形的弄场，故名。后村庄扩大，以方位分为 2 屯，该村靠弄场外侧，故名陇旺外屯。聚落呈块状。通行壮话。经济以劳务输出为主。农业主种玉米。特产芒果。

登贡 Dēnggòng 那坡镇宝美村辖自然村。在村委会驻地东北 0.3 千米处。有 51 户 214 人，壮族聚居。姓氏有黄、陆、韦等。传清顺治五年（1648）建村。登贡，壮语 Daengqgoengq，“登 daengq”指背靠椅，“贡 goengq”指弓。因建村在山脚，村址背靠石山，形似背靠椅，故名。聚落呈块状。通行壮话。经济以劳务输出为主。农业主种玉米。特产芒果。

塘桃 Tángtáo 那坡镇宝美村辖自然村。在村委会驻地东南 0.5 千米处。有 77 户 315 人，壮族聚居。姓氏有黄、李等。传明崇祯十六年（1643）建村。塘桃，壮语 Daemzdauz，“塘 daemz”指池塘，“桃 dauz”指桃树。因该村水塘边曾多桃树，故名。聚落呈团状。通行壮话。经济以土地流转和劳务输出为主。农业主种玉米。特产芒果。

朝马 Cháomǎ 那坡镇宝美村辖自然村。在村委会驻地东南 0.65 千米处。有 69 户 289 人，壮族聚居。姓氏有黄、林、李等。1952 年建村。朝马，壮语 Cauzmax，指马槽。因村址地形似马槽，故名。聚落呈块状。通行壮话。有雷王庙景点。经济以劳务输出为主。农业主种玉米。特产芒果。

陇劳 Lǒngláo 那坡镇宝美村辖自然村。在村委会驻地西北 2.3 千米处。有 21 户 98 人，壮族聚居。姓氏以黄为主。传明万历四十七年（1619）建村。原写作“弄老”，后写为“陇劳”，壮语 Runghlauz，“陇、弄 rungh”指弄场、石山间平地，“劳 lauz”指受水淹。因该村地处雨后常受水淹的弄场，故名。聚落呈块状。通行壮话。经济以劳务输出为主。

荷洪 Héhóng 那坡镇宝美村辖自然村。在村委会驻地西北 3 千米处。有 21 户 91 人，壮族聚居。姓氏有黄、梁等。传清康熙七年（1668）建村。荷洪，壮语 Hazhung，“荷 haz”指草，“洪 hung”指响声。因该村建在多响草的地方，故名。聚落呈块状。通行壮话。经济以劳务输出为主。农业主种玉米。

个凤 Gèfèng 那坡镇宝美村辖自然村。在村委会驻地西北 3.2 千米处。有 50 户 220 人，壮族聚居。姓氏有黄、黎、农等。传清康熙八年（1669）建村。个凤，壮语 Gofung，“个 go”指棵，“凤 fung”指酸枣树。因该村建在有酸枣树的弄场，故名。聚落呈团状。通行壮话。经济以劳务输出为主。农业主种玉米。特产芒果。

陇穷 Lǒngqióng 那坡镇宝美村辖自然村。在村委会驻地西北 3.2 千米处。有 20 户 89 人，壮族聚居。姓氏有覃、蒙等。传清乾隆三年（1738）建村。原写作“弄忠”，后为“陇穷”，壮语 Runghgungz，“陇、弄 rungh”指弄场、石山间平地，“穷、忠 gungz”指终止。因该村三面环山，地处道路尽头，故名。聚落呈块状。通行壮话。经济以劳务输出为主。农业主种玉米。特产芒果。

陇沓 Lǒngtà 那坡镇宝美村辖自然村。在村委会驻地西南 1.7 千米处。有 30 户 126 人，壮族聚居。姓氏有韦、黄等。传清康熙七年（1668）建村。陇沓，壮语 Runghdumh，“陇 rungh”指弄场、石山间平地，“沓 dumh”指水淹。因该村所在弄场遇大雨常被水淹，故名。聚落呈团状。通行壮话。经济以劳务输出为主。农业主种玉米。

六合村居民地

六合村 Liùhé Cūn 那坡镇辖村。在镇境东部。驻地在镇人民政府驻地东 3 千米处。东接田州镇兴城村和三雷林场，南连宝美村，西邻那坡街并隔右江与平朴村相望，北隔右江与田州镇凤马村相望。面积 10.07 平方千米。辖渌碧、驮亮、百慢、那弼上屯、那弼中屯、那弼下屯、巴州 7 自然村。村委会驻渌碧。有 953 户 3511 人，壮、汉族聚居。通行壮话、蔗园话。民国二十四年（1935）属旧城乡辖地。1952 年三合村、镇香村并为六合乡，因由驮亮、百慢、渌碧、镇香上、镇香中、镇香下 6 自然村合设得名，属田阳县第一区。1955 年属那坡区。1958 年改大队，属那坡公社。1962 年改公社，属那坡区。1968 年复改大队，属那坡公社。1984 年改村，属那坡镇。处右江河谷平原。经济以农业为主。耕地面积 361.55 公顷。农业主种水稻、玉米、蔬菜。特产芒果、西红柿。广昆高速公路、那坡—那满公路（703 乡道）过境。

渌碧 Lùbì 那坡镇六合村辖自然村。村委会驻地。有 96 户 397 人，壮族聚居。姓氏有农、黄、谭、周、覃、陈等。传明成化四年（1468）建村。渌碧，偶作绿碧，壮语 Luegbid，“渌、绿 lueg”指山沟，“碧 bid”指蝉。因该村原建在山沟边，树丛多蝉，故名。聚落呈块状。通行壮话。经济以农业为主，主种水稻、玉米、蔬菜。特产芒果、西红柿。广昆高速公路、那坡—那满公路（703 乡道）过境。

驮亮 Tuóliàng 那坡镇六合村辖自然村。在村委会驻地西北 1.1 千米处，北临右江。有 214 户 779 人，壮族聚居。姓氏有黄、韦、罗、周、陆等。传明崇祯四年（1631）建村。驮亮，壮语 Dahriengh，“驮 dah”指河，“亮 riengh”指连接。因该村建在沙洲尾两条河相连处，故名。聚落呈块状。通行壮话。经济以农业为主，主种水稻、玉米、蔬菜。特产芒果、西红柿。广昆高速公路过境。

百慢 Bǎimàn 那坡镇六合村辖自然村。在村委会驻地西南 0.35 千米处。有 144 户 517 人，壮族聚居。姓氏有周、陆、黄等。传明正德七年（1512）建村。百慢，壮语 Bakmanq，“百 bak”指山口，“慢 manq”指野生花藤。因建村在山口，村周曾多野生花藤，故名。聚落呈块状。通行壮话。经济以农业为主，主种水稻、玉米、蔬菜。特产芒果、西红柿等。广昆高速公路、那坡—那满公路（703 乡道）过境。

那弼上屯 Nàbìshàngtún 那坡镇六合村辖自然村。在村委会驻地西北 0.83 千米处，北临右江。有 75 户 298 人，汉族聚居。姓氏有李、黄等。传明嘉靖年间（1522—1566）建村。原与那弼中屯、那弼下屯统称那弼，那弼，壮语 Nazbid，“那 naz”指田，“弼 bid”指蝉。因建村在有树的田垌边，树上多蝉虫，故名。后村庄扩大，以村边右江分为上、中、下 3 村，该村处上游，故称那弼上屯。聚落呈块状。经济以农业为主，主种水稻、玉米、蔬菜。特产西红柿。

那弼中屯 Nàbìzhōngtún 那坡镇六合村辖自然村。在村委会驻地西北 0.8 千米处，北临右江。有 210 户 691 人，汉族聚居。姓氏有李、农、黄、韦等。传明嘉靖年间（1522—1566）建村。原与那弼上屯、那弼下屯统称那弼，那弼，壮语 Nazbid，“那 naz”指田，“弼 bid”指蝉。因建村在有树的田垌边，树上多蝉虫，故名。后村庄扩大，以村边右江水流方向划分为上、中、下 3 村，该村处中间，故称那弼中屯。聚落呈块状。通行蔗园话。经济以农业为主，主种水稻、玉米、蔬菜。特产西红柿。

那弼下屯 Nàbìxiàtún 那坡镇六合村辖自然村。在村委会驻地东北 1 千米处，北临右江。有 187 户 722 人，汉族聚居。姓氏有黄、黎、卢等。传明嘉靖年间（1522—1566）建村。原与那弼上屯、那弼中屯统称那弼，那弼，壮语 Nazbid，“那 naz”指田，“弼 bid”指蝉。因建村在有树的田垌边，树上多蝉虫，故名。后村庄扩大，以村边右江分为上、中、下 3 村，该村处下游，故称那弼下屯。聚落呈块状。通行蔗园话。经济以农业为主，主种水稻、玉米、蔬菜。特产西红柿。

巴州 Bāzhōu 那坡镇六合村辖自然村。在村委会驻地东南 0.93 千米处。有 27 户 107 人，壮族聚居。姓氏以李为主。1973 年从合力村迁来建村。1990 年又新建巴州安置点安置合力村岩桐屯村民。巴州，壮语 Baqgyaeuq，“巴 baq”指荒地，“州 gyaeuq”指桐油树。因村址原是长有桐油树的荒地，故名。聚落呈块状。通行壮话。经济以农业为主，主种水稻、玉米、蔬菜。特产西红柿。

合力村居民地

合力村 Hélì Cūn 那坡镇辖村。在镇境东南部。驻地在镇人民政府驻地东南 7.7 千米处。东接那满镇露美村，南连坡洪镇双达村、朝马村，西邻尚兴村，北靠宝美村。面积 13.19 平方千米。辖敢利、忑面、绿郎、敢间 4 自然村和巴州、下哩、网顶、弄蕉、弄鸡、弄淋、那西、河边、红岭坡、二塘、兴鸿、陇会 12 安置点。村委会驻敢利。有 350 户 1456 人，壮族聚居。通行壮话。民国二十四年（1935）为合力村，取同心合力意，属旧城乡。1952 年与维新村并为新合乡，属田阳县第六区。1955 年属那满区。1958 年改大队，属那满公社。1962 年改合力公社，属那坡区。1968 年改合力大队，属那坡公社。1984 年改村，属那坡镇。属岩溶地貌。主要山峰有弄照山，海拔 750 米。经济以农业和劳务输出为主。耕地面积 8.62 公顷。农业主种玉米。特产芒果、甘蔗。

敢利 Gǎnlì 那坡镇合力村辖自然村。村委会驻地。有 10 户 45 人，壮族聚居。姓氏有李、覃、黄等。1977 年从界陇上屯（又写作界弄上屯）、弄么上屯、弄么下屯、茶酒屯迁此建村。敢利，壮语 Gamjlaeq，“敢 gamj”指岩洞，“利 laeq”指板栗。因该村在有板栗树的岩洞边，故名。聚落呈块状。通行壮话。经济以劳务输出为主。农业主种玉米。

忑面 Tèmiàn 那坡镇合力村辖自然村。在村委会驻地东南 1.2 千米处。有 21 户 84 人，壮族聚居。姓氏有黄、林等。1977 年从界陇内屯（或称界弄内屯）、界陇下屯（或称界弄下屯）、界陇上屯（或称界弄上屯）迁来建村。忑面，壮语 Lajmienh，“忑 laj”指下边，“面 mienh”指对面。因该村建在宝美村对面山脚，故名。聚落呈块状。通行壮话。经济以劳务输出为主。农业主种玉米。

绿郎 Lùláng 那坡镇合力村辖自然村。在村委会驻地东南 2 千米处。有 30 户 113 人，壮族聚居。姓氏有李、潘、梁等。1977 年从岩峨、岩茶、弄弄、弄已、敢间迁来建村。原写作“禄郎”，后写为“绿郎”，壮语 Luegrangz，“绿、禄 lueg”指山谷，“郎 rangz”指竹笋。因该村建在有竹笋的山谷，故名。聚落呈块状。通行壮话。经济以劳务输出为主。农业主种玉米。特产芒果。

敢间 Gǎnjiān 那坡镇合力村辖自然村。在村委会驻地东南 1.8 千米处。有 25 户 86 人，壮族聚居。姓氏以潘为主。传清康熙元年（1662）建村。敢间，壮语 Gamjgenq，“敢 gamj”指岩洞，“间 genq”指敢间山。因该村建在有溶洞的敢间山脚下，故名。聚落呈团状。通行壮话。经济以劳务输出为主。农业主种玉米。

巴州安置点 Bāzhōu Ānzhìdiǎn 那坡镇合力村辖安置点。在村委会驻地东北3.7千米处，六合村境内。有5户33人，壮族聚居。姓氏有李、梁、韦等。1990年从合力村岩桐屯迁建。因安置点建在六合村巴州屯旁，故名。聚落呈块状。通行壮话。经济以劳务输出为主。

下哩安置点 Xiàlī Ānzhìdiǎn 那坡镇合力村辖安置点。在村委会驻地东北13.2千米处，百育镇四那村境内。有12户65人，壮族聚居。姓氏有凌、罗、覃、邓等。1990年从合力村陇么下屯（或称弄么下屯）迁至百育乡四那村今址建居。下哩，壮语Lajrij，“下laj”指下面，“哩rij”指小溪。因安置点建在小溪下方，故名。聚落呈块状。通行壮话。经济以农业为主，主种甘蔗。特产芒果。

网顶安置点 Wǎngdǐng Ānzhìdiǎn 那坡镇合力村辖安置点。在村委会驻地北3.5千米处，田州镇兴城村境内。有56户228人，壮族聚居。姓氏有李、梁、林等。2001年从合力村岩峨屯、岩酹屯、岩酬屯、岩茶屯迁至田州镇兴城村今址建居。网顶，壮语Dingjmuengx，“网muengx”指渔网，“顶dingj”指顶端。因安置点建在形似渔网的地块顶端，故名。聚落呈块状。通行壮话。经济以农业为主，主种蔬菜。特产芒果。

弄蕉安置点 Lòngjiāo Ānzhìdiǎn 那坡镇合力村辖安置点。在村委会驻地西北8.3千米处，尚兴村弄蕉屯旁。有20户82人，壮族聚居。姓氏以邓为主。1990年从合力村界陇内屯（或称界弄内屯）迁建。因在尚兴村弄蕉屯旁，故名。聚落呈块状。通行壮话。经济以农业为主。特产芒果。

弄鸡安置点 Lòngjī Ānzhìdiǎn 那坡镇合力村辖安置点。在村委会驻地西北7.8千米处，尚兴村弄鸡屯旁。有10户41人，壮族聚居。姓氏以严为主。1992年从合力村班串屯迁建。因处尚兴村弄鸡屯旁，故名。聚落呈块状。通行壮话。经济以农业为主。特产芒果。

弄淋安置点 Lònglín Ānzhìdiǎn 那坡镇合力村辖安置点。在村委会驻地西北8.6千米处，弄坡村境内。有55户255人，壮族聚居。姓氏有黄、王等。1990年从合力村界陇上屯（或称弄界上屯）、界陇下屯（或称弄界下屯）、弄彭依屯、陇勒屯（或称弄勒）屯迁建。弄淋，壮语Runghraemx，“弄rungh”指弄场、石山间平地，“淋raemx”指水。因地处弄场口，旁边常有溪水流出，故名。聚落呈块状。通行壮话。经济以农业为主。特产芒果。

那西安置点 Nàxī Ānzhìdiǎn 那坡镇合力村辖安置点。在村委会驻地西北 10.1 千米处，尚兴村境内。有 20 户 77 人，壮族聚居。姓氏有黄、梁等。1990 年从合力村岩闸屯、陇线上屯迁建。那西，壮语 Nazsae，“那 naz”指田，“西 sae”指人名。因该安置点曾是一位名老西的村民耕种的田块，故名。聚落呈块状。通行壮话。经济以农业为主。特产芒果。

河边安置点 Hébiān Ānzhìdiǎn 那坡镇合力村辖安置点。在村委会驻地西北 4.5 千米处，尚兴村平旺内屯旁。有 41 户 170 人，壮族聚居。姓氏以黄为主。1990 年从合力村陇线上屯、陇线下屯、陇照内屯迁建。因建在右江畔，当地习称江畔为河边，故名。聚落呈块状。通行壮话。经济以劳务输出为主。

红岭坡安置点 Hónglǐngpō Ānzhìdiǎn 那坡镇合力村辖安置点。在村委会驻地西北 5 千米处，平朴村境内。有 20 户 77 人，壮族聚居。姓氏有李、梁、韦等。2000 年从合力村岩酧屯、岩酬屯、茶酒屯迁建。因在红土坡岭上，故名。聚落呈块状。通行壮话。经济以劳务输出为主。特产芒果。

二塘安置点 Èrtáng Ānzhìdiǎn 那坡镇合力村辖安置点。在村委会驻地西北 10.4 千米处，头塘镇二塘村境内。有 7 户 30 人，壮族聚居。姓氏有黄、王等。2001 年从合力村下凹屯迁建。因在二塘村境内得名。聚落呈块状。通行壮话。经济以劳务输出为主。

兴鸿安置点 Xīnghóng Ānzhìdiǎn 那坡镇合力村辖安置点。在村委会驻地西北 6.6 千米处。有 11 户 45 人，壮族聚居。姓氏以凌为主。1990 年从合力村陇作屯（或称弄作屯）迁建。兴鸿，取兴旺发达意得名。聚落呈块状。通行壮话。经济以农业为主。特产芒果。

陇会安置点 Lǒnghuì Ānzhìdiǎn 那坡镇合力村辖安置点。在村委会驻地西南 1.1 千米处。有 7 户 25 人，壮族聚居。姓氏以黄为主。2000 年从陇荣屯（或称弄荣屯）迁建。陇会，壮语 Runghhoi，“陇 Rungh”指弄场、石山间平地，“会 hoi”指石灰。因建在弄场中，弄场周围石山是烧石灰的原料，故名。聚落呈块状。通行壮话。经济以农业为主，主种玉米。

弄坡村居民地

弄坡村 Lòngpō Cūn 那坡镇辖村。在镇境中部。驻地在镇人民政府驻地西南 6.5 千米处。东接敢亮村，西、南连永常村，北靠那音村、那驮村、尚兴村。面积 14.62 平方千米。辖陇帮、卫东、百登、下坡、更闷、内坡新屯、谷坡7自然村。村委会驻陇帮。有292户1135人，壮族聚居。通行壮话。民国二十四年（1935）为弄邦、内坡2村，属百峰乡。1952年弄邦村、内坡村和弄想村部分辖地合设弄坡乡，取弄邦、内坡2村各一字得名，属田阳县第一区。1955年属那坡区。1958年改大队，属那坡公社。1962年改公社，属那坡区。1968年复改大队，属那坡公社。1984年改村，属那坡镇。1990年在百登屯附近建弄淋安置点，安置合力村界陇上屯（或称弄界上屯）、界陇下屯（或称弄界下屯）、弄彭依屯、陇勒屯（或称弄勒屯）等村民。属半丘陵、半岩溶地貌。经济以农业和劳务输出为主。耕地面积96.08公顷。农业主种水稻、玉米。特产芒果。

弄坡村秋色

陇帮 Lǒngbāng 那坡镇弄坡村辖自然村。村委会驻地。有93户386人，壮族聚居。姓氏有韦、黄、农、李、黎等。传明天顺八年（1464）建村。1966年部分村民迁至卫东。原写作"弄邦"，后写为"陇帮"，壮语Runghboengz，"陇、弄rungh"指弄场、石山间平地，"帮、邦boengz"指白泥。因该村建在有白泥的弄场，故名。聚落呈团状。通行壮话。经济以农业为主，主种水稻、玉米。特产芒果。

卫东 Wèidōng 那坡镇弄坡村辖自然村。在村委会驻地东北3.4千米处。有69户277人，壮族聚居。姓氏有罗、农、黎、韦、黄等。1966年从陇帮（弄邦）屯迁此建村。因建村时全国号召捍卫和学习毛泽东思想，故名。聚落呈团状。通行壮话。经济以农业为主，主种水稻、玉米。特产芒果。

百登 Bǎidēng 那坡镇弄坡村辖自然村。在村委会驻地东北 3.7 千米处。有 59 户 240 人，壮族聚居。姓氏有黄、罗、李、韦、陆等。由原陇桑、陇淋、谷俄等屯于 1999 年迁来建村。百登，壮语 bakdaemz，“百 bak”指口，“登 daemz”指水塘。因该村建在水塘出口处，故名。聚落呈团状。通行壮话。经济以劳务输出为主。农业主种水稻、玉米。特产芒果。附近有弄淋安置点。广昆高速公路过境。

下坡 Xiàpō 那坡镇弄坡村辖自然村。在村委会驻地东北 2.4 千米处。有 14 户 50 人，壮族聚居。姓氏以覃为主。传清顺治六年（1649）建村。下坡，壮语 Lajmboq，“下 laj”指下面，“坡 mboq”指泉。因村址南面有一口泉，故名。聚落呈块状。通行壮话。经济以劳务输出为主。农业主种玉米。

更闷 Gēngmèn 那坡镇弄坡村辖自然村。在村委会驻地西南 2.4 千米处。有 30 户 95 人，壮族聚居。姓氏有黄、陆等。传明崇祯九年（1636）建村。更闷，壮语 Gengmbon，“更 geng”指山坳，“闷 mbon”指箬竹。因该村在有箬竹的山岗，故名。聚落呈块状。通行壮话。经济以劳务输出为主。农业主种玉米。

内坡新屯 Nèipōxīntún 那坡镇弄坡村辖自然村。在村委会驻地西北 1.4 千米处。有 18 户 64 人，壮族聚居。姓氏有黄、卢等。传明万历四十四年（1616）建村，称内坡，村址在弄坡村村委会驻地西那音水库旁。内坡，壮语 Bouxmboq，“内 boux”无实意，“坡 mboq”指泉。因建村在一口泉边，故名。2005 年 11 月迁至今址新建，故称内坡新屯。聚落呈块状。通行壮话。经济以农业为主，主种水稻、玉米。特产芒果。

谷坡 Gǔpō 那坡镇弄坡村辖自然村。在村委会驻地东北 1.8 千米处。有 9 户 23 人，壮族聚居。姓氏以覃为主。谷坡，壮语 Goekmboq，“谷 goek”指山脚，“坡 mboq”指泉。因村址所在的山脚有一口泉，故名。聚落呈块状。通行壮话。经济以农业为主，主种玉米。

永常村居民地

永常村 Yǒngcháng Cūn 那坡镇辖村。在镇境南部。驻地在镇人民政府驻地西南 8.5 千米处。东接敢亮村、义安村，南连坡洪镇新合村、局盛村，西邻弄山村和坡洪镇局盛村，北靠那音村、弄坡村。面积 13.03 平方千米。辖陇黎、陇荷上屯、陇荷下屯、班除、陇京、陇匿上屯、陇匿下屯、陇想佬屯、陇想依屯、陇吓、陇落、谷力、陇秋 13 自然村。村委会驻陇黎。有 458

户 1681 人，壮族聚居。通行壮话。民国二十四年（1935）为永隆、常隆 2 村，属新隆乡。1952 年设永常乡，取永隆、常隆 2 村各一字得名，属田阳县第一区。1955 年属那坡区。1958 年改大队，属那坡公社。1962 年改公社，属那坡区。1968 年复改大队，属那坡公社。1984 年改村，属那坡镇。属岩溶地貌。主要山峰有板洞山、路怀山，海拔分别为 744 米、694 米。有国家级非物质文化遗产“布洛陀”口传史诗流传。1990 年和 1996 年，中共中央总书记、中央军委主席江泽民两次到该村视察。2003 年全国政协主席贾庆林到该村视察。经济以劳务输出为主。耕地面积 62.18 公顷。农业主种玉米。特产芒果。林业主种竹子。212 国道过境。

陇黎 Lǒnglí 那坡镇永常村辖自然村。村委会驻地。有 90 户 323 人，壮族聚居。姓氏有韦、陆、李、苏、农、罗等。传明崇祯二年（1629）建村。原写作“弄黎”，后写为“陇黎”，壮语 Runghraez，“陇、弄 rungh”指弄场、石山间平地，“黎 raez”指长。因该村建在一个长形弄场里，故名。聚落呈块状。通行壮话。经济以劳务输出为主。农业主种玉米。特产芒果。212 国道过境。

陇荷上屯 Lǒnghéshàngtún 那坡镇永常村辖自然村。在村委会驻地东北 2.1 千米处。有 4 户 18 人，壮族聚居。姓氏以苏为主。清顺治元年（1644）建村。原写作“弄荷上屯”，后改写为“陇荷上屯”，“陇、弄 rungh”指弄场、石山间平地，“荷 haz”指茅草。因该村建在多茅草的弄场，且地势较高，故名。聚落呈块状。通行壮话。经济以劳务输出为主。农业主种玉米。林业主种竹子。

陇荷下屯 Lǒnghéxiàtún 那坡镇永常村辖自然村。在村委会驻地东北 2 千米处。有 33 户 140 人，壮族聚居。姓氏有韦、罗、周、黄等。传清顺治五年（1648）建村。原写作“弄荷下屯”，后写为“陇荷下屯”，“陇、弄 rungh”指弄场、石山间平地，“荷 haz”指茅草。因该村建在多茅草的弄场，且地势较低，故名。聚落呈块状。通行壮话。经济以劳务输出为主。农业主种玉米。林业主种竹子。212 国道过境。

班除 Bānchú 那坡镇永常村辖自然村。在村委会驻地东北 1.8 千米处。有 37 户 138 人，壮族聚居。姓氏有农、黄、苏等。传清顺治五年（1648）建村。原写作“班徐”，写为“班除”，壮语 Baenzciz，“班 baenz”指碟，“除、徐 ciz”指仙人掌形。因该村地形似仙人掌，故名。聚落呈块状。通行壮话。经济以劳务输出为主。农业主种玉米。林业主种竹子。

陇京 Lǒngjīng 那坡镇永常村辖自然村。在村委会驻地东南 1.2 千米处。有 26 户 97 人，壮族聚居。姓氏以刘为主。传清嘉庆三年（1798）建村。原写作“弄京”，后写为“陇京”，壮语

Runghgingq，“陇、弄 rungh”指峯场、石山间平地，“京 gingq”指敬神。因该村所处的峯场曾有一个庙堂，人们常到庙里敬神求雨，故名。聚落呈块状。通行壮话。经济以劳务输出为主。农业主种玉米。林业主种竹子。

陇匿上屯 Lǒngnìshàngtún 那坡镇永常村辖自然村。在村委会驻地西南 1.1 千米处。有 10 户 38 人，壮族聚居。姓氏以韦为主。传清顺治二年（1645）建村。原与陇匿下屯统称“弄匿”或“陇匿”，弄匿、陇匿，壮语 Runghnag，“陇、弄 rungh”指峯场、石山间平地，“匿 nag”指水獭。因所在峯场过去有水獭出没，故名。后分为 2 自然村，该村地势较高，故称陇匿上屯。聚落呈块状。通行壮话。经济以劳务输出为主。农业主种玉米。林业主种竹子。

陇匿下屯 Lǒngnìxiàtún 那坡镇永常村辖自然村。在村委会驻地东南 1 千米处。有 20 户 78 人，壮族聚居。姓氏有黄、韦等。传清顺治二年（1645）建村。原与陇匿上屯统称“弄匿”或“陇匿”，弄匿、陇匿，壮语 Runghnag，“陇、弄 rungh”指峯场、石山间平地，“匿 nag”指水獭。因所在峯场曾有水獭出没，故名。后分为 2 自然村，该村地势较低，故称陇匿下屯。聚落呈块状。通行壮话。经济以劳务输出为主。农业主种玉米。林业主种竹子。

陇想佬屯 Lǒngxiǎnglǎotún 那坡镇永常村辖自然村。在村委会驻地西北 1.5 千米处。有 101 户 358 人，壮族聚居。姓氏有陶、李、罗、陆、周等。传明嘉靖二十七年（1548）建村。原写作“弄想老屯”，后写为“陇想佬屯”，“陇、弄 rungh”指峯场、石山间平地，“想 siengj”指苏木，“佬、老 laux”指大。因该村建在有苏木的大峯场，故名。聚落呈块状。通行壮话。经济以劳务输出为主。农业主种玉米。林业主种竹子。

陇想依屯 Lǒngxiǎngyītún 那坡镇永常村辖自然村。在村委会驻地西北 2.2 千米处。有 45 户 157 人，壮族聚居。姓氏有李、潘等。传明万历十七年（1589）建村。原写作“弄想依屯”，后写为“陇想依屯”，“陇、弄 rungh”指峯场、石山间平地，“想 siengj”指苏木，“依 iq”指小。因该村建在有苏木的峯场，且面积比陇想佬屯小，故名。聚落呈块状。通行壮话。经济以劳务输出为主。农业主种玉米。林业主种竹子。

陇吓 Lǒnghè 那坡镇永常村辖自然村。在村委会驻地西北 3 千米处。有 35 户 119 人，壮族聚居。姓氏有陆、黄等。传明崇祯二年（1629）建村。原写作“弄吓”，后写为“陇吓”，壮语 Runghhak，“陇、弄 rungh”指峯场、石山间平地，“吓 hak”指茅草。因该村建在有茅草的峯场，故名。聚落呈块状。通行壮话。经济以劳务输出为主。农业主种玉米。林业主种竹子。

陇落 Lǒngluò 那坡镇永常村辖自然村。在村委会驻地西北 5 千米处。有 28 户 116 人，壮族聚居。姓氏有陆、黄等。传明崇祯三年（1630）建村。原写作“弄落”，后写为“陇落”，壮语 Runghrok，“陇、弄 rungh”指弄场、石山间平地，“落 rok”指水瓢。因原村址所在的弄场形似水瓢得名，后移至今址，仍沿用旧名。聚落呈团状。通行壮话。经济以劳务输出为主。农业主种玉米。特产芒果。林业主种竹子。

谷力 Gǔlì 那坡镇永常村辖自然村。在村委会驻地东北 1.5 千米处。有 20 户 67 人，壮族聚居。姓氏以黄为主。传明崇祯三年（1630）建村。谷力，壮语 Goekleiz，“谷 goek”指树根，“力 leiz”指梨树。因村址周边多梨树，故名。聚落呈块状。通行壮话。经济以劳务输出为主。农业主种玉米。林业主种竹子。212 国道过境。

陇秋 Lǒngqiū 那坡镇永常村辖自然村。在村委会驻地东北 4.8 千米处。有 9 户 32 人，壮族聚居。姓氏以刘为主。1994 年从陇宗迁此建村。陇秋，壮语 Luegveuq，“陇 lueg”指山谷，“秋 veuq”指缺口。因建村在山谷旁有缺口的山坡上，故名。聚落呈团状。通行壮话。经济以劳务输出为主。农业主种玉米。林业主种竹子。

濑旺村居民地

濑旺村 Làiwàng Cūn 那坡镇辖村。在镇境东北部。驻地在镇人民政府驻地西北 6.6 千米处。东、北隔右江与头塘镇二塘村相望，南连万平村、那茫村、那驮村，西隔右江与百色市右江区四塘镇富联村相望。面积 4.32 平方千米。辖新村、谷麦、下村、坟背、邓屋、李屋、塘哩、罗屋、四维 9 自然村。村委会驻新村。有 942 户 3465 人，汉族聚居。通行蔗园话。民国二十四年（1935）为濑旺村，属那坡镇。1952 年改乡，属田阳县第一区。1955 年属那坡区。1958 年改大队，属那坡公社。1962 年改公社，属那坡区。1968 年复改大队，属那坡公社。1984 年改村，属那坡镇。濑旺，壮语 Laivang，“濑 lai”指沙滩，“旺 vang”指讲白话的人。因该地为讲白话的人居住且附近有沙滩，故名。处右江河谷平原。经济以农业为主。耕地面积 233.45 公顷。农业主种水稻、甘蔗、蔬菜、玉米。特产芒果、西红柿。万平—那驮公路（701 乡道）过境。

新村 Xīncūn 那坡镇濑旺村辖自然村。村委会驻地。有 124 户 395 人，汉族聚居。姓氏有韦、卢、苏等。传明弘治十四年（1501）建村。因是新建的村庄，故名。聚落呈块状。通行蔗园话。经济以农业为主，主种水稻、玉米、蔬菜。特产芒果、西红柿。万平—那驮公路（701 乡道）过境。

谷麦 Gǔmài 那坡镇濑旺村辖自然村。在村委会驻地西 0.3 千米处，西临右江。有 75 户 296 人，汉族聚居。姓氏以黄为主。传明天顺四年（1460）建村。谷麦，壮语 Goekmak，“谷 goek”指树根，“麦 mak”指果树。因村址多果树，故名。聚落呈块状。通行蔗园话。经济以农业为主，主种水稻、玉米、蔬菜。特产芒果等。万平—那驮公路（701 乡道）过境。

下村 Xiàcūn 那坡镇濑旺村辖自然村。在村委会驻地东北 1.2 千米处，东临右江。有 181 户 683 人，汉族聚居。姓氏有黄、苏等。传明洪武十四年（1381）建村。因村处右江江湾下方，故名。聚落呈块状。通行蔗园话。经济以农业为主，主种水稻、玉米、蔬菜。特产芒果、西红柿。万平—那驮公路（701 乡道）过境。

坟背 Fénbèi 那坡镇濑旺村辖自然村。在村委会驻地东北 1 千米处。有 109 户 398 人，汉族聚居。姓氏有黄、刘等。传明万历四十四年（1616）建村。因该村在一片坟地背面，故名。聚落呈块状。通行蔗园话。经济以农业为主，主种水稻、玉米、蔬菜。特产芒果、西红柿。万平—那驮公路（701 乡道）过境。

邓屋 Dèngwū 那坡镇濑旺村辖自然村。在村委会驻地西北 0.3 千米处，西临右江。有 114 户 429 人，汉族聚居。姓氏有邓、黄、李等。传明洪武十四年（1381）由邓氏建村，故名。聚落呈块状。通行蔗园话。经济以农业为主，主种水稻、玉米、蔬菜。特产芒果、西红柿等。

李屋 Lǐwū 那坡镇濑旺村辖自然村。在村委会驻地西南 0.42 千米处，西临右江。有 70 户 233 人，汉族聚居。姓氏以李为主。传清康熙二十年（1681）由李氏建村，故名。聚落呈块状。通行蔗园话。经济以农业为主，主种水稻、玉米、蔬菜。特产芒果、西红柿。

塘哩 Tánglī 那坡镇濑旺村辖自然村。在村委会驻地西南 1.1 千米处，西临右江。有 137 户 544 人，汉族聚居。姓氏有黄、苏、简等。传明崇祯七年（1634）建村。塘哩，壮语 Daemzre，“塘 daemz”指池塘，“哩 re”指网。因村址旁多个水塘交织如网，故名。聚落呈团状。通行蔗园话。经济以农业为主，主种水稻、玉米、蔬菜。特产芒果、西红柿。万平—那驮公路（701 乡道）过境。

罗屋 Luówū 那坡镇濑旺村辖自然村。在村委会驻地西南 1.3 千米处，西临右江。有 67 户 242 人，汉族聚居。姓氏以罗为主。传明洪武十四年（1381）始由罗氏建村，故名。聚落呈块状。通行蔗园话。经济以农业为主，主种水稻、玉米、蔬菜、甘蔗。特产西红柿。

四维 Sìwéi 那坡镇濑旺村辖自然村。在村委会驻地西南 1.5 千米处，西临右江。有 65 户 245 人，汉族聚居。姓氏以黄、罗为主。传明崇祯十三年（1640）建村。四维，含义有两说。一说缘由罗姓村民建居，为了与罗屋区别，将罗的繁体字拆分为“四”“维”二字，故名。另一说四维乃取《管子・牧民》提出的“礼义廉耻，国之四维”得名。聚落呈块状。通行蔗园话。经济以农业为主，主种水稻、甘蔗、蔬菜。特产西红柿。

尚兴村居民地

尚兴村 Shàngxīng Cūn 那坡镇辖村。在镇境南部。驻地在镇人民政府驻地西南 0.6 千米处。东接合力村，南连坡洪镇朝马村、琴华村，西邻义安村和坡洪镇新合村，北靠宝美村。面积 12.32 平方千米。辖平旺内屯、弄蕉、弄鸡、兴鸿、绿务、兴福、那桃、红岭坡、安楼、池琴、那合、定弄 12 自然村。村委会驻平旺内屯。有 351 户 1394 人，壮族聚居。通行壮话。民国二十四年（1935）为尚隆、兴隆 2 村，属新隆乡。1952 年设尚兴乡，取尚隆、兴隆 2 村各一字得名，属田阳县第一区。1955 年属那坡区。1958 年改大队，属那坡公社。1962 年改公社，属那坡区。1968 年复改大队，属那坡公社。1984 年改村，辖谷隆、弄香、弄脸、弄孔、弄针、弄本、谷界、布下、石恒、弄肥、扣葛、弄有、弄下、弄船、弄法、弄美劳、弄楼 17 自然村，属那坡镇。1985—2002 年，尚兴村原辖 17 自然村全部由原村址迁至右江河谷，新建成弄蕉、弄鸡、绿务、安楼、那西、那桃等 10 个安置点，村委会驻地亦于 1987 年从尚兴村大石山区迁到那坡街那坡桥头附近。后经调整，形成今辖弄蕉、弄鸡、兴鸿等 12 自然村，村委会驻地于 2018 年由那坡桥头迁至平旺内屯。属半丘陵、半岩溶地貌。主要山峰有谷黎山、达意山，海拔分别为 846.3 米、751 米。耕地面积 22.16 公顷。以劳务输出和发展商品经济为主，种植芒果、玉米、水稻等。特产芒果。广昆高速公路过境。

尚兴村承包的芒果种植基地

平旺内屯 Píngwàngnèitún 那坡镇尚兴村辖自然村。村委会驻地。有21户84人，壮族聚居。姓氏有黄、陶、李等。原为那坡街荒地。据1999年版《田阳县志》载，1985年尚兴村莫文珍及16户村民率先到平旺坡搭棚居住。后随着尚兴村易地扶贫开发，平旺坡渐成尚兴村异地安置新村。2018年尚兴村村委会迁至该村。平旺内，壮语Bingzvangndaw，“平Bingz”指平垣，“旺vang”指横，“内ndaw”指里边。因在横过山腰的一块平地里，故名。聚落呈块状。通行壮话。经济以种植芒果为主。广昆高速公路过境。

弄蕉 Lòngjiāo 那坡镇尚兴村辖自然村。在村委会驻地西偏北3.5千米处。有24户106人，壮族聚居。姓氏有李、莫、覃等。原为那驮村弄蕉荒坡。1987年，尚兴村谷隆屯莫文珍及16户村民83人到此承包400亩荒坡种植玉米、木薯等，成为尚兴村易地开发点。此后，弄蕉开发点种植甘蔗、芒果等，渐成尚兴村异地安置新村。弄蕉，壮语Ndoenggyoij，“弄ndoeng”指山林、密林，“蕉gyoij”指香蕉树。因此地原是荒山密林，周边多野生香蕉树，故名。聚落呈带状。通行壮话。经济以种植芒果、玉米为主。是尚兴村最先开发建成的易地安置新村。1997年3月，国务院总理李鹏到该村视察。

弄鸡 Lòngjī 那坡镇尚兴村辖自然村。在村委会驻地西偏北3.3千米处。有26户110人，壮族聚居。姓氏有李、莫、黄等。原为那驮村荒坡。1992年列为尚兴村易地扶贫开发点，后渐成尚兴村异地安置新村。弄鸡，壮语Ndoenggaeq，“弄ndoeng”指山林、密林，“鸡gaeq”指野生番石榴。因此地原是荒山密林，周边多野生番石榴，故名。聚落呈团状。通行壮话。经济以种植芒果、玉米为主。

兴鸿 Xīnghóng 那坡镇尚兴村辖自然村。在村委会驻地东北4.9千米处。有105户400人，壮族聚居。姓氏有李、覃、黄、莫等。原为田州镇凤马村土地。2005年列为尚兴村易地扶贫开发点，后渐成尚兴村易地安置新村。因寄寓村庄兴旺鸿伟得名。聚落呈块状。通行壮话。经济以劳务输出为主。

绿务 Lǜwù 那坡镇尚兴村辖自然村。在村委会驻地东1.34千米处。有26户118人，壮族聚居。姓氏有梁、周、李、潘等。原为六合村地。1995年列为尚兴村易地扶贫开发点，后渐成尚兴村异地安置新村。绿务，壮语Luegmou，“绿lueg”指山沟，“务mou”指猪。因所在山沟过去常有野猪出没，故名。聚落呈块状。通行壮话。经济以种植芒果、玉米为主。附近有广昆高速公路经过。

兴福 Xīngfú 那坡镇尚兴村辖自然村。在村委会驻地西北 3 千米处。有 20 户 69 人，壮族聚居。姓氏有莫、谭、邓等。原为敢亮村地。2008 年列为尚兴村易地扶贫开发点，后渐成尚兴村易地安置新村。兴福，取兴旺幸福意。聚落呈块状。通行壮话。经济以劳务输出和种植芒果、玉米为主。广昆高速公路过境。

那桃 Nàtáo 那坡镇尚兴村辖自然村。在村委会驻地西北 2.76 千米处。有 24 户 113 人，壮族聚居。姓氏有陆、梁、黄等。原为万平村那桃屯地。1994 年列为尚兴村易地扶贫开发点，后渐成尚兴村易地安置新村。因在那桃屯，故名。聚落呈块状。通行壮话。经济以劳务输出为主。

红岭坡 Hónglǐngpō 那坡镇尚兴村辖自然村。在村委会驻地东北 2.8 千米处。有 33 户 130 人，壮族聚居。姓氏有韦、莫、黄等。原为平朴村地。1992 年列为尚兴村易地扶贫开发点，后渐成尚兴村易地安置新村。因在红岭坡脚，故名。聚落呈块状。通行壮话。经济以劳务输出为主。

安楼 Ānlóu 那坡镇尚兴村辖自然村。在村委会驻地西北 1.1 千米处。有 7 户 26 人，壮族聚居。姓氏有罗、梁等。原为那驮村地。1988 年列为尚兴村易地扶贫开发点，后渐成尚兴村异地安置新村。安楼，壮语 Nganeuj，“安 ngan”指河岸，“楼 euj”意为拐弯。因在河岸拐弯处，故名。聚落呈团状。通行壮话。经济以劳务输出和种植芒果、玉米为主。广昆高速公路经此。

池琴 Chíqín 那坡镇尚兴村辖自然村。在村委会驻地西北 5.1 千米处。有 24 户 90 人，壮族聚居。姓氏有农、莫、黄等。原为那音村地。1988 年列为尚兴村易地扶贫开发点，后渐成尚兴村异地安置新村。池琴，壮语 Cizginz，指民兵执勤。因附近原有石油库地，常有民兵执勤，故名。聚落呈团状。通行壮话。经济以劳务输出和种植芒果为主。广昆高速公路经此。

那合 Nàhé 那坡镇尚兴村辖自然村。在村委会驻地北 3.4 千米处。有 16 户 58 人，壮族聚居。姓氏有梁、黄、韦等。原为平朴村地。1994 年列为尚兴村易地扶贫开发点，后渐成尚兴村易地安置新村。那合，壮语 Nazhog，“那 naz”指田，“合 hog”指鸡窝。因村址旁的田块形似鸡窝，故名。聚落呈块状。通行壮话。经济以劳务输出和种植芒果、水稻、玉米为主。

定弄 Dìnglòng 那坡镇尚兴村辖自然村。在村委会驻地西 1.2 千米处。有 25 户 90 人，壮族聚居。姓氏有莫、罗、卢等。原为万平村地。1993 年列为尚兴村易地扶贫开发点，后渐成尚兴村易地安置新村。定弄，壮语 Dinjrong，“定 dinj”指山脚，“弄 rong”指粽子叶。因在多粽子叶的山坡脚，故名。聚落呈块状。通行壮话。经济以劳务输出和种植芒果、玉米为主。

百峰村居民地

百峰村 Bǎifēng Cūn 那坡镇辖村。在镇境北部。驻地在镇人民政府驻地西北 10.2 千米处。东接那音村，南连弄山村、弄初村，西邻晚塘村，北隔右江与百色市右江区四塘镇桂明村相望。面积 14.01 平方千米。辖百峰圩 1 街圩和渡口、坡脚、六密、平镜、新村 5 自然村。村委会驻百峰圩。有 512 户 1868 人，壮、汉族聚居。通行壮话、蔗园话。宋皇祐五年（1053）设勘羁縻州，今村址为勘羁縻州州治。元代勘羁縻州撤销后，今村址历属来安路、来安府、田州府等。清乾隆七年（1742）置阳万土州判，治所设在今村境。民国元年（1912）为恩阳县治所。民国二十四年（1935）恩阳县与奉议县合置田阳县，今村境为大街、中街，属百峰乡。1952 年与那音、赖毕 2 村并为百峰乡，属田阳县第一区。1955 年属那坡区。1958 年改大队，属那坡公社。1961 年属百峰公社。1962 年改公社，属那坡区。1968 年复改大队，属那坡公社。1980 年析出那音大队。1984 年改村，属百峰乡。2005 年属那坡镇。因驻地百峰圩得名。百峰，壮语 Bakfungh，“百 bak”指口，“峰 fungh”指酸梅树。因百峰圩在有酸梅树的山沟谷口上方，故名。地处右江河谷平原。经济以农业和商品零售为主。耕地面积 472.99 公顷。农业主种水稻、甘蔗、玉米。特产芒果。林业主种桉树、松树。有百峰小学、那坡镇百峰卫生院。广昆高速公路、银百高速公路、那老—公篓公路（748 县道）过境。

百峰圩 Bǎifēngxū 那坡镇百峰村辖街圩。村委会驻地。有 284 户 1073 人，壮、汉族聚居。姓氏有黄、李、张、方、郁、罗等。传唐武德三年（620）建圩。百峰圩，壮语 Hawbakfungh，“百 bak”指口，“峰 fungh”指酸梅树，“圩 haw”指圩场。因圩场在有酸梅树的山沟谷口上方，故名。属丘陵地貌。耕地面积 73 公顷，林地面积 320 公顷。聚落呈块状。通行壮话、蔗园话。经济以农业为主，主种甘蔗。特产芒果。林业主种桉树、松树。百峰小学、那坡镇百峰卫生院在境内。银百高速公路、那老—公篓公路（748 县道）过境。右江河、扁村河流经。

渡口 Dùkǒu 那坡镇百峰村辖自然村。在村委会驻地西北 0.3 千米处，北临右江。有 37 户 145 人，壮、汉族聚居。姓氏有滕、黄、曾、梁、岑等。传清顺治十年（1653）建村。因地处右江河畔，对岸村庄渡船到百峰圩赶圩停靠此，形成渡口，村处渡口旁，故名。聚落呈块状。通行壮话、蔗园话。经济以农业为主，主种玉米、甘蔗。特产芒果。广昆高速公路、那老—公篓公路（748 县道）过境。

坡脚 Pōjiǎo 那坡镇百峰村辖自然村。在村委会驻地西北 1.9 千米处，北面临右江。有 33 户 87 人，壮、汉族聚居。姓氏有邓、苏、黄等。传清顺治元年（1644）建村。因建村在山坡脚，故名。聚落呈块状。通行壮话、蔗园话。经济以农业为主，主种水稻、玉米。特产芒果。那老—公篓公路（748 县道）过境。

六密 Liùmì 那坡镇百峰村辖自然村。在村委会驻地西北 2.2 千米处，北临右江。有 12 户 42 人，壮、汉族聚居。姓氏有黄、龙、李等。传清顺治元年（1644）建村。六密，壮语 Luegmeiq，“六 lueg” 指山谷，“密 meiq” 指食醋。因该村在山谷间，村民以酿造食醋为生，故名。聚落呈团状。通行壮话、蔗园话。经济以农业为主，主种蔬菜、甘蔗。特产芒果。那老—公篓公路（748 县道）过境。

平镜 Píngjìng 那坡镇百峰村辖自然村。在村委会驻地西北 1.6 千米处。有 125 户 430 人，汉族聚居。姓氏有黄、苏、梁、李、韦、腾等。传明嘉靖二年（1523）建村。平镜，壮语 Bingzgingq，“平 bingz” 指平地，“镜 gingq” 指镜子。因该村在一片平坦如镜的地方，故名。聚落呈团状。通行蔗园话。经济以农业为主，主种水稻。特产芒果。那老—公篓公路（748 县道）过境。

新村 Xīncūn 那坡镇百峰村辖自然村。在村委会驻地东南 0.85 千米处。有 21 户 91 人，壮族聚居。姓氏有黄、苏、梁等。1971 年从弄孔迁此新建，故名。聚落呈带状。通行壮话。经济以农业为主，主种甘蔗。特产芒果。银百高速公路过境。扁村河流经。

那音村居民地

那音村 Nàyīn Cūn 那坡镇辖村。在镇境北部。驻地在镇人民政府驻地西北 7.6 千米处。东接那驮村、弄坡村，南连弄坡村、永常村，西邻弄山村、百峰村，北隔右江与百色市右江区四塘镇桂明村、富联村相望。面积 12.29 平方千米。辖冲口、那音、桥头、桥烟、达里、六累、那排、坡落、响水、濑奎、八冬、四冬、内坡 13 自然村。村委会驻冲口。有 802 户 2626 人，壮、汉族聚居。通行壮话、蔗园话。民国二十四年（1935）为那音村，属百峰乡。1952 年与大街、中街及赖毕村合设田阳县第一区百峰乡。1955 年属那坡区。1958 年属那坡公社百峰大队。1961 年属百峰公社百峰大队。1962 年属那坡区百峰公社。1968 年属那坡公社百峰大队。1980 年析置那音大队，属那坡公社。1984 年改村，属百峰乡。2005 年属那坡镇。因那音自然村得名。那音，壮语 Nazyaem，“那 naz” 指水田，“音 yaem” 指暗泉。因该地的田常有暗泉涌出，故名。地处右江河谷平原。经济以农业为主。耕地面积 293.58 公顷。农业主种水稻、玉米、甘蔗、蔬菜、花生。特产芒果。有煤矿。那音水库在境内。广昆高速公路与银百高速公路在此交会，建有百峰互通立交桥连通广昆高速公路和银百高速公路。那老—公篓公路（748 县道）过境。

那音村风貌

冲口 Chōngkǒu 那坡镇那音村辖自然村。村委会驻地，东临右江。有 110 户 157 人，壮、汉族聚居。姓氏有黄、梁、黎等。传清乾隆二年（1737）建村。冲口，壮语 Bakcongh，“冲 congh”指溪沟，“口 bak”指口。因该村在溪沟口旁，故名。聚落呈块状。通行壮话、蔗园话。经济以农业为主，主种玉米、花生。特产芒果。那老—公篓公路（748 县道）过境。

那音 Nàyīn 那坡镇那音村辖自然村。在村委会驻地东南 1.2 千米处。有 110 户 401 人，壮族聚居。姓氏有黄、黎等。传元至正四年（1344）建村。那音，壮语 Nazyaemq，“那 naz”指水田，“音 yaemq”指暗泉。因该村的田常有暗泉涌出，故名。聚落呈块状。通行壮话。经济以农业为主，主种水稻、玉米、甘蔗。特产芒果。那音水库坝首在该村南面。银百高速公路、那老—公篓公路（748 县道）过境。扁村河流经。

桥头 Qiáotóu 那坡镇那音村辖自然村。在村委会驻地南 0.3 千米处，东临右江，扁村河在此汇入右江。有 14 户 56 人，汉族聚居。姓氏有黄、黎等。传清顺治元年（1644）建村。因该村建在那音桥头边，故名。聚落呈块状。经济以农业为主，主种水稻、玉米、甘蔗。特产芒果。那老—公篓公路（748 县道）过境。

桥烟 Qiáoyān 那坡镇那音村辖自然村。在村委会驻地东南 0.6 千米处，东、北均临右江。有 37 户 160 人，壮、汉族聚居。姓氏有李、罗、苏、梁等。传清顺治元年（1644）建村。因建村在河边桥头，周边曾种有烟叶，故名。聚落呈块状。通行壮话、蔗园话。经济以农业为主，主种水稻、玉米。特产芒果。

达里 Dálǐ 那坡镇那音村辖自然村。在村委会驻地西南2.8千米处。有72户252人，壮族聚居。姓氏有黄、李、谭等。1975年从合力村迁建。达里，壮语Deihrij，“达deih”指地，“里rij”指小溪。因该村在小溪旁，故名。聚落呈团状。通行壮话。经济以农业为主，主种甘蔗、玉米。特产芒果。

六累 Liùlěi 那坡镇那音村辖自然村。在村委会驻地西南0.38千米处。有15户61人，壮、汉族聚居。姓氏有黄、莫等。传清乾隆五年（1740）建村。六累，壮语Luegloiq，“六lueg”指山谷，“累loiq”指斜坡。因该村在山谷斜坡上，地势险要，故名。聚落呈块状。通行壮话、蔗园话。经济以农业为主，主种玉米。特产芒果。广昆高速公路过境。

那排 Nàpái 那坡镇那音村辖自然村。在村委会驻地西南0.8千米处。有29户110人，壮族聚居。姓氏有隆、黄、陈等。传清雍正六年（1728）建村。那排，壮语Nazbaiz，“那naz”指水田，“排baiz”指梯田。因该村地处一片梯田中，故名。聚落呈块状。通行壮话。经济以农业为主，主种玉米、甘蔗。特产芒果。银百高速公路过境。扁村河流经。

坡落 Pōluò 那坡镇那音村辖自然村。在村委会驻地东南0.38千米处。有73户249人，壮、汉族聚居。姓氏有黄、陆、苏、李、罗等。传清顺治元年（1644）建村。坡落，壮语Boloz，“坡bo”指山坡，“落loz”指箩筐。因建村在形似箩筐的坡地上，故名。聚落呈块状。通行壮话。经济以农业为主，主种水稻、玉米。特产芒果。那老—公篓公路（748县道）过境，百峰互通立交桥在村旁。

响水 Xiǎngshuǐ 那坡镇那音村辖自然村。在村委会驻地东南0.6千米处。有34户125人，壮、汉族聚居。姓氏有李、王、廖、黄等。传清康熙元年（1662）建村。因村民在村边小溪安装有碾米的水车，水流声响不停，故名。聚落呈块状。通行壮话、蔗园话。经济以农业为主，主种水稻、玉米。特产芒果。广昆高速公路、银百高速公路过境，百峰互通立交桥在村旁。

濑奎 Làikuí 那坡镇那音村辖自然村。在村委会驻地西北1.1千米处。有52户174人，壮族聚居。姓氏以黄为主。传清顺治七年（1650）建村。濑奎，壮语Raiqgvej，“濑raiq”指沙丘，“奎gvej”指青蛙。因该村建在有多青蛙的沙丘上，故名。聚落呈块状。通行壮话。经济以农业为主，主种甘蔗、玉米。那老—公篓公路（748县道）过境。

八冬 Bādōng 那坡镇那音村辖自然村。在村委会驻地北1.7千米处，东、北均临右江。有

93 户 316 人，壮族聚居。姓氏有黄、李、梁等。传清雍正八年（1730）建村。八冬，壮语 Bakdoengq，“八 bak”指口，“冬 doengq”指水边沙洲。因建村在水边沙洲尖嘴口，故名。聚落呈块状。通行壮话。经济以农业为主，主种水稻、甘蔗、玉米。特产芒果。

四冬 Sìdōng 那坡镇那音村辖自然村。在村委会驻地北偏东 1.3 千米处，东面临右江。有 84 户 283 人，壮、汉族聚居。姓氏有黄、林等。传明崇祯十七年（1644）建村。四冬，壮语 Ceidoengq，“四 cei”指分支，“冬 doengq”指水边沙洲。因右江和扁村河在村边沙洲前分叉，故名。聚落呈块状。通行壮话、蔗园话。经济以农业为主，主种水稻、甘蔗、玉米、蔬菜。特产芒果。

内坡 Nèipō 那坡镇那音村辖自然村。在村委会驻地东南 4.8 千米处。有 79 户 282 人，壮族聚居。姓氏有李、卢、陆等。传明万历四十四年（1616）建村。内坡，壮语 Mboqndaw，“内 ndaw”指里面，“坡 mboq”指山泉。因该村建在有山泉流出的山坡里，故名。聚落呈块状。通行壮话。经济以农业为主，主种水稻、甘蔗、玉米、蔬菜。特产芒果。村北有百峰互通立交桥，村西南有那音水库。银百高速公路过境。

弄山村居民地

弄山村 Lòngshān Cūn 那坡镇辖村。在镇境南部。驻地在镇人民政府驻地西南 12.3 千米处。东接那音村、永常村，南连坡洪镇局盛村、陇含村，西邻弄初村，北靠百峰村。面积 20.01 平方千米。辖弄山外屯、弄山内屯、弄羊外屯、弄羊内屯、那龙、六龙、琴叫、弄为、东明 9 自然村。村委会驻弄山外。有 495 户 1912 人，壮族聚居。通行壮话。民国二十四年（1935）为弄山村，属百峰乡。1952 年改乡，属田阳县第一区。1955 年属那坡区。1958 年改大队，属那坡公社。1961 年属百峰公社。1962 年改公社，属那坡区。1968 年复改大队，属那坡公社。1984 年改村，属百峰乡。2005 年属那坡镇。因弄山（今弄山外屯）自然村得名。弄山，壮语 Runghsan，“弄 rungh”指㟖场、石山间平地，“山 san”指山石榴，弄山因建在有山石榴树的㟖场，故名。属岩溶地貌。主要山峰有弄门山，海拔 708 米。经济以农业和劳务输出为主。耕地面积 190.19 公顷。农业主种甘蔗。特产芒果。林业主种松树、桉树。有国家级非物质文化遗产“布洛陀”口传史诗流传。银百高速公路过境。

弄山外屯 Lòngshānwàitún 那坡镇弄山村辖自然村。村委会驻地。有 63 户 232 人，壮族聚居。姓氏有黄、陆、滕等。传明崇祯七年（1634）建村，原称弄山，壮语 Runghsan，“弄

rungh”指峷场、石山间平地，“山 san”指山石榴。因建村在有山石榴树的峷场得名。清康熙七年（1668）部分村民迁到峷场里建居，后以方位分称，该村靠近峷场出口，故名弄山外屯。聚落呈团状。通行壮话。经济以农业为主，主种甘蔗。特产芒果。林业主种松树、桉树。

弄山内屯 Lòngshānnèitún 那坡镇弄山村辖自然村。在村委会驻地东南 0.35 千米处。有 60 户 200 人，壮族聚居。姓氏有黄、阮、陆等。传始由弄山（今弄山外屯）村民于清康熙七年（1668）迁居。因村址在峷场（今弄山外屯）里，故名弄山内屯。聚落呈团状。通行壮话。经济以农业为主，主种甘蔗。特产芒果。林业主种松树、桉树。

弄羊外屯 Lòngyángwàitún 那坡镇弄山村辖自然村。在村委会驻地东北 2.1 千米处。有 32 户 105 人，壮族聚居。姓氏有罗、黄、廖等。传明崇祯年间（1628—1644）建村。原与弄羊内屯统称弄羊，“弄 rungh”指峷场、石山间平地，“羊 yiengz”指山羊。因所在峷场从前常有野山羊出没得名。后村落扩大，形成 2 自然村，该村靠近峷场出入口，故名弄羊外屯。聚落呈团状。通行壮话。经济以芒果种植为主。林业主种桉树。

弄羊内屯 Lòngyángnèitún 那坡镇弄山村辖自然村。在村委会驻地东南 1.2 千米处。有 42 户 150 人，壮族聚居。姓氏有黄、班、颜等。传明崇祯年间（1628—1644）建村。原与弄羊外屯统称弄羊，“弄 rungh”指峷场、石山间平地，“羊 yiengz”指山羊。因所在峷场曾常有野山羊出没得名。后村落扩大，形成 2 自然村，该村离峷场出入口较远，故名弄羊内屯。聚落呈团状。通行壮话。经济以芒果种植为主。林业主种松树。

那龙 Nàlóng 那坡镇弄山村辖自然村。在村委会驻地东北 3 千米处。有 51 户 234 人，壮族聚居。姓氏有农、隆、黄等。传清雍正七年（1729）建村。那龙，壮语 Nazrungh，“那 naz”指水田，“龙 rungh”指峷场、石山间平地。因所在峷场有一条小溪流经，溪边有水田，故名。聚落呈团状。通行壮话。经济以芒果种植为主。林业主种桉树。

六龙 Liùlóng 那坡镇弄山村辖自然村。在村委会驻地东北 4.8 千米处。有 67 户 285 人，壮族聚居。姓氏有韦、阮、卢等。1967 年由弄山村人迁建。六龙，壮语 Luegrungz，“六 lueg”指山沟，“龙 rungz”指榕树。因该村在有榕树的山沟，故名。聚落呈团状。通行壮话。经济以芒果种植为主。

琴叫 Qínjiào 那坡镇弄山村辖自然村。在村委会驻地西北 2.4 千米处。有 42 户 178 人，壮族聚居。姓氏有黄、蒙、李等。传明崇祯十二年（1639）建村。琴叫，壮语 Gumh'em，“琴 gumh”指凹，“叫 em”指芭芒。因该村在有芭芒的凹地里，故名。聚落呈团状。通行壮话。经济以劳务输出和芒果种植为主。林业主种松树、桉树。银百高速公路过境。

弄为 Lòngwéi 那坡镇弄山村辖自然村。在村委会驻地东南 2 千米处。有 102 户 367 人，壮族聚居。姓氏有黄、蒙、李等。传明崇祯十五年（1642）建村。弄为，壮语 Runghveih，“弄 rungh”指弄场、石山间平地，“为 veih”指鱼腥草。因建村在有鱼腥草的弄场里，故名。聚落呈团状。通行壮话。经济以劳务输出和芒果种植为主。林业主种松树、桉树。

东明 Dōngmíng 那坡镇弄山村辖自然村。在村委会驻地东北 4.1 千米处。有 36 户 161 人，壮族聚居。姓氏有罗、颜、黄等。2004 年建村。东明，含义有两说。一说因该村在弄山村委会东边，村民希望明天的生活更美好，故名。另说东明，壮语 Ndoengmingz，“东 ndoengz”指密林、山林，“明 mingz”指木棉树，因建村在山林旁，附近多木棉树，故名。聚落呈团状。通行壮话。经济以劳务输出和芒果种植为主。林业主种松树、桉树。

弄初村居民地

弄初村 Lòngchū Cūn 那坡镇辖村。在镇境西南部。驻地在镇人民政府驻地西南 13.6 千米处。东接弄山村，南连坡洪镇陇升村，西邻洞靖镇扁村，北靠洞印村、晚塘村、百峰村。面积 27.29 平方千米。辖弄浪、那慢、那林、驮呆、平法、弄良、弄谷、坡蛇、龙门、弄道、坡平、百岩、弄初、下更、东城、常红、坡桑 17 自然村。村委会驻弄浪。有 543 户 2079 人，壮、汉族聚居。通行壮话。民国二十四年（1935）为弄初村，属百峰乡。1952 年与弄隘村并为弄初乡，属田阳县第一区。1955 年属那坡区。1958 年改大队，属那坡公社。1961 年属百峰公社。1962 年改公社，属那坡区。1968 年复改大队，属那坡公社。1984 年改村，属百峰乡。2005 年属那坡镇。因所辖弄初自然村得名。弄初，壮语 Runghbyouq，“弄 rungh”指弄场、石山间平地，“初 byouq”指空。因该弄场原空无一屋，后人们迁到此居住，故名。属岩溶地貌。主要山峰有敢修山、盖当山，海拔 860 米、826 米。经济以农业和劳务输出为主。耕地面积 177.76 公顷。农业主种水稻、玉米、甘蔗等。银百高速公路过境。

弄浪 Lònglàng 那坡镇弄初村辖自然村。村委会驻地。有 70 户 266 人，壮族聚居。姓氏有黄、杨、颜、农等。传明崇祯年间（1628—1644）建村。弄浪，壮语 Runghlangh，“弄 rungh”指弄场、石山间平地，“浪 langh”指连接。因建村在由更桑、谷席、弄怀 3 个小弄场连接而成的大弄场中，故名。聚落呈团状。通行壮话。经济以农业为主，主种水稻、玉米、甘蔗。

那慢 Nàmàn　那坡镇弄初村辖自然村。在村委会驻地东北 0.2 千米处。有 38 户 150 人，壮族聚居。姓氏有陆、罗、徐、黄等。1978 年从弄初屯迁建。那慢，壮语 Nazmban，“那 naz”指田，“漫 mban”指大簸箕。因该村地处形似大簸箕且周围都是水田的地方，故名。聚落呈块状。通行壮话。经济以农业为主，主种水稻、玉米、甘蔗等。

那林 Nàlín　那坡镇弄初村辖自然村。在村委会驻地东北 2.2 千米处。有 46 户 190 人，壮族聚居。姓氏有李、滕、陆、黄等。1977 年建村。那林，壮语 Nazlimz，“那 naz”指田，“林 limz”指树林。因村址前方是一片田地，周围树林丛生，故名。聚落呈块状。通行壮话。经济以农业为主，主种水稻、玉米。银百高速公路过境，且在境内建有那林大桥、坡南岭大桥。

驮呆 Tuódāi　那坡镇弄初村辖自然村。在村委会驻地西北 3 千米处。有 51 户 216 人，壮族聚居。姓氏有黄、罗、陆、王等。传清康熙年间（1662—1722）建村。驮呆，壮语 Dahngaih，“驮 dah”指河，“呆 ngaih”指艾草。因该村地处小河边，四周有艾草，故名。聚落呈块状。通行壮话。经济以农业为主，主种水稻、玉米、甘蔗。银百高速公路过境，且在境内建有驮呆中桥、驮呆大桥。

平法 Píngfǎ　那坡镇弄初村辖自然村。在村委会驻地西北 1.7 千米处。有 21 户 79 人，壮族聚居。姓氏有吴、唐、刘、龙等。传清顺治年间（1644—1661）建村。平法，壮语 Bienghfah，“平 biengh”指一大片，“法 fah”指遮蔽。因该村在一片平地，房屋被大树遮蔽，故名。聚落呈团状。通行壮话。经济以农业为主，主种水稻、玉米、甘蔗。

弄良 Lòngliáng　那坡镇弄初村辖自然村。在村委会驻地西南 3.2 千米处。有 30 户 113 人，壮族聚居。姓氏有马、陆、赵、黄、滕等。传清康熙元年（1662）建村。弄良，壮语 Runghliengz，“弄 rungh”指弄场、石山间平地，“良 liengz”指凉快。因该村地处气候凉爽的弄场，故名。聚落呈团状。通行壮话。经济以农业为主，主种水稻、玉米、甘蔗。

弄谷 Lònggǔ　那坡镇弄初村辖自然村。在村委会驻地西南 2.2 千米处。有 14 户 62 人，壮族聚居。姓氏有刘、滕等。1979 年建村。弄谷，壮语 Lueggut，“弄 lueg”指山谷，“谷 gut”指蕨菜。因该村在有蕨菜的山谷，故名。聚落呈团状。通行壮话。经济以农业为主，主种水稻、玉米、甘蔗。

坡蛇 Pōshé 那坡镇弄初村辖自然村。在村委会驻地西南 2 千米处。有 5 户 14 人，壮族聚居。姓氏有龙、苏等。1990 年建村。因建村在形似长蛇的土坡上，故名。聚落呈块状。通行壮话。经济以农业为主，主种水稻、玉米。银百高速公路过境，且在境内建有坡三搜 1 号大桥、坡三搜 2 号大桥。

龙门 Lóngmén 那坡镇弄初村辖自然村。在村委会驻地西南 1.5 千米处。有 48 户 187 人，壮族聚居。姓氏有刘、滕等。2010 年建村。龙门，壮语 Runghmwnz，“龙 rungh”指弄场、石山间平地，“门 mwnz”指圆。因该村建在圆形弄场上，故名。聚落呈团状。通行壮话。经济以农业为主，主种水稻、玉米、甘蔗。

弄道 Lòngdào 那坡镇弄初村辖自然村。在村委会驻地西南 0.46 千米处。有 30 户 105 人，壮族聚居。姓氏有黄、杨、卢、陆等。传明崇祯年间（1628—1644）建村。弄道，壮语 Runghdauh，“弄 rungh”指弄场、石山间平地，“道 dauh”指道公。因该村建在弄场里，此地曾出过一个有名气的道公，故名。聚落呈团状。通行壮话。经济以农业为主，主种水稻、玉米、甘蔗。

坡平 Pōpíng 那坡镇弄初村辖自然村。在村委会驻地西南 1.7 千米处。有 10 户 38 人，壮族聚居。姓氏有刘、滕等。1992 年建村。坡平，壮语 Bobingz，“坡 bo”指土坡，“平 bingz”指平坦。因该村建在土坡一块平坦的地方，故名。聚落呈团状。通行壮话。经济以农业为主，主种水稻、玉米、甘蔗。

百岩 Bǎiyán 那坡镇弄初村辖自然村。在村委会驻地西南 1.4 千米处。有 22 户 70 人，汉族聚居。姓氏有刘、滕、颜等。2005 年建村。百岩，壮语 Bakngamz，“百 bak”指山口，“岩 ngamz”指石头。因该村建在石山山口处，故名。聚落呈团状。通行粤方言。经济以农业为主，主种玉米、甘蔗。

弄初 Lòngchū 那坡镇弄初村辖自然村。在村委会驻地东南 1.1 千米处。有 37 户 152 人，壮族聚居。姓氏有韦、黄、陆、李等。传清顺治六年（1649）建村。弄初，壮语 Runghbyouq，“弄 rungh”指弄场、石山间平地，“初 byouq”指空。因所在弄场原空无一屋，后人们迁到此居住，故名。聚落呈块状。通行壮话。经济以农业为主，主种玉米、甘蔗。

下更 Xiàgēng 那坡镇弄初村辖自然村。在村委会驻地东南 1.4 千米处。有 25 户 92 人，壮族聚居。姓氏有韦、黄、陆、李等。传清康熙六十一年（1722）建村。下更，壮语 Lajgeng，“下 laj”指下面，“更 geng”指山岗。因建村在山岗下，故名。聚落呈块状。通行壮话。经济以农业为主，主种玉米、甘蔗。

东城 Dōngchéng 那坡镇弄初村辖自然村。在村委会驻地东北 1.1 千米处。有 15 户 52 人，壮族聚居。姓氏有黄、陆、李。周等。2006 年从东塘屯迁来建村。东城，壮语 Ndoengcingz，“东 ndoeng”指密林、山林，“城 cingz”指城。因村两旁是山林，像城墙一样，故名。聚落呈团状。通行壮话。经济以农业为主，主种玉米、甘蔗。

常红 Chánghóng 那坡镇弄初村辖自然村。在村委会驻地东北 6.3 千米处，百峰村境内。有 58 户 196 人，壮族聚居。姓氏有马、李、周、农、韦、苏等。原是百峰村地，2006 年建为弄初村异地安置新村。常红，壮语 Ciengznding，“常 ciengz”指工匠，“红 nding”指红色。因该村工匠在红土坡上建房，故名。聚落呈块状。通行壮话。经济以劳务输出为主。农业主种玉米。

坡桑 Pōsāng 那坡镇弄初村辖自然村。在村委会驻地东北 8 千米处，百峰村境内。有 23 户 97 人，壮族聚居。姓氏有李、周、农、苏等。原是百峰村地，1991 年建为弄初村异地安置新村。坡桑，壮语 Bosang，“坡 bo”指土坡，“桑 sang”指高。因建村在地势相对较高的土坡上，故名。聚落呈块状。通行壮话。经济以劳务输出为主。农业主种玉米。

晚塘村居民地

晚塘村 Wǎntáng Cūn 那坡镇辖村。在镇境西北部。驻地在镇人民政府驻地西北 15.6 千米处。东接百峰村，南连弄初村，西邻洞印村、东红村，北隔右江与百色市右江区龙景街道大和村、四塘镇桂明村相望。面积 15.02 平方千米。辖晚塘、苏屋、六逢、六华、六楞、那濑、那塘 7 自然村。村委会驻晚塘。有 352 户 1273 人，壮、汉族聚居。通行壮话、蔗园话。原为那坡公社洞印大队辖地。1980 年析置晚塘大队，属那坡公社。1984 年改村，属百峰乡。2005 年属那坡镇。因驻地晚塘得名。晚塘，壮语 Mbanjdaemz，“晚 mbanj”指村，“塘 daemz”指池塘。因村处池塘附近，故名。地处右江河谷平原。经济以农业为主。耕地面积 252.54 公顷。农业主种水稻、甘蔗。特产芒果。林业主种松树、桉树。有煤矿。右江流经。

晚塘 Wǎntáng 那坡镇晚塘村辖自然村。村委会驻地，东临右江。有 83 户 297 人，壮族聚居。姓氏有韦、黄、玉等。传明万历四十八年（1620）建村。晚塘，壮语 Mbanjdaemz，“晚

mbanj”指村落，“塘 daemz”指池塘。因建村在池塘附近，故名。聚落呈块状。通行壮话。经济以农业为主，主种水稻、甘蔗。特产芒果。

苏屋 Sūwū 那坡镇晚塘村辖自然村。在村委会驻地西北 0.3 千米处，东、北临右江。有 53 户 194 人，汉族聚居。姓氏有苏、黄、颜等。传明天启四年（1624）由苏氏建村，故名。聚落呈块状。通行蔗园话。经济以农业为主，主种水稻、甘蔗。特产芒果。

六逢 Liùféng 那坡镇晚塘村辖自然村。在村委会驻地东南 1 千米处，东、北临右江。有 51 户 151 人，壮族聚居。姓氏有玉、黄等。传明天启六年（1626）建村。1948 年部分村民迁至那塘。六逢，壮语 Luegboengz，“六 lueg”指沟谷，“逢 boengz”指烂泥田。因村址地处沟谷，村边有一片烂泥田，故名。聚落呈团状。通行壮话。经济以农业为主，主种水稻、甘蔗。特产芒果。

六华 Liùhuá 那坡镇晚塘村辖自然村。在村委会驻地东南 2.5 千米处。有 20 户 87 人，汉族聚居。姓氏有颜、梁等。1976 年从弄初村迁建。六华，壮语 Luegvaz，“六 lueg”指沟谷，“华 vaz”指桦树。因建村在沟谷旁，村址周边曾多桦树，故名。聚落呈块状。通行蔗园话。经济以农业为主，主种玉米。特产芒果。林业主种桉树。

六楞 Liùléng 那坡镇晚塘村辖自然村。在村委会驻地西南 4 千米处。有 64 户 255 人，壮族聚居。姓氏有黄、任、李等。传清顺治五年（1648）建村。1951 年部分村民迁至那濑。六楞，壮语 Lueglaeng，“六 lueg”指沟谷，“楞 laeng”指后面。因村址在山谷后面，故名。聚落呈块状。通行壮话。经济以农业为主，主种水稻、玉米等。特产芒果。林业主种松树。

那濑 Nàlài 那坡镇晚塘村辖自然村。在村委会驻地东南 1.7 千米处，北临右江。有 63 户 201 人，壮族聚居。姓氏有陆、任等。1951 年从六楞屯迁此建村。那濑，壮语 Nazraiq，“那 naz”指田，“濑 raiq”指河滩。因村前是河滩，村后是田地，故名。聚落呈块状。通行壮话。经济以农业为主，主种水稻、甘蔗。特产芒果。

那塘 Nàtáng 那坡镇晚塘村辖自然村。在村委会驻地东南 1.4 千米处，东临右江。有 18 户 88 人，壮族聚居。姓氏有苏、黄、玉等。1948 年从六逢屯迁此建村。那塘，壮语 Nazdaemz，“那 naz”指田，“塘 daemz”指池塘。因该村在池塘边，屯前是田垌，故名。聚落呈块状。通行壮话。经济以农业为主，主种水稻、甘蔗。特产芒果。

东红村居民地

东红村 Dōnghóng Cūn 那坡镇辖村。在镇境西北部。驻地在镇人民政府驻地西北 18.7 千米处。东接晚塘村，南连洞印村，西邻洞靖镇百勇村，北隔右江与百色市右江区龙景街道福禄村、大和村相望。面积 13.5 平方千米。辖东红、社王、那莫、久濑、那苏 5 自然村。村委会驻东红。有 274 户 1053 人，壮族聚居。通行壮话。原为那坡公社洞印大队辖地。1980 年析置东红大队，属那坡公社。1984 年改村，属百峰乡。2005 年属那坡镇。因驻地东红而得名。东红，壮语 Doengqhung，“东 doengq”指田垌，“红 hung”指宽广。因村处宽广的田垌间，故名。地处右江河谷平原，北临右江。经济以农业为主。耕地面积 227.65 公顷。农业主种水稻、甘蔗。特产芒果。林业主种松树、桉树。

东红 Dōnghóng 那坡镇东红村辖自然村。村委会驻地，北临右江。有 86 户 291 人，壮族聚居。姓氏有黄、黎、梁等。1954 年由东床村人迁此建居。东红，壮语 Doenghhung，“东 doengh”指田垌，“红 hung”指宽广。因该村建在宽广的田垌间，故名。聚落呈块状。通行壮话。经济以农业为主，主种水稻、甘蔗。特产芒果。林业主种松树、桉树。

社王 Shèwáng 那坡镇东红村辖自然村。在村委会驻地东偏南 0.75 千米处，北临右江。有 34 户 150 人，壮族聚居。姓氏有韦、黄等。1956 年从洞印上屯迁此建村。因该村原有一座社王庙，故名。聚落呈块状。通行壮话。经济以农业为主，主种水稻、甘蔗。特产芒果。林业主种松树、桉树。

那莫 Nàmò 那坡镇东红村辖自然村。在村委会驻地西南 3.9 千米处。有 39 户 149 人，壮族聚居。姓氏以许为主。传明崇祯十五年（1642）建村。那莫，壮语 Nazmoz，“那 naz”指田，“莫 moz”指黄牛。因该村的田地曾是牧黄牛的地方，故名。聚落呈块状。通行壮话。经济以农业为主，主种水稻、甘蔗。特产芒果。林业主种松树、桉树。

久濑 Jiǔlài 那坡镇东红村辖自然村。在村委会驻地西偏北 1.2 千米处，北临右江。有 81 户 328 人，壮族聚居。姓氏以黄为主。传明嘉靖二十七年（1548）建村。久濑，壮语 Gyaeujraiq，“久 gyaeuj”指头，“濑 raiq”指沙滩。因该村建在右江沙滩上边，俗称头，故名。聚落呈块状。通行壮话。经济以农业为主，主种水稻、甘蔗。特产芒果。林业主种松树、桉树。

那苏 Nàsū 那坡镇东红村辖自然村。在村委会驻地南 0.4 千米处。有 34 户 135 人，壮族聚居。姓氏以黄为主。1956年建村。那苏，壮语Nazsuj，“那naz”指田，“苏suj”指主人。因村前田地曾同属一个地主，故名。聚落呈块状。通行壮话。经济以农业为主，主种水稻、甘蔗。特产芒果。林业主种松树、桉树。

洞印村居民地

洞印村 Dòngyìn Cūn 那坡镇辖村。在镇境西北部。驻地在镇人民政府驻地西北18千米处。东接晚塘村，南连弄初村和洞靖镇扁村、淋楞村，西邻洞靖镇百勇村，北靠东红村。面积20.3平方千米。辖洞印中屯、洞印上屯、洞印下屯、谷周、驮索5自然村。村委会驻洞印中屯。有271户1006人，壮族聚居。通行壮话。民国二十四年（1935）为洞印村，属百峰乡。1952年与六逢、久赖2村并为洞印乡，属田阳县第一区。1955年属那坡区。1958年改大队，属那坡公社。1961年属百峰公社。1962年改公社，属那坡区。1968年复改大队，属那坡公社。1980年析出晚塘、东红2大队。1984年改村，属百峰乡。2005年属那坡镇。因驻洞印（今洞印上屯、洞印中屯、洞印下屯）而得名。洞印，壮语Doenghyin，“洞doengh”指田垌，“印yin”指印章。因该村处田垌旁形似印章的山坡下，故名。主要山峰有里汉山、岩斗山，海拔675米、640米。经济以农业和劳务输出为主。耕地面积328.01公顷。农业主种玉米、甘蔗。特产芒果。林业主种桉树、松树。

洞印中屯 Dòngyìnzhōngtún 那坡镇洞印村辖自然村。村委会驻地。有88户358人，壮族聚居。姓氏有黄、陶、张等。传明崇祯年间（1628—1644）建村。原与洞印上屯、洞印下屯统称洞印，“洞doengh”指田垌，“印yin”指印章。因该村处田垌旁形似印章的山坡下得名。后村庄扩大，分为3自然村，以方位分称，该村居中，故名洞印中屯。聚落呈块状。通行壮话。经济以农业为主，主种玉米、甘蔗。特产芒果。林业主种桉树、松树。

洞印上屯 Dòngyìnshàngtún 那坡镇洞印村辖自然村。在村委会驻地西偏北0.4千米处。有21户96人，壮族聚居。姓氏有罗、覃、黄等。传明崇祯年间（1628—1644）建村。原与洞印中屯、洞印下屯统称洞印，“洞doengh”指田垌，“印yin”指印章。因该村处田垌旁形似印章的山坡下得名。后村庄扩大，分为3自然村，以方位分称，该村居北，故名洞印上屯。聚落呈块状。通行壮话。经济以农业为主，主种玉米、甘蔗。特产芒果。林业主种桉树、松树。

洞印下屯 Dòngyìnxiàtún 那坡镇洞印村辖自然村。在村委会驻地东南0.95千米处。有40户145人，壮族聚居。姓氏有许、李、陶等。传明崇祯年间（1628—1644）建村。原与洞印上屯、洞印中屯统称洞印，“洞 doengh”指田垌，“印 yin”指印章。因该村处田垌旁形似印章的山坡下得名。后村庄扩大，分为 3 自然村，以方位分称，该村居南，故名洞印下屯。聚落呈块状。通行壮话。经济以农业为主，主种玉米、甘蔗。特产芒果。林业主种桉树、松树。

谷周 Gǔzhōu 那坡镇洞印村辖自然村。在村委会驻地南 1.2 千米处。有 60 户 203 人，壮族聚居。姓氏有许、黄、农等。1957 年从弄怀、弄针迁建。谷周，壮语 Goekgyaeuq，“谷 goek”指根部，“周 gyaeuq”指桐油树。因该村建在桐油树旁，故名。聚落呈块状。通行壮话。经济以农业为主，主种玉米、甘蔗。特产芒果。林业主种桉树、松树。

驮索 Tuósuǒ 那坡镇洞印村辖自然村。在村委会驻地西南 1.6 千米处。有 62 户 204 人，壮族聚居。姓氏有黄、陆、颜等。传清康熙七年（1668）建村。驮索，壮语 Dahsok，“驮 dah”指河，“索 sok”指码头。因村民常在小河码头洗衣服，故名。聚落呈块状。通行壮话。经济以劳务输出为主。林业主种桉树、松树。

坡洪镇政区居民地

坡洪镇 Pōhóng Zhèn 百色市田阳区辖镇。在区境南部。驻地在城区人民政府驻地西南 24 千米处。东接那满镇，南连五村镇和德保县那甲镇，西邻巴别乡、洞靖镇，北靠那坡镇。面积 313 平方千米。辖坡丹、新屯、下邦、局盛、陇含、陇升、郎含、兴达、五合、古美、新建、新景、新美、天安、新洞、百合、琴华、乐上、南兴、新合、央律、朝马、康浮、双达 24 村。镇人民政府驻坡丹村坡洪街。有 3.76 万人，主要为壮、汉族。通行普通话、壮话。清光绪二年（1876）为坡洪团，属奉议州西区。民国元年（1912）属奉议县西区；民国二十二年（1933）改坡洪乡，属奉州区；民国二十四年（1935）改属田阳县。1951 年与古眉、陇琴 2 乡并为田阳县第二区。1955 年改坡洪区。1958 年 8 月改坡洪公社。1961 年析出古美、琴华 2 公社。1962 年 8 月坡洪、古美、琴华 3 公社并为坡洪区。1968 年 8 月改坡洪公社。1984 年改镇，并析出琴华乡。2005 年琴华乡并入。2019 年属百色市田阳区。因驻地坡洪街得名。坡洪，壮语 Bohoeng，“坡 bo”指山坡，“洪 hoeng”指红色。因始建街在红色土坡上，故名。属岩溶地貌。主要山峰有三记山、珀庄山、弄孔山，海拔分别为 1116.7 米、1077 米和 1002 米。有兴达水库。有铝矿、铁矿、水晶石、大理石等矿产。有新屯睡美人山、双达莲花山、古美仙洞、局盛坡星佛谷团石刻、坡丹文昌阁、局盛路口沐恩石遗址等景点。有坡洪二月二花炮节和古美年初九歌圩节等民俗活动。有小学 4 所，乡镇卫生院 2 所。经济以农业、服务业为主，有火龙果、沃柑、红心蜜柚、生猪、肉牛、芒果、反季节蔬菜等特色种植、养殖业。耕地面积 4883.95 公顷。粮食作物主种水稻、玉米。有光伏发电项目。银百高速公路过境并设有互通出入口。212国道、坡洪—弄陇公路（307省道）、坡洪—桥业公路（751县道）、坡洪—百合公路（C85县道）等过境。那音河、古美河流经。

坡洪镇居民地一览表

村名称	驻地及街圩、自然村名称
坡丹村	1街圩：坡洪街 11自然村：坡拿、陇环、江巴、炸定、百叫、定师、驮宁、那丹、那勤、驮甫、那么
新屯村	11自然村：新屯、新联、布呈、陇抗、陇沓、勤丰、布奄、农老、布尧、驮章、沙泉
下邦村	5自然村：下邦新屯、陇盈、陇平、驮汉、百国
局盛村	15自然村：坡星、局盛、巴律、坡六、陇合、陇劳、新屯、裂山、三重、陇甲、陇羊、陇兰、坡谢、郎来、陇南
陇含村	10自然村：及马、陇含、下琴、百叫、陇洪、更劳、陇雅、陇崩、驮前、陇沌
陇升村	14自然村：郎汉、桥头、谷布、三升、驮如、更红、巴刚、陇阮、陇累、新安、陇敢、淋定、淋仙、个强
郎含村	4自然村：郎含、百务、陇由、敢拔
兴达村	8自然村：农地、陇内、达里、驮孟、岩央、陇祥、叫架、六算
五合村	6自然村：那六、雷屯、大色、金光、百迈、新屯
古美村	1街圩：古美街 5自然村：东美、巴盆、巴旺、那老、更宜
新建村	10自然村：大德、果花、大道、更邦、陇兰、头孔、陇梅、马凌、登应、登的
新景村	6自然村：境布、那来、那池、陇帮、境立、那六
新美村	10自然村：新美、卡楼、江堂、驮屯、陇含、登叫、加灵、六合、那美、新屯
天安村	8自然村：驮罗、走洞、驮林、驮筹、驮兰、驮吞、驮抗、驮昌
新洞村	11自然村：良屯、内驮、外驮、农豆、塘定、巴汉、洞楼、那墙、百叫、驮农、陇隘
百合村	13自然村：岩屯、新屯、百发、陇样、下洒、伏领、盆地、农周、驮瓜、陇下、陇床、陇割、陇梅
琴华村	1街圩：琴华街 15自然村：小驮楼、驮楼、谷针、弄民、驮华、弄沌、谷守、枯沙、更卜、叫王、驮立、驮利、驮虽、淋塘、弄值
乐上村	8自然村：乐上、乐下、弄仪、弄旦、驮吞、驮帮、弄六、弄立
南兴村	5自然村：下说、那用、敢瓜、那渐、那谨
新合村	13自然村：弄坡、弄定、弄增外屯、弄增内屯、城旺、弄禁、盘六、布完、驮楞、弄作、留基、弄洋、弄下

续表

村名称	驻地及街圩、自然村名称
央律村	9 自然村：驮谷、新屯、下更、驮央、局蒙、农洒、敢城、亮往、驮闷
朝马村	驻田州镇龙河村朝马新村居民地 11 自然村：朝马、驮或、令烈、驮硬、弄律、弄彭、弄内、弄提、抗读、巴生、笔号
康浮村	25 自然村：康弄下屯、康弄上屯、驮从外屯、驮从内屯、贝上、贝下、贝更、下邦、弄弄、崩提、告劳下屯、告劳上屯、弄勒、驮还、驮架、弄浮、弄飞、弄令、弄黎、弄照、弄道、弄扣、茶灯、三弄、弄任
双达村	驻田州镇康达社区双达新村 19 自然村：弄照、叫照、弄洪上屯、弄洪下屯、坡乐内屯、坡乐外屯、弄石、弄依、弄黎上屯、弄黎下屯、弄辞、弄周、南宁、弄达上屯、弄达下屯、弄显、弄岱、弄动、下驮
合计：24 村，3 街圩 252 自然村	

琴华乡 Qínhuá Xiāng 田阳县原辖乡。在县境南部。驻地在县人民政府驻地西南 18 千米处。东接那满镇，南连五村乡，西邻坡洪镇，北靠那坡镇。面积 91 平方千米。2005 年辖琴华、乐上、南兴、新合、央律、朝马、康浮、双达 8 村。乡人民政府驻琴华村琴华街。清光绪二年（1876）为陇琴团，属奉议州中区。民国元年（1912）属奉议县中区；民国二十二年（1933）改陇琴乡，属奉州区；民国二十四年（1935）改属田阳县。中华人民共和国成立后，1951 年与古眉、坡洪 2 乡合设田阳县第二区。1955 年属坡洪区。1958 年属坡洪公社。1961 年析置琴华公社。1962 年与坡洪、古美 2 公社合设坡洪区。1968 年属坡洪公社。1984 年析置琴华乡。2005 年撤销，辖域并入坡洪镇。

坡丹村居民地

坡丹村 Pōdān Cūn 坡洪镇辖村。镇人民政府驻地。在镇境中部。东接局盛村、百合村，南连新洞村，西邻新屯村、陇升村、下邦村，北靠下邦村、陇含村。面积 12.17 平方千米。辖坡洪街 1 街圩和坡拿、陇环、江巴、炸定、百叫、定师、驮宁、那丹、那勤、驮甫、那么 11 自然村。村委会驻坡洪街。有 626 户 2293 人，壮、汉族聚居。通行普通话、壮话。民国二十四年（1935）为坡洪、丹联 2 村，属坡洪乡。1952 年与新村并为坡丹乡，取坡洪、丹联 2 村各一字得名，属田阳县第二区。1955 年属坡洪区。1958 年改大队，属坡洪公社。1962 年改公社，属坡洪区。1968 年复改大队，属坡洪公社。1980 年析出新屯、下邦 2 大队。1984 年改村，属坡洪镇。属岩溶地貌。主要山峰有通旗山、鹰山，海拔 870 米、820 米。坡洪镇坡洪中心小学和镇中心卫生院在境内。有抢花炮民俗。经济以农业、服务业等为主。耕地面积 326.95 公顷。农业主种水稻、玉米。为坡洪—弄陇公路（307 省道）以及坡洪—百合公路（C85 县道）的起点。那音河流经。

坡洪街　Pōhóngjiē　坡洪镇坡丹村辖街圩。村委会驻地。有 167 户 589 人，壮、汉族聚居。姓氏有黄、李、王、赵、韦等。据 1999 年版《田阳县志》载，明洪武七年（1374）已有坡洪圩，属奉议州西路。1982 年第一次全国地名普查时记为“坡洪街”。坡洪，壮语 Bohoeng，“坡 bo”指山坡，“洪 hoeng”指红色。因圩场始建在红色土坡上，故名。聚落呈块状。通行普通话、壮话。经济以服务业为主，兼种水稻、玉米等。坡洪镇坡洪中心小学和镇中心卫生院在境内。212 国道和 307 省道的坡洪连线过境。那音河流经。

坡拿　Pōná　坡洪镇坡丹村辖自然村。在村委会驻地东北 0.35 千米处。有 48 户 148 人，壮族聚居。姓氏有劳、陈、隆、罗、梁、陆、李等。传明万历四十六年（1618）建村。坡拿，壮语 Bonap，“坡 bo”指山坡，“拿 nap”指野牡丹。因该村始建在有野牡丹的山坡上，故名。聚落呈块状。通行壮话。经济以农业为主，主种水稻、玉米等。212 国道和 307 省道的坡洪连线过境。

陇环　Lǒnghuán　坡洪镇坡丹村辖自然村。在村委会驻地东北 0.95 千米处。有 88 户 298 人，壮族聚居。姓氏有黄、许等。传明万历四十六年（1618）建村。1982 年第一次全国地名普查时记为“㟖环”，后简写为“弄环”。2014 年第二次全国地名普查记为“陇环”。陇环、㟖环或弄环，壮语 Runghvanz，“陇、㟖、弄 rungh”指㟖场、石山间平地，“环 vanz”指圆形。因该村在一个圆形㟖场中，故名。聚落呈块状。通行壮话。经济以农业为主，主种水稻、玉米等。

江巴　Jiāngbā　坡洪镇坡丹村辖自然村。在村委会驻地东南 1.2 千米处。有 21 户 78 人，壮族聚居。姓氏有罗、翟、覃、严等。传清康熙五十一年（1712）建村。江巴，壮语 Gyangbaq，“江 gyang”指中间，“巴 baq”指荒坡。因该村在荒坡中，故名。聚落呈块状。通行壮话。经济以农业为主，主种水稻、玉米等。坡洪—百合公路（C85 县道）从村前经过。

炸定　Zhàdìng　坡洪镇坡丹村辖自然村。在村委会驻地东南 1.4 千米处。有 20 户 77 人，壮族聚居。姓氏有梁、周等。传清乾隆七年（1742）建村。炸定，壮语 Bya'nding，“炸 bya”指石山，“定 nding”指红。因该村坐落在石山脚下的红土坡上，故名。聚落呈块状。通行壮话。经济以农业为主，主种水稻、玉米等。坡洪—百合公路（C85 县道）经此。

百叫　Bǎijiào　坡洪镇坡丹村辖自然村。在村委会驻地东南 1.3 千米处。有 48 户 197 人，壮族聚居。姓氏有甘、翟、赵、严、杨、黄、梁等。传清乾隆七年（1742）建村。百叫，壮语Bakgeuq，“百 bak”指口，“叫 geuq”指山坳。因该村在山坳口附近，故名。聚落呈块状。通行壮话。经济以农业为主，主种水稻、玉米等。坡洪—百合公路（C85 县道）过境。

定师 Dìngshī 坡洪镇坡丹村辖自然村。在村委会驻地西南 0.68 千米处。有 19 户 67 人，壮族聚居。姓氏有黄、梁等。传清乾隆三十七年（1772）建村。定师，壮语 Dinghsae，“定 dingh”指水坑，“师 sae”指田螺。因该村在多田螺的水坑边，故名。聚落呈块状。通行壮话。经济以农业为主，主种水稻、玉米等。坡洪—百合公路（C85 县道）与坡洪—雷圩公路（716 乡道）在此交会，为坡洪—雷圩公路（716 乡道）起点。那音河流经。

驮宁 Tuóníng 坡洪镇坡丹村辖自然村。在村委会驻地西北 0.65 千米处。有 28 户 126 人，壮族聚居。姓氏以梁为主。传清乾隆三十七年（1772）建村。驮宁，壮语 Deihningq，“驮 deih”指地，“宁 ningq”指小狗。因该村建在形似小狗的石山山脚之地，故名。聚落呈块状。通行壮话。经济以农业为主，主种水稻、玉米等。

那丹 Nàdān 坡洪镇坡丹村辖自然村。在村委会驻地西南 0.95 千米处。有 88 户 338 人，壮族聚居。姓氏有罗、黄、韦、何、蒙、任等。传清康熙二十一年（1682）建村。那丹，壮语 Nazdanq，“那 naz”指田，“丹 danq”指木炭。因该村古时主要是种田，副业是烧炭出卖，故名。聚落呈带状。通行壮话。经济以农业为主，主种水稻、玉米等。坡洪—弄陇公路（307 省道）过境。

那勤 Nàqín 坡洪镇坡丹村辖自然村。在村委会驻地西南 1.6 千米处。有 18 户 49 人，壮族聚居。姓氏以韦为主。传清嘉庆七年（1802）建村。那勤，壮语 Nazgumh，“那 naz”指田，“勤 gumh”指低洼。因该村坐落在低洼田边，故名。聚落呈块状。通行壮话。经济以农业为主，主种水稻、玉米等。坡洪—雷圩公路（716 乡道）过境。那音河流经。

驮甫 Tuófǔ 坡洪镇坡丹村辖自然村。在村委会驻地南 2.8 千米处。有 14 户 48 人，壮族聚居。姓氏有韦、何等。传清道光十二年（1832）建村。驮甫，壮语 Dahbouj，“驮 dah”指河，“甫 bouj”指凸出。因该村坐落在那音河边一块凸出的平地上，故名。聚落呈块状。通行壮话。经济以农业为主，主种水稻、玉米等。坡洪—雷圩公路（716 乡道）过境。那音河流经。

那么 Nàmó 坡洪镇坡丹村辖自然村。在村委会驻地西南 1.8 千米处。有 67 户 278 人，壮族聚居。姓氏有韦、杨、黄、杜、凌等。传清道光十二年（1832）建村。那么，壮语 Nazmoq，

“那 naz”指田，“么 moq”指新。因该村建在新开荒的田边，故名。聚落呈块状。通行壮话。经济以农业为主，主种水稻、玉米等。

新屯村居民地

新屯村 Xīntún Cūn 坡洪镇辖村。在镇境中部。驻地在镇人民政府驻地西南 2.2 千米处。东接坡丹村、新洞村，南连天安村、新美村，西邻古美村、郎含村，北靠陇升村。面积 15.03 平方千米。辖新屯、新联、布呈、陇抗、陇沓、勤丰、布奄、农老、布尧、驮章、沙泉 11 自然村。村委会驻新屯。有 395 户 1550 人，壮族聚居。通行壮话。民国二十四年（1935）为新村，属坡洪乡。1952 年与坡洪、丹联 2 村合设田阳县第二区坡丹乡。1955 年属坡洪区坡丹乡。1958 年属坡洪公社坡丹大队。1962 年属坡洪区坡丹公社。1968 年复属坡洪公社坡丹大队。1980 年析置新屯大队。1984 年改新屯村，属坡洪镇。因驻地新屯得名。新屯，民国二十七年（1938）始从布省、三岩 2 屯迁来新建，故名。属岩溶地貌。主要山峰有大毕山，海拔 951 米。经济以农业和劳务输出、土地流转为主。耕地面积 512.63 公顷。农业主种水稻、玉米、甘蔗等。坡洪—弄陇公路（307 省道）、坡洪—桥业公路（751 县道）过境。

新屯 Xīntún 坡洪镇新屯村辖自然村。村委会驻地。有 34 户 154 人，壮族聚居。姓氏有阮、梁、蒙等。民国二十七年（1938）建村。因是布省、三岩 2 屯迁移此地定居建新屯，故名。聚落呈带状。通行壮话。经济以农业和劳务输出为主。农业主种玉米、火龙果、生姜、花生等。坡洪—弄陇公路（307 省道）过境。

新联 Xīnlián 坡洪镇新屯村辖自然村。在村委会驻地东北 0.5 千米处。有 19 户 81 人，壮族聚居。姓氏有梁、黄、罗、李等。1971 年建村。因由下邦、驮汉、弄院、弄平 4 屯部分村民联合迁此新建，故名。聚落呈块状。通行壮话。经济以农业和劳务输出为主。农业主种玉米、凉薯等。坡洪—弄陇公路（307 省道）经此。

布呈 Bùchéng 坡洪镇新屯村辖自然村。在村委会驻地西北 0.6 千米处。有 36 户 145 人，壮族聚居。姓氏有叶、黄等。传清乾隆七年（1742）建村。布呈，壮语 Mboqcingz，“布 mboq”指泉，“呈 cingz”即埕，指坛子。因村旁有一口泉，形似个坛子，故名。聚落呈块状。通行壮话。经济以农业和劳务输出为主。农业主种玉米、花生、甘蔗等。坡洪—桥业公路（751 县道）过境。

陇抗 Lǒngkàng 坡洪镇新屯村辖自然村。在村委会驻地西北 0.9 千米处。有 31 户 105 人，壮族聚居。姓氏以叶为主。传清乾隆十年（1745）建村。1982 年第一次全国地名普查时记为“弄抗”，亦简写为“弄抗”。2014 年第二次全国地名普查记为“陇抗”。陇抗、弄抗或弄抗，壮语 Runghgang，“陇、弄、弄 rungh”指弄场、石山间平地，“抗 gang”指青竹。因该村山弄多青竹，故名。聚落呈块状。通行壮话。经济以农业和劳务输出为主。农业主种水稻、玉米、生姜。

陇沓 Lǒngtà 坡洪镇新屯村辖自然村。在村委会驻地西南 3.1 千米处。有 10 户 34 人，壮族聚居。姓氏有岑、阮、陆等。据 1999 年版《田阳县志》载，明洪武七年（1374）已有此村，称陇沓，属奉议州西路。1982 年第一次全国地名普查时记为“弄沌”，亦简写为“弄沌”。2014 年第二次全国地名普查复记为“陇沓”。陇沓、弄沌或弄沌，壮语 Runghdumh，“陇、弄、弄 rungh”指弄场、石山间平地，“沓、沌 dumh”指水淹。因村前弄场逢雨季均被水淹，故名。聚落呈块状。通行壮话。经济以农业和劳务输出为主。农业主种玉米、甘蔗、生姜。新屯—新景公路（714 乡道）过境。

勤丰 Qínfēng 坡洪镇新屯村辖自然村。在村委会驻地西南 4 千米处。有 37 户 127 人，壮族聚居。姓氏有黄、马、杨、赵等。传清道光十二年（1832）建村。勤丰，壮语 Gumhfung，“勤 gumh”指低洼，“丰 fung”指酸梅树。因该村在两山低洼处，周边有酸梅树，故名。聚落呈块状。通行壮话。经济以农业和劳务输出为主。农业主种玉米、生姜。新屯—新景公路（714 乡道）过境。

布奄 Bùyǎn 坡洪镇新屯村辖自然村。在村委会驻地西南 3.4 千米处。有 86 户 340 人，壮族聚居。姓氏有梁、潘、陆、吴、陆、苏、莫等。传清康熙元年（1662）建村。布奄，壮语 Mboqem，“布 mboq”指泉，“奄 em”指竹楼草。因该村泉边长满竹楼草，故名。聚落呈块状。通行壮话。经济以农业和劳务输出为主。农业主种水稻、玉米。有红心蜜柚、沃柑等特色种植。

农老 Nónglǎo 坡洪镇新屯村辖自然村。在村委会驻地西南 3 千米处。有 16 户 64 人，壮族聚居。姓氏有黄、陆、梁等。1980 年建村。农老，壮语 Ndoenglaux，“农 ndoeng”指森林，“老 laux”指大。因该村地处山林下，故名。聚落呈块状。通行壮话。经济以农业和劳务输出为主。农业主种玉米。

布尧 Bùyáo 坡洪镇新屯村辖自然村。在村委会驻地东南 1.5 千米处。有 81 户 337 人，壮族聚居。姓氏有梁、黄、农、韦、蒙等。传清康熙五十一年（1712）建村。布尧，壮语

Mboqyauh，“布 mboq”指泉，“尧 yauh”指小虾。因该村在多小虾的泉边，故名。聚落呈块状。通行壮话。经济以劳务输出和土地流转为主。农业主种水稻、玉米、生姜、花生等。建有蛋鸡养殖专业合作社、火龙果综合利用产业核心示范区。

驮章 Tuózhāng 坡洪镇新屯村辖自然村。在村委会驻地西南 0.75 千米处。有 28 户 103 人，壮族聚居。姓氏有黄、陆、李、任、隆、农等。1996 年建村。驮章，壮语 Deihgyang，“驮 deih”指地，“章 gyang”指中间。因村民从驮前、陇勒 2 屯迁来，在两地中间建村，故名。聚落呈块状。通行壮话。经济以农业和劳务输出为主。农业主种玉米、花生等。

沙泉 Shāquán 坡洪镇新屯村辖自然村。在村委会驻地西南 1.3 千米处。有 17 户 60 人，壮族聚居。姓氏有黄、农、陆、许、隆等。1996 年由陇勤、陇甲 2 村村民迁建。沙泉，因当地沙地里有泉水，故名。聚落呈块状。通行壮话。经济以农业和劳务输出为主。农业主种玉米、葡萄、红心蜜柚等。坡洪—弄陇公路（307 省道）过境。

下邦村居民地

下邦村 Xiàbāng Cūn 坡洪镇辖村。在镇境西部。驻地在镇人民政府驻地西南 1.4 千米处。东接坡丹村，南连坡丹村、陇升村，西邻陇升村，北靠陇含村。面积 4.63 平方千米。辖下邦新屯、陇盈、陇平、驮汉、百国 5 自然村。村委会驻下邦新屯。有 135 户 552 人，壮族聚居。通行壮话。原为坡洪公社坡丹大队辖地。1980 年析置下邦大队，属坡洪公社。1984 年改村，属坡洪镇。因原驻下邦而得名。下邦，壮语 Lajbueng，“下 laj”指下面，“邦 bueng”指白泥。因原驻地建在一片白色泥土下方，故名。属岩溶地貌。主要山峰有炸闷山，海拔 839 米。经济以农业和劳务输出为主。耕地面积 51.23 公顷。农业主种玉米。坡洪—弄陇公路（307 省道）、坡洪—桥业公路（751 县道）过境。

下邦新屯 Xiàbāngxīntún 坡洪镇下邦村辖自然村。村委会驻地。有 40 户 156 人，壮族聚居。姓氏有罗、蒙、杨、黄、任、李等。前身是下邦屯，村址在今址北 1.6 千米处的山弄里，下邦是壮语 Lajbueng 音译，“下 laj”指下面，“邦 bueng”指白泥，因建在一片白泥山崖下方，故名。2012 年，因地质灾害整屯搬至今址新建，沿用旧名，故改下邦新屯。聚落呈块状。通行壮话。经济以农业和劳务输出为主。农业主种玉米。坡洪—弄陇公路（307 省道）、坡洪—桥业公路（751 县道）过境。

陇盈 Lǒngyíng 坡洪镇下邦村辖自然村。在村委会驻地北 3.9 千米处。有 20 户 78 人，壮族聚居。姓氏有任、陆、黄、翟等。据 1999 年版《田阳县志》载，明洪武七年（1374）已有此村，称陇盈，属奉议州西路。1982 年第一次全国地名普查时记为“㟖盈”，亦简写为“弄盈”。因地质灾害，2007—2012 年村民往南迁至陇升村更红屯坡洪—桥业公路两旁居住。2014 年第二次全国地名普查复记为“陇盈”。陇盈、㟖盈或弄盈，壮语 Runghyangh，“陇、㟖、弄 rungh”指㟖场、石山间平地，“盈 yangh”指蚱蜢。因原村址在多蚱蜢的㟖场得名。聚落呈散状。通行壮话。经济以农业和劳务输出为主。农业主种玉米。

陇平 Lǒngpíng 坡洪镇下邦村辖自然村。在村委会驻地北 2.5 千米处。有 19 户 47 人，壮族聚居。姓氏有杨、黄、罗、岑等。据 1999 年版《田阳县志》载，明洪武七年（1374）已有此村，称陇平，属奉议州西路。1982 年第一次全国地名普查时记为“㟖平”，亦简写为“弄平”。因地质灾害，2007—2012 年村民往南迁至陇升村更红屯坡洪—桥业公路两旁居住。2014 年第二次全国地名普查复记为“陇平”。陇平、㟖平或弄平，壮语 Runghbingz，“陇、㟖、弄 rungh”指㟖场、石山间平地，“平 bingz”指高山陡壁。因原村址在深山㟖场里，两旁是高山陡壁，故名。聚落呈散状。通行壮话。经济以农业和劳务输出为主。农业主种玉米。

驮汉 Tuóhàn 坡洪镇下邦村辖自然村。在村委会驻地北 2.8 千米处。有 9 户 61 人，壮族聚居。姓氏有黄、许、梁、廖等。据 1999 年版《田阳县志》载，明洪武七年（1374）已有此村，属奉议州西路。因地质灾害，2007—2012 年村民往南迁至坡顶农业局果场居住。驮汉，地名含义有两说。一说为壮语 Dahhanq 音译，“驮 dah”指河，“汉 hanq”指鹅，因该村大水潭传闻常有天鹅出没，故名。另说是壮语 Deihhanq 音译，“驮 deih”指地，“汉 hanq”指干旱。因原村址是大石山里的干旱地，故名。聚落呈块状。通行壮话。经济以农业和劳务输出为主。农业主种玉米。

百国 Bǎiguó 坡洪镇下邦村辖自然村。在村委会驻地西北 1.6 千米处。有 47 户 210 人，壮族聚居。姓氏有蒙、零、李等。据 1999 年版《田阳县志》载，明洪武七年（1374）已有此村，称百国，属奉议州西路。1982 年第一次全国地名普查载，原名“炸谷”，壮语 Byaguk，“炸 bya”指石山，“谷 guk”指老虎。因村址靠深山，从前老虎多，村口需用荆棘等物围着，故名。后谐音写作“百国”。因地质灾害，2007—2012 年村民往南迁至陇升村更红屯坡洪—桥业公路两旁居住。聚落呈块状。通行壮话。经济以农业和劳务输出为主。农业主种玉米。

局盛村居民地

局盛村 Júshèng Cūn 坡洪镇辖村。在镇境北部。驻地在镇人民政府驻地东北 2.5 千米处。东接新合村，南连百合村、坡丹村，西邻陇含村，北靠那坡镇弄山村、永常村。面积 14.84 平方千米。辖坡星、局盛、巴律、坡六、陇合、陇劳、新屯、裂山、三重、陇甲、陇羊、陇兰、坡谢、郎来、陇南 15 自然村。村委会驻坡星。有 545 户 2185 人，壮族聚居。通行壮话。民国二十四年（1935）为局盛村，属坡洪乡。1952 年改乡，属田阳县第二区。1955 年属坡洪区。1958 年改大队，属坡洪公社。1962 年改公社，属坡洪区。1968 年复改大队，属坡洪公社。1984 年改村，属坡洪镇。因原驻局盛得名。局盛，壮语 Gugcwngh，“局 gug”指角落，“盛 cwngh”指凸出来。因村旁角落有一座山凸出来，故名。属岩溶地貌。主要山峰有立子山，海拔 800 米。有佛谷团石刻、沐恩石遗址。经济以农业和劳务输出、土地流转为主。耕地面积 206.19 公顷。农业主种水稻、玉米、火龙果等。建有农业特色产业火龙果种植基地。212 国道、212 国道和 307 省道的坡洪连线过境。那音河流经。

坡星 Pōxīng 坡洪镇局盛村辖自然村。村委会驻地。有 71 户 269 人，壮族聚居。姓氏有陆、叶、莫、黄等。传清乾隆元年（1736）建村。坡星，壮语 Bosingj，“坡 bo”指山，“星 singj”指醒目、显眼。因该村在半山腰，地势较高，位置显眼，故名。聚落呈带状。通行壮话。经济以农业和劳务输出为主。农业主种水稻、玉米等。212 国道和 307 省道的坡洪连线过境。那音河流经。

局盛 Júshèng 坡洪镇局盛村辖自然村。在村委会驻地西北 0.68 千米处。有 93 户 368 人，壮族聚居。姓氏有黄、陆、李、莫等。据 1999 年版《田阳县志》载，明洪武七年（1374）已有此村，称局盛，属奉议州西路。局盛，壮语 Gugcwngh，“局 gug”指角落，“盛 cwngh”指凸出来。因村旁角落有一座山凸出来，故名。聚落呈块状。通行壮话。经济以农业和劳务输出为主。农业主种水稻、玉米等。那音河流经。

巴律 Bālǜ 坡洪镇局盛村辖自然村。在村委会驻地西南 0.78 千米处。有 15 户 50 人，壮族聚居。姓氏有陆、韦等。传清宣统元年（1909）年建村。巴律，壮语 Baqreih，“巴 baq”指荒地，“律 reih”指畲地。因该村畲地垦荒而成，故名。聚落呈块状。通行壮话。经济以农业和劳务输出为主。农业主种水稻、玉米等。那音河流经。

坡六 Pōliù 坡洪镇局盛村辖自然村。在村委会驻地西北 0.52 千米处。有 42 户 194 人，壮族聚居。姓氏以陆为主。据 1999 年版《田阳县志》载，明洪武七年（1374）已有此村，称坡六，属奉议州西路。坡六，壮语 Boloek，“坡 bo”指山坡，“六 loek”指水车。因该村对面的坡地旱田用竹筒水车抽水灌溉，故名。聚落呈块状。通行壮话。经济以农业和劳务输出为主。农业主种水稻、玉米等。那音河流经。

陇合 Lǒnghé 坡洪镇局盛村辖自然村。在村委会驻地东北 1.4 千米处。有 37 户 138 人，壮族聚居。姓氏有李、覃、黄、韦等。传清乾隆元年（1736）建村。1982 年第一次全国地名普查时记为“峼合”，亦简写为“弄合”。2014 年第二次全国地名普查记为“陇合”。陇合、峼合或弄合，壮语 Runghhat，“陇、峼、弄 rungh”指峼场、石山间平地，“合 hat”指土壤贫瘠。因该村在土壤贫瘠的峼场，故名。聚落呈块状。通行壮话。经济以土地流转为主。发展火龙果特色产业种植。212 国道、212 国道和 307 省道的坡洪连线过境。

陇劳 Lǒngláo 坡洪镇局盛村辖自然村。在村委会驻地东北 2.5 千米处。有 35 户 167 人，壮族聚居。姓氏有苏、周、刘、甘等。传清乾隆元年（1736）建村。1982 年第一次全国地名普查时记为“峼劳”，亦简写为“弄劳”。2014 年第二次全国地名普查记为“陇劳”。陇劳、峼劳或弄劳，壮语 Runghlauz，“陇、峼、弄 rungh”指峼场、石山间平地，“劳 lauz”指水淹。因该村所在的峼场常被山洪水淹，故名。聚落呈块状。通行壮话。经济以农业和劳务输出为主。农业主种玉米。

新屯 Xīntún 坡洪镇局盛村辖自然村。在村委会驻地西 1.3 千米处。有 21 户 72 人，壮族聚居。姓氏有李、翟等。1953 年建村。因是新建的村庄，故名。聚落呈带状。通行壮话。经济以农业和劳务输出为主。农业主种水稻、玉米等。那音河流经。

裂山 Lièshān 坡洪镇局盛村辖自然村。在村委会驻地东北 1.7 千米处。有 18 户 67 人，壮族聚居。姓氏有李、黄等。1975 年建村。1982 年第一次全国地名普查时记为“山裂”。2014 年第二次全国地名普查记为“裂山”。“裂 dek”指裂开，“山 bya”指石山。因该村建在一座裂开的石山脚，故名。聚落呈块状。通行壮话。经济以农业和劳务输出为主。农业主种水稻、玉米等。那音河流经。

三重 Sānchóng 坡洪镇局盛村辖自然村。在村委会驻地东北 1.4 千米处。有 29 户 124 人，壮族聚居。姓氏有陆、黄等。1975 年建村。三重，壮语 Samgyong，“三 sam”指量词，是数字三，“重 gyong”指鼓。因该村过去有三块大石头，形似“鼓”，故名。聚落呈块状。通行壮话。经济以农业和劳务输出为主。农业主种玉米。那音河流经。

陇甲 Lǒngjiǎ 坡洪镇局盛村辖自然村。在村委会驻地东北0.7千米处。有21户93人，壮族聚居。姓氏有陆、梁等。传清道光元年（1821）建村。1982年第一次全国地名普查时记为“㟖甲”，亦简写为“弄甲”。2014年第二次全国地名普查记为“陇甲”。陇甲、㟖甲或弄甲，壮语Runghcaz，“陇、㟖、弄 rungh”指㟖场、石山间平地，“甲 caz”指白蒙树。因该村建在㟖场边，附近多白蒙树，故名。聚落呈块状。通行壮话。经济以农业和劳务输出为主。农业主种玉米。那音河流经。

陇羊 Lǒngyáng 坡洪镇局盛村辖自然村。在村委会驻地西南1.1千米处。有43户170人，壮族聚居。姓氏有陆、黄、罗等。传清乾隆元年（1736）建村，称陇羊，属奉议州西区坡洪团。1982年第一次全国地名普查时记为“㟖羊”，亦简写为“弄羊”。2000年村民已迁至212国道和307省道的坡洪连线沿线的那垦居住。2014年第二次全国地名普查复记为“陇羊”。陇羊、㟖羊或弄羊，壮语Runghyiengz，“陇、㟖、弄 rungh”指㟖场、石山间平地，“羊 yiengz”指山羊。因该村原在曾有山羊出没的㟖场，故名。聚落呈块状。通行壮话。经济以农业和劳务输出为主。农业主种水稻、玉米等。212国道和307省道的坡洪连线过境。

陇兰 Lǒnglán 坡洪镇局盛村辖自然村。在村委会驻地北0.36千米处。有49户181人，壮族聚居。姓氏有陆、韦等。传清乾隆元年（1736）建村，称陇兰，属奉议州西区坡洪团。1982年第一次全国地名普查时记为“㟖兰”，亦简写为“弄兰”。1998年村民已迁至村委会北部约0.3千米的地方居住。2014年第二次全国地名普查复记为“陇兰”。陇兰、㟖兰或弄兰，壮语Runghlanz，“陇、㟖、弄 rungh”指㟖场、石山间平地，“兰 lanz”指拦住。因该村原地处㟖场，从外面到此有一道石墙拦住，故名。聚落呈块状。通行壮话。经济以农业和劳务输出为主。农业主种水稻、玉米等。

坡谢 Pōxiè 坡洪镇局盛村辖自然村。在村委会驻地西南1.7千米处。有27户122人，壮族聚居。姓氏有农、覃等。据1999年版《田阳县志》载，明洪武七年（1374）已有此村，称坡谢，属奉议州西路。1982年第一次全国地名普查时记为“坡些”。2000年起有村民迁至212国道和307省道的坡洪连线沿线的那垦居住。2014年第二次全国地名普查复记为“坡谢”。坡谢、坡些，壮语Boseq，“坡 bo”指山坡，“谢、些 seq”指树名。因该村原村址旁的山坡有“谢”树，故名。聚落呈块状。通行壮话。经济以农业和劳务输出为主。农业主种水稻、玉米等。新搬迁的聚居点有212国道和307省道的坡洪连线过境。那音河流经。

郎来 Lánglái 坡洪镇局盛村辖自然村。在村委会驻地西南1.6千米处。有23户94人，壮族聚居。姓氏有苏、梁、覃、马等。据 1999 年版《田阳县志》载，明洪武七年（1374）已有此村，称朗来，属奉议州西路。1982 年第一次全国地名普查时记为“郎来”。因常有石头从后山滚落，2002 年迁到南部山弄（今址），名称不变。郎来、朗来，壮语 Rangzraiz，“郎、朗 rangz”指竹笋，“来 raiz”指斑点。因该村原址多斑竹，故名。聚落呈块状。通行壮话。经济以农业和劳务输出为主。农业主种水稻、玉米等。212 国道和 307 省道的坡洪连线过境。

陇南 Lǒngnán 坡洪镇局盛村辖自然村。在村委会驻地西南 1.2 千米处。有 21 户 76 人，壮族聚居。姓氏以农为主。据 1999 年版《田阳县志》记载，明洪武七年（1374）已有此村，称陇南，属奉议州西路。1982 年第一次全国地名普查时记为“弄南”，亦简写为“弄南”。2002 年起部分村民已迁至那垦居住。2014 年第二次全国地名普查复记为“陇南”。陇南、弄南或弄南，壮语 Runghnamh，“陇、弄、弄 rungh”指弄场、石山间平地，“南 namh”指泥土。因该村原处多泥土的弄场，故名。聚落呈块状。通行壮话。经济以农业和劳务输出为主。农业主种水稻、玉米等。新搬迁的聚居点有 212 国道和 307 省道的坡洪连线过境。那音河流经。

陇含村居民地

陇含村 Lǒnghán Cūn 坡洪镇辖村。在镇境北部。驻地在镇人民政府驻地北 4.2 千米处。东接局盛村，南连坡丹村、下邦村，西邻陇升村，北靠那坡镇弄山村。面积 9.47 平方千米。辖及马、陇含、下琴、百叫、陇洪、更劳、陇雅、陇崩、驮前、陇沌 10 自然村。村委会驻及马。有 277 户 1134 人，壮族聚居。通行壮话。民国二十四年（1935）为陇含村，属坡洪乡。1952 年改乡，属田阳县第二区。1955 年属坡洪区。1958 年改大队，属坡洪公社。1962 年改公社，属坡洪区。1968 年复改大队，属坡洪公社。1984 年改村，属坡洪镇。因原驻陇含得名。陇含，壮语 Runghhaemz，“陇 rungh”指弄场、石山间平地，“含 haemz”指苦竹。因地处多苦竹的弄场，故名。属岩溶地貌。主要山峰有岂楼山，海拔 950 米。经济以农业和劳务输出为主。耕地面积 29.15 公顷。农业主种玉米。

及马 Jímǎ 坡洪镇陇含村辖自然村。村委会驻地。有 36 户 140 人，壮族聚居。姓氏有隆、陆、黄等。据 1999 年版《田阳县志》载，明洪武七年（1374）已有此村，称及马，属奉议州西路。及马，壮语 Dipmax，“及 dip”量词，指一片，“马 max”指马蹄。因村址地形似马蹄，故名。聚落呈环状。通行壮话。经济以农业和劳务输出为主。农业主种玉米。

陇含 Lǒnghán 坡洪镇陇含村辖自然村。在村委会驻地东北 1 千米处。有 25 户 110 人，壮族聚居。姓氏有陆、黄等。传清康熙二十六年（1687）建村，称陇含，属奉议州西区坡洪团。1982 年第一次全国地名普查时记为“弄含”，亦简写为“弄含”。2014 年第二次全国地名普查记为“陇含”。陇含、弄含或弄含，壮语 Runghhaemz，“陇、弄、弄 rungh”指弄场、石山间平地，“含 haemz”指苦竹。因地处原多苦竹的弄场，故名。聚落呈块状。通行壮话。经济以农业和劳务输出为主。农业主种玉米。

下琴 Xiàqín 坡洪镇陇含村辖自然村。在村委会驻地东南 0.65 千米处。有 19 户 90 人，壮族聚居。姓氏以方为主。民国十二年（1923）建村。下琴，壮语 Lajgumh，“下 laj”指下面，“琴 gumh”指低洼。因地处石山脚地势较低的山间平地，故名。聚落呈块状。通行壮话。经济以农业和劳务输出为主。农业主种玉米。

百叫 Bǎijiào 坡洪镇陇含村辖自然村。在村委会驻地东南 0.8 千米处。有 15 户 50 人，壮族聚居。姓氏以林为主。传清乾隆七年（1742）建村，称百叫，属奉议州西区坡洪团。百叫，壮语 Bakgeuq，“百 bak”指口，“叫 geuq”指山坳。因该村在山坳口附近，故名。聚落呈块状。通行壮话。经济以农业和劳务输出为主。农业主种玉米。

陇洪 Lǒnghóng 坡洪镇陇含村辖自然村。在村委会驻地南偏东 1.2 千米处。有 13 户 54 人，壮族聚居。姓氏以林为主。传清雍正元年（1723）建村，称陇洪，属奉议州西区坡洪团。1982 年第一次全国地名普查时记为“弄洪”，亦简写为“弄洪”。2014 年第二次全国地名普查记为“陇洪”。陇洪、弄洪或弄洪，壮语 Runghhung，“陇、弄、弄 rungh”指弄场、石山间平地，“洪 hung”指大。因该村在一个较大的弄场，故名。聚落呈块状。通行壮话。经济以农业和劳务输出为主。农业主种玉米。

更劳 Gēngláo 坡洪镇陇含村辖自然村。在村委会驻地北偏东 0.8 千米处。有 20 户 90 人，壮族聚居。姓氏有隆、农等。传清同治九年（1870）建村。更劳，壮语 Genglauh，“更 geng”指陡坡，“劳 lauh”指洪水。因该村地势较陡，每逢大雨都会被洪水冲刷，故名。聚落呈散状。通行壮话。经济以农业和劳务输出为主。农业主种玉米。

陇雅 Lǒngyǎ 坡洪镇陇含村辖自然村。在村委会驻地北 0.85 千米处。有 50 户 205 人，壮族聚居。姓氏有隆、黄等。据 1999 年版《田阳县志》载，明洪武七年（1374）已有此村，称陇雅，属奉议州西路。1982 年第一次全国地名普查时记为“弄雅”，亦简写为“弄雅”。2014 年第二次全国地名普查记为“陇雅”。陇雅、弄雅或弄雅，壮语 Runghyaz，“陇、弄、弄 rungh”

指弄场、石山间平地，“雅 yaz”指酸枣树。因该村在有酸枣树的弄场，故名。聚落呈散状。通行壮话。经济以农业和劳务输出为主。农业主种玉米。

陇崩 Lǒngbēng 坡洪镇陇含村辖自然村。在村委会驻地西南 1.1 千米处。有 34 户 145 人，壮族聚居。姓氏有韦、覃、莫等。据 1999 年版《田阳县志》载，明洪武七年（1374）已有此村，称陇崩，属奉议州西路。1982 年第一次全国地名普查时记为“弄崩”，亦简写为“弄崩”。2014 年第二次全国地名普查记为“陇崩”。陇崩、弄崩或弄崩，壮语 Runghmbwng，“陇、弄、弄 rungh”指弄场、石山间平地，“崩 mbwng”指忧愁。因地处弄场，村民为饮水困难而忧愁，故名。聚落呈块状。通行壮话。经济以农业和劳务输出为主。农业主种玉米。

驮前 Tuóqián 坡洪镇陇含村辖自然村。在村委会驻地西南 1.5 千米处。有 50 户 190 人，壮族聚居。姓氏有任、李等。据 1999 年版《田阳县志》载，明洪武七年（1374）已有此村，称驮前，属奉议州西路。驮前，壮语 Deihcenz，“驮 deih”指地，“前 cenz”指雷公根。因该地多雷公根，故名。聚落呈块状。通行壮话。经济以农业和劳务输出为主。农业主种玉米。

陇沌 Lǒngdùn 坡洪镇陇含村辖自然村。在村委会驻地西南 2.6 千米处。有 15 户 60 人，壮族聚居。姓氏有劳、许等。传清同治九年（1870）建村。1982 年第一次全国地名普查时记为“弄沌”，亦简写为“弄沌”。2014 年第二次全国地名普查记为“陇沌”。陇沌、弄沌或弄沌，壮语 Runghdumh，“陇、弄、弄 rungh”指弄场、石山间平地，“沌 dumh”指水淹。因地处弄场边，每逢大雨，田地易被山洪淹，故名。聚落呈散状。通行壮话。经济以农业和劳务输出为主。农业主种玉米。

陇升村居民地

陇升村 Lǒngshēng Cūn 坡洪镇辖村。在镇境西北部。驻地在镇人民政府驻地西 3 千米处。东接陇含村、下邦村，南连新屯村，西邻郎含村，北靠洞靖镇扁村和那坡镇弄初村。面积 14.47 平方千米。辖郎汉、桥头、谷布、三升、驮如、更红、巴刚、陇阮、陇累、新安、陇敢、淋定、淋仙、个强 14 自然村。村委会驻郎汉。有 504 户 1842 人，壮族聚居。通行壮话。民国二十四年（1935）为陇升村，取陇敢、三升 2 村各一字得名，属坡洪乡。1952 年改乡，属田阳县第二区。1955 年属坡洪区。1958 年改大队，属坡洪公社。1962 年改公社，属坡洪区。1968 年复改大队，属坡洪公社。1984 年改村，属坡洪镇。属岩溶地貌。主要山峰有草毕山，海拔 863 米。有国家级非物质文化遗产“布洛陀”口传史诗流传。经济以农业和劳务输出为主。耕地面积 159.29 公顷。

农业主种玉米、花生、黄豆等。坡洪—弄陇公路（307 省道）、坡洪—桥业公路（751 县道）过境。

郎汉 Lánghàn 坡洪镇陇升村辖自然村。村委会驻地。有 37 户 130 人，壮族聚居。姓氏有叶、赵、李、黄、阮等。传清光绪二年（1876）建村，称朗汉，属奉议州西区坡洪团。1982 年第一次全国地名普查时记为“郎汉”。郎汉、朗汉，壮语 Rangzhaemz，“郎、朗 rangz”指竹笋，“汉 haemz”指苦。因该村曾多苦竹笋，故名。聚落呈块状。通行壮话。经济以农业和劳务输出为主。农业主种玉米、花生、黄豆等。坡洪—桥业公路（751 县道）过境。

桥头 Qiáotóu 坡洪镇陇升村辖自然村。在村委会驻地东偏北 0.1 千米处。有 42 户 130 人，壮族聚居。姓氏有李、叶、任等。传清光绪二年（1876）建村。因该村在一座石桥桥头，故名。聚落呈块状。通行壮话。经济以农业和劳务输出为主。农业主种玉米、花生、黄豆等。坡洪—桥业公路（751 县道）过境。

谷布 Gǔbù 坡洪镇陇升村辖自然村。在村委会驻地东偏北 0.4 千米处。有 61 户 225 人，壮族聚居。姓氏有翟、赵、黄、杨、陆等。传清乾隆十年（1745）建村。谷布，壮语 Goekmboq，“谷 goek”指角落，“布 mboq”指泉。因该村在有山泉的弄场一角，故名。聚落呈块状。通行壮话。经济以农业和劳务输出为主。农业主种玉米、花生、黄豆等。

三升 Sānshēng 坡洪镇陇升村辖自然村。在村委会驻地北 0.75 千米处。有 86 户 310 人，壮族聚居。姓氏有隆、赵、黄等。据 1999 年版《田阳县志》载，明洪武七年（1374）已有此村，称三升，属奉议州西路。三升，壮语 Samcengq，“三 sam”即数量三，“升 cengq”指对准。因该村对准三座石山，故名。聚落呈带状。通行壮话。经济以农业和劳务输出为主。农业主种玉米、花生、黄豆等。

驮如 Tuórú 坡洪镇陇升村辖自然村。在村委会驻地东 1 千米处。有 11 户 23 人，壮族聚居。姓氏有梁、李等。传清光绪二年（1876）建村，称驮如，属奉议州西区坡洪团。2004 年迁至坡顶的更红屯居住。驮如，壮语 Deihyez，“驮 deih”指地，“如 yez”指姓叶。传由叶姓人先建村，故名。聚落呈块状。通行壮话。经济以农业和劳务输出为主。农业主种玉米、花生、黄豆等。坡洪—桥业公路（751 县道）过境。

更红 Gēnghóng 坡洪镇陇升村辖自然村。在村委会驻地东 1.4 千米处。有 9 户 31 人，壮族聚居。姓氏有李、梁等。传清雍正元年（1723）建村。1980 年迁至百国屯的坡顶居住，沿用原名。更红，壮语 Genghungz，“更 geng”指山冈，“红 hungz”指红土地。因该村原址在红土山冈上，故名。聚落呈块状。通行壮话。经济以农业和劳务输出为主。农业主种玉米、花生、黄豆等。坡洪—桥业公路（751 县道）过境。

巴刚 Bāgāng 坡洪镇陇升村辖自然村。在村委会驻地北 2 千米处。有 37 户 130 人，壮族聚居。姓氏有杨、黄、赵、覃等。传清乾隆元年（1736）建村。1982 年第一次全国地名普查时记为“布巴”，壮语 Mboqbya 音译，“布 mboq”指泉，“巴 bya”指鱼，因该村在有鱼的清泉旁，故名。2014 年第二次全国地名普查记为“巴刚”。聚落呈块状。通行壮话。经济以农业为主，主种玉米、花生、黄豆等。

陇阮 Lǒngruǎn 坡洪镇陇升村辖自然村。在村委会驻地西南 2.8 千米处。有 28 户 98 人，壮族聚居。姓氏有农、陆、黄等。传清光绪二年（1876）建村，称陇阮，属奉议州西区坡洪团。1982 年第一次全国地名普查时记为“弄院”，亦简写为“弄院”。1996 年迁至布我林场，沿用旧名。2014 年第二次全国地名普查记为“陇阮”。陇阮、弄院或弄院，壮语 Runghvenz，“陇、弄、弄 rungh”指弄场、石山间平地，“阮、院 venz”指险要。因该村原址在险要的弄场，故名。聚落呈块状。通行壮话。经济以农业和劳务输出为主。农业主种玉米、花生、黄豆等。坡洪—弄陇公路（307 省道）过境。

陇累 Lǒnglěi 坡洪镇陇升村辖自然村。在村委会驻地西北 3.4 千米处。有 31 户 125 人，壮族聚居。姓氏有覃、黄、梁、农等。传清道光十六年（1836）建村，称陇累，属奉议州西区坡洪团。1982 年第一次全国地名普查时记为“弄累”，亦简写为“弄累”。2014 年第二次全国地名普查记为“陇累”。陇累、弄累或弄累，壮语 Runghrwi，“陇、弄、弄 rungh”指弄场、石山间平地，“累 rwi”指蜜蜂。因该村在有蜜蜂的弄场，故名。聚落呈块状。通行壮话。经济以农业和劳务输出为主。农业主种玉米、黄豆等。

新安 Xīn'ān 坡洪镇陇升村辖自然村。在村委会驻地西北 3.3 千米处。有 55 户 220 人，壮族聚居。姓氏以覃为主。1986 年始有村民迁来建居，后成村落。新安，取新建安居意得名。聚落呈块状。通行壮话。经济以农业和劳务输出为主。农业主种玉米、黄豆等。

陇敢 Lǒnggǎn 坡洪镇陇升村辖自然村。在村委会驻地北偏东 3.9 千米处。有 37 户 145 人，壮族聚居。姓氏以黄为主。传清光绪二年（1876）建村，称陇敢，属奉议州西区坡洪团。1982 年第一次全国地名普查时记为“弄敢”，亦简写为“弄敢”。2014 年第二次全国地名普查记为

"陇敢"。2017 年村民迁至田州镇陇升安置新村，但原址仍保留其耕地等。陇敢、弄敢或弄敢，壮语 Runghgamj，"陇、弄、弄 rungh"指弄场、石山间平地，"敢 gamj"指岩洞。因原村在山弄一个岩洞下，故名。聚落呈块状。通行壮话。经济以农业和劳务输出为主。农业主种玉米、黄豆等。

淋定 Líndìng 坡洪镇陇升村辖自然村。在村委会驻地北偏东 4.6 千米处。有 35 户 145 人，壮族聚居。姓氏以黄为主。传清光绪二年（1876）建村，称淋定，属奉议州西区坡洪团。2017 年村民迁至田州镇陇升安置新村，但原址仍保留其耕地等。淋定，壮语 Raemxdingh，"淋 raemx"指水，"定 dingh"指山塘。因该村饮水曾靠山塘，故名。聚落呈散状。通行壮话。经济以农业和劳务输出为主。农业主种玉米、黄豆等。

淋仙 Línxiān 坡洪镇陇升村辖自然村。在村委会驻地北偏东 4.2 千米处。有 8 户 25 人，壮族聚居。姓氏以黄为主。传清光绪二年（1876）建村。2017 年村民迁至田州镇陇升安置新村，但原址仍保留其耕地等。淋仙，壮语 Raemxsien，"淋 raemx"指水，"仙 sien"指神仙。因该村饮水曾靠钟乳石渗出的水，人们以为是仙水，故名。聚落呈散状。通行壮话。经济以农业和劳务输出为主。农业主种玉米、黄豆等。

个强 Gèqiáng 坡洪镇陇升村辖自然村。在村委会驻地北偏东 5.6 千米处。有 27 户 105 人，壮族聚居。姓氏有农、覃等。据 1999 年版《田阳县志》载，明洪武七年（1374）已有此村，称个强，属奉议州西路。原址在陇升村山区，2009 年村民迁至田州镇凤马村红岭坡建居，形成个强安置新村，但村民原址的耕地等仍保留。个强，壮语 Gaqgiengz，"个 gaq"指脚架，"强 giengz"指鼎立的铁锅架。因该村原址地处三座山中间，形似鼎锅放在铁架上，故名。聚落呈散状。通行壮话。经济以劳务输出为主。

郎含村居民地

郎含村 Lánghán Cūn 坡洪镇辖村。在镇境西部。驻地在镇人民政府驻地西 5 千米处。东接陇升村、新屯村，南连古美村、五合村，西邻兴达村，北靠兴达村、陇升村。面积 16.28 平方千米。辖郎含、百务、陇由、敢拔 4 自然村。村委会驻郎含。有 430 户 1710 人，壮族聚居。通行壮话。民国二十四年（1935）为朗雾村，属古眉乡。1952 年改乡，属田阳县第二区。1955 年属坡洪区。1958 年改郎含大队，属坡洪公社。1962 年改公社，属坡洪区。1968 年复改大队，属坡洪公社。1984 年改村，属坡洪镇。因驻地郎含得名。郎含，壮语 Rangzhaemz，"郎 rangz"

指笋，“含 haemz”指苦竹。因该村有一片苦竹林，春天多竹笋，故名。属岩溶地貌。主要山峰有巴以山，海拔 773 米。经济以农业和劳务输出为主。耕地面积 295.2 公顷。农业主种玉米、甘蔗、水稻。有脐橙、红心蜜柚等特色种植。建有肉牛养殖示范基地。银百高速公路经此设百务出入口和收费站。坡洪—桥业公路（751 县道)、百务—百林公路（737 乡道）过境。

郎含村景观

郎含 Lánghán 坡洪镇郎含村辖自然村。村委会驻地。有 100 户 420 人，壮族聚居。姓氏有陆、李、黄等。据 1999 年版《田阳县志》载，清代已有此村，称朗含，属奉议州西区古眉团。1982 年第一次全国地名普查时记为“郎含”。郎含、朗含，壮语 Rangzhaemz，“郎、朗 rangz”指笋，“含 haemz”指苦竹。因该村有一片苦竹林，春天多竹笋，故名。聚落呈块状。通行壮话。经济以农业和劳务输出为主。农业主种玉米、甘蔗。有红心蜜柚、脐橙等特色种植。银百高速公路、坡洪—桥业公路（751 县道）过境。

百务 Bǎiwù 坡洪镇郎含村辖自然村。在村委会驻地西北 1.4 千米处。有 193 户 777 人，壮族聚居。姓氏有黄、周、蒙、陈、林等。据 1999 年版《田阳县志》载，清代已有此村，称百务，属奉议州西区古眉团。百务，壮语 Bakmok，“百 bak”指口，“务 mok”指云雾。因该村处山口旁，雨后高山上云雾围绕，故名。聚落呈带状。通行壮话。经济以农业和劳务输出为主。农业主种玉米、甘蔗。有红心蜜柚、脐橙等特色种植。银百高速公路经此建有百务隧道，设有高速公路出入口和收费站。有坡洪—桥业公路（751 县道）过境，是百务—百林公路（737 乡道）起点。

陇由 Lǒngyóu 坡洪镇郎含村辖自然村。在村委会驻地西南 1.5 千米处。有 57 户 193 人，壮族聚居。姓氏有李、黄、林、刘等。1982 年第一次全国地名普查时已有此村，记为“弄谷”，亦简写为“弄谷”，壮语 Runghguk，“弄、弄 rungh”指弄场、石山间平地，“谷 guk”指老虎。因村处以前常有老虎出没的弄场，故名。2014 年第二次全国地名普查记为“陇由”。聚落呈块状。通行壮话。经济以农业和劳务输出为主。农业主种水稻、玉米、甘蔗等。银百高速公路过境。

敢拔 Gǎnbá 坡洪镇郎含村辖自然村。在村委会驻地南 1.5 千米处。有 80 户 320 人，壮族聚居。姓氏有农、黄、隆等。据 1999 年版《田阳县志》载，清代已有此村，称敢扒，属奉议州西区古眉团。1982 年第一次全国地名普查时记为“敢拔”。敢拔、敢扒，壮语 Gamjbap，“敢 gamj”指山洞，“拔、扒 bap”指树蛙。因村旁山洞里多树蛙，故名。聚落呈块状。通行壮话。经济以农业和劳务输出为主。农业主种玉米、甘蔗。有红心蜜柚、脐橙等特色种植。

兴达村居民地

兴达村 Xīngdá Cūn 坡洪镇辖村。在镇境西部。驻地在镇人民政府驻地西 8 千米处。东接郎含村，南连郎含村、五合村，西邻洞靖镇百林村，北靠洞靖镇淋楞村、扁村。面积 16.39 平方千米。辖农地、陇内、达里、驮孟、岩央、陇祥、叫架、六算 8 自然村。村委会驻农地。有 469 户 1957 人，壮族聚居。通行壮话。民国二十二年（1933）为兴合、达农 2 村，属古眉乡。1952 年设兴达乡，取兴合、达农 2 村各一字得名，属田阳县第二区。1955 年属坡洪区。1958 年改大队，属坡洪公社。1962 年改公社，属坡洪区。1968 年复改大队，属坡洪公社。1984 年改村，属坡洪镇。属岩溶地貌。主要山峰有敢怀山，海拔 816 米。经济以农业和劳务输出为主。耕地面积 217.1 公顷。农业主种水稻、玉米等。兴达水库在境内。银百高速公路、坡洪—桥业公路（751 县道)、百务—百林公路（737 乡道）过境。

农地 Nóngdì 坡洪镇兴达村辖自然村。村委会驻地。有 102 户 430 人，壮族聚居。姓氏有周、罗、黄、蒙等。据 1999 年版《田阳县志》载，明洪武七年（1374）已有此村，称农地，属奉议州西路。农地，壮语 Ndoengdeih，“农 ndoeng”指森林，“地 deih”指茂密。因该村在茂密山林中，故名。聚落呈块状。通行壮话。经济以农业和劳务输出为主。农业主种水稻、玉米等。百务—百林公路（737 乡道）过境。

陇内 Lǒngnèi 坡洪镇兴达村辖自然村。在村委会驻地东北 2.7 千米处。有 83 户 338 人，壮族聚居。姓氏有隆、张、黄等。传清乾隆二十七年（1762）建村，称陇内，属奉议州西区古眉团。1982 年第一次全国地名普查时记为“弄内”，亦简写为“弄内”。2014 年第二次全国地名普查记为“陇内”。陇内、弄内、弄内，壮语 Runghroix，“陇、弄、弄 rungh”指弄场、石山间平地，“内 roix”指串。因该村弄场较小，地块连接成串，故名。聚落呈块状。通行壮话。经济以农业和劳务输出为主。农业主种水稻、玉米等。银百高速公路经此建有陇内中桥、陇内隧道。坡洪—桥业公路（751 县道）过境。

达里 Dálǐ 坡洪镇兴达村辖自然村。在村委会驻地东北 0.3 千米处。有 32 户 128 人，壮族聚居。姓氏有覃、罗、黄等。据 1999 年版《田阳县志》载，明洪武七年（1374）已有此村，称驮里，属奉议州西路。1982 年第一次全国地名普查时记为“达里”。达里、驮里，壮语 Deihrij，“达、驮 deih”指地，“里 rij”指小溪。因该村在溪畔，故名。聚落呈块状。通行壮话。经济以农业和劳务输出为主。农业主种水稻、玉米等。百务—百林公路（737 乡道）过境。

驮孟 Tuómèng 坡洪镇兴达村辖自然村。在村委会驻地东北 0.74 千米处。有 75 户 314 人，壮族聚居。姓氏有李、何等。据 1999 年版《田阳县志》载，明洪武七年（1374）已有此村，称驮猛，属奉议州西路；清代时记为“驮孟”，属奉议州西区古眉团。驮孟、驮猛，壮语 Deihmbung，“驮 deih”指地，“孟、猛 mbung”指粮囤。因该村两边有两个溶洞像装粮的竹囤，故名。聚落呈块状。通行壮话。经济以农业和劳务输出为主。农业主种水稻、玉米等。银百高速公路过境。

岩央 Yányāng 坡洪镇兴达村辖自然村。在村委会驻地北 1.9 千米处。有 48 户 214 人，壮族聚居。姓氏有石、韦、隆等。传清乾隆五十六年（1791）建村。岩央，壮语 Ngamzyangq，“岩 ngamz”指山坳，“央 yangq”指毛虫。因该村所在山坳多毛虫，故名。聚落呈块状。通行壮话。经济以农业和劳务输出为主。农业主种水稻、玉米等。银百高速公路、坡洪—桥业公路（751 县道）过境。

陇祥 Lǒngxiáng 坡洪镇兴达村辖自然村。在村委会驻地东北 3.3 千米处。有 31 户 130 人，壮族聚居。姓氏有李、农、隆、黄等。传清嘉庆元年（1796）建村。1982 年第一次全国地名普查时记为“弄祥”，亦简写为“弄祥”。2014 年第二次全国地名普查记为“陇祥”。陇祥、弄祥或弄祥，壮语 Runghsiengz，“陇、弄、弄 rungh”指弄场、石山间平地，“祥 siengz”指淹没。因该村所在弄场的庄稼逢大雨易被山洪淹没，故名。聚落呈块状。通行壮话。经济以农业和劳务输出为主。农业主种水稻、玉米等。银百高速公路、坡洪—桥业公路（751 县道）过境。

叫架 Jiàojià 坡洪镇兴达村辖自然村。在村委会驻地北 1.6 千米处。有 44 户 175 人，壮族聚居。姓氏有农、李、莫、梁、许等。据 1999 年版《田阳县志》载，明洪武七年（1374）已有此村，称叫架，属奉议州西路。叫架，壮语 Geuqgaq，“叫 geuq”指山坳口，“架 gaq”指千层纸树。因该村在山坳口，长有千层纸树，故名。聚落呈块状。通行壮话。经济以农业和劳务输出为主。农业主种水稻、玉米等。

六算 Liùsuàn 坡洪镇兴达村辖自然村。在村委会驻地西偏北 0.27 千米处。有 54 户 228 人，壮族聚居。姓氏有黄、覃、李、蒙等。据 1999 年版《田阳县志》载，明洪武七年（1374）已有此村，称禄算，属奉议州西路。1982 年第一次全国地名普查时记为“六蒜”。后又同音写成六算。六算、六蒜或禄算，壮语 Luegsuen，“六、禄 lueg”指山谷，“蒜、算 suen”指园地。因该村处山谷园地中，故名。聚落呈块状。通行壮话。经济以农业和劳务输出为主。农业主种水稻、玉米等。

五合村居民地

五合村 Wǔhé Cūn 坡洪镇辖村。在镇境西部。驻地在镇人民政府驻地西 9 千米处。东接古美村，南连古美村和巴别乡大录村，西邻巴别乡花参村、大问村，北靠兴达村、郎含村和洞靖镇百林村。面积 11.92 平方千米。辖那六、雷屯、大色、金光、百迈、新屯 6 自然村。村委会驻那六。有 336 户 1525 人，壮族聚居。通行壮话。民国二十二年（1933）那六、雷屯、大色、布光、巴卖 5 自然村并为五合村，因由 5 个自然村合并而成得名，属古眉乡。1952 年改乡，属田阳县第二区。1955 年属坡洪区。1958 年改大队，属坡洪公社。1962 年改公社，属坡洪区。1968 年复改大队，属坡洪公社。1984 年改村，属坡洪镇。属岩溶地貌。主要山峰有弄孔山，海拔 1002 米。经济以农业为主。耕地面积 246.71 公顷。农业主种水稻、玉米、甘蔗、蔬菜等。坡洪—弄陇公路（307 省道）过境。古美河流经。

那六 Nàliù 坡洪镇五合村辖自然村。村委会驻地。有 63 户 330 人，壮族聚居。姓氏有刘、梁、黄、王等。据 1999 年版《田阳县志》载，明洪武七年（1374）已有此村，称那六，属奉议州西路。那六，壮语 Nazloek，“那 naz”指田，“六 loek”指水车。因该村曾靠水车抽水灌田，故名。聚落呈块状。通行壮话。经济以农业为主，主种水稻、玉米、蔬菜。古美河流经。

雷屯 Léitún 坡洪镇五合村辖自然村。在村委会驻地北 0.95 千米处。有 126 户 490 人，壮族聚居。姓氏有李、蒙、石、罗、黄等。据 1999 年版《田阳县志》载，明洪武七年（1374）已有此村，称雷村，属奉议州西路。1982 年第一次全国地名普查时记为“雷屯”。雷屯，含义有两说。一说为壮语 Bouxloiz 音译，指雷公，因传村后有一片树林被雷公击毁，故名。另说为壮语 Mbanjndoi 音译，“雷 ndoi”指土岭，“屯 mbanj”即村屯，因建村在河边土岭上，故名。聚落呈团状。通行壮话。经济以农业为主，主种水稻、玉米、蔬菜。古美河流经。

大色 Dàsè 坡洪镇五合村辖自然村。在村委会驻地西 2.3 千米处。有 25 户 125 人，壮族聚居。姓氏有农、梁等。传清雍正元年（1723）建村。大色，壮语 Deihsaek，“大 deih”指地，“色 saek”指闭塞。因该村曾筑墙防盗，为闭塞之地，故名。聚落呈块状。通行壮话。经济以农业为主，主种水稻、玉米、甘蔗等。

金光 Jīnguāng 坡洪镇五合村辖自然村。在村委会驻地西偏南 2.3 千米处。有 44 户 210 人，壮族聚居。姓氏有农、梁、黄等。传清乾隆三年（1738）建村。1982 年第一次全国地名普查时记为“布光”，是壮语 Mboqguengh 音译，“布 mboq”指泉，“光 guengh”指桄榔树。因村旁边有桄榔树，故名。2014 年第二次全国地名普查记为“金光”。聚落呈块状。通行壮话。经济以农业为主，主种玉米、甘蔗等。

百迈 Bǎimài 坡洪镇五合村辖自然村。在村委会驻地南 0.65 千米处。有 59 户 290 人，壮族聚居。姓氏有梁、李、黎、覃等。传清乾隆三十六年（1771）建村，称巴迈，属奉议州西区古眉团。1982 年第一次全国地名普查时记为“巴卖”。2014 年第二次全国地名普查记为“百迈”。百迈、巴卖或巴迈，壮语 Baqmai，“巴、百 baq”指荒地，“卖、迈 mai”指胎记或痣。因该村在突起的荒地上，故名。聚落呈块状。通行壮话。经济以农业为主，主种水稻、玉米、蔬菜。坡洪—弄陇公路（307 省道）过境。古美河流经。

新屯 Xīntún 坡洪镇五合村辖自然村。在村委会驻地南 1 千米处。有 19 户 80 人，壮族聚居。姓氏有梁、农等。1955 年建村。因是布光屯村民迁建而成的新村，故名。聚落呈块状。通行壮话。经济以农业为主，主种水稻、玉米、蔬菜。

古美村居民地

古美村 Gǔměi Cūn 坡洪镇辖村。在镇境西部。驻地在镇人民政府驻地西南 8.5 千米处。东接新屯村、新美村，南连新建村，西邻五合村和巴别乡大录村，北靠郎含村。面积 11.65 平方千米。辖古美街 1 街圩和东美、巴盆、巴旺、那老、更宜 5 自然村。村委会驻古美街。有 391 户 2000 人，壮族聚居。通行壮话。民国二十四年（1935）为古眉、四美 2 村，属古眉乡。1952 年设古美乡，取古眉、四美 2 村各一字得名，属田阳县第二区。1955 年属坡洪区。1958 年改大队，属坡洪公社。1962 年改公社，属坡洪区。1968 年复改大队，属坡洪公社。1984 年改村，属坡洪镇。属岩溶地貌。主要山峰有度闸山，海拔 758 米。地方特色文化有壮族古美山歌和每年正月初九歌圩节。经济以农业为主。耕地面积 237.08 公顷。农业主种水稻、玉米等。特产古眉酱。银百高速公路经此设坡洪服务区。坡洪—弄陇公路（307 省道）过境。古美河流经。

古美赶歌圩

古美街 Gǔměijiē 坡洪镇古美村辖街圩。村委会驻地。有 160 户 1005 人，壮族聚居。姓氏有陈、蒙、陆、李、黎、黄等。据 1999 年版《田阳县志》载，明洪武七年（1374）已有古眉圩，属奉议州西路；清代称古眉街，属奉议州西区古眉团。1952 年为古美乡驻地，改称古美街，壮语 Hawmbaw，“haw”，指街圩，“mbaw”指古美，为取古眉、东美各一字得名。聚落呈团状。通行壮话。经济以农业为主，主种水稻、玉米等。银百高速公路和坡洪—弄陇公路（307 省道）过境。古美河流经。

东美 Dōngměi 坡洪镇古美村辖自然村。在村委会驻地南 0.1 千米处。有 83 户 330 人，壮族聚居。姓氏有黄、梁、黎、苏、李、韦、农等。传明洪武元年（1368）由广东人迁建，称冻眉。

据1999年版《田阳县志》载，清代时称冻美，属奉议州西路。1982年第一次全国地名普查时记为“东美”。东美、冻美，壮语Doenghmoq，“东、冻doengh”指田垌，“美moq”意为新。因是新建在田垌中的村落，故名。聚落呈团状。通行壮话。经济以农业为主，主种水稻、玉米等。村东设有银百高速公路坡洪服务区。古美河流经。

巴盆 Bāpén 坡洪镇古美村辖自然村。在村委会驻地南0.85千米处。有38户160人，壮族聚居。姓氏有文、李、梁、黄等。据1999年版《田阳县志》载，明洪武七年（1374）已有此村，称巴盆，属奉议州西路。巴盆，壮语Baqbanz，“巴baq”指荒地，“盆banz”指斜坡。因该村原是一片荒凉的斜坡，故名。聚落呈块状。通行壮话。经济以农业为主，主种水稻、玉米等。银百高速公路过境。古美河流经。

巴旺 Bāwàng 坡洪镇古美村辖自然村。在村委会驻地南1.3千米处。有53户250人，壮族聚居。姓氏有梁、黄等。据1999年版《田阳县志》载，明洪武七年（1374）已有此村，称巴旺，属奉议州西路。巴旺，壮语Baqyuengq，“巴baq”指荒地，“旺yuengq”指跃步。因该村在山脚，出门要跃步上坡，故名。聚落呈块状。通行壮话。经济以农业为主，主种水稻、玉米等。银百高速公路过境。古美河流经。

那老 Nàlǎo 坡洪镇古美村辖自然村。在村委会驻地西南2.1千米处。有18户85人，壮族聚居。姓氏以黄为主。民国元年（1912）从更宜迁建。那老，壮语Nazlaux，“那naz”指田，“老laux”指大。因该村在一片大田边，故名。聚落呈块状。通行壮话。经济以农业为主，主种水稻、玉米等。银百高速公路过境。

更宜 Gēngyí 坡洪镇古美村辖自然村。在村委会驻地西南1.5千米处。有39户170人，壮族聚居。姓氏有蒙、黄等。据1999年版《田阳县志》载，明洪武七年（1374）已有此村，称更宜，属奉议州西路。民国时有村民迁至那老。更宜，壮语Gengngae，“更geng”指山坳，“宜ngae”指木耳。因该村在山坳口下，林中枯木常有木耳，故名。聚落呈块状。通行壮话。经济以农业为主，主种水稻、玉米等。银百高速公路过境并建有更宜大桥。古美河流经。

新建村居民地

新建村 Xīnjiàn Cūn 坡洪镇辖村。在镇境西部。驻地在镇人民政府驻地西南10千米处。东接新美村、新景村，南连巴别乡德安村，西邻巴别乡德弄村、大录村，北靠古美村。面积18.6

平方千米。辖大德、果花、大道、更邦、陇兰、头孔、陇梅、马凌、登应、登的 10 自然村。村委会驻大德。有 425 户 2059 人，壮族聚居。通行壮话。民国二十四年（1935）大德、大道、果花、陇梅、马凌、陇兰等 7 自然村合并为七联村，属古眉乡。1952 年改七联乡，属田阳县第二区。1955 年属坡洪区。1958 年改大队，后因与百育公社七联大队重名改称新建大队，取新建立之意得名，属坡洪公社。1962 年改公社，属坡洪区。1968 年复改大队，属坡洪公社。1984 年改村，属坡洪镇。属岩溶地貌，主要山峰有抓勒山，海拔 919.5 米。经济以农业为主。耕地面积 346.71 公顷。农业主种水稻、玉米等。林业主种松树。银百高速公路过境。古美河流经。

大德　Dàdé　坡洪镇新建村辖自然村。村委会驻地。有 73 户 355 人，壮族聚居。姓氏有莫、韦、黄等。据 1999 年版《田阳县志》载，明洪武七年（1374）已有此村，称驮德，属奉议州西路；清代时称大德，属奉议州西区古眉团。大德、驮德，壮语 Dahdaek，“大、驮 dah”指河，“德 daek”指蚱蜢。因河边蚱蜢多，故名。聚落呈带状。通行壮话。经济以农业为主，主种水稻、玉米等。林业主种松树。银百高速公路过境。古美河流经。

风光秀丽的大德

果花　Guǒhuā　坡洪镇新建村辖自然村。在村委会驻地南偏西 0.4 千米处。有 56 户 296 人，壮族聚居。姓氏有谭、韦、黄、黎、刘等。据 1999 年版《田阳县志》记载，明洪武七年（1374）已有此村，称果化，属奉议州西路。1982 年第一次全国地名普查时记为“果花”。果花、果化，壮语 Gova，“果 go”指棵，“花、化 va”指野花。因该村曾多番鬼莲，故名。聚落呈块状。通行壮话。经济以农业为主，主种水稻、玉米等。林业主种松树。银百高速公路过境。古美河流经。

银百高速公路旁的果花屯

大道 Dàdào 坡洪镇新建村辖自然村。在村委会驻地南 0.38 千米处。有 27 户 136 人，壮族聚居。姓氏有李、韦等。据 1999 年版《田阳县志》载，明洪武七年（1374）已有此村，称驮道，属奉议州西路；清代称大道，属奉议州西区古眉团。大道、驮道，壮语 Dahdauz，“大、驮 dah”指河，“道 dauz”指源头。因该村在小河源头附近，故名。聚落呈块状。通行壮话。经济以农业为主，主种水稻、玉米等。林业主种松树。古美河流经。

更邦 Gēngbāng 坡洪镇新建村辖自然村。在村委会驻地东南 2.3 千米处。有 44 户 249 人，壮族聚居。姓氏有黄、莫、杜、苏、梁等。据 1999 年版《田阳县志》载，明洪武七年（1374）已有此村，称更邦，属奉议州西路。更邦，壮语 Gengboengz，“更 geng”指山岗，“邦 boengz”指白泥。因该村在白泥山岗上，故名。聚落呈块状。通行壮话。经济以农业为主，主种水稻、玉米等。林业主种松树。

陇兰 Lǒnglán 坡洪镇新建村辖自然村。在村委会驻地南偏东 1.9 千米处。有 16 户 85 人，壮族聚居。姓氏以梁为主。据 1999 年版《田阳县志》载，清代已有此村，称陇兰，属奉议州西区古眉团。1982 年第一次全国地名普查时记为“弄兰”，亦简写为“弄兰”。2014 年第二次全国地名普查复记为“陇兰”。陇兰、弄兰或弄兰，壮语 Runghrum，“陇、弄、弄 rungh”指弄场、石山间平地，“兰 rum”指兰靛草。因该村始建在有兰靛草的弄场，故名。聚落呈块状。通行壮话。经济以农业为主，主种水稻、玉米等。林业主种松树。

头孔 Tóukǒng 坡洪镇新建村辖自然村。在村委会驻地南偏东 2.4 千米处。有 20 户 91 人，壮族聚居。姓氏有梁、黄等。1982 年第一次全国地名普查时已有此村，记为“头孔”，建村时间待考。头孔，壮语 Gyaeujgungj，“头 gyaeuj”指桥头，“孔 gungj”指拱桥。因该村在一拱桥桥头的岭坡上，故名。聚落呈块状。通行壮话。经济以农业为主，主种水稻、玉米等。林业主种松树。银百高速公路过境并建有头孔 1 号中桥、头孔 2 号中桥。古美河流经。

陇梅 Lǒngméi 坡洪镇新建村辖自然村。在村委会驻地南偏东 2.7 千米处。有 50 户 251 人，壮族聚居。姓氏有黄、文、梁、李等。据 1999 年版《田阳县志》载，明洪武七年（1374）已有此村，称陇梅，属奉议州西路。1982 年第一次全国地名普查时记为“弄梅”，亦简写为“弄梅”。2014 年第二次全国地名普查复记为“陇梅”。陇梅、弄梅或弄梅，壮语 Runghmoiz，“陇、弄、弄 rungh”指弄场、石山间平地，“梅 moiz”指酸梅树。因该村在有酸梅树的弄场边，故名。聚落呈块状。通行壮话。经济以农业为主，主种水稻、玉米等。林业主种松树。银百高速公路过境。古美河流经。

马凌 Mǎlíng 坡洪镇新建村辖自然村。在村委会驻地南 3 千米处。有 121 户 508 人，壮族聚居。姓氏有李、农、鄂、李、黄等。据 1999 年版《田阳县志》载，明洪武七年（1374）已有此村，称马凌，属奉议州西路。马凌，壮语 Maxlingz，“马 max”指马，“凌 lingz”指猴子。因村后有山形似猴子骑在马上，故名。聚落呈块状。通行壮话。经济以农业为主，主种水稻、玉米等。林业主种松树。银百高速公路过境且建有新建—马凌中桥。古美河流经。

位于银百高速公路旁的马凌屯

登应 Dēngyīng 坡洪镇新建村辖自然村。在村委会驻地南 4.3 千米处。有 7 户 39 人，壮族聚居。姓氏以梁为主。1980 年从登的迁建。始称下更，壮语 Lajgeng，“下 laj” 指下面，“更 geng” 指山岗。因该村在山岗脚，故名。2014 年第二次全国地名普查记为“登应”。聚落呈块状。通行壮话。经济以农业为主，主种玉米。林业主种松树。银百高速公路过境。

登的 Dēngdī 坡洪镇新建村辖自然村。在村委会驻地南 6 千米处。有 11 户 49 人，壮族聚居。姓氏有梁、黄、苏、赵等。建村时间待考。1980 年有部分村民迁至下更。登的，壮语 Daemxdit，“登 daemx” 指位置，“的 dit” 指踢。因该村在碎石茸场，走路经常趾碰碎石，人称踢石之村，故名。聚落呈块状。通行壮话。经济以农业为主，主种玉米。林业主种松树。银百高速公路过境。

新景村居民地

新景村 Xīnjǐng Cūn 坡洪镇辖村。在镇境西南部。驻地在镇人民政府驻地西南 13 千米处。东接五村镇弄里村，南连巴别乡德安村和德保县那甲镇念凌村，西邻新建村，北靠新美村。面积 8.47 平方千米。辖境布、那来、那池、陇帮、境立、那六 6 自然村。村委会驻境布。有 269 户 1098 人，壮族聚居。通行壮话。民国三十七年（1948）为保境村，属天保县定禄乡。1952 年与新街、那美 2 村合设新美乡，属德保县第三区。1953 年划归田阳县第二区。1955 年属坡洪区新美乡。1958 年属坡洪公社新美大队。1962 年属坡洪区新美公社。1968 年复属坡洪公社新美大队。1980 年析置新景大队，取“新美”的“新”和驻地“境布”的“境”谐音“景”得名，属坡洪公社。1984 年改村，属坡洪镇。属岩溶地貌。主要山峰有珀庄山，海拔 1077 米。经济以农业为主。耕地面积 159.76 公顷。农业主种水稻、玉米等。银百高速公路过境，为新屯—新景公路（714 乡道）终点。古美河流经。

境布 Jìngbù 坡洪镇新景村辖自然村。村委会驻地。有 58 户 219 人，壮族聚居。姓氏有岑、苏、覃等。传清道光元年（1821）建村。境布，壮语 Gingqmboq，“境 gingq” 指镜子，“布 mboq” 指泉。因该村对面斑白石崖远看似镜，崖下有口泉，故名。聚落呈块状。通行壮话。经济以农业为主，主种水稻、玉米等。为新屯—新景公路（714 乡道）终点。古美河流经。

那来 Nàlái 坡洪镇新景村辖自然村。在村委会驻地西南 0.3 千米处。有 26 户 120 人，壮族聚居。姓氏有李、陆、许、陈、刘等。民国三十年（1941）建村。那来，壮语 Nazraih，“那 naz” 指田，“来 raih” 指野猪。因当地田边曾常有野猪出没，故名。聚落呈带状。通行壮话。

经济以农业为主，主种水稻、玉米等。古美河流经。

那池 Nàchí 坡洪镇新景村辖自然村。在村委会驻地西南0.5千米处。有44户214人，壮族聚居。姓氏有黄、罗、梁等。1956年建村。那池，壮语Nazdaemz半音半意译，“那naz”指田，“daemz”指池塘。因该村在一片田与池塘之间，故名。聚落呈块状。通行壮话。经济以农业为主，主种水稻、玉米等。古美河流经。

陇帮 Lǒngbāng 坡洪镇新景村辖自然村。在村委会驻地西北1.1千米处。有80户300人，壮族聚居。姓氏有黄、林、梁、陆、罗等。传清光绪十七年（1891）建村，称陇邦。1982年第一次全国地名普查时记为“弄邦”，亦简写为“弄邦”。2014年第二次全国地名普查记为“陇帮”。陇帮、陇邦、弄邦或弄邦，壮语Runghmbaengq，“陇、弄、弄ruangh”指弄场、石山间平地，“帮、邦mbaengq”指竹筒。因该村处形似竹筒的弄场，故名。聚落呈块状。通行壮话。经济以农业为主，主种水稻、玉米等。

境立 Jìnglì 坡洪镇新景村辖自然村。在村委会驻地北1.6千米处。有40户160人，壮族聚居。姓氏有苏、罗、周、黄、梁等。传清道光元年（1821）建村。境立，壮语Gingqlaeb，“境gingq”指镜子，“立laeb”指建立、设立。因该村建在境布屯后，故名。聚落呈块状。通行壮话。经济以农业为主，主种水稻、玉米等。古美河流经。

那六 Nàliù 坡洪镇新景村辖自然村。在村委会驻地东北1.2千米处。有21户85人，壮族聚居。姓氏有苏、农、覃、隆等。传清道光元年（1821）建村。那六，壮语Nazloek，“那naz”指田，“六loek”指水车。因该村曾靠竹筒水车提水灌田，故名。聚落呈块状。通行壮话。经济以农业为主，主种水稻、玉米等。新屯—新景公路（714乡道）过境。古美河流经。

新美村居民地

新美村 Xīnměi Cūn 坡洪镇辖村。在镇境西南部。驻地在镇人民政府驻地西南9.7千米处。东接天安村，南连新景村和五村镇弄里村，西邻新建村，北靠古美村、新屯村。面积14.86平方千米。辖新美、卡楼、江堂、驮电、陇含、登叫、加灵、六合、那美、新屯10自然村。村委会驻新美。有451户1610人，壮族聚居。通行壮话。民国三十七年（1948）为新街、那美2村，属天保县定禄乡。1952年与保境村并为新美乡，取“新街”“那美”各一字得名，属德保县第三区。1953年划入田阳县第二区。1955年属坡洪区。1958年改大队，属坡洪公社。1962

年改公社，属坡洪区。1968年复改大队，属坡洪公社。1980年析出新景大队。1984年改村，属坡洪镇。属岩溶地貌。主要山峰有三记山，海拔1116.7米。经济以农业和劳务输出为主。耕地面积278.76公顷。农业主种水稻、玉米、甘蔗等。银百高速公路、新屯—新景公路（714乡道）过境。

新美 Xīnměi　坡洪镇新美村辖自然村。村委会驻地。有103户410人，壮族聚居。姓氏有黄、农、苏、宁、杨等。传清乾隆五年（1740）建圩，称新圩或境圩。民国时称新街。1952年与那美村并为新美乡，新街为新美乡驻地，故又称新美街，简称新美，取新街、那美各一字得名。聚落呈带状。通行壮话。经济以劳务输出为主。农业主种水稻、玉米、甘蔗等。新屯—新景公路（714乡道）过境。

卡楼 Kǎlóu　坡洪镇新美村辖自然村。在村委会驻地北2.9千米处。有53户212人，壮族聚居。姓氏有韦、黄、关、颜等。1954年建村。卡楼，壮语Gaglaeuh，"卡gag"指自然，"楼laeuh"指陷落。因该村田垌经常自然陷落，故名。聚落呈块状。通行壮话。经济以劳务输出为主。农业主种水稻、玉米、甘蔗等。新屯—新景公路（714乡道）过境。

江堂 Jiāngtáng　坡洪镇新美村辖自然村。在村委会驻地北2.3千米处。有19户85人，壮族聚居。姓氏有覃、何、黄、包等。1954年建村。江堂，壮语Gyangdangz，"江gyang"指中间，"堂dangz"即塘，是明清时为驻防及传递军情而设的关卡，通常是十里设一塘。因该村处各屯中间，曾设为塘汛，故名。聚落呈块状。通行壮话。经济以农业和劳务输出为主。农业主种水稻、玉米、甘蔗等。新屯—新景公路（714乡道）过境。

驮电 Tuódiàn　坡洪镇新美村辖自然村。在村委会驻地北1.9千米处。有60户226人，壮族聚居。姓氏有周、农、梁、苏、农、罗等。1982年第一次全国地名普查时已有此村，记为"驮电"，建村时间待考。驮电，壮语Dahdek，"驮dah"指河，"电dek"指裂开。因该村对面有条小河，每年冬季后河床无水开裂，故名。聚落呈块状。通行壮话。经济以农业和劳务输出为主。农业主种水稻、玉米、甘蔗等。新屯—新景公路（714乡道）过境。

陇含 Lǒnghán　坡洪镇新美村辖自然村。在村委会驻地西偏北0.75千米处。有35户135人，壮族聚居。姓氏有陈、徐、时、农、苏等。1982年第一次全国地名普查时已有此村，记为"弄含"，亦简写为"弄含"，建村时间待考。2014年第二次全国地名普查记为"陇含"。陇含、弄含或弄含，壮语Runghhanz，"陇、弄、弄rungh"指弄场、石山间平地，"含hanz"指一种毛虫。因该村曾是个多毛虫的弄场，故名。聚落呈团状。通行壮话。经济以农业和劳务输出为主。农业主种水稻、玉米、甘蔗等。

登叫 Dēngjiào 坡洪镇新美村辖自然村。在村委会驻地西 0.9 千米处。有 20 户 95 人，壮族聚居。姓氏有农、赵、李、苏、陶等。传清康熙四十四年（1705）建村。登叫，壮语 Daengzgeuq，“登 daengz”指位于、到达，“叫 geuq”指山坳口。因该村在山坳口下，故名。聚落呈块状。通行壮话。经济以农业和劳务输出为主。农业主种水稻、玉米、甘蔗等。

加灵 Jiālíng 坡洪镇新美村辖自然村。在村委会驻地西南 0.55 千米处。有 25 户 115 人，壮族聚居。姓氏有苏、陆、农、黄等。1982 年第一次全国地名普查时已有此村，记为“加灵”，建村时间待考。加灵，壮语 Gyaqlingz，“加 gyaq”指架子，“灵 lingz”指猴子。因该村有座山形似像猴子，故名。聚落呈块状。通行壮话。经济以农业和劳务输出为主。农业主种水稻、玉米、甘蔗等。

六合 Liùhé 坡洪镇新美村辖自然村。在村委会驻地南 0.8 千米处。有 14 户 55 人，壮族聚居。姓氏有苏、黄、关、罗等。1982 年第一次全国地名普查时已有此村，记为“六合”，建村时间待考。因由五村公社 2 村及附近 4 村联合组建，故名。聚落呈块状。通行壮话。经济以农业和劳务输出为主。农业主种水稻、玉米、甘蔗等。新屯—新景公路（714 乡道）过境。

那美 Nàměi 坡洪镇新美村辖自然村。在村委会驻地西南 1 千米处。有 99 户 193 人，壮族聚居。姓氏有苏、黄、韦、许、周等。1982 年第一次全国地名普查时已有此村，记为“那美”，建村时间待考。1984 年有原坡江屯村民迁入。那美，壮语 Nazmoq，“那 naz”指田，“美 moq”指新。因该村建在新辟的水田边，故名。聚落呈块状。通行壮话。经济以农业和劳务输出为主。农业主种水稻、玉米等。新屯—新景公路（714 乡道）过境。

新屯 Xīntún 坡洪镇新美村辖自然村。在村委会驻地南 0.5 千米处。有 23 户 84 人，壮族聚居。姓氏有苏、杨、王等。1984 年始有原坡江屯等村村民迁来新建，故名。聚落呈块状。通行壮话。经济以农业和劳务输出为主。农业主种水稻、玉米等。新屯—新景公路（714 乡道）过境。

天安村居民地

天安村 Tiān'ān Cūn 坡洪镇辖村。在镇境南部。驻地在镇人民政府驻地南8.4千米处。东接五村镇百谷村，南连五村镇巴某村、驮逢村、弄里村，西邻新美村，北靠新屯村、新洞村。面积16.85平方千米。辖驮罗、走洞、驮林、驮筹、驮兰、驮吞、驮抗、驮昌8自然村。村委会驻驮罗。有342户1566人，壮族聚居。通行壮话。民国二十四年（1935）为天安村，因地势较高，取在高耸云天之地安居意得名，属雷圩乡。1952年改乡，属田阳县第五区。1955年属五村区。1958年改大队，属坡洪公社。1962年改公社，属坡洪区。1968年复改大队，属坡洪公社。1984年改村，属坡洪镇。属岩溶地貌。主要山峰有那龙山，海拔1083米。经济以农业和劳务输出为主。耕地面积292.77公顷。农业主种水稻、玉米、蔬菜。建有肉牛养殖示范基地。特产西红柿、辣椒等。

驮罗 Tuóluó 坡洪镇天安村辖自然村。村委会驻地。有22户100人，壮族聚居。姓氏有罗、梁等。传清嘉庆元年（1796）建村。原记为"驮略"，1982年第一次全国地名普查时记为"驮罗"。驮罗、驮略，壮语Deihlig，"驮deih"指地，"罗、略lig"指露出。因该村田地常有石头露出地面，故名。聚落呈散状。通行壮话。经济以农业和劳务输出为主。农业主种水稻、玉米、蔬菜。建有肉牛养殖示范基地。

乡村振兴之肉牛养殖

走洞 Zǒudòng 坡洪镇天安村辖自然村。在村委会驻地北偏西 2.5 千米处。有 43 户 190 人，壮族聚居。姓氏有陆、黄。传清乾隆二十五年（1760）建村。走洞，壮语 Gyaeujdoengh，“走 gyaeuj”指尽头，“洞 doengh”指峬场、石山间平地。因该村在峬场尽头，故名。聚落呈块状。通行壮话。经济以农业和劳务输出为主。农业主种水稻、玉米、蔬菜。

驮林 Tuólín 坡洪镇天安村辖自然村。在村委会驻地北 1 千米处。有 79 户 393 人，壮族聚居。姓氏有卢、梁等。传清顺治七年（1650）建村。驮林，壮语 Deihhumx，“驮 deih”指地，“林 humx”指树林。因该村被树林包围，故名。聚落呈散状。该村包括林内、林外 2 个大的居民点。通行壮话。经济以农业和劳务输出为主。农业主种水稻、玉米、蔬菜。

驮筹 Tuóchóu 坡洪镇天安村辖自然村。在村委会驻地东北 1.3 千米处。有 35 户 183 人，壮族聚居。姓氏以覃为主。传清乾隆元年（1736）建村。1982 年第一次全国地名普查时记为“驮求”。2014 年第二次全国地名普查记为“驮筹”。驮筹、驮求，壮语 Deihcaeuh，“驮 deih”指地，“筹、求 caeuh”指树蛙。因当地曾多树蛙，故名。聚落呈块状。通行壮话。经济以农业和劳务输出为主。农业主种水稻、玉米、蔬菜。

驮兰 Tuólán 坡洪镇天安村辖自然村。在村委会驻地西偏南 0.73 千米处。有 75 户 328 人，壮族聚居。姓氏有梁、黄等。传清乾隆元年（1736）建村。驮兰，壮语 Dahlanz，“驮 dah”指河，“兰 lanz”指拦住。因该村靠筑坝拦水灌溉田地，故名。聚落呈块状。通行壮话。经济以农业和劳务输出为主。农业主种水稻、玉米、蔬菜。

驮吞 Tuótūn 坡洪镇天安村辖自然村。在村委会驻地西北 2.8 千米处。有 23 户 95 人，壮族聚居。姓氏有黎、黄、梁等。传清嘉庆元年（1796）建村。驮吞，壮语 Deihdumj，“驮 deih”指地，“吞 dumj”指菜篮。因建村在形似菜篮的峬场边上，故名。聚落呈块状。通行壮话。经济以农业和劳务输出为主。农业主种水稻、玉米。

驮抗 Tuókàng 坡洪镇天安村辖自然村。在村委会驻地东 1.1 千米处。有 53 户 231 人，壮族聚居。姓氏有黄、苏等。传清康熙元年（1662）建村。驮抗，壮语 Deihgang，“驮 deih”指地，“抗 gang”指一种竹子。因当地多“杠”竹，故名。聚落呈块状。通行壮话。经济以农业和劳务输出为主。农业主种水稻、玉米、蔬菜。

驮昌 Tuóchāng 坡洪镇天安村辖自然村。在村委会驻地东北 0.36 千米处。有 12 户 46 人，壮族聚居。姓氏以覃为主。1989 年建村。驮昌，壮语 Deihcueng，“驮 deih”指地，“昌 cueng”指昌盛。因该村树木茂盛，故名。聚落呈块状。通行壮话。经济以农业和劳务输出为主。农业主种水稻、玉米、蔬菜。

新洞村居民地

新洞村 Xīndòng Cūn 坡洪镇辖村。在镇境南部。驻地在镇人民政府驻地南 4.3 千米处。东接百合村和五村镇百谷村，南连天安村，西邻新屯村，北靠坡丹村。面积 16.54 平方千米。辖良屯、内驮、外驮、农豆、塘定、巴汉、洞楼、那墙、百叫、驮农、陇隘 11 自然村。村委会驻良屯。有 354 户 1481 人，壮族聚居。通行壮话。民国二十四年（1935）属雷圩乡辖地。1952 年设新洞乡，因是新建立的乡且地处田垌得名，属田阳县第二区。1955 年属坡洪区。1958 年改大队，属坡洪公社。1962 年改公社，属坡洪区。1968 年复改大队，属坡洪公社。1984 年改村，属坡洪镇。属岩溶地貌。主要山峰有根的山，海拔 1087 米。经济以农业和劳务输出为主。耕地面积 281.41 公顷。农业主种水稻、玉米。百色市玉米研究所在此设有百色市玉米生态区域动态监测项目。坡洪—雷圩公路（716 乡道）过境。

新洞村风光

良屯 Liángtún 坡洪镇新洞村辖自然村。村委会驻地。有47户188人，壮族聚居。姓氏有覃、文等。传清咸丰元年（1851）建村。良屯，壮语Bouxndieng，“良ndieng”指偏僻，“屯boux”即村屯，因该村地处偏僻，故名。聚落呈块状。通行壮话。经济以农业为主，主种水稻、玉米等。坡洪—雷圩公路（716乡道）过境。

内驮 Nèituó 坡洪镇新洞村辖自然村。在村委会驻地南偏东1.5千米处。有39户189人，壮族聚居。姓氏有马、韦等。传明天启七年（1627）由德保县足荣迁建。内驮，壮语Deihndaw，“内ndaw”指里面，“驮deih”指地。因该村在大山里，故名。聚落呈块状。通行壮话。经济以农业为主，主种水稻、玉米等。

外驮 Wàituó 坡洪镇新洞村辖自然村。在村委会驻地东南2.1千米处。有36户155人，壮族聚居。姓氏以陆为主。传清乾隆元年（1736）建村。外驮，壮语Deihrog，“外rog”指外面，“驮deih”指地。因该村在内驮村外面，故名。聚落呈块状。通行壮话。经济以农业为主，主种水稻、玉米等。坡洪—雷圩公路（716乡道）过境。有小河流经。

农豆 Nóngdòu 坡洪镇新洞村辖自然村。在村委会驻地东南1.5千米处。有9户40人，壮族聚居。姓氏以包为主。传清雍正元年（1723）始由广东南海人迁来建村。农豆，壮语Ndoengdaeuh，“农ndoeng”指山林，“豆daeuh”指一种野果。因该村始建在有“豆”果的山林中，故名。现村民已搬迁至坡洪—雷圩公路边建居。聚落呈块状。通行壮话。经济以农业为主，主种水稻、玉米等。有水晶矿。

塘定 Tángdìng 坡洪镇新洞村辖自然村。在村委会驻地南0.1千米处。有47户215人，壮族聚居。姓氏有包、黄、覃等。传始由广东南海县人于清雍正元年（1723）迁来建村。塘定，壮语Daemzdengq，“塘daemz”指池塘，“定dengq”指小碟。因该村始建在两个形似小碟的山塘旁边，故名。聚落呈块状。通行壮话。经济以农业为主，主种水稻、玉米等。百色市玉米研究所在此设有百色市玉米生态区域动态监测项目。坡洪—雷圩公路（716乡道）过境。有小河流经。

巴汉 Bāhàn 坡洪镇新洞村辖自然村。在村委会驻地北偏西1千米处。有28户106人，壮族聚居。姓氏有潘、农、陶、包、隆等。据1999年版《田阳县志》载，明洪武七年（1374）已有此村，称巴汉，属奉议州南路。巴汉，壮语Byahan，“巴bya”指荒坡，“汉han”指瘙痒，亦指代毛虫。因该村在有毛虫的荒坡上，故名。聚落呈块状。通行壮话。经济以农业为主，主种水稻、玉米等。有小河流经。

洞楼 Dònglóu 坡洪镇新洞村辖自然村。在村委会驻地北偏西 1.1 千米处。有 23 户 99 人，壮族聚居。姓氏有黄、黎等。传始由广东南海县人于清雍正元年（1723）迁来建村。1982 年第一次全国地名普查时记为“垌娄”。2014 年第二次全国地名普查记为“洞楼”。洞楼、垌娄，壮语 Doenghnaeu，“洞、垌 doengh”指田垌，“楼、娄 naeu”指蚜虫。因村边有一垌田曾常生蚜虫，故名。聚落呈块状。通行壮话。经济以农业为主，主种水稻、玉米等。有小河流经。

那墙 Nàqiáng 坡洪镇新洞村辖自然村。在村委会驻地西北 1.7 千米处。有 22 户 76 人，壮族聚居。姓氏有梁、隆、陆、庞等。据 1999 年版《田阳县志》载，明洪武七年（1374）已有此村，称那墙，属奉议州南路。1964 年迁至今址建居，沿用原名。那墙，壮语 Nazciengz，“那 naz”指田，“墙 ciengz”指围墙。因该村始建在四周被石山包围的田边，故名。聚落呈块状。通行壮话。经济以农业为主，主种水稻、玉米等。坡洪—雷圩公路（716 乡道）过境。有小河流经。

百叫 Bǎijiào 坡洪镇新洞村辖自然村。在村委会驻地西北 2 千米处。有 48 户 196 人，壮族聚居。姓氏有陆、黄、黎等。传清乾隆元年（1736）始由田州兴城村人迁来建村。百叫，壮语 Bakgeuq，“百 bak”指口，“叫 geuq”指山坳。因该村在山坳口，故名。聚落呈块状。通行壮话。经济以农业为主，主种水稻、玉米等。有小河流经。

驮农 Tuónóng 坡洪镇新洞村辖自然村。在村委会驻地西北 3.1 千米处。有 28 户 127 人，壮族聚居。姓氏有陆、吴、黄等。传清乾隆元年（1736）始由隆安县人迁建。驮农，壮语 Dahndoeng，“驮 dah”指河，“农 ndoeng”指树林。因该村所处的弄场，中间有条小河，四面是茂密的树林，故名。聚落呈块状。通行壮话。经济以农业为主，主种水稻、玉米等。

陇隘 Lǒng'ài 坡洪镇新洞村辖自然村。在村委会驻地北 1.2 千米处。有 27 户 90 人，壮族聚居。姓氏有黄、包等。传清咸丰元年（1851）始由塘定屯村民迁建。1982 年第一次全国地名普查时记为“㟖隘”，亦简写为“弄隘”。2014 年第二次全国地名普查记为“陇隘”。陇隘、㟖隘或弄隘，壮语 Rungh'ai，“陇、㟖、弄 rungh”指㟖场、石山间平地，“隘 ai”指隘口。因建村在㟖场边地势高、路陡的隘口，故名。聚落呈块状。通行壮话。经济以农业和劳务输出为主。农业主种玉米。坡洪—雷圩公路（716 乡道）过境。

百合村居民地

百合村 Bǎihé Cūn 坡洪镇辖村。在镇境中部。驻地在镇人民政府驻地东4.6千米处。东接琴华村、南兴村，南连乐上村、新洞村和五村镇百谷村，西邻坡丹村，北靠局盛村、新合村。面积17.27平方千米。辖岩屯、新屯、百发、陇样、下洒、伏领、盆地、农周、驮瓜、陇下、陇床、陇割、陇梅13自然村。村委会驻岩屯。有649户2753人，壮族聚居。通行壮话。民国二十四年（1935）为南乡、南和2村，属坡洪乡。1952年南乡、南和2村合设百合乡，因当时驻地设在百发屯，取百发的“百”寓多村联合意得名，属田阳县第二区。1955年属坡洪区。1958年改大队，属坡洪公社。1962年改公社，属坡洪区。1968年复改大队，属坡洪公社。1984年改村，属坡洪镇。属岩溶地貌。主要山峰有岩基山，海拔1066.2米。有喊泉传统习俗。有国家级非物质文化遗产“布洛陀”口传史诗流传。经济以农业和劳务输出为主。耕地面积330.72公顷。农业主种水稻、玉米。特产慈姑。212国道、坡洪—百合公路（C85县道）过境。

百合村喊泉传统习俗

岩屯 Yántún 坡洪镇百合村辖自然村。村委会驻地。有144户573人，壮族聚居。姓氏有周、韦、胡、潘、黄等。传明洪武元年（1368）始由江西曲水县人迁来建村。岩屯，别名晚岩，壮语Mbanjnganx，“岩nganx”指龙眼树，“屯、晚mbanj”即村屯。因该村曾多龙眼树，故名。聚落呈块状。通行壮话。经济以农业为主，主种水稻、玉米等。212国道、坡洪—百合公路（C85县道）过境。

新屯 Xīntún　坡洪镇百合村辖自然村。在村委会驻地东 0.7 千米处。有 36 户 155 人，壮族聚居。姓氏有韦、覃、黄等。民国三十四年（1945）始有村民从伏领、陇梅、新合等地迁来建居，后成新的村屯，故名。1982 年第一次全国地名普查时百合大队驻地设此。聚落呈块状。通行壮话。经济以农业为主，主种水稻、玉米等。特产慈姑。212 国道和坡洪—百合公路（C85 县道）在此交会。

百发 Băifā　坡洪镇百合村辖自然村。在村委会驻地西 2.1 千米处。有 99 户 385 人，壮族聚居。姓氏有黄、隆、冯、周、苏等。传清乾隆元年（1736）由江西迁来建居，称百发，属奉议州坡洪团。1952 年成立百合乡时驻地设此。百发，壮语 Bakfad，“百 bak”指口，“发 fad”指鞭打。因传土官曾在此山坳口鞭打人致死，故名。聚落呈块状。通行壮话。经济以农业为主，主种水稻、玉米等。特产慈姑。坡洪—百合公路（C85 县道）过境。

陇样 Lŏngyàng　坡洪镇百合村辖自然村。在村委会驻地西南 2 千米处。有 69 户 269 人，壮族聚居。姓氏有翟、黄、潘、覃等。据 1999 年版《田阳县志》和 1982 年第一次全国地名普查资料，明洪武七年（1374）已有此村，始由广东南海县人迁来建居，称陇样，属奉议州南路。1982 年第一次全国地名普查时记为“峯样”，亦简写为“弄样”，包括峯样、叫岩 2 个居民点。2014 年第二次全国地名普查记为“陇样”。陇样、峯样或弄样，壮语 Runghyiengh，“陇、峯、弄 rungh”指峯场、石山间平地，“样 yiengh”指馅。因该村地处环山峯场，故名。聚落呈块状。通行壮话。经济以农业和劳务输出为主。农业主种水稻、玉米等。

下洒 Xiàsă　坡洪镇百合村辖自然村。在村委会驻地西 0.6 千米处。有 21 户 75 人，壮族聚居。姓氏有翟、梁、黄、杨等。传清乾隆元年（1736）始有村民从武鸣迁来建居。下洒，壮语 Lajsah，“下 laj”指下面，“洒 sah”指摆洗。因建村在山脚，旁边是村民洗衣之地，故名。聚落呈块状。通行壮话。经济以农业为主，主种水稻、玉米等。坡洪—百合公路（C85 县道）过境。

伏领 Fúlĭng　坡洪镇百合村辖自然村。在村委会驻地东偏北 1.3 千米处。有 67 户 281 人，壮族聚居。姓氏有韦、黄、周等。据 1999 年版《田阳县志》和 1982 年第一次全国地名普查资料，明洪武七年（1374）已有此村，始由岩屯村民迁来建居，称伏领，属奉议州南路。伏领，壮语 Faglingq，“伏 fag”量词，指一面，“领 lingq”指陡坡。因该村地处一面较陡的山坡，故名。聚落呈块状。通行壮话。经济以农业为主，主种水稻、玉米等。212 国道过境。

盆地 Péndì　坡洪镇百合村辖自然村。在村委会驻地东偏北 1.6 千米处。有 43 户 270 人，壮族聚居。姓氏有周、黄等。传清乾隆元年（1736）始有村民从伏领迁来建居。盆地，壮语 Banzdeih，“盆 banz”指斜坡，“地 deih”指墓地。因村后坡地是一片墓地，故名。聚落呈块状。通行壮话。有喊泉传统习俗。经济以农业为主，主种水稻、玉米等。有县级文物保护单位执邑志山照碑。212 国道过境。

盆地与农周共同举办喊泉传统习俗活动

农周 Nóngzhōu 坡洪镇百合村辖自然村。在村委会驻地东偏北 1.8 千米处。有 39 户 162 人，壮族聚居。姓氏有周、黄等。传清乾隆元年（1736）始有村民从伏领迁来建居。农周，壮语 Ndoenggyaeuq，“农 ndoeng”指山林、森林，“周 gyaeuq”指桐油树。因村后有一片桐油林，故名。聚落呈带状。通行壮话。有喊泉传统习俗。经济以农业为主，主种水稻、玉米等。

驮瓜 Tuóguā 坡洪镇百合村辖自然村。在村委会驻地东北 1.9 千米处。有 25 户 111 人，壮族聚居。通行壮话。姓氏有农、韦、岑等。传清乾隆元年（1736）始有村民从隆安县迁来建居，驮瓜，壮语 Deihgva，“驮 deih”指地，“瓜 gva”指南瓜。因村始建在形似南瓜的弄场中，故名。聚落呈块状。经济以农业为主，主种水稻、玉米等。

陇下 Lǒngxià 坡洪镇百合村辖自然村。在村委会驻地北偏东 2.5 千米处。有 16 户 73 人，壮族聚居。姓氏以黄为主。传清嘉庆元年（1796）始有村民从广东迁来建居。1982 年第一次全国地名普查时记为“弄下”，亦简写为“弄下”。2014 年第二次全国地名普查记为“陇下”。陇下、弄下或弄下，壮语 Runghlaj，“陇、弄、弄 rungh”指弄场、石山间平地，“下 laj”指下面。因该村在石山脚弄场里，故名。聚落呈块状。通行壮话。经济以农业和劳务输出为主。农业主种水稻、玉米等。

陇床 Lǒngchuáng 坡洪镇百合村辖自然村。在村委会驻地北2千米处。有37户162人，壮族聚居。姓氏有梁、陆、罗、周等。传清嘉庆元年（1796）始有村民从广东迁来建居。1982年第一次全国地名普查时记为“弄床”，亦简写为“弄床”。2014年第二次全国地名普查记为“陇床”。陇床、弄床或弄床，壮语 Runghcongz，“陇、弄、弄 rungh”指弄场、石山间平地，“床 congz”指桌子。因建村在弄场边，对面石山顶有一片如四方桌的平坦地，故名。聚落呈块状。通行壮话。经济以农业和劳务输出为主。农业主种水稻、玉米等。212国道过境。

陇割 Lǒnggē 坡洪镇百合村辖自然村。在村委会驻地北偏西1.1千米处。有17户73人，壮族聚居。姓氏有梁、陆等。据1999年版《田阳县志》和1982年第一次全国地名普查资料，明洪武七年（1374）已有此村，始由广东人迁来建居，称陇割，属奉议州南路。1982年第一次全国地名普查时记为“弄割”，亦简写为“弄割”。2014年第二次全国地名普查复记为“陇割”。陇割、弄割或弄割，壮语 Runghgad，“陇、弄、弄 rungh”指弄场、石山间平地，“割 gad”指假胡椒。因该村在有假胡椒的弄场里，故名。聚落呈块状。通行壮话。经济以农业和劳务输出为主。农业主种水稻、玉米等。

陇梅 Lǒngméi 坡洪镇百合村辖自然村。在村委会驻地北偏西1.4千米处。有36户164人，壮族聚居。姓氏有黄、梁等。据1999年版《田阳县志》和1982年第一次全国地名普查资料，明洪武七年（1374）已有此村，始由广东人迁来建居，称陇梅，属奉议州南路。1982年第一次全国地名普查时记为“弄梅”，亦简写为“弄梅”。2014年第二次全国地名普查复记为“陇梅”。陇梅、弄梅或弄梅，壮语 Runghmoiz，“陇、弄、弄 rungh”指弄场、石山间平地，“梅 moiz”指人熊。因传村子所在的弄场昔有人熊出没，故名。聚落呈块状。通行壮话。经济以农业和劳务输出为主。农业主种水稻、玉米等。

琴华村居民地

琴华村 Qínhuá Cūn 坡洪镇辖村。在镇境中部。驻地在镇人民政府驻地东8.5千米处。东接朝马村、央律村，南连五村镇濑贡村，西邻南兴村、百合村，北靠新合村和那坡镇尚兴村。面积19.37平方千米。辖琴华街1街圩和小驮楼、驮楼、谷针、弄民、驮华、弄沌、谷守、枯沙、更卜、叫王、驮立、驮利、驮虽、淋塘、弄值15自然村。村委会驻琴华街。有657户2559人，壮族聚居。通行壮话。民国二十四年（1935）为陇琴、驮华2村，属陇琴乡。1952年设琴华乡，取陇琴、驮华2村各一字得名，属田阳县第二区。1955年属坡洪区。1958年改大队，属坡洪公社。1961年属琴华公社。1962年改公社，属坡洪区。1968年复改大队，属坡洪公社。1984年改村，属琴华乡。2005年属坡洪镇。属岩溶地貌。主要山峰有差门山，海拔1060米。经济以农业和劳务输出为主。耕地面积264.98公顷。农业主种玉米、甘蔗等。212国道过境。

琴华村红枫美景

琴华街 Qínhuá Jiē 坡洪镇琴华村辖自然村。村委会驻地。有152户569人，壮族聚居。姓氏有陆、黄、刘、赵、梁、罗等。据1999年版《田阳县志》载，明洪武七年（1374）已有此街圩，称陇琴圩，属奉议州西路；清代称陇琴街，属奉议州陇琴团。1982年第一次全国地名普查时记为“弄琴”，亦简写为“弄琴”。陇琴、弄琴或弄琴，壮语Runghgwnz，“陇、弄、弄rungh”指弄场、石山间平地，“琴gwnz”指地势高。因在地势较高的弄场，故名。1984年琴华乡驻地设此，故亦随乡名称琴华街。聚落呈块状。通行壮话。经济以农业为主，主种甘蔗、玉米等。坡洪—桥马公路（717乡道）过境。

小驮楼 Xiǎotuólóu 坡洪镇琴华村辖自然村。在村委会驻地东0.5千米处。有9户36人，壮族聚居。姓氏以翟为主。传清康熙七年（1668）始有人迁来建居。驮楼，壮语Deihlaeuh，“驮deih”指地，“楼laeuh”指漏。驮楼因村处渗漏之地得名，此地在驮楼附近，又比它小，故名。现村民已迁至琴华街东面坡洪—桥马公路边建居。聚落呈块状。通行壮话。经济以农业和劳务输出为主。农业主种玉米。坡洪—桥马公路（717乡道）过境。

驮楼 Tuólóu 坡洪镇琴华村辖自然村。在村委会驻地南1.7千米处。有56户170人，壮族聚居。姓氏有杨、冼、零、李、陆等。传清康熙八年（1669）始有人迁建。驮楼，壮语 Deihlaeuh，“驮 deih”指地，“楼 laeuh”指漏。因该村处渗漏之地，故名。聚落呈环状。通行壮话。经济以农业和劳务输出为主。农业主种玉米。

谷针 Gǔzhēn 坡洪镇琴华村辖自然村。在村委会驻地南偏东 2.2 千米处。有 37 户 135 人，壮族聚居。姓氏有李、韦等。传清咸丰九年（1859）建村。谷针，壮语 Goekgyaemq，“谷 goek”指根，“针 gyaemq”指狗肝菜。因建村在有狗肝菜的地方，故名。聚落呈块状。通行壮话。经济以农业和劳务输出为主。农业主种玉米、甘蔗等。

弄民 Lòngmín 坡洪镇琴华村辖自然村。在村委会驻地南偏东 3 千米处。有 42 户 148 人，壮族聚居。姓氏有李、农等。传清乾隆三十一年（1766）建村。1982 年第一次全国地名普查时记为“㟖民”，亦简写为“弄民”。2014 年第二次全国地名普查记为“陇民”。陇民、㟖民或弄民，壮语 Runghmaenz，“陇、㟖、弄 rungh”指㟖场、石山间平地，“民 maenz”指红薯。因建村在适合种植红薯的㟖场，故名。聚落呈块状。通行壮话。经济以农业和劳务输出为主。农业主种玉米、甘蔗等。

驮华 Tuóhuá 坡洪镇琴华村辖自然村。在村委会驻地东 0.9 千米处。有 104 户 426 人，壮族聚居。姓氏有黄、马、韦、庞、王等。据 1999 年版《田阳县志》载，明洪武七年（1374）已有此村，称驮华，属奉议州南路。驮华，壮语 Deihva，“驮 deih”指地，“华 va”指抓。因以前有老虎常到此村抓牛、猪、羊，故名。聚落呈块状。通行壮话。经济以农业和劳务输出为主。农业主种玉米、甘蔗等。坡洪—桥马公路（717 乡道）过境。

弄沌 Lòngdùn 坡洪镇琴华村辖自然村。在村委会驻地东南 2.4 千米处。有 31 户 128 人，壮族聚居。姓氏有韦、农等。传清嘉庆元年（1796）建村。1982 年第一次全国地名普查时记为“㟖沌”，亦简写为“弄沌”。弄沌、㟖沌，壮语 Runghdumh，“弄、㟖 rungh”指㟖场、石山间平地，“沌 dumh”指水淹。因该村地处易被山洪淹的㟖场，故名。聚落呈块状。通行壮话。经济以农业和劳务输出为主。农业主种玉米、甘蔗等。坡洪—桥马公路（717 乡道）过境。

谷守 Gǔshǒu 坡洪镇琴华村辖自然村。在村委会驻地东 3 千米处。有 29 户 117 人，壮族聚居。姓氏有黄、韦、周等。传清咸丰元年（1851）建村。谷守，壮语 Goekcaeuz，“谷 goek”指树根，“守 caeuz”指仇树。因该村在多仇树的地方，故名。聚落呈块状。通行壮话。经济以农业和劳务输出为主。农业主种玉米、甘蔗等。有枫树林观景区及观景平台，村后石山建有独栋木屋观景区。坡洪—桥马公路（717 乡道）过境。

谷守枫叶林及其独栋木屋观景区

桔沙 Kūshā 坡洪镇琴华村辖自然村。在村委会驻地东 2.2 千米处。有 29 户 125 人，壮族聚居。姓氏有翟、黄、罗、李等。传明洪武二十三年（1390）建村。桔沙，壮语 Gosa，“桔 go”指棵，“沙 sa”指沙皮树。因该村曾有沙皮树，故名。聚落呈块状。通行壮话。经济以农业和劳务输出为主。农业主种玉米、甘蔗等。

更卜 Gēngbǔ 坡洪镇琴华村辖自然村。在村委会驻地东北 2.3 千米处。有 27 户 124 人，壮族聚居。姓氏有黄、严、莫、韦等。传清道光元年（1821）建村。更卜，壮语 Gengbug，“更 geng”指山岗，“卜 bug”指柚子。因该村山岗上有柚子树，故名。聚落呈块状。通行壮话。经济以农业和劳务输出为主。农业主种玉米、甘蔗等。

叫王 Jiàowáng 坡洪镇琴华村辖自然村。在村委会驻地东北 2 千米处。有 21 户 104 人，壮族聚居。姓氏以罗为主。传清道光元年（1821）建村。叫王，壮语 Geuqvangh，“叫 geuq”指坳口，“王 vangh”指九层皮树。因该村建在有九层皮树的山坳口，故名。聚落呈块状。通行壮话。经济以农业和劳务输出为主。农业主种玉米、甘蔗等。

驮立 Tuólì 坡洪镇琴华村辖自然村。在村委会驻地东北 1.1 千米处。有 25 户 95 人，壮族聚居。姓氏有隆、翟、韦、李、莫等。传清乾隆三十七年（1772）建村。驮立，壮语 Deihlaeb，“驮 deih”指地，“立 laeb”指背后。因该村在一座大山背后，故名。聚落呈块状。通行壮话。经济以农业和劳务输出为主。农业主种玉米、甘蔗等。

驮利 Tuólì 坡洪镇琴华村辖自然村。在村委会驻地北 1.9 千米处。有 42 户 157 人，壮族聚居。姓氏有韦、潘等。传清乾隆五年（1740）建村。驮利，壮语 Deihndei，“驮 deih”指地，“利 ndei”指好。因该村田地较肥沃，是个好地方，故名。聚落呈块状。通行壮话。经济以农业和劳务输出为主。农业主种玉米、甘蔗等。

驮虽 Tuósuī 坡洪镇琴华村辖自然村。在村委会驻地北 1.4 千米处。有 14 户 63 人，壮族聚居。姓氏有陆、韦等。传清道光十二年（1832）建村。驮虽，壮语 Deihsoiq，“驮 deih”指地，“虽 soiq”指琐碎。因该村田地分布在零星的弄场，故名。聚落呈块状。通行壮话。经济以农业和劳务输出为主。农业主种玉米。

淋塘 Líntáng 坡洪镇琴华村辖自然村。在村委会驻地西北 1.3 千米处。有 30 户 128 人，壮族聚居。姓氏有刘、周、韦、陆等。传清道光十二年（1832）建村。淋塘，壮语 Raemxdaemx，“淋 raemx”指水，“塘 daemx”指碰。因有一条小河到该村潜入地下成为暗河，故名。聚落呈块状。通行壮话。经济以农业和劳务输出为主。农业主种玉米、甘蔗等。

弄值 Lòngzhí 坡洪镇琴华村辖自然村。在村委会驻地西北 2 千米处。有 9 户 34 人，壮族聚居。姓氏有韦、黄等。传清乾隆三十七年（1772）建村。1982 年第一次全国地名普查时记为“㟖值”，亦简写为“弄值”。弄值、㟖值，壮语 Runghcaez，“弄、㟖 rungh”指㟖场、石山间平地，“值 caez”指杂木。因该村处多杂木的㟖场，故名。聚落呈块状。通行壮话。经济以农业和劳务输出为主。农业主种玉米。

乐上村居民地

乐上村 Lèshàng Cūn 坡洪镇辖村。在镇境南部。驻地在镇人民政府驻地东南 6.6 千米处。东接五村镇达巴村，南连五村镇达巴村、百谷村，西邻百合村和五村镇百谷村，北靠百合村、南兴村。面积 11.07 平方千米。辖乐上、乐下、弄仪、弄旦、驮吞、驮帮、弄六、弄立 8 自然村。村委会驻乐上。有 328 户 1347 人，壮族聚居。通行壮话。1952 年属田阳县第二区兴驮乡。1955 年属坡洪区兴驮乡。1958 年属坡洪公社兴乐大队。1962 年属坡洪区兴乐公社。1968 年属坡洪公社兴乐大队。1980年撤兴乐大队，分置乐上大队，属坡洪公社。1984年改村，属琴华乡。2005年属坡洪镇。因驻地乐上得名。乐上，壮语 Lazgwnz，“乐 laz”指铜锣，“上 gwnz”指上面，引申为最先。因是最先建在铜锣形石山脚弄场的村屯，故名。属岩溶地貌。主要山峰有令老山，海拔1085米。经济以农业和劳务输出为主。耕地面积150.08公顷。农业主种玉米。

乐上 Lèshàng 坡洪镇乐上村辖自然村。村委会驻地。有55户272人，壮族聚居。姓氏有黄、韦、何、隆、王等。据1999年版《田阳县志》载，明洪武七年（1374）已有此村，称陇罗，属奉议州南路。陇罗，壮语 Runghlaz，“陇 rungh”指弄场、石山间平地，“罗 laz”指铜锣。因建村在铜锣形石山脚的弄场里得名。后村庄扩大，弄场北面山谷形成新村，为区分，最先建成的改称陇罗上屯，新建的则称陇罗下屯。1982年第一次全国地名普查时记为“乐上”，是陇罗上屯的谐音简写，壮语 Lazgwnz，“乐 laz”指铜锣，“上 gwnz”指上面，引申为最先。聚落呈块状。通行壮话。经济以农业和劳务输出为主。农业主种玉米。

乐下 Lèxià 坡洪镇乐上村辖自然村。在村委会驻地北0.6千米处。有45户171人，壮族聚居。姓氏有黄、周等。1982年第一次全国地名普查时已有此村，记为“乐下”，建村时间待考。乐下，是陇罗下屯的谐音简称，壮语 Lazlaj，“乐 laz”指铜锣，“下 laj”指下面，引申为后面。因该村是由最初建村在铜锣形石山脚弄场的陇罗分出新建，故名。聚落呈块状。通行壮话。经济以农业和劳务输出为主。农业主种玉米。

弄仪 Lòngyí 坡洪镇乐上村辖自然村。在村委会驻地北偏西0.35千米处。有51户202人，壮族聚居。姓氏有陆、黄、隆等。据1999年版《田阳县志》载，明洪武七年（1374）已有此村，称陇仪，属奉议州南路。1982年第一次全国地名普查时记为“㟖仪”，亦简写为“弄仪”。弄仪、㟖仪、陇仪，壮语 Runghngeih，“弄、㟖、陇 rungh”指弄场、石山间平地，“仪 ngeih”指二。因是所在弄场建成的第二个村屯，故名。聚落呈块状。通行壮话。经济以农业和劳务输出为主。农业主种玉米。

弄旦 Lòngdàn 坡洪镇乐上村辖自然村。在村委会驻地东南2.4千米处。有47户198人，壮族聚居。姓氏有农、黄等。据1999年版《田阳县志》载，明洪武七年（1374）已有此村，称陇旦，属奉议州南路。1982年第一次全国地名普查时记为“㟖旦”，亦简写为“弄旦”。弄旦、㟖旦、陇旦，壮语 Runghdanq，“弄、㟖、陇 rungh”指弄场、石山间平地，“旦 danq”指木炭。因该村所在弄场曾是附近村民砍树烧炭的地方，故名。聚落呈块状。通行壮话。经济以农业和劳务输出为主。农业主种玉米。

驮吞 Tuótūn 坡洪镇乐上村辖自然村。在村委会驻地北 1.7 千米处。有 62 户 249 人，壮族聚居。姓氏有梁、赵、马等。据 1999 年版《田阳县志》载，明洪武七年（1374）已有此村，称驮吞，属奉议州南路。驮吞，壮语 Deihndwn，“驮 deih”指地，“吞 ndwn”指站立。因该村旁有一座独山，形似一人站立，故名。聚落呈块状。通行壮话。经济以农业和劳务输出为主。农业主种玉米。

驮帮 Tuóbāng 坡洪镇乐上村辖自然村。在村委会驻地东北 1.2 千米处。有 22 户 81 人，壮族聚居。姓氏有方、周、王、李等。1965 年始有村民从弄六迁来建居。1982 年第一次全国地名普查时记为“驮帮”，壮语 Deihboengz，“驮 deih”指地，“帮 boengz”指白泥。因该村建在有白泥的地方，故名。聚落呈块状。通行壮话。经济以农业和劳务输出为主。农业主种玉米。

弄六 Lòngliù 坡洪镇乐上村辖自然村。在村委会驻地东偏南 1.4 千米处。有 12 户 40 人，壮族聚居。姓氏以黄为主。据 1999 年版《田阳县志》载，明洪武七年（1374）已有此村，称陇船，属奉议州南路。1982 年第一次全国地名普查时记为“弄六”，亦简写为“弄六”。弄六、弄六、陇船，壮语 Runghruz，“弄、弄、陇 rungh”指弄场、石山间平地，“六、船 ruz”指船。因该村处船形弄场，故名。聚落呈块状。通行壮话。经济以农业和劳务输出为主。农业主种玉米。

弄立 Lònglì 坡洪镇乐上村辖自然村。在村委会驻地东南 1.8 千米处。有 34 户 134 人，壮族聚居。姓氏有农、方、彭、黎等。据 1999 年版《田阳县志》载，明洪武七年（1374）已有此村，称陇立，属奉议州南路。1982 年第一次全国地名普查时记为“弄立”，亦简写为“弄立”。弄立、弄立、陇立，壮语 Runghraez，“弄、弄、陇 rungh”指弄场、石山间平地，“立 raez”指长。因该村处长形弄场，故名。聚落呈块状。通行壮话。经济以农业和劳务输出为主。农业主种玉米。

南兴村居民地

南兴村 Nánxīng Cūn 坡洪镇辖村。在镇境东部。驻地在镇人民政府驻地东南 7.8 千米处。东接琴华村，南连五村镇濑贡村、达巴村，西邻乐上村，北靠百合村。面积 8 平方千米。辖下说、那用、敢瓜、那渐、那谨 5 自然村。村委会驻下说。有 244 户 1036 人，壮族聚居。通行壮话。民国二十四年（1935）为南兴村，属坡洪乡。1952 年并入田阳县第二区兴驮乡。1955 年属坡洪区兴驮乡。1958 年属坡洪公社兴乐大队。1962 年属坡洪区兴乐公社。1968 年属坡洪公社兴乐大队。1980 年撤兴乐大队，分置南兴大队，属坡洪公社。1984 年改村，属琴华乡。2005

年属坡洪镇。南兴，壮语 Raemxgemh，“南 raemx”指水，“兴 gemh”指山坳。因村处有小河流经的山坳，故名。属岩溶地貌。主要山峰有炸立放山，海拔 980 米。经济以农业为主。耕地面积 141.55 公顷。农业主种水稻、玉米等。212 国道过境。

下说 Xiàshuō 坡洪镇南兴村辖自然村。村委会驻地。有 25 户 97 人，壮族聚居。姓氏有周、潘等。传清康熙五年（1666）建村。下说，壮语 Lajceh，“下 laj”指下边，“说 ceh”指古炮，壮族地区将炮台、堡垒等掩体称为 ceh。因村后山上有用石头筑成的炮台，故名。聚落呈块状。通行壮话。经济以农业为主，主种水稻、玉米等。212 国道过境。

那用 Nàyòng 坡洪镇南兴村辖自然村。在村委会驻地西北 1.8 千米处。有 58 户 260 人，壮族聚居。姓氏有黄、周、彭、王、陆等。据 1999 年版《田阳县志》载，明洪武七年（1374）已有此村，称那用，属奉议州南路。那用，壮语 Nazyungz，“那 naz”指田，“用 yungz”指茸草。因该村水田长有茸草，故名。聚落呈块状。通行壮话。经济以农业为主，主种水稻、玉米等。212 国道过境。

敢瓜 Gǎnguā 坡洪镇南兴村辖自然村。在村委会驻地东偏南 0.35 千米处。有 27 户 113 人，壮族聚居。姓氏有周、韦等。据 1999 年版《田阳县志》载，明洪武七年（1374）已有此村，称敢瓜，属奉议州南路。敢瓜，壮语 Gamjgva，“敢 gamj”指岩洞，“瓜 gva”指南瓜。因村后有个山洞，形似南瓜，故名。聚落呈块状。通行壮话。经济以农业为主，主种水稻、玉米等。212 国道过境。

那渐 Nàjiàn 坡洪镇南兴村辖自然村。在村委会驻地北 0.42 千米处。有 56 户 233 人，壮族聚居。姓氏有周、黄等。传清康熙元年（1662）建村。那渐，壮语 Nazcam，“那 naz”指田，“渐 cam”指米铲。因该村有一片水田形似米铲，故名。聚落呈块状。通行壮话。经济以农业为主，主种水稻、玉米等。212 国道过境。

那谨 Nàjǐn 坡洪镇南兴村辖自然村。在村委会驻地东南 1.6 千米处。有 78 户 333 人，壮族聚居。姓氏有方、黄、陆、农、周等。据 1999 年版《田阳县志》载，明洪武七年（1374）已有此村，称那谨，属奉议州中田里一都怕武图。那谨，壮语 Nazginj，“那 naz”指田，“谨 ginj”一种乔木。因该村在有“谨”树的田边，故名。聚落呈块状。通行壮话。经济以农业为主，主种水稻、玉米等。212 国道过境。

新合村居民地

新合村 Xīnhé Cūn 坡洪镇辖村。在镇境东部。驻地在镇人民政府驻地东北 7.5 千米处。东接那坡镇义安村、尚兴村，南连琴华村、百合村，西邻百合村、局盛村，北靠那坡镇永常村。面积 12.18 平方千米。辖弄坡、弄定、弄增外屯、弄增内屯、城旺、弄禁、盎六、布完、驮楞、弄作、留基、弄洋、弄下 13 自然村。村委会驻弄坡。有 251 户 1012 人，壮族聚居。通行壮话。民国二十四年（1935）为世隆、常隆 2 村，属新隆乡。1952 年设新合乡，因是世隆、常隆 2 村合并的新乡得名，属田阳县第一区。1955 年属那坡区。1958 年改大队，属那坡公社。1962 年改公社，属坡洪区。1968 年复改大队，属坡洪公社。1984 年改村，属琴华乡。2005 年属坡洪镇。属岩溶地貌。主要山峰有弄笼山，海拔 690 米。经济以农业和劳务输出为主。耕地面积 88.94 公顷。农业主种玉米、芒果、水稻、柑橘。

弄坡 Lòngpō 坡洪镇新合村辖自然村。村委会驻地。有 18 户 72 人，壮族聚居。姓氏有刘、罗、隆、岑、韦、周等。传清乾隆元年（1736）建村。1982 年第一次全国地名普查时记为“崀坡”，亦简写为“弄坡”。弄坡、崀坡，壮语 Runghmboq，“弄、崀 rungh”指崀场、石山间平地，“坡 mboq”指泉水。因建村在有山泉水的崀场，故名。聚落呈块状。通行壮话。经济以农业和劳务输出为主。农业主种玉米、芒果。

弄定 Lòngdìng 坡洪镇新合村辖自然村。在村委会驻地东偏南 1.2 千米处。有 32 户 122 人，壮族聚居。姓氏有岑、黄、韦、刘、罗等。传清雍正四年（1726）建村。1982 年第一次全国地名普查时记为“崀定”，亦简写为“弄定”。弄定、崀定，壮语 Runghdeng，“弄、崀 rungh”指崀场、石山间平地，“定 deng”指顶端。因该村地处崀场顶端，故名。聚落呈块状。通行壮话。经济以农业和劳务输出为主。农业主种玉米。

弄增外屯 Lòngzēngwàitún 坡洪镇新合村辖自然村。在村委会驻地东北 1.6 千米处。有 10 户 34 人，壮族聚居。姓氏有黄、韦等。传清康熙六十一年（1722）建村。弄增外，壮语 Runghcaengxrog，“弄 rungh”指崀场、石山间平地，“增 caengx”指竹囤，“外 rog”指外面。因该村是从弄增内屯搬迁到崀场外，故名。村民已于 2002 年搬迁到那坡镇平朴村（红岭坡）建居，但原村址的耕地等仍保留。聚落呈散状。通行壮话。经济以农业和劳务输出为主。农业主种玉米。

弄增内屯 Lòngzēngnèitún 坡洪镇新合村辖自然村。在村委会驻地东北 2.3 千米处。有

3户13人，壮族聚居。姓氏以黄为主。传清康熙六十一年（1722）建村。弄增内，壮语Runghcaengxndaw，“弄rungh”指弄场、石山间平地，“增caengx”指竹囤，“内ndaw”指里面。因该村在形似竹囤的弄场里，故名。聚落呈散状。通行壮话。经济以农业和劳务输出为主。农业主种玉米。

城旺 Chéngwàng 坡洪镇新合村辖自然村。在村委会驻地东北1.1千米处。有14户51人，壮族聚居。姓氏有刘、岑、黄等。传清康熙六十年（1721）建村。城旺，壮语Ciengzvang，“城ciengz”指墙，“旺vang”指横。因该村有一道石墙横过村前，故名。聚落呈散状。通行壮话。经济以农业和劳务输出为主。农业主种玉米。

弄禁 Lòngjìn 坡洪镇新合村辖自然村。在村委会驻地北1.1千米处。有10户47人，壮族聚居。姓氏有刘、黄、岑、韦等。传清康熙七年（1668）建村。原写作“弄禁”，后简写为“弄禁”，壮语Runghgyaemq，“弄、弄rungh”指弄场、石山间平地，“禁gyaemq”指狗肝菜。因该村在有狗肝菜的弄场，故名。聚落呈散状。通行壮话。经济以农业和劳务输出为主。农业主种玉米。

盎六 Àngliù 坡洪镇新合村辖自然村。在村委会驻地北偏西0.65千米处。有31户117人，壮族聚居。姓氏有黄、李、罗、岑等。传清康熙六十年（1721）建村。盎六，含义有两说。一说为壮语Runghyaang音译，“盎yaang”指壮族支系布央人，“六rungh”指弄场、石山间平地。因是布央人聚居在弄场的村寨，故名。另说盎六，壮语Angqloeg，“盎angq”指瓦盆，“六loeg”指绿色。因该村有口小泉，泉眼如瓦盆，泉里长着青苔，泉水呈碧绿色，故名。聚落呈块状。通行壮话。经济以农业和劳务输出为主。农业主种玉米。

布完 Bùwán 坡洪镇新合村辖自然村。在村委会驻地西北1.6千米处。有17户65人，壮族聚居。姓氏有韦、李、苏等。传清康熙三年（1664）建村。布完，壮语Mboqyienh，“布mboq”指泉水，“完yienh”指砚。因该村后山有一口泉，泉眼形如墨砚，故名。聚落呈块状。通行壮话。经济以农业和劳务输出为主。农业主种玉米。

驮楞 Tuóléng 坡洪镇新合村辖自然村。在村委会驻地西南0.5千米处。有7户36人，壮族聚居。姓氏有罗、韦等。1965年从弄坡迁来建村。驮楞，壮语Deihraengz，“驮deih”指地，“楞raengz”指深水潭。因该村有个深水潭，故名。聚落呈块状。通行壮话。经济以农业和劳务输出为主。农业主种玉米、芒果。

弄作 Lòngzuò 坡洪镇新合村辖自然村。在村委会驻地西南 1.6 千米处。有 25 户 113 人，壮族聚居。姓氏有吴、韦、刘等。传清乾隆三十一年（1766）建村。弄作，曾记为“陇作”“崬作”，壮语 Runghsok，“弄、陇、崬 rungh”指崬场、石山间平地，“作 sok”指雨水冲成的水沟。因该村两旁山坡被雨水冲成了一条水沟，故名。聚落呈块状。通行壮话。经济以农业和劳务输出为主。农业主种玉米。

留基 Liújī 坡洪镇新合村辖自然村。在村委会驻地西南 1.3 千米处。有 30 户 115 人，壮族聚居。姓氏有韦、黄等。传清顺治二年（1645）建村。留基，壮语 Gyaeujgaeq，“留 gyaeuj”指头，“基 gaeq”指鸡。因该村对面有座山形似鸡头，故名。聚落呈块状。通行壮话。经济以农业和劳务输出为主。农业主种玉米。

弄洋 Lòngyáng 坡洪镇新合村辖自然村。在村委会驻地西南 1.6 千米处。有 35 户 138 人，壮族聚居。姓氏有黄、罗等。传清康熙七年（1668）建村。弄洋，曾记为“陇洋”“崬洋”，壮语 Runghyiengz，“弄、陇、崬 rungh”指崬场、石山间平地，“洋 yiengz”指山羊。因该村所在崬场曾常有山羊出没，故名。聚落呈块状。通行壮话。经济以农业和劳务输出为主。农业主种玉米、柑橘。

弄下 Lòngxià 坡洪镇新合村辖自然村。在村委会驻地西南 2.4 千米处。有 19 户 89 人，壮族聚居。姓氏有韦、罗等。1966 年建村。弄下，曾记为“崬下”，壮语 Runghlaj，“弄、崬 rungh”指崬场、石山间平地，“下 laj”指下面。因该村在石山下崬场边，故名。聚落呈块状。通行壮话。经济以农业和劳务输出为主。农业主种水稻、玉米等。

央律村居民地

央律村 Yānglǜ Cūn 坡洪镇辖村。在镇境东部。驻地在镇人民政府驻地东南 11.6 千米处。东接康浮村和那满镇新楼村，南连那满镇新生村和五村镇敢示村、濑贡村，西邻琴华村，北靠朝马村、康浮村。面积 7 平方千米。辖驮谷、新屯、下更、驮央、局蒙、农洒、敢城、亮往、驮闷 9 自然村。村委会驻驮谷。有 346 户 1359 人，壮族聚居。通行壮话。民国二十四年（1935）为驮央、驮律 2 村，属陇琴乡。1952 年设央律乡，取驮央、驮律 2 村各一字得名，属田阳县第二区。1955 年属坡洪区。1958 年改大队，属坡洪公社。1962 年改公社，属坡洪区。1968 年复改大队，属坡洪公社。1980 年析出朝马大队。1984 年改村，属琴华乡。2005 年属坡洪镇。属岩溶地貌。主要山峰有敢工山，海拔 818 米。有国家级非物质文化遗产“布洛陀”口传史诗流传。经济以农业和劳务输出为主。耕地面积 148.21 公顷。农业主种水稻、玉米等。坡洪—桥马公路（717 乡道）过境。

驮谷 Tuógǔ 坡洪镇央律村辖自然村。村委会驻地。有 104 户 405 人，壮族聚居。姓氏有韦、李、翟、周、卢等。传清乾隆三十七年（1772）建村。驮谷，壮语 Deihgut，“驮 deih”指地，“谷 gut”指蕨草。因该村田地多蕨草，故名。聚落呈块状。通行壮话。经济以农业和劳务输出为主。农业主种水稻、玉米等。坡洪—桥马公路（717 乡道）过境。

驮谷全景图

新屯 Xīntún 坡洪镇央律村辖自然村。在村委会驻地东北 0.7 千米处。有 22 户 92 人，壮族聚居。姓氏有黄、王、韦、陆等。1974 年建村。因该村从朝马村驮硬屯迁来新建，故名。聚落呈块状。通行壮话。经济以农业和劳务输出为主。农业主种水稻、玉米等。

下更 Xiàgēng 坡洪镇央律村辖自然村。在村委会驻地东南 0.7 千米处。有 47 户 176 人，壮族聚居。姓氏有周、韦、李、黄、农氏等。1966 年从局蒙迁来建村。下更，壮语 Lajgeng，“下 laj”指下边，“更 geng”指山坡。因该村在山坡下，故名。聚落呈带状。通行壮话。经济以农业和劳务输出为主。农业主种水稻、玉米等。坡洪—桥马公路（717 乡道）过境。

驮央 Tuóyāng 坡洪镇央律村辖自然村。在村委会驻地东南 0.95 千米处。有 22 户 92 人，壮族聚居。姓氏有罗、黄、周等。传清乾隆三十七年（1772）建村。1965 年后有部分村民迁至敢城。驮央，壮语 Deihyaz，“驮 deih”指地，“央 yaz”指本地人。因该村是本地人住的地方，故名。聚落呈块状。通行壮话。经济以农业和劳务输出为主。农业主种水稻、玉米等。

局蒙 Júméng 坡洪镇央律村辖自然村。在村委会驻地东南 1 千米处。有 52 户 205 人，壮族聚居。姓氏有韦、罗、黄、刘、周、李等。传清乾隆三十七年（1772）建村。1966 年有部分村民迁至旁边的下更。局蒙，壮语 Gizmungz，“局 giz”指位置，“蒙 mungz”指野芋头。因该村建在长有野芋头的地方，故名。聚落呈带状。通行壮话。经济以农业和劳务输出为主。农业主种水稻、玉米等。坡洪—桥马公路（717 乡道）过境。

农洒 Nóngsǎ 坡洪镇央律村辖自然村。在村委会驻地东南 1.6 千米处。有 20 户 72 人，壮族聚居。姓氏有罗、黄、刘、姚等。据 1999 年版《田阳县志》载，明洪武七年（1374）已有此村，称农洒，属奉议州南路。农洒，壮语 Ndoengsah，“农 ndoeng”指山林，“洒 sah”指水流的声音。因该村山林一口泉四季长流，发出“洒洒”音，故名。聚落呈块状。通行壮话。经济以劳务输出为主。农业主种水稻、玉米等。

敢城 Gǎnchéng 坡洪镇央律村辖自然村。在村委会驻地东南 1.9 千米处。有 10 户 45 人，壮族聚居。姓氏有罗、黄等。1965 年始有村民从驮央迁建。敢城，壮语 Gamjcaemx，“敢 gamj”指山洞，“成 caemx”指凉爽。因该村后山有个岩洞，洞内风大凉爽，故名。聚落呈环状。通行壮话。经济以农业和劳务输出为主。农业主种水稻、玉米等。坡洪—桥马公路（717 乡道）过境。

亮往 Liàngwǎng 坡洪镇央律村辖自然村。在村委会驻地东南 2.3 千米处。有 47 户 182 人，壮族聚居。姓氏有陆、黄、王、刘、韦等。1950 年建村。亮往，壮语 Riengvangq，“亮 rieng”指尾端，“往 vangq”指荒地。因该村建在一片荒地的尾端，故名。聚落呈团状。通行壮话。经济以农业和劳务输出为主。农业主种水稻、玉米等。坡洪—桥马公路（717 乡道）过境。

驮闷 Tuómèn 坡洪镇央律村辖自然村。在村委会驻地南 1 千米处。有 22 户 90 人，壮族聚居。姓氏以黄为主。据 1999 年版《田阳县志》载，明洪武七年（1374）已有此村，称驮闷，属奉议州南路。驮闷，壮语 Deihmbwn，“驮 deih”指地，“闷 mbwn”指天。因古时候人们认为天圆地方，而该村所在弄场呈椭圆形，故名。聚落呈块状。通行壮话。经济以农业和劳务输出为主。农业主种水稻、玉米等。

朝马村居民地

朝马村 Cháomǎ Cūn 坡洪镇辖村。在镇境东部。驻地在镇人民政府驻地东北 22 千米处。东接双达村，南连康浮村、央律村，西邻琴华村，北靠那坡镇尚兴村、合力村。面积 8.02 平方千米。原辖朝马、驮或、令烈、驮硬、弄律、弄彭、弄内、弄提、抗读、巴生、笔号 11 自然村。村委会驻田州镇红康社区朝马安置新村。原有 232 户 914 人，壮族聚居。通行壮话。原为坡洪公社央律大队辖地。1980 年析置朝马大队，属坡洪公社。1984 年改村，属琴华乡。2005 年属坡洪镇。2017 年村民迁至田州镇红康社区居住，原村址已无人居住。因原驻地朝马得名。朝马，壮语 Cauzmax，“朝 cauz”指槽，“马 max”指马，因在形似马槽的山谷，故名。属岩溶地貌。经济以农业和劳务输出为主。耕地面积 34.93 公顷。农业主种玉米。有锑矿。

朝马 Cháomǎ 坡洪镇朝马村原辖自然村。原村委会驻地。原有 22 户 78 人，壮族聚居。姓氏有罗、李等。传清乾隆元年（1736）由隆安人迁来建村。2017 年村民迁至田州镇红康社区朝马安置新村，原村址已无人居住。朝马，壮语 Cauzmax，“朝 cauz”指槽，“马 max”指马。因该村在形似马槽的山谷，故名。聚落呈块状。通行壮话。经济以农业和劳务输出为主。农业主种玉米。

驮或 Tuóhuò 坡洪镇朝马村原辖自然村。在原村委会驻地西北 1.5 千米处。原有 48 户 191 人，壮族聚居。姓氏有黄、李、韦等。传清乾隆元年（1736）建村。2017 年村民迁至田州镇红康社区朝马安置新村，原村址已无人居住。驮或，壮语 Deihvaeg，“驮 deih”指地，“或 vaeg”指树名。因该村周边有“或”树，故名。聚落呈块状。通行壮话。经济以农业和劳务输出为主。农业主种玉米。

令烈 Lìngliè 坡洪镇朝马村原辖自然村。在原村委会驻地西北 0.83 千米处。原有 18 户 74 人，壮族聚居。姓氏有韦、陈等。传清乾隆元年（1736）始由合力村人迁来建村。2017 年村民迁至田州镇红康社区朝马安置新村，原村址已无人居住。令烈，壮语 Rinreq，“令 rin”指石头，“烈 req”指碎石。因该村地里多碎石，故名。聚落呈块状。通行壮话。经济以农业和劳务输出为主。农业主种玉米。

驮硬 Tuóyìng 坡洪镇朝马村原辖自然村。在原村委会驻地东南 2 千米处。原有 18 户 73 人，壮族聚居。姓氏有李、周、陆、黎、黄等。传明洪武元年（1368）始由隆安县人迁来建。2017 年村民迁至田州镇红康社区朝马安置新村，原村址已无人居住。驮硬，壮语 Deihngengh，“驮

deih”指地，“硬 ngengh”指树丫。因该村在三岔路口，故名。聚落呈块状。通行壮话。经济以农业和劳务输出为主。农业主种玉米。

弄律 Lònglǜ 坡洪镇朝马村原辖自然村。在原村委会驻地东南 2.4 千米处。原有 22 户 78 人，壮族聚居。姓氏以韦为主。传明洪武元年（1368）始由隆安县人迁来建村。2017 年村民迁至田州镇红康社区朝马安置新村，原村址已无人居住。弄律，亦记为“㟖律”，壮语 Runghlwt，“弄、㟖 rungh”指㟖场、石山间平地，“律 lwt”指金竹。因该村所在㟖场原长有金竹，故名。聚落呈块状。通行壮话。经济以农业和劳务输出为主。农业主种玉米。

弄彭 Lòngpéng 坡洪镇朝马村原辖自然村。在原村委会驻地东北 1.6 千米处。原有 44 户 187 人，壮族聚居。姓氏有黄、王、陈等。传明崇祯九年（1636）始由隆安县人迁来建村。2017 年村民迁至田州镇红康社区朝马安置新村，原村址已无人居住。弄彭，亦记为“㟖彭”，壮语 Runghbanz，“弄、㟖 rungh”指㟖场、石山间平地，“彭 banz”指斜坡。因该村建在㟖场斜坡上，故名。聚落呈块状。通行壮话。经济以农业和劳务输出为主。农业主种玉米。

弄内 Lòngnèi 坡洪镇朝马村原辖自然村。在原村委会驻地东南 0.55 千米处。原有 16 户 65 人，壮族聚居。姓氏以农为主。传清乾隆元年（1736）始由隆安县人迁来建村。2017 年村民迁至田州镇红康社区朝马安置新村，原村址已无人居住。弄内，亦记为“㟖内”，壮语 Runghndaw，“弄、㟖 rungh”指㟖场、石山间平地，“内 ndaw”指里面。因村处㟖场里，故名。聚落呈块状。通行壮话。经济以农业和劳务输出为主。农业主种玉米。

弄提 Lòngtí 坡洪镇朝马村原辖自然村。在原村委会驻地东 0.88 千米处。原有 13 户 49 人，壮族聚居。姓氏有罗、李等。传清乾隆元年（1736）始由隆安县人迁来建村。2017 年村民迁至田州镇红康社区朝马安置新村，原村址已无人居住。弄提，亦记为“㟖提”，壮语 Runghdij，“弄、㟖 rungh”指㟖场、石山间平地，“提 dij”指单竹。因该村所在㟖场原有单竹，故名。聚落呈块状。通行壮话。经济以农业和劳务输出为主。农业主种玉米。

抗读 Kàngdú 坡洪镇朝马村原辖自然村。在原村委会驻地西 0.3 千米处。原有 14 户 56 人，壮族聚居。姓氏有王、李、罗等。传清道光元年（1821）始由隆安县人迁来建村。2017 年村民迁至田州镇红康社区朝马安置新村，原村址已无人居住。抗读，壮语 Gaengdoek，“抗 gaeng”指猩猩，“读 doek”指跌落。因村址旁的悬崖陡壁，猩猩攀爬也跌落，故名。聚落呈块状。通行壮话。经济以农业和劳务输出为主。农业主种玉米。

巴生 Bāshēng 坡洪镇朝马村原辖自然村。在原村委会驻地东南 1.9 千米处。原有 13 户 49 人，壮族聚居。姓氏有罗、李等。1981 年始有村民从弄提迁来建村。2017 年村民迁至田州镇红康社区朝马安置新村，原村址已无人居住。巴生，壮语 Baqswngh，“巴 baq”指荒地，“生 swngh”指新。因该村是在荒坡新建的村庄，故名。聚落呈块状。通行壮话。经济以农业和劳务输出为主。农业主种玉米。

笔号 Bǐhào 坡洪镇朝马村原辖自然村。在原村委会驻地西北 0.85 千米处。原有 4 户 14 人，壮族聚居。姓氏有韦、陈、黄等。1972 年始有村民从令烈迁来建村。2017 年村民迁至田州镇红康社区朝马安置新村，原村址已无人居住。笔号，壮语 Bithau，“笔 bit”指鸭，“号 hau”指白。因传此地曾有白天鹅出没，故名。聚落呈块状。通行壮话。经济以农业和劳务输出为主。农业主种玉米。

康浮村居民地

康浮村 Kāngfú Cūn 坡洪镇辖村。在镇境东部。驻地在镇人民政府驻地东南 15.5 千米处。东接那满镇新立村、光琴村，南连那满镇新楼村，西邻央律村，北靠朝马村、双达村。面积 14.6 平方千米。辖康弄下屯、康弄上屯、驮从外屯、驮从内屯、贝上、贝下、贝更、下邦、弄弄、崩提、告劳下屯、告劳上屯、弄勒、驮还、驮架、弄浮、弄飞、弄令、弄黎、弄照、弄道、弄扣、茶灯、三弄、弄任 25 自然村。村委会驻康弄下屯。有 317 户 1086 人，壮族聚居。通行壮话。民国二十四年（1935）为康隆村，属陇琴乡。1952 年设康浮乡，取康弄（今康弄上屯、康弄下屯）、弄浮村各一字得名，属田阳县第二区。1955 年属坡洪区。1958 年改大队，属坡洪公社。1961 年属琴华公社。1962 年改公社，属坡洪区。1968 年复改大队，属坡洪公社。1984 年改村，属琴华乡。2005 年属坡洪镇。2017 年后有部分村民迁至田州镇老乡家园、康达社区。属岩溶地貌。主要山峰有告劳山，海拔 810.9 米。经济以农业和劳务输出为主。耕地面积 55.74 公顷。农业主种玉米。建有肉牛养殖基地。

康弄下屯 Kānglòngxiàtún 坡洪镇康浮村辖自然村。村委会驻地。有 20 户 78 人，壮族聚居。姓氏有黄、覃、王、卢、罗等。传清乾隆年间（1736—1795）始有村民从那满内江迁来建居。原与康弄上屯统称康弄。康弄，亦记为“康峷”，壮语 Hangzrungh，“康 hangz”指排列，“弄、峷 rungh”指峷场、石山间平地。因村址所在地有两个并排的峷场得名。后村屯扩大，为区分，将东边峷场称为康弄下屯，故名。聚落呈块状。通行壮话。经济以农业和劳务输出为主。农业主种玉米。

康弄上屯 Kānglòngshàngtún 坡洪镇康浮村辖自然村。在村委会驻地西 0.4 千米处。有 29 户 100 人，壮族聚居。姓氏有覃、何、陆、黎等。传清乾隆年间（1736—1795）始有村民从那满内江迁来建居。原与康弄下屯统称康弄。康弄，亦记为“康㟖”，壮语 Hangzrungh，“康 hangz”指排列，“弄、㟖 rungh”指㟖场、石山间平地。因村址所在地有两个并排的㟖场得名。后村屯扩大，为区分，将西边㟖场称为康弄上屯。聚落呈块状。通行壮话。经济以农业和劳务输出为主。农业主种玉米。

驮从外屯 Tuócóngwàitún 坡洪镇康浮村辖自然村。在村委会驻地西偏北 1 千米处。有 11 户 45 人，壮族聚居。姓氏有黄、黎、陆、赵等。传清道光八年（1828）建村。原与驮从内屯统称驮从。驮从，壮语 Deihcoengz，“驮 deih”指地，“从 coengz”指彩虹。因此地所在㟖场为长条状，旁边的山崖有多层颜色，远看形似彩虹，故名。后村屯扩大，分为两个屯，以方位分称，此聚居点靠㟖场出口，故称驮从外屯。聚落呈块状。通行壮话。经济以农业和劳务输出为主。农业主种玉米。

驮从内屯 Tuócóngnèitún 坡洪镇康浮村辖自然村。在村委会驻地西偏北 1.6 千米处。有 24 户 72 人，壮族聚居。姓氏有陆、李、刘、周、刘等。传清道光八年（1828）建村。原与驮从内屯统称驮从。驮从，壮语 Deihcoengz，“驮 deih”指地，“从 coengz”指彩虹。因此地所在㟖场为长条状，旁边的山崖有多层颜色，远看似彩虹，故名。后村屯扩大，分为两个屯，以方位分称，此聚居点靠㟖场里侧，故称驮从内屯。聚落呈块状。通行壮话。经济以农业和劳务输出为主。农业主种玉米。

贝上 Bèishàng 坡洪镇康浮村辖自然村。在村委会驻地西北 1.9 千米处。有 9 户 29 人，壮族聚居。姓氏以黄为主。传清道光九年（1829）建村。原与贝下统称弄贝，亦记为“㟖贝”，壮语 Runghbaez，“弄、㟖 rungh”指㟖场、石山间平地，“贝 baez”指狗骨木。因村处长有狗骨木的㟖场里，故名。后村屯扩大，分为两个屯，方位分称，该村在㟖场里侧地势较高处，故名弄贝上屯，简称贝上。聚落呈散状。通行壮话。经济以农业和劳务输出为主。农业主种玉米。

贝下 Bèixià 坡洪镇康浮村辖自然村。在村委会驻地西北 1.6 千米处。有 19 户 70 人，壮族聚居。姓氏有黄、潘等。传清道光九年（1829）建村。原与贝上统称弄贝，亦记为“㟖贝”，壮语 Runghbaez，“弄、㟖 rungh”指㟖场、石山间平地，“贝 baez”指狗骨木。因村处长有狗骨木的㟖场里，故名。后村屯扩大，分为两个屯，以方位分称，该村在㟖场中间地势相对较低处，故名弄贝下屯，简称贝下。聚落呈散状。通行壮话。经济以农业和劳务输出为主。农业主种玉米。

贝更 Bèigēng 坡洪镇康浮村辖自然村。在村委会驻地西北 1.5 千米处。有 12 户 46 人，壮族聚居。姓氏有陆、潘等。民国十八年（1929）建村。贝更，壮语 Baezgeng，“贝 baez”指狗骨木，“更 geng”指山岗。因该村在有狗骨木的山岗上，故名。聚落呈块状。通行壮话。经济以农业和劳务输出为主。农业主种玉米。

下邦 Xiàbāng 坡洪镇康浮村辖自然村。在村委会驻地东 0.93 千米处。有 18 户 57 人，壮族聚居。姓氏有黄、覃、罗等。传清嘉庆三年（1798）建村。下邦，亦记为“下帮”，壮语 Lajboengz，“下 laj”指下面，“邦、帮 boengz”指白泥。因该村对面弄场有白泥，故名。聚落呈块状。通行壮话。经济以农业和劳务输出为主。农业主种玉米。

弄弄 Lònglòng 坡洪镇康浮村辖自然村。在村委会驻地东 1.3 千米处。有 16 户 50 人，壮族聚居。姓氏以李为主。传清嘉庆四年（1799）建村。原称陇弄，1982 年第一次全国地名普查时记为“弄弄”，壮语 Runghrong，“陇、弄 rungh”指弄场、石山间平地，“弄 rong”指粽子叶。因该村原是长有野生粽子叶之地，故名。聚落呈散状。通行壮话。经济以农业和劳务输出为主。农业主种玉米。

崩提 Bēngtí 坡洪镇康浮村原辖自然村。在村委会驻地东南 0.94 千米处。原有 7 户 23 人，壮族聚居。姓氏以李为主。传清嘉庆三年（1798）建村。2017 年村民迁至田州镇老乡家园，原村址已无人居住。崩提，壮语 Mboengqdek，“崩 mboengq”指竹筒，“提 dek”指裂开。因该村地形似裂开的竹筒，故名。聚落呈散状。通行壮话。经济以农业和劳务输出为主。农业主种玉米。

告劳下屯 Gàoláoxiàtún 坡洪镇康浮村辖自然村。在村委会驻地东偏南 1.9 千米处。有 4 户 14 人，壮族聚居。姓氏以覃为主。传清道光元年（1821）建村。原与告劳上屯统称告劳。告劳，壮语 Gaulauz，“告 gau”指白，“劳 lauz”指洪水。因其所处弄场低洼，逢大雨易被山洪冲刷，弄场边为白色山崖，故名。1980 年分为上下 2 屯，该村在下方，故名告劳下屯。聚落呈块状。通行壮话。经济以农业和劳务输出为主。农业主种玉米。

告劳上屯 Gàoláoshàngtún 坡洪镇康浮村辖自然村。在村委会驻地东南 2.5 千米处。有 18

户 68 人，壮族聚居。姓氏有周、岑、陆、岑等。传清道光元年（1821）建村。原与告劳下屯统称告劳。告劳，壮语 Gaulauz，“告 gau”指白，“劳 lauz”指洪水。因其所处峷场低洼，逢下大雨易被山洪水冲刷，且峷场边为白色山崖，故名。1980 年分为上下 2 屯，该村在上方，故名告劳上屯。聚落呈块状。通行壮话。经济以农业和劳务输出为主。农业主种玉米。

弄勒 Lònglè 坡洪镇康浮村辖自然村。在村委会驻地西 1 千米处。有 9 户 33 人，壮族聚居。姓氏有赵、潘、黄等。传清道光五年（1825）由平果县（今平果市）人迁来建村。弄勒，亦写作峷勒，壮语 Runghlaeg，“弄、峷 rungh”指峷场、石山间平地，“勒 laeg”指深。因该村坐落在深山峷场里，故名。聚落呈块状。通行壮话。经济以农业和劳务输出为主。农业主种玉米。

驮还 Tuóhuán 坡洪镇康浮村辖自然村。在村委会驻地西南 1.1 千米处。有 12 户 34 人，壮族聚居。姓氏以王为主。传清道光五年（1825）建村。驮还，壮语 Deihvenz，“驮 deih”指地，“还 venz”指险。因该村地处高山，周围是悬崖陡壁，地势险要，故名。聚落呈块状。通行壮话。经济以农业和劳务输出为主。农业主种玉米。

驮架 Tuójià 坡洪镇康浮村辖自然村。在村委会驻地西南 1.2 千米处。有 18 户 55 人，壮族聚居。姓氏有农、黄、李、覃、罗等。传清光绪二年（1876）建村。驮架，壮语 Deihgaq，“驮 deih”指地，“架 gaq”指马鞍架。因该村建在形似马鞍架的地方，故名。聚落呈块状。通行壮话。经济以农业和劳务输出为主。农业主种玉米。

弄浮 Lòngfú 坡洪镇康浮村辖自然村。在村委会驻地东偏北 2.1 千米处。有 23 户 80 人，壮族聚居。姓氏以黄为主。传清嘉庆元年（1796）建村。1982 年第一次全国地名普查时记为“峷浮”，后简写为“弄浮”。2017 年有村民搬迁至田州镇老乡家园。弄浮、峷浮，壮语 Runghbaeuz，“弄、峷 rungh”指峷场、石山间平地，“浮 baeuz”指乔木名。因其所在的峷场有“浮”木，故名。聚落呈块状。通行壮话。经济以农业和劳务输出为主。农业主种玉米。

弄飞 Lòngfēi 坡洪镇康浮村辖自然村。在村委会驻地东偏北 2.5 千米处。有 7 户 24 人，壮族聚居。姓氏有黄、卢等。传清道光十年（1830）建村。1982 年第一次全国地名普查时记为“峷飞”，后简写为“弄飞”。弄飞、峷飞，壮语 Runghfaeq，“弄、峷 rungh”指峷场、石山间平地，“飞 faeq”指锅盖。因该村右边有一座山，形似锅盖，故名。聚落呈块状。通行壮话。经济以农业和劳务输出为主。农业主种玉米。

弄令 Lònglìng 坡洪镇康浮村辖自然村。在村委会驻地东北 2.4 千米处。有 5 户 17 人，壮族聚居。姓氏以黎为主。传清道光九年（1829）建村。1982 年第一次全国地名普查时记为“峯令”，后简写为“弄令”。弄令、峯令，壮语 Runghrin，“弄、峯 rungh”指峯场、石山间平地，“令 rin”指石头。因该村所在的峯场基本都是石头，故名。聚落呈块状。通行壮话。经济以农业和劳务输出为主。农业主种玉米。

弄黎 Lònglí 坡洪镇康浮村辖自然村。在村委会驻地东北 1.8 千米处。有 5 户 14 人，壮族聚居。姓氏有李、陆等。传清道光五年（1825）建村。1982 年第一次全国地名普查时记为“峯黎”，后简写为“弄黎”。弄黎、峯黎，壮语 Runghraez，“弄、峯 rungh”指峯场、石山间平地，“黎 raez”指长。因建村在长形峯场，故名。聚落呈散状。通行壮话。经济以农业和劳务输出为主。农业主种玉米。

弄照 Lòngzhào 坡洪镇康浮村辖自然村。在村委会驻地东北 1.5 千米处。有 16 户 57 人，壮族聚居。姓氏以黄为主。传清嘉庆二年（1797）建村。1982 年第一次全国地名普查时记为“峯照”，后简写为“弄照”。弄照、峯照，壮语 Runghcau，“弄、峯 rungh”指峯场、石山间平地，“照 cau”指单竹。因该村在有单竹的峯场，故名。聚落呈块状。通行壮话。经济以农业和劳务输出为主。农业主种玉米。

弄道 Lòngdào 坡洪镇康浮村辖自然村。在村委会驻地东北 3.3 千米处。有 7 户 26 人，壮族聚居。姓氏以马为主。民国三十五（1946）从弄下迁来建居。1982 年第一次全国地名普查时记为“峯道”，后简写为“弄道”。弄道、峯道，壮语 Runghdauh，“弄、峯 rungh”指峯场、石山间平地，“道 dauh”指道路。因该村所在峯场是道路的终点，故名。聚落呈块状。通行壮话。经济以农业和劳务输出为主。农业主种玉米。

弄扣 Lòngkòu 坡洪镇康浮村辖自然村。在村委会驻地东北 3 千米处。有 7 户 28 人，壮族聚居。姓氏以黎为主。传清嘉庆元年（1796）建村。1982 年第一次全国地名普查时记为“峯扣”，后简写为“弄扣”。弄扣、峯扣，壮语 Runghgaeu，“弄、峯 rungh”指峯场、石山间平地，“扣 gaeu”指藤。因该村在多长藤的峯场，故名。聚落呈块状。通行壮话。经济以农业和劳务输出为主。农业主种玉米。

茶灯 Chádēng 坡洪镇康浮村辖自然村。在村委会驻地东北 3.5 千米处。有 7 户 16 人，壮族聚居。姓氏有黄、李、马等。1980 年从三弄迁来建村。茶灯，壮语 Cazdaeng，即苦丁菜。因该村地处有苦丁菜的地方，故名。聚落呈块状。通行壮话。经济以农业和劳务输出为主。农业主种玉米。

三弄 Sānlòng 坡洪镇康浮村辖自然村。在村委会驻地东北 3.9 千米处。有 8 户 29 人，壮族聚居。姓氏有李、黄等。传清乾隆三十一年（1766）建村。1982 年第一次全国地名普查时记为“三弄”，后简写为“三弄”。三弄、三弄，壮语 Samrungh，“三 sam”指第三个弄场。“弄、弄 rungh”指弄场、石山间平地。因该村在第三个弄场，故名。聚落呈块状。通行壮话。经济以农业和劳务输出为主。农业主种玉米。

弄任 Lòngrèn 坡洪镇康浮村辖自然村。在村委会驻地南 0.55 千米处。有 6 户 21 人，壮族聚居。姓氏以覃为主。传清道光六年（1826）建村。1982 年第一次全国地名普查时记为“弄任”，后简写为“弄任”。弄任、弄任，壮语 Runghyaemz，“弄、弄 rungh”指弄场、石山间平地，“任 yaemz”指红椿木。因村处有红椿木的弄场，故名。聚落呈块状。通行壮话。经济以农业和劳务输出为主。农业主种玉米。

双达村居民地

双达村 Shuāngdá Cūn 坡洪镇辖村。在镇境东部。驻地在田州镇康达社区，距坡洪镇人民政府驻地东北 21 千米处。东接那满镇新立村，南连康浮村，西邻朝马村，北靠那坡镇合力村和那满镇露美村。面积 9.89 平方千米。原辖弄照、叫照、弄洪上屯、弄洪下屯、坡乐内屯、坡乐外屯、弄石、弄依、弄黎上屯、弄黎下屯、弄辞、弄周、南宁、弄达上屯、弄达下屯、弄显、弄岱、弄动、下驮 19 自然村。村委会驻田州镇康达社区双达新村。原有 296 户 1064 人，壮族聚居。通行壮话。民国二十四年（1935）为忐达、陇达 2 村，属陇琴乡。1952 年设双达乡，因由忐达、陇达两个带“达”字的村组成而得名，属田阳县第二区。1955 年属坡洪区。1958 年改大队，属坡洪公社。1962 年改公社，属坡洪区。1968 年复改大队，属坡洪公社。1984 年改村，属琴华乡。2005 年属坡洪镇。因村处大石山区，自 2011 年起村民陆续迁到田州镇凤马村的移民安置点双达新村，村委会亦设在双达新村。属岩溶地貌。主要山峰有莲花山，海拔 530 米。经济以农业和劳务输出为主。耕地面积 27.86 公顷。农业主种玉米。有莲花山景点。

弄照 Lòngzhào 坡洪镇双达村原辖自然村。原村委会驻地。原有 32 户 112 人，壮族聚居。姓氏以覃为主。传清康熙六年（1667）建村。1982 年第一次全国地名普查时记为“弄照”，后简写为“弄照”。2013 年村民已迁至田州镇双达新村，此地已无人居住。弄照、弄照，壮语

Runghcau，“弄、峼 rungh”指峼场、石山间平地，“照 cau”指单竹。因其所在峼场有单竹，故名。聚落呈块状。通行壮话。经济以农业和劳务输出为主。农业主种玉米。

叫照 Jiàozhào 坡洪镇双达村原辖自然村。在原村委会驻地西南 1.7 千米处。原有 13 户 50 人，壮族聚居。姓氏有韦、邓、黄等。传清雍正九年（1731）建村。2013 年村民已迁至田州镇双达新村，此地已无人居住。叫照，壮语 Geuqcau，“叫 geuq”指山坳口，“照 cau”指单竹。因该村在有单竹的山坳口边，故名。聚落呈块状。通行壮话。经济以劳务输出为主。

弄洪上屯 Lònghóngshàngtún 坡洪镇双达村原辖自然村。在原村委会驻地西北 2.4 千米处。原有 10 户 37 人，壮族聚居。姓氏以韦为主。传清康熙元年（1662）建村。原称弄洪，亦写为峼洪，壮语 Runghhung，“弄、峼 rungh”指峼场、石山间平地，“洪 hung”指大。因在较大的峼场里，故名。1980 年分出弄洪下屯后改称弄洪上屯。2013 年村民已迁至田州镇双达新村，此地已无人居住。聚落呈块状。通行壮话。经济以农业和劳务输出为主。农业主种玉米。

弄洪下屯 Lònghóngxiàtún 坡洪镇双达村原辖自然村。在原村委会驻地西北 2.1 千米处。原有 13 户 47 人，壮族聚居。姓氏以周为主。1980 年从弄洪分出建村。2013 年村民已迁至田州镇双达新村，此地已无人居住。弄洪下，壮语 Runghhunglaj，“弄 rungh”指峼场，“洪 hung”指大，“下 laj”指下方。因该村在较大的峼场下方，故名。聚落呈块状。通行壮话。经济以农业和劳务输出为主。农业主种玉米。

坡乐内屯 Pōlènèitún 坡洪镇双达村原辖自然村。在原村委会驻地西南 1 千米处。原有 12 户 38 人，壮族聚居。姓氏以覃为主。传清康熙三十九年（1700）建村。原与坡乐外屯统称坡乐，壮语 Boloz，“坡 bo”指山坡，“乐 loz”指箩筐。因该村在形像箩筐的山坡里，故名。后村屯扩大，分为内外 2 屯，该村靠里侧，故称坡乐内屯。2013 年村民已迁至田州镇双达新村，此地已无人居住。聚落呈块状。通行壮话。经济以劳务输出为主。

坡乐外屯 Pōlèwàitún 坡洪镇双达村原辖自然村。在原村委会驻地西南 1 千米处。原有 8 户 31 人，壮族聚居。姓氏以王为主。传清康熙三十九年（1700）建村。原与坡乐内屯统称坡乐，壮语 Boloz，“坡 bo”指山坡，“乐 loz”指箩筐。因该村在形像箩筐的山坡里面，故名。后村屯扩大，分为内外 2 屯，该村靠外侧，故称坡乐外屯。2013 年村民已迁至田州镇双达新村，此地已无人居住。聚落呈块状。通行壮话。经济以劳务输出为主。

弄石 Lòngshí 坡洪镇双达村原辖自然村。在原村委会驻地东北0.56千米处。原有25户93人，壮族聚居。姓氏有周、何、黄等。传明崇祯九年（1636）建村。2013年村民已迁至田州镇双达新村，此地已无人居住。弄石，亦记为“峷石”，壮语Runghcieg，“弄、峷rungh”指峷场、石山间平地，“石cieg”指野芭蕉。因该村在有野芭蕉的峷场，故名。聚落呈块状。通行壮话。经济以劳务输出为主。

弄依 Lòngyī 坡洪镇双达村原辖自然村。在原村委会驻地西南1.2千米处。原有12户38人，壮族聚居。姓氏有覃、黎等。传清康熙六年（1667）建村。2013年村民已迁至田州镇双达新村，此地已无人居住。弄依，亦记为“峷依”，壮语rungh'iq，“弄、峷rungh”指峷场、石山间平地，“依iq”指小。因该村所在的峷场较小，故名。聚落呈块状。通行壮话。经济以劳务输出为主。

弄黎上屯 Lònglíshàngtún 坡洪镇双达村原辖自然村。在原村委会驻地东南1.7千米处。有9户31人，壮族聚居。姓氏以李为主。传清康熙六年（1667）建村。2013年村民已迁至田州镇双达新村，此地已无人居住。弄黎上屯，壮语Runghraezgwnz，“弄rungh”指峷场、石山间平地，“黎raez”指长，“上gwnz”指上边。因该村在一个较长的峷场上边，故名。聚落呈块状。通行壮话。经济以劳务输出为主。

弄黎下屯 Lònglíxiàtún 坡洪镇双达村原辖自然村。在原村委会驻地东南2.8千米处。原有4户18人，壮族聚居。姓氏有李、王等。传清康熙三十九年（1700）建村。2013年村民已迁至田州镇双达新村，此地已无人居住。弄黎下屯，壮语Runghraezlaj，“弄rungh”指峷场、石山间平地，“黎raez”指长，“下laj”指下方。因该村在一个较长峷场的下方，故名。聚落呈块状。通行壮话。经济以劳务输出为主。

弄辞 Lòngcí 坡洪镇双达村原辖自然村。在原村委会驻地东南2.5千米处。原有13户50人，壮族聚居。姓氏以黄为主。传清乾隆元年（1736）建村。2013年村民已迁至田州镇双达新村，此地已无人居住。弄辞，亦记为“峷辞”，壮语Runghsawz，“弄、峷rungh”指峷场、石山间平地，“辞sawz”指薯类。因建村在长有山薯的峷场，故名。聚落呈块状。通行壮话。经济以劳务输出为主。

弄周 Lòngzhōu 坡洪镇双达村原辖自然村。在原村委会驻地南2.2千米处。原有18户68人，壮族聚居。姓氏有黄、潘等。传清乾隆元年（1736）建村。2013年村民已迁至田州镇双达新村，此地已无人居住。弄周，亦记为“峼周”，壮语 Runghgyaeuq，“弄、峼 rungh”指峼场、石山间平地，“周 gyaeuq”指桐油树。因该村在有桐油树的山峼里，故名。聚落呈块状。通行壮话。经济以劳务输出为主。

南宁 Nánníng 坡洪镇双达村原辖自然村。在原村委会驻地东南 1.3 千米处。原有 15 户 65 人，壮族聚居。姓氏有罗、覃等。传清雍正九年（1731）建村。2013 年村民已迁至田州镇双达新村，此地已无人居住。南宁，壮语 Namhnding，原半音译半义译写成南红，“南 namh”指泥土，“nding”指红色。因该村处红土之地，故名。后音译为南宁。聚落呈散状。通行壮话。经济以劳务输出为主。

弄达上屯 Lòngdáshàngtún 坡洪镇双达村原辖自然村。在原村委会驻地东南 1.6 千米处。原有 11 户 45 人，壮族聚居。姓氏有阮、唐、覃等。传明天启二年（1622）建村。原称峼达，后简写为弄达，壮语 Runghdat，“弄、峼 rungh”指峼场、石山间平地，“达 dat”指山崖，因该村在峼场山崖的上方，故名。清康熙六年（1667）分出弄达下屯后改称弄达上屯。2013 年村民已迁至田州镇双达新村，此地已无人居住。聚落呈块状。通行壮话。经济以劳务输出为主。

弄达下屯 Lòngdáxiàtún 坡洪镇双达村原辖自然村。在原村委会驻地东南 1.6 千米处。原有 11 户 33 人，壮族聚居。姓氏以黄为主。传清康熙六年（1667）由弄达分出建村。因处弄达下方，故称弄达下屯。2013 年村民已搬迁至田州镇双达新村，此地已无人居住。聚落呈块状。通行壮话。经济以农业和劳务输出为主。农业主种玉米。

弄显 Lòngxiǎn 坡洪镇双达村原辖自然村。在原村委会驻地东北 2.1 千米处。原有 26 户 72 人，壮族聚居。姓氏以黎为主。传清康熙三十九年（1700）建村。2013 年村民已迁至田州镇双达新村，此地已无人居住。弄显，亦记为“峼显”，壮语 Runghyienj，“弄、峼 rungh”指峼场、石山间平地，“显 yienj”指蚬木。因村处长有蚬木的峼场，故名。聚落呈块状。通行壮话。经济以农业和劳务输出为主。农业主种玉米。

弄岱 Lòngdài 坡洪镇双达村原辖自然村。在原村委会驻地东北 2.5 千米处。原有 39 户 147 人，壮族聚居。姓氏有赵、黄、卢等。传清康熙元年（1662）建村。2013 年村民已迁至田州镇双达新村，此地已无人居住。弄岱，亦记为“峼岱”，壮语 Runghdaij，“弄、峼 rungh”指峼场、石山间平地，“岱 daij”指白茅草。因建村在多白茅草的峼场，故名。聚落呈块状。通行壮话。经济以农业和劳务输出为主。农业主种玉米。

弄动 Lòngdòng 坡洪镇双达村原辖自然村。在原村委会驻地东北 1.4 千米处。原有 9 户 42 人，壮族聚居。姓氏以黎为主。传清康熙六年（1667）建村。2013 年村民已迁至田州镇双达新村，此地已无人居住。弄动，亦记为“峼动”，壮语 Runghdung，“弄、峼 rungh”指峼场、石山间平地，“动 dung”指挡。因建村在水流到此被挡住的峼场，故名。聚落呈块状。通行壮话。经济以劳务输出为主。

下驮 Xiàtuó 坡洪镇双达村原辖自然村。在原村委会驻地西北 1.62 千米处。原有 16 户 47 人，壮族聚居。姓氏有马、苏、周等。传清乾隆元年（1736）建村。原称拉达，壮语 Lajdat，“拉 laj”指下面，“达 dat”指山崖。因该村在山崖下，故名。后半音译半义译改成下驮。2013 年村民已迁至田州镇双达新村，此地已无人居住。聚落呈块状。通行壮话。经济以劳务输出为主。

那满镇政区居民地

那满镇 Nàmǎn Zhèn 百色市田阳区辖镇。在区境东部。驻地在田阳城区人民政府驻地东南 8.5 千米处。东接百育镇和田东县祥周镇，南连五村镇，西邻坡洪镇、那坡镇，北靠田州镇并隔右江与百育镇相望。面积 138.33 平方千米。辖三同、内江、自强、大成、治塘、百敢、新立、露美、光琴、新楼、新生、新仑、新层 13 村。镇人民政府驻三同村。有 6278 户 2.28 万人，主要为壮族、汉族。通行普通话、壮话、蔗园话。明洪武七年（1374）属奉议州南路辖地。清光绪二年（1876）属奉议州西区坡洪团。民国二十二年（1933）年设那满乡，属奉议县作登区；民国二十四年（1935）改属田阳县。1951 年与桃安、旧城 2 乡并为田阳县第六区。1955 年改那满区。1958 年改那满公社。1961 年析出新仑公社。1962 年那满、新仑 2 公社并为那满区。1968 年改那满公社。1984 年改镇。2019 年属百色市田阳区。因原驻那满街得名。那满，壮语 Nazmbanj，“那 naz”指田，“满 mbanj”指村庄。因该地原是一片低洼田，后填洼地建村，故名。处右江河谷中部，有河谷平原、丘陵、岩溶三种地貌。主要山峰有驮灵山、驮南山、黄草山，海拔 880 米、863.8 米和 790 米。有驮烈河于境内汇入右江。有煤、河沙、方解石、石灰岩等矿产。有中心小学 1 所、中心卫生院 1 所。经济以农业和商贸服务业为主。耕地面积 2008.19 公顷。农业主种水稻、甘蔗、蔬菜。特产芒果、香蕉。有无公害蔬菜生产基地、芒果种植基地、香蕉种植基地。广昆高速公路和那坡—定夜公路（749 县道）、百育—那满公路（848 县道）、田东大桥—新立公路（757 县道）、那坡—那满公路（703 乡道）、坡洪—桥马公路（717 乡道）、新立—那满公路（710 乡道）、陇列—新楼公路（725 乡道）过境。右江航道通航。有师公戏、舞狮等民间传统文化。

那满乡村风貌

那满镇居民地一览表

村名称	驻地及街圩、自然村名称
三同村	1 街圩：那满街 1 自然村：三同
内江村	5 自然村：东内、高地、那华、晚江、琴坡
自强村	2 自然村：自强、东色
大成村	1 自然村：大成
治塘村	3 自然村：治例、东弓、塘例
百敢村	9 自然村：忑更下屯、忑更上屯、百香、坡立、敢忑、乐讲、乐讲上屯、凹令、坡靠
新立村	21 自然村：同乐、下祖、亭闹、布沙、弄百、更怀、指挥、弄贡、下果、下弄、弄菜、弄那、弄琴、更桑、弄依、更达、下崩、弄仑、法度、共联、弄急
露美村	4 自然村：布露、头龙、叫眼、宝市
光琴村	20 自然村：岩桃、弄光、下叫、胜荷、弄骨、弄棒、万班、勿林、勿隆、弄额、弄仰、岩照、弄冲外屯、弄冲内屯、京凤、弄残、弄敢、琴梨、五才、岩拉
新楼村	16 自然村：驮九、驮楼、陇井、翁棉、翁兰、驮割、驮帝、驮灵、陇沓、驮或、洲垢、陇桑、陇外、陇孟、陇飞上、驮文
新生村	16 自然村：驮老、忑夏、驮兰、驮内、驮尧、驮架、驮乐、驮足、驮雁、驮虽、谷昔、百琴、凌云、下更、下更怀、凹地
新仑村	15 自然村：驮仑、陇列、陇发、陇外、巴郎、布青、驮庄、陇礼、驮楼、陇坡、陇桥、陇产、卜多、驮翁、陇石
新层村	19 自然村：井靛、陇忑、陇召、陇层、陇桑内屯、陇桑外屯、陇勒、过灯、更老、幕陋、陇弄、陇禁、更近、谷陋、提马、头羊、埋断、郎米、陇怕
合计：13 村，1 街圩 132 自然村	

三同村居民地

三同村 Sāntóng Cūn 那满镇辖村。镇人民政府驻地。在镇境东部。东隔右江与百育镇百育村相望，南连自强村、新立村，西邻露美村和三雷林场，北靠内江村。面积 6.94 平方千米。辖那满街 1 街圩和三同 1 自然村。村委会驻三同。有 675 户 1952 人，壮、汉族聚居。通行普通话、壮话。民国二十四年（1935）为大同、平治（亦称民治）、民享 3 街，属那满乡。1952 年民治、民享、大同 3 街合为三同乡，因由三街合并且驻地在大同得名，属田阳县第六区。1955 年属那满区。1958 年改大队，属那满公社。1962 年改公社，属那满区。1968 年复改大队，属那满公社。1984 年改村，属那满镇。处右江河畔，地势平坦。经济以农业为主。耕地面积 110.98 公顷。农业主种水稻、玉米、蔬菜。特产芒果、西红柿等。广昆高速公路、百育—那满公路（848 县道）、那坡—那满公路（703 乡道）过境。

那满街 Nàmǎnjiē 那满镇三同村辖街圩。在村委会驻地南 0.4 千米处。有 161 户 327 人，壮、汉族聚居。姓氏主要有何、黄。传那满始建于元延祐五年（1318），原为村，后发展成街圩。那满，壮语 Nazmbanj，“那 naz”指田，“满 mbanj”指村庄。因该地原是一片低洼田，后填洼地建村，故名。聚落呈带状。通行普通话、壮话。经济以商贸服务业为主。百育—那满公路（848 县道）、那坡—那满公路（703 乡道）过境。

三同 Sāntóng 那满镇三同村辖自然村。村委会驻地。有 514 户 1625 人，壮族聚居。姓氏有何、黄等。传宋大德年间（1297—1307）始建，原名不详。民国二十四年（1935）为大同、平治（亦称民治）、民享 3 街，属那满乡。1952 年大同、平治（亦称民治）、民享 3 街合为三同乡。因由三街合并且驻地在大同，故名。聚落呈块状。通行壮话。经济以农业和商贸服务业为主。耕地面积 110.98 公顷。农业主种水稻、玉米、蔬菜、芒果等。广昆高速公路、百育—那满公路（848 县道）、那坡—那满公路（703 乡道）过境。

内江村居民地

内江村 Nèijiāng Cūn 那满镇辖村。在镇境东北部。驻地在镇人民政府驻地北 3 千米处。面积 9.14 平方千米。辖东内、高地、那华、晚江、琴坡 5 自然村。村委会驻东内。有 686 户 2531 人，壮、汉族聚居。通行壮话、蔗园话。民国二十四年（1935）为东内、晚江 2 村，属那满乡。1952 年设内江乡，取东内、晚江 2 村各一字得名，属田阳县第六区。1955 年属那满区。1958 年改大队，属那满公社。1962 年改公社，属那满区。1968 年复改大队，属那满公社。1984 年改村，属那满镇。处右江河畔，地势平坦。经济以农业为主。耕地面积 147.15 公顷。农业主种水稻、蔬菜、香蕉等。广昆高速公路过境。

内江村风光

东内 Dōngnèi 那满镇内江村辖自然村。村委会驻地。有 336 户有 1182 人，汉族聚居。姓氏有黄、雷、梁、李等。传宋绍兴七年（1137）建村。据 1999 年版《田阳县志》记载，明洪武七年（1374）为奉议州东路领村，记为“冻内”。1982 年第一次全国地名普查时记为“东内”。东内、冻内，壮语 Doenghndaw，“东、冻 doengh”指沙洲，“内 ndaw”指里面。因该村在小沙洲里，故名。聚落呈块状。通行蔗园话。经济以农业为主，主种水稻、蔬菜、芒果、香蕉等。

高地 Gāodì 那满镇内江村辖自然村。在村委会驻地南 0.65 千米处。有 46 户 165 人，汉族聚居。姓氏有梁、李等。传明万历四十七年（1619）建村。高地，壮语 Diegsang，“高 sang”指高，“地 dieg”指地面。因该村始建在地势较高的土坡，故名。聚落呈块状。通行蔗园话。经济以农业为主，主种水稻、蔬菜、芒果、香蕉等。广昆高速公路过境。

那华 Nàhuá 那满镇内江村辖自然村。在村委会驻地南 0.4 千米处。有 114 户 430 人，汉族聚居。姓氏有李、黄等。传宋绍兴十七年（1147）建村。据 1999 年版《田阳县志》记载，明洪武七年（1374）为奉议州东路领村，记为“那华”。那华，壮语 Nazvaz，“那 naz”指田地，“华 vaz”指玉华祠舍。因该村建在玉华祠舍公田旁，故名。聚落呈块状。通行蔗园话。经济以农业为主，主种水稻、蔬菜、芒果、香蕉等。

晚江 Wǎnjiān 那满镇内江村辖自然村。在村委会驻地西偏北 0.8 千米处，北临右江。有 149 户 589 人，壮族聚居。姓氏有蒙、覃、黄等。传宋绍兴八年（1138）建村。据 1999 年版《田阳县志》载，明洪武七年（1374）为奉议州东路领村，记为“晚江”。晚江，“晚 mbanj”指村，“江”指右江。因该村在右江河畔，故名。聚落呈块状。通行壮话。经济以农业为主，主种水稻、蔬菜、芒果、香蕉等。

琴坡 Qínpō 那满镇内江村辖自然村。在村委会驻地西 1.5 千米处。有 41 户 165 人，壮族聚居。姓氏有蒙、黄等。民国二十九年（1940）从晚江迁来建村。琴坡，壮语 Gwnzbo，“琴 gwnz”指上面，“坡 bo”指山坡。因该村始建在山坡上，故名。聚落呈块状。通行壮话。经济以农业为主，主种水稻、芒果、蔬菜等。广昆高速公路过境。

自强村居民地

自强村 Zìqiáng Cūn 那满镇辖村。在镇境东部。驻地在镇人民政府驻地东北 0.6 千米处。东接大成村并隔右江与百育镇百育村相望，南连大成村、新立村，西、北靠三同村。面积 2.57 平方千米。辖自强、东色 2 自然村。村委会驻自强。有 273 户 1043 人，壮、汉族聚居。通行壮话、蔗园话。民国二十四年（1935）为自强村，属那满乡。1952 年与大成村合设田阳县第六区和平乡。1958 年属那满公社和平大队。1962 年属那满区和平公社。1968 年属那满公社和平大队。1984 年撤和平大队，分置自强村，属那满镇。因驻地自强得名。自强原名民强，民国时以“自力史生、发奋图强”之意改为“自强”。处右江河畔，地势平坦。经济以农业为主。耕地面积 53.07 公顷。农业主种水稻、玉米、蔬菜、芒果、香蕉等。广昆高速公路、百育—那满公路（848 县道）过境。

自强 Zìqiáng 那满镇自强村辖自然村。村委会驻地，东面毗邻右江。有 168 户 638 人，壮、汉族聚居。姓氏有黄、何等。传元皇庆二年（1313）建村。原称民强，民国时以“自力更生、发奋图强”之意改为“自强”。聚落呈块状。通行壮话、蔗园话。经济以农业为主，主种水稻、玉米、芒果、蔬菜等。百育—那满公路（848 县道）过境。

东色 Dōngsè 那满镇自强村辖自然村。在村委会驻地南 0.2 千米处。有 105 户 405 人，汉族聚居。姓氏以李为主。据 1999 年版《田阳县志》记载，明洪武七年（1374）已有此村，记为“冻色”，属奉议州东路。1982 年第一次全国地名普查时记为“东色”。东色、冻色，壮语 Doenghsaek，“东、冻 doengh”指沙洲，“色 saek”指阻塞。因该村地势较高，有条小沟经过，上游的水因沟小被阻塞，故名。聚落呈块状。通行壮话、蔗园话。经济以农业为主，主种水稻、玉米、芒果、蔬菜等。广昆高速公路、百育—那满公路（848 县道）过境。

大成村居民地

大成村 Dàchéng Cūn 那满镇辖村。在镇境东部。驻地在镇人民政府驻地东 1.2 千米处。东隔右江与百育镇百育村相望，南连治塘村、百敢村，西邻新立村，北靠自强村。面积 2.91 平方千米。辖大成 1 自然村。村委会驻大成。有 396 户 1430 人，汉族聚居。通行蔗园话。民国二十四年（1935）为大成村，属那满乡。1952 年与自强村合设田阳县第六区和平乡。1958 年属那满公社和平大队。1962 年属那满区和平公社。1968 年属那满公社和平大队。1984 年撤和平大队，分置大成村，属那满镇。因驻地大成得名。大成，含义有两说。一说因建村落成，以“大功告成”之意取名。一说大成是壮语 Dahsingz 音译，“大 dah”指河，“成 singz”指城镇。因处右江边，原是小城镇，故名。处右江河畔，地势平坦。驮烈河在此汇入右江。经济以农业为主。耕地面积 117.99 公顷。农业主种水稻、玉米、香蕉、蔬菜。广昆高速公路过境。

大成 Dàchéng 那满镇大成村辖自然村。村委会驻地，毗邻右江。有 396 户 1430 人，汉族聚居。姓氏以黄为主。传元延祐二年（1315）建村。大成，含义有两说。一说因建村落成后，以“大功告成”之意取名。一说大成是壮语 Dahsingz 音译，“大 dah”指河，“成 singz”指城镇。因处右江边，原是小城镇，故名。聚落呈块状。通行蔗园话。驮烈河在此汇入右江。经济以农业为主，主种水稻、玉米、香蕉、蔬菜等。广昆高速公路过境。

大成村的香蕉林

治塘村居民地

治塘村 Zhìtáng Cūn 那满镇辖村。在镇境东部。驻地在镇人民政府驻地东南5.2千米处。东接田东县祥周镇新洲村，南连田东县祥周镇模范村，西邻百敢村，北靠大成村并隔右江与百育镇百育村、九合村相望。面积9.98平方千米。辖治例、东弓、塘例3自然村。村委会驻治例。有694户2601人，壮、汉族聚居。通行壮话、蔗园话。民国二十四年（1935）为治例、塘例2村，属桃安乡。1952年治例、塘例2村与百香村部分辖地合为治塘乡，取治例、塘例2村各一字而得名，属田阳县第六区。1955年属那满区。1958年改大队，属那满公社。1962年改公社，属那满区。1968年复改大队，属那满公社。1984年改村，并析出百香、忑更上屯、忑更下屯、新村、琴稔、录奖等自然村归百敢村，属那满镇。处右江河畔。属半丘陵、半岩溶地貌。主要山峰有登公山，海拔460米。有响水河于境内汇入右江，且在汇合口形成响水瀑布。经济以农业为主。耕地面积193.16公顷。农业主种水稻、玉米、蔬菜、芒果等。广昆高速公路过境。

治例 Zhìlì 那满镇治塘村辖自然村。村委会驻地，北临右江。有457户1687人，汉族聚居。姓氏有黄、葛、陈等。传元至元十七年（1280）从山东白马苑迁来建村。据1999年版《田阳县志》记载，明洪武七年（1374）为奉议州东路领村，清代为奉议州慕桃治例团领村，均记为"治例"。治例，壮语Sixreih，"治six"指社庙，"例reih"指耕作。因该村从前是社庙公有田地，故名。聚落呈块状。通行壮话、蔗园话。经济以农业为主，主种水稻、玉米、芒果、蔬菜等。广昆高速公路过境。

东弓 Dōnggōng 那满镇治塘村辖自然村。在村委会驻地东南1.2千米处，北临右江。有55户215人，壮族聚居。姓氏有陶、韦、黄等。传元至元三十年（1293）从山东迁来建村。据1999年版《田阳县志》记载，明洪武七年（1374）为奉议州东路领村，记为"冻贡"。1982年第一次全国地名普查时记为"东弓"。东弓、冻贡，壮语Doenghgung，"东、冻doengh"指沙洲，"弓、贡gung"指弯弓。因该村在弓形的沙洲上，故名。聚落呈块状。通行壮话。有响水河于境内汇入右江，且在汇合口形成响水瀑布。经济以农业为主，主种水稻、玉米、芒果、蔬菜等。广昆高速公路过境。

塘例 Tánglì 那满镇治塘村辖自然村。在村委会驻地西0.6千米处，北临右江。有182户699人，壮族聚居。姓氏有覃、黄、冼等。传元至元二十九年（1292）从广东南海县迁来建村。塘例，壮语Daemzlaeq，"塘daemz"指池塘，"例laeq"指管理。因该村始建在由庙社管理的池塘边，故名。聚落呈块状。通行壮话。经济以农业为主，主种水稻、玉米、芒果、蔬菜等。广昆高速公路过境。

百敢村居民地

百敢村 Bǎigǎn Cūn 那满镇辖村。在镇境东部。驻地在镇人民政府驻地南 4.5 千米处。东接治塘村，南连光琴村和田东县祥周镇模范村，西邻光琴村、新立村，北靠新立村、大成村、治塘村。面积 7.5 平方千米。辖忑更下屯、忑更上屯、百香、坡立、敢忑、乐讲、乐讲上屯、凹令、坡靠 9 自然村。村委会驻忑更下屯。有 490 户 1937 人，壮族聚居。通行壮话。原为那满公社甘蔗场辖地，1978 年光琴、新仑、新楼、新生、新层、露美等大队的村民陆续迁此建居。1980 年设敢上大队，属那满公社。1984 年治塘大队的百香、忑更上屯、忑更下屯、新村、琴稔、录奖等自然村划入，改称百敢村，取“百香”“敢上”各一字得名，属那满镇。处右江河谷，地势平坦。经济以农业为主。耕地面积 367.8 公顷。农业主种玉米、甘蔗、香蕉等。田东大桥—新立公路（757 县道）过境。

忑更下屯 Tègēngxiàtún 那满镇百敢村辖自然村。村委会驻地。有 39 户 163 人，壮族聚居。姓氏有陈、黄、刘等。1958 年始有村民从忑更迁来建居，后渐成新村，称忑更新村。后以其地处忑更东偏南，俗称“下”，改忑更下屯，亦称下忑更。聚落呈块状。通行壮话。经济以农业为主，主种玉米、甘蔗、香蕉等。田东大桥—新立公路（757 县道）过境。

忑更上屯 Tègēngshàngtún 那满镇百敢村辖自然村。在村委会驻地西偏北 0.45 千米处。有 69 户 280 人，壮族聚居。姓氏有罗、黄、覃等。传明崇祯十一年（1638）建村。原称忑更，壮语 Lajgeng，“忑 laj”指下面，“更 geng”指山岗。因该村坐落在石山脚得名。1958 年部分村民迁至东偏南 0.3 千米处建居形成新村，此屯遂因位于上方，故演变为忑更上屯，亦称上忑更。聚落呈块状。通行壮话。经济以农业为主，主种玉米、甘蔗、香蕉等。田东大桥—新立公路（757 县道）过境。

百香 Bǎixiāng 那满镇百敢村辖自然村。在村委会驻地东南 0.76 千米处。有 111 户 461 人，壮族聚居。姓氏有黄、周、石、刘等。传明崇祯四年（1631）建村。民国时称百香。1982 年第一次全国地名普查时记为“百弄”，后复记为“百香”。百香、百弄，壮语 Bakrungh，“百 bak”指口，“香、弄 rungh”指弄场、石山间平地。因该村坐落在山坳口，故名。聚落呈块状。通行壮话。经济以农业为主，主种玉米、甘蔗、香蕉等。田东大桥—新立公路（757 县道）过境。

坡立 Pōlì 那满镇百敢村辖自然村。在村委会驻地西北 0.86 千米处。有 66 户 284 人，壮族聚居。姓氏有陆、黄、农等。1978 年从光琴、新楼 2 大队迁来建村。坡立，壮语 Boreiz，“坡 bo”指土坡，“立 reiz”指小叶榕。因该村坐落于有棵小叶榕的土坡上，故名。聚落呈块状。通行壮话。经济以农业为主，主种玉米、甘蔗、香蕉等。田东大桥—新立公路（757 县道）过境 。

敢忑 Gǎntè 那满镇百敢村辖自然村。在村委会驻地北 2 千米处。有 38 户 131 人，壮族聚居。姓氏有谭、赵、黄等。1978 年建村。敢忑，壮语 Lajgamj，“敢 gamj”指岩洞，“忑 laj”指下边。因该村始建在有岩洞的石山脚，故名。聚落呈块状。通行壮话。经济以农业为主，主种玉米、甘蔗、香蕉等。

乐讲 Lèjiǎng 那满镇百敢村辖自然村。在村委会驻地东北 1.5 千米处。有 39 户 155 人，壮族聚居。姓氏有黄、陆、谭等。1967 年从新仑大队迁来建村。1982 年第一次全国地名普查时记为“录奖”。2014 年第二次全国地名普查记为“乐讲”。乐讲、录奖，壮语 Lueggiengj，“乐、录 lueg”指山谷，“讲、奖 giengj”指一种灌木。因建村在长有“讲”（奖）木的山谷边，故名。后因与录奖上屯相对，亦称录奖下屯、乐讲下屯或下录奖、下乐讲。聚落呈块状。通行壮话。经济以农业为主，主种玉米、甘蔗、香蕉等。

乐讲上屯 Lèjiǎngshàngtún 那满镇百敢村辖自然村。在村委会驻地东北 1.1 千米处。有 58 户 210 人，壮族聚居。姓氏有黄、梁、班等。1967 年从新仑、新楼、露美等大队迁来建村。因是新建的村，故 1982 年第一次全国地名普查时记为“新村”。后为避免重名，以其处录奖前方（西面），俗称“上”，而称录奖上屯，亦称上录奖。2014 年第二次全国地名普查记为“乐讲上屯”。聚落呈块状。通行壮话。经济以农业为主，主种玉米、甘蔗、香蕉等。

凹令 Āolìng 那满镇百敢村辖自然村。在村委会驻地北 0.27 千米处。有 19 户 69 人，壮族聚居。姓氏有覃、黄、梁等。1967 年从光琴大队迁来建村。1982 年第一次全国地名普查时记为“琴稔”，后改写为“凹令”。琴稔，壮语 Gumznim，“琴 gumz”指低洼、凹地，“稔 nim”指稔子（桃金娘）。因该村建在长有桃金娘的低洼地上边，故名。后半义译义音译写作“凹令”。聚落呈块状。通行壮话。经济以农业为主，主种玉米、甘蔗、香蕉等。

坡靠 Pōkào 那满镇百敢村辖自然村。在村委会驻地东北 1.7 千米处。有 51 户 184 人，壮族聚居。姓氏有黄、卢、邓、农等。1978 年从新仑、新层大队迁来建村。1982 年第一次全国地名普查时记为“东阳”。因处田东和田阳交界处而得名。后以村址背靠土坡之意改为“坡靠”。聚落呈块状。通行壮话。经济以农业为主，主种玉米、甘蔗、香蕉等。

新立村居民地

新立村 Xīnlì Cūn 那满镇辖村。在镇境中部。驻地在镇人民政府驻地西南 2.3 千米处。东接大成村、百敢村，南连光琴村，西邻坡洪镇康浮村、双达村，北靠露美村、三同村、自强村。面积 21.27 平方千米。辖同乐、下祖、亭闹、布沙、弄百、更怀、指挥、弄贡、下果、下弄、弄菜、弄那、弄琴、更桑、弄依、更达、下崩、弄仑、法度、共联、弄急 21 自然村。村委会驻同乐。有 922 户 3294 人，壮族聚居。通行壮话。民国二十四年（1935）为更达村，属旧城乡。1952 年设新立乡，以“新成立”之意取名，属田阳县第六区。1955 年属那满区。1958 年改大队，属那满公社。1962 年改公社，属那满区。1968 年复改大队，属那满公社。1984 年改村，属那满镇。属半土坡、半岩溶地貌。主要山峰有三弄岭山、弄依山，海拔 673 米、600 米。驮烈河发源于该村。经济以农业为主。耕地面积 475.01 公顷。农业主种玉米、香蕉、蔬菜、芒果等。境内建有壮乡民俗文化展示中心和 2 家农家乐。那坡—定夜公路（749 县道）、田东大桥—新立公路（757 县道）过境。

新立村风光

同乐 Tónglè 那满镇新立村辖自然村。村委会驻地。有 81 户 292 人，壮族聚居。姓氏有罗、何、周等。传清咸丰元年（1851）建村。同乐，壮语 Doenghrog，“同 doengh”指田垌，“乐 rog”指外边。因该村坐落在田垌的外边，故名。聚落呈块状。通行壮话。经济以农业为主，主种玉米。境内建有壮乡民俗文化展示中心。那坡—定夜公路（749 县道）、田东大桥—新立公路（757 县道）过境。驮烈河流经。

下祖 Xiàzǔ 那满镇新立村辖自然村。在村委会驻地南 0.6 千米处。有 39 户 156 人，壮族聚居。姓氏以罗为主。传清咸丰元年（1851）建村。下祖，壮语 Lajcoj，“下 Laj”指下边，“祖 coj”指坟地。因建居在坟场下边，故名。聚落呈块状。通行壮话。经济以农业为主，主种玉米。驮烈河流经。

亭闹 Tíngnào 那满镇新立村辖自然村。在村委会驻地南 0.95 千米处。有 120 户 439 人，壮族聚居。姓氏有李、陆、黄等。传明正德十年（1515）从布沙迁来建村。亭闹，壮语 Diengznauh，“亭 diengz”指庙亭，“闹 nauh”指热闹。因该村曾有个寺庙，非常热闹，故名。聚落呈块状。通行壮话。经济以农业为主，主种水稻、蔬菜、芒果等。那坡—定夜公路（749 县道）过境。驮烈河流经。

布沙 Bùshā 那满镇新立村辖自然村。在村委会驻地南 1.3 千米处。有 151 户 633 人，壮族聚居。姓氏有李、罗、农等。据 1999 年版《田阳县志》载，明洪武七年（1374）已有此村，记为“布沙”，属奉议州东路。布沙，壮语 Mboqsa，“布 mboq”指泉水，“沙 sa”指沙纸树。因村西有一口泉，泉边有沙纸树，故名。聚落呈块状。通行壮话。经济以农业为主，主种玉米。那坡—定夜公路（749 县道）过境。驮烈河流经。

弄百 Lòngbǎi 那满镇新立村辖自然村。在村委会驻地西南 2.2 千米处。有 16 户 51 人，壮族聚居。姓氏以陆为主。传清康熙二十一年（1682）建村。弄百，曾记为“峕百”，壮语 Runghbiek，“弄、峕 rungh”指弄场、石山间平地，“百 biek”指芋头。因该村曾是种植芋头的峕场，故名。聚落呈块状。通行壮话。经济以农业为主，主种玉米。

更怀 Gēnghuái 那满镇新立村辖自然村。在村委会驻地西南 1.5 千米处。有 26 户 106 人，壮族聚居。姓氏以谭为主。1955 年从弄菜迁建。更怀，壮语 Geng'vaiz，“更 geng”指山岗，“怀 vaiz”指水牛。因该村建在周边村民常牧牛的山岗下边，故名。聚落呈块状。通行壮话。经济以农业为主，主种玉米。驮烈河流经。

指挥 Zhǐhuī 那满镇新立村辖自然村。在村委会驻地西 1.3 千米处。有 72 户 280 人，壮族聚居。姓氏有刘、谭、黄等。据 1999 年版《田阳县志》记载，明洪武七年（1374）已有此村，记为“指挥”，属奉议州东路。指挥，壮语 Ciuqvi，“指 ciuq”指撒，“挥 vi”指鱼饵。因建村在便于撒饵捕鱼的河岸，故名。聚落呈块状。通行壮话。经济以农业为主，主种玉米。有地下河在此露出地表，为驮烈河发源地。

弄贡 Lònggòng 那满镇新立村辖自然村。在村委会驻地西 1.9 千米处。有 53 户 207 人，壮族聚居。姓氏有黄、卢等。传清咸丰元年（1851）建村，记为“兴隆”，属奉议州旧城团。1982 年第一次全国地名普查时记为“㟖贡”，亦简写为“弄贡”。弄贡、㟖贡，壮语 Runghgong，“弄、㟖 rungh”指㟖场、石山间平地，“贡 gong”指桄榔树。因该村在长有桄榔树的㟖场，故名。聚落呈块状。通行壮话。经济以农业为主，主种玉米。

下果 Xiàguǒ 那满镇新立村辖自然村。在村委会驻地西北 1.9 千米处。有 64 户 240 人，壮族聚居。姓氏有黄、刘、赵等。1950 年从下坡迁来建村。下果，壮语 Lajmak，“下 laj”指下边，“果 mak”指果树。因该村建在果林下边，故名。聚落呈块状。通行壮话。经济以农业为主，主种水稻、蔬菜、芒果等。那坡—定夜公路（749 县道）过境。

下弄 Xiàlòng 那满镇新立村辖自然村。在村委会驻地西北 2.5 千米处。有 39 户 147 人，壮族聚居。姓氏有黄、马、唐等。1956 年从更达村迁来建村。下弄，曾记为“下㟖”，壮语 Lajrungh，“下 laj”指下面，“弄、㟖 rungh”指㟖场、石山间平地。因该村坐落在石山下的㟖场，故名。聚落呈块状。通行壮话。经济以农业为主，主种玉米。那坡—定夜公路（749 县道）过境。

弄菜 Lòngcài 那满镇新立村辖自然村。在村委会驻地西 2.5 千米处。有 8 户 27 人，壮族聚居。姓氏有何、韦、唐等。民国十一年（1922）从露美迁来建村。弄菜，曾记为“㟖菜”，壮语 Runghbyaek，“弄、㟖 rungh”指㟖场、石山间平地，“菜 byaek”指蔬菜。因该村坐落在野菜较多的㟖场，故名。聚落呈块状。通行壮话。经济以农业为主，主种玉米。

弄那 Lòngnà 那满镇新立村辖自然村。在村委会驻地西偏南 3.1 千米处。有 13 户 35 人，壮族聚居。姓氏有罗、唐等。传清康熙元年（1662）建村。弄那，曾记为“㟖那”，壮语 Runghnag，“弄、㟖 rungh”指㟖场、石山间平地，“那 nag”指旱獭。因该村坐落在曾有旱獭出没的㟖场，故名。聚落呈块状。通行壮话。经济以农业为主，主种玉米。

弄琴 Lòngqín 那满镇新立村辖自然村。在村委会驻地西 1.9 千米处。有 37 户 127 人，壮族聚居。姓氏有谭、黄等。传清乾隆四年（1739）建村。弄琴，曾记为“㟖琴”“陇琴”，壮语 Runghgumz，“弄、㟖、陇 rungh”指㟖场、石山间平地，“琴 gumz”指凹地。因该村坐落于地势较低的㟖场，故名。聚落呈块状。通行壮话。经济以农业为主，主种玉米。

更桑 Gēngsāng 那满镇新立村辖自然村。在村委会驻地西南 4.1 千米处。有 10 户 31 人，壮族聚居。姓氏以石为主。传清雍正六年（1728）建村，属奉议州旧州团领村，称更桑。更桑，壮语 Gengsang，“更 geng”指山岗，“桑 sang”指高。因该村坐落在地势较高的山岗上，故名。聚落呈块状。通行壮话。经济以农业为主，主种玉米。

弄依 Lòngyī 那满镇新立村辖自然村。在村委会驻地西南 5 千米处。有 26 户 77 人，壮族聚居。姓氏以邓为主。传清道光八年（1828）建村，称陇依，属奉议州旧州团。1982 年第一次全国地名普查时记为“崠依”，亦简写为“弄依”。弄依、崠依、陇依，壮语 Rungh’iq，“弄、崠、陇 rungh”指崠场、石山间平地，“依 iq”指小。因该村建在较小的崠场，故名。聚落呈块状。通行壮话。经济以农业为主，主种玉米。

更达 Gēngdá 那满镇新立村辖自然村。在村委会驻地西 4.1 千米处。有 46 户 147 人，壮族聚居。姓氏有马、黄、唐等。传明崇祯十二年（1639）建村。清代为奉议州旧州团领村，称更达。更达，壮语 Gengdaz，“更 geng”指山岗，“达 daz”指连接。因该村建在几个小山岗连接的地方，故名。聚落呈块状。通行壮话。经济以农业为主，主种玉米。

下崩 Xiàbēng 那满镇新立村辖自然村。在村委会驻地西偏南 5.5 千米处。有 4 户 13 人，壮族聚居。姓氏以周为主。传清道光十五年（1835）建村。下崩，壮语 Yahbaengh，“下 yah”壮族地区对老年妇女的称谓，“崩 baengh”指人名。因该村先由一位叫“崩”的老年妇女来居住，故名。聚落呈块状。通行壮话。经济以农业为主，主种玉米。

弄仑 Lònglún 那满镇新立村辖自然村。在村委会驻地西 5.4 千米处。有 22 户 75 人，壮族聚居。姓氏有谭、黄等。传清康熙元年（1662）建村。据 1999 年版《田阳县志》记载，清代为奉议州旧城团领村，记为“陇仑”。1982 年第一次全国地名普查时记为“崠仑”，亦简写为“弄仑”。弄仑、崠仑、陇仑，壮语 Runghlwngq，“弄、崠、陇 rungh”指崠场、石山间平地，“仑 lwngq”指一种野兽，体型似狗似猪，喜食农作物。因该村建在曾有野兽出没的崠场，故名。聚落呈块状。通行壮话。经济以农业为主，主种玉米。村北约 50 米的莲花山上有莲花山寺遗址。

法度 Fǎdù 那满镇新立村辖自然村。在村委会驻地西北 4.7 千米处。有 21 户 78 人，壮族聚居。姓氏以赵为主。传清雍正元年（1723）建村。据 1999 年版《田阳县志》记载，清代为奉议州旧城团领村，记为“法度”。法度，壮语 Fazdou，“法 faz”指旁边，“度 dou”指门。因该村前方有山像门，故名。聚落呈块状。通行壮话。经济以农业为主，主种玉米。

共联 Gònglián 那满镇新立村辖自然村。在村委会驻地东南1.2千米处。有101户379人，壮族聚居。姓氏有谭、马、严等。1978年建村。1982年第一次全国地名普查时记为“立新”，以新建立的村屯之意而得名，后因立新属新立大队管辖，立新、新立易混淆，遂以村民由多个村屯迁来共同联合建新村之意改称共联。聚落呈块状。通行壮话。经济以农业为主，主种玉米、香蕉。那坡—定夜公路（749县道）与田东大桥—新立公路（757县道）在此交会。

共联新貌

弄急 Lòngjí 那满镇新立村辖自然村。在村委会驻地西南3.8千米处。有12户46人，壮族聚居。姓氏有严、唐等。传清乾隆五十七年（1792）建村，记为“陇急”，属奉议州旧城团。1982年第一次全国地名普查时记为“㟖急”，亦简写为“弄急”。2013年起村民已陆续搬迁至移民新村广新家园。弄急、㟖急、陇急，壮语Runghgaek，“弄、㟖、陇 rungh”指㟖场、石山间平地，“急 gaek”指陡。因该村建在很陡的㟖场中，故名。聚落呈块状。通行壮话。经济以农业为主，主种玉米。

露美村居民地

露美村 Lùměi Cūn 那满镇辖村。在镇境北部。驻地在镇人民政府驻地西5.3千米处。东接三同村和三雷林场，南连新立村和坡洪镇双达村，西邻坡洪镇合力村，北靠坡洪镇宝美村和三雷林场。面积8.65平方千米。辖布露、头龙、叫眼、宝市4自然村。村委会驻布露。有407户1514人，壮族聚居。通行壮话。民国二十四年（1935）为平露、五美2村，属旧城乡。1952年设新美乡，属田阳县第六区。1954 年因与田阳县第二区新美乡重名，改称露美乡，取平露、五美 2 村各一字得名。1955 年属那满区。1958 年改大队，属那满公社。1962 年改公社，属那满区。1968 年复改大队，属那满公社。1984 年改村，属那满镇。属半丘陵、半岩溶地貌。主要山峰有弄残山，海拔 569.3 米。经济以农业为主。耕地面积 88.69 公顷。农业主种玉米、水稻、蔬菜、芒果等。那坡—定夜公路（749 县道）过境。

布露 Bùlù 那满镇露美村辖自然村。村委会驻地。有 214 户 767 人，壮族聚居。姓氏有周、罗、苏等。据 1999 年版《田阳县志》记载，明洪武七年（1374）已有此村，记为“布露”，属奉议州东路；清代属奉议州旧城团。布露，壮语 Mboqloh，“布 mboq”指泉，“露 loh”指水渗漏。因该村建在漏水泉的旁边，故名。聚落呈块状。通行壮话。经济以农业为主，主种水稻、玉米、芒果、蔬菜等。那坡—定夜公路（749 县道）过境。

布露新貌

头龙 Tóulóng 那满镇露美村辖自然村。在村委会驻地西北 1.1 千米处。有 27 户 123 人，壮族聚居。姓氏有黄、周等。1974 年从陇桑迁来建村。头龙，壮语 Gyaeujlungz，意为龙头。因村后有座长约 2 千米的山，山顶像龙头，故名。聚落呈块状。通行壮话。经济以农业为主，主种水稻、玉米、芒果、蔬菜等。那坡—定夜公路（749 县道）过境。

叫眼 Jiàoyǎn 那满镇露美村辖自然村。在村委会驻地西北 1.7 千米处。有 62 户 250 人，壮族聚居。姓氏有唐、李、何等。传明崇祯十年（1637）建村。叫眼，壮语 Geuqnganx，“叫 geuq”指山坳口，“眼 nganx”指龙眼树。因该村建在长有龙眼树的山坳口，故名。聚落呈块状。通行壮话。经济以农业为主，主种水稻、玉米、芒果、蔬菜等。那坡—定夜公路（749 县道）过境。

宝市 Bǎoshì 那满镇露美村辖自然村。在村委会驻地西北 0.95 千米处。有 104 户 374 人，壮族聚居。姓氏有周、班、黄等。2010 年始建，取风水宝地的美好寓意命名。为生态移民新村，2013 年起原叫昆屯、陇江屯、陇残屯、陇勒屯、陇黎屯均迁至此。聚落呈块状。通行壮话。经济以农业为主，主种水稻、玉米、芒果、蔬菜等。那坡—定夜公路（749 县道）过境。

青山脚下新家园之宝市屯

光琴村居民地

光琴村 Guāngqín Cūn 那满镇辖村。在镇境中部。驻地在镇人民政府驻地东南 6.2 千米处。东接百敢村和田东县祥周镇模范村，南连新仑村和田东县祥周镇驮仙村，西邻新楼村和坡洪镇康浮村，北靠新立村、百敢村。面积 16.63 平方千米。辖岩桃、弄光、下叫、胜荷、弄骨、弄棒、万班、勿林、勿隆、弄额、弄仰、岩照、弄冲外屯、弄冲内屯、京凤、弄残、弄敢、琴梨、五才、岩拉 20 自然村。村委会驻岩桃。有 308 户 1176 人，壮族聚居。通行壮话。1952 年陇光村、五琴村及百香村部分辖地合为光琴乡，取陇光、五琴 2 村各一字得名，属田阳县第六区。

1955年属那满区。1958年改大队，属那满公社。1962年改公社，属那满区。1968年复改大队，属那满公社。1984年改村，属那满镇。属岩溶地貌。主要山峰有积良炸山、炸盘郎山，海拔640米、570米。经济以农业为主。耕地面积55.99公顷。农业主种玉米。林业主种苏木。那坡—定夜公路（749县道）过境。

岩桃 Yántáo 那满镇光琴村辖自然村。村委会驻地。有16户58人，壮族聚居。姓氏有梁、韦等。1952年建村。岩桃，壮语Ngamzdauz，“岩ngamz”指山坳口，“桃dauz”指桃子。因该村建在长有桃子的山坳口上，故名。聚落呈块状。通行壮话。经济以农业为主，主种玉米。林业主种苏木。那坡—定夜公路（749县道）过境。

弄光 Lòngguāng 那满镇光琴村辖自然村。在村委会驻地西0.5千米处。有50户204人，壮族聚居。姓氏有陆、卢、黄等。传明天启二年（1622）建村。弄光，曾记为“陇光”“崬光”，壮语Runghgvangq，“弄、陇、崬rungh”指崬场、石山间平地，“光gvangq”指宽大。因建在较宽大的崬场，故名。聚落呈环状，分为弄光内、弄光外2个居民点。通行壮话。经济以农业为主，主种玉米。林业主种苏木。那坡—定夜公路（749县道）过境。

下叫 Xiàjiào 那满镇光琴村辖自然村。在村委会驻地东南2.8千米处。有8户33人，壮族聚居。姓氏有周、石、黄等。传清顺治六年（1649）建村。原记为“沉香”，为奉议州幕桃治例团领村。1982年第一次全国地名普查时记为“下叫”。下叫，壮语Lajgeuq，“下laj”指下面，“叫geuq”指山坳口。因该村建在山坳口下面，故名。聚落呈块状。通行壮话。经济以农业为主，主种玉米。林业主种苏木。

胜荷 Shènghé 那满镇光琴村辖自然村。在村委会驻地东南3.1千米处。有8户24人，壮族聚居。姓氏以黄为主。传清康熙七年（1668）建村。胜荷，壮语Cienghhaz，“胜ciengh”指丈，“荷haz”指茅草。因该村始建在茅草丈余高的地方，故名。聚落呈块状。通行壮话。经济以农业为主，主种玉米。林业主种苏木。

弄骨 Lònggǔ 那满镇光琴村辖自然村。在村委会驻地东南1.8千米处。有14户41人，壮族聚居。姓氏有黄、刘等。据1999年版《田阳县志》记载，清代为奉议州慕桃治例团领村，记为“陇骨”。1982年第一次全国地名普查时记为“崬骨”，亦简写为“弄骨”。弄骨、陇骨、崬骨，壮语Runghgut，“弄、陇、崬rungh”指崬场、石山间平地，“骨gut”指蕨草。因该村建在长有蕨草的崬场，故名。聚落呈块状。通行壮话。经济以农业为主，主种玉米。林业主种苏木。

弄棒 Lòngbàng 那满镇光琴村辖自然村。在村委会驻地东南 1.5 千米处。有 16 户 64 人，壮族聚居。姓氏以黄为主。1982 年第一次全国地名普查时已有此村，记为“峼棒”，后亦简写为“弄棒”，建村时间待考。弄棒、峼棒，壮语 Runghfaengh，“弄、峼 rungh”指峼场、石山间平地，“棒 faengh”指当地称“虎头”的一种药材。因该村建在长有药材“虎头”的峼场，故名。聚落呈块状。通行壮话。经济以农业为主，主种玉米。林业主种苏木。

万班 Wànbān 那满镇光琴村辖自然村。在村委会驻地东南 1.7 千米处。有 18 户 76 人，壮族聚居。姓氏以黄为主。传清顺治六年（1649）建村。万班，壮语 Mbanjbaengq，“万 mbanj”指村，“班 baengq”指崩缺。因村前有一岩洞崩掉一块巨石，形成缺口，故名。聚落呈块状。通行壮话。经济以农业为主，主种玉米。林业主种苏木。

勿林 Wùlín 那满镇光琴村辖自然村。在村委会驻地南 0.8 千米处。有 21 户 70 人，壮族聚居。姓氏有韦、凌等。据 1999 年版《田阳县志》记载，明洪武七年（1374）已有此村，记为“勿林”，属奉议州东路。勿林，壮语 Utlaemz，“勿 ut”指弯曲，“林 laemz”指尽头。因该村在弯曲峼场的尽头，故名。聚落呈块状。通行壮话。经济以农业为主，主种玉米。林业主种苏木。

勿隆 Wùlóng 那满镇光琴村辖自然村。在村委会驻地南 1 千米处。有 10 户 48 人，壮族聚居。姓氏以梁为主。据 1999 年版《田阳县志》记载，明洪武七年（1374）已有此村，记为“勿隆”，属奉议州东路。勿隆，壮语 Utrungh，“勿 ut”指弯曲，“隆 rungh”指峼场、石山间平地。因该村在峼场转弯处，故名。聚落呈块状。通行壮话。经济以农业为主，主种玉米。林业主种苏木。

弄额 Lòng'é 那满镇光琴村辖自然村。在村委会驻地北 1.3 千米处。有 20 户 79 人，壮族聚居。姓氏有韦、凌、梁等。传清道光九年（1829）建村。弄额，曾记为“陇额”“峼额”，壮语 Runghmbwq，“弄、陇、峼 rungh”指峼场、石山间平地，“额 mbwq”指野奶果。因该村建在长有野奶果的峼场，故名。聚落呈块状。通行壮话。经济以农业为主，主种玉米。林业主种苏木。那坡—定夜公路（749 县道）过境。

弄仰 Lòngyǎng 那满镇光琴村辖自然村。在村委会驻地西 1.3 千米处。有 15 户 52 人，壮族聚居。姓氏以卢为主。1982 年第一次全国地名普查时已有此村，记为“峼仰”，后亦简写为“弄仰”，建村时间待考。弄仰、峼仰，壮语 Runghyangj，“弄、峼 rungh”指峼场、石山间平地，“仰 yangj”指长腰刀，此处指刀豆。因该村建在长有刀豆的峼场，故名。聚落呈块状。通行壮话。经济以农业为主，主种玉米。林业主种苏木。

岩照 Yánzhào 那满镇光琴村辖自然村。在村委会驻地西北 1.6 千米处。有 5 户 26 人，壮族聚居。姓氏以李为主。1982 年第一次全国地名普查时已有此村，记为“岩照”，建村时间待考。岩照，壮语 Ngamzcau，“岩 ngamz”指山坳口，“照 cau”指单竹。因该村建在长有单竹的山坳口上，故名。聚落呈块状。通行壮话。经济以农业为主，主种玉米。林业主种苏木。

弄冲外屯 Lòngchōngwàitún 那满镇光琴村辖自然村。在村委会驻地西北 2.1 千米处。有 15 户 43 人，壮族聚居。姓氏以岑为主。传清雍正三年（1725）已有此村，记为“陇冲”，后改“﨔冲”，亦简写为“弄冲”。弄冲、﨔冲、陇冲，壮语 Runghcongh，“弄、﨔、陇 rungh”指﨔场、石山间平地，“冲 congh”指洞。因建村在有落水洞的﨔场，故名。后村庄扩大，一分为二，以方位分称，该村处﨔场外边，故称弄冲外屯。聚落呈块状。通行壮话。经济以农业为主，主种玉米。林业主种苏木。

弄冲内屯 Lòngchōngnèitún 那满镇光琴村辖自然村。在村委会驻地西北 2.4 千米处。有 16 户 81 人，壮族聚居。姓氏有赵、唐、潘等。传清雍正三年（1725）已有此村，记为“陇冲”，后改“﨔冲”，亦简写为“弄冲”。弄冲、﨔冲、陇冲，壮语 Runghcongh，“弄、﨔、陇 rungh”指﨔场、石山间平地，“冲 congh”指洞。因建村在有落水洞的﨔场，故名。后村庄扩大，一分为二，以方位分称，该村处﨔场里边，故称弄冲内屯。聚落呈块状。通行壮话。经济以农业为主，土种玉米。林业主种苏木。

京凤 Jīngfèng 那满镇光琴村辖自然村。在村委会驻地西北 2.2 千米处。有 4 户 12 人，壮族聚居。姓氏以班为主。1982 年第一次全国地名普查时已有此村，记为“京凤”，建村时间待考。京凤，壮语 Gingqfungh，“京 gingq”指敬，“凤 fungh”指凤凰。因该村左边有座山形似凤凰，如朝该村敬贺，故名。聚落呈块状。通行壮话。经济以农业为主，主种玉米。林业主种苏木。

弄残 Lòngcán 那满镇光琴村辖自然村。在村委会驻地西偏北 2.4 千米处。有 11 户 47 人，壮族聚居。姓氏有农、赵等。据 1999 年版《田阳县志》记载，明洪武七年（1374）已有此村，记为“陇残”，属奉议州东路。1982 年第一次全国地名普查时记为“﨔残”，亦简写为“弄残”。弄残、陇残、﨔残，壮语 Runghcamz，“弄、陇、﨔 rungh”指﨔场、石山间平地，“残 camz 指蓝靛。因该村地处长有蓝靛的﨔场，故名。聚落呈块状。通行壮话。经济以农业为主，主种玉蓝米。林业主种苏木。

弄敢 Lònggǎn 那满镇光琴村辖自然村。在村委会驻地西北 2.8 千米处。有 10 户 44 人，壮族聚居。姓氏以王为主。1982 年第一次全国地名普查时已有此村，记为“㟖敢”，后亦简写为“弄敢”，建村时间待考。弄敢、㟖敢，壮语 Runghgamj，“弄、㟖 rungh”指㟖场、石山间平地，“敢 gamj”指岩洞。因建村在西边石山有个岩洞的㟖场中，故名。聚落呈块状。通行壮话。经济以农业为主，主种玉米。林业主种苏木。

琴梨 Qínlí 那满镇光琴村辖自然村。在村委会驻地东北 2.5 千米处。有 19 户 76 人，壮族聚居。姓氏有覃、陈等。1978 年从五才迁来建村。琴梨，壮语 Gumhreiz，“琴 gumh”指低洼，“梨 reiz”指小叶榕。因该村在有小叶榕树的低洼地，故名。聚落呈块状。通行壮话。经济以农业为主，主种玉米。林业主种苏木。

五才 Wǔcái 那满镇光琴村辖自然村。在村委会驻地东南 1.1 千米处。有 27 户 78 人，壮族聚居。姓氏有覃、陈、陆、黄等。据 1999 年版《田阳县志》记载，清代已有此村，记为“五才”，属奉议州慕桃治例团。五才，“才”是壮语 caih 音译，指村寨，因是始由五户五姓人共同建居的村寨，故名。聚落呈块状。通行壮话。经济以农业为主，主种玉米。林业主种苏木。

岩拉 Yánlā 那满镇光琴村辖自然村。在村委会驻地北 1.8 千米处。有 5 户 20 人，壮族聚居。姓氏以梁为主。2010 年从勿林迁来建村。岩拉，壮语 Ngamzlaj，“岩 ngamz”指山口，“拉 laj”指下方。因建居在山口下，故名。聚落呈块状。属岩溶地貌。通行壮话。经济以农业为主，主种玉米。林业主种苏木。那坡—定夜公路（749 县道）过境。

新楼村居民地

新楼村 Xīnlóu Cūn 那满镇辖村。在镇境西南部。驻地在镇人民政府驻地西南 9 千米处。东接新仑村，南连新生村，西邻坡洪镇央律村、康浮村，北靠光琴村和坡洪镇康浮村。面积 12.04 平方千米。辖驮九、驮楼、陇井、翁棉、翁兰、驮割、驮帝、驮灵、陇沓、驮或、洲垢、陇桑、陇外、陇孟、陇飞上、驮文 16 自然村。村委会驻驮九。有 387 户 1491 人，壮族聚居。通行壮话。民国二十四年（1935）为驮楼村，属那满乡。1952 年设新楼乡，以驮楼村新开始之意为名，属田阳县第六区。1955 年属那满区。1958 年改大队，属那满公社。1962 年改公社，属那满区。1968 年复改大队，属那满公社。1984 年改村，属那满镇。属岩溶地貌。主要山峰有驮灵山、驮南山、黄草山，海拔 880 米、863.8 米和 790 米。有国家级非物质文化遗产“布洛陀”口传史诗。经济以农业为主。耕地面积 78.13 公顷。农业主种玉米。林业主种竹子。

驮九 Tuójiǔ 那满镇新楼村辖自然村。村委会驻地。有93户399人，壮族聚居。姓氏有黄、韦、岑等。据1999年版《田阳县志》记载，明洪武七年（1374）已有此村，记为“驮九”，属奉议州东路。驮九，壮语Deihgouj，“驮deih”指地，“九gouj”指九个。因该村由原下酒、下兰、上那、村老、布淋、排恩、布令、南洗、壮更九个居民点村民迁建，故名。聚落呈环状。通行壮话。经济以农业为主，主种玉米。林业主种竹子。

驮楼 Tuólóu 那满镇新楼村辖自然村。在村委会驻地东北1.3千米处。有39户166人，壮族聚居。姓氏以黄为主。传明崇祯十二年（1639）建村。驮楼，壮语Deihlaeuz，“驮deih”指地，“楼laeuz”指芦苇。因该村建在曾长有芦苇的地方，故名。聚落呈块状。通行壮话。经济以农业为主，主种玉米。林业主种竹子。

陇井 Lǒngjǐng 那满镇新楼村辖自然村。在村委会驻地东北1千米处。有22户82人，壮族聚居。姓氏以黄为主。传清嘉庆元年（1796）建村。1982年第一次全国地名普查时记为“弄井”，亦简写为“弄井”。2014年第二次全国地名普查记为“陇井”。陇井、弄井、弄井，壮语Runghcingj，“陇、弄、弄rungh”指弄场、石山间平地，“井cingj”指水井。因该村建在有一座形似水井的石山弄场中，故名。聚落呈块状。通行壮话。经济以农业为主，主种玉米。林业主种竹子。

翁棉 Wēngmián 那满镇新楼村辖自然村。在村委会驻地北偏西0.7千米处。有10户41人，壮族聚居。姓氏以黄为主。传清嘉庆元年（1796）建村。翁棉，壮语Gugmienz，“翁gug”指角落，“棉mienz”指细土。因该村处于有细土的弄场角落，故名。聚落呈块状。通行壮话。经济以农业为主，主种玉米。林业主种竹子。

翁兰 Wēnglán 那满镇新楼村辖自然村。在村委会驻地东北1.5千米处。有33户124人，壮族聚居。姓氏有黄、岑等。据1999年版《田阳县志》记载，明洪武七年（1374）已有此村，记为“翁兰”，属奉议州东路。翁兰，壮语Gugranz，“翁gug”指角落，“兰ranz”指房子。因该村的房子建在弄场角落里，故名。聚落呈块状。通行壮话。经济以农业为主，主种玉米。林业主种竹子。

驮割 Tuógē 那满镇新楼村辖自然村。在村委会驻地西南0.75千米处。有12户48人，壮族聚居。姓氏有梁、岑等。传清咸丰元年（1851）建村。驮割，壮语Deihgat，“驮deih”指地，“割gat”指分割。因该村是驮楼和驮乐分割的村界，故名。聚落呈块状。通行壮话。经济以农业为主，主种玉米。林业主种竹子。

驮帝 Tuódì 那满镇新楼村辖自然村。在村委会驻地西偏南 1.2 千米处。有 24 户 82 人，壮族聚居。姓氏有黄、陈等。传清嘉庆元年（1796）建村。驮帝，壮语 Diegdaeq，“驮 dieg”指地，“帝 daeq”指玉米。因该村是种玉米的地方，故名。聚落呈块状。通行壮话。经济以农业为主，主种玉米。林业主种竹子。

驮灵 Tuólíng 那满镇新楼村辖自然村。在村委会驻地西 1.9 千米处。有 47 户 165 人，壮族聚居。姓氏有翟、高、黄等。传明崇祯二年（1629）建村。驮灵，壮语 Deihlingz，“驮 deih”指地，“灵 lingz”指猴子。因该村建在曾有猴子出没的地方，故名。聚落呈块状。通行壮话。经济以农业为主，主种玉米。林业主种竹子。

陇沓 Lǒngtà 那满镇新楼村辖自然村。在村委会驻地西北 3.3 千米处。有 11 户 33 人，壮族聚居。姓氏以黄为主。据 1999 年版《田阳县志》记载，明洪武七年（1374）已有此村，记为“陇沓”，属奉议州东路。1982 年第一次全国地名普查时记为“弄沌”，亦简写为“弄沌”。2014 年第二次全国地名普查复记为“陇沓”。陇沓、弄沌、弄沌，壮语 Runghdumh，“陇、弄、弄 rungh”指弄场、石山间平地，“沓、沌 dumh”指水淹。因该村所在弄场逢大雨易被山洪淹，故名。聚落呈块状。通行壮话。经济以农业为主，主种玉米。林业主种竹子。

驮或 Tuóhuò 那满镇新楼村辖自然村。在村委会驻地西 1.4 千米处。有 16 户 64 人，壮族聚居。姓氏以潘为主。传清嘉庆元年（1796）建村。驮或，壮语 Deihvag，“驮 deih”指地，“或 vag”指一种树名。因该村建在长着“或”树的弄场，故名。聚落呈块状。通行壮话。经济以农业为主，主种玉米。林业主种竹子。

洲垢 Zhōugòu 那满镇新楼村辖自然村。在村委会驻地东北 2.2 千米处。有 18 户 71 人，壮族聚居。姓氏有梁、潘等。传清嘉庆四年（1799）从田东洲垢村迁来建居，后逐步形成村落，沿用故地村名称洲垢。洲垢，壮语 Cugiengh，“洲 cu”指州府、衙门，“垢 giengh”指境地。因该村故地田东洲垢村曾是州府衙门附近的村，故名。聚落呈块状。通行壮话。经济以农业为主，主种玉米。林业主种竹子。

陇桑 Lǒngsāng 那满镇新楼村辖自然村。在村委会驻地东北 2.4 千米处。有 18 户 71 人，壮族聚居。姓氏以陆为主。传清嘉庆元年（1796）建村。1982 年第一次全国地名普查时记为“弄桑”，后亦简写为“弄桑”。2014年第二次全国地名普查记为“陇桑”。陇桑、弄桑、弄桑，壮语Runghsangh，“陇、弄、弄 rungh”指弄场、石山间平地，“桑 sangh”指乱石林立。因该村建在乱石林立的弄场，故名。聚落呈块状。通行壮话。经济以农业为主，主种玉米。林业主种竹子。

陇外 Lǒngwài 那满镇新楼村辖自然村。在村委会驻地东北2.5千米处。有6户27人，壮族聚居。姓氏以陆为主。传清乾隆二十六年（1761）建村。1982年第一次全国地名普查时记为“弄外”，亦简写为“弄外”。2014年第二次全国地名普查记为“陇外”。陇外、弄外、弄外，壮语Runghvai，“陇、弄、弄 rungh”指弄场、石山间平地，“外 vai”指一种黄藤。因该村建村在长有黄藤的弄场，故名。聚落呈块状。通行壮话。经济以农业为主，主种玉米。林业主种竹子。

陇孟 Lǒngmèng 那满镇新楼村辖自然村。在村委会驻地北2.1千米处。有16户43人，壮族聚居。姓氏有黄、潘。传清康熙五十一年（1712）建村。1982年第一次全国地名普查时记为“弄孟”，亦简写为“弄孟”。2014年第二次全国地名普查记为“陇孟”。陇孟、弄孟、弄孟，壮语Runghmbok，“陇、弄、弄 rungh”指弄场、石山间平地，“孟 mbok”指竹篓。因该村建在形似竹篓的弄场里，故名。聚落呈块状。通行壮话。经济以农业为主，主种玉米。林业主种竹子。

陇飞上 Lǒngfēishàng 那满镇新楼村辖自然村。在村委会驻地北2.2千米处。有5户16人，壮族聚居。姓氏以梁为主。传清乾隆二十六年（1761）建村。1982年第一次全国地名普查时记为“弄飞”，亦简写为“弄飞”。2014年第二次全国地名普查记为“陇飞上”。陇飞上，壮语Runghfaeqgwnz，“陇 rungh”指弄场、石山间平地，“飞 faeq”指锅盖，“上 gwnz”指上方。因该村建在形似锅盖的弄场上方，故名。聚落呈块状。通行壮话。经济以农业为主，主种玉米。林业主种竹子。

驮文 Tuówén 那满镇新楼村辖自然村。在村委会驻地西北3.4千米处。有17户59人，壮族聚居。姓氏有翟、黄等。1973年建村。驮文，壮语Deihvaenz，“驮 deih”指地，“文 vaenz”指条纹。因村后山崖有一道道横纹，故名。聚落呈块状。通行壮话。经济以农业为主，主种玉米。林业主种竹子。

新生村居民地

新生村 Xīnshēng Cūn 那满镇辖村。在镇境南部。驻地在镇人民政府驻地西南 12 千米处。东接新仑村，南连新仑村和五村镇桥马村，西邻五村镇大路村、敢示村，北靠新楼村和坡洪镇央律村。面积 13.92 平方千米。辖驮老、忑夏、驮兰、驮内、驮尧、驮架、驮乐、驮足、驮雁、驮虽、谷昔、百琴、凌云、下更、下更怀、凹地 16 自然村。村委会驻驮老。有 513 户 2091 人，壮族聚居。通行壮话。民国二十四年（1935）属那满乡辖地。1952 年设新生乡，以“新生的人民政权”之意取名，属田阳县第六区。1955 年属那满区。1958 年改大队，属那满公社。1962 年改公社，属那满区。1968 年复改大队，属那满公社。1984 年改村，属那满镇。属岩溶地貌。主要山峰有驮乐山、大山，海拔 861 米、805 米。经济以农业为主。耕地面积 201.89 公顷。农业主种玉米。林业主种竹子。有蛋鸡养殖、柑橘种植等特色产业。那坡—定夜公路（749 县道）过境。

驮老 Tuólǎo 那满镇新生村辖自然村。村委会驻地。有 59 户 221 人，壮族聚居。姓氏有罗、陆等。据 1999 年版《田阳县志》记载，明洪武七年（1374）已有此村，记为“驮劳”，属奉议州南路。1982 年第一次全国地名普查时记为“驮老”。驮老、驮劳，壮语 Deihlaux，“驮 deih”指地，“老、劳 laux”指大。因该村是当地较大的村庄，故名。聚落呈块状。通行壮话。经济以农业为主，主种玉米。有蛋鸡养殖、柑橘种植、竹子种植等特色产业。那坡—定夜公路（749 县道）过境。

忑夏 Tèxià 那满镇新生村辖自然村。在村委会驻地东 0.46 千米处。有 24 户 95 人，壮族聚居。姓氏以唐为主。据 1999 年版《田阳县志》记载，明洪武七年（1374）已有此村，记为“下夏”，属奉议州南路。1982 年第一次全国地名普查时记为“拉夏”。2014 年第二次全国地名普查记为“忑夏”。忑夏、拉夏、下夏，壮语 Lajyaq，“忑、拉、下 laj”指下边，“夏 yaq”指黄花饭树。因该村建在黄花饭树的旁边，故名。聚落呈块状。通行壮话。经济以农业为主，主种玉米。林业主种竹子。那坡—定夜公路（749 县道）过境。

驮兰 Tuólán 那满镇新生村辖自然村。在村委会驻地东偏北 1.4 千米处。有 22 户 79 人，壮族聚居。姓氏以李为主。传明崇祯十二年（1639）已有此村。驮兰，壮语 Deihranz，“驮 deih”指地，“兰 ranz”指房屋。因该村原建在一个古废村上，故名。聚落呈块状。通行壮话。经济以农业为主，主种玉米。林业主种竹子。那坡—定夜公路（749 县道）过境。

驮内 Tuónèi 那满镇新生村辖自然村。在村委会驻地南 1.2 千米处。有 30 户 122 人，壮族聚居。姓氏有黄、陆等。传清嘉庆七年（1802）已有此村。驮内，壮语 Deihndaw，“驮 deih”指地，“内 ndaw”指里面。因该村地处峷场里面，故名。聚落呈块状。通行壮话。经济以农业为主，主种玉米。林业主种竹子。那坡—定夜公路（749 县道）过境。

驮尧 Tuóyáo 那满镇新生村辖自然村。在村委会驻地东南 1.4 千米处。有 31 户 109 人，壮族聚居。姓氏有陆、唐等。据 1999 年版《田阳县志》记载，明洪武七年（1374）已有此村，记为“驮瑶”，属奉议州南路。1982 年第一次全国地名普查时记为“驮尧”。驮尧、驮瑶，壮语 Dahnyauh，“驮 dah”指河，“尧、瑶 nyauh”指虾。因该村位于多小虾的小河边，故名。聚落呈块状。通行壮话。经济以农业为主，主种玉米。林业主种竹子。

驮架 Tuójià 那满镇新生村辖自然村。在村委会驻地东北 1.5 千米处。有 18 户 81 人，壮族聚居。姓氏以罗为主。传清雍正八年（1730）已有此村。1982 年第一次全国地名普查时记为“驮加”，后改“驮架”。驮架、驮加，壮语 Deihgyaq，“驮 deih”指地，“架、加 gyaq”指三角架。因该村建在形似三角架的地方，故名。聚落呈块状。通行壮话。经济以农业为主，主种玉米。林业主种竹子。

驮乐 Tuólè 那满镇新生村辖自然村。在村委会驻地北 0.56 千米处。有 77 户 328 人，壮族聚居。姓氏有吴、黄、翟等。传明万历四十七年（1619）已有此村。驮乐，壮语 Deihrog，“驮 deih”指地，“乐 rog”指外边。因该村建在其他村庄的外边，故名。聚落呈块状。通行壮话。经济以农业为主，主种工米。林业主种竹子。

驮足 Tuózú 那满镇新生村辖自然村。在村委会驻地北 1.4 千米处。有 29 户 129 人，壮族聚居。姓氏以黄为主。传清嘉庆七年（1802）建村。驮足，壮语 Deihcuk，“驮 deih”指地，“足 cuk”指竹子。因该村建在竹子四周环绕的狭小平地，故名。聚落呈块状。通行壮话。经济以农业为主，主种玉米。林业主种竹子。

驮雁 Tuóyàn 那满镇新生村辖自然村。在村委会驻地西北 3 千米处。有 62 户 262 人，壮族聚居。姓氏有黄、杨等。传清康熙五年（1666）已有此村。驮雁，壮语 Diegyanh，“驮 dieg”指地，“雁 yanh”指高山陡壁。因该村地处高山陡壁下，故名。聚落呈块状。通行壮话。经济以农业为主，主种玉米。林业主种竹子。

驮虽 Tuósuī 那满镇新生村辖自然村。在村委会驻地西北 3.2 千米处。有 44 户 183 人，壮族聚居。姓氏有黄、罗等。传清顺治六年（1649）已有此村。驮虽，壮语 Deihsoiq，“驮 deih”指地，“虽 soiq”指碎。因该村建在多碎石的地方，故名。聚落呈块状。通行壮话。经济以农业为主，主种玉米。林业主种竹子。坡洪—桥马公路过境。

谷昔 Gǔxī 那满镇新生村辖自然村。在村委会驻地西北 2.2 千米处。有 25 户 116 人，壮族聚居。姓氏以黄为主。传清乾隆五年（1740）已有此村。谷昔，壮语 Goekseih，“谷 goek”指树根，“昔 seih”指椿树。因该村建居在椿树林旁，故名。聚落呈块状。通行壮话。经济以农业为主，主种玉米。林业主种竹子。坡洪—桥马公路过境。

百琴 Bǎiqín 那满镇新生村辖自然村。在村委会驻地西偏北 1.6 千米处。有 21 户 87 人，壮族聚居。姓氏以黄为主。1982 年第一次全国地名普查时已有此村，记为“巴琴”，建村时间待考。2014 年第二次全国地名普查记为“百琴”。巴琴、百琴，壮语 Bakgwnz，“巴、百 bak”指荒坡，“琴 gwnz”指上边。因该村坐落在荒坡边上，故名。聚落呈块状。通行壮话。经济以农业为主，主种玉米。林业主种竹子。坡洪—桥马公路过境。

凌云 Língyún 那满镇新生村辖自然村。在村委会驻地西偏南 1.6 千米处。有 18 户 88 人，壮族聚居。姓氏有唐、潘等。1978 年从拉夏村迁来建村。凌云，壮语 Raengzyaenz，“凌 raengz”指溶洞，“云 yaenz”指小而窄。因该村建在小而窄的溶洞旁，故名。聚落呈块状。通行壮话。经济以农业为主，主种玉米。林业主种竹子。

下更 Xiàgēng 那满镇新生村辖自然村。在村委会驻地南偏西 1.1 千米处。有 16 户 51 人，壮族聚居。姓氏以陆为主。1978 年从驮尧村迁来建村。下更，壮语 Lajgeng，“下 laj”指山下，“更 geng”指山岗。因该村建在山岗下，故名。聚落呈块状。通行壮话。经济以农业为主，主种玉米。林业主种竹子。坡洪—桥马公路过境。

下更怀 Xiàgēnghuái 那满镇新生村辖自然村。在村委会驻地南 1.9 千米处。有 18 户 68 人，壮族聚居。姓氏以陆为主。1973 年从翁内迁来建村。1982 年第一次全国地名普查时记为“更怀”。2014 年第二次全国地名普查记为“下更怀”。下更怀，壮语 Lajgengvaiz，“下 laj”指山，“更 geng”指山岗，“怀 vaiz”指水牛。因该村建在周边村民常来放牛的山下，故名。聚落呈块状。通行壮话。经济以农业为主，主种玉米。林业主种竹子。

凹地 Āodì 那满镇新生村辖自然村。在村委会驻地西 1.4 千米处。有 19 户 72 人，壮族聚居。姓氏以唐为主。2007 年从翁内、驮尧迁来建村。凹地，因建居在山凹旁，故名。聚落呈块状。通行壮话。经济以农业为主，主种玉米。林业主种竹子。坡洪—桥马公路过境。

新仑村居民地

新仑村 Xīnlún Cūn 那满镇辖村。在镇境南部。驻地在镇人民政府驻地西南 10 千米处。东接新层村和田东县祥周镇模范村、民安村，南连五村镇百亩村、桥马村，西邻新生村、新楼村，北靠光琴村。面积 12.55 平方千米。辖驮仑、陇列、陇发、陇外、巴郎、布青、驮庄、陇礼、驮楼、陇坡、陇桥、陇产、卜多、驮翁、陇石 15 自然村。村委会驻驮仑。有 386 户 1594 人，壮族聚居。通行壮话。民国二十四年（1935）为驮仑村，属那满乡。1952 年设新仑乡，取驮仑村新开始之意，属田阳县第六区。1955 年属那满区。1958 年改大队，属那满公社。1962 年改公社，属那满区。1968 年复改大队，属那满公社。1984 年改村，属那满镇。属岩溶地貌。主要山峰有山中山，海拔 722 米。经济以农业为主。耕地面积 106.44 公顷。农业主种玉米。林业主种竹子、苏木等。那坡—定夜公路（749 县道）过境。

驮仑 Tuólún 那满镇新仑村辖自然村。村委会驻地。有 77 户 276 人，壮族聚居。姓氏有陈、杨、陆、石等。传明崇祯三年（1630）从隆安县迁来建村。驮仑，壮语 Deihraengz，“驮 deih”指地，“仑 raengz”指落水洞。因该村位于落水洞旁边，故名。聚落呈块状。通行壮话。经济以农业为主，主种玉米。林业主种竹子、苏木等。那坡—定夜公路（749 县道）过境。

陇列 Lǒngliè 那满镇新仑村辖自然村。在村委会驻地北 1.8 千米处。有 17 户 69 人，壮族聚居。姓氏有谭、陆等。传明崇祯三年（1630）从武鸣县迁来建村。1982 年第一次全国地名普查时记为“㟖列”，亦简写为“弄列”。2014 年第二次全国地名普查记为“陇列”。陇列、㟖列、弄列，壮语 Runghreq，“陇、㟖、弄 rungh”指㟖场、石山间平地，“列 req”指小石子。因该村地处小石子多的㟖场，故名。聚落呈块状。通行壮话。经济以农业为主，主种玉米。林业主种竹子、苏木等。那坡—定夜公路（749 县道）过境。

陇发 Lǒngfā 那满镇新仑村辖自然村。在村委会驻地北 1.65 千米处。有 23 户 101 人，壮族聚居。姓氏以农为主。传清宣统二年（1910）从田东迁来建村。1982 年第一次全国地名普查时记为“㟖发”，亦简写为“弄发”。2014 年第二次全国地名普查记为“陇发”。陇发、㟖发、弄发，壮语 Runghfah，“陇、㟖、弄 rungh”指㟖场、石山间平地，“发 fah”指遮蔽。因该村始建在密林遮蔽的㟖场，故名。聚落呈块状。通行壮话。经济以农业为主，主种玉米。林业主种竹子、苏木等。那坡—定夜公路（749县道）过境。

陇外 Lǒngwài 那满镇新仑村辖自然村。在村委会驻地东北1.7千米处。有17户64人，壮族聚居。姓氏有黄、卢等。传清道光元年（1821）建村。1982年第一次全国地名普查时记为“㟖外”，亦简写为“弄外”。2014年第二次全国地名普查记为“陇外”。陇外、㟖外、弄外，壮语Runghvai，“陇、㟖、弄rungh”指㟖场、石山间平地，“外vai”指黄藤。因建村在长有黄藤子的㟖场，故名。聚落呈块状。通行壮话。经济以农业为主，主种玉米。林业主种竹子、苏木等。

巴郎 Bāláng 那满镇新仑村辖自然村。在村委会驻地东北1.9千米处。有16户68人，壮族聚居。姓氏有黄、邓等。传明崇祯三年（1630）从隆安迁来建村。原记为“岜郎”，后简写为“巴郎”。巴郎、岜郎，壮语Byarangz，“巴、岜bya”指石山，“郎rangz”指笋。因该村建在石山间形似竹笋的平地上，故名。聚落呈块状。通行壮话。经济以农业为主，主种玉米。林业主种竹子、苏木等。

布青 Bùqīng 那满镇新仑村辖自然村。在村委会驻地东1.3千米处。有8户43人，壮族聚居。姓氏以黄为主。传清光绪六年（1880）从今新层村迁来建村。布青，壮语Mboqheu，“布mboq”指泉，“清heu”指清澈。因该村有口泉，水特别清澈，故名。聚落呈块状。通行壮话。经济以农业为主，主种玉米。林业主种竹子、苏木等。

驮庄 Tuózhuāng 那满镇新仑村辖自然村。在村委会驻地南0.35千米处。有83户308人，壮族聚居。姓氏有黄、杨、李等。传元至元十七年（1280）从隆安县迁来建村。驮庄，壮语Deihgyang，“驮deih”指地，“庄gyang”指中间。因该村处于邻近各村庄的中心，故名。聚落呈环状。通行壮话。经济以农业为主，主种玉米。林业主种竹子、苏木等。那坡—定夜公路（749县道）过境。

陇礼 Lǒnglǐ 那满镇新仑村辖自然村。在村委会驻地南偏东0.8千米处。有44户161人，壮族聚居。姓氏有杨、黄等。传清乾隆元年（1736）建村。1982年第一次全国地名普查时记为“㟖礼”，亦简写为“弄礼”。2014年第二次全国地名普查记为“陇礼”。陇礼、㟖礼、弄礼，壮语Runghndaej，“陇、㟖、弄rungh”指㟖场、石山间平地，“礼ndaej”指得。因该村是征得临近村庄群众的允许才来此㟖场建村，故名。聚落呈块状。通行壮话。经济以农业为主，主种玉米。林业主种竹子、苏木等。

驮楼 Tuólóu 那满镇新仑村辖自然村。在村委会驻地南1.2千米处。有27户100人，壮族聚居。姓氏有黄、杨等。传清同治元年（1862）建村。驮楼，壮语Deihlaeux，“驮deih”指地，“楼laeux”指蒌蒿。因该村建居在长有蒌蒿的地方，故名。聚落呈块状。通行壮话。经济以农业为主，主种玉米。林业主种竹子、苏木等。

陇坡 Lŏngpō 那满镇新仑村辖自然村。在村委会驻地南2.6千米处。有38户143人，壮族聚居。姓氏有黄、农等。传明崇祯三年（1630）从大乐迁来建村。1982年第一次全国地名普查时记为“弄布”，亦简写为“弄布”。2014年第二次全国地名普查记为“陇坡”。陇坡、弄布、弄布，壮语Runghmboq，“陇、弄、弄rungh”指弄场、石山间平地，“坡、布mboq”指泉水。因该村位于有口泉的弄场，故名。聚落呈块状。通行壮话。经济以农业为主，主种玉米。林业主种竹子、苏木等。

陇桥 Lŏngqiáo 那满镇新仑村辖自然村。在村委会驻地南偏东3千米处。有13户49人，壮族聚居。姓氏以黄为主。民国四年（1915）从驮翁迁来建村。1982年第一次全国地名普查时记为“弄桥”，亦简写为“弄桥”。2014年第二次全国地名普查记为“陇桥”。陇桥、弄桥、弄桥，壮语Runghgiuz，“陇、弄、弄rungh”指弄场、石山间平地，“桥giuz”指桥。因该村坐落在有座小桥的弄场，故名。聚落呈块状。通行壮话。经济以农业为主，主种玉米。林业主种竹子、苏木等。

陇产 Lŏngchǎn 那满镇新仑村辖自然村。在村委会驻地南3.5千米处。有11户47人，壮族聚居。姓氏以黄为主。传清嘉庆元年（1796）建村。1982年第一次全国地名普查时记为“弄产”，亦简写为“弄产”。2014年第二次全国地名普查记为“陇产”。陇产、弄产、弄产，壮语Runghcanj，“陇、弄、弄rungh”指弄场、石山间平地，“产canj”指鸡罩。因该村地处形似鸡罩的弄场，故名。聚落呈块状。通行壮话。经济以农业为主，主种玉米。林业主种竹子、苏木等。

卜多 Bǔduō 那满镇新仑村辖自然村。在村委会驻地南3千米处。有5户20人，壮族聚居。姓氏以农为主。传清光绪六年（1880）从忑巴迁来建村。卜多，壮语Mbokdoq，“卜mbok”指竹筒，“多doq”指马蜂。因该村地处地形似竹筒且多马蜂的地方，故名。聚落呈块状。通行壮话。经济以农业为主，主种玉米。林业主种竹子、苏木等。

驮翁 Tuówēng 那满镇新仑村辖自然村。在村委会驻地南偏西3.2千米处。有28户106

人，壮族聚居。姓氏有农、陆、甘等。据 1982 年第一次全国地名普查资料记载，清宣统元年（1909）已有此村。驮翁，壮语 Deihgungx，“驮 deih”指地，“翁 gungx”指角落。因该村处于山的角落，故名。聚落呈块状。通行壮话。经济以农业为主，主种玉米。林业主种竹子、苏木等。那坡—定夜公路（749 县道）过境。

陇石 Lǒngshí 那满镇新仑村辖自然村。在村委会驻地南偏西 3.8 千米处。有 9 户 39 人，壮族聚居。姓氏以农为主。2004 年从驮翁屯迁来建村。陇石，壮语 Runghcieg，“陇 rungh”指弄场、石山间平地，“石 cieg”指龙须草。因该村建居在山间平地上，两旁山上长满龙须草，故名。聚落呈块状。通行壮话。经济以农业为主，主种玉米。林业主种竹子、苏木等。那坡—定夜公路（749 县道）过境。

新层村居民地

新层村 Xīncéng Cūn 那满镇辖村。在镇境南部。驻地在镇人民政府驻地南 10 千米处。东接田东县祥周镇驮仙村，南连田东县祥周镇民安村，西邻新仑村，北靠田东县祥周镇模范村。面积 6.76 平方千米。辖井靛、陇忑、陇召、陇层、陇桑内屯、陇桑外屯、陇勒、过灯、更老、幕陋、陇弄、陇禁、更近、谷陋、提马、头羊、埋断、郎米、陇怕 19 自然村。村委会驻井靛。有 141 户 521 人，壮族聚居。通行壮话。民国二十四年（1935）为陇层村，属桃安乡。1952 年设新层乡，取陇层村新的开始之意，属田阳县第六区。1955 年属那满区。1958 年改大队，属那满公社。1962 年改公社，属那满区。1968 年复改大队，属那满公社。1984 年改村，属那满镇。属岩溶地貌。主要山峰有农林山，海拔 677 米。经济以农业为主。耕地面积 11.89 公顷。农业主种玉米。林业主种竹子、苏木等。

井靛 Jǐngdiàn 那满镇新层村辖自然村。村委会驻地。有 7 户 28 人，壮族聚居。姓氏以黄为主。传清同治十二年（1873）从田东县莫红村迁来建村。井靛，壮语 Cingjromj，“井 cingj”指水井，“靛 romj”指蓝靛。因该村坐落蓝靛井边，故名。聚落呈块状。通行壮话。经济以农业为主，主种玉米。林业主种竹子、苏木等。

陇忑 Lǒngtè 那满镇新层村辖自然村。在村委会驻地东南 0.75 千米处。有 7 户 28 人，壮族聚居。姓氏以黄为主。传清同治九年（1870）建村。1982 年第一次全国地名普查时记为“弄下”，亦简写为“弄下”。2014 年第二次全国地名普查记为“陇忑”。陇忑、弄下、弄下，壮语 Runghlaj，“陇、弄、弄 rungh”指弄场、石山间平地，“忑、下 laj”指下边。因该村坐落在石山脚下弄场里，故名。聚落呈块状。通行壮话。经济以农业为主，主种玉米。林业主种竹子、苏木等。

陇召 Lǒngzhào 那满镇新层村辖自然村。在村委会驻地东南 0.57 千米处。有 3 户 10 人，壮族聚居。姓氏以黄为主。清宣统二年（1910）建村。1982 年第一次全国地名普查时记为“弄召”，亦简写为“弄召”。2014 年第二次全国地名普查记为“陇召”。陇召、弄召、弄召，壮语 Runghcau，“陇、弄、弄 rungh”指弄场、石山间平地，“召 cau”指单竹。因该村地处长有单竹的弄场，故名。聚落呈块状。通行壮话。经济以农业为主，主种玉米。林业主种竹子、苏木等。

陇层 Lǒngcéng 那满镇新层村辖自然村。在村委会驻地南 0.87 千米处。有 18 户 71 人，壮族聚居。姓氏以黄为主。清宣统元年（1909）迁来建村。1982 年第一次全国地名普查时记为“弄层”，亦简写为“弄层”。2014 年第二次全国地名普查记为“陇层”。陇层、弄层、弄层，壮语 Runghciengz，“陇、弄、弄 rungh”指弄场、石山间平地，“层 ciengz”指城墙。因该村在弄场，石山四周环绕形似城墙，故名。聚落呈块状。通行壮话。经济以农业为主，主种玉米。林业主种竹子、苏木等。

陇桑内屯 Lǒngsāngnèitún 那满镇新层村辖自然村。在村委会驻地西南 0.5 千米处。有 2 户 6 人，壮族聚居。姓氏以黄为主。传清咸丰元年（1851）建村。1982 年第一次全国地名普查时记为“弄桑内”，亦简写为“弄桑内”。2014 年第二次全国地名普查记为“陇桑内屯”。陇桑内、弄桑内、弄桑内，壮语 Runghsanghndaw，“陇、弄、弄 rungh”指弄场、石山间平地，“桑 sangh”指石头林立，“内 ndaw”指里边。因该村建在石头林立的弄场里边，故名。聚落呈块状。通行壮话。经济以农业为主，主种玉米。林业主种竹子、苏木等。

陇桑外屯 Lǒngsāngwàitún 那满镇新层村辖自然村。在村委会驻地西南 0.75 千米处。有 3 户 12 人，壮族聚居。姓氏有陆、黄等。清宣统三年（1911）建村。1982 年第一次全国地名普查时记为“弄桑外”，亦简写为“弄桑外”。2014 年第二次全国地名普查记为“陇桑外屯”。陇桑外、弄桑外、弄桑外，壮语 Runghsanghrog，“陇、弄、弄 rungh”指弄场、石山间平地，“桑 sangh”指石头林立，“外 rog”指外边。因该村位于弄桑内的外边，故名。聚落呈块状。通行壮话。经济以农业为主，主种玉米。林业主种竹子、苏木等。

陇勒 Lǒnglè 那满镇新层村辖自然村。在村委会驻地南 1.4 千米处。有 8 户 24 人，壮族聚居。姓氏以黄为主。清宣统元年（1909）从田东县莫红村迁来建村。1982 年第一次全国地名普查时记为“峷勒”，亦简写为“弄勒”。2014年第二次全国地名普查记为“陇勒”。陇勒、峷勒、弄勒，壮语Runghlaeg，“陇、峷、弄 rungh”指峷场、石山间平地，“勒 laeg”指深。因该村坐落在较深的峷场，故名。聚落呈块状。通行壮话。经济以农业为主，主种玉米。林业主种竹子、苏木等。

过灯 Guòdēng 那满镇新层村辖自然村。在村委会驻地南1.6千米处。有11户40人，壮族聚居。姓氏以黄为主。传清咸丰二年（1852）建村。过灯，壮语Godaeng，“过 go”指棵，“灯 daeng”指吊钟花。因村处多长吊钟花的地方，故名。聚落呈块状。通行壮话。经济以农业为主，主种玉米。林业主种竹子、苏木等。

更老 Gēnglǎo 那满镇新层村辖自然村。在村委会驻地南1.8千米处。有2户10人，壮族聚居。姓氏以黄为主。传清同治元年（1862）建村。更老，壮语Genglaux，“更 geng”指山岗，“老 laux”指大。因该村位于一个大山岗脚，故名。聚落呈块状。通行壮话。经济以农业为主，主种玉米。林业主种竹子、苏木等。

幕陋 Mùlòu 那满镇新层村辖自然村。在村委会驻地西南1.1千米处。有12户47人，壮族聚居。姓氏以黄为主。传清咸丰八年（1858）建村。幕陋，壮语Mounaeuh，“幕 mou”指野猪，“陋 naeuh”指黑色。因传村址古时是黑色野猪出没的地方，故名。聚落呈块状。通行壮话。经济以农业为主，主种玉米。林业主种竹子、苏木等。

陇弄 Lǒnglòng 那满镇新层村辖自然村。在村委会驻地西0.7千米处。有7户34人，壮族聚居。姓氏以黄为主。传清咸丰十年（1860）建村。1982年第一次全国地名普查时记为“峷弄”，亦简写为“弄弄”。2014年第二次全国地名普查记为“陇弄”。陇弄、峷弄、弄弄，壮语Runghrong，“陇、峷、弄 rungh”指峷场、石山间平地，“弄 rong”指粽叶。因该村地处长有粽叶的峷场，故名。聚落呈块状。通行壮话。经济以农业为主，主种玉米。林业主种竹子、苏木等。

陇禁 Lǒngjìn 那满镇新层村辖自然村。在村委会驻地西北0.6千米处。有8户28人，壮族聚居。姓氏以黄为主。传清咸丰十年（1860）建村。1982年第一次全国地名普查时记为“峷禁”，亦简写为“弄禁”。2014年第二次全国地名普查记为“陇禁”。陇禁、峷禁、弄禁，壮语Runghgyaemq，“弄、峷、弄 rungh”指峷场、石山间平地，“禁 gyaemq”指狗肝菜。因村处长有狗肝菜的峷场，故名。聚落呈块状。通行壮话。经济以农业为主，主种玉米。林业主种竹子、苏木等。

更近 Gēngjìn 那满镇新层村辖自然村。在村委会驻地西北0.67千米处。有2户12人，壮族聚居。姓氏以黄为主。清宣统二年（1910）建村。更近，壮语Genggaenh，“更geng”指山岗，“近gaenh”指陡峭。因该村地处陡峭的山岗旁，故名。聚落呈块状。通行壮话。经济以农业为主，主种玉米。林业主种竹子、苏木等。

谷陋 Gǔlòu 那满镇新层村辖自然村。在村委会驻地西北0.83千米处。有4户21人，壮族聚居。姓氏以黄为主。传清光绪五年（1879）建村。谷陋，壮语Goekraeu，“谷goek”指根部，“陋raeu”指枫树。因该村建居在枫树林边，故名。聚落呈块状。通行壮话。经济以农业为主，主种玉米。林业主种竹子、苏木等。

提马 Tímǎ 那满镇新层村辖自然村。在村委会驻地东北0.67千米处。有10户37人，壮族聚居。姓氏以陆为主。传清同治十一年（1872）建村。提马，壮语Dikmax，即马蹄。因该村所在弄场前宽后窄形似马蹄，故名。聚落呈块状。通行壮话。经济以农业为主，主种玉米。林业主种竹子、苏木等。

头羊 Tóuyáng 那满镇新层村辖自然村。在村委会驻地东北2千米处。有7户22人，壮族聚居。姓氏以韦为主。传清咸丰五年（1855）建村。头羊，壮语Gyaeujyiengz，意为羊头。因该村西南边有一座山，山顶形似羊头，故名。聚落呈块状。通行壮话。经济以农业为主，主种玉米。林业主种竹子、苏木等。

埋断 Máiduàn 那满镇新层村辖自然村。在村委会驻地东北1.4千米处。有9户22人，壮族聚居。姓氏以谭为主。据1999年版《田阳县志》记载，清代为奉议州仁安团领村，记为“埋断”。埋断，壮语Faizduenh，“埋faiz”指单竹，“断duenh”指野猪。因该村古时多单竹，常有野猪来吃竹笋，故名。聚落呈块状。通行壮话。经济以农业为主，主种玉米。林业主种竹子、苏木等。

郎米 Lángmǐ 那满镇新层村辖自然村。在村委会驻地北1.4千米处。有14户47人，壮族聚居。姓氏以谭为主。传清咸丰八年（1858）建村，记为“狼厚”。1982年第一次全国地名普查时记为“郎厚”。2014年第二次全国地名普查记为“郎米”。郎米、狼厚、郎厚，壮语Rangzhaeux，“郎、狼rangz”指竹笋，“米haeux”指稻谷。因该村长有外形似禾苗，内里像竹笋的莴苣，故名。聚落呈块状。通行壮话。经济以农业为主，主种玉米。林业主种竹子、苏木等。

陇怕 Lǒngpà 那满镇新层村辖自然村。在村委会驻地北偏西 2 千米处。有 7 户 22 人，壮族聚居。姓氏有黄、谭等。清宣统二年（1910）建村。1982 年第一次全国地名普查时记为“弄怕”，亦简写为“弄怕”。2014 年第二次全国地名普查记为“陇怕”。陇怕、弄怕、弄怕，壮语 Runghmbup，“陇、弄、弄 rungh”指弄场、石山间平地，“怕 mbup”指低凹。因该村建在石山间低凹的平地上，故名。聚落呈块状。通行壮话。经济以农业为主，主种玉米。林业主种竹子、苏木等。

百育镇政区居民地

百育镇 Bǎiyù Zhèn 百色市田阳区辖镇。在区境东部。驻地在城区人民政府驻地东南 9.8 千米处。东接田东县祥周镇，南隔右江与那满镇相望，西邻田州镇，北靠玉凤镇。面积 132 平方千米。辖新街社区和百育、九合、四那、新民、六联、七联 6 村。镇人民政府驻新街社区百育新街。有 8741 户 2.93 万人，主要为壮族、汉族。通行壮话。明洪武七年（1374）属奉议州辖地。清光绪二年（1876）为百育团，属奉议州北区。民国元年（1912）属奉议县北区；民国二十二年（1933）改百育乡，属中田区；民国二十四年（1935）改属田阳县。1951 年与甫圩乡及新荣乡的雷公、赖邦、那旺 3 村并为田阳县第七区。1955 年改百育区。1958 年 8 月改百育公社。1962 年 8 月改百育区。1968 年 8 月改百育公社。1984 年改百育乡。1995 年改百育

第十届中国－东盟（百色）现代农业展示交易会现场

镇。2019年属百色市田阳区。因原驻百育街而得名。百育，壮语Bakyueg，“百bak”指口，“育yueg”指溪、谷口，因其地处两溪汇合口，故名。处右江河岸，地貌以河谷冲积平原和丘陵为主。主要山峰有三王山、敢壮山，海拔477.1米、325.9米。有中心小学1所、卫生院1所。广西百色国家农业科技园区核心区、中国－东盟（百色）农业新技术新品种交易中心在辖区内。传境内敢壮山是壮族人文始祖布洛陀的诞生地和生活劳作之地，是壮族文化的重要发祥地和精神家园之一。有农历三月初八敢壮山歌圩。经济以农业和商贸业、旅游业为主。耕地面积4603.99公顷。农业主种水稻、花生、蔬菜、西瓜、香蕉、芒果、甘蔗。田阳区城东轻工业园区部分辖域属百育镇，工业园区有农副产品加工、化工、电子加工、塑料制品、建筑材料等企业。右江林场在镇境西北部。南昆铁路、云桂铁路和324国道、百育—那满公路（848县道）过境，境内还有风情园—七联公路、四那—新民公路、四那—六联公路、百育—敢壮山公路、百育—科技园区公路等乡道。右江航道通航，百色巴马机场在境内。

百育镇居民地一览表

社区、村名称	驻地及街圩、自然村名称
新街社区	驻百育新街126号 1街圩：百育新街
百育村	1街圩：胜利街 13自然村：百育、百昌、东干、爽使、陆园、巴僚、百灵、那东、头东、驮岜、树标、那话、百鸾
九合村	10自然村：那戈、坡林、濑觉、旧绿海屯、新绿海屯、绿托、绿浓、那托、那尊、那兰
四那村	15自然村：那生下屯、那生上屯、那生新屯、绿江、那藏、峒忙、绿端、塘汉、塘平、那柏、那笔、哩徐下屯、哩徐上屯、坡虫、五指山
新民村	12自然村：甫圩、花茶、那宁、那亨、那坤上屯、那坤下屯、那冷、那立、篆虞中屯、篆虞上屯、塘甘、新村
六联村	8自然村：那贯、憧舍、那了、晚老、那务、百慢、东平、平怀林
七联村	6自然村：那立、濑鄂、布砚、那塘、东帮、韦屋
合计：1社区6村，2街圩64自然村	

新街社区居民地

新街社区 Xīnjiē Shèqū 百育镇辖社区。镇人民政府驻地。在镇境中部。东接四那村、九合村，南连九合村并隔右江与那满镇治塘村、大成村相望，西邻右江与那满镇自强村、三同村、内江村相望，北靠七联村和右江林场。面积0.6平方千米。辖百育新街1街圩。社区居委会驻百育新街 126 号。有 1400 人，壮族聚居。2013 年设新街社区，因辖区为百育新街而得名，属百育镇。地处右江河谷，地势平坦。经济以商贸业为主。境内有中国 – 东盟（百色）农业新技术新品种交易中心。百育镇中心小学、百育镇卫生院、百色市农业科学研究所等单位驻此。324 国道、百育—那满公路（848 县道）过境。

百育新街 Bǎiyùxīnjiē 百育镇新街社区辖街圩。百育镇人民政府、百育社区居委会驻地。有 1400 人，壮族聚居。20 世纪 70 年代末 80 年代初征用百育大队百鸾屯 2 亩土地开发建设百育新街，百育公社驻地亦随之搬迁至此。1995 年征用百色市农业科学研究所 40 余亩土地作为开发新区，扩建百育新街。1997 年开发新区基本建成。因始建时是百育公社驻地，又是新建的街圩，故名。聚落沿公路呈带状。通行壮话。经济以商贸业为主。境内有百育镇中心小学、镇卫生院、百色市农业科学研究所等。324 国道、百育—那满公路（848 县道）过境。

百育村居民地

百育村 Bǎiyù Cūn 百育镇辖村。在镇境西部。驻地在镇人民政府驻地西 2.2 千米处。东接四那村、新街社区、九合村，南连九合村并隔右江与那满镇治塘村、大成村相望，西隔右江与那满镇自强村、三同村、内江村相望，北靠七联村和右江林场。面积 12.83 平方千米。辖胜利街 1 街圩和百育、百昌、东干、爽使、陆园、巴僚、百灵、那东、头东、驮岂、树标、那话、百鸾 13 自然村。村委会驻百育。有 2245 户 7078 人，壮、汉族聚居。通行壮话、蔗园话。民国二十四年（1935）为百育村，属百育乡。1952 年与陆园、那莺、百昌 3 村合设百育乡，属田阳县第七区。1955 年属百育区。1958 年改大队，属百育公社。1962 年改公社，属百育区。1968 年复改大队，属百育公社。1984 年改村，属百育乡。1995 年属百育镇。因驻地百育得名。百育，壮语 Bakyueg，“百 bak”指口，“育 yueg”指溪、谷口，因其地处两溪汇合口，故名。处右江河谷，地势平坦。经济以农业为主。耕地面积 658.56 公顷。农业主种水稻、蔬菜。特产香蕉、芒果、圣女果等。324 国道、百育—那满公路（848 县道）过境。

胜利街 Shènglìjiē 百育镇百育村辖街圩。在村委会驻地西 0.2 千米处。有 345 户 1088 人，壮、汉族聚居。姓氏有黄、崔、李、邓等。传明洪武元年（1368）从广东迁来建居。据 1999 年版《田阳县志》记载，明洪武七年（1374）时记为“百育圩”，属奉议州东路；清代称称太平，属奉议州百育团；民国称太平街，属奉议县百育乡。1950 年随着新民主主义革命胜利而改称胜利街。20 世纪 80 年代前曾为百育乡、百育公社驻地。聚落呈团状。通行壮话、蔗园话。经济以农业为主，主种水稻、蔬菜。特产香蕉、芒果、圣女果等。百育—那满公路（848 县道）过境。

百育 Bǎiyù 百育镇百育村辖自然村。村委会驻地。有 234 户 736 人，壮、汉族聚居。姓氏有潘、李、全等。传元至正二十年（1360）建村。据 1999 年版《田阳县志》记载，明洪武七年（1374）为奉议州二都巴寮图领村，称百育；清代称百育上、百育下，为奉议州百育团领村；民国称百育，为奉议县百育乡辖村。1989 年分出百灵。百育，壮语 Bakyueg，“百 bak”指口，“育 yueg”指溪、谷口。因该村地处两条溪谷的汇合口，故名。聚落呈团状。通行壮话、蔗园话。经济以农业为主，主种水稻、蔬菜。特产香蕉、芒果、圣女果等。百育—那满公路（848 县道）过境。

百昌 Bǎichāng 百育镇百育村辖自然村。在村委会驻地南 2.3 千米处，临右江。有 188 户 592 人，壮、汉族聚居。姓氏有韦、苏、黄、李、腾等。据 1982 年第一次全国地名普查资料和 1999 年版《田阳县志》记载，明洪武七年（1374）已有此村，由濑觉村人迁建，称百昌，属奉议州二都巴寮图。清嘉庆年间（1796—1820）分出新居民点爽使。百昌，壮语 Baksueng，“百 bak”指河口，“昌 sueng”指洪水下滩。因该村建在洪水滩口，故名。聚落呈团状。通行壮话、蔗园话。经济以农业为主，主种水稻、蔬菜。特产香蕉、芒果、圣女果等。

东干 Dōnggàn 百育镇百育村辖自然村。在村委会驻地南 1.8 千米处，临右江。有 186 户 587 人，壮族聚居。姓氏有黄、韦、滕等。民国三年（1914）从百昌迁来建村。东干，壮语 Doenghganz，“东 doengh”指沙洲，“干 ganz”指锄头把柄。因村址所在的河边沙洲形似锄头把柄，故名。聚落呈团状。通行壮话。经济以农业为主，主种水稻、蔬菜。特产香蕉、芒果、圣女果等。

爽使 Shuǎngshǐ 百育镇百育村辖自然村。在村委会驻地南 2 千米处，临右江。有 14 户 54 人，壮族聚居。姓氏有黄、潘、滕等。传清嘉庆年间（1796—1820）从百昌分出建村。爽使，壮语 Canghcij，指枣子。因该村边长有枣树，故名。聚落呈团状。通行壮话。经济以农业为主，主种水稻、蔬菜。特产香蕉、芒果、圣女果等。

陆园 Lùyuán 百育镇百育村辖自然村。在村委会驻地南 0.5 千米处。有 229 户 721 人，壮、汉族聚居。姓氏有陆、黄、李、农等。传明崇祯三年（1630）从广东南海县迁来建村，分为陆家村和菜园村。民国二十二年（1933）将陆家村和菜园村合并为陆园村，各取一字得名。聚落呈团状。通行壮话、蔗园话。经济以农业为主，主种水稻、蔬菜。特产香蕉、芒果、圣女果等。

巴僚 Bāliáo 百育镇百育村辖自然村。在村委会驻地北 0.8 千米处，西临右江。有 106 户 333 人，壮族聚居。姓氏有黄、罗、滕等。据 1999 年版《田阳县志》记载，明洪武七年（1374）已有此村，记为“怕寮”，属奉议州二都巴寮图；清代时记为“巴寮”，属奉议州百育团。2014年第二次全国地名普查记为“巴僚”。巴僚、巴寮或怕寮，均为壮语Baqleux音译，“巴、怕baq”指荒地，“僚、寮leux”指木棉树。因该村始建在长有木棉树的荒地上，故名。聚落呈团状。通行壮话。经济以农业为主，主种水稻、蔬菜。特产香蕉、芒果、圣女果等。

百灵 Bǎilíng 百育镇百育村辖自然村。在村委会驻地北0.25千米处，西临右江。有228户718人，壮族聚居。姓氏有潘、黄、何等。原属元至正二十年（1360）建村的百育。1989年从百育分出，称百灵。百灵，壮语Baklimz，“百bak”指口，“灵limz”指林木。因该村坐落在一片茂密的树林入口处，故名。聚落呈团状。通行壮话。经济以农业为主，主种水稻、蔬菜。特产香蕉、芒果、圣女果等。

那东 Nàdōng 百育镇百育村辖自然村。在村委会驻地北偏西1.3千米处，西临右江。有81户253人，壮族聚居。姓氏有陆、覃、韦等。民国十八年（1929）从驮岂迁来建村。那东，壮语Nazdoengh，“那naz”指田，“东doengh”指沙洲。因该村建在河边沙洲地的田垌中，故名。聚落呈团状。通行壮话。经济以农业为主，主种水稻、蔬菜。特产香蕉、芒果、圣女果等。

头东 Tóudōng 百育镇百育村辖自然村。在村委会驻地西北2.8千米处，西临右江。有98户309人，壮族聚居。姓氏有蔡、黄、韦、陆等。传清顺治元年（1644）从广东南海县迁来建村。头东，壮语Gyaeujdoengh，“头gyaeuj”指上端，“东doengh”指沙洲。因该村坐落在沙洲的上端，故名。聚落呈团状。通行壮话。经济以农业为主，主种水稻、蔬菜。特产香蕉、芒果、圣女果等。

驮岂 Tuóqǐ 百育镇百育村辖自然村。在村委会驻地北2.2千米处。有153户483人，壮族聚居。姓氏有罗、黄、韦等。据1999年版《田阳县志》记载，明洪武七年（1374）已有此村，称驮岂，属奉议州一都定黎图；清代属奉议州百育团。驮岂，壮语Deihgex，“驮deih”指地，“岂gex”指角落。因该村始建在土坡角落，故名。聚落呈团状。通行壮话。经济以农业为主，主种水稻、蔬菜。特产香蕉、芒果、圣女果等。境内有县级爱国主义教育基地驮岂革命烈士公墓。

树标 Shùbiāo 百育镇百育村辖自然村。在村委会驻地东北1.9千米处。有125户391人，壮族聚居。姓氏有罗、黄、韦等。传清乾隆元年（1736）从那满迁来建村，称树标，属奉议州百育团。树标，壮语Cihbeu，“树cih”指角落，“标beu”指标竹（撑篙竹）。因始建居在长有标竹（撑篙竹）的山坡角落，故名。聚落呈团状。通行壮话。经济以农业为主，主种水稻、蔬菜。特产香蕉、芒果、圣女果等。324 国道过境。

那话 Nàhuà 百育镇百育村辖自然村。在村委会驻地东北 1.2 千米处。有 115 户 364 人，壮族聚居。姓氏有罗、辛、韦等。据 1999 年版《田阳县志》记载，明洪武七年（1374）已有此村，记为“那化”，属奉议州二都巴寮图；清代时记为“那话”，属奉议州百育团。那话、那化，壮语 Nazva，“那 naz”指田，“话、化 va”指花朵。因该村建在田边，村址周边原多长蔷薇花，故名。聚落呈团状。通行壮话。经济以农业为主，主种水稻、蔬菜。特产香蕉、芒果、圣女果等。

百鸾 Bǎiluán 百育镇百育村辖自然村。在村委会驻地东 1.6 千米处。有 143 户 449 人，壮族聚居。姓氏有彭、农、何等。传明洪武元年（1368）从广东迁来建村。原称坡鸾，清代时称百鸾，属奉议州百育团。20 世纪 70 年代末划出部分辖地新建百育新街。百鸾、坡鸾，壮语 Bakluengq，“百、坡 bak”指口，“鸾 luengq”指雨后积流的水沟。因该村位于几条水沟汇合口旁边，故名。聚落呈团状。通行壮话。经济以农业为主，主种水稻、蔬菜。特产香蕉、芒果、圣女果等。324 国道、百育—那满公路（848 县道）过境。

九合村居民地

九合村 Jiǔhé Cūn 百育镇辖村。在镇境南部。驻地在镇人民政府驻地东南 2.84 千米处。东接田东县祥周镇新洲村，南隔右江与那满镇治塘村相望，西邻百育村，北靠新街社区、四那村。面积 13.62 平方千米。辖那戈、坡林、濑觉、旧绿海屯、新绿海屯、绿托、绿浓、那托、那尊、那兰 10 自然村。村委会驻那戈。有 1646 户 5376 人，壮族聚居。通行壮话。民国二十四年（1935）为百育乡濑觉上、濑觉下、顾海 3 村和甫圩乡绿农村。1952 年设九合乡，因由濑觉、那顾、绿海、绿浓、绿托、那托、那尊、坡林、那兰共 9 个自然村合并组成得名，属田阳县第七区。1955 年属百育区。1958 年改大队，属百育公社。1962 年改公社，属百育区。1968 年复改大队，属百育公社。1984 年改村，属百育乡。1995 年属百育镇。地处右江河谷，地势平坦。经济以农业为主。耕地面积 829.56 公顷。农业主种水稻、蔬菜。特产香蕉、芒果等。324 国道过境。

那戈 Nàgē 百育镇九合村辖自然村。村委会驻地。有 313 户 1032 人，壮族聚居。姓氏有黄、马、农、韦等。传清乾隆元年（1736）已有此村，称那顾。2014 年第二次全国地名普查记为“那戈”。那戈、那顾，壮语 Nazgoq，“那 naz”指田，“戈、顾 goq”指雇工。因古时该村田地属财主所有，当地农民都是财主的雇工，故名。聚落呈团状。通行壮话。经济以农业为主，主种水稻、蔬菜。特产香蕉、芒果、圣女果等。324 国道过境。

那戈村貌

坡林 Pōlín 百育镇九合村辖自然村。在村委会驻地西北 1.8 千米处。有 192 户 636 人，壮族聚居。姓氏有黄、何、覃等。传宋绍兴二年（1132）建村。据 1999 年版《田阳县志》记载，明洪武七年（1374）为奉议州二都巴寮图领村，记为“坡林”；清代为奉议州甫圩团辖村，记为“坡霖”。坡林、坡霖，壮语 Bolimh，“坡 bo”指山坡，“林、霖 limh”指土革木。因始建村在长满土革木的小山坡上，故名。聚落呈块状。通行壮话。经济以农业为主。耕地面积 118.06 公顷。农业主种水稻、蔬菜。特产香蕉、芒果、圣女果等。324 国道过境。

濑觉 Làijué 百育镇九合村辖自然村。在村委会驻地西 2.4 千米处，南濒右江。有 609 户 2013 人，壮族聚居。姓氏有黄、何、梁等。传宋绍兴二年（1132）建村。据 1999 年版《田阳县志》记载，明洪武七年（1374）为奉议州二都巴寮图领村，称濑觉；清代为奉议州百育团辖村，记为“濑觉上村”“濑觉下村”；民国为奉议县百育乡辖村，仍记为“濑觉上村”“濑觉下村”。1982 年第一次全国地名普查时复记为“濑觉”。濑觉，壮语 Raiqyak，“濑 raiq”指浅水滩，“觉 yak”指险恶。该村地处右江河岸浅滩，因此处原是险滩，河岸怪石嶙峋，地貌凹凸不平，故名。聚落呈团状。通行壮话。经济以农业为主，主种水稻、蔬菜。特产香蕉、芒果、圣女果等。

旧绿海屯 Jiùlùhǎitún 百育镇九合村辖自然村。在村委会驻地西南 1.1 千米处，南濒右江。有 77 户 260 人，壮族聚居。姓氏有杨、黄等。据 1999 年版《田阳县志》记载，明洪武七年（1374）已有此村，称渌海，属奉议州二都巴寮图；清代属奉议州百育团。1960 年分出渌海新村。2011 年版《广西壮族自治区城镇乡村名录》记为“绿海”。2014 年第二次全国地名普查记为“旧绿海屯”。绿海、渌海，壮语 Lueghaij，“绿、渌 lueg”指山沟，“海 haij”指水淹。因该村位于山沟边，雨季到来时常被水淹而得名，后部分村民迁出建新屯，改称旧绿海。聚落呈带状。通行壮话。经济以农业为主，主种水稻、蔬菜。特产香蕉、芒果、圣女果等。324 国道过境。

新绿海屯 Xīnlùhǎitún 百育镇九合村辖自然村。在村委会驻地西北 1.2 千米处。有 84 户 272 人，壮族聚居。姓氏有杨、黄等。1960 年由渌海分出建新村，称渌海新村。2011 年版《广西壮族自治区城镇乡村名录》记为“绿海新村”。2014 年第二次全国地名普查记为“新绿海屯”。聚落呈团状。通行壮话。经济以农业为主，主种水稻、蔬菜。特产香蕉、芒果、圣女果等。

绿托 Lùtuō 百育镇九合村辖自然村。在村委会驻地东北 1.6 千米处。有 46 户 153 人，壮族聚居。姓氏有黄、杨、韦等。据 1999 年版《田阳县志》记载，明洪武七年（1374）已有此村，记为“渌托”，属奉议州二都巴寮图。2011 年版《广西壮族自治区城镇乡村名录》记为“绿托”。绿托、渌托，壮语 Luegdak，“绿、渌 lueg”指山沟，“托 dak”指山蚂蝗。因村址附近山沟多山蚂蝗，故名。聚落呈团状。通行壮话。经济以农业为主，主种水稻、蔬菜。特产香蕉、芒果、圣女果等。

绿浓 Lùnóng 百育镇九合村辖自然村。在村委会驻地北 1.6 千米处。有 103 户 339 人，壮族聚居。姓氏有覃、何、梁等。据 1999 年版《田阳县志》记载，明洪武七年（1374）已有此村，记为“渌农”，属奉议州二都巴寮图；清代记为“禄农”，属奉议州百育团；民国时记为“绿农”，属奉议县甫圩乡。1982 年第一次全国地名普查时记为“渌浓”。2011 年版《广西壮族自治区城镇乡村名录》记为“绿浓”。绿浓、渌浓、绿农、禄农或渌农，壮语 Luegndoeng，“绿、渌、禄 lueg”指山沟，“浓、农 ndoeng”指树林。因始建村在林木繁盛的山沟边，故名。聚落呈团状。通行壮话。经济以农业为主，主种水稻、蔬菜。特产香蕉、芒果、圣女果等。324 国道过境。

那托 Nàtuō 百育镇九合村辖自然村。在村委会驻地北偏西 2.1 千米处。有 38 户 124 人，壮族聚居。姓氏有黄、覃等。民国十年（1921）建村。那托，壮语 Nazdak，“那 naz”指田，“托 dak”指山蚂蟥。因该村田垌多山蚂蟥，故名。聚落呈团状。通行壮话。经济以农业为主，主种水稻、蔬菜。特产香蕉、芒果、圣女果等。324 国道过境。

那尊 Nàzūn 百育镇九合村辖自然村。在村委会驻地北偏西 1.9 千米处。有 121 户 399 人，壮族聚居。姓氏有何、覃、梁等。民国三十年（1941）建村。那尊，壮语 Nazmaq，“那 naz”指田，“尊 maq”指水浸。因该村田垌水源丰富，田里常年有水，故名。聚落呈团状。通行壮话。经济以农业为主，主种水稻、蔬菜。特产香蕉、芒果、圣女果等。324 国道过境。

那兰 Nàlán 百育镇九合村辖自然村。在村委会驻地西北 2.6 千米处。有 63 户 208 人，壮族聚居。姓氏以陆为主。传清康熙二十八年（1689）建村，称那兰，属奉议州甫圩团。那兰，壮语 Nazranz，“那 naz”指田，“兰 ranz”指房子。因建居在田垌中间，故名。聚落呈团状。通行壮话。经济以农业为主，主种水稻、蔬菜。特产香蕉、芒果、圣女果等。324 国道过境。

四那村居民地

四那村 Sìnà Cūn 百育镇辖村。在镇境东部。驻地在镇人民政府驻地北 1.7 千米处。东接新民村和田东县祥周镇康元村，南连九合村，西邻新街社区、百育村和右江林场，北靠六联村和右江林场。面积 19.68 平方千米。辖那生下屯、那生上屯、那生新屯、绿江、那藏、峒忙、绿端、塘汉、塘平、那柏、那笔、哩徐下屯、哩徐上屯、坡虫、五指山 15 自然村。村委会驻那

广西百色国家农业科技园区西红柿育苗

生下屯。有 1438 户 5027 人，壮族聚居。通行壮话。民国二十四年（1935）为四介、洞生、那里 3 村，属奉议县甫圩乡。1952 年设四那乡，取四介、那里 2 村各一字得名，属田阳县第七区。1955 年属百育区。1958 年改大队，属百育公社。1962 年改公社，属百育区。1968 年复改大队，属百育公社。1984 年改村，属百育乡。1990 年建有下哩安置点，安置那坡镇合力村陇么下屯（或称弄么下屯）村民。1995 年属百育镇。地处右江河谷，地势平坦。有那生水库。经济以农业为主。耕地面积 903.54 公顷。农业主种水稻、玉米、蔬菜、芒果等。广西百色国家农业科技园区在境内。毗邻百色巴马机场。云桂铁路、南昆铁路、324 国道、四那—新民公路过境。

那生下屯 Nàshēngxiàtún 百育镇四那村辖自然村。村委会驻地。有 58 户 200 人，壮族聚居。姓氏有鄂、黄、班等。据 1999 年版《田阳县志》记载，明洪武七年（1374）已有此村，记为“那生”，属奉议州二都巴寮图；清代属奉议州甫圩团。那生，壮语 Nazseng，“那 naz”指田，“生 seng”指新开辟。因村民到此开辟新田并定居而得名。民国时与峒忙合称峒生，属奉议县甫圩乡。1961 年分出那生新村。1982 年第一次全国地名普查时已分为上、下 2 屯，该村在太阳落下的西面，故名那生下屯。聚落呈团状。通行壮话。经济以农业为主，主种水稻、蔬菜。特产芒果、圣女果等。附近有那生水库。

那生上屯 Nàshēngshàngtún 百育镇四那村辖自然村。在村委会驻地西南 0.17 千米处。有 133 户 630 人，壮族聚居。姓氏有覃、黄等。据 1999 年版《田阳县志》记载，明洪武七年

那生水库

（1374）已有此村，记为“那生”，属奉议州二都巴寮图；清代属奉议州甫圩团。那生，壮语Nazseng，“那 naz”指田，“生 seng”指新开辟。因村民到此开辟新田并定居而得名。民国时与峒忙合称峒生，属奉议县甫圩乡。1961 年分出那生新村。1982 年第一次全国地名普查时已分为上、下 2 屯，该村在太阳升起的东面，故名那生上屯。聚落呈团状。通行壮话。经济以农业为主，主种水稻、蔬菜。特产芒果、圣女果等。附近有那生水库。

那生新屯 Nàshēngxīntún 百育镇四那村辖自然村。在村委会驻地西南 1.2 千米处。有 69 户 228 人，壮族聚居。姓氏有鄂、黄、班等。1961 年从那生迁出建新村，故名。聚落呈团状。通行壮话。经济以农业为主，主种水稻、蔬菜。特产芒果、圣女果等。324 国道过境。

绿江 Lǜjiāng 百育镇四那村辖自然村。在村委会驻地东北 2 千米处。有 179 户 591 人，壮族聚居。姓氏有蒙、陈、黄、韦、陆、覃等。传清雍正元年（1723）建村。原记为“渌江”，后改“绿江”，壮语 Lueggyang，“绿、渌 lueg”指山谷，“江 gyang”指中间。因该村坐落于几个山谷之中，故名。聚落呈团状。通行壮话。农历四月初八有庙会风俗。经济以农业为主，主种水稻、蔬菜。特产芒果、圣女果等。

那藏 Nàcáng 百育镇四那村辖自然村。在村委会驻地南 1.1 千米处。有 61 户 199 人，壮族聚居。姓氏以陆为主。据 1999 年版《田阳县志》记载，明洪武七年（1374）已有此村，记为“那床”，属奉议州二都巴寮图。1982 年第一次全国地名普查时记为“那藏”。那藏、那床，壮语 Nazsangz，“那 naz”指田，“藏、床 sangz”指积水。因建居在一片终年积水的田边，故名。聚落呈团状。通行壮话。农历四月初八有庙会风俗。经济以农业和旅游业为主。农业主种水稻、蔬菜。特产芒果、圣女果等。324 国道过境。是田阳新农村建设试点村，开发建设有田阳聚之乐休闲农业园。2010 年 2 月 14 日，国务院总理温家宝到该村调研。

峒忙 Dòngmáng 百育镇四那村辖自然村。在村委会驻地东南 1.5 千米处。有 275 户 911 人，壮族聚居。姓氏有欧阳、潘、卢、杨等。据 1999 年版《田阳县志》记载，明洪武七年（1374）已有此村，记为“洞忙”，属奉议州二都巴寮图；清代属奉议州甫圩团；民国与那生合称峒生。1982 年第一次全国地名普查时记为“垌忙”。2011 年版《广西壮族自治区城镇乡村名录》记为“峒忙”。峒忙、垌忙或洞忙，壮语 Doenghvuengz，“峒、垌、洞 doengh”指田垌，“忙 vuengz”指黄姓。因该村始由黄姓人迁来此田垌建居，故名。聚落呈团状。通行壮话。农历四月初八有庙会风俗。经济以农业为主，主种水稻、蔬菜。特产芒果、圣女果等。

绿端 Lǜduān 百育镇四那村辖自然村。在村委会驻地北 2.1 千米处。有 64 户 212 人，壮族聚居。姓氏以黄为主。据 1999 年版《田阳县志》记载，明洪武七年（1374）已有此村，记为“渌端”，属奉议州二都幢图。2011 年版《广西壮族自治区城镇乡村名录》记为“绿端”。绿端、渌端，壮语 Luegduenh，“绿、渌 lueg”指山谷，“端 duenh”指野猪。因该村地处昔有野猪常出没的山谷，故名。聚落呈团状。通行壮话。农历四月初八有庙会风俗。经济以农业为主，主种水稻、蔬菜。特产芒果、圣女果等。

塘汉 Tánghàn 百育镇四那村辖自然村。在村委会驻地西北 1.4 千米处。有 12 户 48 人，壮族聚居。姓氏以梁为主。据 1999 年版《田阳县志》记载，明洪武七年（1374）已有此村，称塘汉，属奉议州一都定黎图；清代属奉议州甫圩团。塘汉，壮语 Daemzhanq，“塘 daemz”指池塘，“汉 hanq”指鹅。因始建居在传闻有天鹅落脚的池塘边，故名。聚落呈团状。通行壮话。经济以农业为主，主种水稻、蔬菜。特产芒果、圣女果等。324 国道过境。

塘平 Tángpíng 百育镇四那村辖自然村。在村委会驻地北 1.7 千米处。有 81 户 264 人，壮族聚居。姓氏有冼、黄、梁等。传明万历四十八年（1620）建村。塘平，壮语 Daemzbaengz，“塘 daemz”指池塘，“平 baengz”指布匹。因该村建在形似布匹的池塘边，故名。聚落呈团状。通行壮话。是中华人民共和国开国中将冼恒汉出生地，有革命烈士纪念建筑物冼恒汉将军墓。经济以农业为主，主种水稻、蔬菜。特产芒果、圣女果等。324 国道过境。

那柏 Nàbǎi 百育镇四那村辖自然村。在村委会驻地西北 1.9 千米处，毗邻白色巴马机场。有 44 户 147 人，壮族聚居。姓氏有罗、黄等。据 1999 年版《田阳县志》记载，明洪武七年（1374）已有此村，记为“那白”，属奉议州一都定黎图；清代记为“那佰”，属奉议州甫圩团。1982 年第一次全国地名普查时记为“那百”。2014 年第二次全国地名普查记为“那柏”。那柏、那白、那佰或那百，均为壮语 Nazbyiek 音译，“那 naz”指田，“柏、白、佰、百 byiek”指芋头。因该村田地原多种芋头，故名。聚落呈团状。通行壮话。经济以农业为主，主种水稻、蔬菜。特产芒果、圣女果等。324 国道过境。

那笔 Nàbǐ 百育镇四那村辖自然村。在村委会驻地西北 3.2 千米处，毗邻百色巴马机场。有 181 户 601 人，壮族聚居。姓氏有黄、李、罗、凌、农等。传元至元十六年（1279）从山东迁来建村。据 1999 年版《田阳县志》记载，明洪武七年（1374）为奉议州一都定黎图领村，清代为奉议州甫圩团领村，记为“那毕”。民国时改为“那笔”。那笔、那毕，壮语 Nazbit，“那 naz”指田，“笔、毕 bit”指鸭。因该村坐落在适宜养鸭的田垌上方，故名。聚落呈团状。通行壮话。有农历四月初八庙会风俗。经济以农业为主，主种水稻、蔬菜。特产芒果、圣女果等。324 国道过境。

哩徐下屯 Līxúxiàtún 百育镇四那村辖自然村。在村委会驻地西北 4.7 千米处。有 65 户 215 人，壮族聚居。姓氏有黄、崔等。传元至元十二年（1275）从拉榨村迁来建居。据 1999 年版《田阳县志》记载，明洪武七年（1374）为奉议州二都幢图领村；清代为奉议州甫圩团领村，记为“里徐”。里徐，壮语 Rijciz，“里 rij”指小溪，“徐 ciz”指箭草。因建村在长满箭草的小溪旁边得名。后村庄扩大，一分为二，按村屯形成先后称名，该村形成相对较晚，故名里徐下屯，亦称下里徐。2014 年第二次全国地名普查记为“哩徐下屯”。聚落呈团状。通行壮话。经济以农业为主，主种水稻、蔬菜。特产芒果、圣女果等。

哩徐上屯 Līxúshàngtún 百育镇四那村辖自然村。在村委会驻地西北 4.9 千米处。有 128 户 424 人，壮族聚居。姓氏有李、黄、罗等。传元至元十二年（1275）从拉榨村迁来建居。据 1999 年版《田阳县志》记载，明洪武七年（1374）为奉议州二都幢图领村；清代为奉议州甫圩团领村，记为“里徐”。里徐，壮语 Rijciz，“里 rij”指小溪，“徐 ciz”指箭草。因建村在长满箭草的小溪旁边得名。后村庄扩大，一分为二，按村屯形成先后称名，该村形成相对较早，故名里徐上屯，亦称上里徐。2014 年第二次全国地名普查记为“哩徐上屯”。聚落呈团状。通行壮话。经济以农业为主，主种水稻、蔬菜。特产芒果、圣女果等。

坡虫 Pōchóng 百育镇四那村辖自然村。在村委会驻地西北 4.7 千米处，毗邻百色巴马机场。有 45 户 151 人，壮族聚居。姓氏有廖、卢、黄等。据 1999 年版《田阳县志》记载，明洪武七年（1374）已有此村，记为“坡重”，属奉议州一都定黎图。1982 年第一次全国地名普查时记为“破虫”。2014 年第二次全国地名普查记为“坡虫”。坡虫、坡重、破虫，壮语 Bocungz，“坡、破 bo”指山坡，“虫、重 cungz”指虫子、彩虹。因该村坐落在形似彩虹的山坡旁，壮族人民认为彩虹是天上的虫子，故名。聚落呈团状。通行壮话。有农历四月初八庙会风俗。经济以农业为主，主种水稻、蔬菜。特产芒果、圣女果等。

五指山 Wǔzhǐshān 百育镇四那村辖自然村。在村委会驻地西北 5 千米处。有 43 户 206 人，壮族聚居。姓氏有覃、邓、黄等。20 世纪 80 年代那坡、坡洪、那满 3 个公社部分村民到五指山承包土地并在此建房定居，渐成村落。因该村建在五指山丘陵地的半山腰上，故名。聚落呈团状。通行壮话。经济以农业为主，主种甘蔗、芒果。云桂铁路、南昆铁路过境。

新民村居民地

新民村 Xīnmín Cūn 百育镇辖村。在镇境东部。驻地在镇人民政府驻地东北 6 千米处。东接田东县祥周镇联雄村，南连田东县祥周镇康元村，西邻四那村、六联村和右江林场，北靠玉凤镇朔柳村和右江林场。面积 19.42 平方千米。辖甫圩、花茶、那宁、那亨、那坤上屯、那坤下屯、那冷、那立、篆虞中屯、篆虞上屯、塘甘、新村 12 自然村。村委会驻甫圩。有 1061 户 3382 人，壮族聚居。通行壮话。民国二十四年（1935）为花宁、篆虞 2 村，属甫圩乡。1952 年设新民乡，以“新的人民政权”之意取名，属田阳县第七区。1955 年属百育区。1958 年改大队，属百育公社。1962 年分为新民、甫圩 2 公社，属百育区。1968 年新民、甫圩 2 公社并为新民大队，属百育公社。1984 年改村，属百育乡。1995 年属百育镇。地处右江河谷。为丘陵地貌。主要山峰有三王山，海拔 477.1 米。有下花水库。所辖花茶屯是右江农民赤卫军诞生地、“二都暴动”策源地，有新民村烈士陵园和“二都暴动”纪念碑、花茶庙遗址等纪念地。有国家级非物质文化遗产“布洛陀”口传史诗。有地方特色文化山歌、唐皇调。经济以农业为主。耕地面积 854.01 公顷。农业主种水稻、蔬菜、芒果等。南昆铁路、云桂铁路、四那—新民公路过境。

甫圩 Fǔxū 百育镇新民村辖自然村。村委会驻地。有 57 户 182 人，壮族聚居。姓氏有黄、潘、李等。传明末清初从山东白马苑糯米街迁来建村，称甫圩，属奉议州甫圩团。甫圩，壮语 Hawboux，“甫 boux”是壮语前缀词，无实意，“圩 haw”指圩场。因该村建在圩场上，故名。聚落呈带状。通行壮话。经济以农业为主，主种水稻、蔬菜。特产芒果、圣女果等。四那—新民公路过境。

花茶 Huāchá 百育镇新民村辖自然村。在村委会驻地东北 1.7 千米处。有 209 户 666 人，壮族聚居。姓氏有潘、韦、谭等。据清《（乾隆）镇安府志》和 1999 年版《田阳县志》等资料记载，明洪武七年（1374）已有此村，乃从山东白马苑迁来建居，称花茶，属奉议州二都围宁图；清代属奉议州甫圩团，仍称花茶；民国时与那宁合称花宁，属奉议县甫圩乡。后与那宁分开，仍称花茶。花茶，壮语 Fazcah，“花 faz”指铁，“茶 cah”指坐垫。因该村建在土质很硬的山坡上，犹如铁打的垫枕，故名。聚落呈团状。通行壮话。是右江农民赤卫军诞生地、“二都暴动”策源地，有新民村烈士陵园和“二都暴动”纪念碑、花茶庙遗址等纪念地。经济以农业为主，主种水稻、蔬菜。特产芒果、圣女果等。云桂铁路、南昆铁路过境，为四那—新民公路终点。村北有下花水库。

那宁 Nàníng 百育镇新民村辖自然村。在村委会驻地北1.9千米处。有131户417人，壮族聚居。姓氏有黄、周、覃等。据1982年第一次全国地名普查资料和1999年版《田阳县志》记载，明洪武七年（1374）已有此村，记为“围宁”，乃从山东迁来建居，属奉议州二都围宁图；清代记为“那宁”，属奉议州甫圩团；民国时与花茶合称花宁，属奉议县甫圩乡。后与花茶分开，仍称那宁。那宁，壮语Nazningq，“那naz”指田，“宁ningq”指小。因该村处于丘陵地带，水田地块都很小，故名。聚落呈团状。通行壮话。经济以农业为主，主种水稻、蔬菜。特产芒果、圣女果等。南昆铁路过境。

那亨 Nàhēng 百育镇新民村辖自然村。在村委会驻地西南0.3千米处。有34户108人，壮族聚居。姓氏有潘、农等。据1982年第一次全国地名普查资料和1999年版《田阳县志》记载，明洪武七年（1374）已有此村，记为“那享”，乃从山东迁来建居，属奉议州二都幢图。后演变为那亨。那亨、那享，壮语Nazheng，“那naz”指田，“亨、享heng”指砧板。因该村建在形似砧板的山脚，故名。聚落呈团状。通行壮话。经济以农业为主，主种水稻、蔬菜。特产芒果、圣女果等。四那—新民公路过境。

那坤上屯 Nàkūnshàngtún 百育镇新民村辖自然村。在村委会驻地南1千米处。有49户156人，壮族聚居。姓氏以黄为主。据1982年第一次全国地名普查资料和1999年版《田阳县志》记载，明洪武七年（1374）已有此村，记为“那坤”，乃从山东迁来建居，属奉议州二都幢图。那坤，壮语Nazhon，“那naz”指田，“坤hon”指蒯草。因建村在长有蒯草的田垌，故名。后村庄扩大，一分为二，以村屯方位分称，该村位于北面，俗称“上”，故称那坤上屯。聚落呈团状。通行壮话。经济以农业为主，主种水稻、蔬菜。特产芒果、圣女果等。

那坤下屯 Nàkūnxiàtún 百育镇新民村辖自然村。在村委会驻地南1.7千米处。有90户284人，壮族聚居。姓氏以黄为主。据1982年第一次全国地名普查资料和1999年版《田阳县志》记载，明洪武七年（1374）已有此村，记为“那坤”，乃从山东迁来建居，属奉议州二都幢图。那坤，壮语Nazhon，“那naz”指田，“坤hon”指蒯草。因建村在长有蒯草的田垌，故名。后村庄扩大，一分为二，以村屯方位分称，该村位于南面，俗称“下”，故称那坤下屯。聚落呈团状。通行壮话。经济以农业为主，主种水稻、蔬菜。特产芒果、圣女果等。

那冷 Nàlěng 百育镇新民村辖自然村。在村委会驻地东南1.7千米处。有87户278人，壮族聚居。姓氏有黄、周、黎等。据1982年第一次全国地名普查资料和1999年版《田阳县志》记载，明洪武七年（1374）已有此村，记为“那冷”，乃从山东白马苑糯米街迁来建居，属奉议州二都围宁图。那冷，壮语 Nazlaengj，“那 naz”指田，“冷 laengj”指一种姜类植物。因该村田垌多长当地称“冷”的姜类植物，故名。聚落呈团状。通行壮话。经济以农业为主，主种水稻、蔬菜。特产芒果、圣女果等。境内有那冷水库。

那立 Nàlì 百育镇新民村辖自然村。在村委会驻地东南 2.4 千米处。有 56 户 179 人，壮族聚居。姓氏有黄、向、李等。传清乾隆元年（1736）从山东迁来建村。那立，壮语 Nazreiz，“那 naz”指田，“立 reiz”指小叶榕。因该村建在长有小叶榕的田垌上，故名。聚落呈团状。通行壮话。经济以农业为主，主种水稻、蔬菜。特产芒果、圣女果等。

篆虞中屯 Zhuànyúzhōngtún 百育镇新民村辖自然村。在村委会驻地东 1.9 千米处。有 112 户 358 人，壮族聚居。姓氏以黄为主。据 1982 年第一次全国地名普查资料和 1999 年版《田阳县志》记载，明洪武七年（1374）已有此村，记为“篆虞”，乃从东兰县武篆迁来建居，属奉议州二都围宁图。篆虞，篆指故地武篆，虞是壮语 hwz 音译，指山沟。因东兰县武篆人迁来建居在山沟旁边，故名。清代时篆虞分为上、下 2 屯，以聚落方位分称，该村位于南面，俗称“下”，故称篆虞下屯。民国时又合并称篆虞，属奉议县甫圩乡。后又分开，仍称篆虞下屯。2014 年第二次全国地名普查记为“篆虞中屯”，简称中屯。聚落呈带状。通行壮话。经济以农业为主，主种水稻、蔬菜。特产芒果、圣女果等。

篆虞上屯 Zhuànyúshàngtún 百育镇新民村辖自然村。在村委会驻地东 2.6 千米处。有 135 户 432 人，壮族聚居。姓氏有黄、刘、潘、吕等。据 1982 年第一次全国地名普查资料和 1999 年版《田阳县志》记载，明洪武七年（1374）已有此村，记为“篆虞”，乃从东兰县武篆迁来建居，属奉议州二都围宁图。篆虞，篆指故地武篆，虞是壮语 hwz 音译，指山沟。因东兰县武篆人迁来建居在山沟旁边，故名。清代时篆虞分为上、下 2 屯，以聚落方位分称，该村位于北面，俗称“上”，故称篆虞上屯。民国时又合并称篆虞，属奉议县甫圩乡。后又分开，仍称篆虞上屯，简称上屯。聚落呈团状。通行壮话。经济以农业为主，主种水稻、蔬菜。特产芒果、圣女果等。为革命烈士、红七军将领黄治峰故乡，纪念地有黄治峰故居。南昆铁路过境。

塘甘 Tánggān 百育镇新民村辖自然村。在村委会驻地东北 3 千米处。有 27 户 85 人，壮族聚居。姓氏以黄为主。传清光绪年间（1875—1908）始有村民从田东香普皮村迁来建居，后渐成村。塘甘，壮语 Daemzgam，“塘 daemz”指池塘，“甘 gam”指柑橘。因该村坐落在长有柑橘的池塘旁边，故名。聚落呈团状。通行壮话。经济以农业为主，主种水稻、蔬菜。特产芒果、圣女果等。

新村 Xīncūn 百育镇新民村辖自然村。在村委会驻地南 3.3 千米处。有 74 户 237 人，壮族聚居。姓氏有覃、邓、黎等。1967 年始有村民从坡洪公社双达大队、康浮大队迁来建居，后渐成新的村屯，故名新村。别名塘料，1982 年第一次全国地名普查时即记为“塘料”，壮语 Daemzndeuq，“塘 daemz”指池塘，“料 ndeuq”指山坳。因位于山坳池塘边得名。聚落呈团状。通行壮话。经济以农业为主，主种水稻、蔬菜。特产芒果、圣女果等。

六联村居民地

六联村 Liùlián Cūn 百育镇辖村。在镇境北部。驻地在镇人民政府驻地东北 7 千米处。东接新民村和右江林场，南连四那村、右江林场，西邻田州镇三雷村和三雷林场，北靠玉凤镇朔柳村。面积 17.47 平方千米。辖那贯、憧舍、那了、晚老、那务、百慢、东平、平怀林 8 自然村。村委会驻那贯。有 747 户 2373 人，壮族聚居。通行壮话。民国二十四年（1935）为贯务、憧慢 2 村，属甫圩乡。1952 年设六联乡，因由幢舍、百慢、那贯、那了、那务、那老 6 个自然村联合设立得名，属田阳县第七区。1955 年属百育区。1958 年改大队，属百育公社。1962 年改公社，属百育区。1968 年复改大队，属百育公社。1984 年改村，属百育乡。1995 年属百育镇。地处右江河谷。属丘陵地貌。主要山峰有敢壮山，并以此为基础开发建设敢壮山布洛陀文化遗址景区。经济以农业种植和旅游服务为主。耕地面积 633.66 公顷。农业主种水稻、玉米、甘蔗、蔬菜。特产芒果。南昆铁路、云桂铁路、百育—敢壮山公路、四那—六联公路过境。

那贯 Nàguàn 百育镇六联村辖自然村。村委会驻地。有 189 户 681 人，壮族聚居。姓氏有黄、莫、周、陆、潘、陈等。据 1999 年版《田阳县志》记载，明洪武七年（1374）已有此村，记为“那贯”，属奉议州二都憧图；清代属奉议州甫圩团；民国时期与那务合称贯慕，属奉议县甫圩乡。后与那务分开，仍称那贯。那贯，壮语 Nazgoenh，“那 naz”指田，“贯 goenh”指戽水。因该村以前种田靠戽水灌溉，故名。聚落呈团状。通行壮话。有敢壮山布洛陀文化遗址景区。每年农历三月初七到初九在境内敢壮山举办布洛陀文化旅游节。经济以农业和旅游业为主。农业主种水稻、蔬菜。特产芒果、圣女果等。南昆铁路、云桂铁路、百育—敢壮山公路、四那—六联公路过境。

在敢壮山下举办的布洛陀祭祀活动

幢舍 Chōngshě　百育镇六联村辖自然村。在村委会驻地西北 1.8 千米处。有 264 户 908 人，壮族聚居。姓氏有黄、彭、岑、梁、陈、陆、卢、莫、罗、李等。据 1999 年版《田阳县志》记载，明洪武七年（1374）已有此村，记为"幢零"，属奉议州二都幢图；清代记为"幢舍"，属奉议州甫圩团；民国时与百慢合称幢慢，属奉议县甫圩乡。后与百慢分开，仍称幢舍。幢舍，壮语 Comhseq，"幢 comh"指集中，"舍 seq"指分散。因该村是由几个分散的居民点集中建成一个大屯，故名。聚落呈团状。通行壮话。经济以农业为主，主种水稻、蔬菜。特产芒果、圣女果等。通村级公路。

那了 Nàliǎo　百育镇六联村辖自然村。在村委会驻地东 0.4 千米处。有 82 户 284 人，壮族聚居。姓氏有韦、黄等。传清光绪四年（1878）从东兰县迁来建村。那了，壮语 Nazleuq，"那 naz"指田，"了 leuq"指贫瘠。因该村建在一片贫瘠的田垌中，故名。聚落呈块状。通行壮话。毗邻敢壮山布洛陀文化遗址景区。经济以农业为主，主种水稻、蔬菜。特产芒果、圣女果等。南昆铁路、云桂铁路过境。

晚老 Wǎnlǎo　百育镇六联村辖自然村。在村委会驻地东南 0.5 千米处。有 24 户 83 人，壮族聚居。姓氏有黄、韦等。传清康熙元年（1662）从东兰县迁来建村。晚老，壮语 Mbanjlaux，"晚 mbanj"指村，"老 laux"指大。因该村从前是较大的村庄，故名。聚落呈团状。通行壮话。

毗邻敢壮山布洛陀文化遗址景区。经济以农业为主，主种水稻、蔬菜。特产芒果、圣女果等。百育—敢壮山公路过境。

那务 Nàwù 百育镇六联村辖自然村。在村委会驻地西南 1.7 千米处。有 62 户 208 人，壮族聚居。姓氏有黄、梁、陈等。据 1999 年版《田阳县志》记载，明洪武七年（1374）已有此村，记为“那墓”，属奉议州二都憧图；清代称那务，属奉议州甫圩团；民国时与那贯合称贯慕，属奉议县甫圩乡。后与那贯分开，称那慕。2011 年版《广西壮族自治区城镇乡村名录》记为“那暮”。2014 年第二次全国地名普查记为“那务”。那务、那墓、那慕或那暮，壮语 Nazmou，“那 naz”指田，“务、墓、慕、暮 mou”指猪。因该村所在田垌以前经常有野猪出没，故名。聚落呈团状。通行壮话。经济以农业为主，主种水稻、蔬菜。特产芒果、圣女果等。百育—敢壮山公路过境。

百慢 Bǎimàn 百育镇六联村辖自然村。在村委会驻地西北 2.7 千米处。有 51 户 176 人，壮族聚居。姓氏有黄、韦、陆等。据 1999 年版《田阳县志》记载，明洪武七年（1374）已有此村，记为“怕慢”，属奉议州二都憧图；清代称百慢，属奉议州甫圩团；民国时与憧舍合称憧慢，属奉议县甫圩乡。后与憧舍分开，仍称百慢。百慢，壮语 Bakmanh，“百 bak”指口，“慢 manh”指门帘。因该村西、南、北三面都是山，东面的左边长有一棵大枫树，右边长有一棵大扁桃树，远望好像一张门帘，故名。聚落呈团状。通行壮话。经济以农业为主，主种水稻、蔬菜。特产芒果、圣女果等。南昆铁路过境。

东平 Dōngpíng 百育镇六联村辖自然村。在村委会驻地西 1.8 千米处。有 30 户 105 人，壮族聚居。姓氏有黄、陆、梁等。1980 年从憧舍迁来建村。东平，壮语 Doenghbingz，“东 doengh”指田垌，“平 bingz”指一片平地。因该村坐落在一片平坦的田垌中间，故名。聚落呈团状。通行壮话。经济以农业为主，主种水稻、蔬菜。特产芒果、圣女果等。百育—敢壮山公路过境。

平怀林 Pínghuáilín 百育镇六联村辖自然村。在村委会驻地西北 3.2 千米处。有 45 户 108 人，壮族聚居。姓氏有覃、李、黄等。1982 年始有那坡、坡洪、那满 3 公社的部分村民到五指山承包土地而在此建房定居，后渐成村。平怀林，壮语 bingzvaizlinz，意为山脚下的田地。因建居在山脚田地中，故名。该村为百育镇的移民村，村民户籍在原籍。聚落呈团状。通行壮话。经济以农业为主，主种水稻、蔬菜、芒果等。

七联村居民地

七联村 Qīlián Cūn 百育镇辖村。在镇境西部。驻地在镇人民政府驻地西北7千米处。东接右江林场，南连百育村并隔右江与那满镇内江村相望，西隔右江与田州镇东旺村相望，北靠田州镇东江村和三雷林场。面积12.13平方千米。辖那立、濑鄂、布砚、那塘、东帮、韦屋6自然村。村委会驻那立。有1604户5230人，壮、汉族聚居。通行壮话、蔗园话。民国二十四年（1935）为濑邦、布塘2村，分别属新荣乡、百育乡。1952年设七联乡，因由七个自然村联合设立得名，属田阳县第七区。1955年属百育区。1958年改大队，属百育公社。1962年改公社，属百育区。1968年复改大队，属百育公社。1984年改村，属百育乡。1995年属百育镇。地处右江河谷，地势平坦。经济以农业为主。耕地面积570.8公顷。农业主种水稻、玉米、花生、蔬菜、芒果等。毗邻百色巴马机场。324国道过境。

那立 Nàlì 百育镇七联村辖自然村。村委会驻地。有132户431人，壮族聚居。姓氏有廖、凌等。传明万历四十年（1612）建村。那立，壮语Nazreiz，“那naz”指田，“立reiz”指小叶榕。因该村位于长有小叶榕的田边，故名。聚落呈团状。通行壮话。经济以农业为主，主种水稻、蔬菜。特产芒果、圣女果等。毗邻百色巴马机场。324国道过境。

濑鄂 Lài'è 百育镇七联村辖自然村。在村委会驻地西1.4千米处，西临右江。有252户820人，壮族聚居。姓氏有钟、黄等。传清乾隆三年（1738）从兴城迁来建村。濑鄂，壮语Raiqngag，“濑raiq”指浅水滩，“鄂ngag”指壮族地区一种形状较为扁平的酒坛。因该村居于形似酒坛的沙洲旁边，故名。聚落呈团状。通行壮话。经济以农业为主，主种水稻、蔬菜。特产芒果、圣女果等。

布砚 Bùyàn 百育镇七联村辖自然村。在村委会驻地南1千米处。有133户435人，壮族聚居。姓氏有黄、农、李等。据1999年版《田阳县志》记载，明洪武七年（1374）已有此村，记为“布燕”，属奉议州一都定黎图；清代时记为“布元”，属奉议州百育团；民国时记为“布砚”，属奉议县。布砚、布燕、布元，壮语Mboqyienh，“布mboq”指泉，“砚、燕、元yienh”指墨砚、砚台。因该村始建居在状似圆形墨砚的泉眼旁，故名。聚落呈团状。通行壮话。经济以农业为主，主种水稻、蔬菜。特产芒果、圣女果等。324国道过境。

那塘 Nàtáng 百育镇七联村辖自然村。在村委会驻地东南2.2千米处，南临右江。有209户683人，壮族聚居。姓氏有韦、罗、李等。传明万历四十四年（1616）建村。那塘，壮语

Nazdaemz，“那 naz”指田，“塘 daemz”指池塘。因该村自古有一口池塘，世代不涸，可用于灌田，故名。聚落呈带状。通行壮话。经济以农业为主，主种水稻、蔬菜。特产芒果、圣女果等。右江流经。

东帮 Dōngbāng 百育镇七联村辖自然村。在村委会驻地西南 2.8 千米处，西临右江。有 657 户 2139 人，壮族聚居。姓氏有罗、黄、凌等。传宋绍兴三十二年（1162）从山东白马苑迁来建村。据 1999 年版《田阳县志》记载，明洪武七年（1374）为奉议州一都定黎图领村，记为“冻邦”。1982 年第一次全国地名普查时记为“东邦”。2014 年第二次全国地名普查记为“东帮”。东帮、冻邦或东邦，壮语 Doengqbuengq，“东、冻 doengq”指沙洲，“帮 buengq”指单独。因该村坐落于沙洲外面，建村时附近没有村庄，故名。曾为七联村驻地，分为上东帮和下东帮 2 个居民点。聚落呈团状。通行壮话。经济以农业为主，主种水稻、蔬菜。特产芒果、圣女果等。

韦屋 Wéiwū 百育镇七联村辖自然村。在村委会驻地西南 3 千米处，南临右江。有 221 户 722 人，汉、壮族聚居。姓氏有韦、黄等。传清光绪二十一年（1895）从南宁府宣化县下韦村迁来建居。1982 年第一次全国地名普查时记为“东旺”，壮语 Doengqvangh，“东 doengq”指沙洲，“旺 vangh”指九层皮树。因建居在长有九层皮树的沙洲旁得名。2014 年第二次全国地名普查记为“韦屋”。因该村从下韦村迁来，村民绝大部分是韦姓，故名。聚落呈团状。通行壮话、蔗园话。经济以农业为主，主种水稻、蔬菜。特产芒果、圣女果等。

玉凤镇政区居民地

玉凤镇 Yùfèng Zhèn 百色市田阳区辖镇。在区境东北部。驻地在城区人民政府驻地东北 31.5 千米处。东接田东县义圩镇、那拔镇，南连百育镇、田州镇、头塘镇，西邻百色市右江区四塘镇、龙川镇，北靠河池市巴马瑶族自治县所略乡、燕洞镇。面积 583 平方千米。辖玉凤、朔柳、统合、懂立、甫里、上镇、长高、岭平、六惠、巴庙、华彰、能带、坤平、坡旺、百民、百甲、那江 17 村。镇人民政府驻玉凤村那么街。有 1.02 万户 3.97 万人，有壮、汉、瑶族。民国初期为百色县百羌乡和恩隆县凤桥、鹅桥 2 乡。民国二十三年（1934）为百羌、凤桥、鹅桥 3 乡，属万冈县。1952 年 8 月百羌、凤桥、鹅桥 3 乡划归田阳县，设田阳县第八区。1955 年改那么区。1958 年改那么公社。1961 年分为那么、坤平、懂立 3 公社。1962 年那么、坤平、懂立 3 公社并为玉凤区。1968 年 8 月改玉凤公社。1984 年改玉凤乡，并析出坤平乡。1997 年改镇。2005 年坤平乡并入。2019 年属百色市田阳区。玉凤，含义待考。地处都阳山脉南缘，为丘陵地貌。主要山峰有方屯坡、高师山、高架山，海拔分别为 1026.60 米、931.2 米、876 米。百东河、玉凤河流经，是百东河水源保护区之一。有小学 5 所、卫生院 2 所。有金水泉、长寿泉、停怀泉，沐浴洞、更衣洞、休闲洞，岑氏庙、布洛陀庙、观音庙等三泉三洞三庙景点。长寿山每年农历八月十八日举行布洛陀庙会。有国家级非物质文化遗产“布洛陀”口传史诗。地方特色文化有玉凤壮族山歌。有那么林场。耕地面积 4947.15 公顷。经济以农业为主，主种水稻、玉米等。特产甘蔗、芒果、油茶等。建有风力发电场。汕昆高速公路、323 国道过境，境内有谷西—坤平公路（849 县道）、玉凤—巴庙公路（734 乡道）、亭怀—能带公路（722 乡道）、懂立—朔柳公路（731 乡道）。

玉凤镇的风力发电场

玉凤镇居民地一览表

村名称	驻地及街圩、自然村名称
玉凤村	1 街圩：那么街 6 自然村：那东、六算、在标、那沙、停怀、百乐
朔柳村	9 自然村：百徐、更屯、大平、小平、六么、百庙、那娄、朔上、朔下
统合村	7 自然村：东茶、百里、百懂、百耀、那银、朔客、东六
懂立村	8 自然村：浪社、岩立、那了、甫少、甫懂、上往、下往、那美
甫里村	5 自然村：上里、下里、岩念、百关、甫穷
上镇村	8 自然村：谷西、谷西新屯、岩霞、东一、东二、谷丰、外论、甫夜
长高村	11 自然村：贤农、上腮、弄下、那徐、甫勇、在飘、绿塘、那晚、弄烈、那关、那卖
岭平村	7 自然村：六勒、甫华上屯、甫华下屯、六元、那恒、东贯、巴时

续表

村名称	驻地及街圩、自然村名称
六惠村	7自然村：下仇、上仇、驮惠、六显、六直、在吾、外老
巴庙村	11自然村：班六、巴庙、六贯、六令、六红、坡东、那巴、那床、六往、那务、那夜
华彰村	9自然村：巴造、巴令、弄腰、巴朗、巴桃、那类、作里、平那、那朝
能带村	9自然村：能造、弄甲、甫牙、东令、那造、坡福、弄楼、六旺、六才
坤平村	12自然村：实力、那老、朔莫、塘兵、那礼、那停、坤圩、那虾、百沙、那耐、那怀、那敏
坡旺村	11自然村：那造、那了、那晚、坡旺、那当、行马、那要、那沙、那烟、那谷、优屯
百民村	5自然村：那陋、使除、六追、百社、方屯
百甲村	7自然村：百雅、坡达、百甲、那中、那平、相屯、六林
那江村	12自然村：下月、坡求、江洲、那将、百力、孔福、那累、那太、舍屯、三中、那路、坡赖
合计：17村，1街圩144自然村	

坤平乡 Kūnpíng Xiāng 田阳县原辖乡。在县境北部。驻地在县人民政府驻地北28千米处。东、南连玉凤镇，西邻百色市右江区四塘镇、龙川镇，北靠河池市巴马瑶族自治县所略乡。面积194平方千米。2005年辖坤平、坡旺、百民、百甲、那江5村。乡人民政府驻坤平村。民国初期为百羌乡，属百色县。民国二十三年（1934）属万冈县。1952年划归田阳县，与凤桥、鹅桥2乡合设田阳县第八区。1955年属那么区。1958年属那么公社。1961年析置坤平公社。1962年并入玉凤区。1968年8月属玉凤公社。1984年析置坤平乡，属田阳县。2005年撤销，辖域并入玉凤镇。

玉凤村居民地

玉凤村 Yùfèng Cūn 玉凤镇辖村。镇人民政府驻地。在镇境东部。东接田东县义圩镇朔晚村，南连岭平村，西邻华彰村和那么林场，北靠能带村和那么林场。面积21.24平方千米。辖那么街1街圩和那东、六算、在标、那沙、停怀、百乐6自然村。村委会驻那么街。有761户3001人，壮族聚居。通行壮话。民国二十三年（1934）设玉凤村，属万冈县凤桥乡。1952年改乡，属田阳县第八区。1955年属那么区。1958年改大队，属那么公社。1962年改公社，属玉凤区。1968年复改大队，属玉凤公社。1984年改村，属玉凤乡。1997年属玉凤镇。玉凤，含义待考。地处都阳山脉南缘。丘陵地貌。主要山峰有高师山、顶六坡，海拔分别分 931.2 米、897.6 米。玉凤镇中心卫生院、中心小学等单位在境内。有停怀“布洛陀”文化遗址、百乐长寿山大叶榕古树。有国家级非物质文化遗产“布洛陀”口传史诗。地方特色文化有玉凤壮族山歌。经济以个体经营和农业为主。耕地面积 322.14 公顷。农业主种水稻、玉米、甘蔗等。林业主种油茶、杉树、松树等。境内有农产品贸易市场。323 国道、玉凤—巴庙公路（734 乡道）过境。玉凤河流经。

那么街 Nàmójiē 玉凤镇玉凤村辖街圩。玉凤镇人民政府、玉凤村村委会驻地。有 294 户 1187 人，壮族聚居。姓氏有廖、李、潘、张、黄、王、韦、钟等。传清康熙年间（1662—1722）建村，后发展为街圩。那么，壮语 Nazmo，“那 naz”指田，“么 mo”指道公。因地处一片田垌中，从前有个庙堂，人们常请道公来敬神，以求风调雨顺，故名。聚落呈带状。通行壮话。为玉凤镇企事业单位驻地和商品交易集散地，有镇直单位、中心小学、幼儿园、中心卫生院、百货超市、农贸市场、银行及通信运营商网点等。经济以个体经营和农业为主。个体经营以农副产品、日用百货为主。农业主种水稻、玉米等。特产玉凤油茶。323 国道、玉凤—巴庙公路（734 乡道）过境。玉凤河流经。

那东 Nàdōng 玉凤镇玉凤村辖自然村。在村委会驻地北 1.3 千米处。有 51 户 189 人，壮族聚居。姓氏有廖、苏、李。据 1998 年版《田东县志》记载，清光绪元年（1875）已有此村，记为“那东”，属恩隆县上隆里一都宜图。那东，壮语 Nazdoengh，“那 naz”指田，“东 doengh”指田垌。因该村建在田垌边上，故名。聚落呈散状。通行壮话。经济以农业为主，主种水稻、玉米、甘蔗、油茶等。特产玉凤油茶。玉凤—巴庙公路（734 乡道）过境。玉凤河流经。

六算 Liùsuàn 玉凤镇玉凤村辖自然村。在村委会驻地东南 2.7 千米处。有 97 户 399 人，壮族聚居。姓氏有易、文、黄、韦、覃、罗等。传清康熙年间（1662—1722）建村。六算，壮语 Luegsuen，“六 lueg”指山谷，“算 suen”指训。因始建村在曾是训牛之地的山谷中，故名。聚落呈块状。通行壮话。经济以农业为主，主种水稻、玉米、甘蔗、生姜等。特产油茶。通村级公路。

在标 Zàibiāo 玉凤镇玉凤村辖自然村。在村委会驻地东 3 千米处。有 31 户 124 人，壮族聚居。姓氏有韦、覃、黄、兰等。1961 年始有人迁来建居，后渐成村落。1982 年第一次全国地名普查时记为“在瓢”。2014 年第二次全国地名普查记为“在标”。在标、在瓢，壮语 Byaibiuz，“在 byai”指山顶，“标、瓢 biuz”指水瓢。因建村在形似水瓢的弄场边的山顶，故名。聚落呈块状。通行壮话。经济以农业为主，主种玉米。通村级公路。

那沙 Nàshā 玉凤镇玉凤村辖自然村。在村委会驻地东 1.2 千米处。有 40 户 161 人，壮族聚居。姓氏有韦、马、李等。传清康熙年间（1662—1722）建村。那沙，壮语 Nazsa，“那 naz”指田，“沙 sa”指沙子。因该村建在沙田上边，故名。聚落呈块状。通行壮话。经济以农业为主，主种水稻、玉米、油茶。特产玉凤油茶。通村级公路。

停怀 Tínghuái 玉凤镇玉凤村辖自然村。在村委会驻地东北 3.5 千米处。有 169 户 664 人，壮族聚居。姓氏有陆、覃、谭、刘、黄等。传清康熙年间（1662—1722）建村。据 1998 年版《田东县志》记载，清光绪元年（1875）称亭怀外、亭怀内，属恩隆县上隆里一都宧图。1982 年第一次全国地名普查记为“亭怀”。2014 年第二次全国地名普查记为“停怀”。停怀、亭怀，壮语 Diengzvaiz，“停、亭 diengz”指棚，“怀 vaiz”指牛。因始建村在曾搭有牛棚的㟖场，故名。聚落呈块状。通行壮话。境内有布洛陀遗址。经济以农业为主，主种水稻、玉米、甘蔗、油茶。特产玉凤油茶。323 国道、亭怀—能带公路（722 乡道）过境。

百乐 Bǎilè 玉凤镇玉凤村辖自然村。在村委会驻地东北 4.7 千米处。有 79 户 337 人，壮族聚居。姓氏有黄、何、韦、王等。传清康熙年间（1662—1722）建村。百乐，壮语 Baklag，“百 bak”指口，“乐 lag”指宽。因该村坐落在比较宽的山坳口上，故名。聚落呈团状。通行壮话。境内有长寿山大叶榕古树。经济以农业为主，主种水稻、玉米、甘蔗、油茶。特产玉凤油茶。323 国道过境。

朔柳村居民地

朔柳村 Shuòliǔ Cūn 玉凤镇辖村。在镇境南部。驻地在镇人民政府驻地西南 17.4 千米处。东接田东县那拔镇六鲁村，南连百育镇新民村、六联村和右江林场，西邻统合村和田州镇三雷村，北靠懂立村和田东县那拨镇六柳村。面积 52.89 平方千米。辖百徐、更屯、大平、小平、六么、百庙、那娄、朔上、朔下 9 自然村。村委会驻百徐。有 817 户 3162 人，壮族聚居。通行壮话。民国二十三年（1934）为朔乐、百柳 2 村，属万冈县鹅桥乡。1952 年设朔柳乡，取朔乐、百柳 2 村各一字得名，属田阳县第八区。1955 年属那么区。1958 年改大队，属那么公社。1962 年改公社，属玉凤区。1968 年复改大队，属玉凤公社。1984 年改村，属玉凤乡。1997 年属玉凤镇。地处都阳山脉南缘。属丘陵地貌。主要山峰有定垒山，海拔 641.4 米。地方特色文化有玉凤壮族山歌。有朔柳水库、朔柳小学。经济以农业为主。耕地面积 378.53 公顷。农业主种水稻、甘蔗、芒果等。为懂立—朔柳公路（731 乡道）终点。境内有朔柳水库。

百徐 Bǎixú 玉凤镇朔柳村辖自然村。村委会驻地。有 70 户 292 人，壮族聚居。姓氏有黄、李等。传清雍正元年（1723）建村。据 1998 年版《田东县志》记载，清光绪元年（1875）称百除，属恩隆县上隆里一都重图。1982 年第一次全国地名普查记为“百徐”。百徐、百除，壮语 Baqciz，“百 baq”指荒地，“徐、除 ciz”指箭草。因始建村在长有箭草的荒地旁，故名。聚落呈块状。通行壮话。经济以农业为主，主种水稻、甘蔗。特产芒果、圣女果等。为懂立—朔柳公路（731 乡道）终点。

更屯 Gēngtún 玉凤镇朔柳村辖自然村。在村委会驻地东偏南 4.7 千米处。有 105 户 438 人，壮族聚居。姓氏有黄、李等。传清乾隆元年（1736）始有此村。据 1998 年版《田东县志》记载，清光绪元年（1875）称更村，属恩隆县上隆里一都重图。1982 年第一次全国地名普查记为“甫更”，因甫宏与更村合并各取一字得名。2014 年第二次全国地名普查记为“更屯”。更屯，壮语 Mbanjgeng，“更 geng”指木根坚硬，“屯 mbanj”指村屯。因该村从前有坚硬木根树，故名。聚落呈块状。通行壮话。经济以农业为主，主种水稻、甘蔗。特产芒果、圣女果等。通村级公路。

大平 Dàpíng 玉凤镇朔柳村辖自然村。在村委会驻地东偏南 1.4 千米处。有 69 户 273 人，壮族聚居。姓氏以黄为主。传清乾隆元年（1736）建村。据 1998 年版《田东县志》记载，清光绪元年（1875）称平桃，属恩隆县上隆里一都重图。平桃，因建村在一片地势平坦的桃树林边而得名。后村庄扩大，一分为二，以聚居规模区分称名，该村聚居规模较大，称大平桃，简称大平。聚落呈带状。通行壮话。经济以农业为主，主种水稻、甘蔗。特产芒果、圣女果等。通村级公路。

小平 Xiǎopíng 玉凤镇朔柳村辖自然村。在村委会驻地东偏南 1.6 千米处。有 34 户 135 人，壮族聚居。姓氏有李、陆、黄、梁等。传清乾隆元年（1736）建村。据 1998 年版《田东县志》记载，清光绪元年（1875）称平桃，属恩隆县上隆里一都重图。平桃，因建村在一片地势平坦的桃树林边而得名。后村庄扩大，一分为二，以聚居规模区分称名，该村聚居规模较小，称小平桃，简称“小平”。聚落呈块状。通行壮话。经济以农业为主，主种水稻、甘蔗。特产芒果、圣女果等。通村级公路。

六么 Liùmó 玉凤镇朔柳村辖自然村。在村委会驻地北 0.8 千米处。有 49 户 168 人，壮族聚居。姓氏有黄、陆等。传清康熙元年（1662）建村。据1998年版《田东县志》记载，清光绪元年（1875）称渌摩，属恩隆县上隆里一都重图。1982年第一次全国地名普查记为“六么”。六么、渌摩，壮语Luegmo，“六、渌lueg”指山谷，“么、摩mo”指巫。因该村从前有一块巫田，谁人耕种须先拜神，故名。聚落呈块状。通行壮话。经济以农业为主，主种水稻、甘蔗。特产芒果、圣女果等。通村级公路。

百庙 Bǎimiào 玉凤镇朔柳村辖自然村。在村委会驻地西北0.6千米处。有56户196人，壮族聚居。姓氏以覃为主。传清嘉庆元年（1796）建村。百庙，壮语Bakmiuh，“百bak”指口，“庙miuh”指寺庙。因该村建在一座寺庙边，故名。聚落呈块状。通行壮话。经济以农业为主，主种水稻、甘蔗。特产芒果、圣女果等。懂立—朔柳公路（731乡道）过境。

那娄 Nàlóu 玉凤镇朔柳村辖自然村。在村委会驻地西偏南2.3千米处。有136户530人，壮族聚居。姓氏以黄为主。传清乾隆元年（1736）建村。那娄，壮语Nazraeu，“那naz”指田，“娄raeu”指枫树。因该村田边长有枫树，故名。聚落呈块状。通行壮话。经济以农业为主，主种水稻、甘蔗。特产芒果、圣女果等。323国道百懂岔路口至朔柳公路过境。

朔上 Shuòshàng 玉凤镇朔柳村辖自然村。在村委会驻地东南2.9千米处。有155户592人，壮族聚居。姓氏有林、黄、农、蒙等。传清乾隆元年（1736）建村。原称朔罗，后改朔乐，壮语Soklah，“朔sok”指河口，“罗、乐lah”指看、张望。因始建村在河口可以看到的地方，故名。后村庄扩大，一分为二，以所处地理位置区分称名，该村在小河流上游方向，故称朔乐上屯或上朔乐，简称朔上。聚落呈块状。通行壮话。经济以农业为主，主种水稻、甘蔗。特产芒果、圣女果等。通村级公路。

朔下 Shuòxià 玉凤镇朔柳村辖自然村。在村委会驻地东南2.5千米处。有143户538人，壮族聚居。姓氏有蒙、黄、唐、梁等。传清乾隆元年（1736）建村。原称朔罗，后改朔乐，壮语Soklah，“朔sok”指河口，“罗、乐lah”指看、张望。因始建村在河口可以看到的地方，故名。后村庄扩大，一分为二，以所处地理位置区分称名，该村在小河流下游方向，故称朔乐下屯或下朔乐，简称朔下。聚落呈块状。通行壮话。经济以农业为主，主种水稻、甘蔗。特产芒果、圣女果等。通村级公路。村东面有朔柳水库。

统合村居民地

统合村 Tǒnghé Cūn 玉凤镇辖村。在镇境南部。驻地在镇人民政府驻地西南 19.5 千米处。东接懂立村、朔柳村，南连田州镇三雷村和头塘镇联坡村，西邻百色市右江区四塘镇新忻村，北靠甫里村。面积 36.47 平方千米。辖东茶、百里、百懂、百耀、那银、朔客、东六 7 自然村。村委会驻东茶。有 380 户 1507 人，壮族聚居。通行壮话。原为玉凤公社懂立大队辖地。1980 年析置统合大队，以"统一合作"之意得名，属玉凤公社。1984 年改村，属玉凤乡。1997 年属玉凤镇。地处都阳山脉南缘。丘陵地貌。主要山峰有马安山，海拔 523.5 米。地方特色文化有玉凤壮族山歌。经济以农业为主。耕地面积 395.23 公顷。农业主种水稻、甘蔗等。特产蔬菜、芒果等。323 国道过境。

东茶 Dōngchá 玉凤镇统合村辖自然村。村委会驻地。有 46 户 187 人，壮族聚居。姓氏有黄、罗等。传清乾隆元年（1736）建村。东茶，壮语 Doenghcah，"东 doengh"指沙洲，"茶 cah"指垫子。因该村建在形似垫子的沙洲上边，故名。聚落呈块状。通行壮话。经济以农业为主，主种水稻。特产芒果、圣女果等。通村级公路。有小河流经。

百里 Bǎilǐ 玉凤镇统合村辖自然村。在村委会驻地东南 0.65 千米处。有 57 户 224 人，壮族聚居。姓氏有黄、陆、罗等。传清乾隆元年（1736）建村。据 1998 年版《田东县志》记载，清光绪元年（1875）称百理，属恩隆县上隆里一都重图。1982 年第一次全国地名普查记为"百里"。百里、百埋，壮语 Bakrij，"百 bak"指口，"里、理 rij"指溪水。因该村位于溪口的旁边，故名。聚落呈块状。通行壮话。经济以农业为主，主种水稻。特产芒果、圣女果等。通村级公路。

百懂 Bǎidǒng 玉凤镇统合村辖自然村。在村委会驻地东南 3.7 千米处。有 62 户 261 人，壮族聚居。姓氏有陆、黄、韦等。传清顺治元年（1644）建村。1982 年第一次全国地名普查时记为"百东"。2014 年第二次全国地名普查记为"百懂"。百懂、百东，壮语 Bakdungj，"百 bak"指口，"懂、东 dungj"指鼓、延伸为凸出之意。因该村坐落在河流曲折流经而形成的凸出之地，故名。聚落呈块状。通行壮话。经济以农业为主，主种水稻。特产芒果、圣女果等。323 国道过境。

百耀 Bǎiyào 玉凤镇统合村辖自然村。在村委会驻地东南 3 千米处。有 47 户 173 人，壮族聚居。姓氏有黄、彦、陆等。传清顺治元年（1644）建村。百耀，壮语 Bakyiuh，"百 bak"指口，“耀 yiuh”指鹰。因该村坐落在河流曲折状似鹰嘴的地方，故名。聚落呈带状。通行壮话。经济以农业为主，主种水稻。特产芒果、圣女果等。通村级公路。

那银 Nàyín 玉凤镇统合村辖自然村。在村委会驻地东北 1.8 千米处。有 39 户 145 人，壮族聚居。姓氏有黄、陆等。传清嘉庆元年（1796）建村。那银，壮语 Nazngaenz，“那 naz”指田，“银 ngaenz”指银子。因传闻此地曾有人在田里挖得银子，故名。聚落呈块状。通行壮话。经济以农业为主，主种水稻。特产芒果、圣女果等。通村级公路。

朔客 Shuòkè 玉凤镇统合村辖自然村。在村委会驻地西北 1.2 千米处。有 81 户 307 人，壮族聚居。姓氏有黄、罗、陆等。传清乾隆元年（1736）建村。朔客，壮语 Sokhek，“朔 sok”指河口，“客 hek”指客人。因该村地处河口，是古代田州至巴马所略乡的交通要道，设有马店供过往客人投宿，故名。聚落呈块状。通行壮话。经济以农业为主，主种水稻。特产芒果、圣女果等。通村级公路。

东六 Dōngliù 玉凤镇统合村辖自然村。在村委会驻地西北 3.3 千米处。有 48 户 210 人，壮族聚居。姓氏有何、黄等。传清嘉庆元年（1796）建村。东六，壮语 Doenghloek，“东 doengh”指沙洲，“六 loek”指竹筒水车。因村处河边沙洲地，过去村民需用竹筒水车提水灌溉田地，故名。聚落呈块状。通行壮话。经济以农业为主，主种水稻。特产芒果、圣女果等。通村级公路。

懂立村居民地

懂立村 Dǒnglì Cūn 玉凤镇辖村。在镇境南部。驻地在镇人民政府驻地西南 17 千米处。东接田东县那拔镇六柳村，南连朔柳村，西邻统合村、甫里村，北靠甫里村、长高村。面积 29.25 平方千米。辖浪社、岩立、那了、甫少、甫懂、上往、下往、那美 8 自然村。村委会驻浪社。有 442 户 1705 人，壮族聚居。通行壮话。民国二十三年（1934）为时懂、造勇 2 村，属万冈县鹅桥乡。1952 年设懂立乡，取甫懂、岩立 2 自然村各一字得名，属田阳县第八区。1955 年属那么区。1958 年改大队，属那么公社。1962 年改公社，属玉凤区。1968 年复改大队，属玉凤公社。1980 年析出统合大队。1984 年改村，属玉凤乡。1997 年属玉凤镇。地处都阳山脉南缘。属丘陵地貌。主要山峰有坡三耀，海拔 414.6 米。地方特色文化有玉凤壮族山歌。有懂立水库。经济以农业为主。耕地面积 448.41 公顷。农业主种水稻、甘蔗。特产芒果、圣女果。323 国道过境。

浪社 Làngshè 玉凤镇懂立村辖自然村。村委会驻地。有 70 户 266 人，壮族聚居。姓氏以陆为主。传清雍正元年（1723）建村。浪社，壮语 Ndangqsix，“浪 ndangq”指山崖，“社 six”指社庙。因始建居于山神庙边，故名。聚落呈块状。通行壮话。经济以农业为主，主种水稻。特产芒果、圣女果。通村级公路。

岩立 Yánlì 玉凤镇懂立村辖自然村。在村委会驻地北 1.5 千米处。有 26 户 100 人，壮族聚居。姓氏有陆、黄等。传清咸丰元年（1851）建村。岩立，曾记为“岩利”，壮语 Ngamzreiz，“岩 ngamz”指坳口，“立、利 reiz”指小叶榕。因始建村在长有小叶榕的山坳口，故名。聚落呈块状。通行壮话。经济以农业种植为主，主种水稻。特产芒果、圣女果。323 国道过境。

那了 Nàliǎo 玉凤镇懂立村辖自然村。在村委会驻地东北 2 千米处。有 41 户 152 人，壮族聚居。姓氏以陆为主。传清雍正元年（1723）建村。那了，壮语 Nazleux，“那 naz”指田，“了 leux”指木棉。因始建村在长有木棉的田边，故名。聚落呈块状。通行壮话。经济以农业为主，主种水稻。特产芒果、圣女果。323 国道过境。

甫少 Fǔshào 玉凤镇懂立村辖自然村。在村委会驻地东北 4.6 千米处。有 79 户 304 人，壮族聚居。姓氏有黄、韦等。传清乾隆元年（1736）建村。甫少，曾记为“甫造”，壮语 Bouxcaux，“甫 boux”指村，“少、造 caux”指造。因祖辈先到此造田耕种，后迁来建村，故名。聚落呈块状。通行壮话。经济以农业为主，主种水稻。特产芒果、圣女果。323 国道过境。

甫懂 Fǔdǒng 玉凤镇懂立村辖自然村。在村委会驻地东北 3.9 千米处。有 98 户 359 人，壮族聚居。姓氏有黄、陆、谭等。传清雍正十年（1732）建村。甫懂，壮语 Bouxdungx，“甫 boux”指村，“懂 dungx”指肚子。因该村始建在一个形似猪肚的山谷，故名。聚落呈块状。通行壮话。经济以农业为主，主种水稻。特产芒果、圣女果。323 国道过境。

上往 Shàngwǎng 玉凤镇懂立村辖自然村。在村委会驻地东北 3.5 千米处。有 53 户 224 人，壮族聚居。姓氏以黄为主。传清雍正元年（1723）建村，称甫往，壮语 Bouxvangx，“甫 boux”指村，“往 vangx”指围绕。因始建村在山坡环绕的田垌中得名。后村庄扩大，一分为二，以方位分称，该村在东面，俗称“上”，故称甫往上屯，简称上往。聚落呈块状。通行壮话。经济以农业为主，主种水稻。特产芒果、圣女果。通村级公路。

下往 Xiàwǎng 玉凤镇懂立村辖自然村。在村委会驻地东北 2.6 千米处。有 57 户 232 人，壮族聚居。姓氏有黄、覃、杨等。传清雍正元年（1723）建村，称甫往，壮语 Bouxvangx，“甫 boux”指村，“往 vangx”指围绕。因始建村在山坡环绕的田垌中得名。后村庄扩大，一分为二，以方位分称，该村在西面，俗称“下”，故称甫往下屯，简称下往。聚落呈散状。通行壮话。经济以农业为主，主种水稻。特产芒果、圣女果。通村级公路。

那美 Nàměi 玉凤镇懂立村辖自然村。在村委会驻地北 1.3 千米处。有 18 户 68 人，壮族聚居。姓氏以陆为主。传清雍正元年（1723）建村。那美，壮语 Nazndae，“那 naz”指田，“美 ndae”指野柿子。因该村田边原长有野柿子，故名。聚落呈块状。通行壮话。经济以农业为主，主种水稻。特产芒果、圣女果。通村级公路。

甫里村居民地

甫里村 Fǔlǐ Cūn 玉凤镇辖村。在镇境西南部。驻地在镇人民政府驻地西南 11.8 千米处。东接长高村、懂立村，南连统合村，西邻百色市右江区四塘镇那伏村，北靠坤平村、上镇村。面积 57.72 平方千米。辖上里、下里、岩念、百关、甫穷 5 自然村。村委会驻上里。有 360 户 1351 人，壮族聚居。通行壮话。民国二十三年（1934）属万冈县鹅桥乡辖地。1952 年设甫里乡，取甫穷、上里 2 村各一字得名。属田阳县第八区。1955 年属那么区。1958 年改大队，属那么公社。1962 年与上镇大队合设玉凤区上里公社。1968 年属玉凤公社上里大队。1980 年撤上里大队，分置甫里大队，属玉凤公社。1984 年改村，属玉凤乡。1997 年属玉凤镇。地处都阳山脉南缘。属丘陵地貌。主要山峰有在就山，海拔 685.6 米。地方特色文化有玉凤壮族山歌。经济以农业为主。耕地面积 238.37 公顷。农业主种水稻、甘蔗、芒果。323 国道过境。百东河流经。

上里 Shànglǐ 玉凤镇甫里村辖自然村。村委会驻地。有 104 户 380 人，壮族聚居。姓氏有黄、班等。传清雍正元年（1723）年建村。据 1998 年版《田东县志》记载，清光绪元年（1875）称上理，属恩隆县上隆里一都重图。1982 年第一次全国地名普查记为“甫里上”。2014 年第二次全国地名普查记为“上里”。上里或上理，壮语 Lehgwnz，“上 gwnz”指上面，延伸为旁边，“里、理 leh”指拣、选择。因是拣别人丢弃的地方建居，故名。聚落呈块状。通行壮话。经济以农业为主，主种水稻。特产芒果。通村级公路。

下里 Xiàlǐ 玉凤镇甫里村辖自然村。在村委会驻地西南 2.7 千米处。有 67 户 250 人，壮族聚居。姓氏有周、蒙等。传清雍正元年（1723）建村。据 1998 年版《田东县志》记载，清光绪元年（1875）称上理，属恩隆县上隆里一都重图。1982 年第一次全国地名普查记为“甫里下”。

2014年第二次全国地名普查记为“下里”。下里或下理，壮语 Lehlaj，“下 laj”指下方，“里、理 leh”指拣、选择。因是拣别人丢弃的地方建居，且位于上里的下边，故名。聚落呈块状。通行壮话。经济以农业为主，主种水稻。特产芒果。通村级公路。

岩念 Yánniàn 玉凤镇甫里村辖自然村。在村委会驻地东1.8千米处。有42户151人，壮族聚居。姓氏有陆、李、黄等。传清嘉庆元年（1796）建村。岩念，壮语 Ngamznaem，“岩 ngamz”指山口，“念 naem”指佛肚竹。因该村坐落在长有佛肚竹的山口旁边，故名。聚落呈块状。通行壮话。经济以农业为主，主种水稻。特产芒果。323国道过境。

百关 Bǎiguān 玉凤镇甫里村辖自然村。在村委会驻地西3.1千米处。有35户130人，壮族聚居。姓氏有黄、韦等。传清宣统元年（1909）建村。百关，壮语 Bakgvam，“百 bak”指山口，“关 gvam”指棕榈树。因该村坐落在有棕榈树的山谷会合口，故名。聚落呈块状。通行壮话。经济以农业为主，主种水稻。特产芒果。通村级公路。百东河流经。

甫穷 Fǔqióng 玉凤镇甫里村辖自然村。在村委会驻地西南4.7千米处。有112户440人，壮族聚居。姓氏有韦、黄、覃等。传清顺治元年（1644）建村。甫穷，壮语 Bouxgongz，“甫 boux”指村，“穷 gongz”指野草。因村址周边多长有当地称“穷”的野草，故名。聚落呈块状。通行壮话。经济以农业为主，主种水稻。特产芒果。通村级公路。百东河流经。

上镇村居民地

上镇村 Shàngzhèn Cūn 玉凤镇辖村。在镇境中部。驻地在镇人民政府驻地西南7.8千米处。东接岭平村，南连长高村、甫里村，西邻坤平村，北靠坤平村、六惠村。面积31.97平方千米。辖谷西、谷西新屯、岩霞、东一、东二、谷丰、外论、甫夜8自然村。村委会驻谷西。有300户1180人，壮族聚居。通行壮话。民国二十三年（1934）为上念、镇田2村，属万冈县鹅桥乡。1952年设上镇乡，取上念、镇田2村各一字得名，属田阳县第八区。1955年属那么区。1958年改大队，属那么公社。1962年与甫里大队合设玉凤区上里公社。1968年属玉凤公社上里大队。1980年撤上里大队，分置上镇大队，属玉凤公社。1984年改村，属玉凤乡。1997年属玉凤镇。地处都阳山脉南缘。属丘陵地貌。主要山峰有坡廷望，海拔763.8米。地方特色文化有玉凤壮族山歌。经济以农业为主。耕地面积82.3公顷。农业主种水稻。特产芒果、油茶。林业主种杉树、松树等。323国道、谷西—坤平公路（849县道）过境。

谷西 Gǔxī 玉凤镇上镇村辖自然村。村委会驻地。有 50 户 191 人，壮族聚居。姓氏有陆、农、黄等。传清嘉庆元年（1796）年建村。谷西，壮语 Goeksiq，“谷 goek”指根部，“西 siq”指金刚木。因始建村在有金刚木的地方，故名。聚落呈散状。通行壮话。经济以农业为主，主种水稻。特产芒果、油茶等。林业主种杉树、松树等。323 国道过境。为谷西—坤平公路（849 县道）起点。

谷西新屯 Gǔxīxīntún 玉凤镇上镇村辖自然村。在村委会驻地东北 0.2 千米处。有 14 户 66 人，壮族聚居。姓氏有农、韦等。2001 年 6 月建村。因是在谷西屯附近为安置受灾群众而新建的居民点，故名。聚落呈块状。通行壮话。经济以农业为主，主种水稻。特产芒果、油茶等。林业主种杉树、松树等。323 国道过境。

岩霞 Yánxiá 玉凤镇上镇村辖自然村。在村委会驻地东北 2 千米处。有 27 户 103 人，壮族聚居。姓氏有杨、李、蒙等。传清宣统元年（1909）年建村。1982 年第一次全国地名普查记为“岩下”。2014 年第二次全国地名普查记为“岩霞”。岩霞、岩下，壮语 Ngamzhaz，“岩 ngamz”指坳口，“霞、下 haz”指茅草。因建村在长有茅草的山坳口，故名。聚落呈块状。通行壮话。经济以农业为主，主种水稻。特产芒果、油茶。林业主种杉树、松树等。323 国道过境。

东一 Dōngyī 玉凤镇上镇村辖自然村。在村委会驻地北偏东 0.9 千米处。有 36 户 143 人，壮族聚居。姓氏有黄、韦等。传清道光元年（1821）已有东湾村，是壮语 Ndoengven 的音译，“东 ndoeng”指山林、森林，“湾 ven”意为险恶。因原村址周边是茂密的山林，且地势比较险要而得名。清末民初时分别迁至原村址南北两面山脚，该村在南面山脚，故称东湾下。又因划分生产队时该村为东湾一队，故简称东一。聚落呈团状。通行壮话。经济以农业为主，主种水稻。特产芒果、油茶等。林业主种杉树、松树等。通村级公路。

东二 Dōng'èr 玉凤镇上镇村辖自然村。在村委会驻地东北 1.6 千米处。有 39 户 161 人，壮族聚居。姓氏以黄为主。传清道光元年（1821）已有东湾村，是壮语 Ndoengven 的音译，“东 ndoeng”指山林、森林，“湾 ven”意为险恶。因原村址周边是茂密的山林，且地势比较险要而得名。清末民初时分别迁至原村址南北两面山脚，该村在北面山脚，故称东湾上，又因划分生产队时该村为东湾二队，故亦简称“东二”。聚落呈块状。通行壮话。经济以农业为主，主种水稻。特产芒果、油茶等。林业主种杉树、松树等。通村级公路。

谷丰 Gǔfēng 玉凤镇上镇村辖自然村。在村委会驻地南 1.7 千米处。有 44 户 190 人，壮族聚居。姓氏有廖、王、杨等。传清嘉庆元年（1796）建村。谷丰，壮语 Goekfung，“谷 goek”指根部，“丰 fung”指酸枣树。因该村周围长有酸枣树，故名。聚落呈散状。通行壮话。经济以农业为主，主种水稻。特产芒果、油茶等。林业主种杉树、松树等。323 国道过境。

外论 Wàilùn 玉凤镇上镇村辖自然村。在村委会驻地西北 1.4 千米处。有 46 户 152 人，壮族聚居。姓氏有黄、李等。传清宣统元年（1909）建村。外论，壮语 Fairin，“外 fai”指水坝，“论 rin”指石头。因该村地处石坝附近，故名。聚落呈散状。通行壮话。经济以农业为主，主种水稻。特产芒果、油茶等。林业主种杉树、松树等。通村级公路。

甫夜 Fǔyè 玉凤镇上镇村辖自然村。在村委会驻地西北 3.2 千米处。有 44 户 174 人，壮族聚居。姓氏有苏、赵、李等。传清乾隆元年（1736）建村。甫夜，壮语 Bouxye，“甫 boux”指村，“夜 ye”指塘夜村。因先祖是从塘夜（今属百育镇）迁来，为纪念故地，故名。聚落呈散状。通行壮话。经济以农业为主，主种水稻。特产芒果、油茶等。林业主种杉树、松树等。通村级公路。

长高村居民地

长高村 Chánggāo Cūn 玉凤镇辖村。在镇境东部。驻地在镇人民政府驻地南 6 千米处。东接田东县义圩镇那荷村，南连田东县那拔镇福星村，西邻懂立村、甫里村、上镇村，北靠岭平村。面积 26.64 平方千米。辖贤农、上腮、弄下、那徐、甫勇、在飘、绿塘、那晚、弄烈、那关、那卖 11 自然村。村委会驻贤农。有 575 户 2125 人，壮族聚居。通行壮话。民国二十三年（1934）为长高村，因此地山脉又长又高而得名，属万冈县凤桥乡。1952 年改乡，属田阳县第八区。1955 年属那么区。1958 年改大队，属那么公社。1962 年改公社，属玉凤区。1968 年复改大队，属玉凤公社。1984 年改村，属玉凤乡。1997 年属玉凤镇。地处都阳山脉南缘。属丘陵地貌。主要山峰有顶我山、登工山，海拔分别为 983.8 米、876.2 米。玉凤河流经。地方特色文化有玉凤壮族山歌。经济以农业为主。耕地面积 280.71 公顷。农业主种水稻、甘蔗。林业主种杉树、松树等。特产玉凤油茶。

长高村田园风光

贤农 Xiánnóng 玉凤镇长高村辖自然村。村委会驻地。有 19 户 85 人，壮族聚居。姓氏有韦、黄等。传元至元十六年（1279）建村。贤农，壮语 Henzndoeng，“贤 henz”指边缘，“农 ndoeng”指森林。因该村从前建在森林的旁边，故名。聚落呈块状。通行壮话。经济以农业为主，主种水稻、甘蔗。林业主种杉树、松树等。特产玉凤油茶。那恒—那拔镇公路过境。玉凤河流经。

上腮 Shàngsāi 玉凤镇长高村辖自然村。在村委会驻地南偏西 0.7 千米处。有 111 户 437 人，壮族聚居。姓氏有韦、黄、覃等。传清宣统元年（1909）建村。上腮，壮语 Saigwnz，“上 gwnz”指上面，“腮 sai”指带子。因该村上面有一条带状的山脉，故名。聚落呈块状。通行壮话。经济以农业为主，主种水稻、甘蔗。林业主种杉树、松树等。特产玉凤油茶。通村级公路。玉凤河在村前流经。

弄下 Lòngxià 玉凤镇长高村辖自然村。在村委会驻地南 0.6 千米处。有 28 户 117 人，壮族聚居。姓氏有韦、黄等。传明崇祯九年（1636）建村。1982 年第一次全国地名普查时记为“峼下”，后简写为“弄下”。弄下、峼下，壮语 Runghlaj，“弄、峼 rungh”指峼场、石山间平地，“下 laj”指下面。因村处石山下的峼场，故名。聚落呈块状。通行壮话。经济以农业为主，主种水稻、甘蔗。林业主种杉树、松树等。特产玉凤油茶。通村级公路。玉凤河在村前流经。

那徐 Nàxú 玉凤镇长高村辖自然村。在村委会驻地西北 0.5 千米处。有 62 户 261 人，壮族聚居。姓氏以韦为主。传元至元十六年（1279）建村。1982 年第一次全国地名普查时记为“那除”，后演变为那徐。那徐、那除，含义有两说，一说是壮语 Nazcwz 音译，“那 naz”指田，“徐、除 cwz”指牛。因该村下面的田近河边，传河边曾有人看见犀牛现身水面，故名。另说是壮语 Nazsix 音译，“那 naz”指田，“徐、除 six”指庙堂。因该村的田过去是庙堂的公田，故名。聚落呈块状。通行壮话。经济以农业为主，主种水稻、甘蔗。林业主种杉树、松树等。特产玉凤油茶。通村级公路。玉凤河流经。

甫勇 Fǔyǒng 玉凤镇长高村辖自然村。在村委会驻地西南 3.6 千米处。有 79 户 297 人，壮族聚居。姓氏有黄、韦等。传清乾隆元年（1736）建村。甫勇，壮语 Bouxyuengh，“甫 boux”指村，“勇 yuengh”指爬坡。因该村处在深山原始森林之处，进出需爬坡，故名。聚落呈块状。通行壮话。经济以农业为主，主种水稻、甘蔗。林业主种杉树、松树等。特产玉凤油茶。通村级公路。

在飘 Zàipiāo 玉凤镇长高村辖自然村。在村委会驻地南偏东 1.5 千米处。有 84 户 348 人，壮族聚居。姓氏有黄、廖等。传明洪武元年（1368）建村。在飘，壮语 Byaibiu，“在 byai”指山顶，“飘 biu”指水瓢。因该村坐落在形似水瓢的山顶上，故名。聚落呈块状。通行壮话。经济以农业为主，主种水稻、甘蔗。林业主种杉树、松树等。特产玉凤油茶。通村级公路。

绿塘 Lùtáng 玉凤镇长高村辖自然村。在村委会驻地北 0.3 千米处。有 38 户 164 人，壮族聚居。姓氏以黄为主。传元至元十六年（1279）建村。绿塘，壮语 Luegdaemz，“绿 lueg”指山谷，“塘 daemz”指池塘。因始建村在有小山塘的山谷旁，故名。聚落呈块状。通行壮话。经济以农业为主，主种水稻、甘蔗。林业主种杉树、松树等。特产玉凤油茶。那恒—那拔镇公路过境。玉凤河流经。

那晚 Nàwǎn 玉凤镇长高村辖自然村。在村委会驻地东偏南 1.7 千米处。有 23 户 105 人，壮族聚居。姓氏以黄为主。传明洪武元年（1368）建村。那晚，壮语 Nazvanj，“那 naz”指田，“晚 vanj”指大叶榕。因该村坐落在有数棵大叶榕的田边，故名。聚落呈块状。通行壮话。经济以农业为主，主种水稻、甘蔗。林业主种杉树、松树等。特产玉凤油茶。那恒—那拔镇公路过境。玉凤河流经。

弄烈 Lòngliè 玉凤镇长高村辖自然村。在村委会驻地东南1.8千米处。有27户100人，壮族聚居。姓氏有黄、韦等。1951年建村。弄烈，壮语Lueglez，“弄lueg”指山谷，“烈lez”指荒山偏僻。因始建村在荒凉偏僻的山谷，故名。聚落呈块状。通行壮话。经济以农业为主，主种水稻、甘蔗。林业主种杉树、松树等。特产玉凤油茶。那恒—那拔镇公路过境。玉凤河流经。

那关 Nàguān 玉凤镇长高村辖自然村。在村委会驻地东南3千米处。有30户115人，壮族聚居。姓氏以黄为主。传明洪武元年（1368）建村。那关，壮语Nazgvan，“那naz”指田，“关gvan”指关卡。因该村的田边过去设有关卡，故名。聚落呈块状。通行壮话。经济以农业为主，主种水稻、甘蔗。林业主种杉树、松树等。特产玉凤油茶。那恒—那拔镇公路过境。玉凤河流经。

那卖 Nàmài 玉凤镇长高村辖自然村。在村委会驻地东南2.5千米处。有74户296人，壮族聚居。姓氏有黄、韦等。传元至元十六年（1279）建村。那卖，壮语Nazmbuek，“那naz”指田，“卖mbuek”指木瓢。因该村前方田垌形似木瓢，故名。聚落呈块状。通行壮话。经济以农业为主，主种水稻、甘蔗。林业主种杉树、松树等。特产玉凤油茶。那恒—那拔镇公路过境。玉凤河流经。

岭平村居民地

岭平村 Lǐngpíng Cūn 玉凤镇辖村。在镇境东部。驻地在镇人民政府驻地西南2千米处。东接田东县义圩镇那荷村，南连长高村，西邻上镇村，北靠六惠村、华彰村、玉凤村。面积29.18平方千米。辖六勒、甫华上屯、甫华下屯、六元、那恒、东贯、巴时7自然村。村委会驻六勒。有620户2408人，壮族聚居。通行壮话。民国二十三年（1934）为川岭、桥平2村，属万冈县凤桥乡。1952年设岭平乡，取川岭、桥平2村各一字得名，属田阳县第八区。1955年属那么区。1958年改大队，属那么公社。1962年改公社，属玉凤区。1968年复改大队，属玉凤公社。1984年改村，属玉凤乡。1997年属玉凤镇。地处都阳山脉南缘。属丘陵地貌。主要山峰有顶农宏、坡使绿、亭那不、坡考下，海拔分别为976.6米、890.4米、849.7米、808.6米。玉凤河流经。境内有右江革命老区中共川岭党支部遗址。地方特色文化有玉凤壮族山歌。经济以农业为主。耕地面积289.85公顷。农业主种水稻、玉米、甘蔗、生姜等。林业主种杉树、松树。特产玉凤油茶。323国道过境。

六勒 Liùlè 玉凤镇岭平村辖自然村。村委会驻地。有107户439人，壮族聚居。姓氏有黄、零、韦、李等。传明万历三十二年（1604）建村。据 1998 年版《田东县志》记载，清光绪时记为“渌勒”，属恩隆县上隆里一都宦图。1982 年第一次全国地名普查时记为“六勒”。六勒、渌勒，壮语 Lueglaeg，“六、渌 lueg”指山谷，“勒 laeg”指深。因该村坐落在深山谷里，故名。聚落呈带状。通行壮话。经济以农业为主，主种水稻、玉米、甘蔗等。林业主种杉树。特产玉凤油茶。323 国道过境。玉凤河流经。

甫华上屯 Fǔhuáshàngtún 玉凤镇岭平村辖自然村。在村委会驻地东南 2.2 千米处。有 78 户 319 人，壮族聚居。姓氏有黄、韦等。传明万历年间（1573—1620）已有甫华村，是壮语 Bouxvaz 音译，“甫 boux”指村，“华 vaz”指被老虎抓。因传有村民在此地曾被老虎抓伤，故名。后村庄扩大，一分为二，以方位分称，该村位于北面，故称甫华上屯。聚落呈块状。通行壮话。经济以农业为主，主种水稻、玉米等。林业主种杉树、松树等。特产玉凤油茶。六元公路过境。

甫华下屯 Fǔhuáxiàtún 玉凤镇岭平村辖自然村。在村委会驻地东南 2.3 千米处。有 145 户 560 人，壮族聚居。姓氏有黄、韦、李等。传明万历年间（1573—1620）已有甫华村，是壮语 Bouxvaz 音译，“甫 boux”指村，“华 vaz”指被老虎抓。因传有村民在此地曾被老虎抓伤，故名。后村庄扩大，一分为二，以方位分称，该村位于南面，故称甫华下屯。聚落呈块状。通行壮话。经济以农业为主，主种水稻、玉米等。林业主种杉树、松树等。特产玉凤油茶。六元公路过境。

六元 Liùyuán 玉凤镇岭平村辖自然村。在村委会驻地东南 5.5 千米处。有 49 户 178 人，壮、汉、瑶族聚居。姓氏有龙、韦等。传明万历四十六年（1618）建村。六元，壮语 Luegyenz，“六 lueg”指山谷，“元 yenz”指猩猩。因建村在曾有猩猩出没的山谷，故名。聚落呈块状。经济以农业为主，主种水稻、玉米等。林业主种杉树、松树等。特产玉凤油茶。六元公路过境。

那恒 Nàhéng 玉凤镇岭平村辖自然村。在村委会驻地西南 1.3 千米处。有 113 户 406 人，壮族聚居。姓氏有黄、韦、蒙、李、陆等。传清雍正三年（1725）建村。那恒，壮语 Nazhaenz，“那 naz”指田，“恒 haenz”指痒。因村址周边水田多沙虫，人们每逢插秧都得皮炎，故名。聚落呈块状。通行壮话。经济以农业为主，主种水稻、玉米等。林业主种杉树、松树等。特产玉凤油茶。323 国道过境。玉凤河流经。

东贯 Dōngguàn 玉凤镇岭平村辖自然村。在村委会驻地西南 1.8 千米处。有 35 户 123 人，壮族聚居。姓氏有黄、蒙等。传清康熙六十年（1721）建村。东贯，壮语 Doenghgoenq，“东 doengh”指比较平的旱地、沙洲，“贯 goenq”指裂缝。因始建村在有裂缝的平坦沙洲边，故名。聚落呈块状。通行壮话。经济以农业为主，主种水稻、玉米、生姜等。林业主种杉树、松树等。特产玉凤油茶。长高公路过境。玉凤河流经。

巴时 Bāshí 玉凤镇岭平村辖自然村。在村委会驻地西南 2.3 千米处。有 93 户 383 人，壮族聚居。姓氏有黄、王、覃、陈、蒙、廖等。传清康熙三十七年（1698）建村。巴时，壮语 Baqsaex，“巴 baq”指荒坡，“时 saex”指野猪觅食。因村址曾是野猪觅食的荒坡，故名。聚落呈块状。通行壮话。经济以农业为主，主种水稻、玉米、生姜等。林业主种杉树、松树等。特产玉凤油茶。长高公路过境。玉凤河流经。

六惠村居民地

六惠村 Liùhuì Cūn 玉凤镇辖村。在镇境中西部。驻地在镇人民政府驻地西北 4.3 千米处。东接华彰村，南连岭平村、上镇村，西邻上镇村、坤平村，北靠坡旺村、巴庙村。面积 21.28 平方千米。辖下仇、上仇、驮惠、六显、六直、在吾、外老 7 自然村。村委会驻下仇。有 399 户 1554 人，壮、瑶族聚居。通行壮话、瑶话。民国二十三年（1934）属万冈县凤桥乡辖地。1952 年设六惠乡，取六直、驮惠 2 自然村各一字得名，属田阳县第八区。1955 年属那么区。1958 年改大队，属那么公社。1962 年改公社，属玉凤区。1968 年复改大队，属玉凤公社。1984 年改村，属玉凤乡。1997 年属玉凤镇。地处都阳山脉南缘。属丘陵地貌。主要山峰有共号山、坡弄山，海拔 927.9 米、798.8 米。地方特色文化有玉凤壮族山歌。经济以农业为主。耕地面积 151.49 公顷。农业主种水稻、玉米、生姜等。林业主种杉树、松树等。特产玉凤油茶。通村级公路。

下仇 Xiàchóu 玉凤镇六惠村辖自然村。村委会驻地。有 75 户 302 人，壮族聚居。姓氏有黄、韦等。传清道光年间（1821—1850）已有六仇村。六仇，壮语 Luegcaeuz，“六 lueg”指山谷，“仇 caeuz”指对立，因始建村在两座山相对而立形成的山谷之中，故名。后村庄扩大，一分为二，以方位分称，该村位于南面，俗称“下”，故称六仇下，简称下仇。聚落呈块状。通行壮话。经济以农业为主，主种水稻、玉米、生姜。林业主种杉树、松树等。特产玉凤油茶。通村级公路。

上仇 Shàngchóu 玉凤镇六惠村辖自然村。在村委会驻地西北 0.5 千米处。有 62 户 262 人，壮族聚居。姓氏以黄为主。传清道光年间（1821—1850）已有六仇村。六仇，壮语 Luegcaeuz，“六 lueg”指山谷，“仇 caeuz”指对立。因始建村在两座山相对而立形成的山谷之中，故名。后村庄扩大，一分为二，以方位分称，该村位于北面，俗称“上”，故称六仇上，简称上仇。聚落呈块状。通行壮话。经济以农业为主，主种水稻、玉米、生姜。林业主种杉树、松树等。特产玉凤油茶。通村级公路。

驮惠 Tuóhuì 玉凤镇六惠村辖自然村。在村委会驻地东南 1.6 千米处。有 131 户 482 人，壮族聚居。姓氏有罗、周、韦、玉等。传清嘉庆元年（1796）建村。据 1998 年版《田东县志》记载，清光绪元年（1875）属恩隆县上隆里一都宦图辖村。驮惠，壮语 Deihvae，“驮 deih”指地，“惠 vae”指鱼腥草。因该村建在长年有鱼腥草的地方，故名。聚落呈块状。通行壮话。经济以农业为主，主种水稻、玉米、生姜。林业主种杉树、松树等。特产玉凤油茶。通村级公路。

六显 Liùxiǎn 玉凤镇六惠村辖自然村。在村委会驻地西南 1.9 千米处。有 44 户 185 人，壮族聚居。姓氏有廖、韦等。传清嘉庆元年（1796）建村。据 1998 年版《田东县志》记载，清光绪元年（1875）记为“渌显”，属恩隆县上隆里一都宦图。1982 年第一次全国地名普查时记为“六显”。六显、渌显，壮语 Lueghenj，“六、渌 lueg”指山谷，“显 henj”指黄色。因该村坐落在黄色土质的山谷，故名。聚落呈块状。通行壮话。经济以农业为主，主种水稻、玉米、生姜。林业主种杉树、松树等。特产玉凤油茶。通村级公路。

六直 Liùzhí 玉凤镇六惠村辖自然村。在村委会驻地西北 2.7 千米处。有 45 户 188 人，壮族聚居。姓氏有韦、黄等。传清乾隆元年（1736）建村。六直，壮语 Luegcaeh，“六 lueg”指山谷，“直 caeh”指寺。因该村坐落在有寺庙的山谷，故名。聚落呈块状。通行壮话。经济以农业为主，主种水稻、玉米、生姜。林业主种杉树、松树等。特产玉凤油茶。通村级公路。

在吾 Zàiwú 玉凤镇六惠村辖自然村。在村委会驻地西北 4 千米处。有 34 户 108 人，壮族聚居。姓氏有梁、韦等。传清嘉庆元年（1796）建村。1982 年第一次全国地名普查时记为“在俄”。2014 年第二次全国地名普查记为“在吾”。在吾、在俄，壮语 Byaivoh，“在 byai”指顶端，“吾 voh”指野奶果。因该村始建居在有野奶果的山顶上，故名。聚落呈团状。通行壮话。经济以农业为主，主种玉米。林业主种杉树、松树等。特产玉凤油茶。通村级公路。

外老 Wàilǎo 玉凤镇六惠村辖自然村。在村委会驻地西北 3.9 千米处。有 8 户 27 人，瑶族聚居。姓氏以李为主。1979 年从巴马巴料大队迁来建村。外老，壮语 Failaux，“外 fai”指拦河坝，“老 laux”指大。因该村附近建有一个拦河坝，故名。聚落呈块状。通行瑶话。经济以农业为主，主种玉米、生姜。林业主种杉树、松树等。特产玉凤油茶。通村级公路。

巴庙村居民地

巴庙村 Bāmiào Cūn 玉凤镇辖村。在镇境北部。驻地在镇人民政府驻地西北 8.4 千米处。东接能带村和那么林场，南连华彰村、六惠村，西邻坡旺村和河池市巴马瑶族自治县所略乡甲略村，北靠河池市巴马瑶族自治县所略乡弄神村。面积 29.62 平方千米。辖班六、巴庙、六贯、六令、六红、坡东、那巴、那床、六往、那务、那夜 11 自然村。村委会驻班六。有 996 户 3883 人，壮、汉族聚居。通行壮话、客家话。民国二十三年（1934）为巴庙村，属万冈县凤桥乡。1952 年改乡，属田阳县第八区。1955 年属那么区。1958 年改大队，属那么公社。1962 年改公社，属玉凤区。1968 年复改大队，属玉凤公社。1984 年改村，属玉凤乡。1997 年属玉凤镇。因原驻巴庙得名。巴庙，壮语 Baqmiuh，“巴 baq”指荒坡，“庙 miuh”指土庙。因其始建居在土庙旁的荒坡上，故名。地处都阳山脉南缘。属丘陵地貌。主要山峰有高岔山、露坡山、高西坡，海拔分别为 985.8 米、964.2 米、947.6 米。玉凤河流经。有国家级非物质文化遗产“布洛陀”口传史诗。地方特色文化有玉凤壮族山歌。经济以农业为主。耕地面积 324.21 公顷。农业主种水稻、玉米等。林业主种杉树、松树等。特产玉凤油茶。玉凤—巴庙公路（734 乡道）过境。

班六 Bānliù 玉凤镇巴庙村辖自然村。村委会驻地。有 138 户 519 人，壮族聚居。姓氏有廖、韦、黄、林等。传清道光元年（1821）建村。班六，壮语 Banzloek，“班 banz”指斜坡，“六 loek”指水车。因该村坐落在用竹筒水车灌溉的梯田旁边，故名。聚落呈块状。通行壮话。经济以农业为主，主种水稻、玉米等。林业主种杉树、松树等。特产玉凤油茶。玉凤—巴庙公路（734 乡道）过境。玉凤河流经。

巴庙 Bāmiào 玉凤镇巴庙村辖自然村。在村委会驻地南偏东 0.5 千米处。有 212 户 766 人，壮族聚居。姓氏有李、覃、黄、陶、黎等。传明嘉靖二十九年（1550）建村。巴庙，壮语 Baqmiuh，“巴 baq”指荒坡，“庙 miuh”指土庙。因该村始建居在土庙旁的荒坡上，故名。聚落呈块状。通行壮话。经济以农业为主，主种水稻、玉米等。林业主种杉树、松树等。特产玉凤油茶。玉凤—巴庙公路（734 乡道）过境。玉凤河流经。

六贯 Liùguàn 玉凤镇巴庙村辖自然村。在村委会驻地南 2.5 千米处。有 137 户 577 人，壮族聚居。姓氏有覃、廖、梁等。传清顺治元年（1644）建村。六贯，壮语 Lueggueng，“六 lueg”

指山谷，“贯 gueng”指裂缝。因该村坐落在有河流经过的山谷，远看河床似山谷的裂缝，故名。聚落呈块状。通行壮话。经济以农业为主，主种水稻、玉米等。林业主种杉树、松树等。特产玉凤油茶。通村级公路。玉凤河流经。

六令 Liùlìng 玉凤镇巴庙村辖自然村。在村委会驻地西 1.2 千米处。有 105 户 410 人，壮族聚居。姓氏有廖、黄、蒙、陆等。传清道光元年（1821）建村。六令，壮语 Luegrin，“六 lueg”指山沟，“令 rin”指石头。因该村建在多石头的山沟，故名。聚落呈块状。通行壮话。经济以农业为主，主种水稻、玉米等。林业主种杉树、松树等。特产玉凤油茶。通村级公路。

六红 Liùhóng 玉凤镇巴庙村辖自然村。在村委会驻地西 3.4 千米处。有 26 户 113 人，壮族聚居。姓氏有潘、陆、王等。传清康熙三十九年（1700）建村。六红，壮语 Lueghak，“六 lueg”指山谷，“红 hak”指客人，即汉人。因该村最先是一汉人到此山谷建居，故名。聚落呈块状。通行壮话。经济以农业为主，主种水稻、玉米等。林业主种杉树、松树等。特产玉凤油茶。通村级公路。

坡东 Pōdōng 玉凤镇巴庙村辖自然村。在村委会驻地北偏西 1 千米处。有 75 户 307 人，壮族聚居。姓氏有林、黄等。传明天启七年（1627）建村。坡东，壮语 Bodoengh，“坡 bo”指土坡，“东 doengh”指沙洲。因该村坐落在土坡东边的沙洲地，故名。聚落呈块状。通行壮话。经济以农业为主，主种水稻、玉米等。林业主种杉树、松树等。特产玉凤油茶。玉凤—巴庙公路（734 乡道）过境。玉凤河流经。

那巴 Nàbā 玉凤镇巴庙村辖自然村。在村委会驻地北偏西 1.2 千米处。有 31 户 122 人，壮族聚居。姓氏有莫、罗等。传清顺治元年（1644）建村。那巴，壮语 Nazbaq，“那 naz”指田，“巴 baq”指荒地。因该村建居在田垌中的荒地上，故名。聚落呈块状。通行壮话。经济以农业为主，主种水稻、玉米等。林业主种杉树、松树等。特产玉凤油茶。玉凤—巴庙公路（734 乡道）过境。玉凤河流经。

那床 Nàchuáng 玉凤镇巴庙村辖自然村。在村委会驻地西北 1.5 千米处，田阳和巴马 2 县（区）的界线上。有 88 户 347 人，壮族聚居。姓氏有黄、李、欧阳等。传清宣统元年（1909）建村。那床，壮语 Nazsangz，“那 naz”指田，“床 sangz”指积水。因该村建居在积水田的旁边，故名。聚落呈块状。通行壮话。经济以农业为主，主种水稻、玉米等。林业主种杉树、松树等。特产玉凤油茶。为玉凤—巴庙公路（734 乡道）终点。玉凤河流经。

六往 Liùwǎng 玉凤镇巴庙村辖自然村。在村委会驻地东北 2.5 千米处。有 50 户 186 人，壮族聚居。姓氏有黄、刘、陆等。传明天启七年（1627）建村。六往，壮语 Luegvang，“六 lueg”指山谷，“往 vang”指横。因该村建居在有河流横贯的山谷，故名。聚落呈块状。通行壮话。经济以农业为主，主种水稻、玉米等。林业主种杉树、松树等。特产玉凤油茶。通村级公路。

那务 Nàwù 玉凤镇巴庙村辖自然村。在村委会驻地东北 2.4 千米处。有 60 户 236 人，壮族聚居。姓氏有黄、覃、卢、陆等。传明洪武十四年（1381）建村。那务，壮语 Nazmou，“那 naz”指田，“务 mou”指猪。因建居在田垌边，传曾有野猪常出没，故名。聚落呈块状。通行壮话。经济以农业为主，主种水稻、玉米等。林业主种杉树、松树等。特产玉凤油茶。通村级公路。

那夜 Nàyè 玉凤镇巴庙村辖自然村。在村委会驻地东北 2.5 千米处。有 74 户 300 人，壮族聚居。姓氏有李、沈、黄、曾、刘等。传明万历四十四年（1616）从贵州省迁来建村。那夜，壮语 Nazye，“那 naz”指田，“夜 ye”指夜村。因始居者是从贵州省夜村迁来此落户造田，故名。聚落呈块状。通行壮话。经济以农业为主，主种水稻、玉米等。林业主种杉树、松树等。特产玉凤油茶。通村级公路。

华彰村居民地

华彰村 Huázhāng Cūn 玉凤镇辖村。在镇境中部。驻地在镇人民政府驻地北 3 千米处。东接玉凤村和那么林场，南连玉凤村、岭平村，西邻六惠村，北靠巴庙村、能带村。面积 12.86 平方千米。辖巴造、巴令、弄腰、巴朗、巴桃、那类、作里、平那、那朝 9 自然村。村委会驻巴造。有 532 户 2146 人，壮族聚居。通行壮话。民国二十三年（1934）为华彰村，属万冈县凤桥乡。1952 年改乡，属田阳县第八区。1955 年属那么区。1958 年改大队，属那么公社。1962 年改公社，属玉凤区。1968 年复改大队，属玉凤社区。1984 年改村，属玉凤乡。1997 年属玉凤镇。华彰，壮语 Vagyang，“华 va”指汇合，“彰 gyang”指中间。因该村处长形峷场，峷场中间有两河交汇，故名。地处都阳山脉南缘。属丘陵地貌。主要山峰有坡考走，海拔 739.4 米。玉凤河流经。有国家级非物质文化遗产“布洛陀”口传史诗。地方特色文化有玉凤壮族山歌。经济以农业为主。耕地面积 165.42 公顷。农业主种水稻、玉米等。林业主种杉树、松树等。特产玉凤油茶。玉凤—巴庙公路（734 乡道）过境。

华彰村风貌

巴造 Bāzào　玉凤镇华彰村辖自然村。村委会驻地。有 35 户 141 人，壮族聚居。姓氏以罗为主。传清乾隆元年（1736）建村。巴造，壮语 Baqcauh，“巴 baq”指荒坡，“造 cauh”指建造。因始建居在荒坡上，并逐步垦荒造田形成村落，故名。聚落呈块状，通行壮话。经济以农业为主，主种水稻、玉米。林业主种杉树、松树等。特产玉凤油茶。玉凤—巴庙公路（734 乡道）过境。

巴令 Bālìng　玉凤镇华彰村辖自然村。在村委会驻地东偏南 0.2 千米处。有 70 户 293 人，壮族聚居。姓氏有黄、罗等。传清嘉庆元年（1796）始有村民从凤山县迁来建居，后发展成村。巴令，壮语 Baqrin，“巴 baq”指荒坡，“令 rin”指石头。因该村居住在多石头的荒坡地上，故名。聚落呈块状。通行壮话。经济以农业为主，主种水稻、玉米。林业主种杉树、松树等。特产玉凤油茶。玉凤—巴庙公路（734 乡道）过境。有巴令河在此汇入玉凤河。

弄腰 Lòngyāo　玉凤镇华彰村辖自然村。在村委会驻地东南 1 千米处。有 68 户 271 人，壮族聚居。姓氏有黄、陆、龙等。传清嘉庆元年（1796）建村。弄腰，亦曾记为“𡎚腰”，壮语 Runghyiuh，“弄、𡎚 rungh”指𡎚场、石山间平地，“腰 yiuh”指老鹰。因地处𡎚场边，村后山曾有老鹰居住，故名。又说“腰”乃壮语 iuj 音译，指猩猩。因此地过去是猩猩出没较多的地方，故名。聚落呈块状。通行壮话。经济以农业为主，主种水稻、玉米等。林业主种杉树、松树等。特产玉凤油茶。玉凤—巴庙公路（734 乡道）过境。玉凤河流经。

巴朗 Bālǎng　玉凤镇华彰村辖自然村。在村委会驻地东南 0.7 千米处。有 68 户 276 人，壮族聚居。姓氏有陆、韦、黄等。传清雍正元年（1723）建村。巴朗，壮语 Baqlangx，“巴 baq”指荒坡，“朗 langx”指积水洼地。因该村始建居在积水洼地旁荒坡上，故名。聚落呈块状。通行壮话。经济以农业为主，主种水稻、玉米。林业主种杉树、松树等。特产玉凤油茶。玉凤—

巴庙公路（734 乡道）过境。玉凤河流经。

巴桃 Bātáo 玉凤镇华彰村辖自然村。在村委会驻地西 0.5 千米处。有 80 户 317 人，壮族聚居。姓氏有零、龙、李等。传清嘉庆元年（1796）建村。巴桃，壮语 Baqdauz，“巴 baq”指荒坡，“桃 dauz”指桃树。因始建居在长有桃树的荒坡上，故名。聚落呈块状。通行壮话。经济以农业为主，主种水稻、玉米。林业主种杉树、松树等。特产玉凤油茶。玉凤—巴庙公路（734 乡道）过境。玉凤河流经。

那类 Nàlèi 玉凤镇华彰村辖自然村。在村委会驻地西南 1.8 千米处。有 51 户 197 人，壮族聚居。姓氏以黄为主。传清咸丰元年（1851）建村。那类，壮语 Nazroi，“那 naz”指田，“类 roi”指梳子。因建居在状似梳子的环坡梯田边，故名。聚落呈块状。通行壮话。经济以农业为主，主种水稻、玉米。林业主种杉树、松树等。特产玉凤油茶。通村级公路。玉凤河流经。

作里 Zuòlǐ 玉凤镇华彰村辖自然村。在村委会驻地西南 1.5 千米处。有 57 户 220 人，壮族聚居。姓氏有黄、梁等。传清顺治元年（1644）建村。作里，曾记为“却里”，壮语 Gyokreq，“作、却 gyok”指独立成村，“里 req”指砾石。因在河边多碎石的地方独立成村，故名。聚落呈块状。通行壮话。经济以农业为主，主种水稻、玉米。林业主种杉树、松树等。特产玉凤油茶。通村级公路。玉凤河流经。

平那 Píngnà 玉凤镇华彰村辖自然村。在村委会驻地西南 1.6 千米处。有 62 户 251 人，壮族聚居。姓氏有罗、马等。传清嘉庆元年（1796）建村。平那，壮语 Bienghnda，“平 biengh”指一片，“那 nda”指一种野菜。因始建村在一片多长当地称“那”的野菜地上，故名。聚落呈块状。通行壮话。经济以农业为主，主种水稻、玉米。林业主种杉树、松树等。特产玉凤油茶。通村级公路。玉凤河流经。

那朝 Nàcháo 玉凤镇华彰村辖自然村。在村委会驻地西 1.9 千米处。有 41 户 180 人，壮族聚居。姓氏有罗、黄、廖等。传清乾隆元年（1736）建村。那朝，壮语 Nazcauz，“那 naz”指田，“朝 cauz”指木槽。因该村曾用水槽引水灌田，故名。聚落呈块状。通行壮话。经济以农业为主，主种水稻、玉米。林业主种杉树、松树等。特产玉凤油茶。通村级公路。玉凤河流经。

能带村居民地

能带村 Néngdài Cūn 玉凤镇辖村。在镇境东北部。驻地在镇人民政府驻地北 5 千米处。东接河池市巴马瑶族自治县燕洞镇赖满村、燕洞村，南连玉凤村、华彰村和那么林场，西邻巴庙村和那么林场，北靠河池市巴马瑶族自治县所略乡弄神村和燕洞镇同合村。面积 26.34 平方千米。辖能造、弄甲、甫牙、东令、那造、坡福、弄楼、六旺、六才 9 自然村。村委会驻能造。有 814 户 3036 人，壮、汉族聚居。通行壮话、客家话。民国二十三年（1934）为能造、带还 2 村，属万冈县凤桥乡。1952 年设能带乡，取能造、带还 2 村各一字得名，属田阳县第八区。1955 年属那么区。1958 年改大队，属那么公社。1962 年改公社，属玉凤区。1968 年复改大队，属玉凤公社。1984 年改村，属玉凤乡。1997 年属玉凤镇。地处都阳山脉南缘。属丘陵地貌。主要山峰有高德岭、岩勇山，海拔分别为 933.5 米、847.1 米。有国家级非物质文化遗产“布洛陀”口传史诗。经济以农业为主。耕地面积 279.54 公顷。农业主种水稻、玉米。林业主种杉树、松树等。特产玉凤油茶。亭怀—能带公路（722 乡道）过境。

能造 Néngzào 玉凤镇能带村辖自然村。村委会驻地。有 122 户 509 人，壮族聚居。姓氏有黄、陆、李等。传明洪武元年（1368）建村。能造，壮语 Nanghcaux，“能 nangh”指山梁，“造 caux”指建造。因建村在山梁下，故名。聚落呈块状。通行壮话。经济以农业为主，主种水稻、玉米。林业主种杉树、松树等。特产玉凤油茶。亭怀—能带公路（722 乡道）过境。

弄甲 Lòngjiǎ 玉凤镇能带村辖自然村。在村委会驻地西 1 千米处。有 193 户 783 人，壮族聚居。姓氏有莫、黄、罗、农等。传明洪武元年（1368）建村。弄甲，曾记为“崬甲”，壮语 Runghcax，“弄、崬 rungh”指崬场、石山间平地，“甲 cax”指白蒙。因该村坐落在长有白蒙的崬场，故名。聚落呈块状。通行壮话。经济以农业为主，主种水稻、玉米。林业主种杉树、松树等。特产玉凤油茶。通村级公路。

甫牙 Fǔyá 玉凤镇能带村辖自然村。在村委会驻地西北 1.1 千米处。有 94 户 407 人，壮族聚居。姓氏有郭、黄、陆等。传明洪武元年（1368）建村。甫牙，壮语 Bouxngaz，“甫 boux”指村，“牙 ngaz”指酸枣树。因该村坐落在酸枣林中，故名。聚落呈块状。通行壮话。经济以农业为主，主种水稻、玉米。林业主种杉树、松树等。特产玉凤油茶。通村级公路。

东令 Dōnglìng 玉凤镇能带村辖自然村。在村委会驻地西北 2.9 千米处。有 27 户 91 人，壮族聚居。姓氏有罗、韦、黄等。传清顺治元年（1644）建村。东令，壮语 Doenghrin，“东

doengh”指沙洲，“令 rin”指石头。因建居在多石头的沙洲地带，故名。聚落呈块状。通行壮话。经济以农业为主，主种水稻、玉米。林业主种杉树、松树等。特产玉凤油茶。通村级公路。

那造 Nàzào 玉凤镇能带村辖自然村。在村委会驻地西北 4.3 千米处。有 66 户 254 人，汉族聚居。姓氏有邓、姚、蔡、骆、黄等。1965 年从巴马迁来建村。那造，壮语 Nazcau，“那 naz”指田，“造 cau”指竹子。因该村坐落在有竹林的梯田边，故名。聚落呈块状。通行客家话。经济以农业为主，主种水稻、玉米。林业主种杉树、松树等。特产玉凤油茶。通村级公路。

坡福 Pōfú 玉凤镇能带村辖自然村。在村委会驻地东北 1.1 千米处。有 102 户 420 人，壮族聚居。姓氏有张、黄、陆、覃等。传清道光元年（1821）建村。坡福，壮语 Bofwz，“坡 bo”指山坡，“福 fwz”指荒凉。因始建村在偏僻荒凉的山坡上，故名。聚落呈块状。通行壮话。经济以农业为主，主种水稻、玉米。林业主种杉树、松树等。特产玉凤油茶。通村级公路。

弄楼 Lònglóu 玉凤镇能带村辖自然村。在村委会驻地东北 2.1 千米处。有 39 户 173 人，壮族聚居。姓氏有黄、罗等。传清咸丰元年（1851）建村。弄楼，曾记为“龙楼”，壮语 Runghlaeuz，“弄、龙 rungh”指弄场、石山间平地，“楼 laeuz”指蒲类植物。因该村所在弄场从前长满蒲类植物，故名。聚落呈块状。通行壮话。经济以农业为主，主种玉米。林业主种杉树、松树等。特产玉凤油茶。通村级公路。

六旺 Liùwàng 玉凤镇能带村辖自然村。在村委会驻地东北 2 千米处。有 57 户 238 人，壮族聚居。姓氏有张、黄、陆等。传清嘉庆元年（1796）建村。六旺，壮语 Luegvang，“六 lueg”指山谷，“旺 vang”指横过。因该村建在山坡上，村前有长形山谷横过，故名。聚落呈块状。通行壮话。经济以农业为主，主种水稻、玉米。林业主种杉树、松树等。特产玉凤油茶。通村级公路。

六才 Liùcái 玉凤镇能带村辖自然村。在村委会驻地东北 3.8 千米处。有 114 户 461 人，壮族聚居。姓氏有黄、甘、张、吕等。传明洪武元年（1368）建村。六才，壮语 Luegcaih，“六 lueg”指山谷，“才 caih”指村寨。因是地处山谷的村寨，故名。聚落呈块状。通行壮话。经济以农业为主，主种水稻、玉米。林业主种杉树、松树等。特产玉凤油茶。通村级公路。

坤平村居民地

坤平村 Kūnpíng Cūn 玉凤镇辖村。在镇境西部。驻地在镇人民政府驻地西北 14.6 千米处。东接六惠村、上镇村，南连甫里村，西邻百色市右江区四塘镇六律村，北靠百民村、坡旺村。面积 71.26 平方千米。辖实力、那老、朔莫、塘兵、那礼、那停、坤圩、那虾、百沙、那耐、那怀、那敏 12 自然村。村委会驻实立。有 972 户 3783 人，壮族聚居。通行壮话。民国二十三年（1934）为坤和街、平民村，属万冈县百羌乡。1952 年设坤平乡，取坤和街、平民村各一字得名，属田阳县第八区。1955 年属那么区。1958 年改大队，属那么公社。1962 年改公社，属玉凤区。1968 年复改大队，属玉凤公社。1984 年改村，属坤平乡。2005 年属玉凤镇。地处都阳山脉南缘。属丘陵地貌。主要山峰有百赖号山、六漏山，海拔分别为 830 米、690 米。百东河流经。地方特色文化有玉凤壮族山歌。经济以农业为主。耕地面积 503.82 公顷。农业主种水稻、玉米等。林业主种杉树、松树等。特产玉凤油茶。谷西—坤平公路（849 县道）过境。

实力 Shílì 玉凤镇坤平村辖自然村。村委会驻地。有 51 户 176 人，壮族聚居。姓氏有梁、黄、陆等。1979 年从坤圩迁来建村。实力，壮语 Cihreiz，“实 cih”指角落，“立 reiz”指小叶榕。因始建居在角落里的一棵小叶榕旁，故名。聚落呈块状。通行壮话。经济以农业为主，主种水稻、玉米。林业主种杉树、松树等。特产玉凤油茶。谷西—坤平公路（849 县道）过境。百东河流经。

那老 Nàlǎo 玉凤镇坤平村辖自然村。在村委会驻地南偏东 6.5 千米处。有 38 户 129 人，壮族聚居。姓氏有韦、罗等。传清道光十八年（1838）建村。那老，壮语 Nazlaux，“那 naz”指田，“老 laux”指大。因该村建在一片较大的田边，故名。聚落呈块状。通行壮话。经济以农业为主，主种水稻、玉米。林业主种杉树、松树等。特产玉凤油茶。通村级公路。百东河流经。

朔莫 Shuòmò 玉凤镇坤平村辖自然村。在村委会驻地南偏东 4.8 千米处。有 45 户 161 人，壮族聚居。姓氏有王、陈等。1953 年建村。1982 年第一次全国地名普查时记为“上朔莫”“下朔莫”。2014 年第二次全国地名普查记为“朔莫”。朔莫，壮语 Sokmoed，“朔 sok”指河口，“莫 moed”指蚂蚁。因该村建居在多蚂蚁的河口，故名。聚落呈块状。通行壮话。经济以农业为主，主种水稻、玉米、甘蔗。林业主种杉树、松树等。特产玉凤油茶。通村级公路。百东河流经。

塘兵 Tángbīng 玉凤镇坤平村辖自然村。在村委会驻地南偏东 2.4 千米处。有 64 户 260

人，壮族聚居。姓氏有黄、罗等。传清光绪十二年（1886）建村。塘兵，壮语 Daemzbing，“塘 daemz”指池塘，“兵 bing”指蚂蟥。因该村建在有蚂蟥的池塘边，故名。聚落呈块状。通行壮话。经济以农业为主，主种水稻、玉米、甘蔗。林业主种杉树、松树等。特产玉凤油茶。通村级公路。百东河流经。

那礼 Nàlǐ 玉凤镇坤平村辖自然村。在村委会驻地南偏东 2.1 千米处。有 87 户 320 人，壮族聚居。姓氏有黄、罗等。民国三十二年（1943）建村。那礼，壮语 Nazlaex，“那 naz”指田，“礼 laex”指礼物。因该村有女人出嫁时曾用田做陪嫁礼物，故名。聚落呈块状。通行壮话。经济以农业为主，主种水稻、玉米等。林业主种杉树、松树等。特产玉凤油茶。通村级公路。百东河流经。

那停 Nàtíng 玉凤镇坤平村辖自然村。在村委会驻地南 0.9 千米处。有 86 户 379 人，壮族聚居。姓氏以黄为主。传清道光五年（1825）建村。那停，曾记为“那亭”，壮语 Nazdiengz，“那 naz”指田，“停 diengz”指草棚。因该村建在原有个草棚的田垌里，故名。聚落呈块状。通行壮话。经济以农业为主，主种水稻、玉米等。林业主种杉树、松树等。特产玉凤油茶。通村级公路。百东河流经。

坤圩 Kūnxū 玉凤镇坤平村辖自然村。在村委会驻地南 0.5 千米处。有 96 户 367 人，壮族聚居。姓氏有梁、李、甘、孔等。传清乾隆二十九年（1764）建村。坤圩，壮语 Hawhoen，“坤 hoen”指耙母，“圩 haw”指圩场。传此地曾是卖耙母的圩场，故名。聚落呈块状。通行壮话。经济以农业为主，主种水稻、玉米等。林业主种杉树、松树等。特产玉凤油茶。通村级公路。百东河流经。

那虾 Nàxiā 玉凤镇坤平村辖自然村。在村委会驻地西北 1.2 千米处。有 174 户 710 人，壮族聚居。姓氏有陆、王等。传清道光二十二年（1842）建村。那虾，曾记为“那吓”，壮语 Nazhaq，“那 naz”指田，“虾、吓 haq”指蒌蒿。因建村在多长蒌蒿的田垌里，故名。聚落呈块状。通行壮话。经济以农业为主，主种水稻、玉米等。林业主种杉树、松树等。特产玉凤油茶。通村级公路。

百沙 Bǎishā 玉凤镇坤平村辖自然村。在村委会驻地东北 0.7 千米处。有 100 户 380 人，壮族聚居。姓氏以黄为主。1973 年建村。1982 年第一次全国地名普查时记为“那侣”，是壮语 Nazndeq 音译，“那 naz”指田，“侣 ndeq”指无花果。因始建村在长有无花果的田垌里而得名。

2011年版《广西壮族自治区城镇乡村名录》记为“百沙”。百沙，壮语Baksa，“百bak”指口，“沙sa”指沙质土壤。因村处河口，村中田地多为沙质土，故名。聚落呈块状。通行壮话。经济以农业为主，主种水稻、玉米等。林业主种杉树、松树等。特产玉凤油茶。通村级公路。百东河流经。

那耐 Nànài 玉凤镇坤平村辖自然村。在村委会驻地东南1.4千米处。有28户105人，壮族聚居。姓氏以黄为主。1988年建村。那耐，壮语Naznag，“那naz”指田，“耐nag”指田名。因该村建在一处称“耐”的田块边，故名。聚落呈块状。通行壮话。经济以农业为主，主种水稻、玉米等。林业主种杉树、松树等。特产玉凤油茶。谷西—坤平公路（849县道）过境。

那怀 Nàhuái 玉凤镇坤平村辖自然村。在村委会驻地东南4千米处。有137户523人，壮族聚居。姓氏有黄、张、罗等。传清乾隆四十六年（1781）建村。那怀，壮语Nazvaiz，“那naz”指田，“怀vaiz”指水牛。因该村田垌曾是放牛的地方，故名。聚落呈块状。通行壮话。经济以农业为主，主种水稻、玉米等。林业主种杉树、松树等。特产玉凤油茶。谷西—坤平公路（849县道）过境。

那敏 Nàmǐn 玉凤镇坤平村辖自然村。在村委会驻地东偏南4.9千米处。有66户273人，壮族聚居。姓氏有梁、韦等。传清道光二十六年（1846）建村。那敏，壮语Nazmaenj，“那naz”指田，“敏maenj”指李子。因该村建在长有李子树田垌里，故名。聚落呈块状。通行壮话。经济以农业为主，主种水稻、玉米等。林业主种杉树、松树等。特产玉凤油茶。通村级公路。

坡旺村居民地

坡旺村 Pōwàng Cūn 玉凤镇辖村。在镇境西北部。驻地在镇人民政府驻地西北16.2千米处。东接巴庙村、六惠村，南连坤平村，西邻百民村，北靠百甲村和河池市巴马瑶族自治县所略乡甲略村。面积34.63平方千米。辖那造、那了、那晚、坡旺、那当、行马、那要、那沙、那烟、那谷、优屯11自然村。村委会驻那造。有618户2434人，壮、瑶族聚居。通行壮话、瑶话。民国二十三年（1934）为坡旺村，属万冈县百羌乡。1952年改乡，属田阳县第八区。1955年属那么区。1958年改大队，属那么公社。1962年改公社，属玉凤区。1968年复改大队，属玉凤公社。1984年改村，属坤平乡。2005年属玉凤镇。因原驻坡旺得名。坡旺，壮语Bovang，“坡bo”指山坡，“旺vang”指横，因村处前方有小河横贯的山坡上，故名。地处都阳山脉南缘。属丘陵地貌。主要山峰有郎殳坡，海拔782.7米。百东河流经。地方特色文化有玉凤壮族山歌。经济以农业为主。耕地面积 204.21 公顷。农业主种水稻、玉米、甘蔗等。林业主种杉树、松树等。特产玉凤油茶。通村级公路。

那造 Nàzào 玉凤镇坡旺村辖自然村。村委会驻地。有 39 户 164 人，壮族聚居。姓氏有黄、罗、覃、韦、案等。民国十三年（1924）建村。那造，壮语 Nazcau，“那 naz”指田，“造 cau”指单竹。因该村田地间曾有很多单竹围绕，故名。聚落呈块状。通行壮话。经济以农业为主，主种水稻、玉米。林业主种杉树、松树等。特产玉凤油茶。通村级公路。百东河流经。

那了 Nàliǎo 玉凤镇坡旺村辖自然村。在村委会驻地西北 2.7 千米处。有 91 户 357 人，壮族聚居。姓氏有罗、陆、杨、黄等。民国三年（1914）建村。那了，壮语 Nazleux，“那 naz”指田，“了 leux”指木棉。因该村田边多长木棉，故名。聚落呈块状。通行壮话。经济以农业为主，主种水稻、玉米。林业主种杉树、松树等。特产玉凤油茶。通村级公路。百东河流经。

那晚 Nàwǎn 玉凤镇坡旺村辖自然村。在村委会驻地北偏西 0.9 千米处。有 47 户 161 人，壮族聚居。姓氏有何、罗、梁、黄等。民国十三年（1924）建村。那晚，壮语 Nazmbanj，“那 naz”指田，“晚 mbanj”指屯。因该村坐落在田垌边上，故名。聚落呈块状。通行壮话。经济以农业为主，主种水稻、玉米。林业主种杉树、松树等。特产玉凤油茶。通村级公路。百东河流经。

坡旺 Pōwàng 玉凤镇坡旺村辖自然村。在村委会驻地西偏北 0.7 千米处。有 30 户 123 人，壮族聚居。姓氏有罗、陆、杨、潘等。民国三年（1914）建村。坡旺，壮语 Bovang，“坡 bo”指山坡，“旺 vang”指横。因村处前方有小河横贯的山坡上，故名。聚落呈块状。通行壮话。经济以农业为主，主种水稻、玉米等。林业主种杉树、松树等。特产玉凤油茶。通村级公路。百东河流经。

那当 Nàdāng 玉凤镇坡旺村辖自然村。在村委会驻地北 0.3 千米处。有 41 户 146 人，壮族聚居。姓氏有黄、覃、罗、梁、杨等。民国十二年（1923）建村。那当，壮语 Nazndang，“那 naz”指田，“当 ndang”指身。因村址本身是片好田好地，故名。聚落呈块状。通行壮话。经济以农业为主，主种水稻、玉米。林业主种杉树、松树等。特产玉凤油茶。通村级公路。百东河流经。

行马 Xíngmǎ 玉凤镇坡旺村辖自然村。在村委会驻地西偏南 0.5 千米处。有 75 户 291 人，壮族聚居。姓氏有罗、梁、覃、黄等。民国十二年（1923）建村。行马，壮语 Hangzma，"行 hangz"指下巴，"马 ma"指狗。因该村所在的田垌形像狗下巴，故名。聚落呈块状。通行壮话。经济以农业为主，主种水稻、玉米。林业主种杉树、松树等。特产玉凤油茶。通村级公路。百东河流经。

那要 Nàyào 玉凤镇坡旺村辖自然村。在村委会驻地东 3.7 千米处。有 104 户 443 人，壮族聚居。姓氏有杨、何、王、邓、罗等。民国十二年（1923）建村。那要，壮语 Nazyiuh，"那 naz"指田，"要 yiuh"指老鹰。因建村在常有老鹰出没的田垌，故名。聚落呈块状。通行壮话。经济以农业为主，主种水稻、玉米。林业主种杉树、松树等。特产玉凤油茶。通村级公路。

那沙 Nàshā 玉凤镇坡旺村辖自然村。在村委会驻地东南 5.1 千米处。有 41 户 174 人，瑶族聚居。姓氏有李、农、孔、蒋等。民国二十九年（1940）建村。那沙，壮语 Nazcah，"那 naz"指田，"沙 cah"指荆棘。因建居在由荆棘荒坡垦出的田地边，故名。聚落呈块状。通行瑶话。经济以农业为主，主种水稻、玉米等。林业主种杉树、松树等。特产玉凤油茶。通村级公路。

那烟 Nàyān 玉凤镇坡旺村辖自然村。在村委会驻地东南 4.5 千米处。有 46 户 170 人，壮族聚居。姓氏有罗、梁、黄等。民国四年（1915）建村。那烟，壮语 Nazyien，"那 naz"指田，"烟 yien"指荷木。因该村田垌间多荷木，故名。聚落呈块状。通行壮话。经济以农业为主，主种水稻、玉米、油茶、甘蔗。林业主种杉树、松树等。特产玉凤油茶。通村级公路。

那谷 Nàgǔ 玉凤镇坡旺村辖自然村。在村委会驻地东南 3.5 千米处。有 54 户 208 人，壮族聚居。姓氏有罗、王等。民国五年（1916）建村。那谷，壮语 Nazgug，"那 naz"指田，"谷 gug"指角落。因建居在田垌的角落，故名。聚落呈块状。通行壮话。经济以农业为主，主种水稻、玉米、甘蔗。林业主种杉树、松树等。特产玉凤油茶。通村级公路。

优屯 Yōutún 玉凤镇坡旺村辖自然村。在村委会驻地南偏东 1.7 千米处。有 50 户 197 人，壮族聚居。姓氏有王、何、黄等。民国九年（1920）建村。优屯，壮语 Bouxyou，"boux"指村，"优 you"指菩萨。因该村边有座山形似菩萨，故名。聚落呈散状。通行壮话。经济以农业为主，主种水稻、玉米等。林业主种杉树、松树等。特产玉凤油茶。通村级公路。百东河流经。

百民村居民地

百民村 Bǎimín Cūn 玉凤镇辖村。在镇境西北部。驻地在镇人民政府驻地西北 18.8 千米处。东接坡旺村，南连坤平村，西邻百色市右江区四塘镇六律村、龙川镇集合村，北靠那江村、百甲村。面积 29.6 平方千米。辖那陋、使除、六追、百社、方屯 5 自然村。村委会驻那陋。有 479 户 1949 人，壮族聚居。通行壮话。民国二十三年（1934）为百社、民乐 2 村，属万冈县百羌乡。1952 年设百民乡，取百社、民乐 2 村各一字得名，属田阳县第八区。1955 年属那么区。1958 年改大队，属那么公社。1962 年改公社，属玉凤区。1968 年改公社，属玉凤公社。1984 年改村，属坤平乡。2005 年属玉凤镇。地处都阳山脉南缘。属丘陵地貌。主要山峰有方屯山、介墙山，海拔分别为 1026.60 米、689 米。地方特色文化有玉凤壮族山歌。经济以农业为主。耕地面积 382.19 公顷。农业主种水稻、玉米等。林业主种杉树、松树等。特产玉凤油茶。通村级公路。

那陋 Nàlòu 玉凤镇百民村辖自然村。村委会驻地。有 137 户 547 人，壮族聚居。姓氏有案、罗、杨、黄、潘等。1958 年建村。那陋，壮语 Nazraeu，“那 naz”指田，“陋 raeu”指枫树。因该村坐落在田垌边，村址周边多枫树，故名。聚落呈块状。通行壮话。经济以农业为主，主种水稻、玉米。林业主种杉树、松树等。特产玉凤油茶。通村级公路。

使除 Shǐchú 玉凤镇百民村辖自然村。在村委会驻地南 3.6 千米处。有 97 户 369 人，壮族聚居。姓氏有黄、周、韦、陈、罗等。1958 年建村。使除，壮语 Cihciz，“使 cih”指角落，“除 ciz”指箭草。因始建村在多长箭草的山脚，故名。聚落呈块状。通行壮话。经济以农业为主，主种水稻、玉米等。林业主种杉树、松树等。特产玉凤油茶。通村级公路。

六追 Liùzhuī 玉凤镇百民村辖自然村。在村委会驻地西南 2.3 千米处。有 91 户 359 人，壮族聚居。姓氏有黄、罗、陆、梁等。1960 年建村。六追，壮语 Lueggyoij，“六 lueg”指山谷，“追 gyoij”指野芭蕉。因该村位于长有野芭蕉的山沟里，故名。聚落呈块状。通行壮话。经济以农业为主，主种水稻、玉米。林业主种杉树、松树等。特产玉凤油茶。通村级公路。

百社 Bǎishè 玉凤镇百民村辖自然村。在村委会驻地西北 2 千米处。有 110 户 475 人，壮族聚居。姓氏有王、韦、罗、李、黄等。1958 年建村。百社，壮语 Baksix，“百 bak”指口，“社 six”指社庙。因该村坐落在有社庙的山坳口，故名。聚落呈块状。通行壮话。经济以农业为主，主种水稻、玉米。林业主种杉树、松树等。特产玉凤油茶。通村级公路。

方屯 Fāngtún 玉凤镇百民村辖自然村。在村委会驻地西偏北 3.1 千米处。有 44 户 199 人，壮族聚居。姓氏有黄、卢、韦、李等。1958 年建村。方屯，壮语 Bouxmbieng，意为高低不平的村寨。因该村坐落在高低不平的地方，故名。聚落呈块状。通行壮话。经济以农业为主，主种水稻、玉米等。林业主种杉树、松树等。特产玉凤油茶。通村级公路。

百甲村居民地

百甲村 Bǎijiǎ Cūn 玉凤镇辖村。在镇境西北部。驻地在镇人民政府驻地西北 19 千米处。东接河池市巴马瑶族自治县所略乡坡帮村，南连坡旺村，西邻百民村、那江村，北靠那江村和河池市巴马瑶族自治县所略乡福乡村。面积 22.15 平方千米。辖百雅、坡达、百甲、那中、那平、相屯、六林 7 自然村。村委会驻百雅。有 422 户 1634 人，壮、瑶族聚居。通行壮话、瑶话。民国二十三年（1934）为百甲村，属万冈县百羌乡。1952 年改乡，属田阳县第八区。1955 年属那么区。1958 年改大队，属那么公社。1962 年改公社，属玉凤区。1968 年复改大队，属玉凤公社。1984 年改村，属坤平乡。2005 年属玉凤镇。以所辖百甲自然村为名。百甲，壮语 Bakgap，“百 bak”指口，“甲 gap”指汇合。因村处百东河及其支流汇合口对岸，故名。地处都阳山脉南缘。属丘陵地貌。主要山峰有顶龙山、顶桥山，海拔分别为 456 米、428 米。百东河流经。地方特色文化有玉凤壮族山歌。经济以农业为主。耕地面积 228.21 公顷。农业主种水稻、玉米、甘蔗等。林业主种杉树、松树等。特产玉凤油茶。通村级公路。

百雅 Bǎiyǎ 玉凤镇百甲村辖自然村。村委会驻地。有 63 户 256 人，壮族聚居。姓氏有罗、黄等。传清道光元年（1821）建村。百雅，壮语 Bakyaq，“百 bak”指口，“雅 yaq”指黄花饭树。因该村始建在有黄花饭树的山谷口，故名。聚落呈团状。通行壮话。经济以农业为主，主种水稻、玉米。林业主种杉树、松树等。特产玉凤油茶。通村级公路。百东河流经。

坡达 Pōdá 玉凤镇百甲村辖自然村。在村委会驻地北偏西 1.5 千米处。有 50 户 186 人，壮族聚居。姓氏有吴、李、杨等。传清雍正元年（1723）建村。坡达，壮语 Bonda，“坡 bo”指土坡，“达 nda”指一种野菜。因该村建在长有当地称“达”这种野菜的土坡上，故名。聚落呈块状。通行壮话。经济以农业为主，主种水稻、玉米。林业主种杉树、松树等。特产玉凤油茶。通村级公路。百东河流经。

百甲 Bǎijiǎ 玉凤镇百甲村辖自然村。在村委会驻地北偏西 1 千米处。有 134 户 504 人，壮族聚居。姓氏有罗、杨、何等。传明洪武年间（1368—1398）建村。百甲，壮语 Bakgap，“百

bak”指口，“甲 gap”指汇合。因该村处百东河及其支流汇合口对岸，故名。聚落呈块状。通行壮话。经济以农业为主，主种水稻、玉米、甘蔗。林业主种杉树、松树等。特产玉凤油茶。通村级公路。百东河流经。

那中 Nàzhōng 玉凤镇百甲村辖自然村。在村委会驻地南 1.4 千米处。有 24 户 98 人，壮族聚居。姓氏有韦、罗等。传清宣统元年（1909）建村。那中，壮语 Nazgyangh，“那 naz”指田，“中 gyangh”指中间。因该村坐落在一片田垌中间，故名。聚落呈块状。通行壮话。经济以农业为主，主种水稻、玉米、甘蔗。林业主种杉树、松树等。特产玉凤油茶。通村级公路。百东河流经。

那平 Nàpíng 玉凤镇百甲村辖自然村。在村委会驻地南偏东 1.1 千米处。有 35 户 136 人，壮族聚居。姓氏有罗、黄等。传清道光元年（1821）建村。那平，壮语 Nazbingz，“那 naz”指田，“平 bingz”指平坦。因该村建居在一片平坦的田边，故名。聚落呈块状。通行壮话。经济以农业为主，主种水稻、玉米、甘蔗。林业主种杉树、松树等。特产玉凤油茶。通村级公路。百东河流经。

相屯 Xiāngtún 玉凤镇百甲村辖自然村。在村委会驻地东南 1.1 千米处。有 80 户 299 人，壮族聚居。姓氏有罗、黄、何等。传清乾隆元年（1736）建村。相屯，壮语 Mbanjsieng，“相 sieng”指风箱，“屯 mbanj”指村屯。传该村有一位老人专做风箱出售为生，远近闻名，故名。聚落呈块状。通行壮话。经济以农业为主，主种水稻、玉米等。林业主种杉树、松树等。特产玉凤油茶。通村级公路。

六林 Liùlín 玉凤镇百甲村辖自然村。在村委会驻地东 3.9 千米处。有 36 户 155 人，瑶族聚居。姓氏有罗、邓、李等。传清咸丰元年（1851）建村。六林，壮语 Lueglimz，“六 lueg”指山谷，“林 limz”指相思树。因该村建在长有相思树的山谷，故名。聚落呈块状。通行瑶话。经济以农业为主，主种水稻、玉米等。林业主种杉树、松树等。特产玉凤油茶。通村级公路。

那江村居民地

那江村 Nàjiāng Cūn 玉凤镇辖村。在镇境西北部。驻地在镇人民政府驻地西北 21.3 千米处。东接河池市巴马瑶族自治县所略乡福乡村，南连百甲村、百民村，西邻百色市右江区龙川镇集合村、六能村，北靠河池市巴马瑶族自治县所略乡局桑村。面积 29.53 平方千米。辖下月、坡求、江洲、那将、百力、孔福、那累、那太、舍屯、三中、那路、坡赖12自然村。村委会驻下月。有734户2880人，壮族聚居。通行壮话。民国二十三年（1934）为设村、江洲村，属万冈县百羌乡。1952年设那江乡，属田阳县第八区。1955年属那么区。1958年改大队，属那么公社。1962年改公社，属玉凤区。1968年复改大队，属玉凤公社。1984年改村，属坤平乡。2005年属玉凤镇。那江，壮语Nazgyang，“那naz”指田，“江gyang”指江、河。因该村处小河流经的田垌旁，故名。地处都阳山脉南缘。属丘陵地貌。主要山峰有顶伟山、盘四山，海拔分别为806米、810米。百东河流经。地方特色文化有玉凤壮族山歌。经济以农业为主。耕地面积270.22公顷。农业主种水稻、玉米。林业主种杉树、松树等。特产玉凤油茶。汕昆高速公路过境。

下月 Xiàyuè　玉凤镇那江村辖自然村。村委会驻地。有64户260人，壮族聚居。姓氏有覃、谢、韦、梁等。传清雍正二年（1724）建村。下月，壮语Lajywz，“下laj”指下边，“月ywz”指遮盖。因该村周围有大树成荫，故名。聚落呈块状。通行壮话。经济以农业为主，主种水稻、玉米。林业主种杉树、松树等。特产玉凤油茶。通村级公路。百东河流经。

坡求 Pōqiú　玉凤镇那江村辖自然村。在村委会驻地东南0.8千米处。有18户76人，壮族聚居。姓氏有韦、杨等。1952年建村。坡求，壮语Bo’gouz，“坡bo”指山坡，“求gouz”指求雨。传遇干旱之年，村民多到此山坡拜神求雨，故名。聚落呈块状。通行壮话。经济以农业为主，主种水稻、玉米。林业主种杉树、松树等。特产玉凤油茶。通村级公路。百东河流经。

江洲 Jiāngzhōu　玉凤镇那江村辖自然村。在村委会驻地西北0.4千米处。有70户277人，壮族聚居。姓氏以覃为主。传明嘉靖六年（1527）建村。江洲，壮语Gyangcu，“江gyang”指地，“洲cu”指官府所在地。传村址曾有官舍，故名。聚落呈块状。通行壮话。经济以农业为主，主种水稻、玉米。林业主种杉树、松树等。特产玉凤油茶。通村级公路。百东河流经。

那将 Nàjiāng　玉凤镇那江村辖自然村。在村委会驻地西南2.4千米处。有90户358人，壮族聚居。姓氏有罗、黄等。传明嘉靖四年（1525）建村。那将，壮语Nazgieng，“那naz”指田，“将gieng”指黄姜。因该村附近田里长有野生黄姜，故名。聚落呈块状。通行壮话。经济以农业为主，主种水稻、玉米。林业主种杉树、松树等。特产玉凤油茶。通村级公路。

百力 Bǎilì　玉凤镇那江村辖自然村。在村委会驻地北偏西1.5千米处。有102户404人，壮族聚居。姓氏有罗、杨、韦、黄等。1949年建村。百力，壮语Baqlaez，“百baq”指荒坡，“力laez”

指长形。因该村坐落在一个狭长的荒坡口上，故名。聚落呈块状。通行壮话。经济以农业为主，主种水稻、玉米。林业主种杉树、松树等。特产玉凤油茶。通村级公路。百东河流经。

孔福 Kǒngfú 玉凤镇那江村辖自然村。在村委会驻地北1.5千米处。有19户72人，壮族聚居。姓氏以韦为主。1952年建村。孔福，壮语Gumhfieg，“孔gumh”指凹地，“福fieg”指枯萎。因该村建在有植物枯萎的凹地，故名。聚落呈块状。通行壮话。经济以农业为主，主种水稻、玉米。林业主种杉树、松树等。特产玉凤油茶。通村级公路。

那累 Nàlěi 玉凤镇那江村辖自然村。在村委会驻地东北2千米处。有22户93人，壮族聚居。姓氏以罗为主。1951年建村。那累，壮语Nazloiq，“那naz”指田，“累loiq”指斜坡。因该村建在一片梯田的旁边，故名。聚落呈块状。通行壮话。经济以农业为主，主种水稻、玉米。林业主种杉树、松树等。特产玉凤油茶。通村级公路。

那太 Nàtài 玉凤镇那江村辖自然村。在村委会驻地东北3.4千米处。有26户113人，壮族聚居。姓氏有罗、蒙等。民国二十五年（1936）建村。那太，壮语Nazdaih，“那naz”指田，“太daih”指大。因该村建在一大片梯田旁边，故名。聚落呈块状。通行壮话。经济以农业为主，主种水稻、玉米。林业主种杉树、松树等。特产玉凤油茶。通村级公路。

舍屯 Shětún 玉凤镇那江村辖自然村。在村委会驻地西北3.6千米处。有122户480人，壮族聚居。姓氏有陆、罗、黄等。民国三十一年（1942）建村。舍屯，壮语Mbanjceh，“舍ceh”指浸水，“屯mbanj”指村。因该村建在一块水泡田旁边，故名。聚落呈块状。通行壮话。经济以农业为主，主种水稻、玉米。林业主种杉树、松树等。特产玉凤油茶。通村级公路。

三中 Sānzhōng 玉凤镇那江村辖自然村。在村委会驻地西3.1千米处。有69户241人，壮族聚居。姓氏有王、罗、廖、金、黄、黎等。1964年建村。三中，壮语Sam'gyoengq，“三sam”指三个，“中gyoengq”指合并。因该村是由三个分散的居民点合并而成，故名。通行壮话。经济以农业为主，主种水稻、玉米等。林业主种杉树、松树等。特产玉凤油茶。汕昆高速公路过境。

那路 Nàlù 玉凤镇那江村辖自然村。在村委会驻地西南2.8千米处。有61户248人，壮族聚居。姓氏以黄为主。1961年建村。那路，壮语Nazroh，“那naz”指田，“路roh”指渗透。因该村田地是容易渗透的砂质土壤，故名。聚落呈团状。通行壮话。经济以农业为主，主种水稻、玉米。林业主种杉树、松树等。特产玉凤油茶。汕昆高速公路过境。

坡赖 Pōlài 玉凤镇那江村辖自然村。在村委会驻地西北0.8千米处。有71户258人，壮族聚居。姓氏有韦、罗等。清同治四年（1865）建村。坡赖，壮语Boraih，“坡bo”指山坡，“赖raih”指野猪。因该村建在从前有野猪出没的山坡，故名。聚落呈块状。通行壮话。经济以农业为主，主种水稻、玉米。林业主种杉树、松树等。特产玉凤油茶。汕昆高速公路过境。

头塘镇政区居民地

头塘镇 Tóutáng Zhèn 百色市田阳区辖镇。在区境西部。驻地在城区人民政府驻地西北8千米处。东接玉凤镇，南连田州镇、那坡镇，西、北靠百色市右江区四塘镇。面积149平方千米。辖兴侨社区和头塘、四联、二塘、新山、百沙、百坡、百里、联坡8村。镇人民政府驻头塘村头塘街。有8160户3.02万人，有壮、汉族。明洪武七年（1374）属奉议州一都辖地。清光绪二年（1876）为武平团，属奉议州北区。民国元年（1912）属奉议县北区。民国二十二年（1933）设正荣、联荣2乡，属奉议县中田区。民国二十四年（1935）改属田阳县。1951年与四厢乡、田州镇以及新荣乡的五合、那隆、那温、治使、见隆、塘茶、那三7村合设田阳县第九区。1955年属田州区。1958年8月析头塘、百沙、百里、百坡、二塘、新山、联坡、四联8小乡置头塘公社。1962年8月改头塘区。1968年8月改头塘公社。1984年改二塘乡。1995年改头塘镇。2019年属百色市田阳区。因驻地头塘村得名。头塘，塘，指古代由驻军关卡塘汛延伸而来的一种里程单位，以十华里（5千米）为一塘，因此地距田州约十华里，为田州至百色

20万亩农林生态扶贫产业核心示范区

的第一塘，即头塘，故名。地处右江河谷，地势北高南低，东北部属低山丘陵，西南部属河谷平原。主要山峰有八面山、坡么少山、再怀山，海拔分别为501.5米、441米、415米。有煤矿、石油和锑矿等矿产。有三雷林场、华侨农场。经济以工业和农业为主。境内有自治区级产业园之百色新山铝产业示范园，建有20万亩农林生态扶贫产业核心示范区。耕地面积2975.8公顷。农业主种水稻、蔬菜、甘蔗。特产芒果、香蕉、西红柿、圣女果等。有初级中学1所、小学7所、卫生院1所。南昆铁路、云桂铁路和323国道、324国道过境。右江、磺桑江流经。百东河水库在境内。

头塘镇居民地一览表

社区、村名称	驻地及街圩、自然村、居民点名称
兴侨社区	6居民点：兴侨三组、兴侨一组、兴侨二组、兴侨四组、兴侨五组、兴侨六组
头塘村	1街圩：头塘街 10自然村：头塘、平泗、那围、平旺、平合、平高、下栋、下栋新屯、砍社、绿谷
四联村	10自然村：那斛中屯、那斛上屯、那斛下屯、那斛新屯、囊黎、塘民上屯、塘民下屯、百荷新屯、百荷旧屯、岩喜
二塘村	1街圩：二塘街 4自然村：那培、那厚、那厚栋、百斛
新山村	6自然村：下练、上练、那更、绿机、那丹、新加坡
百沙村	12自然村：那徐、东沙、百堪、那爷上屯、那爷下屯、治落、坡哩上屯、坡哩新屯、琴音、花山上屯、花山下屯、绿扣怀
百坡村	驻头塘村头塘街 9自然村：那驮、百武、那荷、坡圩上屯、坡圩下屯、那坡上屯、那坡下屯、那标、万斤
百里村	5自然村：百果、治使、那里、那雷、那浩
联坡村	3自然村：个劳下屯、个劳上屯、六合
合计：1社区8村，2街圩6居民点59自然村	

兴侨社区居民地

兴侨社区 Xīngqiáo Shèqū 头塘镇辖社区。在镇境西南部。驻地在镇人民政府驻地南0.45千米处。东接头塘村，南连四联村，西邻二塘村，北靠二塘村、百坡村。面积2平方千米。辖兴侨三组、兴侨一组、兴侨二组、兴侨四组、兴侨五组、兴侨六组6居民点。社区居委会驻兴侨三组原华侨头塘卫生院。有292户1425人，印度尼西亚、越南归侨侨眷占71%，主要为汉族。通行客家话、粤方言、闽南语、印度尼西亚语、越南语。前身是1960年始建的百色华侨农场，为国家安置印度尼西亚归侨、越南归侨以及百色澄碧河水库移民的生产、生活基地。2021年设立兴侨社区，承担百色华侨农场的社会管理和公共服务职能，以振兴华侨农场之意取名。经济以职工工资、个体经营、劳务输出、房屋租赁和种植水稻、芒果、西红柿、大青枣为主。南昆铁路、323国道、324国道过境。

兴侨社区航拍图

兴侨三组 Xīngqiáosānzǔ 头塘镇兴侨社区辖居民点。社区居委会驻地。有73户340人，汉族聚居。姓氏有黄、李、陈等。前身是1960年始建的百色华侨农场第三生产区，居民主要是印度尼西亚归侨、越南归侨以及百色澄碧河水库移民。1999年华侨农场改制后称头塘华侨第三生产区。2021年设立兴侨社区时列为兴侨社区第三居民小组，简称兴侨三组。聚落呈团状。通行客家话、粤方言、闽南语、印度尼西亚语、越南语。地处右江河谷半平原半丘陵地带。经济以个体经营、房屋租赁和农业种植为主。耕地面积46公顷。农业主种水稻、西红柿、芒果等。323国道、324国道过境。

兴侨一组 Xīngqiáoyīzǔ 头塘镇兴侨社区辖居民点。在社区居委会驻地东南1.7千米处。有40户132人，汉族聚居。姓氏有黄、冯、张等。前身是1960年始建的百色华侨农场第一生产区，居民主要是印度尼西亚归侨、越南归侨以及百色澄碧河水库移民。1999年华侨农场改制后称头塘华侨第一生产区。2021年设立兴侨社区时列为兴侨社区第一居民小组，简称兴侨一组。聚落呈团状。通行客家话、粤方言、闽南语、印度尼西亚语、越南语。地处右江河谷半平原半丘陵地带。经济以农业为主。耕地面积20公顷。农业主种水稻、西红柿、芒果等。323国道、324国道过境。

兴侨二组 Xīngqiáoèrzǔ 头塘镇兴侨社区辖居民点。在社区居委会驻地南 0.3 千米处。有 43 户 232 人，汉族聚居。姓氏有黄、刘、唐等。前身是 1960 年始建的百色华侨农场第二生产区，居民主要是印度尼西亚归侨、越南归侨以及百色澄碧河水库移民。1999 年华侨农场改制后称头塘华侨第二生产区。2021 年设立兴侨社区时列为兴侨社区第二居民小组，简称兴侨二组。聚落呈团状。通行客家话、粤方言、闽南语、印度尼西亚语、越南语。地处右江河谷半平原半丘陵地带。经济以农业为主。耕地面积 52 公顷。农业主种水稻、西红柿、芒果等。323 国道、324 国道过境。

兴侨四组 Xīngqiáosìzǔ 头塘镇兴侨社区辖居民点。在社区居委会驻地西 0.7 千米处。有 32 户 186 人，汉族聚居。姓氏有黄、梁、李等。前身是 1960 年始建的百色华侨农场第四生产区，居民主要是印度尼西亚归侨、越南归侨以及百色澄碧河水库移民。1999 年华侨农场改制后称头塘华侨第四生产区。2021 年设立兴侨社区时列为兴侨社区第四居民小组，简称兴侨四组。聚落呈团状。通行客家话、粤方言、闽南语、印度尼西亚语、越南语。地处右江河谷半平原半丘陵地带。经济以农业为主。耕地面积 18 公顷。农业主种水稻、西红柿、芒果等。323 国道、324 国道过境。

兴侨五组 Xīngqiáowǔzǔ 头塘镇兴侨社区辖居民点。在社区居委会驻地西北 2.8 千米处。有 54 户 257 人，汉族聚居。姓氏有林、陈、李等。前身是 1960 年始建的百色华侨农场第五生产区，居民主要是印度尼西亚归侨、越南归侨以及百色澄碧河水库移民。1999 年华侨农场改制后称头塘华侨第五生产区。2021 年设立兴侨社区时列为兴侨社区第五居民小组，简称兴侨五组。聚落呈团状。通行客家话、粤方言、闽南语、印度尼西亚语、越南语。地处右江河谷半平原半丘陵地带。经济以农业为主。耕地面积 16 公顷。农业主种水稻、西红柿、芒果等。南昆铁路、323 国道、324 国道过境。

兴侨六组 Xīngqiáoliùzǔ 头塘镇兴侨社区辖居民点。在社区居委会驻地西北 5 千米处。有 50 户 278 人，汉族聚居。姓氏有黄、李、林等。前身是 1960 年始建的百色华侨农场第六生产区，居民主要是印度尼西亚归侨、越南归侨以及百色澄碧河水库移民。1999 年华侨农场改制后称头塘华侨第六生产区。2021 年设立兴侨社区时列为兴侨社区第六居民小组，简称兴侨四组。聚落呈团状。通行客家话、粤方言、闽南语、印度尼西亚语、越南语。地处右江河谷半平原半丘陵地带。经济以个体经营、劳务输出为主。南昆铁路、323 国道、324 国道过境。

头塘村居民地

头塘村 Tóutáng Cūn 头塘镇辖村。镇人民政府驻地。在镇境南部。东接百里村，南连田州镇龙河村、凤马村，西邻兴侨社区、四联村，北靠百坡村。面积6.29平方千米。辖头塘街1街圩和头塘、平泗、那囤、平旺、平合、平高、下栋、下栋新屯、砍社、绿谷10自然村。村委会驻头塘街。有1517户5303人，壮、汉族聚居。通行壮话、蔗园话。民国二十四年（1935）为平旺、平四、高旺3村，属正荣乡。1952年平旺、平四、高旺3村合设头塘乡，属田阳县第九区。1955年属田州区。1958年改大队，属头塘公社。1962年改公社，属头塘区。1968年复改大队，属头塘公社。1984年改村，属二塘乡。1995年属头塘镇。因原驻地头塘得名。塘，指古代由驻军关卡塘汛延伸而来的一种里程单位，以十华里为一塘。此地距田州约十华里，为田州至百色的第一塘，即头塘，故名。地处右江河谷半平原半丘陵地带，右江流经。经济以农业为主。耕地面积388.99公顷。农业主种水稻、西红柿、芒果、圣女果等。323国道、324国道过境。

头塘街 Tóutángjiē 头塘镇头塘村辖街圩。头塘镇人民政府、头塘村村委会、百坡村村委会驻地。有365户1200人，壮、汉族聚居。姓氏有赖、黄等。1993年建街圩。因其为头塘村所在地而得名。聚落呈带状。通行壮话、蔗园话。有镇直单位、初级中学、小学、幼儿园、卫生院、百货超市、农贸市场、银行及通信运营商网点等。经济以个体经营和农业为主。个体经营以农副产品、日用百货为主。农业主种水稻、西红柿、芒果。323国道和324国道旧线过境。

头塘 Tóutáng 头塘镇头塘村辖自然村。在村委会驻地东0.7千米处。有106户298人，壮族聚居。姓氏有邓、周、黄等。据1999年版《田阳县志》记载，明洪武七年（1374）已有头塘，属奉议州一都怕斛图。塘，指古代由驻军关卡塘汛延伸而来的一种里程单位，以十华里（5千米）为一塘。因此地距田州约十华里，为田州至百色的第一塘，即头塘，故名。聚落呈团状。通行壮话。经济以农业为主，主种水稻、芒果、圣女果等。323国道和324国道旧线过境。

平泗 Píngsì 头塘镇头塘村辖自然村。在村委会驻地东北1.3千米处。有362户1315人，汉族聚居。姓氏有李、黄、韦等。据1999年版《田阳县志》记载，明洪武七年（1374）已有此村，记为“平四”，属奉议州一都定律图。1982年第一次全国地名普查时记为“平泗”，是头塘大队驻地。平泗、平四，壮语Bienghseiq，“平biengh”指地块平整，“泗、四seiq”指水田众多。因地处百东河岸，地势平坦，水田众多，故名。聚落呈团状。通行蔗园话、壮话。经济以农业为主，主种水稻、芒果、圣女果等。323国道过境。百东河流经。

那围 Nàwéi 头塘镇头塘村辖自然村。在村委会驻地东北 1.4 千米处。有 102 户 374 人，壮族聚居。姓氏有罗、黄等。据 1999 年版《田阳县志》记载，明洪武七年（1374）已有那围，属奉议州一都定律图。那围，壮语 Nazveiz，“那 naz”指水田，“围 veiz”指包围。因该村四周被水田包围，故名。聚落呈团状。通行壮话。经济以农业为主，主种水稻、芒果、圣女果等。323 国道过境。百东河流经。

平旺 Píngwàng 头塘镇头塘村辖自然村。在村委会驻地东北 2.2 千米处。有 120 户 500 人，汉族聚居。姓氏有黄、韦、周、谢等。传清雍正元年（1723）建村。1982 年第一次全国地名普查时记为“那旺”，壮语 Nazvang，“那 naz”指水田，“旺 vang”指环绕，因该村四面被水田围绕，故名。1999 年版《田阳县志》记为“平旺”，以村处平坦之地，且四周被水田围绕之意取名。聚落呈团状。通行蔗园话。经济以农业为主，主种水稻、芒果、圣女果等。百东河流经。

平合 Pínghé 头塘镇头塘村辖自然村。在村委会驻地东北 2.5 千米处。有 28 户 96 人，汉族聚居。姓氏以黄为主。传清乾隆元年（1736）建村。平合，壮语 Bienghhak，“平 biengh”指平坦，“合 hak”指瘦瘠。因该村地势平坦，水田瘦瘠，故名。聚落呈团状。通行蔗园话。经济以农业为主，主种水稻、芒果、圣女果等。323 国道过境。

平高 Pínggāo 头塘镇头塘村辖自然村。在村委会驻地东北 1.5 千米处。有 93 户 328 人，汉族聚居。姓氏以黄为主。传清乾隆元年（1736）建村。平高，壮语 Bienghsang，“平 biengh”指平坦，“高 sang”指地势较高。因该村地势又平又高，故名。聚落呈团状。通行蔗园话。经济以农业为主，主种水稻、芒果、圣女果等。百东河流经。

下栋 Xiàdòng 头塘镇头塘村辖自然村。在村委会驻地东北 2.2 千米处。有 57 户 197 人，壮族聚居。姓氏以黄为主。传清康熙十一年（1672）已有此村。1982 年第一次全国地名普查时记为“下东”。1999 年版《田阳县志》记为“下垌”。2014 年第二次全国地名普查记为“下栋”。下栋、下东或下垌，壮语 Lajdoengh，“下 laj”指地势较低，“栋、东、垌 doengh”指沙洲。因该村坐落在地势较低的沙洲，故名。聚落呈团状。通行壮话。经济以农业为主，主种水稻、芒果、圣女果等。百东河流经。

下栋新屯 Xiàdòngxīntún 头塘镇头塘村辖自然村。在村委会驻地东北 2.4 千米处。有 34 户 105 人，壮族聚居。姓氏以黄为主。2001 年始建。因是为安置下栋屯遭遇 2001 年 7 月特大洪灾后房屋倒塌的村民而新建的居民点，故名。聚落呈团状。通行壮话。经济以农业为主，主种水稻、芒果、圣女果等。323 国道经此。

砍社 Kǎnshè 头塘镇头塘村辖自然村。在村委会驻地东 0.3 千米处。有 130 户 453 人，汉族聚居。姓氏有杨、陆、黄等。传清宣统元年（1909）建村。1982 年第一次全国地名普查时记为“坎社”。2014 年第二次全国地名普查记为“砍社”。坎社、砍社，壮语 Hamjceh，“坎、砍 hamj”意为跨，“社 ceh”指浸泡于水中、烂泥。因该村建于烂泥田之间，故名。聚落呈团状。通行蔗园话。经济以农业为主，主种水稻、芒果、圣女果等。323 国道、324 国道旧线过境。

绿谷 Lǜgǔ 头塘镇头塘村辖自然村。在村委会驻地南 0.47 千米处。有 129 户 437 人，壮族聚居。姓氏以黄为主。传清乾隆元年（1736）建村。1982 年第一次全国地名普查时记为“渌谷”。1999 年版《田阳县志》记为“禄谷”。2014 年第二次全国地名普查记为“绿谷”。绿谷、渌谷或禄谷，壮语 Lueggut，“绿、渌、禄 lueg”指山谷，“谷 gut”指蕨草。因该村建在长满蕨草的山谷，故名。聚落呈团状。通行壮话。经济以农业为主，主种水稻、芒果、圣女果等。323 国道、324 国道经此。

四联村居民地

四联村 Sìlián Cūn 头塘镇辖村。在镇境西南部。驻地在镇人民政府驻地西南 2.7 千米处。东接兴侨社区、头塘村和田州镇凤马村，南连那坡镇平朴村，西邻右江与那坡镇万平村相望，北靠二塘村、兴侨社区。面积 5.64 平方千米。辖那斛中屯、那斛上屯、那斛下屯、那斛新屯、囊黎、塘民上屯、塘民下屯、百荷新屯、百荷旧屯、岩喜 10 自然村。村委会驻那斛中屯。有 993 户 3582 人，壮族聚居。通行壮话。民国二十四年（1935）为塘业村、那荷村，属联荣乡。1952 年设四联乡，因由囊黎、那斛、塘民、百荷 4 个自然村联合设立得名，属田阳县第九区。1955 年属田州区。1958 年改大队，属头塘公社。1962 年改公社，属头塘区。1968 年复改大队，属头塘公社。1984 年改村，属二塘乡。1995 年属头塘镇。地处右江河畔，地势平坦。右江流经。经济以农业为主。耕地面积 371.11 公顷。农业主种水稻、芒果、圣女果等。是右江革命老区之一。

那斛中屯 Nàhúzhōngtún 头塘镇四联村辖自然村。村委会驻地。有 102 户 348 人，壮族聚居。姓氏以黄为主。据 1999 年版《田阳县志》记载，明洪武七年（1374）已有那斛，属奉议州一都怕斛图。那斛，壮语 Nazhog，“那 naz”指水田，斛 hog”指窝。因始建村在形像鸡窝的田垌中得名。后村庄扩大，一分为三，以方位分称，该村位于中部，故名那斛中屯。聚落呈团状。

通行壮话。经济以农业为主，主种水稻、芒果、圣女果等。

那斛上屯 Nàhúshàngtún 头塘镇四联村辖自然村。在村委会驻地北 0.15 千米处。有 64 户 228 人，壮族聚居。姓氏有陆、黄等。据 1999 年版《田阳县志》记载，明洪武七年（1374）已有那斛，属奉议州一都怕斛图。那斛，壮语 Nazhog，“那 naz”指水田，斛 hog”指窝。因始建村在形像鸡窝的田垌中得名。后村庄扩大，一分为三，以方位分称，该村位于北部，故名那斛上屯。聚落呈团状。通行壮话。经济以农业为主，主种水稻、芒果、圣女果等。

那斛下屯 Nàhúxiàtún 头塘镇四联村辖自然村。在村委会驻地南 0.45 千米处。有 103 户 361 人，壮族聚居。姓氏有马、黄、罗等。据 1999 年版《田阳县志》记载，明洪武七年（1374）已有那斛，属奉议州一都怕斛图。那斛，壮语 Nazhog，“那 naz”指水田，斛 hog”指窝。因始建村在形像鸡窝的田垌中得名。后村庄扩大，一分为三，以方位分称，该村位于南部，故名那斛下屯。聚落呈团状。通行壮话。经济以农业为主，主种水稻、芒果、圣女果等。

那斛新屯 Nàhúxīntún 头塘镇四联村辖自然村。在村委会驻地东北 0.4 千米处。有 40 户 110 人，壮族聚居。姓氏有黄、罗等。2001 年建村。因是为安置那斛遭遇 2001 年 7 月特大洪水灾害后房屋倒塌的村民而新建的居民点，故名。聚落呈团状。通行壮话。经济以农业为主，主种水稻、芒果、圣女果等。

囊黎 Nánglí 头塘镇四联村辖自然村。在村委会驻地东南 1.5 千米处。有 130 户 497 人，壮族聚居。姓氏有罗、黄等。据 1999 年版《田阳县志》记载，明洪武七年（1374）已有囊黎，属奉议州一都怕斛图。囊黎，壮语 Nanghraez，“囊 nangh”指地，“黎 raez”指长。因该村坐落在一处较长的地块旁，故名。聚落呈团状。通行壮话。经济以农业为主，主种水稻、芒果、圣女果等。

塘民上屯 Tángmínshàngtún 头塘镇四联村辖自然村。在村委会驻地南 0.45 千米处，西临右江。有 71 户 338 人，壮族聚居。姓氏有何、黄等。据 1999 年版《田阳县志》记载，明洪武七年（1374）已有塘民，属奉议州一都怕斛图。塘民，壮语 Daemzmaenz，“塘 daemz”指池塘，“民 maenz”指老百姓。因当地老百姓都喝池塘的水而得名。后村庄扩大，一分为二，以方位分称，该村位于北部，俗称“上”，故名塘民上屯。聚落呈团状。通行壮话。经济以农业为主，主种水稻、芒果、圣女果等。

塘民下屯 Tángmínxiàtún 头塘镇四联村辖自然村。在村委会驻地南1.2千米处，西临右江。有54户225人，壮族聚居。姓氏有何、黄等。据1999年版《田阳县志》记载，明洪武七年（1374）已有塘民，属奉议州一都怕斛图。塘民，壮语Daemzmaenz，“塘daemz”指池塘，“民maenz”指老百姓。因当地老百姓都喝池塘的水而得名。后村庄扩大，一分为二，以方位分称，该村位于南部，俗称“下”，故名塘民下屯。聚落呈团状。通行壮话。经济以农业为主，主种水稻、芒果、圣女果等。

百荷新屯 Bǎihéxīntún 头塘镇四联村辖自然村。在村委会驻地西0.8千米处，西临右江。有137户453人，壮族聚居。姓氏有黄、吴等。原与百荷旧屯统称百荷，传清康熙元年（1662）前已有此村。百荷，壮语Bakoq，“百bak”指口，“荷oq”指烧窑。因始建村在砖瓦窑窑口边，故名。后村庄扩大，按建居时间先后分为旧屯和新屯，该村建居时间较晚，故称百荷新屯。聚落呈团状。通行壮话。经济以农业为主，主种水稻、芒果、圣女果等。

百荷旧屯 Bǎihéjiùtún 头塘镇四联村辖自然村。在村委会驻地西1.1千米处，西南临右江。有121户432人，壮族聚居。姓氏有黄、黎、韦等。原与百荷新屯统称百荷，传清康熙元年（1662）前已有此村。百荷，壮语Bakoq，“百bak”指口，“荷oq”指烧窑。因始建村在砖瓦窑窑口边，故名。后村庄扩大，按建居时间先后分为旧屯和新屯，该村建居时间较早，故称百荷旧屯。聚落呈团状。通行壮话。经济以农业为主，主种水稻、芒果、圣女果等。

岩喜 Yánxǐ 头塘镇四联村辖自然村。在村委会驻地东南1.8千米处。有5户14人，壮族聚居。姓氏以黄为主。据1999年版《田阳县志》记载，明洪武七年（1374）已有岩喜，属奉议州一都怕斛图。岩喜，壮语Ngamzhex，“岩ngamz”指山坳，“喜hex”指土地不肥沃、贫瘠。因始建村在土地贫瘠的山坳上，故名。聚落呈团状。通行壮话。经济以农业为主，主种水稻、芒果、圣女果等。

二塘村居民地

二塘村 Èrtáng Cūn 头塘镇辖村。在镇境西部。驻地在镇人民政府驻地西北2.6千米处。东接百坡村、兴侨社区，南连四联村并隔右江与那坡镇万平村、濑旺村相望，西邻百色市右江区四塘镇保安村，北靠新山村。面积12平方千米。辖二塘街1街圩和那培、那厚、那厚栋、百斛4自然村。村委会驻那培。有752户2596人，壮、汉族聚居。通行壮话、蔗园话。民国二十四年（1935）为二塘村，属联荣乡。1952年与百厚村合设二塘乡，属田阳县第九区。1955年属田州区。1958 年改大队，属头塘公社。1962 年改公社，属头塘区。1968 年复改大队，属头塘公社。1984 年改村，属二塘乡。1995 年属头塘镇。以所辖二塘街取名。塘，古代由驻军关卡塘汛延伸而来的一种里程单位，以十华里（5 千米）为一塘。二塘街距田州约二十华里，为田州至百色的第二塘，故名。地势北高南低，东北部属山地丘陵，西南部属河谷。主要山峰有八面山，海拔 501.5 米。右江流经。经济以农业为主。耕地面积 325.02 公顷。农业主种水稻、芒果、圣女果等。南昆铁路、323 国道、324 国道过境。

二塘村果农正在采摘芒果

二塘街 Èrtángjiē 头塘镇二塘村辖街圩。在村委会驻地西北 2 千米处，南临右江。有 110 户 383 人，壮族聚居。姓氏有周、李、赵等。传清康熙元年（1662）建村。民国时成为街圩。塘，指古代由驻军关卡塘汛延伸而来的一种里程单位，以十华里（5 千米）为一塘。因此地距田州约二十华里，为田州至百色的第二塘，故名。聚落呈团状。通行壮话。经济以农业为主，主种水稻、芒果等。南昆铁路、323 国道、324 国道过境。

那培 Nàpéi 头塘镇二塘村辖自然村。村委会驻地。有 265 户 891 人，壮族聚居。姓氏有黄、周、李、陆等。据 1999 年版《田阳县志》记载，明洪武七年（1374）已有那培，属奉议州一都怕斛图。那培，壮语 Nazboiz，“那 naz”指水田，“培 boiz”指亏本。因旧时该村田地贫瘠，十种九无收，种田年年赔本，故名。聚落呈团状。通行壮话。经济以农业为主，主种水稻、芒果、圣女果等。323 国道、324 国道过境。百矿火电厂在村北面。

那厚 Nàhòu 头塘镇二塘村辖自然村。在村委会驻地南 1.3 千米处。有 68 户 219 人，壮族聚居。姓氏有覃、黄等。据 1999 年版《田阳县志》记载，明洪武七年（1374）已有那厚，属奉议州一都怕斛图。那厚，壮语 Nazhaeux，“那 naz”指水田，“厚 haeux”指粮。因该村是开垦种田产粮之地，故名。聚落呈团状。经济以农业为主，主种水稻、芒果、圣女果等。

那厚栋 Nàhòudòng 头塘镇二塘村辖自然村。在村委会驻地南 0.7 千米处，西临右江。有 153 户 533 人，汉族聚居。姓氏有黄、黎、苏等。传清康熙元年（1662）建村。1982 年第一次全国地名普查时记为“那厚东”。2014 年第二次全国地名普查记为“那厚栋”。那厚栋、那厚东，壮语 Nazhaeuxdoengh，“那 naz”指水田，“厚 haeux”指粮，“栋、东 doengh”指沙洲。因该村建在沙洲上的田边，是产粮的地方，故名。聚落呈团状。通行蔗园话。经济以农业为主，主种水稻、芒果、圣女果等。

百斛 Bǎihú 头塘镇二塘村辖自然村。在村委会驻地东南 1.6 千米处。有 156 户 570 人，壮族聚居。姓氏有黄、覃、甘等。据 1999 年版《田阳县志》记载，明洪武七年（1374）已有此村，记为“怕斛”，属奉议州一都怕斛图。民国时记为“百斛”。百斛、怕斛，壮语 Bakhob，“百、怕 bak”指口，“斛 hob”指窝。因该村建在像鸡窝口的地方，故名。聚落呈团状。通行壮话。经济以农业为主，主种水稻、芒果、圣女果等。

新山村居民地

新山村 XīnShān Cūn 头塘镇辖村。在镇境西北部。驻地在镇人民政府驻地西北 5 千米处。东接百沙村，南连百坡村、二塘村，西邻百色市右江区四塘镇平布村，北靠百色市右江区四塘镇六合村。面积 32.19 平方千米。辖下练、上练、那更、绿机、那丹、新加坡 6 自然村。村委会驻下练。有 1105 户 3909 人，壮族聚居。民国二十四年（1935）为新和、练山 2 村，属联荣乡。1952 年设新山乡，取新和、练山各一字得名，属田阳县第九区。1955 年属田州区。1958 年改大队，属头塘公社。1962 年改公社，属头塘区。1968 年复改大队，属头塘公社。1984 年改村，属二塘乡。1995 年属头塘镇。属丘陵地貌。磺桑江流经。经济以农业为主。耕地面积 381.82 公顷。农业主种水稻、西红柿、芒果等。境内有百色新山铝产业示范园。云桂铁路过境。

百色新山铝产业示范园车间场景

下练 Xiàliàn 头塘镇新山村辖自然村。村委会驻地。有 320 户 1080 人，壮族聚居。姓氏有潘、李、黄等。传明永乐十九年（1421）建村。下练，壮语 Lienhlaj，“下 laj”指下边，“练 lienh”指冶炼。因古时这里曾是冶炼矿石之地，该村建村在矿石冶炼旧址的南面，故名下练。聚落呈团状。通行壮话。经济以农业为主，主种水稻、西红柿、芒果等。云桂铁路经此。磺桑江流经。

上练 Shàngliàn 头塘镇新山村辖自然村。在村委会驻地北偏西 0.7 千米处。有 286 户 990 人，壮族聚居。姓氏有潘、李、黄等。传明永乐十六年（1418）建村。上练，壮语 Lienhgwnz，“上 gwnz”指上边，“练 lienh”指冶炼。因古时这里曾是冶炼矿石之地，该村建村在矿石冶炼旧址的北面，故名上练。聚落呈团状。通行壮话。经济以农业为主，主种水稻、西红柿、芒果等。云桂铁路经此。磺桑江流经。

那更 Nàgēng 头塘镇新山村辖自然村。在村委会驻地西 1.2 千米处。有 172 户 542 人，壮族聚居。姓氏有李、刘等。传明永乐十九年（1421）建村。2014 年因建设百色新山铝产业示范园而被征用土地，部分村民迁至新加坡屯。那更，壮语 Nazgeng，“那 naz”指田，“更 geng”指山岗、土坡。因始建村在山脚有水田的土坡上，故名。聚落呈团状。通行壮话。经济以农业为主，主种水稻、西红柿、芒果等。

绿机 Lùjī 头塘镇新山村辖自然村。在村委会驻地西 2.3 千米处。有 140 户 543 人，壮族聚居。姓氏有黄、韦、周等。据 1999 年版《田阳县志》记载，明洪武七年（1374）已有此村，记为“绿机”，属奉议州一都定律图。1982 年第一次全国地名普查时记为“渌机”。2014 年第二次全国地名普查复记为“绿机”。绿机、渌机，壮语 Lueggei，“绿、渌 lueg”指山谷，“机 gei”指菜箕。因始建村在形似菜箕的山谷，故名。聚落呈团状。通行壮话。经济以农业为主，主种水稻、西红柿、芒果等。云桂铁路经此。

那丹 Nàdān 头塘镇新山村辖自然村。在村委会驻地北 4 千米处。有 62 户 254 人，壮族聚居。姓氏有卢、玉、黄等。传清康熙八年（1669）建村。那丹，壮语 Nazdoem，“那 naz”指田，“doem 丹”指木炭。因该村的田地曾是烧炭的地方，故名。聚落呈团状。通行壮话。经济以农业为主，主种水稻、芒果等。境内有那丹水库。

新加坡 Xīnjiāpō 头塘镇新山村辖自然村。在村委会驻地东南 4 千米处。有 125 户 500 人，壮族聚居。姓氏有李、刘等。2014 年因建设百色新山铝产业示范园需要征用那更屯土地，村民从那更屯搬迁至头塘街一带建居，形成新的居民点。因毗邻百坡村驻地，取新山、百坡各一字，且寓意增加，故名新加坡。聚落呈团状。通行壮话。经济以农业为主，主种水稻、西红柿、芒果等。323 国道过境。

百沙村居民地

百沙村 Bǎishā Cūn 头塘镇辖村。在镇境北部。驻地在镇人民政府驻地北 4.2 千米处。东接联坡村，南连百里村、百坡村，西邻新山村，北靠百色市右江区四塘镇新忻村。面积 34.62 平方千米。辖那徐、东沙、百堪、那爷上屯、那爷下屯、治落、坡哩上屯、坡哩新屯、琴音、花山上屯、花山下屯、绿扣怀 12 自然村。村委会驻东沙。有 1187 户 4463 人，壮、汉族聚居。通行壮话、蔗园话。民国二十四年（1935）为正荣乡百旺村和联荣乡那徐、冻沙 2 村。1952 年百旺、那徐、冻沙 3 村合设百沙乡，取百旺、冻沙各一字得名，属田阳县第九区。1955 年属田州区。1958 年改大队，属头塘公社。1962 年改公社，属头塘区。1968 年复改大队，属头塘公社。1984 年改村，属二塘乡。1995 年属头塘镇。属丘陵地貌。主要山峰有坡么少山、再怀山，海拔分别为 441 米、415 米。百东河、磺桑江流经。有国家级非物质文化遗产“布洛陀”口传史诗。经济以农业为主。耕地面积 379.34 公顷。农业主种水稻、玉米、芒果、西红柿。南昆铁路、云桂铁路过境。

那徐 Nàxú 头塘镇百沙村辖自然村。村委会驻地。有240户926人，壮族聚居。姓氏有陆、黄等。据1999年版《田阳县志》记载，明洪武七年（1374）已有此村，记为“那徐”，属奉议州一都定律图。那徐，壮语Nazciz，“那naz”指田，“徐ciz”指箭草。因始建村在长有箭草的田边，故名。聚落呈团状。通行壮话。经济以农业为主，主种水稻、玉米、西红柿、芒果等。南昆铁路过境。磺桑江在此汇入百东河。

东沙 Dōngshā 头塘镇百沙村辖自然村。在村委会驻地北偏东0.23千米处。有235户881人，壮族聚居。姓氏有陆、黄等。据1999年版《田阳县志》记载，明洪武七年（1374）已有此村，记为“冻沙”，属奉议州一都怕武图。1982年第一次全国地名普查时记为“东沙”，亦曾记为“垌沙”。东沙、冻沙或垌沙，壮语Doenghsa，“东、冻、垌doengh”指沙洲，“沙sa”指砂质土壤。因建村在砂质土壤的沙洲上，故名。聚落呈团状。通行壮话。经济以农业为主，主种水稻、玉米、西红柿、芒果等。云桂铁路过境。磺桑江流经。

百堪 Bǎikān 头塘镇百沙村辖自然村。在村委会驻地南1.1千米处。有94户302人，汉族聚居。姓氏有黄、苏等。据1999年版《田阳县志》记载，明洪武七年（1374）已有此村，记为“百勘”，属奉议州一都定律图。百堪，壮语Bakhomq，“百bak”指口，“堪homq”指沟谷。因建村在河流沟谷口边，故名。聚落呈团状。通行蔗园话。经济以农业为主，主种水稻、玉米、西红柿、芒果等。南昆铁路过境。百东河流经。

那爷上屯 Nàyéshàngtún 头塘镇百沙村辖自然村。在村委会驻地东北1千米处。有31户100人，壮族聚居。姓氏有黄、李等。据1999年版《田阳县志》记载，明洪武七年（1374）已有此村，记为“那爷”，属奉议州一都定律图。那爷，壮语Nazyez，“那naz”指田，“爷yez”指水藻。因村址周围的田地里水藻生长旺盛而得名。后因村庄扩大，一分为二，以方位分称，该村位于北部，俗称“上”，故名那爷上屯。聚落呈团状。通行壮话。经济以农业为主，主种水稻、玉米、西红柿、芒果等。云桂铁路过境。百东河流经。

那爷下屯 Nàyéxiàtún 头塘镇百沙村辖自然村。在村委会驻地东北0.7千米处。有180户700人，壮、汉族聚居。姓氏以黄为主。据1999年版《田阳县志》记载，明洪武七年（1374）已有此村，记为“那爷”，属奉议州一都定律图。那爷，壮语Nazyez，“那naz”指田，“爷yez”指水藻。因村址周围的田地里水藻生长旺盛而得名。后因村庄扩大，一分为二，以方位分称，该村位于南部，俗称“下”，故名那爷下屯。聚落呈团状。通行蔗园话、壮话。经济以农业为主，主种水稻、玉米、西红柿、芒果等。云桂铁路过境。百东河流经。

治落 Zhìluò 头塘镇百沙村辖自然村。在村委会驻地东北 0.9 千米处。有 166 户 639 人，壮族聚居。姓氏有李、王等。据 1999 年版《田阳县志》记载，明洪武七年（1374）已有此村，记为“治额”，属奉议州一都定律图。民国时记为“治落”。1957 年因建百东河水库，村民已搬迁至那爷建居，仍沿用“治落”之名。治落、治额，壮语 Cizlag，“治 ciz”指角落，“落、额 lag”指宽敞。因始建村在山角落里较宽的地方，故名。聚落呈团状。通行壮话。经济以农业为主，主种水稻、玉米、西红柿、芒果等。云桂铁路过境。百东河流经。

坡哩上屯 Pōlīshàngtún 头塘镇百沙村辖自然村。在村委会驻地西北 0.82 千米处。有 107 户 421 人，汉族聚居。姓氏有黄、李等。传清雍正五年（1727）已有此村，称坡哩，是壮语 Boreq 音译，“坡 bo”指山坡，“哩 req”指卵石。因始建村在有卵石的山坡而得名。后有部分村民迁至东面约 500 米处建居，形成坡哩新屯，原址遂改称坡哩上屯。聚落呈团状。通行蔗园话、壮话。经济以农业为主，主种水稻、玉米、西红柿、芒果等。磺桑江流经。

坡哩新屯 Pōlīxīntún 头塘镇百沙村辖自然村。在村委会驻地北 0.35 千米处。有 32 户 113 人，壮族聚居。姓氏有黄、卢等。传清雍正五年（1727）已有坡哩屯（今坡哩上屯），后有部分村民迁至东面约 500 米处建居，形成坡哩新屯。因是从坡哩屯迁出新建，故名。聚落呈团状。通行壮话。经济以农业为主，主种水稻、玉米、西红柿、芒果等。磺桑江流经。

琴音 Qínyīn 头塘镇百沙村辖自然村。在村委会驻地北 1.5 千米处。有 39 户 158 人，壮族聚居。姓氏有韦、农等。传明弘治二年（1489）建村。琴音，壮语 Gumhnyaen，“琴 gumh”指凹地，“音 nyaen”指野狸。因该村曾有野狸常出没，故名。聚落呈团状。通行壮话。经济以农业为主，主种水稻、玉米、西红柿、芒果等。云桂铁路过境。磺桑江流经。

花山上屯 Huāshānshàngtún 头塘镇百沙村辖自然村。在村委会驻地东北 3.9 千米处。有 40 户 150 人，壮族聚居。姓氏有卢、何等。据 1999 年版《田阳县志》记载，明洪武七年（1374）已有花山屯，属奉议州一都怕武图。花山，壮语 Byava，“花 va”指野花，“山 bya”指山坡。因始建村在一年四季都有野花盛开的山上而得名。后村庄扩大，一分为二，以方位分称，该村位于北部，俗称“上”，故名花山上屯。聚落呈团状。通行壮话。经济以农业为主，主种水稻、玉米、芒果等。

花山下屯 Huāshānxiàtún 头塘镇百沙村辖自然村。在村委会驻地东北 2.5 千米处。有 10 户 33 人，壮族聚居。姓氏有卢、何等。据 1999 年版《田阳县志》记载，明洪武七年（1374）已有花山屯，属奉议州一都怕武图。花山，壮语 Byava，“花 va”指野花，“山 bya”指山坡。因始建村在一年四季都有野花盛开的山上而得名。后村庄扩大，一分为二，以方位分称，该村位于南部，俗称“下”，故名花山下屯。聚落呈团状。通行壮话。经济以农业为主，主种水稻、玉米、芒果等。

绿扣怀 Lùkòuhuái 头塘镇百沙村辖自然村。在村委会驻地东北 3.5 千米处。有 13 户 40 人，壮族聚居。姓氏有周、赵等。1995 年建村。绿扣怀，壮语 Lueggaeuvaiz，“绿 lueg”指山沟，“扣 gaeu”指角，“怀 vaiz”指牛。因该村建在像牛角一样的山沟上，故名。聚落呈团状。通行壮话。经济以农业为主，主种水稻、玉米、芒果等。

百坡村居民地

百坡村 Bǎipō Cūn 头塘镇辖村。在镇境中部。驻地在镇人民政府驻地北 1.5 千米处。东接百里村和三雷林场，南连头塘村、兴侨社区，西邻兴侨社区、二塘村，北靠新山村、百沙村。面积 11.16 平方千米。辖那驮、百武、那荷、坡圩上屯、坡圩下屯、那坡上屯、那坡下屯、那标、万斤 9 自然村。村委会驻头塘村头塘街。有 1175 户 4416 人，壮族聚居。通行壮话。民国二十四年（1935）为正荣乡百荷、那驮 2 村和联荣乡坡圩村。1952 年百荷、那驮、坡圩 3 村合设百坡乡，取百荷、坡圩 2 村各一字得名，属田阳县第九区。1955 年属田州区。1958 年改大队，属头塘公社。1962 年改公社，属头塘区。1968 年复改大队，属头塘公社。1984 年改村，属二塘乡。1995 年属头塘镇。地处右江河谷，地势平坦。百东河流经。经济以农业为主。耕地面积 523.59 公顷。农业主种水稻、芒果、西红柿等。南昆铁路、云桂铁路过境。

那驮 Nàtuó 头塘镇百坡村辖自然村。在村委会驻地东北 1.7 千米处。有 153 户 433 人，壮族聚居。姓氏有陆、黄、李等。传清宣统元年（1909）始有村民从百武、那乐迁来建村。那驮，壮语 Nazdah，“那 naz”指田，“驮 dah”指河。因该村坐落在河流经过的田边，故名。聚落呈团状。通行壮话。经济以农业为主，主种水稻、西红柿、芒果等。南昆铁路过境。

百武 Bǎiwǔ 头塘镇百坡村辖自然村。在村委会驻地东北 2.7 千米处。有 245 户 866 人，壮族聚居。姓氏有韦、覃、陆、梁、黄等。据 1999 年版《田阳县志》记载，明洪武七年（1374）已有此村，称怕武，属奉议州一都怕武图。1982 年第一次全国地名普查时已记为“百武”，又有别名巴斐。百武、怕武、巴斐，壮语 Bakfeij，“百、怕、巴 bak”指口，“武、斐 feij”原意指土匪，在此处指代村民习武健身的风气。因该村建在山谷口，传曾有土匪出没，村民为护卫家园崇尚习武健身，故名。聚落呈团状。通行壮话。经济以农业为主，主种水稻、西红柿、芒果等。南昆铁路过境。百东河流经。

那荷 Nàhé　头塘镇百坡村辖自然村。在村委会驻地东北 2.3 千米处。有 186 户 723 人，壮族聚居。姓氏有农、黄、李、玉等。据 1999 年版《田阳县志》记载，明洪武七年（1374）已有那荷，属奉议州一都定律图。那荷，壮语 Nazhaz，“那 naz”指田“荷 haz”指茅草。因建村前村址一带的田地长满茅草，故名。聚落呈团状。通行壮话。经济以农业为主，主种水稻、西红柿、芒果等。南昆铁路过境。百东河流经。

坡圩上屯 Pōxūshàngtún　头塘镇百坡村辖自然村。在村委会驻地西北 1 千米处。有 78 户 300 人，壮族聚居。姓氏有黄、杨、王等。据 1999 年版《田阳县志》记载，明洪武七年（1374）已有坡圩村，属奉议州一都怕武图。坡圩，壮语 Mboqhaw，“坡 mboq”指泉，“圩 haw”指圩场。因建村在一口泉附近，古时此地设有圩场，故名。后村庄扩大，一分为二，以方位分称，该村偏北，俗称“上”，故称坡圩上屯。聚落呈团状。通行壮话。经济以农业为主，主种水稻、西红柿、芒果等。南昆铁路、323 国道、324 国道过境。

坡圩下屯 Pōxūxiàtún　头塘镇百坡村辖自然村。在村委会驻地西北 0.6 千米处。有 43 户 200 人，壮族聚居。姓氏有黄、罗等。据 1999 年版《田阳县志》记载，明洪武七年（1374）已有坡圩村，属奉议州一都怕武图。坡圩，壮语 Mboqhaw，“坡 mboq”指泉，“圩 haw”指圩场。因建村在一口泉附近，古时此地设有圩场，故名。后村庄扩大，一分为二，以方位分称，该村偏南，俗称“下”，故称坡圩下屯。聚落呈团状。通行壮话。经济以农业为主，主种水稻、西红柿、芒果等。南昆铁路、323 国道、324 国道过境。

那坡上屯 Nàpōshàngtún　头塘镇百坡村辖自然村。在村委会驻地东北 1 千米处。有 170 户 700 人，壮族聚居。姓氏有黄、杨、陆、蒙等。据 1999 年版《田阳县志》记载，明洪武七年（1374）已有那坡村，属奉议州一都定律图。那坡，壮语 Nazbo，“那 naz”指田，“坡 bo”指松。因此地的水田土层比较松而得名。后村庄扩大，一分为二，该村距小河较远，地势稍高，故名那坡上屯。聚落呈团状。通行壮话。经济以农业为主，主种水稻、西红柿、芒果等。南昆铁路过境。

那坡下屯 Nàpōxiàtún 头塘镇百坡村辖自然村。在村委会驻地东北 1.3 千米处。有 58 户 300 人，壮族聚居。姓氏有黄、杨、陆、蒙等。据 1999 年版《田阳县志》记载，明洪武七年（1374）已有那坡村，属奉议州一都定律图。那坡，壮语 Nazbo，“那 naz”指田，“坡 bo”指松，因此地的水田土层比较松而得名。后村庄扩大，一分为二，该村更靠近河边，地势稍低，故名那坡下屯。聚落呈团状。通行壮话。经济以农业为主，主种水稻、西红柿、芒果等。南昆铁路过境。

那标 Nàbiāo 头塘镇百坡村辖自然村。在村委会驻地北 1.1 千米处。有 219 户 777 人，壮族聚居。姓氏有杨、李、黄等。据 1999 年版《田阳县志》记载，明洪武七年（1374）已有此村，称那标，属奉议州一都定律图。那标，壮语 Nazbeu，“那 naz”指田，“标 beu”指标竹（撑篙竹）。因始建村在长有标竹（撑篙竹）的田边，故名。聚落呈团状。通行壮话。经济以农业为主，主种水稻、西红柿、芒果等。南昆铁路过境。

万斤 Wànjīn 头塘镇百坡村辖自然村。在村委会驻地北 1.8 千米处。有 23 户 87 人，壮族聚居。姓氏有杨、黄等。1966 年从那标迁来建村。因传此地有一片田能产万斤粮食，故名。聚落呈团状。通行壮话。经济以农业为主，主种水稻、西红柿、芒果等。南昆铁路过境。

百里村居民地

百里村 Bǎilǐ Cūn 头塘镇辖村。在镇境东南部。驻地在镇人民政府驻地东 3.6 千米处。东接联坡村和田州镇平坡村，南连田州镇龙河村，西邻头塘村、百坡村，北靠百坡村、百沙村和三雷林场。面积 9.04 平方千米。辖百果、治使、那里、那雷、那浩 5 自然村。村委会驻百果。有 837 户 3174 人，壮族聚居。通行壮话。民国二十四年（1935）为百果、雷里 2 村，属正荣乡。1952 年设百里乡，取百果、雷里 2 村各一字得名，属田阳县第九区。1955 年属田州区。1958 年改大队，属头塘公社。1962 年改公社，属头塘区。1968 年复改大队，属头塘公社。1984 年改村，属二塘乡。1995 年属头塘镇。地处右江河谷，地势平坦。百东河流经。经济以农业为主。耕地面积 385.93 公顷。农业主种水稻、蔬菜、芒果等。南昆铁路、云桂铁路、323 国道过境。

百果 Bǎiguǒ 头塘镇百里村辖自然村。村委会驻地。有 296 户 1108 人，壮族聚居。姓氏有黄、蒙、凌、罗等。据 1999 年版《田阳县志》记载，明洪武七年（1374）已有此村，称怕裸，属奉议州一都怕武图。民国时记为“百果”，属奉议正荣乡。百果、怕裸，壮语 Bakro，“百、怕 bak”指口，“果、裸 ro”指沙虫病。因此地曾有一口污池塘致村民常患沙虫脚，故名。聚落呈团状。通行壮话。百东河流经。经济以农业为主，主种水稻、蔬菜、芒果等。

治使 Zhìshǐ 头塘镇百里村辖自然村。在村委会驻地南 0.75 千米处。有 159 户 614 人，壮族聚居。姓氏有黄、农、左等。据 1999 年版《田阳县志》记载，明洪武七年（1374）已有治使村，属奉议州一都怕武图。治使，壮语 Cihsaeq，“治 cih”指治理，“使 saeq”是古代对官吏的尊称或指土司、土官。因村址过去乃是土官治辖之地，故名。后村庄一分为三，此地惯称治使上屯，1982 年第一次全国地名普查时即记为“治使上屯”，2014 年第二次全国地名普查记为“治使”。聚落呈团状。通行壮话。百东河流经。经济以农业为主，主种水稻、蔬菜。

那里 Nàlǐ 头塘镇百里村辖自然村。在村委会驻地西北 0.75 千米处。有 135 户 504 人，壮族聚居。姓氏有陆、黄、梁等。据 1999 年版《田阳县志》记载，明洪武七年（1374）已有此村，称那里，属奉议州一都怕武图。那里，壮语 Nazrij，“那 naz”指田，“里 rij”指小溪。因该村建在小溪边的田地上，故名。聚落呈团状。通行壮话。百东河流经。经济以农业为主，主种水稻、蔬菜。

那雷 Nàléi 头塘镇百里村辖自然村。在村委会驻地北 1.5 千米处。有 129 户 451 人，壮族聚居。姓氏有黄、陶、凌等。据 1999 年版《田阳县志》记载，明洪武七年（1374）已有此村，称那雷，属奉议州一都怕武图。那雷，壮语 Nazndoi，“那 naz”指田，“雷 ndoi”指土坡。因始建村在田边土坡上，故名。聚落呈团状。通行壮话。经济以农业为主，主种水稻、蔬菜、芒果。南昆铁路、云桂铁路和 323 国道过境。

那浩 Nàhào 头塘镇百里村辖自然村。在村委会驻地北 1.5 千米处。有 118 户 497 人，壮族聚居。姓氏有农、陆、韦、覃等。据 1999 年版《田阳县志》记载，明洪武七年（1374）已有此村，称那浩，属奉议州一都怕武图。1968 年又有五村公社惠洞村人迁入。1982 年第一次全国地名普查时曾记为“那号”。那浩、那号，壮语 Nazhau，“那 naz”指田，“浩、号 hau”指白。因村址周边从前是望天田，干旱龟白，故名。聚落呈团状。通行壮话。经济以农业为主，主种水稻、蔬菜、芒果。南昆铁路、云桂铁路和 323 国道过境。

联坡村居民地

联坡村 Liánpō Cūn 头塘镇辖村。在镇境东部。驻地在镇人民政府驻地东北 8.2 千米处。东接玉凤镇统合村，南连田州镇三雷村、平坡村和三雷林场，西邻百里村、百沙村，北靠玉凤镇统合村和百色市右江区四塘镇新忻村。面积28.78平方千米。辖个劳下屯、个劳上屯、六合3自然村。村委会驻个劳下屯。有302户1284人，壮族聚居。通行壮话。民国二十四年（1935）为五合村，属新荣乡。1952年设六联乡，属田阳县第九区。1955年属田州区。1958年改联坡大队，取六联多山坡之意得名，属头塘公社。1962年改公社，属头塘区。1968年复改大队，属头塘公社。1984年改村，属二塘乡。1995年属头塘镇。属丘陵地貌。经济以农业为主。耕地面积140.35公顷。农业主种甘蔗、芒果。323国道过境。境内有六合水库。

个劳下屯 Gèláoxiàtún 头塘镇联坡村辖自然村。村委会驻地。有93户400人，壮族聚居。姓氏有罗、周等。据1999年版《田阳县志》记载，明洪武七年（1374）已有此村，称过劳，属奉议州一都怕武图。1982年第一次全国地名普查时记为“个劳”。个劳、过劳，壮语Gazlauz，“个、过gaz”指卡，“劳lauz”指洪水。因村坐落在逢洪水便无法通行的小溪旁边得名。后村庄扩大，一分为二，以小溪为界，该村位于西面，俗称“下”，故名个劳下屯。聚落呈团状。通行壮话。经济以农业为主，主种甘蔗、芒果。

个劳上屯 Gèláoshàngtún 头塘镇联坡村辖自然村。在村委会驻地东0.1千米处。有89户400人，壮族聚居。姓氏有黄、荷、韦、周等。据1999年版《田阳县志》记载，明洪武七年（1374）已有此村，称过劳，属奉议州一都怕武图。1982年第一次全国地名普查时记为“个劳”。个劳、过劳，壮语Gazlauz，“个、过gaz”指卡，“劳lauz”指洪水。因村坐落在每逢洪水期就无法通行的小溪旁边得名。后村庄扩大，一分为二，以小溪为界，该村位于东面，俗称“上”，故名个劳上屯。聚落呈团状。通行壮话。经济以农业为主，主种甘蔗、芒果。

六合 Liùhé 头塘镇联坡村辖自然村。在村委会驻地东2.8千米处。有120户484人，壮族聚居。姓氏有卢、陆等。据1999年版《田阳县志》记载，明洪武七年（1374）已有此村，记为“渌合”，属奉议州一都怕武图。1982年第一次全国地名普查时记为“六合”。六合、渌合，壮语Lueghob，“六、渌lueg”指山谷，“合hob”指合拢、环绕。因始建村在山谷环绕的地方，故名。聚落呈团状。通行壮话。经济以农业为主，主种甘蔗、芒果。村西面有六合水库。

五村镇政区居民地

五村镇 Wǔcūn Zhèn 百色市田阳区辖镇。在区境南部。驻地在城区人民政府驻地西南22千米处。东接那满镇和田东县祥周镇、作登瑶族乡，南连德保县隆桑镇和那甲镇，西、北靠坡洪镇。面积 220.43 平方千米。辖五村、濑贡、达巴、陇华、大言、敢示、大路、桥马、百宙、大列、巴浪、定夜、康华、天阳、雷圩、伏王、弄里、驮逢、巴某、百谷 20 村。镇人民政府驻五村。有 2.73 万人，有壮、汉、瑶族。清光绪二年（1876）为五村团，属奉议州中区。民国元年（1912）属奉议县中区。民国二十二年（1933）设五村、康华 2 乡，属奉议县奉州区。民国二十四年（1935）改属田阳县。1951 年与雷圩乡合设田阳县第五区。1955 年改五村区。1958 年 8 月改五村公社。1962 年 8 月改五村区。1968 年 8 月改五村公社。1984 年改五村乡，并析出雷圩乡。2005 年雷圩乡并入。2013 年 6 月改五村镇。2019 年属百色市田阳区。因驻地五村得名。属岩溶地貌，主要为峰林谷地、峰丛洼地和土坡山。主要山峰有兰弯山、弄闷山、那郎山，海拔分别为 1163 米、1143 米、1133 米。有铁、铝土、重晶石、水晶、高岭土等矿产资源。惠洞河流经。惠洞水库在境内。有小学 2 所、卫生院 2 所。有“五月五”壮族歌圩节。有 1 个县级文物保护单位雷圩碑刻。经济以农业、服务业为主。耕地面积 3393.62 公顷。农业主种水稻、玉米。特产有甘蔗、葡萄、蔬菜、油茶、竹子、金银花、芒果、脐橙、沃柑、蜜柚、水蜜桃、三华李等。212 国道和大化—五村公路（306 省道）、那坡—定夜公路（749 县道）、坡洪—雷圩公路（716 乡道）、五村—雷圩公路（705 乡道）、雷圩—陇里公路（724 乡道）等过境。

五村镇全景图

五村镇居民地一览表

村名称	驻地及街圩、自然村名称
五村	1 街圩：五村街 11 自然村：甫雅、大亮、塘细、巴明、大立、下更桑、那门、加旺、大管、大外、科蒙
濑贡村	8 自然村：农贡、下莫、大雁、大绿、达吝、那来、定恩、陇沓
达巴村	5 自然村：琴那、达巴、布块、下山、达龙
陇华村	12 自然村：陇华上屯、陇华下屯、大合、大勤、三界、大浓、大若、大娥上屯、大娥下屯、大盟、大端、大坤
大言村	11 自然村：新屯、旧屯、大甫、叫那、言内、谷干、大林、下郎、陇凹、陇谢、陇下
敢示村	5 自然村：敢示、大兰、大船、大剪、大吞
大路村	5 自然村：大路、陇运、陇位、大旺、陇洪
桥马村	9 自然村：下巴、桥马、上帮、大安、乙华、大楞、陇怀、大边、达立
百宙村	12 自然村：更结、百宙、农地、陇怀、大楼、大信、陇合、下叫、更佛上屯、更佛下屯、三界、陇外
大列村	9 自然村：大列、甫也、大酉、陇洪、加亮、弄内、下养、朴图、拉萨
巴浪村	18 自然村：江巴、浪下、作老、大嫩、大增、陇傍、巴甲、大若、玩毒、大远、陇宜、占谷、肚因、陇陋、大将、陇逢上屯、陇逢下屯、叫能
定夜村	8 自然村：夜上、夜下、驮拜、陇洪、大内、大力、谷周、巴忙
康华村	1 街圩：康华街 6 自然村：康华下屯、大路、大毕、洞琴、巴帝、达落
天阳村	3 自然村：天阳、陇逻、大出
雷圩村	1 街圩：雷圩街 8 自然村：旧圩、大力、大层、大永、大卜、惠洞、大侧、谷力
伏王村	6 自然村：伏王、驮朗、驮妥、坛道、陇孟、驮盘
弄里村	5 自然村：弄怀、驮侦、驮旦、弄外、弄念
驮逢村	5 自然村：驮逢、驮宜、砚逢、安怀、驮闹
巴某村	8 自然村：加旭、巴陋、驮富、驮伞、巴生、巴弄、陇里、驮忠
百谷村	13 自然村：浪耍、孟屯、驮邦、那东、东梅、更朝、百谷、下更、大浪、万屯、甲屯、百朝、更旺
合计：20 村，3 街圩 167 自然村	

雷圩乡 Léixū Xiāng 田阳县原辖乡。在县境南部。驻地在县人民政府驻地西南 28.5 千米处。东接五村乡，南连德保县隆桑镇、那甲乡，西邻坡洪镇和德保县那甲乡，北靠坡洪镇。面积 91 平方千米。2005 年辖雷圩、伏王、弄里、驮逢、巴某、百谷 6 村。乡人民政府驻雷圩村雷圩。

清光绪二年（1876）属奉议州中区五村团辖地。民国元年（1912）属奉议县中区五村团辖地。民国二十二年（1933）分属奉议县奉州区五村、康华2乡辖地。民国二十四年（1935）析置雷圩乡，属田阳县。1951年与五村、康华2乡合设田阳县第五区。1955年属五村区。1958年属五村公社。1962年属五村区。1968年复属五村公社。1984年析置雷圩乡。2005年撤销，辖域并入五村乡。

五村居民地

五村 Wǔ Cūn 五村镇辖村。镇人民政府驻地。在镇境中部。东接桥马村，南连定夜村、康华村，西邻陇华村、大言村，北靠濑贡村、大路村。面积12.42平方千米。辖五村街1街圩和甫雅、大亮、塘细、巴明、大立、下更桑、那门、加旺、大管、大外、科蒙11自然村。村委会驻五村街。有640户2482人，壮族聚居。通行壮话。民国二十四年（1935）为五村，属五村乡。1952年与甫雅、驮立2村并为五村乡，属田阳县第五区。1955年属五村区。1958年改五村大队，属五村公社。1962年改五村公社，属五村区。1968年复改五村大队，属五村公社。1984年改五村，属五村乡。2013年属五村镇。五村，含义有两说，一说因昔由加旺、圩上、大沙、那门、农岗5自然村组合设立而得名。一说因驻地五村街始建在一片芦苇地旁而得名，“五 ngox”指芦苇。属岩溶地貌。主要山峰有定公梁山、洞长山，海拔分别为900米、862米。有农产品贸易市场。镇中心卫生院、中心小学等在境内。经济以农业、服务业为主。耕地面积257.28公顷。农业主种水稻、玉米等。212国道过境，为五村—雷圩公路（705乡道）起点。

五村街 Wǔcūnjiē 五村镇五村辖街圩。村委会驻地。有204户780人，壮族聚居。姓氏有崔、周、黄等。传始由周国武等人于明洪武十三年（1380）从江西迁来建居。据1999年版《田阳县志》记载，明代时称五村圩，属奉议州南路；清代称五村街，属奉议州五村团。五村，壮语 Mbanjngox，“五 ngox”指芦苇，“村 mbanj”即村屯。因始建在一片芦苇地旁，故名。聚落呈带状。通行壮话。经济以服务业为主。农业主种水稻、玉米等。212国道经此，五村—雷圩公路（705乡道）起于此。

甫雅 Fǔyǎ 五村镇五村辖自然村。在村委会驻地南偏东2.5千米处。有78户286人，壮族聚居。姓氏有赵、翟、黄等。传明成化十八年（1482）建村。据1999年版《田阳县志》记载，明代称浦夏，属奉议州南路；清代称甫雅，属奉议州五村团。甫雅、浦夏，壮语 Nazmbwt，指烂泥田。因村始建在一片烂泥田边上，故名。聚落呈块状。通行壮话。经济以农业为主，主种水稻、玉米等。

大亮 Dàliàng 五村镇五村辖自然村。在村委会驻地南1.4千米处。有51户201人，壮族聚居。姓氏有韦、黄等。传明万历十年（1582）建村。据1999年版《田阳县志》记载，明代称驮亮，属奉议州南路。后简写为“大亮”，壮语Deihriengh，“大、驮deih”指地，“亮riengh”指栏。因地处岸场，四周被石山环绕阻拦，故名。聚落呈块状。通行壮话。经济以农业为主，主种水稻、玉米等。

塘细 Tángxì 五村镇五村辖自然村。在村委会驻地东南2千米处。有44户183人，壮族聚居。姓氏有陈、韦、黄等。据1999年版《田阳县志》记载，明洪武七年（1374）已有此村，称塘细，属奉议州南路；清代时写作塘思。塘细、塘思，壮语Daemzsae，“塘daemz”指池塘，“细、思sae”指西边。因该村西边有一个池塘，故名。聚落呈块状。通行壮话。经济以农业为主，主种水稻、玉米等。212国道过境。

巴明 Bāmíng 五村镇五村辖自然村。在村委会驻地东南3千米处。有34户134人，壮族聚居。姓氏有林、陆等。据1999年版《田阳县志》记载，清代已有此村，称巴民，属奉议州五村团。巴民，壮语Baqminz，“巴baq”指荒地，“民minz”为人名。传“亚民”最早来此地开荒建村，故名。后谐音改写为“巴明”。聚落呈块状。通行壮话。经济以农业为主，主种水稻、玉米等。212国道过境。

大立 Dàlì 五村镇五村辖自然村。在村委会驻地东4.9千米处。有15户67人，壮族聚居。姓氏有杨、周、农等。据1999年版《田阳县志》记载，明洪武七年（1374）已有此村，称驮立，属奉议州南路。2014年第二次全国地名普查时记为“大立”。驮立、大立，壮语Deihlup，“大、驮deih”指地，“立lup”指遮蔽。因村庄受四面高山遮蔽，故名。聚落呈块状。通行壮话。经济以农业为主，主种水稻、玉米等。

下更桑 Xiàgēngsāng 五村镇五村辖自然村。在村委会驻地南偏东1.2千米处。有31户138人，壮族聚居。姓氏有何、黄等。1956年始有甫雅、大亮、巴明等屯的部分村民迁来建居，后渐成村落。下更桑，壮语Lajgengsang，“下laj”指下，“更geng”指山冈，“桑sang”指高。因该村坐落在高山脚下，故名。聚落呈带状。通行壮话。经济以农业为主，主种水稻、玉米等。212国道过境。

那门 Nàmén 五村镇五村辖自然村。在村委会驻地南偏东0.3千米处。有28户105人，壮族聚居。姓氏有杨、周、黄、翟等。传明万历十年（1582）建村。那门，壮语Nazmwnz，“那

naz”指田，“门 mwnz”指圆。因村旁田垌中有一圆形小石山，故名。聚落呈带状。通行壮话。经济以农业为主，主种水稻、玉米等。212 国道过境。

加旺 Jiāwàng 五村镇五村辖自然村。在村委会驻地西北 0.5 千米处。有 28 户 118 人，壮族聚居。姓氏以黄为主。传明成化十八年（1482）建村。加旺，壮语 Byavang，“加 bya”指石山，“旺 vang”指横。因村后石山横过，故名。聚落呈带状。通行壮话。经济以农业为主，主种水稻、玉米等。212 国道过境。

大管 Dàguǎn 五村镇五村辖自然村。在村委会驻地西北 1.2 千米处。有 31 户 112 人，壮族聚居。姓氏以黄为主。传明万历十年（1582）建村。据 1999 年版《田阳县志》记载，明代称驮管，属奉议州南路；清代称大管，属奉议州五村团。驮管、大管，壮语 Deihguenj，“驮、大 deih”指地，“管 guenj”指鳏。因此地不近别村，故名。聚落呈团状。通行壮话。经济以农业为主，主种水稻、玉米等。212 国道过境。

大外 Dàwài 五村镇五村辖自然村。在村委会驻地西北 2.6 千米处。有 44 户 155 人，壮族聚居。姓氏以罗为主。传明成化十八年（1482）建村。据 1999 年版《田阳县志》记载，明代称驮外，属奉议州南路；清代称大外，属奉议州五村团。驮外、大外，壮语 Deihvaih，“驮、大 deih”指地，“外 vaih”指坏。因该村耕地遍布石头，同时易受水浸，生产条件差，故名。聚落呈带状。通行壮话。经济以农业为主，主种水稻、玉米等。

科蒙 Kēméng 五村镇五村辖自然村。在村委会驻地西北 0.55 千米处。有 52 户 203 人，壮族聚居。姓氏有黄、陆等。1999 年版《田阳县志》始见该村记载，建村时间待考。科蒙，壮语 Gomungz，“科 go”指哥，“蒙 mungz”指蒙姓。传蒙哥最早到此定居，故名。聚落呈块状。通行壮话。经济以农业为主，主种水稻、玉米等。212 国道过境。

濑贡村居民地

濑贡村 Làigòng Cūn 五村镇辖村。在镇境北部，驻地在镇人民政府驻地西北 3.7 千米处。东接敢示村、大路村，南连五村、大言村，西邻达巴村，北靠坡洪镇南兴村、琴华村、央律村。面积 11.4 平方千米。辖农贡、下莫、大雁、大绿、达吝、那来、定恩、陇沓 8 自然村。村委会驻农贡。有 512 户 2190 人，壮族聚居。通行壮话。民国二十四年（1935）为那赖、大贡 2 村，属五村乡。1952 年设赖贡乡，取那赖、大贡 2 村各一字得名，属田阳县第五区。1955 年属五村区。1958年改大队，属五村公社。1962年改公社，属五村区。1968年复改大队，属五村公社。1980年析出达巴大队。1984年改濑贡村，属五村乡。2013年属五村镇。属岩溶地貌。主要山峰有那濑山、大瓜山，海拔均为950米。经济以农业为主。耕地面积278.15公顷。农业主种水稻、玉米等。212国道过境。

农贡 Nónggòng 五村镇濑贡村辖自然村。村委会驻地。有38户154人，壮族聚居。姓氏有周、陆、沈、蒙、韦等。1982年第一次全国地名普查时记为“农贡”，建村时间待考。农贡，壮语Ndoenggung，“农ndoeng”指森林，“贡gung”指弓。因村始建在弓形弄场里，且村旁森林茂密，故名。今村址已迁至弄场外的公路旁。聚落呈块状。通行壮话。经济以农业为主，主种水稻、玉米等。212国道过境。

下莫 Xiàmò 五村镇濑贡村辖自然村。在村委会驻地南偏东0.4千米处。有28户143人，壮族聚居。姓氏以蒙为主。传清嘉庆二十年（1815）建村。下莫，壮语Lajmoz，“下laj”指下面，“莫moz”指黄牛。因该村坐落在一座形似黄牛的石山脚，故名。聚落呈块状。通行壮话。经济以农业为主，主种水稻、玉米等。212国道过境。

大雁 Dàyàn 五村镇濑贡村辖自然村。在村委会驻地东南2.5千米处。有54户259人，壮族聚居。姓氏有周、农、吴、黄、蒙、韦等。据1999年版《田阳县志》记载，明代称驮雁，属奉议州南路；清代称驮眼，属奉议州五村团。1982年第一次全国地名普查时记为“驮雁”。2014年第二次全国地名普查记为“大雁”。驮雁、驮眼、大雁，壮语Dahdat，“驮、大dah”指河，“雁、眼dat”指山崖。因该村旁边有一条小河，村两边都是山崖，故名。聚落呈块状。通行壮话。经济以农业为主，主种水稻、玉米等。212国道过境。

大绿 Dàlǜ 五村镇濑贡村辖自然村。在村委会驻地东偏北1.3千米处。有29户113人，壮族聚居。姓氏有黄、黎等。据1999年版《田阳县志》记载，明代称驮禄，属奉议州南路。1982年第一次全国地名普查时记为“大禄”。2014年第二次全国地名普查记为“大绿”。驮禄、大禄、大绿，壮语Deihlueg，“驮、大deih”指地，“禄、绿lueg”指山谷。因该村地处山谷，故名。聚落呈团状。通行壮话。经济以农业为主，主种水稻、玉米等。

达吝 Dálìn 五村镇濑贡村辖自然村。在村委会驻地东偏北0.7千米处。有166户733人，壮族聚居。姓氏有黄、韦、农、周、王、慕等。1982年第一次全国地名普查时记为“大吝”，建村时间待考。2014年第二次全国地名普查记为“达吝”。大吝、达吝，壮语Dahlaenh，“大、达

dah”指河，“吝 laenh”指整齐。因村前有条小河，村两侧各有一座石山，排列整齐，故名。聚落呈块状。通行壮话。经济以农业为主，主种水稻、玉米等。212 国道过境。

那来 Nàlái 五村镇濑贡村辖自然村。在村委会驻地西北 1.9 千米处。有 79 户 320 人，壮族聚居。姓氏有黄、陆、农、杨、何、罗等。据 1999 年版《田阳县志》记载，明洪武七年（1374）已有此村，称那赖，属奉议州南路。2014 年第二次全国地名普查记为“那来”。那赖、那来，壮语 Nazraih，“那 naz”指田，“赖、来 raih”指野猪。因此地田间曾有野猪出没，故名。聚落呈块状。通行壮话。经济以农业为主，主种水稻、玉米等。212 国道过境。

定恩 Dìng'ēn 五村镇濑贡村辖自然村。在村委会驻地西南 1.5 千米处。有 62 户 268 人，壮族聚居。姓氏有周、黄、凌、蒙等。据 1999 年版《田阳县志》记载，明洪武七年（1374）已有此村，称定恩，属奉议州南路。定恩，壮语 Dinghaen，“定 dingh”指水坑，“恩 aen”指个。因该村地处一个水坑旁边，故名。聚落呈团状。通行壮话。经济以农业为主，主种水稻、玉米等。

陇沓 Lǒngtà 五村镇濑贡村辖自然村。在村委会驻地北 2.5 千米处。有 56 户 200 人，壮族聚居。姓氏有许、黄、农、邓等。据 1999 年版《田阳县志》记载，明洪武七年（1374）已有此村，称陇沓，属奉议州南路。陇沓，壮语 Runghdumh，“陇 rungh”指弄场、石山间平地，“沓 dumh”指水淹。因该村处于常被山间洪水淹没的弄场，故名。聚落呈环状。通行壮话。经济以农业为主，主种水稻、玉米等。

达巴村居民地

达巴村 Dábā Cūn 五村镇辖村。在镇境北部。驻地在镇人民政府驻地西北 6.5 千米处。东接濑贡村，南连大言村、百谷村，西邻坡洪镇乐上村，北靠坡洪镇南兴村。面积 8.46 平方千米。辖琴那、达巴、布块、下山、达龙 5 自然村。村委会驻琴那。有 259 户 1199 人，壮族聚居。通行壮话。原为五村公社赖贡大队辖地。1980 年析置达巴大队，属五村公社。1984 年改村，属五村乡。2013 年属五村镇。因原驻达巴得名。达巴，壮语 Deihbaq，“达 deih”指地，“巴 baq”指荒坡。因该村始建在一片荒坡上，故名。属岩溶地貌。主要山峰有大巴山、炸劳山，海拔分别为 1017 米、1000 米。经济以农业为主。耕地面积 128.51 公顷。农业主种水稻、玉米等。建有柑橘、蜜柚产业基地。

琴那 Qínnà 五村镇达巴村辖自然村。村委会驻地。有 15 户 65 人，壮族聚居。姓氏有黄、陆等。传清乾隆三十五年（1770）建村。琴那，壮语 Gumhnaz，“琴 gumh”指凹地，“那 naz”指田。因该村坐落在一片凹田的上方，故名。聚落呈块状。通行壮话。经济以农业为主，主种水稻、玉米。建有柑橘、蜜柚产业基地。

达巴 Dábā 五村镇达巴村辖自然村。在村委会驻地南偏西 0.45 千米处。有 68 户 292 人，壮族聚居。姓氏有苏、陆、罗、王等。传清乾隆二十七年（1762）建村。达巴，壮语 Deihbaq，“达 deih”指地，“巴 baq”指荒坡。因始建村在一片荒坡上，故名。聚落呈块状。通行壮话。经济以农业为主，主种水稻、玉米等。

布块 Bùkuài 五村镇达巴村辖自然村。在村委会驻地北 0.7 千米处。有 66 户 334 人，壮族聚居。姓氏有覃、李、黄、梁等。传清乾隆二十五年（1760）建村。布块，壮语 Mboqgvej，“布 mboq”指泉，“块 gvej”指青蛙。因该村坐落在一眼有青蛙的泉水上方，故名。聚落呈团状。通行壮话。经济以农业为主，主种水稻、玉米。建有柑橘、蜜柚产业基地。

下山 Xiàshān 五村镇达巴村辖自然村。在村委会驻地南偏西 0.86 千米处。有 36 户 167 人，壮族聚居。姓氏有苏、陆、王、覃等。传清乾隆二十七年（1762）建村。下山，壮语 Lajbya，“下 laj”指下面，“山 bya”指石山。因该村地处高大石山脚下，故名。聚落呈块状。通行壮话。经济以农业为主，主种水稻、玉米等。

达龙 Dálóng 五村镇达巴村辖自然村。在村委会驻地东南 1.5 千米处。有 74 户 341 人，壮族聚居。姓氏有黄、蒙、周、马等。传清乾隆三十年（1765）建村。据 1999 年版《田阳县志》记载，清代称驮陇，属奉议州五村团。1982 年第一次全国地名普查时记为“大陇”。2011 年版《广西壮族自治区城镇乡村名录》记为“达陇”。2014 年第二次全国地名普查记为“达龙”。驮陇、大陇、达陇、达龙，壮语 Deihrungz，“驮、大、达 deih”指地，“陇、龙 rungz”指大榕树。因该村建在有大榕树的弄场，故名。聚落呈块状。通行壮话。经济以农业为主，主种水稻、玉米等。

陇华村居民地

陇华村 Lǒnghuá Cūn 五村镇辖村。在镇境中部。驻地在镇人民政府驻地西南 3 千米处。东接五村，南连康华村、天阳村，西邻雷圩村、百谷村，北靠大言村。面积 11.76 平方千米。辖陇华上屯、陇华下屯、大合、大勤、三界、大浓、大若、大娥上屯、大娥下屯、大盟、大端、大坤12自然村。村委会驻陇华上屯。有479户1181人，壮族聚居。通行壮话。民国二十四年（1935）为陇华村，属五村乡。1952年改乡，属田阳县第五区。1955年属五村区。1958年改大队，属五村公社。1962年改公社，属五村区。1968年复改大队，属五村公社。1984年改村，属五村乡。2013年属五村镇。因驻地陇华上屯得名。陇华上屯原名陇华，“陇 rungh”指峯场、石山间平地，“华 vaz”指人名“罗锦华”。因传罗锦华首先到此峯场定居建村，故名。属岩溶地貌。主要山峰有大鸡山、峨上山，海拔分别为938米、921.6米。经济以农业为主。耕地面积227.47公顷。农业主种水稻、玉米等。有柑橘、火龙果、三华李等农业特色产业种植。五村—雷圩公路（705乡道）过境。

陇华上屯 Lǒnghuáshàngtún 五村镇陇华村辖自然村。村委会驻地。有74户277人，壮族聚居。姓氏有陆、黄、吕、黎、赵、罗等。据1999年版《田阳县志》记载，明洪武七年（1374）已有此村，称陇华，属奉议州南路。陇华，壮语 Runghvaz，“陇 rungh”指峯场、石山间平地，“华 vaz”指人名“罗锦华”。因传罗锦华首先到此峯场定居建村，故名。清道光年间（1821—1850）部分村民迁至峯场前边建居，渐成新的居民点，以峯场地势高低区分称名，此屯因地势较高，故名陇华上屯。1982年第一次全国地名普查时记为“峯华上屯”，后又复改“陇华上屯”。聚落呈块状。通行壮话。经济以农业为主，主种水稻、玉米等。2019年后发展有火龙果特色产业种植。五村—雷圩公路（705乡道）经此。

陇华下屯 Lǒnghuáxiàtún 五村镇陇华村辖自然村。在村委会驻地西北0.85千米处。有42户178人，壮族聚居。姓氏有覃、蒙、赵、何、周等。传清道光年间（1821—1850）始有陇华屯村民迁此建居，后渐成新的居民点。因该村地势较陇华屯（今陇华上屯）低，故名陇华下屯。1982年第一次全国地名普查时记为“峯华下屯”，后又复改“陇华下屯”。聚落呈块状。通行壮话。经济以农业为主，主种水稻、玉米等。2019年后发展有柑橘特色产业种植。五村—雷圩公路（705乡道）经此。

大合 Dàhé 五村镇陇华村辖自然村。在村委会驻地北0.75千米处。有31户129人，壮族聚居。姓氏有蒙、黄等。传元至元十六年（1279）建村。大合，壮语 Deihvag，“大 deih”指地，“合 vag”指纹。因此地山崖天然形成斜纹，故名。聚落呈块状。通行壮话。经济以农业为主，主种水稻、玉米等。

大勤 Dàqín 五村镇陇华村辖自然村。在村委会驻地东偏北0.95千米处。有35户139人，壮族聚居。姓氏有黄、陆、韦、覃等。传清咸丰二年（1852）建村。原记为“大琴”，2014年第二次全国地名普查时记为“大勤”。大勤、大琴，壮语 Deihgaenh，“大 deih”指地，“琴、勤 gaenh”指露出。因此地石头多露出地面，故名。聚落呈散状。通行壮话。经济以农业为主，主种水稻、玉米等。

三界 Sānjiè 五村镇陇华村辖自然村。在村委会驻地东 1.3 千米处。有 49 户 205 人，壮族聚居。姓氏有韦、农、黄、周、赵等。传清同治元年（1862）建村。三界，壮语 Samga，指三条道路。因该村有三条分别通往康华村、五村、甫雅村的道路，故名。聚落呈块状。通行壮话。经济以农业为主，主种玉米。

大浓 Dànóng 五村镇陇华村辖自然村。在村委会驻地西南 1.6 千米处。有 17 户 47 人，壮族聚居。姓氏以周为主。传清同治元年（1862）建村。1982 年第一次全国地名普查时记为“大农”。2014 年第二次全国地名普查记为“大浓”。大浓、大农，壮语 Deihndungq，“大 deih”指地，“浓、农 ndungq”指甩石头。因该村地里多石头，人们须将地里石头拣出甩到一旁才能耕种，故名。聚落呈块状。通行壮话。经济以农业为主，主种水稻、玉米等。

大若 Dàruò 五村镇陇华村辖自然村。在村委会驻地西南 2.4 千米处。有 31 户 124 人，壮族聚居。姓氏有胡、覃等。传清同治元年（1862）建村。原记为“驮若”，1982 年第一次全国地名普查时记为“大若”。大若、驮若，壮语 Deihyag，“大、驮 deih”指地，“若 yag”指泥泞。因该村地势较周围低洼，每逢下雨地面泥泞，故名。聚落呈块状。通行壮话。经济以农业为主，主种水稻、玉米等。有三华李、脐橙特色产业种植。

大娥上屯 Dà'éshàngtún 五村镇陇华村辖自然村。在村委会驻地西南 1.1 千米处。有 26 户 100 人，壮族聚居。姓氏以吴为主。传清咸丰二年（1852）建村。1982 年第一次全国地名普查时记为“大峨上屯”。2014 年第二次全国地名普查记为“大娥上屯”。因村位于峨上山山脚而得名。“大 deih”指地，娥上或峨上，是指峨上山，为壮语 Ngoxgwnz 音译，指男人喉结。峨上山形似男人喉结，故名。聚落呈块状。通行壮话。经济以农业为主，主种水稻、玉米等。五村—雷圩公路（705 乡道）经此。

大娥下屯 Dà'éxiàtún 五村镇陇华村辖自然村。在村委会驻地西南 1.8 千米处。有 110 户 434 人，壮族聚居。姓氏有覃、周、罗等。1982 年第一次全国地名普查时有该村记载，称大峨下屯。2014 年第二次全国地名普查记为“大娥下屯”。因村位于大娥上屯的下方，故名。聚落呈块状。通行壮话。经济以农业为主，主种水稻、玉米等。五村—雷圩公路（705 乡道）经此。

大盟 Dàméng 五村镇陇华村辖自然村。在村委会驻地西北 1.5 千米处。有 30 户 124 人，壮族聚居。姓氏有覃、罗、黄等。传清咸丰二年（1852）建村。大盟，壮语 Deihmbiengj，“大 deih”指地，“盟 mbiengj”指一边。因该村地处弄场两边，故名。聚落呈散状。通行壮话。经济以农业为主，主种水稻、玉米等。有柑橘等特色产业种植。

大端 Dàduān 五村镇陇华村辖自然村。在村委会驻地南 1.7 千米处。有 11 户 52 人，壮族聚居。姓氏有覃、罗等。据 1999 年版《田阳县志》记载，清代已有此村，称驮端，属奉议州五村团。1982 年第一次全国地名普查时记为“大端”。驮端、大端，壮语 Deihdonq，“驮、大 Deih”指地，“端 donq”指摘。传从前人们常到此地摘猪菜，故名。聚落呈块状。通行壮话。经济以农业为主，主种玉米。

大坤 Dàkūn 五村镇陇华村辖自然村。在村委会驻地南 2.1 千米处。有 23 户 72 人，壮族聚居。姓氏以覃为主。据 1999 年版《田阳县志》记载，明洪武七年（1374）已有此村，称驮坤，属奉议州南路。1982 年第一次全国地名普查时记为“大坤”。驮坤、大坤，壮语 Deihgunq，“大 deih”指地，“坤 gunq”指蓝靛。因该村村址原是种蓝靛的地方，故名。聚落呈块状。通行壮话。经济以农业为主，主种水稻、玉米等。

大言村居民地

大言村 Dàyán Cūn 五村镇辖村。在镇境中部。驻地在镇人民政府驻地西 3 千米处。东接五村，南连陇华村，西邻百谷村，北靠达巴村、濑贡村。面积 8.53 平方千米。辖新屯、旧屯、大甫、叫那、言内、谷干、大林、下郎、陇凹、陇谢、陇下 11 自然村。村委会驻新屯。有 382 户 1558 人，壮族聚居。通行壮话。民国二十四年（1935）为驮言村，属五村乡。1952 年设大言乡，属田阳县第五区。1955 年属五村区。1958 年改大队，属五村公社。1962 年改公社，属五村区。1968 年复改大队，属五村公社。1984 年改村，属五村乡。2013 年属五村镇。大言，含义有两说。一说以大甫、言内 2 自然村各取一字得名。另说大言原为驮言，是壮语 Deihnyenz 音译，“大 deih”指地，“言 nyenz”指铜鼓。因该村处形如铜鼓的弄场，故名。属岩溶地貌。主要山峰有农社山、弄谢山，海拔分别为 958 米、1000 米。经济以农业和劳务输出为主。耕地面积 151.34 公顷。农业主种水稻、玉米等。建有夏橙特色产业种植基地。

大言村风光

新屯 Xīntún 五村镇大言村辖自然村。村委会驻地。有 43 户 160 人，壮族聚居。姓氏有黄、覃、翟等。1949 年建村。此村原属“更莫”。因 1949 年分出建立“新屯”，故名。聚落呈块状。通行壮话。经济以农业和劳务输出为主。农业主种水稻、玉米等。有夏橙特色产业种植。

旧屯 Jiùtún 五村镇大言村辖自然村。在村委会驻地西南 0.4 千米处。有 40 户 146 人，壮族聚居。姓氏有黄、周等。原名“更莫”，1949 年因部分村民迁至东北面另建新屯而改称旧屯。聚落呈块状。通行壮话。经济以农业和劳务输出为主。农业主种水稻、玉米等。有夏橙特色产业种植。

大甫 Dàfǔ 五村镇大言村辖自然村。在村委会驻地东南 0.9 千米处。有 83 户 388 人，壮族聚居。姓氏有崔、覃、罗等。据 1999 年版《田阳县志》记载，清代已有此村，称驮甫，属奉议州五村团。1982 年第一次全国地名普查时记为“大甫”。驮甫、大甫，壮语 Deihmbwt，“驮、大 deih”指地，“甫 mbwt”指烂泥。因该村地处烂泥田旁边，故名。聚落呈块状。通行壮话。经济以农业和劳务输出为主。农业主种水稻、玉米等。

叫那 Jiàonà 五村镇大言村辖自然村。在村委会驻地西 0.6 千米处。有 30 户 99 人，壮族聚居。姓氏有崔、覃、罗等。1982 年第一次全国地名普查时记为“叫纳”，始建村时间待考。2014 年第二次全国地名普查记为“叫那”。叫纳、叫那，壮语 Geuqnat，“叫 geuq”指山坳口，“那、纳 nat”指野牡丹。因村地处长有野牡丹的山坳口，故名。聚落呈块状。通行壮话。经济以农业和劳务输出为主。农业主种夏橙。

言内 Yánnèi 五村镇大言村辖自然村。在村委会驻地西南 1.3 千米处。有 20 户 73 人，壮族聚居。姓氏以林为主。1982 年第一次全国地名普查时记为“言内”，始建村时间待考。言内，壮语 Nduekndaw，“言 nduek”指深山，“内 ndaw”指里面。因该村地处深山里面，故名。聚落呈散状。通行壮话。经济以农业和劳务输出为主。农业主种水稻、玉米等。

谷干 Gǔgān 五村镇大言村辖自然村。在村委会驻地西南 1 千米处。有 13 户 45 人，壮族聚居。姓氏以覃为主。1982 年第一次全国地名普查时记为“谷甘”，始建村时间待考。2014 年第二次全国地名普查记为“谷干”。谷甘、谷干，壮语 Goekgam，“谷 goek”指树根，“干 gam”指柑橘树。因该村旁有很多柑橘树，故名。聚落呈块状。通行壮话。经济以农业和劳务输出为主。农业主种玉米。

大林 Dàlín 五村镇大言村辖自然村。在村委会驻地西南 1.8 千米处。有 32 户 151 人，壮族聚居。姓氏以覃为主。据 1999 年版《田阳县志》记载，明洪武七年（1374）已有此村，称驮林，属奉议州南路。1982 年第一次全国地名普查时记为“大林”。驮林、大林，壮语 Deihlinz，“大 deih”指地，“林 linz”指流水。因此地水土流失严重，受山洪冲刷，地底的石头愈发显露，故名。聚落呈团状。通行壮话。经济以农业和劳务输出为主。农业主种玉米。

下郎 Xiàláng 五村镇大言村辖自然村。在村委会驻地西南 2.2 千米处。有 7 户 20 人，壮族聚居。姓氏以罗为主。1982 年第一次全国地名普查时记为“下浪”，始建村时间待考。2014 年第二次全国地名普查记为“下郎”。下浪、下郎，壮语 Yahlangj，“下 yah”是壮族地区对老年妇女的称谓，“郎 langj”指人名。传“郎婆”最早到此定居，故名。聚落呈团状。通行壮话。经济以农业和劳务输出为主。农业主种玉米。

陇凹 Lǒng'āo 五村镇大言村辖自然村。在村委会驻地西南 2.1 千米处。有 73 户 339 人，壮族聚居。姓氏有罗、覃等。1999 年版《田阳县志》记载为弄凹，始建村时间待考。2014 年第二次全国地名普查记为“陇凹”。陇凹、弄凹，壮语 Runghgumz，“陇、弄 rungh”指峷场、石山间平地，“gumz”指凹地、低洼地。因该村建在地势较低洼的峷场，故名。聚落呈块状。通行壮话。经济以农业和劳务输出为主。农业主种玉米。

陇谢 Lǒngxiè 五村镇大言村辖自然村。在村委会驻地西北 2.2 千米处。有 24 户 86 人，壮族聚居。姓氏有农、黄、何等。据 1999 年版《田阳县志》记载，明洪武七年（1374）已有此村，称陇谢，属奉议州南路。1982 年第一次全国地名普查时记为“峷谢”，亦简写为“弄谢”。

2014年第二次全国地名普查复记为“陇谢”。峯谢、弄谢、陇谢，壮语Runghfwz，“峯、弄、陇rungh”指峯场、石山间平地，“谢fwz”指荒凉。因该村坐落在偏僻荒凉的峯场里，故名。聚落呈块状。通行壮话。经济以农业和劳务输出为主。农业主种玉米。

陇下 Lǒngxià 五村镇大言村辖自然村。在村委会驻地西1.2千米处。有17户51人，壮族聚居。姓氏以蒙为主。1970年由弄浪屯迁来建村。1982年第一次全国地名普查记为“峯下”。1999年版《田阳县志》记为“弄下”。2014年第二次全国地名普查记为“陇下”。峯下、弄下、陇下，壮语Runghlaj，“峯、弄、陇rungh”指峯场、石山间平地，“下laj”指下面。因与原弄浪屯在同一个峯场，但村址位于峯场下方，故名。聚落呈团状。通行壮话。经济以农业和劳务输出为主。农业主种玉米。

敢示村居民地

敢示村 Gǎnshì Cūn 五村镇辖村。在镇境北部。驻地在镇人民政府驻地北3.2千米处。东接那满镇新生村，南连大路村，西邻濑贡村，北靠坡洪镇央律村。面积7.84平方千米。辖敢示、大兰、大船、大剪、大吞5自然村。村委会驻敢示。有228户815人，壮族聚居。通行壮话。民国二十四年（1935）为敢祭村，属五村乡。1952年与驮路村合设敢祭乡，属田阳县第五区。1955年属五村区。1958年改大队，属五村公社。1962年改敢示公社，属五村区。1968年复改敢祭大队，属五村公社。1980年析出大路大队。1984年改村，属五村乡。1995年改敢示村。2013年属五村镇。因驻地敢示得名。敢示，原名敢祭，壮语Gamjcaeq，“敢gamj”指岩洞，“示、祭caeq”指祭祀、供奉神仙。因村边有个岩洞，传为神仙洞，村民常到此洞烧香祭神，故名。属岩溶地貌。主要山峰有炸大引山、敢示岭，海拔分别为900米、860米。经济以农业和劳务输出为主。耕地面积106.46公顷。农业主种玉米。特产竹子。有特色水果种植示范点。

敢示 Gǎnshì 五村镇敢示村辖自然村。村委会驻地。有151户551人，壮族聚居。姓氏有黄、农、杨、韦、赵等。据1999年版《田阳县志》记载，明洪武七年（1374）已有此村，称敢祭，属奉议州南路。1995年更名敢示。敢祭、敢示，壮语Gamjcaeq，“敢gamj”指岩洞，“示、祭caeq”指祭祀、供奉神仙。因村边有个岩洞，传为神仙洞，村民常到此洞烧香祭神，故名。聚落呈团状。通行壮话。经济以农业和劳务输出为主。农业主种玉米。有特色水果种植示范点。

大兰 Dàlán 五村镇敢示村辖自然村。在村委会驻地北1.7千米处。有29户80人，壮族聚居。姓氏以黄为主。据1999年版《田阳县志》记载，明洪武七年（1374）已有此村，称驮兰，属奉议州南路。1982 年第一次全国地名普查时记为“大兰”。驮兰、大兰，壮语 Deihlamz，“大、驮 deih”指地，“兰 lamz”指篮子。因该村地处形似篮子的弄场边，故名。聚落呈团状。通行壮话。经济以农业和劳务输出为主。农业主种玉米。

大船 Dàchuán 五村镇敢示村辖自然村。在村委会驻地西北 1.7 千米处。有 15 户 53 人，壮族聚居。姓氏以黄为主。1982 年第一次全国地名普查时记为“大船”，始建村时间待考。大船，壮语 Deihruz，“大 deih”指地，“船 ruz”指船。因该村所处弄场形似船，故名。聚落呈团状。通行壮话。经济以农业和劳务输出为主。农业主种玉米。

大剪 Dàjiǎn 五村镇敢示村辖自然村。在村委会驻地西北 2.4 千米处。有 12 户 47 人，壮族聚居。姓氏有马、方、黄等。据 1999 年版《田阳县志》记载，清代已有此村，称大剪，属奉议州五村团。大剪，壮语 Deihgenz，“大 deih”指地，“剪 genz”指贫瘠。因该村所在弄场的土地十分贫瘠，故名。聚落呈块状。通行壮话。经济以农业为主，主种玉米。

大吞 Dàtūn 五村镇敢示村辖自然村。在村委会驻地西北 2.6 千米处。有 21 户 84 人，壮族聚居。姓氏有韦、周等。据 1999 年版《田阳县志》记载，明洪武七年（1374）已有此村，称驮吞，属奉议州南路。1982 年第一次全国地名普查时记为“大吞”。驮吞、大吞，壮语 Deihdaenz，“大、驮 deih”指地，“吞 daenz”指盖。因该村所在弄场形如盖子，且地势比周围高，故名。聚落呈团状。通行壮话。经济以农业和劳务输出为主。农业主种玉米。

大路村居民地

大路村 Dàlù Cūn 五村镇辖村。在镇境东北部。驻地在镇人民政府驻地东北 2.5 千米处。东接那满镇新生村，南连桥马村、五村，西邻五村、濑贡村，北靠敢示村和那满镇新生村。面积 10.25 平方千米。辖大路、陇运、陇位、大旺、陇洪 5 自然村。村委会驻大路。有 314 户 1331 人，壮、瑶族聚居。通行壮话。民国二十四年（1935）为驮路村，属五村乡。1952 年与敢祭村合设田阳县第五区敢祭乡。1955 年属五村区敢祭乡。1958 年属五村公社敢祭大队。1962 年属五村区敢示公社。1968 年复属五村公社敢祭大队。1980 年析置大路大队，属五村公社。1984 年改村，属五村乡。2013 年属五村镇。因驻地大路得名。大路，原名驮路，壮语 Deihluh，“大、驮 deih”指地，“路 luh”指回旋。因村处回旋状的山弄中，故名。属岩溶地貌。主要山峰有啃莫山、炸莫山，海拔分别为 940 米、920 米。经济以农业和劳务输出为主。耕地面积 104.13 公顷。农业主种玉米。特产竹子，是竹子种植示范村，还有芒果、红心蜜柚等特色水果种植。

大路 Dàlù 五村镇大路村辖自然村。村委会驻地。有158户706人，壮族聚居。姓氏有农、杨、赵、黄等。据1999年版《田阳县志》记载，明洪武七年（1374）已有此村，称陇路，属奉议州南路；清代称驮路，属奉议州五村团。1982年第一次全国地名普查时记为“大路”。驮路、大路，壮语Deihluh，“驮、大deih”指地，“路luh”指回旋。因该村处回旋状的山弄中，故名。聚落呈块状。通行壮话。经济以农业和劳务输出为主。农业主种玉米。特产竹子。

陇运 Lǒngyùn 五村镇大路村辖自然村。在村委会驻地北0.6千米处。有20户84人，壮族聚居。姓氏以李为主。据1999年版《田阳县志》记载，明洪武七年（1374）已有此村，称陇运，属奉议州南路；清代称驮运，属奉议州五村团。1982年第一次全国地名普查时记为“弄运”。2014年第二次全国地名普查复记为“陇运”。弄运、陇运，壮语Runghyinh，“弄、陇rungh”指弄场、石山间平地，“运yinh”指筐篓。因该村所在弄场四面环山，形似筐篓，故名。聚落呈团状。通行壮话。经济以农业和劳务输出为主。农业主种玉米。

陇位 Lǒngwèi 五村镇大路村辖自然村。在村委会驻地东0.5千米处。有63户267人，壮族聚居。姓氏有杨、甘等。据1999年版《田阳县志》记载，明洪武七年（1374）已有此村，称陇韦，属奉议州南路；清代称驮为，属奉议州五村团。1982年第一次全国地名普查时记为“弄位”。2014年第二次全国地名普查记为“陇位”。陇韦、弄为、陇位，壮语Runghveih，“陇、弄rungh”指弄场、石山间平地，“位、韦、为veih”指鱼腥草。因该村所处弄场多长鱼腥草，故名。聚落呈块状。通行壮话。经济以农业和劳务输出为主。农业主种玉米。特产竹子。

大旺 Dàwàng 五村镇大路村辖自然村。在村委会驻地东南1.2千米处。有26户110人，壮族聚居。姓氏以农为主。据1999年版《田阳县志》记载，明洪武七年（1374）已有此村，称驮旺，属奉议州南路；清代称大王，属奉议州五村团。2011年版《广西壮族自治区城镇乡村名录》记为“大旺”。驮旺、大王、大旺，壮语Deihvangh，“大、驮deih”指地，“旺、王vangh”指九层皮树。因该村坐落在长有九层皮树的地方，故名。聚落呈块状。通行壮话。经济以农业和劳务输出为主。农业主种玉米。

陇洪 Lǒnghóng 五村镇大路村辖自然村。在村委会驻地西0.8千米处。有47户164人，壮、瑶族聚居。姓氏以黄为主。据1999年版《田阳县志》记载，清代已有此村，称陇洪，属奉议州五村团。1982年第一次全国地名普查时记为“弄洪”。2014年第二次全国地名普查记复为陇洪。弄洪、陇洪，壮语Runghhung，“弄、陇rungh”指弄场、石山间平地，“洪hung”指大。因该村坐落在弄场中间较宽处，俗称“大”，故名。聚落呈块状。通行壮话。经济以农业和劳务输出为主。农业主种玉米。

桥马村居民地

桥马村 Qiáomǎ Cūn 五村镇辖村。在镇境东部。驻地在镇人民政府驻地东 5 千米处。东接那满镇新生村、新仑村，南连百宙村、定夜村，西邻五村，北靠大路村和那满镇新生村。面积 11 平方千米。辖下巴、桥马、上帮、大安、乙华、大楞、陇怀、大边、达立 9 自然村。村委会驻下巴。有 384 户 1452 人，壮族聚居。通行壮话。民国二十四年（1935）为桥马村，属五村乡。1952 年改乡，属田阳县第五区。1955 年属五村区。1958 年改大队，属五村公社。1962 年改公社，属五村区。1968 年复改大队，属五村公社。1984 年改村，属五村乡。2013 年属五村镇。以所辖桥马自然村取名。桥马，壮语 Giuzmax，“桥 giuz”指桥梁，“马 max”同汉义，指马。因该村原为马帮商队往来周边各县的途经之地，为方便马帮过河此地建有多座石孔桥，故名。属岩溶地貌。主要山峰有排停山、更炸心山，海拔分别为 860 米、860 米。桥马河流经。有国家级非物质文化遗产“布洛陀”口传史诗流传。经济以农业和劳务输出为主。耕地面积 120.96 公顷。农业主种玉米、水稻等。有蛋鸡、山羊养殖。特产竹子、金银花、芒果、砂糖橘、脐橙、红心蜜柚等。田阳首个光伏扶贫项目在境内。那坡—定夜公路（749 县道）、坡洪—桥马公路（717 乡道）过境。

桥马村一隅

下巴 Xiàbā 五村镇桥马村辖自然村。村委会驻地。有 70 户 264 人，壮族聚居。姓氏以吴为主。1982 年第一次全国地名普查时已有该村，始建村时间待考。下巴，壮语 Lajbaq，“下 laj”指下边，“巴 baq”指荒坡。因该村始建村在一片荒坡下，故名。聚落呈块状。通行壮话。经济以农业和劳务输出为主。农业主种水稻、玉米。有蛋鸡养殖、山羊养殖、光伏发电等特色扶贫项目。那坡—定夜公路（749 县道）过境。

桥马 Qiáomǎ 五村镇桥马村辖自然村。在村委会驻地西北 1.2 千米处。有 52 户 196 人，壮族聚居。姓氏有陆、罗、黄、王等。据 1999 年版《田阳县志》记载，明洪武七年（1374）已有此村，称桥马，属奉议州南路。桥马，壮语 Giuzmax，“桥 giuz”指桥梁，“马 max”同汉义，指马。因该村原为马帮商队往来周边各县的途经之地，为方便马帮过河此地建有多座石孔桥，故名。聚落呈块状。通行壮话。经济以农业和劳务输出为主。农业主种水稻、玉米等。坡洪—桥马公路（717 乡道）过境。

上帮 Shàngbāng 五村镇桥马村辖自然村。在村委会驻地西 0.33 千米处。有 36 户 130 人，壮族聚居。姓氏以韦为主。传清乾隆元年（1736）建村。1982 年第一次全国地名普查时记为“上邦”。2014 年第二次全国地名普查记为“上帮”。上邦、上帮，壮语 Gwnzbong，“上 gwnz”指上边，“邦、帮 bong”指白土。因此地多白土，故名。聚落呈块状。通行壮话。经济以农业和劳务输出为主。农业主种玉米。

大安 Dà'ān 五村镇桥马村辖自然村。在村委会驻地东南 1.2 千米处。有 23 户 89 人，壮族聚居。姓氏有翟、农等。传清顺治七年（1650）建村。大安，壮语 Deihanh，“大 deih”指地，“安 anh”指隆安人。因该村原是讲隆安话人住的地方，故名。聚落呈团状。通行壮话。经济以农业和劳务输出为主。农业主种玉米。

乙华 Yǐhuá 五村镇桥马村辖自然村。在村委会驻地东南 0.95 千米处。有 21 户 81 人，壮族聚居。姓氏以罗为主。传清咸丰二年（1852）建村。乙华，壮语 Yedvaz，“乙 yed”指伸长，“华 vaz”指抓。因村处长形弄场，形似一只手伸长抓取东西，故名。聚落呈团状。通行壮话。经济以农业和劳务输出为主。农业主种玉米。那坡—定夜公路（749 县道）过境。

大楞 Dàléng 五村镇桥马村辖自然村。在村委会驻地西北 1.5 千米处。有 32 户 136 人，壮族聚居。姓氏以陈为主。据 1999 年版《田阳县志》记载，明洪武七年（1374）已有此村，称驮楞，属奉议州南路；清代称大楞，属奉议州五村团。1982 年第一次全国地名普查时记为“驮楞”。2014 年第二次全国地名普查记为“大楞”。大楞、驮楞，壮语 Deihlaeng，“大、驮 deih”指地，“楞 laeng”指筛子。因村边有几个落水洞，水漏如筛，故名。聚落呈块状。通行壮话。经济以农业和劳务输出为主。农业主种玉米。

陇怀 Lǒnghuái 五村镇桥马村辖自然村。在村委会驻地西北 1.9 千米处。有 30 户 95 人，壮族聚居。姓氏有陆、黄等。传清康熙十二年（1673）建村。1982 年第一次全国地名普查时记为“弄怀”。2014 年第二次全国地名普查记为“陇怀”。弄怀、陇怀，壮语 Runghvaiz，“陇、弄 rungh”指岽场、石山间平地，“怀 vaiz”指水牛。因该村所在岽场原是周边村民牧牛的地方，故名。聚落呈散状。通行壮话。经济以农业和劳务输出为主。农业主种玉米。

大边 Dàbiān 五村镇桥马村辖自然村。在村委会驻地西 1.9 千米处。有 38 户 170 人，壮族聚居。姓氏有甘、农、黄等。传清顺治六年（1649）建村。大边，壮语 Deihmbenq，“大 deih”指地，“边 mbenq”指簸箕。因该村坐落在形似椭圆簸箕的岽场里，故名。聚落呈团状。通行壮话。经济以农业和劳务输出为主。农业主种水稻、玉米等。

达立 Dálì 五村镇桥马村辖自然村。在村委会驻地西南 1.9 千米处。有 82 户 291 人，壮族聚居。姓氏有陆、宁、浦、黄等。传清顺治六年（1649）建村。1982 年第一次全国地名普查时记为“大立”。2014 年第二次全国地名普查记为“达立”。大力、达立，壮语 Deihlub，“达、大 deih”指地，“立 lub”指包围。因该村地处石山间平地，村被石山包围，故名。聚落呈块状。通行壮话。经济以农业和劳务输出为主。农业主种玉米。

百宙村居民地

百宙村 Bǎizhòu Cūn 五村镇辖村。在镇境东部。驻地在镇人民政府驻地东南 6.8 千米处。东接田东县祥周镇民安村，南连大列村、巴浪村，西邻定夜村，北靠桥马村和那满镇新仑村。面积 9.08 平方千米。辖更结、百宙、农地、陇怀、大楼、大信、陇合、下叫、更佛上屯、更佛下屯、三界、陇外 12 自然村。村委会驻更结。有 316 户 1148 人，壮、瑶族聚居。通行壮话。民国二十四年（1935）为百宙村，属康华乡。1952 年与更佛村并为百宙乡，属田阳县第五区。1955 年属五村区。1958 年改大队，属五村公社。1962 年改公社，属五村区。1968 年复改大队，属五村公社。1984 年改村，属五村乡。2013 年属五村镇。因所辖百宙自然村得名。百宙，壮语 Bakgouz，“百 bak”指口，“宙 gouz”指求神请愿。因该村处山谷口，附近有座庙宇，是周边村民求神拜佛的地方，故名。属岩溶地貌。主要山峰有穿洞山、弄贡山，海拔分别为 825 米、715

考。2014 年第二次全国地名普查记为“三界”。三脚、三界，壮语 Samga，“三 sam”即数量词三，“脚、界 ga”指外界。因该村有三条路与外界相通，故名。聚落呈块状。通行壮话。经济以农业和劳务输出为主。农业主种玉米。

陇外 Lǒngwài 五村镇百宙村辖自然村。在村委会驻地东北 3.1 千米处。27 户 95 人，壮族聚居。姓氏有黄、农、莫等。据 1999 年版《田阳县志》记载，清代已有此村，称陇外，属奉议州五村团。1982 年第一次全国地名普查时记为“弄外”。2014 年第二次全国地名普查复记为“陇外”。陇外、弄外，壮语 Runghvai，“陇、弄 rungh”指弄场、石山间平地，“外 vai”指黄藤。因该村坐落在长有黄藤的弄场，故名。聚落呈块状。通行壮话。经济以农业和劳务输出为主。农业主种玉米。有芒果种植产业。

大列村居民地

大列村 Dàliè Cūn 五村镇辖村。在镇境东部。驻地在镇人民政府驻地东南 8.7 千米处。东接田东县祥周镇均宁村，南连巴浪村，西邻巴浪村、百宙村，北靠百宙村。面积 6.74 平方千米。辖大列、甫也、大酉、陇洪、加亮、弄内、下养、朴图、拉萨 9 自然村。村委会驻大列。有 163 户 467 人，瑶、壮族聚居。通行壮话、瑶话。民国二十四年（1935）属康华乡辖地。1952 年设大列乡，属田阳县第五区。1955 年属五村区。1958 年改大队，属五村公社。1962 年改公社，属五村区。1968 年复改大队，属五村公社。1984 年改村，属五村乡。2013 年属五村镇。因驻地大列得名。大列，壮语 Deihndeq，“大 deih”指地，“列 ndeq”指不知。因村址原为无名荒地，故名。属岩溶地貌。主要山峰有龙深山，海拔 781.4 米。经济以农业和劳务输出为主。耕地面积 42.15 公顷。农业主种玉米。

大列 Dàliè 五村镇大列村辖自然村。村委会驻地。有 56 户 156 人，瑶族聚居。姓氏有何、潘、谭、韦、黄等。传清顺治十四年（1657）建村。大列，壮语 Deihndeq，“大 deih”指地，“列 ndeq”指不知。因村址原为无名荒地，故名。聚落呈团状。通行瑶话。经济以农业和劳务输出为主。农业主种玉米。

甫也 Fǔyě 五村镇大列村辖自然村。在村委会驻地东南 1.3 千米处。有 32 户 90 人，壮、瑶族聚居。姓氏有蒙、阮、黄、韦、何等。传清乾隆元年（1736）建村。1982 年第一次全国地名普查时记为“卜也”。2014 年第二次全国地名普查记为“甫也”。卜也、甫也，壮语 Bouxveh，“卜、甫 boux”指小弄场，“也 veh”指野菠萝。因该村坐落在有野菠萝的小弄场，故名。聚落呈块状。通行壮话。经济以农业和劳务输出为主。农业主种玉米。

大西 Dàyǒu 五村镇大列村辖自然村。在村委会驻地北 2.1 千米处。有 13 户 36 人，壮、瑶族聚居。姓氏有农、黄、兰等。传清同治元年（1862）建村。大西，壮语 Deihyoux，“大 deih”指地，“酉 youx”指交情。传说村址所在地曾是青年男女谈情说爱的地方，故名。聚落呈散状。通行壮话。经济以农业和劳务输出为主。农业主种玉米。

陇洪 Lǒnghóng 五村镇大列村辖自然村。在村委会驻地东北 3.6 千米处。有 12 户 37 人，壮、瑶族聚居。姓氏有陈、阮、兰、韦、李、罗等。传清道光十年（1830）建村。1982 年第一次全国地名普查时记为“弄洪”。2014 年第二次全国地名普查记为“陇洪”。弄洪、陇洪，壮语 Runghhung，“弄、陇 rungh”指峎场、石山间平地，“洪 hung”指大。因该村坐落在一个较大的峎场，故名。聚落呈散状。通行壮话。经济以农业和劳务输出为主。农业主种玉米。

加亮 Jiāliàng 五村镇大列村辖自然村。在村委会驻地东北 3.2 千米处。有 16 户 42 人，壮族聚居。姓氏以莫为主。传清道光十年（1830）建村。加亮，壮语 Byariengh，“加 bya”指石山，“亮 riengh”指牛栏。因村旁石山山腰处有个岩洞形似牛栏，故名。聚落呈块状。通行壮话。经济以农业和劳务输出为主。农业主种玉米。

弄内 Lòngnèi 五村镇大列村辖自然村。在村委会驻地东北 3.1 千米处。有 3 户 10 人，壮族聚居。姓氏以农为主。传清咸丰十一年（1861）建村。弄内，壮语 Runghnoix，“弄 rungh”指峎场、石山间平地，“内 noix”指少。因该村住户很少，故名。聚落呈块状。通行壮话。经济以农业和劳务输出为主。农业主种玉米。

下养 Xiàyǎng 五村镇大列村辖自然村。在村委会驻地东北 3 千米处。有 12 户 33 人，瑶族聚居。姓氏以黄为主。传清道光十年（1830）建村。下养，壮语 Yahyangj，“下 yah”指老太婆，“养 yangj”指人名。传说有个叫娅养的老太婆在此地泉边洗衣而失踪，故名。聚落呈散状。通行瑶话。经济以农业和劳务输出为主。农业主种玉米。

朴图 Pǔtú 五村镇大列村辖自然村。在村委会驻地东北 2.9 千米处。有 8 户 28 人，瑶族聚居。姓氏以韦为主。始建村时间待考。朴图，壮语 Modoeg，“朴 mo”指荆草，“图 doeg”指有毒。因该村坐落在长有有毒的假荆草的峎场旁，故名。聚落呈团状。通行瑶话。经济以农业和劳务输出为主。农业主种玉米。

拉萨 Lāsà 五村镇大列村辖自然村。在村委会驻地西北 1.6 千米处。有 11 户 35 人，壮族聚居。姓氏以农为主。1992 年原大位屯村民迁来建村。拉萨，壮语 Lajsaz，“拉 laj”指下面，“萨 saz”指用竹木编成的竹筏。因相传此地一下大雨就被洪水淹没，村民用竹筏漂流到最下游的地方定居，故名。聚落呈块状。通行壮话。经济以农业和劳务输出为主。农业主种玉米。

巴浪村居民地

巴浪村 Bālàng Cūn 五村镇辖村。在镇境东南部。驻地在镇人民政府驻地东南 6.3 千米处。东接大列村和田东县作登瑶族乡坡教村，南连德保县隆桑镇大吉村、坡吉村，西邻定夜村，北靠百亩村。面积 13.38 平方千米。辖江巴、浪下、作老、大嫩、大增、陇傍、巴甲、大若、玩毒、大远、陇宜、占谷、肚因、陇陋、大将、陇逢上屯、陇逢下屯、叫能 18 自然村。村委会驻江巴。有 401 户 1364 人，壮、汉族聚居。通行壮话。民国二十四年（1935）为巴浪村，属康华乡。1952 年与陇宜村并为巴浪乡，属田阳县第五区。1955 年属五村区。1958 年改大队，属五村公社。1962 年改公社，属五村区。1968 年复改大队，属五村公社。1984 年改村，属五村乡。2013 年属五村镇。因驻巴浪（江巴、浪下）得名。巴浪，壮语 Baqndangq，“巴 baq”指荒坡，“浪 ndangq”指斑色。因该村附近有座斑色的石山，故名。属岩溶地貌。主要山峰有作老山、山老山，海拔分别为 800 米、780 米。经济以农业和劳务输出为主。耕地面积 112.66 公顷。农业主种蔬菜、玉米。

江巴 Jiāngbā 五村镇巴浪村辖自然村。村委会驻地。有 25 户 91 人，壮族聚居。姓氏有陆、梁、刘、黄等。原与浪下统称巴浪，始建村于明成化年间（1465—1487）。后村庄扩大，分为江巴和巴浪下屯 2 自然村。江巴，壮语 Gyangbaq，“江 gyang”指中间，“巴 baq”指荒坡。因村处弄场中间，周边都是荒芜石山，故名。聚落呈块状。通行壮话。经济以农业和劳务输出为主。农业主种玉米。

浪下 Làngxià 五村镇巴浪村辖自然村。在村委会驻地东 0.8 千米处。有 29 户 100 人，壮族聚居。姓氏有农、李等。原与江巴统称巴浪，始建村于明成化年间（1465—1487）。后村庄扩大，分为江巴和巴浪下屯 2 自然村。1982 年第一次全国地名普查时记为“巴浪下屯”。2014 年第二次全国地名普查记为“浪下”，是巴浪下屯的简称。浪下，壮语 Ndangqlaj，“浪 ndangq”指斑色，“下 laj”指下面。因此村地处斑色石山下，故名。聚落呈块状。通行壮话。经济以农业和劳务输出为主。农业主种蔬菜、玉米等。

作老 Zuòlǎo 五村镇巴浪村辖自然村。在村委会驻地西北 0.25 千米处。有 42 户 153 人，壮、汉族聚居。姓氏有罗、李、刘、韦等。始建村时间待考。作老，壮语 Coklaux，“作 cok”指顶峰，“老 laux”意为大。因村处高大的石山（作老山）脚下，故名。聚落呈块状。通行壮话。经济以农业和劳务输出为主。农业主种玉米。

大嫩 Dà’nèn 五村镇巴浪村辖自然村。在村委会驻地西 1.1 千米处。有 16 户 56 人，壮族聚居。姓氏有陶、李等。传明成化七年（1471）建村。大嫩，壮语 Deihndon，“大 deih”指地，“嫩 ndon”指虫。因该村坐落在有虫蚁多的地方，故名。聚落呈块状。通行壮话。经济以农业和劳务输出为主。农业主种玉米。

大增 Dàzēng 五村镇巴浪村辖自然村。在村委会驻地西 1.4 千米处。有 13 户 48 人，壮族聚居。姓氏有黄、农、王等。传明成化九年（1473）建村。大增，壮语 Deihcaeng，“大 deih”指地，“增 caeng”指蓄水。因村东有一口山泉，四季有水，故名。聚落呈块状。通行壮话。经济以农业和劳务输出为主。农业主种玉米。

陇傍 Lǒngbàng 五村镇巴浪村辖自然村。在村委会驻地西偏南 1 千米处。有 23 户 78 人，壮族聚居。姓氏有李、黎、黄等。据 1999 年版《田阳县志》记载，清代已有此村，称陇傍，属奉议州陇琴团。1982 年第一次全国地名普查时记为“弄庞”，亦简写为“弄庞”。2014 年第二次全国地名普查记为“陇傍”。陇傍、弄庞、弄庞，壮语 Runghbug，“陇、弄、弄 rungh”指弄场、石山间平地，“傍、庞 bug”指柚子树。因该村地处长有柚子树的弄场，故名。聚落呈块状。通行壮话。经济以农业和劳务输出为主。农业主种玉米。

巴甲 Bājiǎ 五村镇巴浪村辖自然村。在村委会驻地西南 1.1 千米处。有 47 户 136 人，壮族聚居。姓氏以黄为主。传明洪武二十一年（1388）建村。巴甲，壮语 Baqyap，“巴 baq”指荒坡、坡地，“甲 yap”指荷木。因村址从前为长有荷木的荒坡，故名。聚落呈团状。通行壮话。经济以农业和劳务输出为主。农业主种玉米。

大若 Dàruò 五村镇巴浪村辖自然村。在村委会驻地东南 1.4 千米处。有 39 户 147 人，壮族聚居。姓氏有农、韦、陶等。传明洪武元年（1368）建村。大若，壮语 Deihyag，“大 deih”指地，“若 yag”指泥泞。因村东有一个溶洞，洞内常有水流出，地面泥泞，故名。聚落呈团状。通行壮话。经济以农业和劳务输出为主。农业主种玉米。

玩毒 Wándú　五村镇巴浪村辖自然村。在村委会驻地南偏东 1.4 千米处。有 9 户 33 人，壮族聚居。姓氏有黄、韦等。传明洪武三年（1370）建村。1982 年第一次全国地名普查时记为“玩独”。2014 年第二次全国地名普查记为“玩毒”。玩独、玩毒，壮语 Gonzdog，指担子的一头。因该村地形像担子的一头，故名。聚落呈块状。通行壮话。经济以农业和劳务输出为主。农业主种玉米。

大远 Dàyuǎn　五村镇巴浪村辖自然村。在村委会驻地东南 2.1 千米处。有 3 户 6 人，壮族聚居。姓氏以黄为主。传明洪武八年（1375）建村。大远，壮语 Deihyuenj，“大 deih”指地，“远 yuenj”指涨水。因村边有个溶洞，每逢下雨水从溶洞冒出，淹没庄稼，故名。聚落呈块状。通行壮话。经济以农业和劳务输出为主。农业主种玉米。

陇宜 Lǒngyí　五村镇巴浪村辖自然村。在村委会驻地东南 1.7 千米处。有 20 户 61 人，壮族聚居。姓氏以黄为主。传明洪武十七年（1384）建村。1982 年第一次全国地名普查时记为“弄宜”，亦简写为“弄宜”。2014 年第二次全国地名普查复记为“陇宜”。弄宜、弄宜、陇宜，壮语 Runghnag，“弄、弄、陇 rungh”指弄场、石山间平地，“宜 nag”指獭。因该村坐落在有旱獭出没的弄场，故名。聚落呈块状。通行壮话。经济以农业和劳务输出为主。农业主种玉米。

占谷 Zhàngǔ　五村镇巴浪村辖自然村。在村委会驻地东南 2.2 千米处。有 12 户 40 人，壮族聚居。姓氏以黄为主。传明洪武十六年（1383）建村。1982 年第一次全国地名普查时记为“渐谷”。1999 年版《田阳县志》记为“占谷”。渐谷、占谷，壮语 Caenghgoek，指秤砣。因该村始建在形似秤砣的弄场，故名。聚落呈块状。通行壮话。经济以农业和劳务输出为主。农业主种玉米。

肚因 Dùyīn　五村镇巴浪村辖自然村。在村委会驻地东南 3.4 千米处。有 9 户 33 人，壮族聚居。姓氏以黄为主。传明洪武十九年（1386）建村。肚因，壮语 Dungxin，“肚 dungx”指肚子，“因 in”指痛。因进此村需翻过一座高山，人往往爬到山顶就饥饿难忍，腹中绞痛，故名。聚落呈块状。通行壮话。经济以农业和劳务输出为主。农业主种玉米。

陇陋 Lǒnglòu　五村镇巴浪村辖自然村。在村委会驻地东南 2.8 千米处。有 14 户 47 人，壮族聚居。姓氏以黄为主。传始建村于明洪武二十年（1387）。1982 年第一次全国地名普查时记为“弄陋”，亦简写为“弄陋”。2013 年迁至至新的村址。2014 年第二次全国地名普查记为

“陇陋”。岸陋、弄陋、陇陋，壮语 Runghraeu，“岸、弄、陇 rungh”指岸场、石山间平地，“陋 raeu”指形似漏斗。因该村原村址四面环山，地形似漏斗，故名。聚落呈块状。通行壮话。经济以农业和劳务输出为主。农业主种玉米。

大将 Dàjiāng 五村镇巴浪村辖自然村。在村委会驻地东南 2.2 千米处。有 58 户 189 人，壮族聚居。姓氏有黄、农、韦、李、罗等。传明洪武二年（1369）建村。大将，壮语 Deihciengq，“大 deih”指地，“将 ciengq”指酱。因该村地势较低洼，每逢下雨地面烂泥如酱，故名。聚落呈散状。通行壮话。经济以农业和劳务输出为主。农业主种玉米。

陇逢上屯 Lǒngféngshàngtún 五村镇巴浪村辖自然村。在村委会驻地东南 3.3 千米处。有 15 户 48 人，壮族聚居。姓氏有黄、江等。1982 年第一次全国地名普查时已有此村，称岸逢上屯，与陇逢下屯、陇逢中屯统称岸逢，亦简写为“弄逢”。始建村时间待考。岸逢、弄逢，壮语 Runghboengz，“岸、弄 rungh”指岸场、石山间平地，“逢 boengz”指烂泥。因村址原是多淤泥的岸场而得名。由于房屋分散，以房屋聚集方位分称，该村处岸场地势稍高的西侧，俗称“上”，故称岸逢上屯。2014 年第二次全国地名普查以谐音记为“陇逢上屯”。聚落呈块状。通行壮话。经济以农业和劳务输出为主。农业主种玉米。

陇逢下屯 Lǒngféngxiàtún 五村镇巴浪村辖自然村。在村委会驻地东南 3.9 千米处。有 12 户 44 人，壮、汉族聚居。姓氏以黄为主。1982 年第一次全国地名普查时已有此村，称岸逢下屯，与陇逢上屯、陇逢中屯统称岸逢，亦简写为“弄逢”。始建村时间待考。岸逢、弄逢，壮语 Runghboengz，“岸、弄 rungh”指岸场、石山间平地，“逢 boengz”指烂泥。因村址原是多淤泥的岸场而得名。由于房屋分散，以房屋聚集方位分称，该村处岸场地势稍低的东侧，俗称“下”，故称岸逢下屯。2014 年第二次全国地名普查以谐音记为“陇逢下屯”。聚落呈块状。经济以农业和劳务输出为主。农业主种玉米。

叫能 Jiàonéng 五村镇巴浪村辖自然村。在村委会驻地东偏北 0.4 千米处。有 15 户 54 人，壮族聚居。姓氏有黄、罗、李等。传明洪武十一年（1378）建村，称大完。2014 年第二次全国地名普查记为“叫能”。叫能、大完，壮语 Geuqnengz，指集聚。因村由数个分散的小村集聚而成，故名。聚落呈块状。通行壮话。经济以农业和劳务输出为主。农业主种玉米。

定夜村居民地

定夜村 Dìngyè Cūn 五村镇辖村。在镇境东南部。驻地在镇人民政府驻地东南 5.5 千米处。东接百宙村、巴浪村，南连德保县隆桑镇坡吉村、示下村，西邻天阳村、康华村，北靠五村、桥马村。面积 10.03 平方千米。辖夜上、夜下、驮拜、陇洪、大内、大力、谷周、巴忙 8 自然村。村委会驻夜上。有 256 户 1225 人，壮族聚居。通行壮话。民国二十四年（1935）为定夜村，属康华乡。1952 年与巴帝村合设定夜乡，属田阳县第五区。1955 年与康华乡合设五村区康定乡。1958 年属五村公社康定大队。1962 年属五村区康华公社。1968 年复属五村公社康华大队。1980 年析置定夜大队，属五村公社。1984 年改村，属五村乡。2013 年属五村镇。因驻定夜（夜上、夜下）得名。定夜，壮语 Dinghyez，“定 dingh”指水潭，“夜 yez”指浮萍、水草。因坐落在长有浮萍的水潭附近，故名。属岩溶地貌。主要山峰有大调山、调内山，海拔分别为 809 米、790 米。有铁矿、铝土矿。经济以农业和劳务输出为主。耕地面积 127.9 公顷。农业主种水稻、玉米、蔬菜等。212 国道、大化—五村公路（306 省道）过境，为那坡—定夜公路（749 县道）终点。

夜上 Yèshàng 五村镇定夜村辖自然村。村委会驻地。有 67 户 302 人，壮族聚居。姓氏有农、李、黄等。据 1999 年版《田阳县志》记载，明洪武七年（1374）已有此村，称定夜，属奉议州十二乡图。定夜，壮语 Dinghyez，“定 dingh”指水潭，“夜 yez”指浮萍、水草。因坐落在长有浮萍的水潭附近，故名。清乾隆五十三年（1788）又有村民从田东迁来，并逐步扩大为 2 个自然村，因该村形成村落相对较早，村规模较大，故称定夜上屯，简称夜上。聚落呈块状。通行壮话。经济以农业和劳务输出为主。农业主种蔬菜、玉米等。

夜下 Yèxià 五村镇定夜村辖自然村。在村委会驻地北偏西 0.45 千米处。有 47 户 166 人，壮族聚居。姓氏有陆、李、黄等。据 1999 年版《田阳县志》记载，明洪武七年（1374）已有此村，称定夜，属奉议州十二乡图。定夜，壮语 Dinghyez，“定 dingh”指水潭，“夜 yez”指浮萍、水草。因坐落在长有浮萍的水潭附近，故名。清乾隆五十三年（1788）又有村民从田东迁来，并逐步扩大为 2 个自然村，因该村形成村落相对较晚，村规模较小，故称定夜下屯，简称夜下。聚落呈块状。通行壮话。经济以农业和劳务输出为主。农业主种水稻、玉米等。212 国道和大化—五村公路（306 省道）在此交会。

驮拜 Tuóbài 五村镇定夜村辖自然村。在村委会驻地西南 1.6 千米处。有 55 户 186 人，壮族聚居。姓氏有黄、陆、农等。1982 年第一次全国地名普查时已有此村，建村时间待考。驮拜，壮语 Deihbaiq，“驮 deih”指地，“拜 baiq”指拜神。传该地有一座庙堂，人们常到此拜神求雨，故名。聚落呈块状。通行壮话。经济以农业和劳务输出为主。农业主种玉米。

陇洪 Lǒnghóng 五村镇定夜村辖自然村。在村委会驻地西南 2.7 千米处。有 55 户 152 人，壮族聚居。姓氏有莫、农、黄等。1982 年第一次全国地名普查时记为“弄洪”，亦简写为“弄洪”，建村时间待考。2014 年第二次全国地名普查记为“陇洪”。弄洪、弄洪、陇洪，壮语 Runghhung，“弄、弄、陇 rungh”指弄场、石山间平地，“洪 hung”指大。因该村地处一个比较宽的弄场，俗称“大”，故名。聚落呈块状。通行壮话。经济以农业和劳务输出为主。农业主种玉米。

大内 Dà’nèi 五村镇定夜村辖自然村。在村委会驻地西南 3 千米处。有 22 户 100 人，壮族聚居。姓氏有黄、陆等。1982 年第一次全国地名普查时已有此村，称大内，建村时间待考。大内，壮语 Deihndaw，“大 deih”指地，“内 ndaw”指里面。因该村地处陇洪村的里面，故名。聚落呈块状。通行壮话。经济以农业和劳务输出为主。农业主种玉米。

大力 Dàlì 五村镇定夜村辖自然村。在村委会驻地西北 1 千米处。有 29 户 119 人，壮族聚居。姓氏有黄、陆、潘等。1982 年第一次全国地名普查时已有此村，称大力，建村时间待考。大力，壮语 Deihraez，“大 deih”指地，“力 raez”指长。因该村地处一个长形的弄场，故名。聚落呈块状。通行壮话。经济以农业和劳务输出为主。农业主种玉米。

谷周 Gǔzhōu 五村镇定夜村辖自然村。在村委会驻地西北 1.6 千米处。有 18 户 78 人，壮族聚居。姓氏有陆、辛、黄等。1953 年始有大力村村民迁来建居，后渐成村落。谷周，壮语 Goekgyaeuq，“谷 goek”指树根，“周 gyaeuq”指桐果树。因村址周边原有很多桐果树，故名。聚落呈块状。通行壮话。经济以农业和劳务输出为主。农业主种玉米。

巴忙 Bāmáng 五村镇定夜村辖自然村。在村委会驻地西北 2 千米处。有 30 户 122 人，壮族聚居。姓氏有辛、翟、陆等。1982 年第一次全国地名普查时已有此村，建村时间待考。巴忙，壮语 Baqmbang，“巴 baq”指荒地，“忙 mbang”指瘠薄。因始建村在瘠薄的荒地上，故名。聚落呈团状。通行壮话。经济以农业和劳务输出为主。农业主种玉米。

康华村居民地

康华村 Kānghuá Cūn 五村镇辖村。在镇境南部。驻地在镇人民政府驻地南 5.2 千米处。东接定夜村，南连定夜村、天阳村，西邻天阳村、陇华村，北靠陇华村、五村。面积 10.6 平方千米。辖康华街1街圩和康华下屯、大路、大毕、洞琴、巴帝、达落6自然村。村委会驻康华街。有448户1719人，壮族聚居。通行壮话。民国二十四年（1935）为康华村，属康华乡。1952年改乡，属田阳县第五区。1955年与定夜乡合并为康定乡，属五村区。1958年改康定大队，属五村公社。1962年改康华公社，属五村区。1968年改康华大队，属五村公社。1980年析出定夜、天阳2大队。1984年改村，属五村乡。2013年属五村镇。因驻康华街得名。康华，壮语Gangqvax，“康gangq”指烧制，“华vax”指瓦。因康华街从前是烧砖制瓦之地，故名。属岩溶地貌。主要山峰有石排岭、却堂山，海拔分别为890米、822米。经济以农业和劳务输出为主。耕地面积189.89公顷。农业主种水稻、玉米、蔬菜等。212国道过境。

康华街 Kānghuájiē 五村镇康华村辖自然村。村委会驻地。有57户219人，壮族聚居。姓氏有周、黄、韦、黎、农、叶等。据1999年版《田阳县志》记载，明洪武七年（1374）已有此街圩，称康华圩，属奉议州西路。1982年第一次全国地名普查时记为“康华街”。康华，壮语Gangqvax，“康gangq”指烧制，“华vax”指瓦。因此地从前是烧砖制瓦的地方，后发展为街圩，故名。又因街东北1.2千米处新建有康华下屯，故康华街亦称康华上屯。聚落呈块状。通行壮话。经济以农业和劳务输出为主。农业主种蔬菜、玉米等。212国道过境。

康华下屯 Kānghuáxiàtún 五村镇康华村辖自然村。在村委会驻地东北1.2千米处。有66户235人，壮族聚居。姓氏有农、黄、何等。1982年第一次全国地名普查时已有此村，建村时间待考。康华下屯，因其位于康华街的下方，故名。聚落呈块状。通行壮话。经济以农业和劳务输出为主。农业主种玉米。212国道过境。

大路 Dàlù 五村镇康华村辖自然村。在村委会驻地西0.9千米处。有15户64人，壮族聚居。姓氏有庞、何、马等。1982年第一次全国地名普查时已有此村，建村时间待考。大路，壮语Deihdumh，“大deih”指地，“路dumh”指水淹。因该村位于地势低洼的岽场，逢大雨易被水淹，故名。聚落呈块状。通行壮话。经济以农业和劳务输出为主。农业主种玉米。

大毕 Dàbì 五村镇康华村辖自然村。在村委会驻地北0.9千米处。有50户174人，壮族聚居。姓氏有陆、黄、翟等。1982年第一次全国地名普查时已有此村，记为“驮毕”，建村时间待考。2011年版《广西壮族自治区城镇乡村名录》记为“大毕”。驮毕、大毕，壮语Deihbid，“驮、大deih”指地，“毕bid”指蝉。因该村地处蝉比较多的地方，故名。聚落呈块状。通行壮话。经济以农业和劳务输出为主。农业主种玉米。

洞琴 Dòngqín 五村镇康华村辖自然村。在村委会驻地西北 2.4 千米处。有 107 户 445 人，壮族聚居。姓氏有黄、覃、农、冯、崔等。1982 年第一次全国地名普查时已有此村，记为“垌琴”，建村时间待考。2011 年版《广西壮族自治区城镇乡村名录》记为“洞琴”。洞琴、垌琴，壮语 Doenghgwnz，“洞、垌 doengh”指田垌，“琴 gwnz”指上面。因该村位于田垌边上，故名。聚落呈团状。通行壮话。经济以农业和劳务输出为主。农业主种水稻、玉米等。

巴帝 Bādì 五村镇康华村辖自然村。在村委会驻地北偏西 1.7 千米处。有 137 户 516 人，壮族聚居。姓氏有黄、陆、韦、周、覃、农等。据 1999 年版《田阳县志》记载，民国时期已有此村，称巴帝，属奉议县奉州区康华乡。1982 年第一次全国地名普查时记为“巴蒂”。2011 年版《广西壮族自治区城镇乡村名录》复记为“巴帝”。巴帝、巴蒂，壮语 Baqdaeq，“巴 baq”指荒地，“帝、蒂 daeq”指玉米。因始建村在一片荒地上，村址周边土地十分适合种植玉米，故名。聚落呈块状。通行壮话。经济以农业和劳务输出为主。农业主种水稻、玉米等。

达落 Dáluò 五村镇康华村辖自然村。在村委会驻地西 2.1 千米处。有 16 户 66 人，壮族聚居。姓氏有黄、冯、蒙等。据 1999 年版《田阳县志》记载，明洪武七年（1374）已有此村，称驮落，属奉议州十二乡图。后曾写作驮乐。2014 年第二次全国地名普查记为“达落”。驮落、驮乐、达落，壮语 Deihrog，“驮、达 deih”指地，“落、乐 rog”指外面。因该村坐落在洞琴村的外边，故名。聚落呈块状。通行壮话。经济以农业和劳务输出为主。农业主种玉米。

天阳村居民地

天阳村 Tiānyáng Cūn 五村镇辖村。在镇境南部。驻地在镇人民政府驻地南 7 千米处。东接定夜村，南连德保县隆桑镇示下村和那甲镇那录村，西邻雷圩村，北靠陇华村、康华村。面积 7.41 平方千米。辖天阳、陇逻、大出 3 自然村。村委会驻天阳。有 264 户 1047 人，壮族聚居。通行壮话。原为五村公社康华大队辖地。1980 年析置天阳大队，属五村公社。1984 年改村，属五村乡。2013 年属五村镇。因驻地天阳得名。“天阳”原名“下山”，属天保县辖，1952 年划归田阳县。因取“天保”“田阳”各一字得名。属岩溶地貌。主要山峰有尖顶山、谷茶山，海拔分别为 916 米、870 米。经济以农业和劳务输出为主。耕地面积 125.6 公顷。农业主种水稻、玉米、甘蔗等。212 国道在此村出田阳区境。

天阳 Tiānyáng 五村镇天阳村辖自然村。村委会驻地。有 144 户 611 人，壮族聚居。姓氏有林、覃、黄、周等。原名下山，始建村时间待考。1952 年由天保县划归田阳县管辖，取天保、田阳各一字更名为天阳。聚落呈块状。通行壮话。经济以农业和劳务输出为主。农业主种水稻、玉米等。212 国道经此出田阳区境。

陇逻 Lǒngluó 五村镇天阳村辖自然村。在村委会驻地西北 2.2 千米处。有 70 户 250 人，壮族聚居。姓氏有马、周、黄等。清康熙四十七年（1708）始有人迁来建居，后逐渐发展为村落。1982 年第一次全国地名普查时记为“㟖逻”，亦简写为“弄逻”。2014 年第二次全国地名普查记为“陇逻”。㟖逻、弄逻、陇逻，壮语 Runghlah，“㟖、弄、陇 rungh”指㟖场、石山间平地，“逻 lah”指看。因该村所在的㟖场较高，望得较远，故名。聚落呈团状。通行壮话。经济以农业和劳务输出为主。农业主种玉米、甘蔗等。

大出 Dàchū 五村镇天阳村辖自然村。在村委会驻地西北 2.4 千米处。有 50 户 186 人，壮族聚居。姓氏有马、黄等。清康熙四十四年（1705）始有人迁来建居，后渐成村落。大出，壮语 Deihcot，“大 deih”指地，“出 cot”指末尾。因该村地处㟖场尾端，故名。聚落呈环状。通行壮话。经济以农业和劳务输出为主。农业主种玉米。

雷圩村居民地

雷圩村 Léixū Cūn 五村镇辖村。在镇境南部。驻地在镇人民政府驻地西南 8 千米处。东接陇华村、天阳村，南连德保县那甲镇艾屯村、餐屯村，西邻伏王村，北靠驮逢村、巴某村、百谷村。面积 19.51 平方千米。辖雷圩街 1 街圩和旧圩、大力、大层、大永、大卜、惠洞、大侧、谷力 8 自然村。村委会驻雷圩街。有 710 户 3251 人，壮族聚居。通行壮话。民国二十四年（1935）为大力村，属雷圩乡。1952 年改大力乡，属田阳县第五区。1955 年属五村区。1958 年改大力大队，属五村公社。1962 年大力大队与原惠洞大队部分辖地并为雷圩公社，属五村区。1968 年改雷圩大队，属五村公社。1984 年改村，属雷圩乡。2005 年属五村乡。2013 年属五村镇。因驻地雷圩街得名。雷圩，壮语 Hawlueg，“雷 lueg”指坡谷，“圩 haw”指街圩、圩场。雷圩原处在坡谷之中得名，1952 年搬迁至今址，沿用原名。属岩溶地貌。主要山峰有窑山，海拔 1122.5 米。惠洞水库在境内。有瀑布景点。有小学 1 所。经济以农业和劳务输出为主。耕地面积 332.9 公顷。农业主种水稻、玉米。坡洪—雷圩公路（716 乡道）、五村—雷圩公路（705 乡道）、雷圩—弄里公路（724 乡道）过境。

霞光映照下的雷圩村

雷圩街 Léiwéijiē　五村镇雷圩村辖街圩。村委会驻地。有 200 户 933 人，壮族聚居。姓氏有李、苏、覃等。此地原名“琴雷”，壮语 Gwnzndoi，“琴 gwnz”指上面，“雷 ndoi”指坡。1952 年由雷圩迁来，形成新的街圩，沿用“雷圩”之名，称雷圩街。聚落呈块状。通行壮话。经济以农业和劳务输出为主。农业主种水稻、玉米等。五村镇雷圩小学在境内。为坡洪—雷圩公路（716 乡道）、五村—雷圩公路（705 乡道）终点。

旧圩 Jiùxū　五村镇雷圩村辖自然村。在村委会驻地西北 1.1 千米处。有 31 户 147 人，壮族聚居。姓氏有李、王、覃等。据 1999 年版《田阳县志》记载，清代已有此圩，称雷圩，属奉议州五村团。雷圩，壮语 Hawlueg，“雷 lueg”指坡谷，“圩 haw”指圩场。因在坡谷处开设圩场，故名。1952 年部分人迁至今雷圩街开设新街圩，此地遂演变为旧雷圩，简称“旧圩”。聚落呈块状。通行壮话。经济以农业和劳务输出为主。农业主种水稻、玉米等。坡洪—雷圩公路（716 乡道）与雷圩—弄里公路（724 乡道）经此交会。境内有刻于清乾隆年间（1736—1795）的雷圩碑刻。

大力 Dàlì　五村镇雷圩村辖自然村。在村委会驻地南偏西 1.2 千米处。有 148 户 675 人，壮族聚居。姓氏有周、李等。据 1999 年版《田阳县志》记载，清代已有此村，称驮力，属奉议州五村团。1982 年第一次全国地名普查时记为“大力”。驮力、大力，壮语 Deihlaeg，“驮、大 deih”指地，“力 laeg”指深。因该村地处深谷中，故名。聚落呈块状。通行壮话。经济以农业和劳务输出为主。农业主种水稻、玉米等。境内有瀑布景点。

藏在深山的大力瀑布

大层 Dàcéng 五村镇雷圩村辖自然村。在村委会驻地西南1.3千米处。有64户295人，壮族聚居。姓氏有马、王等。据1999年版《田阳县志》记载，清代已有此村，称驮层，属奉议州五村团。1982年第一次全国地名普查时记为“大层”。驮层、大层，壮语Deihcaeng，“驮、大deih”指地，“层caeng”指圈子。因该村有座山像一圈圈堆起来的稻谷堆，故名。聚落呈块状。通行壮话。经济以农业和劳务输出为主。农业主种水稻、玉米等。

大永 Dàyǒng 五村镇雷圩村辖自然村。在村委会驻地西南1.5千米处。有68户305人，壮族聚居。姓氏有苏、覃。1982年第一次全国地名普查时已有此村，记为“大永”，建村时间待考。大永，壮语Deihngunx，“大deih”指地，“永ngunx”指断肠。因该村坐落在长有断肠草的地方，故名。聚落呈块状。通行壮话。经济以农业和劳务输出为主。农业主种水稻、玉米等。

大卜 Dàbǔ 五村镇雷圩村辖自然村。在村委会驻地西南2.2千米处。有69户322人，壮族聚居。姓氏有黄、覃等。据1999年版《田阳县志》记载，清代已有此村，称大卜，属奉议州五村团。大卜，壮语Deihbug，“大deih”指地，“卜bug”指柚子。因该村坐落在长有很多柚子树的地方，故名。聚落呈块状。通行壮话。经济以农业和劳务输出为主。农业主种水稻、玉米等。

惠洞 Huìdòng 五村镇雷圩村辖自然村。在村委会驻地西南3千米处。有101户447人，壮族聚居。姓氏有韦、周、陆等。据 1999 年版《田阳县志》记载，明洪武七年（1374）已有此村，称惠洞，属奉议州西路。惠洞，壮语 Vaehdoengh，“惠 vaeh”指鱼腥草，“洞 doengh”指田垌。因该村坐落在长有鱼腥草的田垌，故名。聚落呈带状。通行壮话。经济以农业和劳务输出为主。农业主种水稻、玉米等。惠洞水库在村西面。

大侧 Dàcè 五村镇雷圩村辖自然村。在村委会驻地西南 2 千米处。有 7 户 28 人，壮族聚居。姓氏以罗为主。始建村时间待考。原名大则，因生产不便利，于 1969 年搬迁至大卜，后又迁回。大侧、大则，壮语 Deihcag，“大 deih”指地，“侧、则 cag”指裂开。因该村是分出来的村寨，迁出又迁回，故名。聚落呈块状。通行壮话。经济以农业和劳务输出为主。农业主种水稻、玉米等。

谷力 Gǔlì 五村镇雷圩村辖自然村。在村委会驻地东北 0.3 千米处。有 22 户 99 人，壮族聚居。姓氏以农为主。据 1999 年版《田阳县志》记载，清代已有此村，称谷力，属奉议州五村团。1982 年第一次全国地名普查时记为“谷立”。2014 年第二次全国地名普查复记为“谷力”。谷立、谷力，壮语 Goekreiz，“谷 goek”指树根，“立、力 reiz”指小叶榕。因该村建在长有小叶榕的山脚，故名。聚落呈带状。通行壮话。经济以农业和劳务输出为主。农业主种玉米。五村—雷圩公路（705 乡道）在村前方田垌经过。

伏王村居民地

伏王村 Fúwáng Cūn 五村镇辖村。在镇境西部。驻地在镇人民政府驻地西南 13.4 千米处。东接雷圩村，南连德保县那甲镇定六村，西邻德保县那甲镇念凌村，北靠弄里村、驮逢村。面积 11.66 平方千米。辖伏王、驮朗、驮妥、坛道、陇孟、驮盘 6 自然村。村委会驻伏王。有 320 户 1397 人，壮族聚居。通行壮话。民国二十四年（1935）为伏王村，属雷圩乡。1952 年与陇怀村并为伏王乡，属田阳县第五区。1955 年属五村区。1958 年改大队，属五村公社。1962 年改公社，属五村区。1968 年复改大队，属五村公社。1980 年析出陇怀大队。1984 年改村，属雷圩乡。2005 年属五村乡。2013 年属五村镇。因驻地伏王得名。伏王，壮语 Fagvuengz，“伏 fag”指一边、旁边，“王 vuengz”指王。伏王因村址位于堪称岽场之王的大平地边，故名。属岩溶地貌。主要山峰有兰弯山、炸巴老山，海拔分别为 1163 米、1110 米。经济以农业和劳务输出为主。耕地面积 191.61 公顷。农业主种水稻、玉米等。雷圩—陇里公路（724 乡道）过境。

伏王 Fúwáng 五村镇伏王村辖自然村。村委会驻地。有 109 户 466 人，壮族聚居。姓氏有苏、陆、黄等。据 1999 年版《田阳县志》记载，清代已有此村，称伏王，属奉议州西区古眉团。伏王，壮语 Fagvuengz，“伏 fag”指一边、旁边，“王 vuengz”指王。因村址位于堪称弄场之王的大平地边，故名。聚落呈块状。通行壮话。经济以农业和劳务输出为主。农业主种水稻、玉米等。

驮朗 Tuólǎng 五村镇伏王村辖自然村。在村委会驻地东北 0.57 千米处。有 57 户 229 人，壮族聚居。姓氏有苏、吴、韦、黄等。据 1999 年版《田阳县志》记载，清代已有此村，称驮朗，属奉议州西区古眉团。驮朗，壮语 Deihlangx，“驮 deih”指地，“朗 langx”指积水的洼地。因该村建在积水的洼地旁边，故名。聚落呈块状。通行壮话。经济以农业和劳务输出为主。农业主种水稻、玉米等。雷圩—陇里公路（724 乡道）过境。

驮妥 Tuótuǒ 五村镇伏王村辖自然村。在村委会驻地东北 1.4 千米处。有 45 户 185 人，壮族聚居。姓氏以苏为主。1982 年第一次全国地名普查时已有此村，记为“驮妥”，建村时间待考。驮妥，壮语 Deihdoq，“驮 deih”指地，“妥 doq”指马蜂。因该村建在马蜂较多的地方，故名。聚落呈块状。通行壮话。经济以农业和劳务输出为主。农业主种水稻、玉米等。

坛道 Tándào 五村镇伏王村辖自然村。在村委会驻地北偏西 0.7 千米处。有 59 户 241 人，壮族聚居。姓氏有苏、陆、黄等。1982 年第一次全国地名普查时已有此村，记为“坛道”，建村时间待考。坛道，壮语 Danzdauh，指道公。因传说道公曾在此地设过道坛，故名。聚落呈块状。通行壮话。经济以农业和劳务输出为主。农业主种水稻、玉米等。雷圩—陇里公路（724 乡道）过境。

陇孟 Lǒngmèng 五村镇伏王村辖自然村。在村委会驻地北 0.65 千米处。有 22 户 86 人，壮族聚居。姓氏有苏、黄等。据 1999 年版《田阳县志》记载，明洪武七年（1374）已有此村，称陇孟，属奉议州西路。1982 年第一次全国地名普查时记为“弄孟”，亦简写为“弄孟”。1989 年迁至今址建居，原名沿用。2014 年第二次全国地名普查复记为“陇孟”。陇孟、弄孟、弄孟，壮语 Runghfuengz，“陇、弄、弄 rungh”指弄场、石山间平地，“孟 fuengz”指果子狸。因始建村在曾有果子狸出没的弄场，故名。聚落呈块状。通行壮话。经济以农业和劳务输出为主。农业主种水稻、玉米等。雷圩—陇里公路（724 乡道）过境。

驮盘 Tuópán 五村镇伏王村辖自然村。在村委会驻地西北 1.3 千米处。有 28 户 120 人，壮族聚居。姓氏有苏、黄等。原称陇康，建村时间待考。1982 年第一次全国地名普查时记为“弄康”，亦简写为“弄康”，壮语 Runghgang，“陇、峯、弄 rungh”指峯场、石山间平地，“康 gang”指缸。因村处形似水缸的峯场而得名。1999 年版《田阳县志》记为“驮盘”。驮盘，壮语 Deihbanz，“驮 deih”指地，“盘 banz”指斜坡。因村迁至一斜坡地建居，故名。聚落呈块状。通行壮话。经济以农业和劳务输出为主。农业主种水稻、玉米等。雷圩—陇里公路（724 乡道）过境。

弄里村居民地

弄里村 Lònglǐ Cūn 五村镇辖村。在镇境西部。驻地在镇人民政府驻地西 14 千米处。东接驮逢村，南连伏王村和德保县那甲镇念凌村，西邻坡洪镇新景村，北靠坡洪镇新美村、天安村。面积 10.05 平方千米。辖弄怀、驮侦、驮旦、弄外、弄念 5 自然村。村委会驻弄怀。有 184 户 802 人，壮族聚居。通行壮话。民国二十四年（1935）为陇怀村，属雷圩乡。1952 年与伏王村合设田阳县第五区伏王乡。1955 年属五村区伏王乡。1958 年属五村公社伏王大队。1962 年属五村区伏王公社。1968 年复属五村公社伏王大队。1980 年析置陇怀大队，后因与巴别公社陇怀大队重名而改弄里大队，属五村公社。1984 年改村，属雷圩乡。2005 年属五村乡。2013 年属五村镇。弄里，壮语 Runghndaw，“弄 rungh”指峯场，“里 ndaw”指里面。因该村地处山峯里面，故名。属岩溶地貌。主要山峰有弄闷山、那郎山，海拔分别为 1143 米、1133 米。经济以农业和劳务输出为主。耕地面积 95.34 公顷。农业主种水稻、玉米等。为雷圩—陇里公路（724 乡道）终点。

弄怀 Lònghuái 五村镇弄里村辖自然村。村委会驻地。有 69 户 317 人，壮族聚居。姓氏有黄、农、苏、周、杨等。1982 年第一次全国地名普查时已有此村，记为“峯怀”，亦简写为“弄怀”，建村时间待考。弄怀，壮语 Runghvaiz，“峯、弄 rungh”指峯场、石山间平地，“怀 vaiz”指牛。因该村建在原是放牧水牛的峯场，故名。聚落呈块状。通行壮话。经济以农业和劳务输出为主。农业主种水稻、玉米等。为雷圩—陇里公路（724 乡道）终点。

驮侦 Tuózhēn 五村镇弄里村辖自然村。在村委会驻地东 0.67 千米处。有 40 户 168 人，壮族聚居。姓氏有苏、陆、农、李等。据 1999 年版《田阳县志》记载，清代已有此村，称大贞，属奉议州山老坡团。1982 年第一次全国地名普查时记为“驮贞”。2014 年第二次全国地名普查记为“驮侦”。大贞、驮贞、驮侦，壮语 Deihcengh，“大、驮 deih”指地，“贞、侦 cengh”指箩筐。因此地形似箩筐，故名。聚落呈块状。通行壮话。经济以农业和劳务输出为主。农业主种水稻、玉米等。

驮旦 Tuódàn 五村镇弄里村辖自然村。在村委会驻地东北 0.95 千米处。有 15 户 66 人，壮族聚居。姓氏有苏、陆、刘等。1972 年建村。驮旦，壮语 Dahdan，“驮 dah”指河，“旦 dan”指河滩。因该村地处河滩之上，故名。聚落呈块状，通行壮话。经济以农业和劳务输出为主。农业主种水稻、玉米等。

弄外 Lòngwài 五村镇弄里村辖自然村。在村委会驻地西北 2 千米处。有 40 户 165 人，壮族聚居。姓氏有蒙、梁、苏、覃等。据 1999 年版《田阳县志》记载，清代已有此村，称陇外，属奉议州山老坡团。1982 年第一次全国地名普查时记为“㟖外”，亦简写为“弄外”。陇外、弄外、㟖外，壮语 Runghvai，“陇、弄、㟖 rungh”指㟖场、石山间平地，“外 vai”指黄藤。因该村坐落在长有黄藤的㟖场，故名。聚落呈块状。通行壮话。经济以农业和劳务输出为主。农业主种水稻、玉米等。

弄念 Lòngniàn 五村镇弄里村辖自然村。在村委会驻地西北 1.1 千米处。有 20 户 86 人，壮族聚居。姓氏有苏、农等。据 1999 年版《田阳县志》记载，清代已有此村，称陇念，属奉议州山老坡团。1982 年第一次全国地名普查时记为“㟖念”，亦简写为“弄念”。陇念、弄念、㟖念，壮语 Runghraemx，“陇、弄、㟖 rungh”指㟖场、石山间平地，“念 raemx”指水。因该村地处有泉水的㟖场，故名。聚落呈块状。通行壮话。经济以农业和劳务输出为主。农业主种水稻、玉米等。

驮逢村居民地

驮逢村 Tuóféng Cūn 五村镇辖村。在镇境西部。驻地在镇人民政府驻地西 12 千米处。东接巴某村，南连雷圩村、伏王村，西邻弄里村，北靠坡洪镇天安村。面积 10.55 平方千米。辖驮逢、驮宜、砚逢、安怀、驮闹 5 自然村。村委会驻驮逢。有 149 户 599 人，壮族聚居。通行壮话。民国二十四年（1935）属雷圩乡惠洞村。1952 年属田阳县第五区惠洞乡。1955 年属五村区惠洞乡。1958 年属五村公社惠洞大队。1962 年撤惠洞大队，分置驮逢公社，属五村区。1968 年改驮逢大队，属五村公社。1984 年改村，属雷圩乡。2005 年属五村乡。2013 年属五村镇。因驻地驮逢得名。驮逢，壮语 Deihbungz，“驮 deih”指地，“逢 bungz”指棚。因村背后有座陡峭石山，在山上看不见村庄，如同被棚遮蔽，故名。属岩溶地貌。主要山峰有旧村山、科坤山，海拔均为 1100 米。经济以农业和劳务输出为主。耕地面积 154.7 公顷。农业主种水稻、玉米、三华李、蔬菜。林业主种杉树、松树。特产油茶、八角等。

驮逢 Tuófēng 五村镇驮逢村辖自然村。村委会驻地。有 57 户 215 人，壮族聚居。姓氏有梁、吴、韦等。据 1999 年版《田阳县志》记载，明洪武七年（1374）已有此村，称驮逢，属奉议州西路。驮逢，壮语 Deihbungz，“驮 deih”指地，“逢 bungz”指棚。因村背后有座陡峭的石山，在山上看不见村庄，如同被棚遮蔽，故名。聚落呈块状。通行壮话。经济以农业和劳务输出为主。农业主种水稻、玉米等。特产八角、油茶等。

驮逢俯瞰图

驮宜 Tuóyí 五村镇驮逢村辖自然村。在村委会驻地东南 1.6 千米处。有 17 户 75 人，壮族聚居。姓氏有何、覃、农等。传清康熙年间（1662—1722）建村。驮宜，壮语 Deihnag，“驮 deih”指地，“宜 nag”指旱獭。传此地曾有旱獭出没，故名。聚落呈块状。通行壮话。经济以农业和劳务输出为主。农业主种水稻、蔬菜、三华李等。特产八角、油茶等。

砚逢 Yànfēng 五村镇驮逢村辖自然村。在村委会驻地东南 1.1 千米处。有 17 户 75 人，壮族聚居。姓氏以梁为主。1982 年第一次全国地名普查时已有此村，记为“砚逢”，建村时间待考。砚逢，壮语 Yienhbungz，“砚 yienh”指墨砚，“逢 bungz”指棚。因村前原有个制砚棚，故名。聚落呈块状。通行壮话。经济以农业和劳务输出为主。农业主种水稻、三华李、蔬菜等。特产八角、油茶等。

安怀 Ānhuái 五村镇驮逢村辖自然村。在村委会驻地东 1.2 千米处。有 31 户 124 人，壮族聚居。姓氏有莫、覃、梁等。1999 年版《田阳县志》记有此村，称安怀，建村时间待考。安怀，壮语 Anvaiz，“安 an”指鞍部，“怀 vaiz”指水牛。因此地有座山形似水牛鞍部，故名。聚落呈块状。通行壮话。经济以农业和劳务输出为主。农业主种水稻、玉米、蔬菜等。特产八角、油茶等。

驮闹 Tuónào 五村镇驮逢村辖自然村。在村委会驻地东北 0.73 千米处。有 27 户 110 人，壮族聚居。姓氏有梁、吴等。据 1999 年版《田阳县志》记载，明洪武七年（1374）已有此村，称驮闹，属奉议州南路。驮闹，壮语 Deihndau，“驮 deih”指地，“闹 ndau”指星星。因该村房屋星罗棋布在村地，故名。聚落呈块状。通行壮话。经济以农业和劳务输出为主。农业主种水稻、玉米、蔬菜等。特产八角、油茶等。

巴某村居民地

巴某村 Bāmǒu Cūn 五村镇辖村。在镇境西部。驻地在镇人民政府驻地西南 8.4 千米处。东接百谷村、雷圩村，南连雷圩村，西邻驮逢村，北靠百谷村和坡洪镇天安村。面积 15.89 平方千米。辖加旭、巴陋、驮富、驮伞、巴生、巴弄、陇里、驮忠 8 自然村。村委会驻加旭。有 402 户 1580 人，壮族聚居。通行壮话。民国二十四年（1935）为巴某村，属雷圩乡。1952 年改乡，属田阳县第五区。1955 年属五村区。1958 年改大队，属五村公社。1962 年改公社，属五村区。1968 年复改大队，属五村公社。1984 年改村，属雷圩乡。2005 年属五村乡。2013 年属五村镇。巴某，壮语 Bomou，“巴 bo”指山坡，“某 mou”指猪。因此地荒坡多长猪吃的野菜，故名。属岩溶地貌。主要山峰有石龙山、法那山，海拔分别为 1007.8 米、990 米。经济以农业和乡村旅游为主。耕地面积 312.02 公顷。农业主种水稻、玉米等。2019 年入选为首批全国乡村旅游重点村、全国乡村治理示范村。2020 年获评为中国美丽休闲乡村、全国文明村。坡洪—雷圩公路（716 乡道）过境。

山青水秀的巴某村

加旭 Jiāxù 五村镇巴某村辖自然村。村委会驻地。有 92 户 363 人，壮族聚居。姓氏有覃、谭、梁、文、黄、周等。传清康熙四年（1665）建村。加旭，壮语 Byayiuh，“加 bya”指石山，“旭 yiuh”指鹰。因村附近的石山上多有山鹰出没，故名。聚落呈块状。通行壮话。经济以乡村旅游和农业为主。巴某 18℃凉泉度假村设在该村。农业主种水稻、玉米等。雷圩—巴某公路（村道）通达。

加旭新貌

巴陋 Bālòu 五村镇巴某村辖自然村。在村委会驻地南 0.8 千米处。有 57 户 227 人，壮族聚居。姓氏有覃、黄、赵、农等。1982 年第一次全国地名普查时已有此村，记为“巴陋”，建村时间待考。巴陋，壮语 Baqraeu，“巴 baq”指荒地，“陋 raeu”指枫树。因该村始建在多长枫树的荒地上，故名。聚落呈块状。通行壮话。经济以农业和劳务输出为主。农业主种水稻、玉米等。雷圩—巴某公路（村道）过境。

驮富 Tuófù 五村镇巴某村辖自然村。在村委会驻地西 1.3 千米处。有 32 户 112 人，壮族聚居。姓氏以梁为主。1982 年第一次全国地名普查时已有此村，记为“驮富”，建村时间待考。驮富，壮语 Deihfuz，“驮 deih”指地，“富 fuz”指四叶草。因始建村在长有很多四叶草的草场边，故名。聚落呈块状。通行壮话。经济以农业和劳务输出为主。农业主种水稻、玉米等。

驮伞 Tuósǎn 五村镇巴某村辖自然村。在村委会驻地北 0.7 千米处。有 18 户 67 人，壮族聚居。姓氏以覃为主。传清光绪元年（1875）建村。1982 年第一次全国地名普查时记为“驮散”。2014 年第二次全国地名普查记为“驮伞”。驮伞、驮散，壮语 Deihsanq，“驮 deih”指地，“伞、散 sanq”指分散。因始建村时村中民居分散，故名。聚落呈团状。通行壮话。经济以农业和劳务输出为主。农业主种水稻、玉米等。

巴生 Bāshēng 五村镇巴某村辖自然村。在村委会驻地东北 1.4 千米处。有 23 户 79 人，壮族聚居。姓氏以黄为主。传清康熙四年（1665）建村。巴生，壮语 Baqswnh，“巴 baq”指荒地，

“生 swnh”指处女地。因村建在一片无人的荒地上，故名。聚落呈块状。通行壮话。经济以农业和劳务输出为主。农业主种水稻、玉米等。坡洪—雷圩公路（716 乡道）过境。

巴弄 Bālòng 五村镇巴某村辖自然村。在村委会驻地东北 2 千米处。有 134 户 541 人，壮族聚居。姓氏有卢、李、康、梁、覃等。据 1999 年版《田阳县志》记载，明洪武七年（1374）已有此村，称巴弄，属奉议州南路。巴弄，壮语 Baqrongh，“巴 baq”指荒地，“弄 rongh”指宽敞明亮。因建村在地域较广、阳光充足的荒地上，故名。聚落呈块状。通行壮话。经济以农业和劳务输出为主。农业主种水稻、玉米等。坡洪—雷圩公路（716 乡道）过境。

陇里 Lǒnglǐ 五村镇巴某村辖自然村。在村委会驻地北 1.9 千米处。有 25 户 108 人，壮族聚居。姓氏有陆、黄、罗等。1965 年始有村民从巴陋迁来建居，后渐成村落。1982 年第一次全国地名普查时记为“崇里”，亦简写为“弄里”。2014 年第二次全国地名普查记为“陇里”。崇里、弄里、陇里，壮语 Runghndij，“崇、弄、陇 rungh”指崇场、石山间平地，“里 ndij”指一种小背篓的名称。因此村位于崇场内部，四面环山，形似小背篓，故名。聚落呈块状。通行壮话。经济以农业和劳务输出为主。农业主种水稻、玉米等。

驮忠 Tuózhōng 五村镇巴某村辖自然村。在村委会驻地西北 3.2 千米处。有 21 户 83 人，壮族聚居。姓氏以覃为主。1982 年第一次全国地名普查时已有此村，记为“驮忠”，建村时间待考。驮忠，壮语 Deihgyongq，“驮 deih”指地，“忠 gyongq”指筐篓。因该村地形似筐篓，故名。聚落呈团状。通行壮话。经济以农业和劳务输出为主。农业主种水稻、玉米等。

百谷村居民地

百谷村 Bǎigǔ Cūn 五村镇辖村。在镇境西北部。驻地在镇人民政府驻地西 7 千米处。东接达巴村、大言村，南连陇华村、雷圩村、巴某村，西邻巴某村和坡洪镇天安村，北靠波洪镇新洞村、百合村、乐上村。面积 13.87 平方千米。辖浪要、孟屯、驮邦、那东、东梅、更朝、百谷、下更、大浪、万屯、甲屯、百朝、更旺 13 自然村。村委会驻浪要。有 635 户 2647 人，壮族聚居。通行壮话。民国二十四年（1935）为百谷村，属雷圩乡。1952 年改乡，属田阳县第五区。1955 年属五村区。1958 年改大队，属五村公社。1962 年改公社，属五村区。1968 年复改大队，属五村公社。1984 年改村，属雷圩乡。2005 年属五村乡。2013 年属五村镇。以所辖百谷自然村取名。百谷，壮语 Bakgut，“百 bak”指口，“谷 gut”指蕨草。因村处山谷河口，周围多长蕨草，故名。属岩溶地貌。主要山峰有三燕山、弄现山，海拔分别为 1030 米、910 米。经济以农业和劳务输出为主。耕地面积 232.61 公顷。农业主种水稻、玉米等。有水晶矿。林业主种杉树、桉树等。有林下养鸡、沃柑种植等特色产业。坡洪—雷圩公路（716 乡道）过境。

浪耍 Làngshuǎ 五村镇百谷村辖自然村。村委会驻地。有 102 户 437 人，壮族聚居。姓氏有文、梁、何等。据 1999 年版《田阳县志》记载，明洪武七年（1374）已有此村，称朗耍，属奉议州南路。1982 年第一次全国地名普查时记为“浪耍”。朗耍、浪耍，壮语 Ranghcah，“朗、浪 rangh”指长、一带、一排，“耍 cah”指疏、开阔。因该村坐落在既长又开阔的弄场里，故名。聚落呈块状。通行壮话。经济以农业和劳务输出为主。农业主种水稻、玉米等。坡洪—雷圩公路（716 乡道）过境。

孟屯 Mèngtún 五村镇百谷村辖自然村。在村委会驻地西北 1 千米处。有 71 户 327 人，壮族聚居。姓氏以周为主。据 1999 年版《田阳县志》记载，清代已有此村，称孟梅，属奉议州西区坡洪团。后村庄扩大分为孟屯、东梅 2 个屯。1982 年第一次全国地名普查时记为“孟屯”。孟屯，壮语 Bouxyongh，“boux”无实意，“孟 yongh”指登上。因该村始建在高山上，进屯必须登上山坡，故名。聚落呈块状。通行壮话。经济以农业和劳务输出为主。农业主种水稻、玉米等。坡洪—雷圩公路（716 乡道）过境。

驮邦 Tuóbāng 五村镇百谷村辖自然村。在村委会驻地西偏南 1.4 千米处。有 14 户 51 人，壮族聚居。姓氏有覃、黄等。传清乾隆十年（1745）建村。驮邦，壮语 Deihmbang，“驮 deih”指地，“邦 mbang”指薄。因该村坐落在土层很薄的地方，故名。聚落呈块状。通行壮话。经济以农业和劳务输出为主。农业主种水稻、玉米等。

那东 Nàdōng 五村镇百谷村辖自然村。在村委会驻地北偏西 0.63 千米处。有 27 户 115 人，壮族聚居。姓氏以周为主。1982 年第一次全国地名普查时已有此村，记为“那东”，建村时间待考。那东，壮语 Nazdoengh，“那 naz”指田，“东 doengh”指沙洲。因该村的水田都在河边的沙洲上，故名。聚落呈块状。通行壮话。经济以农业和劳务输出为主。农业主种水稻、玉米等。坡洪—雷圩公路（716 乡道）过境。

东梅 Dōngméi 五村镇百谷村辖自然村。在村委会驻地北 0.54 千米处。有 36 户 149 人，壮族聚居。姓氏以周为主。据 1999 年版《田阳县志》记载，清代时已有此村，称孟梅，属奉议州西区坡洪团。后村庄扩大分为孟屯、东梅 2 个屯。1982 年第一次全国地名普查时记为“峒梅”。2014 年第二次全国地名普查记为“东梅”。东梅、峒梅，壮语 Doenghmaez，“东、峒 doengh”

指田垌，“梅 maez”指昏迷。因传说从前有人在此田垌劳动时，因劳累而昏迷，故名。聚落呈块状。通行壮话。经济以农业和劳务输出为主。农业主种水稻、玉米等。

更朝 Gēngcháo 五村镇百谷村辖自然村。在村委会驻地东南 2.9 千米处。有 2 户 10 人，壮族聚居。姓氏以周为主。1982 年第一次全国地名普查时已有此村，记为“更朝”，建村时间待考。更朝，壮语 Gengcauz，“更 geng”指山坳，“朝 cauz”指狭沟。因该村建在山坳狭沟处，故名。聚落呈块状。通行壮话。经济以农业和劳务输出为主。农业主种玉米。

百谷 Bǎigǔ 五村镇百谷村辖自然村。在村委会驻地东南 1.2 千米处。有 117 户 505 人，壮族聚居。姓氏有周、黄、梁、凌、陆等。据 1999 年版《田阳县志》记载，清代已有此村，称百谷，属奉议州西区坡洪团。百谷，壮语 Bakgut，“百 bak”指口，“谷 gut”指蕨草。因村处山谷河口，周围多长蕨草。故名。聚落呈块状。通行壮话。经济以农业和劳务输出为主。农业主种水稻、玉米等。坡洪—雷圩公路（716 乡道）过境。

下更 Xiàgēng 五村镇百谷村辖自然村。在村委会驻地东南 3.9 千米处。有 32 户 124 人，壮族聚居。姓氏有周、黎、吴等。1982 年第一次全国地名普查时已有此村，记为“下更”，建村时间待考。1998 年搬迁至今址建居，名称不变。下更，壮语 Lajgeng，“下 laj”指下边，“更 geng”指山坳。因该村位于山坳下边，故名。聚落呈块状。通行壮话。经济以农业和劳务输出为主。农业主种水稻、玉米等。

大浪 Dàlàng 五村镇百谷村辖自然村。在村委会驻地东南 5.1 千米处。有 20 户 81 人，壮族聚居。姓氏有罗、马等。1989 年搬迁建村。原写作“驮浪”，后改写为“大浪”，壮语 Deihrangh，“大、驮 deih”指地，“浪 rangh”指长、一带、一排。因此村位于狭长的弄场，地块一块连着一块，故名。聚落呈块状。通行壮话。经济以农业和劳务输出为主。农业主种玉米。

万屯 Wàntún 五村镇百谷村辖自然村。在村委会驻地南偏东 0.7 千米处。有 51 户 222 人，壮族聚居。姓氏有覃、苏、农等。1982 年第一次全国地名普查时已有此村，记为“万屯”，建村时间待考。万屯，壮语 Bouxvanz，“boux”无实意，“万 vanz”指蜿蜒。因村前有河流蜿蜒而过，故名。聚落呈块状。通行壮话。经济以农业和劳务输出为主。农业主种水稻、玉米等。坡洪—雷圩公路（716 乡道）过境。

甲屯 Jiǎtún 五村镇百谷村辖自然村。在村委会驻地西北 1.9 千米处。有 59 户 217 人，壮族聚居。姓氏有黄、陈、覃、马等。据1999年版《田阳县志》记载，明洪武七年（1374）已有此村，称甲村，属奉议州南路。1982年第一次全国地名普查时记为“甲屯”。甲屯、甲村，壮语Bouxgyap，“boux”无实意，“甲gyap”指一种红页岩。因该村东部的山坡由红页岩构成，故名。聚落呈块状。通行壮话。经济以农业和劳务输出为主。农业主种水稻、玉米等。坡洪—雷圩公路（716乡道）过境。

百朝 Bǎicháo 五村镇百谷村辖自然村。在村委会驻地西北2.3千米处。有59户217人，壮族聚居。姓氏以覃为主。据1999年版《田阳县志》记载，清代已有此村，称百朝，属奉议州西区坡洪团。百朝，壮语Bakcauz，“百bak”指口，“朝cauz”指渡槽。该村以前用木制渡槽引水灌溉农田，因村处渡槽出口处，故名。聚落呈块状。通行壮话。经济以农业和劳务输出为主。农业主种水稻、玉米等。

更旺 Gēngwàng 五村镇百谷村辖自然村。在村委会驻地西北2.6千米处。有45户192人，壮族聚居。姓氏有覃、陆等。传清光绪二十六年（1900）建村。更旺，壮语Gengongq，“更geng”指山冈，“旺ongq”指火旺。因该村建于上岗上，富藏水晶矿，水晶在阳光照射下，光亮似火，故名。聚落呈块状。通行壮话。经济以农业和劳务输出为主。农业主种水稻、玉米等。

洞靖镇政区居民地

洞靖镇 Dòngjìng Zhèn 百色市田阳区辖镇。在区境西部。驻地在城区人民政府驻地西36千米处。东接那坡镇、坡洪镇，南连巴别乡，西邻德保县东凌镇，北靠百色市右江区大楞乡。面积315.67平方千米。辖靖安、弄岩、西平、百勇、雪平、百林、淋楞、扁村、桥业、天德、念堂、大能、德乐、太平、那峨、活旺、多感、宜洒、叮叭、大架20村。镇人民政府驻靖安村洞靖街。有3.42万人，主要为壮族。通行壮话。清光绪五年（1879）为东区，属恩阳州。民国元年（1912）设洞靖乡，属恩阳县。民国二十四年（1935）属田阳县。1951年与治欧乡并为田阳县第三区。1955年改洞靖区。1958年8月改洞靖公社。1961年析置桥业公社。1962年8月桥业公社并回，改洞靖区。1968年8月复改洞靖公社。1984年改洞靖乡，并析出桥业乡。2005年桥业乡并入。2014年12月改洞靖镇。2019年属百色市田阳区。以驻地靖安村所辖的洞靖屯取名。洞靖，壮语Doenghceng，“洞doengh”指田垌，“靖ceng”意为相争。传洞靖屯所在地曾是人们互相争夺的田垌，故名。属石山丘陵地区，东南部多石山，西北部多丘陵。主要山峰有敢那山、布兰山、大伟山，海拔分别为1140.1米、1087米、1030米。活旺河流经。有铝土矿、水晶矿、硅矿、铁矿、方解石等矿产。经济以农业、服务业和劳务输出为主。耕地面积3789.06

公顷。农业主种水稻、甘蔗、玉米等。林业主种松树、杉树、桉树、竹子等。特产芒果、八角等。有中心小学2所、乡镇卫生院2所。桥业片是“田阳88号”矮种公马的生产基地。有活旺河民族风情旅游区、仙鼓洞、凉洞岩等景点。有靖安歌圩节、桥业歌圩节等地方特色民俗活动。银百高速公路、坡洪—桥业公路（751县道）、百务—百林公路（737乡道）、桥业—太平公路（707乡道）、桥业—连安下公路（718乡道）过境。

洞靖镇居民地一览表

村名称	驻地及街圩、自然村名称
靖安村	1街圩：洞靖街 9自然村：大文布、小文布、洞靖、那琴、甫安、那平、那鸡、那贯、那东
弄岩村	14自然村：岩央、仁德、大帮、角龙、吞雷、大路、大亮、龙针、大麦、堂东、布直、布尖、陇洪、丁淡
西平村	10自然村：下晚、达蓬上屯、达蓬中屯、怀号、那龙、西一、西二、片一、片二、那虎
百勇村	10自然村：下勇、上勇、礼敏、百赖、那迷、那甲、那告新屯、岩朝、班贯、礼科
雪平村	9自然村：上雪、下雪、百敢、朗上、朗下、甫平、东下、东下新屯、建保
百林村	8自然村：琴内、琴外、百林、塘坤、林莫、大命、甫力、新屯
淋楞村	11自然村：方外、方内、央内、央外、淋楞、下叫、龙我、达押、塘坤、岩旺、龙门
扁村	9自然村：百牙、甫孟、晚老、足壮、龙妹、龙六、龙洪、含外、含内
桥业村	11自然村：桥业、大还、林基、新屯、布本、安上、安下、大信、陇排、大贡、敢常
天德村	11自然村：琴色、表内、表外、琴爱、陇怀、陇忙、巴烟、陇朴、天德、陇爱、登更
念堂村	6自然村：念堂、陇吓、岩户、陇律、陇里、大伟
大能村	14自然村：大能、发财、大派、含莫、大益、大熬、谷卜、陇呈、马宁、陇酬、登朗上屯、登朗下屯、岩松、岩朗
德乐村	9自然村：德乐、岑金、大德、广内、广外、大连、含甫、大斗、福龙
太平村	8自然村：太平、岩桃、达数、龙京、陇迷、陇爱、陇典、马岭
那峨村	14自然村：谷布、怀仁、新胜、新立、大初、大良、小布益、布益、甫华、那峨、琴鸟、新建、谷就、陇干
活旺村	13自然村：活卜、布羊、那弄、陇直、那敏、头晚、巴麦、陇娘、百谷、下圩、巴旺、百牙、那旁
多感村	5自然村：多感、多亮、布洒、谷救、陇京
宜洒村	6自然村：德宜、百洒、鲁龙、灯塔、德灯、布爱
叮叺村	6自然村：福林、丁坡、龙腊、东那、大音、叮叺
大架村	15自然村：壮圩、下架、大林、壮东、那东、更登、陇立、那洒、陇英、叫羊、东省、大文、大架、架内、岩位
合计：20村，1街圩198自然村	

桥业乡 Qiáoyè Xiāng 田阳县原辖乡。在田阳县境西部。驻地在田阳县人民政府驻地西南45千米处。东接洞靖乡，南连巴别乡，西邻德保县东凌乡，北靠百色市右江区大楞乡。面积166平方千米。2005年辖桥业、天德、念堂、大能、德乐、太平、那峨、活旺、多感、宜洒、叮叭、大架12村。乡人民政府驻桥业村。清光绪五年（1879）属恩阳州东区辖地。民国元年（1912）设治欧乡，属恩阳县。民国二十四年（1935）属田阳县。1951年与洞靖乡合设田阳县第三区。1955年属洞靖区。1958年8月属洞靖公社。1961年析置桥业公社。1962年8月并入洞靖区。1968年8月复属洞靖公社。1984年析置桥业乡，属田阳县。2005年撤销，辖域并入洞靖乡。

靖安村居民地

靖安村 Jìngān Cūn 洞靖镇辖村。镇人民政府驻地。在镇境中部。东接雪平村，南连弄岩村，西邻大架村，北靠西平村、雪平村。面积13.72平方千米。辖洞靖街1街圩和大文布、小文布、洞靖、那琴、甫安、那平、那鸡、那贯、那东9自然村。村委会驻洞靖街。有598户2325人，壮族聚居。通行壮话。民国二十四年（1935）为靖安村，取洞靖、甫安2自然村各一字得名，属洞靖乡。1952年与文布村并为靖安乡，属田阳县第三区。1955年属洞靖区。1958年改大队，属洞靖公社。1962年改公社，属洞靖区。1968年复改大队，属洞靖公社。1984年改村，属洞靖乡。2014年属洞靖镇。主要山峰有三数山、岩里山。农历三月初十为靖安歌圩节。有凉洞岩景点。洞靖镇中心小学、洞靖镇卫生院等单位在境内。经济以农业、服务业、劳务输出为主。耕地面积226.69公顷。农业主种水稻、甘蔗、玉米等。坡洪—桥业公路（751县道）过境。

洞靖街 Dòngjìngjiē 洞靖镇靖安村辖街圩。又称靖安街。村委会驻地。有53户146人，壮族聚居。通行壮话。姓氏有林、农等。传清同治三年（1864）建圩。因该街圩位于洞靖屯对面，故名。聚落呈块状。为洞靖镇物资集散地。经济以农业、服务业为主。坡洪—桥业公路（751县道）过境。

大文布 Dàwénbù 洞靖镇靖安村辖自然村。在村委会驻地西南1.9千米处。有137户515人，壮族聚居。姓氏有谭、林、黄等。传明万历四十五年（1617）建村。大文布，壮语Mwnzmboqlaux，“大laux”即大，“文mwnz”指圆形，“布mboq”指泉。因该村附近原有口圆形的泉，村庄比较大，故名。聚落呈团状。通行壮话。经济以农业和劳务输出为主。农业主种水稻、玉米、甘蔗等。坡洪—桥业公路（751县道）过境。

小文布 Xiǎowénbù 洞靖镇靖安村辖自然村。在村委会驻地西南 0.95 千米处。有 45 户 196 人，壮族聚居。姓氏有谭、林等。传清道光元年（1821）建村。小文布，壮语 Mwnzmboqiq，“文 mwnz”指圆形，“布 mboq”指泉水，“小 iq”指相对较小。因该村位于大文布附近，村庄较小，故名。聚落呈块状。通行壮话。经济以农业和劳务输出为主。农业主种水稻、玉米、甘蔗等。坡洪—桥业公路（751 县道）过境。

洞靖 Dòngjìng 洞靖镇靖安村辖自然村。在村委会驻地北 0.2 千米处。有 132 户 531 人，壮族聚居。姓氏以林为主。传清乾隆五十三年（1788）建村。洞靖，壮语 Doenghceng，“洞 doengh”指田垌，“靖 ceng”意为相争。传洞靖曾是人们互相争夺的田垌，故名。聚落呈块状。通行壮话。经济以农业和劳务输出为主。农业主种水稻、玉米等。

那琴 Nàqín 洞靖镇靖安村辖自然村。在村委会驻地西 0.82 千米处。有 34 户 130 人，壮族聚居。姓氏有林、周、韦等。传清嘉庆四年（1799）建村。那琴，壮语 Nazgumh，“那 naz”指田，“琴 gumh”指低洼。因该村建在较低洼的田边，故名。聚落呈块状。通行壮话。经济以农业和劳务输出为主。农业主种水稻、玉米、甘蔗等。

甫安 Fǔ'ān 洞靖镇靖安村辖自然村。在村委会驻地西南 0.93 千米处。有 51 户 204 人，壮族聚居。姓氏有林、农等。传清雍正元年（1723）建村。甫安，壮语 Bouxan，“甫 boux”是壮语人的前缀词，“安 an”指安定。因该村从德保达成村迁来，人们希望生活安定，故名。聚落呈块状。通行壮话。经济以农业和劳务输出为主。农业主种水稻、玉米等。

那平 Nàpíng 洞靖镇靖安村辖自然村。在村委会驻地西南 1.7 千米处。有 28 户 112 人，壮族聚居。姓氏以林为主。传清乾隆五十二年（1787）建村。那平，壮语 Nazbingz，“那 naz”指田，“平 bingz”指平坦。因该村建在田地较平处，故名。聚落呈块状。通行壮话。经济以农业和劳务输出为主。农业主种水稻、玉米等。

那鸡 Nàjī 洞靖镇靖安村辖自然村。在村委会驻地西 1.4 千米处。有 81 户 342 人，壮族聚居。姓氏有黄、李、陆等。传清康熙六十一年（1722）建村。那鸡，壮语 Nazgaeq，“那 naz”指田，“鸡 gaeq”指鸡。因建村在田垌边，该田垌中间有座独立的石山，犹如金鸡独立，故名。聚落呈块状。通行壮话。经济以农业和劳务输出为主。农业主种水稻、玉米、八角等。

那贯 Nàguàn 洞靖镇靖安村辖自然村。在村委会驻地西北 2.1 千米处。有 14 户 48 人，壮族聚居。姓氏以李为主。传清同治元年（1862）建村，1988年部分村民迁出至那东。那贯，壮语Nazgoenh，“那naz”指田，“贯goenh”指戽水。因该村田地缺水，须靠戽水灌田，故名。聚落呈块状。通行壮话。经济以农业和劳务输出为主。农业主种水稻、玉米、甘蔗等。

那东 Nàdōng 洞靖镇靖安村辖自然村。在村委会驻地西北2.4千米处。有23户101人，壮族聚居。姓氏有李、潘等。1988年从那贯迁来建村。那东，壮语Nazdoengh，“那naz”指田，“东doengh”指田垌。因该村建在田垌旁的山坡上，故名。聚落呈块状。通行壮话。经济以农业和劳务输出为主。农业主种水稻、玉米、甘蔗等。

弄岩村居民地

弄岩村 Lòngyán Cūn 洞靖镇辖村。在镇境南部。驻地在镇人民政府驻地南4千米处。东接百林村，南连巴别乡花参村、弄朗村，西邻桥业村、大架村，北靠靖安村、雪平村。面积20.22平方千米。辖岩央、仁德、大帮、角龙、吞雷、大路、大亮、龙针、大麦、堂东、布直、布尖、陇洪、丁淡14自然村。村委会驻岩央。有604户2303人，壮族聚居。通行壮话。民国二十四年（1935）为陇洪、岩央2村，属洞靖乡。1952年设陇岩乡，取陇洪、岩央2村各一字得名，属田阳县第三区。1955年属洞靖区。1958年改大队，属洞靖公社。1962年改公社，属洞靖区。1968年改弄岩大队，属洞靖公社。1984年改弄岩村，属洞靖乡。2014年属洞靖镇。主要山峰有安猛山、坡江山。经济以农业和劳务输出为主。耕地面积299.46公顷。农业主种水稻、玉米、甘蔗等。境内有铝土矿、铁矿。坡洪—桥业公路（751县道）过境。

岩央 Yányāng 洞靖镇弄岩村辖自然村。村委会驻地。有87户340人，壮族聚居。姓氏有农、黄、甘等。传清乾隆四十五年（1780）建村。岩央，壮语Ngamzyangh，“岩ngamz”指山口，“央yangh”指蝗虫。因该村有一片地在山坳口，经常受到蝗虫的危害，故名。聚落呈块状。通行壮话。经济以农业和劳务输出为主。农业主种水稻、玉米、甘蔗等。坡洪—桥业公路（751县道）过境。

仁德 Réndé 洞靖镇弄岩村辖自然村。在村委会驻地西南3.6千米处。有32户122人，壮族聚居。姓氏有谭、韦、卢等。传清乾隆元年（1736）建村。仁德，壮语Rindaeb，“仁rin”指石，“德daeb”指堆砌、砌。因该村的道路是用石头砌成的，故名。聚落呈团状。通行壮话。经济以农业和劳务输出为主。农业主种玉米、甘蔗等。

大帮 Dàbāng 洞靖镇弄岩村辖自然村。在村委会驻地西南 2.9 千米处。有 53 户 227 人，壮族聚居。姓氏有谭、韦等。传清乾隆五十七年（1792）建村。1995 年村址从大帮旧屯迁到大架村立上屯东面一带。大帮，壮语 Deihbangq，“大 deih”指某地，“帮 bangq”指一种植物。因该村始建在长有当地称“帮”这种植物的地方，故名。聚落呈块状。通行壮话。经济以农业和劳务输出为主。农业主种水稻、玉米等。

角龙 Jiǎolóng 洞靖镇弄岩村辖自然村。在村委会驻地西南 2.7 千米处。有 73 户 287 人，壮族聚居。姓氏有黄、陆等。1965 年从巴别乡弄朗村迁来建村。角龙，含义有两说。一说为壮语 Gopndoengj 音译，“角 gop”指给器具锁边，“龙 ndoengj”指壮族圆形的簸箕。因该村地形似簸箕，故名。另说为壮语 Runghgag 音译，“角 gag”指角落，“龙 rungh”指弄场、石山间平地。因该村位于长形弄场的角落，故名。聚落呈块状。通行壮话。经济以农业和劳务输出为主。农业主种玉米、甘蔗等。

吞雷 Tūnléi 洞靖镇弄岩村辖自然村。在村委会驻地西南 1.6 千米处。有 53 户 198 人，壮族聚居。姓氏有杨、蒙、王、韦、罗等。传清乾隆元年（1736）建村。吞雷，壮语 Lajndoi，“吞 laj”指山脚，“雷 ndoi”指土山。因该村坐落在山坡脚，故名。聚落呈块状。通行壮话。经济以农业和劳务输出为主。农业主种玉米、甘蔗等。

大路 Dàlù 洞靖镇弄岩村辖自然村。在村委会驻地西南 1.6 千米处。有 17 户 65 人，壮族聚居。姓氏以杨为主。传清康熙四十九年（1710）建村。大路，壮语 Diegnduj，“大 dieg”指地，“路 nduj”即先到、开始。据传该村是附近一带最先建村的，故名。聚落呈块状。通行壮话。经济以农业和劳务输出为主。农业主种水稻、玉米、甘蔗等。

大亮 Dàliàng 洞靖镇弄岩村辖自然村。在村委会驻地南 2.3 千米处。有 27 户 92 人，壮族聚居。姓氏有谭、黄等。传清乾隆五十七年（1792）建村。大亮，壮语 Diegndiengq，“大 dieg”指地，“亮 ndiengq”指踮起脚走路，一上一下。因该村地处凹凸不平的地方，进屯需要上下坡，得踮起脚走路，故名。聚落呈块状。通行壮话。经济以农业和劳务输出为主。农业主种水稻、玉米、甘蔗等。

龙针 Lóngzhēn 洞靖镇弄岩村辖自然村。在村委会驻地西北 1.4 千米处。有 21 户 77 人，壮族聚居。姓氏有唐、农、罗等。传清嘉庆元年（1796）建村。1980 年部分村民迁出至大麦屯。龙针，壮语 Runghgyaemq，“龙 rungh”指弄场、石山间平地，“针 gyaemq”指狗肝菜。因该村坐落在长有狗肝菜的弄场，故名。聚落呈块状。通行壮话。经济以农业和劳务输出为主。农业主种水稻、玉米、甘蔗等。

大麦 Dàmài 洞靖镇弄岩村辖自然村。在村委会驻地西北 2.2 千米处。有 33 户 111 人，壮族聚居。姓氏有杨、唐、许等。1980 年从龙针屯迁来建村。大麦，壮语 Deihmeg，“大 deih”指地，“麦 meg”指麦类作物。因该村所在地多种麦类作物，故名。聚落呈团状。通行壮话。经济以农业和劳务输出为主。农业主种玉米、甘蔗等。

堂东 Tángdōng 洞靖镇弄岩村辖自然村。在村委会驻地东 2.1 千米处。有 47 户 189 人，壮族聚居。姓氏有杨、罗、李等。传清光绪元年（1875）建村。1994 年迁至今址。堂东，壮语 Daemzdumh，“堂 daemz”指池塘，“东 dumh”指淹没。因该村原地处山弄，屯前凹地每逢雨季都积水成塘，故名。聚落呈块状。通行壮话。经济以农业和劳务输出为主。农业主种玉米、甘蔗等。

布直 Bùzhí 洞靖镇弄岩村辖自然村。在村委会驻地东北 3.1 千米处。有 69 户 247 人，壮族聚居。姓氏有罗、韦、黄等。清光绪三十一年（1905）从广东南海迁来建村。布直，壮语 Mboqciz，“布 mboq”指泉，“直 ciz”指箭草。因该村有口泉，泉周围长满箭草，故名。聚落呈团状。通行壮话。经济以农业和劳务输出为主。农业主种水稻、玉米、甘蔗等。

布尖 Bùjiān 洞靖镇弄岩村辖自然村。在村委会驻地东北 2.6 千米处。有 17 户 78 人，壮族聚居。姓氏有农、黄、罗等。1978 年从陇洪屯迁来建村。布尖，壮语 Mboqcenh，“布 mboq”指泉，“尖 cenh”指刺猬。因该地有口泉，曾有刺猬常到泉边饮水，故名。聚落呈块状。通行壮话。经济以农业和劳务输出为主。农业主种水稻、玉米、甘蔗等。

陇洪 Lǒnghóng 洞靖镇弄岩村辖自然村。在村委会驻地东北 1.7 千米处。有 55 户 192 人，壮族聚居。姓氏有覃、农、黄等。传清光绪元年（1875）建村。1978 年部分村民迁出至布尖。陇洪，壮语 Runghhung，“陇 rungh”指弄场、石山间平地，“洪 hung”指大。因该村坐落在一个红壤的大弄场里，故名。聚落呈块状。通行壮话。经济以农业和劳务输出为主。农业主种水稻、玉米、甘蔗等。

丁淡 Dīngdàn 洞靖镇弄岩村辖自然村。在村委会驻地北 2.1 千米处。有 20 户 78 人，壮族聚居。姓氏有韦、黄、农等。传清光绪元年（1875）建村。丁淡，壮语 Dinghdanz，“丁 dingh”

指小水坑，“淡 danz”指小片深塘。因该村建在小片水坑的旁边，故名。聚落呈块状。通行壮话。经济以农业和劳务输出为主。农业主种水稻、玉米、甘蔗等。

西平村居民地

西平村 Xīpíng Cūn 洞靖镇辖村。在镇境北部。驻地在镇人民政府驻地西北 5.3 千米处。东接百勇村、雪平村，南连靖安村、大架村，西邻叮叭村、活旺村，北靠百色市右江区大楞乡昔仁村。面积 20.32 平方千米。辖下晚、达蓬上屯、达蓬中屯、怀号、那龙、西一、西二、片一、片二、那虎 10 自然村。村委会驻下晚。有 302 户 1214 人，壮族聚居。通行壮话。1953 年设那西乡、中平乡，属田阳县第三区。1955 年属洞靖区。1958 年改那西大队、中平大队，属洞靖公社。1962 年那西大队、中平大队合为西平公社，取那西、中平各一字得名，属洞靖区。1968 年改西平大队，属洞靖公社。1984 年改村，属洞靖乡。2014 年属洞靖镇。主要山峰有票劳山、浓要山。经济以农业为主。耕地面积 94.33 公顷。农业主种水稻、玉米、八角等。林业主种松树。特产松脂。

下晚 Xiàwǎn 洞靖镇西平村辖自然村。村委会驻地。有 25 户 114 人，壮族聚居。姓氏以农为主。传清乾隆元年（1736）建村。下晚，壮语 Lajvanj，“下 laj”指下面，“晚 vanj”指马郎树。因该村建在有马郎树的地方，故名。聚落呈块状。通行壮话。经济以农业为主，主种水稻、玉米等。林业主种松树。特产松脂。

达蓬上屯 Dápéngshàngtún 洞靖镇西平村辖自然村。在村委会驻地东南 1.3 千米处。有 25 户 99 人，壮族聚居。姓氏有林、班等。传明洪武二十二年（1389）建村。原称达蓬，壮语 Dahbungz，“达 dah”指河，“蓬 bungz”指相逢。因始由林、黄两姓人在河边建村而得名。清乾隆年间（1736—1795）因人口多分成两村，该村在河流上游，故名达蓬上屯。聚落呈块状。通行壮话。经济以农业为主，主种水稻、玉米等。

达蓬中屯 DápéngsZhōntún 洞靖镇西平村辖自然村。在村委会驻地东南 1.3 千米处。有 53 户 180 人，壮族聚居。姓氏有黄、林等。传清乾隆年间（1736—1795）建村。因该村位于达蓬上屯与那龙中间，故名。聚落呈块状。通行壮话。经济以农业为主，主种水稻、玉米等。林业主种松树。特产松脂。

怀号 Huáihào 洞靖镇西平村辖自然村。在村委会驻地东北 2.2 千米处。有 28 户 113 人，壮族聚居。姓氏有黄、农等。传清乾隆年间（1736—1795）建村。怀号，壮语 Vaizhau，“怀 vaiz”指水牛，“号 hau”指白。因该村有一座白色土坡形如水牛，故名。聚落呈块状。通行壮话。经济以农业为主，主种水稻。林业主种松树。特产松脂。

那龙 Nàlóng 洞靖镇西平村辖自然村。在村委会驻地东 0.38 千米处。有 30 户 123 人，壮族聚居。姓氏有潘、唐、许等。传清道光二十一年（1841）建村。那龙，壮语 Nazrungz，“那 Naz”指田，“龙 rungz”指大榕树。因该村坐落在有大榕树的田垌旁，故名。聚落呈块状。通行壮话。经济以农业为主，主种水稻、玉米等。

西一 Xīyī 洞靖镇西平村辖自然村。在村委会驻地西南 0.93 千米处。有 45 户 180 人，壮族聚居。姓氏有班、陈等。传唐元和十五年（820）建村。原村址没有记载，1959 年迁至今址，与西二统称那西，壮语 Nazliengz，“那 naz”指田，“西 liengz”指凉。因村址周边的水田靠山泉水灌溉，山泉水比较凉，故名。1980 年设生产队时那西分为两个生产小队，该村为那西一队，故称西一。聚落呈块状。通行壮话。经济以农业为主，主种玉米、八角等。

西二 Xī'èr 洞靖镇西平村辖自然村。在村委会驻地西南 0.8 千米处。有 24 户 100 人，壮族聚居。姓氏有李、陆、班等。传唐元和十五年（820）建村。原村址没有记载，1959 年迁至今址，与西一统称那西，壮语 Nazliengz，“那 naz”指田，“西 liengz”指凉。因村址周边的水田靠山泉水灌溉，山泉水比较凉，故名。1980 年设生产队时那西分为两个生产小队，该村为那西二队，故称西二。聚落呈块状。通行壮话。经济以农业为主，主种玉米、八角等。

片一 Piànyī 洞靖镇西平村辖自然村。在村委会驻地西南 1.4 千米处。有 31 户 131 人，壮族聚居。姓氏有李、陆等。传明洪武十五年（1382）建村。原村址没有记载，1989 年迁至今址，与片二统称那片，壮语 Nazbien，“那 naz”指田，“片 bien”指旁边。因村处水田边而得名。设生产队时，那片分为两个生产小队，该村所在的那星居民点列为那片一队，故称片一。聚落呈块状。通行壮话。经济以农业为主，主种水稻、玉米等。林业主种松树。特产松脂。

片二 Piàn'èr 洞靖镇西平村辖自然村。在村委会驻地西南 1 千米处。有 13 户 60 人，壮族聚居。姓氏有陆、陈等。传明洪武十五年（1382）建村。原村址没有记载，1989 年迁至今址，与片一统称那片，壮语 Nazbien，“那 naz”指田，“片 bien”指旁边。因村处水田边而得名。设生产队时，那片分为两个生产小队，该村所在的那拉居民点列为那片二队，故称片二。聚落呈块状。通行壮话。经济以农业为主，主种水稻、玉米等。林业主种松树。特产松脂。

那虎 Nàhǔ 洞靖镇西平村辖自然村。在村委会驻地西3.1千米处。有28户114人，壮族聚居。姓氏有岑、苏、林等。传明永乐十八年（1420）建村。那虎，含义有两说。一说为壮语Bouxndaej音译，“那boux”是壮语的前缀词，无实意，“虎ndaej”指得到。因该村在田垌建村希望得到幸福生活，故名。另说为壮语Nazgungx音译，“那naz”指田，“虎gungx”指角落。因建村在田垌角落边而得名。聚落呈块状。通行壮话。经济以农业为主，主种水稻、玉米等。林业主种松树。特产松脂。

百勇村居民地

百勇村 Bǎiyǒng Cūn 洞靖镇辖村。在镇境东北部。驻地在镇人民政府驻地东北6.4千米处。东接那坡镇东红村、洞印村，南连淋楞村、雪平村，西邻西平村和百色市右江区大楞乡昔仁村，北靠百色市右江区大楞乡中华村、福禄村。面积33.14平方千米。辖下勇、上勇、礼敏、百赖、那迷、那甲、那告新屯、岩朝、班贯、礼科10自然村。村委会驻下勇。有235户873人，壮族聚居。通行壮话。民国二十四年（1935）属洞靖乡辖地。1952年设百赖乡，属田阳县第三区。1955年属洞靖区。1958年改大队，属洞靖公社。1962年改百勇公社，取百赖、甫勇（今上勇、下勇）2村各一字得名，属洞靖区。1968年改百勇大队，属洞靖公社。1984年改村，属洞靖乡。2014年属洞靖镇。主要山峰有广老山、岩斗山，海拔分别为785米、779.2米。经济以农业和劳务输出为主。耕地面积131.66公顷。农业主种水稻、甘蔗、玉米。林业主种松树。特产松脂。有硅、水晶石等矿产。

下勇 Xiàyǒng 洞靖镇百勇村辖自然村。村委会驻地。有52户192人，壮族聚居。姓氏有黄、韦、谭、岑、吴、陆等。传清乾隆年间（1736—1795）建村。原与上勇统称甫勇，壮语Boujyungh，“甫bouj”意为补充，“勇yungh”指用力爬。因建村在地势较高的山坡上，进村需用力爬坡，且中途要休息补充体力，故名。后按方位分称为两个屯，该村在甫勇的北面，俗称“下”，称甫勇下屯，简称“下勇”。聚落呈团状。通行壮话。经济以农业为主，主种水稻、玉米、甘蔗等。

上勇 Shàngyǒng 洞靖镇百勇村辖自然村。在村委会驻地南0.3千米处。有12户42人，壮族聚居。姓氏有黄、韦、覃、陆等。传清乾隆年间（1736—1795）建村，原与下勇统称甫勇，壮语Boujyungh，“甫bouj”意为补充，“勇yungh”指用力爬。因建村在地势较高的山坡上，进村需用力爬坡，且中途要休息补充体力，故名。后按方位分称为两个屯，该村在甫勇的南面，俗称“上”，称甫勇上屯，简称上勇。聚落呈块状。通行壮话。经济以农业为主，主种水稻、玉米、甘蔗等。

礼敏 Lǐmǐn 洞靖镇百勇村辖自然村。在村委会驻地西南3.6千米处。有18户70人，壮族聚居。姓氏有陈、谭等。传清乾隆三十六年（1771）建村。礼敏，壮语Rijmaenj，“礼rij”指小溪，“敏maenj”指李子。因该村始建在长满李子树的小溪边，故名。聚落呈块状。通行壮话。经济以农业为主，主种水稻、玉米等。林业主种松树。特产松脂。

百赖 Bǎilài 洞靖镇百勇村辖自然村。在村委会驻地西2.5千米处。有18户47人，壮族聚居。姓氏有黎、许、农、廖、林等。传清乾隆三十年（1765）建村。百赖，壮语Bakraiq，“百Bak”指河口，“赖raiq”指浅水河滩。因该村始建在河口沙滩边，故名。聚落呈团状。通行壮话。经济以农业为主，主种水稻、玉米、甘蔗等。

那迷 Nàmí 洞靖镇百勇村辖自然村。在村委会驻地西4.4千米处。有42户164人，壮族聚居。姓氏有李、韦、黄等。传明洪武二十三年（1390）建村。那迷，壮语Nazmid，“那naz”指田，“迷mid”指尖刀。因该村始建在一块形似尖刀的田旁边，故名。聚落呈团状。通行壮话。经济以农业为主，主种水稻。林业主种松树。特产松脂。

那甲 Nàjiǎ 洞靖镇百勇村辖自然村。在村委会驻地西北1.2千米处。有30户114人，壮族聚居。姓氏有陈、许、谭、伟、陆、赵等。传清乾隆五十一年（1786）建村。那甲，壮语Nazgyaz，“那Naz”指田，“甲gyaz”指白蒙。因该村始建在种有白蒙的田上方，故名。聚落呈块状。通行壮话。经济以农业为主，主种水稻、玉米、甘蔗等。

那告新屯 Nàgàoxīntún 洞靖镇百勇村辖自然村。在村委会驻地北1.5千米处。有23户94人，壮族聚居。姓氏有赵、黄、许、周等。2001年从那告上屯和纲领屯迁来建村，以故地村“那告”赋予新兴建之意得名。聚落呈块状。通行壮话。经济以农业为主，主种水稻、玉米、甘蔗等。林业主种松树。特产松脂。

岩朝 Yáncháo 洞靖镇百勇村辖自然村。在村委会驻地东北3.4千米处。有15户60人，壮族聚居。姓氏有李、黄、韦、何等。传清道光十一年（1831）建村。岩朝，壮语Ngamzcauz，“岩ngamz”指山口，“朝cauz”指水槽。因该村处于山口，形似水槽，故名。聚落呈块状。通行壮话。经济以农业为主，主种水稻、玉米、甘蔗等。林业主种松树。特产芒果、松脂。

班贯 Bān'guàn 洞靖镇百勇村辖自然村。在村委会驻地北4.3千米处。有12户42人，壮族聚居。姓氏有杨、李等。传清康熙二年（1663）建村。班贯，壮语Banzguenq，“班banz”指斜坡，“贯 guenq”指瓦罐。因该村到处是斜坡，屯前有一潭水，形似瓦罐，故名。聚落呈块状。通行壮话。经济以农业为主，主种水稻、玉米、甘蔗等。特产芒果。

礼科 Lǐkē 洞靖镇百勇村辖自然村。在村委会驻地西南 1 千米处。有 13 户 48 人，壮族聚居。姓氏有苏、黄等。1976 年迁来建村。礼科，壮语 Goxrij，“礼 rij”指小溪，“科 gox”指角落。因该村建在山坡角落上，村前有小溪流经，故名。聚落呈块状。通行壮话。经济以农业和劳务输出为主。农业主种水稻、玉米。

雪平村居民地

雪平村 Xuěpíng Cūn 洞靖镇辖村。在镇境中部。驻地在镇人民政府驻地东偏北 1 千米处。东接淋楞村，南连百林村、弄岩村，西邻靖安村、西平村，北靠百勇村。面积 14.21 平方千米。辖上雪、下雪、百敢、朗上、朗下、甫平、东下、东下新屯、建保 9 自然村。村委会驻上雪。有 437 户 1727 人，壮族聚居。通行壮话。民国二十四年（1935）为洞靖乡辖地。1952 年设雪平乡，取甫雪（今上雪、下雪）、甫平 2 村各一字得名，属田阳县第三区。1955 年属洞靖区。1958 年改大队，属洞靖公社。1962 年改公社，属洞靖区。1968 年复改大队，属洞靖公社。1984 年改村，属洞靖乡。2014 年属洞靖镇。主要山峰有公干亮山、坡孟山，海拔分别为 862 米、770 米。经济以农业和劳务输出为主。耕地面积 218.17 公顷。农业主种水稻、甘蔗、玉米等。坡洪—桥业公路（751 县道）过境。

上雪 Shàngxuě 洞靖镇雪平村辖自然村。村委会驻地。有 64 户 249 人，壮族聚居。姓氏有谭、韦等。传明洪武元年（1368）建村。上雪，壮语 Sezgwnz，“上 gwnz”指上方，“雪 sez”指火烧。传说从前有个麻风病人死后人们在此地烧尸消毒，该村建在火烧处的上方，故名。聚落呈块状。通行壮话。经济以农业和劳务输出为主。农业主种水稻、玉米、甘蔗等。坡洪—桥业公路（751 县道）过境。

下雪 Xiàxuě 洞靖镇雪平村辖自然村。在村委会驻地西北 0.8 千米处。有 120 户 530 人，壮族聚居。姓氏有谭、韦等。传明永乐二十年（1422）建村。1967 年部分村民迁至建保屯。下雪，壮语 Sezlaj，“下 laj”指下方，“雪 sez”指火烧。传说从前有个麻风病人死后人们在此地烧尸消毒，因该村建在烧火处的下方，故名。聚落呈块状。通行壮话。经济以农业和劳务输出为主。农业主种水稻、玉米、甘蔗等。

百敢 Bǎigǎn 洞靖镇雪平村辖自然村。在村委会驻地南1.4千米处。有11户52人，壮族聚居。姓氏有班、黄、吴等。1980年始有朗岩屯的部分村民迁来建居，后逐步聚居成村。百敢，壮语Bakgamj，“百bak”指口，“敢gamj”指岩洞。因该村坐落在岩洞边，故名。聚落呈块状。通行壮话。经济以农业和劳务输出为主。农业主种玉米、甘蔗等。

朗上 Lǎngshàng 洞靖镇雪平村辖自然村。在村委会驻地南0.98千米处。有20户77人，壮族聚居。姓氏有卢、韦等。1962年始有村民从岩朗屯迁来建居，后逐步聚居成村，以其所处位置在朗岩屯旧址的上方，故名朗上。聚落呈块状。通行壮话。经济以农业和劳务输出为主。农业主种水稻、玉米、甘蔗等。

朗下 Lǎngxià 洞靖镇雪平村辖自然村。在村委会驻地南0.4千米处。有32户121人，壮族聚居。姓氏有谭、韦、施等。传明崇祯元年（1628）建村，原称岩朗，“岩ngamz”指山坳口，“朗langj”指斑色。因建村在有斑色山崖的山坳口而得名。1962年部分村民迁至朗上屯。1980年后陆续有部分村民迁至百敢，部分村民迁来今址建居，因今村址在原岩朗屯旧址的下方，故称朗下。聚落呈块状。通行壮话。经济以农业和劳务输出为主。农业主种水稻、玉米、甘蔗等。坡洪—桥业公路（751县道）过境。

甫平 Fǔpíng 洞靖镇雪平村辖自然村。在村委会驻地西北1.8千米处。有80户321人，壮族聚居。姓氏有谭、韦等。传明洪武三十一年（1398）建村。甫平，壮语Bouxbingz，“甫boux”壮语前缀词，无实意，“平bingz”指平地。因建村在较平坦的地方，故名。聚落呈块状。通行壮话。经济以农业和劳务输出为主。农业主种水稻、玉米、甘蔗等。

东下 Dōngxià 洞靖镇雪平村辖自然村。在村委会驻地西北1.8千米处。有58户199人，壮族聚居。姓氏有农、韦等。传清道光十年（1831）建村。1998年部分村民迁至东下新屯。东下，壮语Doenghlaj，“东doengh”指旱田垌，“下laj”指下面。因该村在旱田垌的下方，故名。聚落呈块状。通行壮话。经济以农业和劳务输出为主。农业主种水稻、玉米、甘蔗等。

东下新屯 Dōngxiàxīntún 洞靖镇雪平村辖自然村。在村委会驻地北1.7千米处。有18户56人，壮族聚居。姓氏以农为主。1998年始有村民从东下屯迁来建居，后逐渐聚居成新村，故名。聚落呈块状。通行壮话。经济以农业和劳务输出为主。农业主种水稻、玉米、甘蔗等。

建保 Jiànbǎo 洞靖镇雪平村辖自然村。在村委会驻地北1.7千米处。有34户122人，壮族聚居。姓氏有韦、黄等。1967 年始有村民从下雪屯迁来建居，后逐步聚居成新村。因该村建在名叫建保的土坡上，故名。聚落呈块状。通行壮话。经济以农业和劳务输出为主。农业主种水稻、玉米、甘蔗等。

百林村居民地

百林村 Bǎilín Cūn 洞靖镇辖村。在镇境东部。驻地在镇人民政府驻地东南 4.4 千米处。东接坡洪镇兴达村，南连坡洪镇五合村和巴别乡大问村，西邻弄岩村、雪平村，北靠淋楞村。面积 12.76 平方千米。辖琴内、琴外、百林、塘坤、林莫、大命、甫力、新屯 8 自然村。村委会驻琴内。有 378 户 1417 人，壮族聚居。通行壮话。民国二十四年（1935）为百林村，属洞靖乡。1952 年改乡，属田阳县第三区。1955 年属洞靖区。1958 年改大队，属洞靖公社。1962 年改公社，属洞靖区。1968 年复改大队，属洞靖公社。1984 年改村，属洞靖乡。2014 年属洞靖镇。因原驻地百林得名。百林，壮语 Bakraemx，“百 bak”指口，“林 raemx”指水。因村处水源出口的旁边，故名。主要山峰有弄卓山、送娘山，海拔分别为 871.8 米、760 米。纪念地有中共田阳县党支部成立旧址——百林村敢怀洞。经济以农业和劳务输出为主。耕地面积 174.43 公顷。农业主种水稻、甘蔗、玉米等。

琴内 Qínnèi 洞靖镇百林村辖自然村。村委会驻地。有 78 户 286 人，壮族聚居。姓氏有唐、林等。传清康熙元年（1662）建村。原与琴外屯统称陇琴或弄琴，壮语 Runghgwnz，“陇、弄 rungh”指岽场、石山间平地，“琴 gwnz”指上面。因村建在岽场旁的坡上而得名。后以岽场内外划分为两屯，该村处岽场里面，故称琴内。聚落呈块状。通行壮话。经济以农业和劳务输出为主。农业主种玉米、甘蔗等。

琴外 Qínwài 洞靖镇百林村辖自然村。在村委会驻地北 1.1 千米处。有 34 户 125 人，壮族聚居。姓氏有唐、林等。传清康熙元年（1662）建村。原与琴内屯统称陇琴或弄琴，壮语 Runghgwnz，“陇、弄 rungh”指岽场、石山间平地，“琴 gwnz”指上面。因村建在岽场旁的坡上而得名。后以岽场内外划分为两屯，该村处岽场外面，故称琴外。聚落呈块状。通行壮话。经济以农业和劳务输出为主。农业主种玉米、甘蔗等。

百林 Bǎilín 洞靖镇百林村辖自然村。在村委会驻地东南 0.24 千米处。有 140 户 528 人，壮族聚居。姓氏有颜、韦、黄、李等。传清乾隆十五年（1750）建村。百林，壮语 Bakraemx，“百 bak”指口，“林 raemx”指水。因该村建在水源出口旁边。故名。聚落呈块状。通行壮话。

经济以农业和劳务输出为主。农业主种水稻、玉米、甘蔗等。境内敢怀洞是中共田阳县党支部成立旧址。

塘坤 Tángkūn 洞靖镇百林村辖自然村。在村委会驻地南3.3千米处。有47户173人，壮族聚居。姓氏有李、苏、农等。传清康熙六十一年（1722）建村。塘坤，壮语Daemzgumh，“塘daemz”指池塘，“坤gumh”指山凹处、盆地。因该村所在的山凹地势低洼，逢大雨易积水成塘，故名。聚落呈团状。通行壮话。经济以农业和劳务输出为主。农业主种水稻、玉米、甘蔗等。

林莫 Línmò 洞靖镇百林村辖自然村。在村委会驻地西南4千米处。有2户10人（其中一户是巴别乡户籍），壮族聚居。姓氏以梁为主。传清康熙六十一年（1722）建村。林莫，壮语Raemxmonz，“林raemx”指泉水，“莫monz”指洞口。因该村地处有水流经的溶洞边上，故名。聚落呈块状。通行壮话。经济以劳务输出为主。农业主种玉米。

大命 Dàmìng 洞靖镇百林村辖自然村。在村委会驻地南2.7千米处。有28户109人，壮族聚居。姓氏有梁、石、林等。传清乾隆二十五年（1760）建村。大命，壮语Deihmieng，“大deih”指地，“命mieng”指小溪。因该村坐落于一条水溪的上方，故名。聚落呈块状。通行壮话。经济以农业和劳务输出为主。农业主种玉米、甘蔗等。

甫力 Fǔlì 洞靖镇百林村辖自然村。在村委会驻地东南3.4千米处。有26户94人，壮族聚居。姓氏有覃、卢、周等。传清乾隆二十五年（1760）建村。甫力，壮语Bouxleiz，“甫boux”壮语前缀词，无实意，“力leiz”指沙梨。因该村从前盛产沙梨，故名。聚落呈块状。通行壮话。经济以农业和劳务输出为主。农业主种水稻、玉米等。

新屯 Xīntún 洞靖镇百林村辖自然村。在村委会驻地东1.5千米处。有23户92人，壮族聚居。姓氏以李为主。2001年从百林屯林下居民点迁来建新村，故名。聚落呈块状。通行壮话。经济以农业和劳务输出为主。农业主种水稻、玉米等。

淋楞村居民地

淋楞村 Línléng Cūn 洞靖镇辖村。在镇境东部。驻地在镇人民政府驻地东北4.5千米处。东接扁村，南连百林村和坡洪镇兴达村，西邻雪平村，北靠百勇村和那坡镇洞印村。面积20.94平方千米。辖方外、方内、央内、央外、淋楞、下叫、龙我、达押、塘坤、岩旺、龙门11自然村。村委会驻方外。有534户2212人，壮族聚居。通行壮话。民国二十四年（1935）为淋楞村，属洞靖乡。1952年改乡，属田阳县第三区。1955年属洞靖区。1958年改大队，属洞靖公社。1962年改公社，属洞靖区。1968年复改大队，属洞靖公社。1984年改村，属洞靖乡。2014年属洞靖镇。以所辖淋楞自然村为名。淋楞，壮语 Raemxraengz，“淋 raemx”指水，“楞 raengz”指深水潭。因此地有个深水潭，故名。属岩溶地貌。主要山峰有坡仙山、坡中堂山，海拔分别为858.1米、848.1米。有国家级非物质文化遗产“布洛陀”口传史诗。经济以农业和劳务输出为主。耕地面积244.05公顷。农业主种水稻、甘蔗、玉米等。银百高速公路、坡洪—桥业公路（751县道）过境。

方外 Fāngwài 洞靖镇淋楞村辖自然村。村委会驻地。有23户98人，壮族聚居。姓氏有黄、李等。传清咸丰元年（1851）建村，原与方内统称岩方。岩方，壮语 Ngamzfueng，“岩 ngamz”指坳口，“方 fueng”指方形，因村处方形的山坳上而得名。后村庄扩大，划分为2自然村，以方位分称，该村在山坳较外面，故称岩方外屯，简称方外。聚落呈块状。通行壮话。经济以农业和劳务输出为主。农业主种水稻、玉米、甘蔗等。坡洪—桥业公路（751县道）过境。

方内 Fāngnèi 洞靖镇淋楞村辖自然村。村委会驻地东南0.26千米处。有35户141人，壮族聚居。姓氏有黄、许等。传清咸丰元年（1851）建村，原与方外统称岩方。岩方，壮语 Ngamzfueng，“岩 ngamz”指坳口，“方 fueng”指方形。因村处方形的山坳上而得名。后村庄扩大，划分为2自然村，以方位分称，该村靠近山坳里面，故称岩方内屯，简称方内。聚落呈块状。通行壮话。经济以农业和劳务输出为主。农业主种水稻、玉米、甘蔗等。

央内 Yāngnèi 洞靖镇淋楞村辖自然村。在村委会驻地东南1千米处。有21户84人，壮族聚居。姓氏有胡、黄等。传清雍正六年（1728）建村，原与央外统称弄央或陇央。弄央、陇央，壮语 Runghyangh，“弄、陇 rungh”指峷场、石山间平地，“央 yangh”指蝗虫。因村址所在峷场曾蝗虫成灾而得名。后村庄扩大，划分为2自然村，以方位分称，该村在峷场里面，故称弄（陇）央内屯，简称央内。聚落呈团状。通行壮话。经济以农业和劳务输出为主。农业主种水稻、玉米、甘蔗等。坡洪—桥业公路（751县道）过境。

央外 Yāngwài 洞靖镇淋楞村辖自然村。在村委会驻地东1.3千米处。有114户446人，壮族聚居。姓氏有胡、覃、罗、黄等。传清雍正六年（1728）建村，原与央内统称弄央或陇央。弄央、陇央，壮语 Runghyangh，“弄、陇 rungh”指峷场、石山间平地，“央 yangh”指蝗虫。因村址所在弄场曾蝗虫成灾而得名。后村庄扩大，划分为 2 自然村，以方位分称，该村在弄场外面，故称弄（陇）央外屯，简称央外。聚落呈块状。通行壮话。经济以农业和劳务输出为主。农业主种水稻、玉米、甘蔗等。银百高速公路经此建有陇央外屯隧道。坡洪—桥业公路（751 县道）过境。

淋楞 Línléng 洞靖镇淋楞村辖自然村。在村委会驻地东北 0.87 千米处。有 70 户 247 人，壮族聚居。姓氏有麦、黄等。传清乾隆十五年（1750）建村。淋楞，壮语 Raemxraengz，“淋 raemx”指水，“楞 raengz”指深水潭。因村址附近有个深水潭，故名。聚落呈块状。通行壮话。经济以农业和劳务输出为主。农业主种水稻、玉米、甘蔗等。坡洪—桥业公路（751 县道）过境。

下叫 Xiàjiào 洞靖镇淋楞村辖自然村。在村委会驻地北 0.83 千米处。有 28 户 170 人，壮族聚居。姓氏有杨、陆等。传清道光元年（1821）建村。下叫，壮语 Lajgeuq，“下 laj”指下面，“叫 geuq”指山坳口。因该村坐落在山坳口下方，故名。聚落呈块状。通行壮话。经济以农业和劳务输出为主。农业主种水稻、玉米、甘蔗等。坡洪—桥业公路（751 县道）过境。

龙我 Lóngwǒ 洞靖镇淋楞村辖自然村。在村委会驻地西北 1.6 千米处。有 85 户 364 人，壮族聚居。姓氏有黄、麻等。传清乾隆三十八年（1773）建村。龙我，壮语 Runghngox，“弄 rungh”指弄场、石山间平地，“我 ngox”指芦苇。因该村坐落在长有芦苇的弄场，故名。聚落呈块状。通行壮话。经济以农业和劳务输出为主。农业主种水稻、玉米、甘蔗等。

达押 Dáyā 洞靖镇淋楞村辖自然村。在村委会驻地西 0.2 千米处。有 31 户 124 人，壮族聚居。姓氏有黄、许等。传明万历四十年（1612）建村。达押，壮语 Dah'ap，“达 dah”指河，“押 ap”指游泳。因此屯边有一条小河，人们常在河里游泳，故名。聚落呈团状。通行壮话。经济以农业和劳务输出为主。农业主种水稻、玉米、甘蔗等。坡洪—桥业公路（751 县道）过境。

塘坤 Tángkūn 洞靖镇淋楞村辖自然村。在村委会驻地西南 1.2 千米处。有 32 户 133 人，壮族聚居。姓氏有黄、陆、隆等。传清光绪二十六年（1900）建村。塘坤，壮语 Daemzhon，“塘 daemz”指池塘，“坤 hon”指蒯草。因该村池塘从前长有蒯草，故名。聚落呈块状。通行壮话。经济以农业和劳务输出为主。农业主种水稻、玉米、甘蔗等。坡洪—桥业公路（751 县道）过境。

岩旺 Yánwàng 洞靖镇淋楞村辖自然村。在村委会驻地西南 0.9 千米处。有 64 户 250 人，壮族聚居。姓氏有许、陆、赵、杨等。传清同治十三年（1874）建村。岩旺，壮语

Ngamzvangh，“岩 ngamz”指坳口，“旺 vangh”指九层皮果。因该村坐落在长有九层皮果树的山坳口下边，故名。聚落呈块状。通行壮话。经济以农业和劳务输出为主。农业主种水稻、玉米、甘蔗等。

龙门 Lóngmén 洞靖镇淋楞村辖自然村。在村委会驻地南 1.2 千米处。有 31 户 155 人，壮族聚居。姓氏有许、陈等。传清雍正六年（1728）建村。龙门，壮语 Runghmenz，“龙 rungh”指弄场、石山间平地，“门 menz”指填满土。因村址所在弄场原有一口深潭，潭水常冒出地面成灾，于是人们填土封埋潭口，故名。聚落呈块状。通行壮话。经济以农业和劳务输出为主。农业主种水稻、玉米、甘蔗等。

扁村居民地

扁村 Biǎn Cūn 洞靖镇辖村。在镇境东部。驻地在镇人民政府驻地东北 8.3 千米处。东接那坡镇弄初村，南连坡洪镇陇升村、郎含村、兴达村，西邻淋楞村，北靠那坡镇洞印村。面积 13.98 平方千米。辖百牙、甫孟、晚老、足壮、龙妹、龙六、龙洪、含外、含内 9 自然村。村委会驻百牙。有 337 户 1331 人，壮族聚居。通行壮话。民国二十四年（1935）为扁村，因村呈长形扁状分布得名，属洞靖乡。1952 年改扁村乡，属田阳县第三区。1955 年属洞靖区。1958 年改扁村大队，属洞靖公社。1962 年改扁村公社，属洞靖区。1968 年复改扁村大队，属洞靖公社。1984 年改扁村，属洞靖乡。2014 年属洞靖镇。属岩溶地貌。主要山峰有班老山、坡堤山，海拔分别为 795 米、742 米。经济以农业和劳务输出为主。耕地面积 112.52 公顷。农业主种水稻、甘蔗、玉米、大豆等。特产芒果。银百高速公路过境。

百牙 Bǎiyá 洞靖镇扁村辖自然村。村委会驻地。有 47 户 185 人，壮族聚居。姓氏以陆为主。传清顺治五年（1648）建村。百牙，壮语 Bakraz，“百 bak”指口，“牙 raz”指酸枣树。因村处长有酸枣树的山坳口旁，故名。聚落呈块状。通行壮话。经济以劳务输出为主。农业主种玉米、甘蔗。特产芒果。

甫孟 Fǔmèng 洞靖镇扁村辖自然村。在村委会驻地北 2.7 千米处。有 43 户 170 人，壮族聚居。姓氏有梁、王、陆等。传清雍正九年（1731）建村。甫孟，壮语 Bouxmbung，“甫 boux”壮语前缀，无实意，“孟 mbung”指米囤。因该村坐落于一个圆形类似米囤的山坡上，故名。聚落呈块状。通行壮话。经济以劳务输出为主。农业主种水稻、玉米。特产芒果。银百高速公路过境，并建有甫孟大桥。

晚老 Wǎnlǎo 洞靖镇扁村辖自然村。在村委会驻地西南 0.21 千米处。有 69 户 283 人，壮族聚居。姓氏有陆、苏等。传清顺治六年（1649）建村。晚老，壮语 Mbanjlaux，“晚 mbanj”指村，“老 laux”指大。因是所在峷场各村里最大的村寨，故名。聚落呈块状。通行壮话。经济以劳务输出为主。农业主种水稻、玉米。特产芒果。

足壮 Zúzhuàng 洞靖镇扁村辖自然村。在村委会驻地南 0.2 千米处。有 38 户 132 人，壮族聚居。姓氏有陆、卢等。传清顺治五年（1648）建村。足壮，壮语 Goeggyang，“足 goeg”指角落，“壮 gyang”指中间。因该村坐落于峷场边，且处百牙和龙妹中间，故名。聚落呈块状。通行壮话。经济以劳务输出为主。农业主种玉米、甘蔗。特产芒果。

龙妹 Lóngmèi 洞靖镇扁村辖自然村。在村委会驻地东南 0.45 千米处。有 52 户 231 人，壮族聚居。姓氏有陆、农等。传明崇祯十一年（1638）建村。龙妹，壮语 Runghndae，“龙 rungh”指峷场、石山间平地，“妹 ndae”指柿子树。因该村坐落在峷场边，且村边山上多长柿子树，故名。聚落呈块状。通行壮话。经济以农业和劳务输出为主。农业主种水稻、玉米、甘蔗等。

龙六 Lóngliù 洞靖镇扁村辖自然村。在村委会驻地东南 1.6 千米处。有 21 户 83 人，壮族聚居。姓氏有黄、陶等。传清雍正十一年（1733）建村。原写作“弄六”，后改写为“龙六”，壮语 Runghruz，“龙、弄 rungh”指峷场、石山间平地，“六 ruz”指船。因建村在船形峷场，故名。聚落呈块状。通行壮话。经济以劳务输出为主。农业主种玉米、大豆等。

龙洪 Lónghóng 洞靖镇扁村村辖自然村。在村委会驻地东南 1.7 千米处。有 19 户 73 人，壮族聚居。姓氏以陆为主。传清乾隆五年（1740）建村。原写作“弄洪”，后改写为“龙洪”，壮语 Runghhung，“龙、弄 rungh”指峷场、石山间平地，“洪 hung”指大。因与龙六屯同在一个峷场，该村坐落在峷场较开阔的一侧，故名。聚落呈块状。通行壮话。经济以劳务输出为主。农业主种玉米、大豆等。

含外 Hánwài 洞靖镇扁村辖自然村。在村委会驻地南 2.1 千米处。有 26 户 91 人，壮族聚居。姓氏有农、陆、林等。传清乾隆四十七年（1782）建村，原称弄含，壮语 Runghhaemz，“弄 rungh”指峷场、石山间平地，“含 haemz”指苦竹。因建村在长有苦竹的峷场而得名。清嘉庆四年（1799）部分村民迁至峷场里侧建居，渐成 2 个自然村，以方位分称，该村在峷场外侧，故称弄含外屯，简称含外。聚落呈块状。通行壮话。经济以劳务输出为主。农业主种玉米。

含内 Hánnèi 洞靖镇扁村辖自然村。在村委会驻地南 2.4 千米处。有 22 户 83 人，壮族聚居。姓氏有农、黄等。传清嘉庆四年（1799）由弄含屯部分村民迁至弄场里侧建居，渐成村落，为与弄含屯区分，称弄含内屯，简称含内。聚落呈块状。通行壮话。经济以劳务输出为主。农业主种玉米。

桥业村居民地

桥业村 Qiáoyè Cūn 洞靖镇辖村。在镇境西南部。驻地在镇人民政府驻地西南 10 千米处。东接大架村、弄岩村和巴别乡弄朗村，南连德乐村和巴别乡新平村，西邻宜洒村，北靠叮叭村、多感村。面积 15.53 平方千米。辖桥业、大还、林基、新屯、布本、安上、安下、大信、陇排、大贡、敢常 11 自然村。村委会驻桥业。有 775 户 3080 人，壮族聚居。通行壮话。民国二十四年（1935）为桥业村，属治欧乡。1952 年改乡，属田阳县第三区。1955 年属洞靖区。1958 年改大队，属洞靖公社。1962 年改公社，属洞靖区。1968 年复改大队，属洞靖公社。1984 年改村，属桥业乡。2005 年属洞靖乡。2014 年属洞靖镇。因驻地桥业得名。桥业，壮语 Giuzned，“桥 giuz”指桥梁，“业 ned”指过桥发出的响声。因该村从前有一座竹木桥，人过桥时会发出“业、业”的响声，故名。属岩溶地貌。主要山峰有岩布腰山，海拔 670 米。农历三月十七日为桥业歌圩节。经济以农业和劳务输出为主。耕地面积 325.8 公顷。农业主种水稻、玉米、甘蔗。境内有桥业小学。坡洪—桥业公路（751 县道）、桥业—太平公路（707 乡道）、桥业—连安下公路（718 乡道）过境。活旺河流经。

壮乡竹木桥

桥业 Qiáoyè 洞靖镇桥业村辖自然村。村委会驻地。有 97 户 343 人，壮族聚居。姓氏有陆、黄、赵等。传清同治元年（1862）建村。桥业，壮语 Giuzned，“桥 giuz”指桥梁，“业 ned”指过桥发出的响声。因该村从前有一座竹木桥，人过桥时会发出“业、业”的响声，故名。聚落呈块状。通行壮话。经济以劳务输出为主。农业主种玉米。坡洪—桥业公路（751 县道）、桥业—太平公路（707 乡道）、桥业—连安下公路（718 乡道）过境。

大还 Dàhuán 洞靖镇桥业村辖自然村。在村委会驻地西北 1.3 千米处。有 122 户 471 人，壮族聚居。姓氏有陆、黄、潘等。传清咸丰元年（1851）建村。原称驮还，后改大还，壮语 Dahvan，“大、驮 dah”指河，“还 van”指弯曲。因村前有一条弯曲流淌的小河，故名。聚落呈块状。通行壮话。经济以劳务输出为主。农业主种玉米。

林基 Línjī 洞靖镇桥业村辖自然村。在村委会驻地西北 1.1 千米处。有 42 户 178 人，壮族聚居。姓氏有关、黄、许等。传清宣统三年（1911）始有人迁来建居，后渐成村落。原称楞基，后改林基，壮语 Laengzgij，“林、楞 laengz”指溶洞，“基 gij”指黄猄。因该村有个溶洞，传过去有黄猄躲藏在洞中，故名。聚落呈块状。通行壮话。经济以劳务输出为主。农业主种玉米。

新屯 Xīntún 洞靖镇桥业村辖自然村。在村委会驻地北 1.4 千米处。有 63 户 273 人，壮族聚居。姓氏有隆、黄、周等。传清康熙十七年（1678）建村。因该村在周围村庄属建村较晚，俗称“新”，故名。聚落呈块状。通行壮话。经济以农业和劳务输出为主。农业主种玉米、甘蔗等。

布本 Bùběn 洞靖镇桥业村辖自然村。在村委会驻地东 1.4 千米处。有 50 户 209 人，壮族聚居。姓氏有李、黄、张等。传清嘉庆元年（1796）建村。布本，壮语 Mboqmbwnj，“布 mboq”指泉，“本 mbwnj”意为涌出。因村旁有一口泉，每逢雨季，水就涌出地面来，故名。聚落呈块状。通行壮话。经济以农业和劳务输出为主。农业主种水稻、玉米等。

安上 Ānshàng 洞靖镇桥业村辖自然村。在村委会驻地西南 1.7 千米处。有 23 户 96 人，壮族聚居。姓氏以农为主。传清咸丰二年（1852）建村。原与安下统称为连安，壮语 Lingzngamz，“连 lingz”指猴子，“安 ngamz”指山坳，因建村在曾有猴子出没的山坳而得名。后以村民聚居地所在地理位置划分为 2 个自然村，该村在地势较高的山坳上，故称连安上屯，简称安上。聚落呈块状。通行壮话。经济以劳务输出为主。农业主种玉米。

安下 Ānxià 洞靖镇桥业村辖自然村。在村委会驻地南 1.2 千米处。有 52 户 205 人，壮族聚居。姓氏有黄、张、卢等。传清咸丰二年（1852）建村。原与安上统称为连安，“连 lingz”指猴子，“安 ngamz”指山坳，因建村在曾有猴子出没的山坳而得名。后以村民聚居地所在地理位置划分为 2 个自然村，该村在地势较低的弄场口，故称连安下屯，简称安下。聚落呈团状。通行壮话。经济以劳务输出为主。农业主种玉米。桥业—连安下公路（718 乡道）过境。

大信 Dàxìn 洞靖镇桥业村辖自然村。在村委会驻地东南 1.5 千米处。有 27 户 98 人，壮族聚居。姓氏有吴、李等。传清道光元年（1821）建村。原称驮信，后改大信，壮语 Deihsom，“大、驮 deih”指地，“信 som”指构树。因该村坐落在长有用于制作沙纸的构树的地方，故名。聚落呈块状。通行壮话。经济以劳务输出为主。农业主种玉米。

陇排 Lǒngpái 洞靖镇桥业村辖自然村。在村委会驻地东南 2.7 千米处。有 118 户 469 人，壮族聚居。姓氏有岑、黄、梁等。传清嘉庆二十五年（1820）建村。原写作“弄排”，后改写为“陇排”，壮语 Runghbaiz，“弄 rungh”指弄场、石山间平地，“排 baiz”指排列。因建村在弄场里，山头分为南北两排，故名。聚落呈块状。通行壮话。经济以劳务输出为主。农业主种玉米。

大贡 Dàgòng 洞靖镇桥业村辖自然村。在村委会驻地东南 3.6 千米处。有 66 户 297 人，壮族聚居。姓氏有李、岑、凌等。传清道光元年（1821）建村。大贡，壮语 Deihgoengj，“大 deih”指地，“贡 goengj”指弓形。因该村建在一处弓形山腰上，故名。聚落呈块状。通行壮话。经济以劳务输出为主。农业主种玉米。

敢常 Gǎncháng 洞靖镇桥业村辖自然村。在村委会驻地东南 0.2 千米处。有 115 户 441 人，壮族聚居。姓氏有李、黄、周等。传清同治元年（1862）建村。敢常，壮语 Gamjcangh，“敢 gamj”指岩洞，“常 cangh”指匠。因村边岩洞曾是铁匠打铁的地方，故名。聚落呈块状，分为敢常内和敢常外 2 个居民点。通行壮话。经济以劳务输出为主。农业主种玉米。

天德村居民地

天德村 Tiāndé Cūn 洞靖镇辖村。在镇境西南部。驻地在镇人民政府驻地西南 15.4 千米处。东接德乐村和巴别乡新平村，南连巴别乡陇怀村和德保县东凌镇陇门村，西邻念堂村，北靠大能村、德乐村。面积 15.16 平方千米。辖琴色、表内、表外、琴爱、陇怀、陇忙、巴烟、陇朴、天德、陇爱、登更 11 自然村。村委会驻琴色。有 270 户 1019 人，壮族聚居。通行壮话。民国二十四年（1935）属保宁乡辖地。1952 年设天德乡，属田阳县第四区。1955 年与念堂乡并为巴别区天堂乡。1958 年属巴别公社天堂大队。1962 年属洞靖区天堂公社。1968 年属洞靖公社天堂大队。1980 年撤天堂大队，分置天德大队，属洞靖公社。1984 年改村，属桥业乡。2005 年属洞靖乡。2014 年属洞靖镇。以所辖天德自然村取名。天德，壮语 Rindaeb，“天 rin”指石头，“德 daeb”指叠、垒。因村处石山区，四周是连绵重叠的石头山，故名。属岩溶地貌。主要山峰有敢那山、布兰山，海拔分别为 1140.1 米、1087 米。经济以农业和劳务输出为主。耕地面积 159.61 公顷。农业主种玉米。

琴色 Qínsè 洞靖镇天德村辖自然村。村委会驻地。有 39 户 154 人，壮族聚居。姓氏有农、黄等。传明万历四十四年（1616）建村。琴色，壮语 Gumhsug，“琴 gumh”指洼地，“色 sug”指一种乔木。因该村坐落于山坴洼地，从前长有当地称“色”的乔木，故名。聚落呈块状。通行壮话。经济以劳务输出为主。农业主种玉米。

表内 Biǎonèi 洞靖镇天德村辖自然村。在村委会驻地东北 1.9 千米处。有 18 户 82 人，壮族聚居。姓氏以农为主。传清嘉庆元年（1796）从德保县迁来建居，后渐成村落。原与表外统称岩表，“岩 ngamz”指山坳，“表 beu”指撑篙竹。因建村在长有撑篙竹的山坳旁边而得名。后村落扩大，分为 2 个自然村，以方位分称，该村靠山坳内侧，故称岩表内屯，简称表内。通行壮话。经济以劳务输出为主。农业主种玉米。

表外 Biǎowài 洞靖镇天德村辖自然村。在村委会驻地东北 1.7 千米处。有 9 户 33 人，壮族聚居。姓氏以农为主。传清嘉庆元年（1796）从德保县迁来建居，后渐成村落。原与表内统称岩表，“岩 ngamz”指山坳，“表 beu”指撑篙竹。因建村在长有撑篙竹的山坳旁边而得名。后村落扩大，分为 2 个自然村，以方位分称，该村靠山坳外侧，故称岩表外屯，简称表外。聚落呈块状。通行壮话。经济以劳务输出为主。农业主种玉米。

琴爱 Qín'ài 洞靖镇天德村辖自然村。在村委会驻地东北 1.9 千米处。有 1 户 7 人，壮族聚居。姓氏以农为主。民国十六年（1927）从天保迁来建村。琴爱，壮语 Gumhngaih，“琴 gumh”指洼地，“爱 ngaih”指艾草。因该村坐落于长有艾草的洼地，故名。聚落呈块状。通行壮话。经济以劳务输出为主。农业主种玉米。

陇怀 Lǒnghuái 洞靖镇天德村辖自然村。在村委会驻地东北 2.7 千米处。有 12 户 46 人，壮族聚居。姓氏以农为主。传明万历四十五年（1617）建村。原写作“弄怀”，后改写为“陇怀”，壮语 Runghvaiz，“陇、弄 rungh”指崇场、石山间平地，“怀 vaiz”指水牛。因该村所处崇场曾野草茂盛，是放牛的地方，故名。聚落呈块状。通行壮话。经济以劳务输出为主。农业主种玉米。

陇忙 Lǒngmáng 洞靖镇天德村辖自然村。在村委会驻地东北 4.3 千米处。有 10 户 43 人，壮族聚居。姓氏有农、黄等。传清康熙十九年（1680）建村。原写作“弄忙”，后改写为“陇忙”，壮语 Runghmangz，“陇 rungh”指崇场、石山间平地，“忙 mangz”指芭芒。因该村所在崇场曾长满芭芒，故名。聚落呈团状。通行壮话。经济以劳务输出为主。农业主种玉米。

巴烟 Bāyān 洞靖镇天德村辖自然村。在村委会驻地东 4 千米处。有 22 户 71 人，壮族聚居。姓氏有罗、黄等。传清顺治元年（1644）建村。巴烟，壮语 Baqem，“巴 baq”指荒坡，“烟 em”指芦苇草。因该村周围荒坡都长芦苇草，故名。聚落呈块状。通行壮话。经济以劳务输出为主。农业主种玉米。

陇朴 Lǒngpǔ 洞靖镇天德村辖自然村。在村委会驻地东 2.8 千米处。有 21 户 65 人，壮族聚居。姓氏有罗、农等。传元至元十九年（1282）建村。原写作“弄朴”，后改写为“陇朴”，壮语 Runghbug，“陇、弄 rungh”指崇场、石山间平地，“朴 bug”指柚子树。因该村坐落于有柚子树的崇场，故名。聚落呈块状。通行壮话。经济以劳务输出为主。农业主种玉米。

天德 Tiāndé 洞靖镇天德村辖自然村。在村委会驻地东南 1.2 千米处。有 53 户 200 人，壮族聚居。姓氏有农、黄、李等。传始由广东人于宋建隆元年（960）迁来建居，后逐步发展成村落。天德，壮语 Rindaeb，“天 rin”指石头，“德 daeb”指叠、垒。因该村地处石山区，四周是连绵重叠的石头山，故名。聚落呈块状，分为内、外 2 个居民点。通行壮话。经济以劳务输出为主。农业主种玉米。

陇爱 Lǒng'ài 洞靖镇天德村辖自然村。在村委会驻地西南 1.2 千米处。有 23 户 92 人，壮族聚居。姓氏有农、黄、许等。传清顺治元年（1644）建村。原写作“弄爱”，后改写为“陇爱”，壮语 Runghngaih，“陇、弄 rungh”指崇场、石山间平地，“爱 ngaih”指阻隘。因该村坐落于四面环山，交通闭塞的崇场，故名。聚落呈块状。通行壮话。经济以劳务输出为主。农业主种玉米。

登更 Dēnggēng 洞靖镇天德村辖自然村。在村委会驻地西南 0.6 千米处。有 62 户 226 人，壮族聚居。姓氏有黎、韦等。传明万历四十五年（1617）建村。登更，壮语 Daengqgoenh，“登 daengq”指凳子，“更 goenh”指垮塌，陡峭。因该村始建在一个很陡的坡上，故名。聚落呈块状。通行壮话。经济以劳务输出为主。农业主种玉米。

念堂村居民地

念堂村 Niàntáng Cūn　洞靖镇辖村。在镇境西南部。驻地在镇人民政府驻地西南 19.7 千米处。东接天德村，南连德保县东凌镇陇门村，西邻德保县东凌镇陇桥村，北靠大能村。面积 7.46 平方千米。辖念堂、陇吓、岩户、陇律、陇里、大伟 6 自然村。村委会驻念堂。有 274 户 1012 人，壮族聚居。通行壮话。民国二十四年（1935）属保宁乡辖地。1952 年设念堂乡，属田阳县第四区。1955 年与天德乡合设巴别区天堂乡。1958 年属巴别公社天堂大队。1962 年属洞靖区天堂公社。1968 年属洞靖公社天堂大队。1980 年撤天堂大队，分置念堂大队，属洞靖公社。1984 年改村，属桥业乡。2005 年属洞靖乡。2014 年属洞靖镇。因驻地念堂得名。念堂，壮语 Raemxdaemz，“念 raemx”指水，“堂 daemz”指池塘。因建村在池塘旁边，故名。属岩溶地貌。主要山峰有大伟山、岂帽山，海拔分别为 1030 米、857 米。经济以农业和劳务输出为主。耕地面积 116.13 公顷。农业主种玉米、甘蔗等。

念堂 Niàntáng　洞靖镇念堂村辖自然村。村委会驻地。有 72 户 258 人，壮族聚居。姓氏有梁、农、韦、黄、罗等。传清康熙十一年（1672）建村。念堂，亦写作“念塘”，壮语 Raemxdaemz，“念 raemx”指水，“堂、塘 daemz”指池塘。因该村建在池塘边，故名。聚落呈块状。通行壮话。经济以农业和劳务输出为主。农业主种玉米、甘蔗等。

陇吓 Lǒnghè　洞靖镇念堂村辖自然村。在村委会驻地东北 1 千米处。有 66 户 236 人，壮族聚居。姓氏有韦、梁、许、陈、罗等。传清康熙七年（1668）建村。原写作“弄吓”，后改写为“陇吓”，壮语 Runghhak，“陇、弄 rungh”指岽场、石山间平地，“吓 hak”指汉人。因建村在岽场，曾有汉人到此，故名。聚落呈块状。通行壮话。经济以农业和劳务输出为主。农业主种玉米、甘蔗等。

岩户 Yánhù　洞靖镇念堂村辖自然村。在村委会驻地西南 1 千米处。有 17 户 56 人，壮族聚居。姓氏以杜为主。传清雍正六年（1728）建村。原写作“岩悟”，后改写为“岩户”，壮语 Ngamzmuh，“岩 ngamz”指山坳，“户、悟 muh”指石磨。因该村的山坳口形似石磨，故名。聚落呈块状。通行壮话。经济以劳务输出为主。农业主种玉米。

壮族聚居。姓氏以农为主。传清乾隆三十一年（1766）建村。原写作“弄呈”，后改写为“陇呈”，壮语 Runghcingz，“陇、弄 rungh”指弄场、石山间平地，“呈 cingz”指坛子。因该村坐落在形似坛子的弄场里，故名。聚落呈块状。通行壮话。经济以劳务输出为主。农业主种玉米。

马宁 Mǎ'níng 洞靖镇大能村辖自然村。在村委会驻地东南 3.3 千米处。有 31 户 135 人，壮族聚居。姓氏有王、黄等。传清乾隆元年（1736）建村。马宁，壮语 Ma'ningq，指狗尾巴草。因该村东面山坡长满狗尾巴草，故名。聚落呈块状。通行壮话。经济以劳务输出为主。农业主种玉米。

陇酬 Lǒngchóu 洞靖镇大能村辖自然村。在村委会驻地东南 2.7 千米处。有 11 户 39 人，壮族聚居。姓氏以农为主。传清乾隆三十一年（1766）建村。原写作“弄酬”，后改写为“陇酬”，壮语 Runghcaeuz，“陇、弄 rungh”指弄场、石山间平地。“酬 caeuz”指一种乔木。因该村位于长有当地称“酬”的乔木的弄场旁，故名。聚落呈块状。通行壮话。经济以劳务输出为主。农业主种玉米。

登朗上屯 Dēnglǎngshàngtún 洞靖镇大能村辖自然村。在村委会驻地东南 2.5 千米处。有 36 户 154 人，壮族聚居。姓氏以黄为主。传清嘉庆年间（1796—1820）建村，原与登朗下屯统称登朗，壮语 Daemqrangh，“登 daemq”指位置，“朗 rangh”指连接。因建村在相连接的两个弄场而得名。后村子壮大一分为二，以所处弄场地势高低分称，该村所在弄场地势相对较高，故名登朗上屯。聚落呈块状。通行壮话。经济以劳务输出为主。农业主种玉米。

登朗下屯 Dēnglǎngxiàtún 洞靖镇大能村辖自然村。在村委会驻地东南 1.8 千米处。有 31 户 127 人，壮族聚居。姓氏以鄂为主。传清嘉庆年间（1796—1820）建村，原与登朗上屯统称登朗，壮语 Daemqrangh，“登 daemq”指位置，“朗 rangh”指连接。因建村在相连接的两个弄场而得名。后村子壮大一分为二，以所处弄场地势高低分称，该村所在弄场地势相对较低，故名登朗下屯。聚落呈块状。通行壮话。经济以劳务输出为主。农业主种玉米。

岩松 Yánsōng 洞靖镇大能村辖自然村。在村委会驻地西南 1.2 千米处。有 9 户 33 人，壮族聚居。姓氏有黄、罗等。传清乾隆三十一年（1766）建村。岩松，壮语 Ngamzsang，“岩 ngamz”指山口，“松 sang”指高。因该村坐落在较高的山口上，故名。聚落呈块状。通行壮话。经济以劳务输出为主。农业主种玉米。

岩朗 Yánlǎng 洞靖镇大能村辖自然村。在村委会驻地西南 1.5 千米处。有 7 户 27 人，壮族聚居。姓氏以谢为主。传清道光元年（1821）建村。岩朗，壮语 Ngamzndangq，“岩 ngamz”指山口，“朗 ndangq”指斑白。因该村东西两侧是一片斑白的山崖，故名。聚落呈块状。通行壮话。经济以劳务输出为主。农业主种玉米。

德乐村居民地

德乐村 Délè Cūn 洞靖镇辖村。在镇境西南部。驻地在镇人民政府驻地西南 12.7 千米处。东接桥业村和巴别乡新平村，南连天德村，西邻大能村，北靠宜洒村、桥业村。面积 14.74 平方千米。辖德乐、岑金、大德、广内、广外、大连、含甫、大斗、福龙 9 自然村。村委驻德乐。有 464 户 1711 人，壮族聚居。通行壮话。民国二十四年（1935）为德乐村，属保宁乡。1952 年改乡，属田阳县第四区。1955 年属巴别区。1958 年改大队，属巴别公社。1962 年改公社，属洞靖区。1968 年复改大队，属洞靖公社。1984 年改村，属桥业乡。2005 年属洞靖乡。2014 年属洞靖镇。因驻地德乐得名。德乐，壮语 Daeklaz，“德 daek”指位置，“乐 laz”指砍。因此地原是周边村民经常砍柴的地方，故名。属岩溶地貌。主要山峰有丁姐山、布隘岭，海拔分别为 1012 米、895 米。经济以劳务输出为主。耕地面积 297.02 公顷。农业主种玉米。

德乐 Délè 洞靖镇德乐村辖自然村。村委会驻地。有 90 户 304 人，壮族聚居。姓氏有黄、农、李、梁等。传清康熙五十年（1711）建村。德乐，壮语 Daeklaz，“德 daek”指位置，“乐 laz”指砍。因村址所在地原是周边村民经常砍柴的地方，故名。聚落呈块状。通行壮话。经济以劳务输出为主。农业主种玉米。

岑金 Cénjīn 洞靖镇德乐村辖自然村。在村委会驻地东 2.5 千米处。有 42 户 168 人，壮族聚居。姓氏有黄、岑、周、蒙、黎等。传清道光十一年（1831）建村。原写作“琴金”，后改写为“岑金”，壮语 Gumzgaen，“岑、琴 gumz”指低洼处，“金 gaen”指斤。因该村旁有一块凹地，土地肥沃，种玉米产量高，人们常喻每坑产粮一斤，故名。聚落呈块状。通行壮话。经济以劳务输出为主。农业主种玉米。

大德 Dàdé 洞靖镇德乐村辖自然村。在村委会驻地东南 1.2 千米处。有 49 户 184 人，壮族聚居。姓氏有陆、农、毛等。传清嘉庆元年（1796）建村。大德，壮语 Diegdaek，“大 dieg”指地，“德 daek”指山蝗虫。因该村所在岽场是多山蝗虫的地方，故名。聚落呈块状。通行壮话。经济以劳务输出为主。农业主种玉米。

广内 Guǎngnèi 洞靖镇德乐村辖自然村。在村委会驻地东南1.1千米处。有28户107人，壮族聚居。姓氏有陆、农、罗等。传清康熙五十四年（1715）建村。原与广外统称弄广。弄广，壮语Runghgvangq，“弄rungh”指岽场、石山间平地，“广gvangq”指宽广。因建村在很长的岽场里而得名。后村庄扩大形成2个居民点，以方位分称，该村处岽场靠里一侧，故称弄广内屯，简称广内。聚落呈块状。通行壮话。经济以劳务输出为主。农业主种玉米。

广外 Guǎngwài 洞靖镇德乐村辖自然村。在村委会驻地东南1.3千米处。有22户95人，壮族聚居。姓氏有陆、李、罗等。传清康熙五十四年（1715）建村。原与广内统称弄广。弄广，壮语Runghgvangq，“弄rungh”指岽场、石山间平地，“广gvangq”指宽广。因建村在很长的岽场里而得名。后村庄扩大形成2个居民点，以方位分称，该村处岽场靠外一侧，故称弄广外屯，简称广外。聚落呈块状。通行壮话。经济以劳务输出为主。农业主种玉米。

大连 Dàlián 洞靖镇德乐村辖自然村。在村委会驻地西偏南1.7千米处。有50户176人，壮族聚居。姓氏有黄、岑等。传清嘉庆元年（1796）建村。大连，壮语Deihlenz，“大deih”指地，“连lenz”指连接。因该村坐落在山连着山的地方，故名。聚落呈带状。通行壮话。经济以劳务输出为主。农业主种玉米。

含甫 Hánfǔ 洞靖镇德乐村辖自然村。在村委会驻地西北2.1千米处。有91户354人，壮族聚居。姓氏有李、黄、岑等。传清乾隆三十一年（1766）建村。含甫，壮语Gyanghaemh，“含gyang”指晚，“甫haemh”指村。因该村比周围的村庄建得晚，故名。聚落呈团状。通行壮话。经济以劳务输出为主。农业主种玉米。

大斗 Dàdǒu 洞靖镇德乐村辖自然村。在村委会驻地西2.6千米处。有44户149人，壮族聚居。姓氏有李、黎等。传清雍正元年（1723）建村。大斗，壮语Deihdaeu，“大deih”指地，“斗daeu”指轿。因该村地形似轿子，故名。聚落呈块状。通行壮话。经济以劳务输出为主。农业主种玉米。

福龙 Fúlóng 洞靖镇德乐村辖自然村。在村委会驻地东南3.3千米处。有48户174人，壮族聚居。姓氏有黎、李、农、黄等。传清康熙五十年（1711）建村。原写作“福隆”，后简写为“福龙”，壮语Mboqcongh，“福mboq”指泉，“龙、隆congh”指洞。因该村坐落于泉洞的上边，故名。聚落呈散状。通行壮话。经济以劳务输出为主。农业主种玉米。

太平村居民地

太平村 Tàipíng Cūn 洞靖镇辖村。在镇境西部。驻地在镇人民政府驻地西南 18.7 千米处。东接那峨村、宜洒村，西、南邻德保县东凌镇高国村，北靠那峨村和德保县东凌镇高国村。面积 9.32 平方千米。辖太平、岩桃、达数、龙京、陇迷、陇爱、陇典、马岭 8 自然村。村委会驻太平。有 292 户 1076 人，壮族聚居。通行壮话。民国二十四年（1935）为治欧乡辖地。1952 年设太平乡，属田阳县第三区。1955 年属洞靖区。1958 年改大队，属洞靖公社。1962 年改公社，属洞靖区。1968 年复改大队，属洞靖公社。1984 年改村，属桥业乡。2005 年属洞靖乡。2014 年属洞靖镇。因驻地太平得名。太平，壮语 Deihbingz，"太 deih" 指地，"平 bingz" 指平坦。因村处高山的一块平地上，故名。属岩溶地貌。主要山峰有下说山，海拔 761 米。经济以农业和劳务输出为主。耕地面积 39.74 公顷。农业主种玉米、甘蔗。桥业—太平公路（707 乡道）的终点。

太平 Tàipíng 洞靖镇太平村辖自然村。村委会驻地。有 87 户 318 人，壮族聚居。姓氏有谭、黎等。约建村于清咸丰六年（1856）。太平，壮语 Deihbingz，"太 deih" 指地，"平 bingz" 指平坦。因建村在高山的一块平地上，故名。聚落呈块状。通行壮话。经济以农业和劳务输出为主。农业主种玉米、甘蔗等。桥业—太平公路（707 乡道）的终点。

岩桃 Yántáo 洞靖镇太平村辖自然村。在村委会驻地东北 0.5 千米处。有 56 户 191 人，壮族聚居。姓氏有黄、谭等。传清光绪十三年（1887）建村。1965 年部分村民迁至达数。1980 年部分村民迁至陇典。岩桃，壮语 Ngamzdauz，"岩 ngamz" 指山坳，"桃 dauz" 指桃树。因该村建在长有桃树的山坳旁边，故名。聚落呈块状。通行壮话。经济以农业和劳务输出为主。农业主种玉米、甘蔗等。

达数 Dáshù 洞靖镇太平村辖自然村。在村委会驻地东北 1.2 千米处。有 12 户 53 人，壮族聚居。姓氏有黄、谭等。1965 年从岩桃屯迁来建村。原写作"驮数"，后改写为"达数"，壮语 Deihsok，"达、驮 deih" 指地，"数 sok" 指水冲的山沟。因该村坐落在被水冲刷而形成的山沟中，故名。聚落呈块状。通行壮话。经济以农业和劳务输出为主。农业主种玉米、甘蔗等。

龙京 Lóngjīng 洞靖镇太平村辖自然村。在村委会驻地东北 1.4 千米处。有 13 户 48 人，壮族聚居。姓氏有潘、甘、曾等。民国三十二年（1943）始有人迁来建居。原写作"弄京"或"陇京"，后简写为"龙京"，壮语 Runghgieng，"龙、弄、陇 rungh" 指岽场、石山间平地，"京 gieng" 指黄姜。因该村处在长黄姜的岽场，故名。聚落呈块状。通行壮话。经济以农业和劳务输出为主。农业主种玉米、甘蔗等。

陇迷 Lǒngmí 洞靖镇太平村辖自然村。在村委会驻地北 2 千米处。有 35 户 128 人，壮族聚居。姓氏以黄为主。1957 年始有人迁来建居。原写作“弄迷”，后改写为“陇迷”，壮语 Runghmaet，“陇、弄 rungh”指峷场、石山间平地，“迷 maet”指跳蚤。因该村所在峷场原有很多跳蚤，故名。聚落呈块状。通行壮话。经济以农业和劳务输出为主。农业主种玉米、甘蔗等。

陇爱 Lǒng'ài 洞靖镇太平村辖自然村。在村委会驻地西南 1.2 千米处。有 56 户 196 人，壮族聚居。姓氏有马、廖、周等。传始建村于清同治四年（1865）。原写作“弄爱”，后改写为“陇爱”，壮语 Runghngaih，“陇、弄 rungh”指峷场、石山间平地，“爱 ngaih”指狭隘。因该村始建在狭隘的峷场，故名。聚落呈团状。通行壮话。经济以农业和劳务输出为主。农业主种玉米、甘蔗等。

陇典 Lǒngdiǎn 洞靖镇太平村辖自然村。在村委会驻地东 1.5 千米处。有 20 户 73 人，壮族聚居。姓氏有黄、谭等。1986 年从岩桃屯迁来建村。陇典，壮语 Runghdaemq，“陇 rungh”指峷场、石山间平地，“典 daemq”指低、矮。因该村坐落在地势低洼的峷场旁边，故名。聚落呈块状。通行壮话。经济以农业和劳务输出为主。农业主种玉米、甘蔗等。

马岭 Mǎlǐng 洞靖镇太平村辖自然村。在村委会驻地北 2.5 千米处。有 13 户 69 人，壮族聚居。姓氏以甘为主。1991 年从岩京屯迁来建村。马岭，壮语 Malwngq，“马 ma”指狗，“岭 lwngq”指野兽。因该村附近有像狗一样的野兽出没，故名。聚落呈块状。通行壮话。经济以农业和劳务输出为主。农业主种玉米、甘蔗等。

那峨村居民地

那峨村 Nà'é Cūn 洞靖镇辖村。在镇境西部。驻地在镇人民政府驻地西 17 千米处。东接活旺村、多感村，南连宜洒村，西邻太平村和德保县东凌镇高国村，北靠百色市右江区大楞乡平慢村。面积 17.57 平方千米。辖谷布、怀仁、新胜、新立、大初、大良、小布益、布益、甫华、那峨、琴鸟、新建、谷就、陇干 14 自然村。村委会驻谷布。有 404 户 1599 人，壮族聚居。通行壮话。民国二十四年（1935）为那峨村，属治欧乡。1952 年改乡，属田阳县第三区。1955 年属洞靖区。1958 年改大队，属洞靖公社。1962 年改公社，属洞靖区。1968 年复改大队，属洞靖公社。1984 年改村，属桥业乡。2005 年属洞靖乡。2014 年属洞靖镇。以所辖那峨自然村取名。那峨，壮语 Nazngoj，“那 naz”指水田，“峨 ngoj”指野奶果。因此地田边多长野奶果，故名。属岩溶地貌。主要山峰有那生山，海拔 809 米。活旺河流经。经济以劳务输出为主。耕地面积 126.46 公顷。农业主种玉米、甘蔗。

谷布 Gǔbù 洞靖镇那峨村辖自然村。村委会驻地。有 30 户 120 人，壮族聚居。姓氏有韦、许等。1952 年从山怀村迁来建村。谷布，壮语 Goekmboq，“谷 goek”指源头，“布 mboq”指泉。因该村坐落在泉水源头处，故名。聚落呈团状。通行壮话。经济以劳务输出为主。农业主种玉米。发源于德保县东凌镇高国村后潜入地下的活旺河在此流出地表。

怀仁 Huáirén 洞靖镇那峨村辖自然村。在村委会驻地西南 1.5 千米处。有 25 户 93 人，壮族聚居。姓氏以黄为主。传清咸丰元年（1851）建村。怀仁，壮语 Vaiznyaenx，“怀 vaiz”指水牛，“仁 nyaenx”指忍得住。因传古时周围村屯的耕牛因瘟疫死光，唯独此屯水牛耐得疾病，仍然活着，故名。聚落呈块状。通行壮话。经济以劳务输出为主。农业主种玉米。

新胜 Xīnshèng 洞靖镇那峨村辖自然村。在村委会驻地南 3.5 千米处。有 21 户 81 人，壮族聚居。姓氏以凌为主。1965 年始有人从大良村迁来建居。新胜，寓意胜利建成新的村庄。聚落呈块状。通行壮话。经济以劳务输出为主。农业主种玉米、甘蔗等。

新立 Xīnlì 洞靖镇那峨村辖自然村。在村委会驻地南 2.7 千米处。有 40 户 157 人，壮族聚居。姓氏有黄、梁等。1965 年始有人从大良村迁来建居。新立，寓意新建立的村庄。聚落呈块状。通行壮话。经济以劳务输出为主。农业主种玉米、甘蔗等。

大初 Dàchū 洞靖镇那峨村辖自然村。在村委会驻地南 2.5 千米处。有 48 户 184 人，壮族聚居。姓氏有许、陆等。传清康熙五十九年（1720）建村。原写作“驮初”，后改写为“大初”，壮语 Dieghoengq，“大、驮 dieg”指地，“初 hoengq”指某空地。因该村原是个空的岽场，故名。聚落呈团状。通行壮话。经济以劳务输出为主。农业主种玉米。

大良 Dàliáng 洞靖镇那峨村辖自然村。在村委会驻地南 3.2 千米处。有 39 户 147 人，壮族聚居。姓氏有许、梁等。传清康熙五十九年（1720）建村。大良，壮语 Datnding，“大 dat”指山崖，“良 nding”指红。因该村坐落于红色山崖的地方，故名。聚落呈团状。通行壮话。经济以劳务输出为主。农业主种玉米。

小布益 Xiǎobùyì 洞靖镇那峨村辖自然村。在村委会驻地南 1.6 千米处。有 8 户 37 人，壮族聚居。姓氏有李、韦等。传清乾隆五十九年（1794）之后建村，具体时间待考。因是从隔壁布益屯迁来建居，村庄规模比布益小，故称小布益。聚落呈团状。通行壮话。经济以劳务输出为主。农业主种玉米。

布益 Bùyì 洞靖镇那峨村辖自然村。在村委会驻地东南 1.8 千米处。有 39 户 172 人，壮族聚居。姓氏有李、杨等。传清乾隆五十九年（1794）建村。后有部分村民迁至山另一边的弄场建居。1964 年有部分村民迁至新建屯。原写作“布宜”，后改写为“布益”，壮语 Mboqrih，“布 mboq”指泉，“益、宜 rih”指水流溢出。因村址所在地有一口泉井，水常年溢出，故名。聚落呈团状。通行壮话。经济以劳务输出为主。农业主种玉米。

甫华 Fǔhuá 洞靖镇那峨村辖自然村。在村委会驻地西北 1.2 千米处。有 52 户 219 人，壮族聚居。姓氏有黄、李等。传清道光三十年（1850）建村。甫华，壮语 Bouxvaz，“甫 boux”壮语前缀词，无实意，“华 vaz”指人名。因该村始由名叫阿华的人到此建居，故名。聚落呈块状。通行壮话。经济以劳务输出为主。农业主种玉米。

那峨 Nà'é 洞靖镇那峨村辖自然村。在村委会驻地西南 2.2 千米处。有 17 户 64 人，壮族聚居。姓氏有黄、梁等。传清雍正八年（1730）建村。那峨，壮语 Nazngoj，“那 naz”指田，“峨 ngoj”指野奶果。因该村田边多长野奶果，故名。聚落呈块状。通行壮话。经济以劳务输出为主。农业主种玉米。

琴鸟 Qínniǎo 洞靖镇那峨村辖自然村。在村委会驻地西南 1.3 千米处。有 41 户 154 人，壮族聚居。姓氏有黄、蒙、李等。传清道光三十年（1850）建村。琴鸟，壮语 Gumzniuj，“琴 gumz”指坑，“鸟 niuj”指孑孓。因该村背后有一水坑，常年孳生孑孓，故名。聚落呈块状。通行壮话。经济以劳务输出为主。农业主种玉米。

新建 Xīnjiàn 洞靖镇那峨村辖自然村。在村委会驻地北 1.5 千米处。有 23 户 90 人，壮族聚居。姓氏有杨、李等。1964 年始有村民从布益屯迁来建居，后渐成新的村落。因是新建成的村庄，故名。聚落呈块状。通行壮话。经济以劳务输出为主。农业主种玉米。

谷就 Gǔjiù 洞靖镇那峨村辖自然村。在村委会驻地东南 1.6 千米处。有 13 户 59 人，壮族聚居。姓氏以黄为主。1964 年从怀仁屯分出另建村。谷就，壮语 Goekgyaeuq，“谷 goek”指根，

“就 gyaeuq”指桐果树。因该村建在周围长有桐果树的地方，故名。聚落呈团状。通行壮话。经济以劳务输出为主。农业主种玉米。

陇干 Lǒnggān 洞靖镇那峨村辖自然村。在村委会驻地西 1.9 千米处。有 8 户 22 人，瑶族聚居。姓氏有阮、罗等。从德保县东陵乡迁来建村。原写作“弄赶”，后改写为“陇干”，壮语 Runghgamj，“陇、弄 rungh”指峁场、石山间平地，“干、赶 gamj”指岩洞。因该村始建在峁场边，且附近有岩洞，故名。聚落呈块状。通行瑶话。经济以劳务输出为主。农业主种玉米。

活旺村居民地

活旺村 Huówàng Cūn 洞靖镇辖村。在镇境西北部。驻地在镇人民政府驻地西 13 千米处。东接西平村、叮叭村，南连多感村、那峨村，西邻那峨村和百色市右江区大楞乡平慢村，北靠百色市右江区大楞乡平慢村、昔仁村。面积 26.94 平方千米。辖活卜、布羊、那弄、陇直、那敏、头晚、巴麦、陇娘、百谷、下圩、巴旺、百牙、那旁 13 自然村。村委会驻活卜。有 742 户 3612 人，壮族聚居。通行壮话。民国二十四年（1935）为宿朴、巴旺、陇娘 3 村，属治欧乡。1952 年设活卜乡、巴旺乡，属田阳县第三区。1953 年活卜、巴旺 2 乡并为活旺乡，各取一字得名。1955 年属洞靖区。1958 年改大队，属洞靖公社。1962 年改公社，属洞靖区。1968

活旺河古桥

年复改大队，属洞靖公社。1980 年析出多感大队。1984 年改村，属桥业乡。2005 年属洞靖乡。2014 年属洞靖镇。属岩溶地貌。主要山峰有南狗岭，海拔 655 米。活旺河流经。经济以农业和劳务输出为主。耕地面积 236.32 公顷。农业主种水稻、玉米等。

活卜 Huóbǔ 洞靖镇活旺村辖自然村。村委会驻地。有 34 户 113 人，壮族聚居。姓氏以黄为主。传明宣德三年（1428）建村。原写为活朴，后改活卜，壮语 Sokboek，“活 sok”指河口、码头，“卜、朴 boek”指翻。因过去人们用竹排渡河耕种，常有人翻排，故名。聚落呈块状。通行壮话。经济以劳务输出为主。农业主种玉米。活旺河流经。

布羊 Bùyáng 洞靖镇活旺村辖自然村。在村委会驻地南 1.2 千米处。有 38 户 140 人，壮族聚居。姓氏有许、黄等。传清乾隆四十七年（1782）建村。布羊，壮语 Mboqyiengz，“布 mboq”指泉，“羊 yiengz”指山羊。因始建村在野山羊出没饮泉水的地方，故名。聚落呈块状。通行壮话。经济以农业和劳务输出为主。农业主种水稻、玉米等。

那弄 Nàlòng 洞靖镇活旺村辖自然村。在村委会驻地西南 0.48 千米处。有 30 户 113 人，壮族聚居。姓氏以许为主。传明宣德六年（1431）建村。1954 年部分村民迁至陇直。原写作“那垄”“那龙”，后改写为“那弄”，壮语 Nazluengq，“那 naz”指田，“弄、垄、龙 luengq”指雨水冲成的水沟。因村址前方有大片水田和一条雨水冲刷而成的水沟，故名。聚落呈块状。通行壮话。经济以农业和劳务输出为主。农业主种水稻、玉米等。活旺河流经。

陇直 Lǒngzhí 洞靖镇活旺村辖自然村。在村委会驻地西南 1 千米处。有 60 户 233 人，壮族聚居。姓氏有许、黄等。1954 年从那垄、多作、窄外等村迁来建村。1978 年部分村民迁至那敏。原写作“弄集”，后改写为“陇直”，壮语 Runghciz，“陇、弄 rungh”指弄场、石山间平地，“直、集 ciz”指聚集。因是由各地迁到弄场边聚集成村，故名。聚落呈块状。通行壮话。经济以农业和劳务输出为主。农业主种水稻、玉米等。活旺河流经。

那敏 Nàmǐn 洞靖镇活旺村辖自然村。在村委会驻地西北 1.2 千米处。有 21 户 93 人，壮族聚居。姓氏有黄、许等。1978 年从陇直屯迁来建村。那敏，壮语 Nazmaenj，“那 naz”指田，“敏 maenj”指李子。因该地原是种李子之田，故名。聚落呈块状。通行壮话。经济以农业和劳务输出为主。农业主种水稻、玉米等。

头晚 Tóuwǎn 洞靖镇活旺村辖自然村。在村委会驻地西 0.2 千米处。有 46 户 183 人，壮族聚居。姓氏有黄、韦等。传明宣德三年（1428）建村。头晚，壮语 Gyaeujmbanj，“头 gyaeuj”指首，“晚 mbanj”指村落。因始建村时村民认为其是距活旺河水源最近的首个村庄，故名。聚落呈块状。通行壮话。经济以农业和劳务输出为主。农业主种水稻、玉米等。活旺河流经。

巴麦 Bāmài 洞靖镇活旺村辖自然村。在村委会驻地北 0.14 千米处。有 35 户 157 人，壮族聚居。姓氏有马、韦等。传明正统十三年（1448）建村。巴麦，壮语 Baqmeg，“巴 baq”指荒坡，“麦 meg”指荞麦。因始建村在多长野荞麦的荒坡，故名。聚落呈块状。通行壮话。经济以农业和劳务输出为主。农业主种水稻、玉米等。活旺河流经。

陇娘 Lǒngniáng 洞靖镇活旺村辖自然村。在村委会驻地东南 1 千米处。有 163 户 584 人，壮族聚居。姓氏有农、黄等。传明宣德三年（1428）建村。原写作“弄娘”，后改写为“陇娘”，壮语 Runghnengz，“陇、弄 rungh”指峷场、石山间平地，“娘 nengz”指桑树。因该村始建在长有桑树的峷场，故名。聚落呈块状。通行壮话。经济以农业和劳务输出为主。农业主种水稻、玉米等。

百谷 Bǎigǔ 洞靖镇活旺村辖自然村。在村委会驻地东北 0.8 千米处。有 24 户 830 人，壮族聚居。姓氏有时、李等。传明洪熙元年（1425）建村。百谷，壮语 Bakguz，“百 bak”指口，“谷 guz”指石阶。因该村从活旺河岸边砌一条石阶到村口，故名。聚落呈块状。通行壮话。经济以农业和劳务输出为主。农业主种水稻、玉米等。活旺河流经。

下圩 Xiàxū 洞靖镇活旺村辖自然村。在村委会驻地东北 1 千米处。有 40 户 156 人，壮族聚居。姓氏有杨、廖等。传明洪熙元年（1425）建村。下圩，壮语 Lajhaw，“下 laj”指下方，“圩 haw”指圩场。该圩 1949 年中华人民共和国成立前是治欧乡所在地，称治欧圩。1949 年后划归活旺大队管辖，以圩址位于大队驻地下方改称下圩。聚落呈块状。通行壮话。经济以农业和劳务输出为主。农业主种水稻、玉米等。活旺河流经。

巴旺 Bāwàng 洞靖镇活旺村辖自然村。在村委会驻地东 2.1 千米处。有 173 户 709 人，壮族聚居。姓氏有罗、黄等。传明洪熙元年（1425）建村。巴旺，壮语 Baqvaeng，“巴 baq”指荒地，“旺 vaeng”指稗草。因该村始建在一片长有稗草的荒地上，故名。聚落呈块状。通行壮话。经济以农业和劳务输出为主。农业主种水稻、玉米等。活旺河流经。

巴旺风光

百牙 Bǎiyá 洞靖镇活旺村辖自然村。在村委会驻地东北 1.8 千米处。有 30 户 113 人，壮族聚居。姓氏有韦、黄等。传明宣德元年（1426）建村。原称巴牙，后改百牙，壮语 Baqya，“百、巴 baq”指荒地，“牙 ya”指茅草。因该村始建在一片茅草荒地上，故名。聚落呈块状。通行壮话。经济以农业和劳务输出为主。农业主种水稻、玉米等。活旺河流经。

那旁 Nàpáng 洞靖镇活旺村辖自然村。在村委会驻地东北 2.6 千米处。有 48 户 188 人，壮族聚居。姓氏有韦、黄等。传明宣德三年（1428）建村。那旁，壮语 Nazbug，“那 naz”指田，“旁 bug”指柚子。因该村始建在长有柚子树的田地旁边，故名。聚落呈块状。通行壮话。经济以农业和劳务输出为主。农业主种水稻、玉米等。活旺河流经。

多感村居民地

多感村 Duōgǎn Cūn 洞靖镇辖村。在镇境西部。驻地在镇人民政府驻地西南 11.5 千米处。东接叮叭村、桥业村，南连宜洒村，西邻那峨村、活旺村，北靠活旺村。面积 6.1 平方千米。辖多感、多亮、布洒、谷救、陇京 5 自然村。村委会驻多感。有 269 户 1198 人，壮族聚居。通行壮话。原为洞靖公社活旺大队辖地。1980 年析置多感大队，属洞靖公社。1984 年改村，属桥业乡。2005年属洞靖乡。2014年属洞靖镇。因驻地多感得名。多感，壮语 Dahgvamq，“多 dah”指河，“感 gvamq”指壳，此处指河床。因此地有一条小河每年逢雨季才有水，数日后干涸，露出河床，故名。属岩溶地貌。经济以农业和劳务输出为主。农业主种玉米、甘蔗等。

多感 Duōgǎn 洞靖镇多感村辖自然村。村委会驻地。有81户327人，壮族聚居。姓氏有罗、李、陆、黄等。传明万历四十四年（1616）建村。多感，壮语 Dahgvamq，“多 dah”指河，“感 gvamq”指壳，此处指河床。因该村有一条小河每年逢雨季才有水，数日干涸，露出河床，故名。聚落呈块状。通行壮话。经济以农业和劳务输出为主。农业主种玉米、甘蔗等。

多亮 Duōliàng 洞靖镇多感村辖自然村。在村委会驻地西南0.8千米处。有62户298人，壮族聚居。姓氏有周、黄等。传元至元十七年（1280）建村。多亮，壮语 Diegndiengq，“多 dieg”指地，“亮 ndiengq”指不稳定。从前该村因田地常受水淹，作物没有好收成，生活不稳定，故名。聚落呈块状。通行壮话。经济以劳务输出为主。农业主种玉米。

布洒 Bùsǎ 洞靖镇多感村辖自然村。在村委会驻地西北1.2千米处。有43户207人，壮族聚居。姓氏有麻、许、黎、等。传清康熙元年（1662）建村。布洒，壮语 Mboqsa，“布 mboq”指泉，“洒 sa”指构树。因村址附近有一眼泉，且周边多长可用于制作手工纸的构树，故名。聚落呈块状。通行壮话。经济以劳务输出为主。农业主种玉米。

谷救 Gǔjiù 洞靖镇多感村辖自然村。在村委会驻地西北2千米处。有42户204人，壮族聚居。姓氏有李、赵、农、杜等。传宋元丰三年（1080）建村。原写作“谷周”，后改写为“谷救”，壮语 Goekgyaeuq，“谷 goek”指树根，“救、周 gyaeuq”指桐果树。因该村建在有桐果树的山脚，故名。聚落呈块状。通行壮话。经济以劳务输出为主。农业主种玉米。

陇京 Lǒngjīng 洞靖镇多感村辖自然村。在村委会驻地东北0.88千米处。有41户162人，壮族聚居。姓氏有李、陆、黄等。传清康熙十九年（1680）建村。原写作“弄京”，后改写为“陇京”，壮语 Runghgieng，“陇、弄 rungh”指岽场、石山间平地，“京 gieng”指黄姜。因该村建在长有黄姜的岽场里，故名。聚落呈块状。通行壮话。经济以劳务输出为主。农业主种玉米。

宜洒村居民地

宜洒村 Yísǎ Cūn 洞靖镇辖村。在镇境西部。驻地在镇人民政府驻地西南12.2千米处。东接桥业村，南连德乐村、大能村，西邻太平村、那峨村和德保县东凌镇高国村，北靠那峨村、多感村。面积10.88平方千米。辖德宜、百洒、鲁龙、灯塔、德灯、布爱6自然村。村委会驻德宜。有403户1500人，壮族聚居。通行壮话。民国二十四年（1935）为宜洒村，取德宜、百洒2自然村各一字得名，属治欧乡。1952年改乡，属田阳县第三区。1955年属洞靖区。1958年改大队，属洞靖公社。1962年改公社，属洞靖区。1968年复改大队，属洞靖公社。1984年改村，属桥业乡。2005年属洞靖乡。2014年属洞靖镇。属岩溶地貌。主要山峰有干冲山，海拔750米。经济以农业和劳务输出为主。耕地面积277.09公顷。农业主种玉米、甘蔗等。

德宜 Déyí 洞靖镇宜洒村辖自然村。村委会驻地。有108户414人，壮族聚居。姓氏有陆、陈等。传元至正十年（1350）建村。德宜，壮语Daeknaez，“德 daek”指挖，“宜 naez”指泥。因建村时，村民靠挖坑清淤来收集雨水饮用，故名。聚落呈块状。通行壮话。经济以农业和劳务输出为主。农业主种玉米、甘蔗等。

百洒 Bǎisǎ 洞靖镇宜洒村辖自然村。在村委会驻地东南0.92千米处。有93户334人，壮族聚居。姓氏有黄、农、李等。传元至正十年（1350）从那坡岩喜迁来建村。百洒，壮语Baksah，“百 bak”指口，“洒 sah”指摆洗。因该村建在洗衣处上方，故名。聚落呈块状。通行壮话。经济以农业和劳务输出为主。农业主种玉米、甘蔗等。

鲁龙 Lǔlóng 洞靖镇宜洒村辖自然村。在村委会驻地东北2.5千米处。有42户174人，壮族聚居。姓氏有叶、梁、张、黄等。传明崇祯十三年（1640）建村。鲁龙，壮语Roujlungz，“鲁 rouj”指冠，“龙 lungz”指龙。因该村后山似龙冠，故名。聚落呈块状。通行壮话。经济以农业和劳务输出为主。农业主种玉米、甘蔗等。

灯塔 Dēngtǎ 洞靖镇宜洒村辖自然村。在村委会驻地西北1.5千米处。有58户214人，壮族聚居。姓氏有黄、李等。传元至正十年（1350）建村。原写作“灯达”，后改写为“灯塔”，壮语Daemjdah，“灯 daemj”指止，“塔、达 dah”指河。因该村在岸场小河源头，故名。聚落呈块状。通行壮话。经济以农业和劳务输出为主。农业主种玉米、甘蔗等。

德灯 Dédēng 洞靖镇宜洒村辖自然村。在村委会驻地西南3千米处。有80户280人，壮族聚居。姓氏有梁、黄、颜、岑等。传明正统十一年（1446）建村。原写作“德登”，后改为“德灯”，壮语 Daekdaemq，“德 daek”指位置，“灯、登 daemq”指低洼。因该村在低洼的地方，故名。聚落呈块状。通行壮话。经济以农业和劳务输出为主。农业主种玉米、甘蔗等。

布爱 Bù'ài 洞靖镇宜洒村辖自然村。在村委会驻地南 1.4 千米处。有 22 户 84 人，壮族聚居。姓氏有农、覃、梁、许、黄等。传明成化十六年（1480）建村。原写作“布隘”，后改为“布爱”，壮语 Mboqai，“布 mboq”指泉，“爱、隘 ai”指动物的嗉囊，指代脖子，此处指患甲状腺肿大病时脖子会肿大。因该村有一口泉，多数村民饮用后患地方性甲状腺肿大，故名。聚落呈块状。通行壮话。经济以农业和劳务输出为主。农业主种玉米、甘蔗等。桥业—太平公路（707 乡道）过境。

叮叭村居民地

叮叭村 Dīngbā Cūn 洞靖镇辖村。在镇境中部。驻地在镇人民政府驻地西 7.9 千米处。东接大架村，南连桥业村、多感村，西邻活旺村，北靠西平村。面积 14.77 平方千米。辖福林、丁坡、龙腊、东那、大音、叮叭 6 自然村。村委会驻福林。有 358 户 1508 人，壮族聚居。通行壮话。民国二十四年（1935）为治欧乡辖地。1952 年设叮叭乡，属田阳县第三区。1955 年属洞靖区。1958 年改大队，属洞靖公社。1962 年改公社，属洞靖区。1968 年复改大队，属洞靖公社。1984 年改村，属桥业乡。2005 年属洞靖乡。2014 年属洞靖镇。因所辖叮叭自然村得名。叮叭，壮语 Daengzbat，“叮 daengz”指顶端，“叭 bat”指水盆。因该村在水盆状的弄场上端，故名。属岩溶地貌。主要山峰有仙里山、堂生山，海拔分别为 795 米、648 米。经济以农业和劳务输出为主。耕地面积 181.14 公顷。农业主种玉米、甘蔗。

福林 Fúlín 洞靖镇叮叭村辖自然村。村委会驻地。有 112 户 483 人，壮族聚居。姓氏有岑、韦、黄、罗、闭等。传清嘉庆元年（1796）建村。原名“芭莱”，后改为“更同”，民国二十九年（1940）韦氏以汉语命名“福临”，取幸福来临意，后取谐音改为“福林”。聚落呈团状。通行壮话。经济以农业和劳务输出为主。农业主种玉米、甘蔗等。

丁坡 Dīngpō 洞靖镇叮叭村辖自然村。在村委会驻地东南 0.4 千米处。有 32 户 133 人，壮族聚居。姓氏有韦、李等。民国三十四年（1945）由德保县人迁来建村。原写作“叮坡”，后改为“丁坡”，壮语 Ndingbo，“丁、叮 nding”指红色，“坡 bo”指山坡。因该村始建在红土坡上，故名。聚落呈块状。通行壮话。经济以农业和劳务输出为主。农业主种玉米、甘蔗等。

龙腊 Lónglà 洞靖镇叮叭村辖自然村。在村委会驻地西北 2 千米处。有 64 户 283 人，壮族聚居。姓氏有农、黄、杨等。清光绪三十一年（1905）由那峨村布益屯人迁来建村。原写作“弄腊”，后改为“龙腊”，壮语 Runghlaz，“龙、弄 rungh”指峷场、石山间平地，“腊 laz”指崩塌。因建居在峷场两山崩塌形成的坳口处，故名。聚落呈团状。通行壮话。经济以农业和劳务输出为主。农业主种玉米、甘蔗等。

东那 Dōngnà 洞靖镇叮叭村辖自然村。在村委会驻地北 1.5 千米处。有 32 户 122 人，壮族聚居。姓氏有农、陆、黄、梁等。传清嘉庆元年（1796）建村。东那，壮语 Doenghnaz，“东 doengh”指田垌，“那 naz”指田。因该村在田垌中间，故名。聚落呈块状。通行壮话。经济以农业和劳务输出为主。农业主种玉米、甘蔗等。

大音 Dàyīn 洞靖镇叮叭村辖自然村。在村委会驻地北 2.2 千米处。有 32 户 119 人，壮族聚居。姓氏有李、陆、黄等。传清嘉庆元年（1796）建村。原名驮音，壮语 Diegyaemq，“驮 dieg”指地，“音 yaemq”指隐泉。因该村在有隐泉的地方而得名，后取谐音改为“大音”。聚落呈块状。通行壮话。经济以农业和劳务输出为主。农业主种水稻、玉米等。

叮叭 Dīngbā 洞靖镇叮叭村辖自然村。在村委会驻地北 1.3 千米处。有 86 户 368 人，壮族聚居。姓氏有陆、韦、黄等。传始由德保县人于清嘉庆三年（1798）迁来建村。叮叭，壮语 Daengzbat，“叮 daengz”指顶端，“叭 bat”指水盆。因该村在水盆状的峷场上端，故名。聚落呈块状。通行壮话。经济以农业和劳务输出为主。农业主种玉米、甘蔗等。

大架村居民地

大架村 Dàjià Cūn 洞靖镇辖村。在镇境中部。驻地在镇人民政府驻地西南 5.4 千米处。东接靖安村、弄岩村，南连弄岩村、桥业村，西邻叮叭村，北靠西平村。面积 15.96 平方千米。辖壮圩、下架、大林、壮东、那东、更登、陇立、那洒、陇英、叫羊、东省、大文、大架、架内、岩位 15 自然村。村委会驻壮圩。有 540 户 2125 人，壮族聚居。通行壮话。民国二十四年（1935）为大架村，属洞靖乡。1952 年改乡，属田阳县第三区。1955 年属洞靖区。1958 年改大队，属洞靖公社。1962 年改公社，属洞靖区。1968 年复改大队，属洞靖公社。1984 年改村，属桥业乡。2005 年属洞靖乡。2014 年属洞靖镇。因所辖大架自然村得名。大架，壮语 Dahgya，“大 dah”指河，“架 gya”指鱼。因村前小河过去逢雨季盛产鲇鱼，故名。属岩溶地貌。主要山峰有凹要山、陆达山，海拔分别为 760 米、721 米。经济以农业和劳务输出为主。耕地面积

247.45 公顷。农业主种水稻、玉米。坡洪—桥业公路（751 县道）过境。

壮圩 Zhuàngxū 洞靖镇大架村辖自然村。村委会驻地。有 27 户 92 人，壮族聚居。姓氏有杨、梁等。传清乾隆六十年（1795）建村。壮圩，壮语 Gyanghaw，“壮 gyang” 指中间，“圩 haw” 指圩场。因该村曾是圩场，处邻村中间，故名。聚落呈块状。通行壮话。经济以农业和劳务输出为主。农业主种水稻、玉米等。坡洪—桥业公路（751 县道）过境。

下架 Xiàjià 洞靖镇大架村辖自然村。在村委会驻地东北 1.7 千米处。有 38 户 145 人，壮族聚居。姓氏有谭、杨、黄等。传明天启二年（1622）建村。下架，壮语 Lajbya，“下 laj” 指下面，“架 bya” 指石山。因该村在石山脚，故名。聚落呈块状。通行壮话。经济以农业和劳务输出为主。农业主种水稻、玉米等。坡洪—桥业公路（751 县道）过境。

大林 Dàlín 洞靖镇大架村辖自然村。在村委会驻地东北 1.7 千米处。有 41 户 153 人，壮族聚居。姓氏有韦、黄等。传清乾隆二十五年（1760）建村。大林，壮语 Deihnim，“大 deih” 指地，“林 nim” 指红花柴。因该村在有红花柴（学名猫爪藤）的地方，故名。聚落呈块状。通行壮话。经济以农业和劳务输出为主。农业主种水稻、玉米等。坡洪—桥业公路（751 县道）过境。

壮东 Zhuàngdōng 洞靖镇大架村辖自然村。在村委会驻地东北 0.34 千米处。有 18 户 72 人，壮族聚居。姓氏有韦、黄等。传清道光三年（1823）建村。壮东，壮语 Gyangdoengh，“壮 gyang” 指中间，“东 doengh” 指田垌。因该村在田垌中耸立的石山脚，故名。聚落呈块状。通行壮话。经济以农业和劳务输出为主。农业主种水稻、玉米等。坡洪—桥业公路（751 县道）过境。

那东 Nàdōng 洞靖镇大架村辖自然村。在村委会驻地东北 1 千米处。有 50 户 220 人，壮族聚居。姓氏有谭、黄、李等。民国十六年（1927）由田东人迁来建村。那东，壮语 Nazdoengh，“那 naz” 指田。“东 doengh” 指垌。因村前为田垌，故名。聚落呈块状。通行壮话。经济以农业和劳务输出为主。农业主种水稻、玉米等。坡洪—桥业公路（751 县道）过境。

更登 Gēngdēng 洞靖镇大架村辖自然村。在村委会驻地西南 0.36 千米处。有 35 户 133 人，壮族聚居。姓氏有黄、周、李等。传清乾隆十五年（1750）建村。更登，壮语 Gengdaengq，“更 geng” 指山坳，“登 daengq” 指椅子。因该村在形似椅子的山坳里，故名。聚落呈团状。通行壮话。经济以农业和劳务输出为主。农业主种水稻、玉米等。坡洪—桥业公路（751 县道）过境。

陇立 Lǒnglì 洞靖镇大架村辖自然村。在村委会驻地东 0.38 千米处。有 31 户 125 人，壮族聚居。姓氏有韦、黄等。始建时间不详，原称“弄立”，村址在村委会驻地东南 0.8 千米处的弄场里，1976 年迁至今址，沿用旧名，分为立上、立下两个村民小组。后改“陇立”，壮语 Runghraez，“陇、弄 rungh”指弄场，“立 raez”指长。因该村始建在狭长的弄场里，故名。聚落呈块状。通行壮话。经济以劳务输出为主。农业主种玉米。坡洪—桥业公路（751 县道）过境。

那洒 Nàsǎ 洞靖镇大架村辖自然村。在村委会驻地西 0.75 千米处。有 44 户 162 人，壮族聚居。姓氏有农、罗、李等。传清乾隆十五年（1750）建村。那洒，壮语 Nazsah，“那 naz”指田，“洒 sah”指摆洗。因该村建在田垌中洗衣处旁，故名。聚落呈块状。通行壮话。经济以农业和劳务输出为主。农业主种水稻、玉米等。坡洪—桥业公路（751 县道）过境。

陇英 Lǒngyīng 洞靖镇大架村辖自然村。在村委会驻地北 1.1 千米处。有 48 户 171 人，壮族聚居。姓氏有农、黄、苏等。传明崇祯十一年（1638）建村。1965 年部分村民迁至大文。原写作“弄英”，后改为“陇英”，壮语 Runghhing，“陇、弄 rungh”指弄场、石山间平地，“英 hing”指山苍子树。因该村在有山苍子树的弄场，故名。聚落呈团状。通行壮话。经济以农业和劳务输出为主。农业主种水稻、玉米等。

叫羊 Jiàoyáng 洞靖镇大架村辖自然村。在村委会驻地北 1.9 千米处。有 39 户 164 人，壮族聚居。姓氏有农、黄、李等。传明崇祯十一年（1638）建村。叫羊，壮语 Geuqyiengz，“叫 geuq”指坳口，“羊 yiengz”指山羊。因村边山坳口曾是山羊出没的地方，故名。聚落呈块状。通行壮话。经济以劳务输出为主。农业主种玉米。

东省 Dōngshěng 洞靖镇大架村辖自然村。在村委会驻地北 2.9 千米处。有 10 户 49 人，壮族聚居。姓氏以农为主。民国十六年（1927）建村。原称“洞生”，后改“东省”，壮语 Doenghceng，“东、洞 doengh”指田垌，“省、生 ceng”指吵架。因该村从前无水利，村民常在田垌里争吵要水，故名。聚落呈块状。通行壮话。经济以劳务输出为主。农业主种玉米。

大文 Dàwén 洞靖镇大架村辖自然村。在村委会驻地西北 3 千米处。有 25 户 101 人，壮族聚居。姓氏有农、罗、麻等。1965 年由陇英村人迁来建居。大文，壮语 Deihoenq，“大 deih”指地，“文 oenq”指云雾。因该村地势较高，常有云雾缭绕，故名。聚落呈团状。通行壮话。经济以农业和劳务输出为主。农业主种水稻、玉米等。

大架 Dàjià 洞靖镇大架村辖自然村。在村委会驻地东北 1.8 千米处。有 60 户 237 人，壮族聚居。姓氏有杨、梁、黄等。传明崇祯十五年（1642）建村。大架，壮语 Dahgya，“大 dah”指河，“架 gya”指鱼。因村前小河过去逢雨季盛产鲶鱼，故名。聚落呈块状。通行壮话。经济以农业和劳务输出为主。农业主种水稻、玉米等。坡洪—桥业公路（751 县道）过境。

架内 Jiànèi 洞靖镇大架村辖自然村。在村委会驻地北 2 千米处。有 42 户 171 人，壮族聚居。姓氏有周、农、黄等。传清乾隆十五年（1750）建村。架内，壮语 Bya'ndaw，“架 bya”指山，“内 ndaw”指里面。因该村在山弄里，故名。聚落呈块状。通行壮话。经济以农业和劳务输出为主。农业主种水稻、玉米等。

岩位 Yánwèi 洞靖镇大架村辖自然村。在村委会驻地东北 2 千米处。有 32 户 130 人，壮族聚居。姓氏有农、罗、黄等。传明天启二年（1622）建村。原写作“岩伟”，后改为“岩位”，壮语 Ngamzvei，“岩 ngamz”指岩石，“位、伟 vei”指地方。因该村所处的地方多岩石，故名。聚落呈块状。通行壮话。经济以农业和劳务输出为主。农业主种水稻、玉米等。坡洪—桥业公路（751 县道）过境。

巴别乡政区居民地

巴别乡 Bābié Xiāng 百色市田阳区辖乡。在区境西南部。驻地在城区人民政府驻地西南 43.8 千米处。东接坡洪镇，南连德保县那甲镇、巴头乡，西邻德保县巴头乡，北靠洞靖镇。面积 192 平方千米。辖巴别、三坡、德安、德弄、德爱、大录、大问、花参、弄朗、新平、陇怀、陇合、安宁 13 村。乡人民政府驻巴别村巴别圩。有人口 2.03 万，有壮、汉族，主要为壮族。通行壮话。清光绪二年（1876）为山老坡团，属奉议州西区。民国元年（1912）属奉议县西区；民国二十二年（1933）改老坡乡，属奉议县奉州区；民国二十四年（1935）改属田阳县。1951 年与保宁乡并为田阳县第四区。1955 年改巴别区。1958 年 8 月改巴别公社。1962 年 8 月复改巴别区。1968 年 8 月复改巴别公社。1984 年改巴别乡。2019 年属百色市田阳区。因驻地巴别圩得名。巴别，壮语 Baqbied，“巴 baq”指土坡，“别 bied”指别妹草（当地一种野草）。因圩址原为多长别妹草的山坡，故名。处石山区。主要山峰有丁农山、百林山，其中丁农山海拔 1250.8 米，为田阳区境最高峰。有铁、铝土等矿产资源。经济以农业、商贸业和劳务输出为主。耕地面积 3379.92 公顷。农业主种玉米、甘蔗、油茶。有小学 2 所，乡镇卫生院 1 家。有巴别四月初八歌圩节等民俗活动。银百高速公路、坡洪—弄陇公路（307 省道）、巴别—三坡公路（726 乡道）等过境。

巴别乡俯瞰

巴别乡居民地一览表

村名称	驻地及街圩、自然村名称
巴别村	1 街圩：巴别圩 20 自然村：岑石、更表、念三、甘帮、桥头、百安、安内、安外、百布、多吉、陇南、王台、岑任、专上、专下、多敏、德录、甘念、甘合、德合
三坡村	14 自然村：三坡、德荣、古沙、多乐、多曲、多料、多朗、多无、三多、多寿、多敬、上敬、多班、多令
德安村	15 自然村：德莫、德麻、丁坡、定吉、东来、德林、登利、德良、安一、安二、中安、多荣、大元、念登、更阳
德弄村	10 自然村：汝那、德仰、登四、多俄、德翁、陇赖、陇折、大亮、登岁、多邦
德爱村	10 自然村：多柳、德爱、翁部、德巴、多达、岑练、登宁、多用、丁安、陇站
大录村	11 自然村：大录、大朗、东桥、多别、多列、谷秋、多眉、岑巴、巴利、岑那、金宝
大问村	2 自然村：大问、果腊
花参村	4 自然村：花参、马洪、陇麦、大江
弄朗村	7 自然村：朗下、朗上、谷刚、登有、坡烟、新兴、大令
新平村	6 自然村：和平、弄朋、甘吉、陇谷、陇有、弄朝
陇怀村	17 自然村：陇培、陇怀、陇都、都康、陇孟、陇求、陇帮、陇吉、吉朗、陇爱、陇现、陇接、昔居、多太、陇翁、陇力、陇合

续表

村名称	驻地及街圩、自然村名称
陇合村	8 自然村：陇合、陇乐、堂备、多宽、登帮、陇南、多隆、多熬
安宁村	17 自然村：安宁、堂弄、千上、千中、千下、多眉、多六、陇龙、大龙、多留、德怀、陇正、陇右、多柏、谷力、安康、陇公
合计：13 村，1 街圩 141 自然村	

巴别村居民地

巴别村 Bābié Cūn 巴别乡辖村。乡人民政府驻地。在乡境中部。东接德弄村、三坡村，南连德爱村，西邻陇合村、陇怀村，北靠新平村、弄朗村、大录村。面积 27.87 平方千米。辖巴别圩 1 街圩和岑石、更表、念三、甘帮、桥头、百安、安内、安外、百布、多吉、陇南、王台、岑任、专上、专下、多敏、德录、甘念、甘合、德合 20 自然村。村委会驻巴别圩。有 630 户 2386 人，壮族聚居。通行壮话。民国二十四年（1935）为巴别村，属保宁乡。1952 年改乡，属田阳县第四区。1955 年属巴别区。1958 年改大队，属巴别公社。1962 年改公社，属巴别区。1968 年复改大队，属巴别公社。1984 年改村，属巴别乡。因驻地巴别圩得名。巴别，壮语 Baqbied，“巴 baq”指土坡，“别 bied”指别妹草（当地一种野草）。因圩址原为多别妹草的山坡，故名。经济以农业、商贸业和劳务输出为主。耕地面积 393.84 公顷。农业主种玉米。林业主种松树、杉树等。有农历四月初八歌圩节。坡洪—弄陇公路（307 省道）、巴别—三坡公路（726 乡道）过境。

巴别村自然风光

巴别圩 Bābiéxū 巴别乡巴别村辖街圩。村委会驻地。有 115 户 443 人，壮族聚居。姓氏有黄、梁、周、李等。民国十三年（1924）建圩。巴别，壮语 Baqbied，“巴 baq”指土坡，“别 bied”指别妹草（当地一种野草）。因圩址原为多别妹草的山坡，故名。聚落呈块状。通行壮话。经济以商贸业和劳务输出为主。农业主种玉米。有农历四月初八歌圩节。坡洪—弄陇公路（307 省道）过境。

巴别圩举办农历四月初八歌圩节

岑石 Cénshí 巴别乡巴别村辖自然村。在村委会驻地东北 3.2 千米处。有 47 户 168 人，壮族聚居。姓氏有梁、李、黄等。传明洪武十三年（1380）建村。岑石，壮语 Gumzcig，“岑 gumz”指凹地，“石 cig”指绳子。因村边有一块凹地，地形直如绳子，故名。聚落呈块状。通行壮话。经济以农业和劳务输出为主。农业主种玉米。坡洪—弄陇公路（307 省道）过境。

更表 Gēngbiǎo 巴别乡巴别村辖自然村。在村委会驻地东北 2.3 千米处。有 33 户 113 人，壮族聚居。姓氏有苏、黄、杨等。传清乾隆三十七年（1772）建村。更表，壮语 Gengbiuj，“更 geng”指山坳，“表 biuj”指一种灌木。因该村所处的山坳多表木，故名。聚落呈块状。通行壮话。经济以农业和劳务输出为主。农业主种玉米。坡洪—弄陇公路（307 省道）过境。

念三 Niànsān 巴别乡巴别村辖自然村。在村委会驻地西 2 千米处。有 41 户 210 人，壮族聚居。姓氏以黄为主。传清顺治九年（1652）建村。念三，壮语 Raemxsan，“念 raemx”指水，“三 san”指交叉。因该村在泉水交叉的地方，故名。聚落呈块状。通行壮话。经济以农业和劳务输出为主。农业主种玉米。

甘帮 Gānbāng 巴别乡巴别村辖自然村。在村委会驻地西南 3.4 千米处。有 41 户 176 人，壮族聚居。姓氏有杨、岑等。传清顺治九年（1652）建村。甘邦，壮语 Gamjbangz，“甘 gamj”指门坎，“邦 bangz”指分开。因该村在两座山分岔处，屯口形似门坎，故名。聚落呈块状。通行壮话。经济以农业和劳务输出为主。农业主种玉米。

桥头 Qiáotóu 巴别乡巴别村辖自然村。在村委会驻地西南 1.5 千米处。有 50 户 194 人，壮族聚居。姓氏有黄、梁、陆等。民国三十一年（1942）建村。因该村在一座桥的桥头附近，故名。聚落呈块状。通行壮话。经济以农业和劳务输出为主。农业主种玉米。

百安 Bǎi’ ān 巴别乡巴别村辖自然村。在村委会驻地东南 1.7 千米处。有 24 户 55 人，壮族聚居。姓氏有陆、梁等。传清顺治九年（1652）建村。百安，壮语 Bakngamz，“百 bak”指口，“安 ngamz”指山坳。因该村在山坳口，故名。聚落呈块状。通行壮话。经济以农业和劳务输出为主。农业主种玉米。

安内 Ānnèi 巴别乡巴别村辖自然村。在村委会驻地西南 1.3 千米处。有 33 户 125 人，壮族聚居。姓氏有何、黄等。传清康熙二十一年（1682）建村。安内，壮语 Ngamzvaizndaw，“安 ngamz”指山坳，“内 ndaw”指里边。因该村在有南竹的山坳口里边，故名。聚落呈块状。通行壮话。经济以农业和劳务输出为主。农业主种玉米。

安外 Ānwài 巴别乡巴别村辖自然村。在村委会驻地南 1.4 千米处。有 19 户 73 人，壮族聚居。姓氏有黄、陆等。传清顺治九年（1652）建村。1967 年部分村民迁出新建百布自然村。安外，壮语 Ngamzvaizrog，“安 ngamz”指山坳，“外 vaizrog”指外边。因该村在有南竹的山坳口外边，故名。聚落呈团状。通行壮话。经济以农业和劳务输出为主。农业主种玉米。

百布 Bǎibù 巴别乡巴别村辖自然村。在村委会驻地南 1.2 千米处。有 24 户 85 人，壮族聚居。姓氏有林、黄、周等。1967 年由安外村人迁来建村。百布，壮语 Bakmboq，“百 bak”指口，“布 mboq”指泉。因该村在一口泉边，故名。聚落呈块状。通行壮话。经济以农业和劳务输出为主。农业主种玉米。

多吉 Duōjí 巴别乡巴别村辖自然村。在村委会驻地南2.3千米处。有10户35人，壮族聚居。姓氏以罗为主。据1999年版《田阳县志》载，清代已有此村，称多吉，属奉议州西区山老坡团。多吉，壮语Dieggug，“多dieg”指地，“吉gug”指角落。因该村在弄场角，故名。聚落呈块状。通行壮话。经济以农业和劳务输出为主。农业主种玉米。

陇南 Lǒngnán 巴别乡巴别村辖自然村。在村委会驻地东北1.9千米处。有11户44人，壮族聚居。姓氏有梁、黄等。1952年建村。陇南，壮语Runghnamh，“陇rungh”指弄场、石山间平地，“南namh”指泥土。因该村在土质的弄场，故名。聚落呈块状。通行壮话。经济以农业和劳务输出为主。农业主种玉米。

王台 Wángtái 巴别乡巴别村辖自然村。在村委会驻地东北2.8千米处。有27户98人，壮族聚居。姓氏以黄为主。传清康熙五十一年（1712）建村。1954年有部分村民迁出另建居民点。王台，壮语Vuengzdaiz，“王vuengz”指皇帝，“台daiz”指高台。因该村在弄场边一处地形似古代皇帝端坐的高台上边，故名。聚落呈块状。通行壮话。经济以农业和劳务输出为主。农业主种玉米。

岑任 Cénrèn 巴别乡巴别村辖自然村。在村委会驻地西北4.2千米处。有6户28人，壮族聚居。姓氏有黄、莫等。1954年从王台自然村迁来建居，时仍为王台自然村的其中一个居民点，后发展扩大，1990年与王台自然村分开，定名为岑任。岑任，壮语Gumzyaenq，“岑gumz”指凹地，“任yaenq”指图章。因村前有块凹地形似图章，故名。聚落呈块状。通行壮话。经济以农业和劳务输出为主。农业主种玉米。

专上 Zhuānshàng 巴别乡巴别村辖自然村。在村委会驻地东2.5千米处。有21户66人，壮族聚居。姓氏有农、雷等。传清乾隆三十七年（1772）建村。专上，壮语Conqgenz，“专conq”指松鼠，“上genz”指上方。因该村所在弄场有松鼠出没，又在弄场上方，故名。聚落呈块状。通行壮话。经济以农业和劳务输出为主。农业主种玉米。

专下 Zhuānxià 巴别乡巴别村辖自然村。在村委会驻地东3千米处。有19户56人，壮族聚居。姓氏有杨、韦、农等。传清乾隆三十七年（1772）建村。专下，壮语Conqlaj，“专conq”指松鼠，“下laj”指下方。因该村所在弄场的石山有松鼠出没，又在弄场的下方，故名。聚落呈块状。通行壮话。经济以农业和劳务输出为主。农业主种玉米。

多敏 Duōmǐn 巴别乡巴别村辖自然村。在村委会驻地东 3.1 千米处。有 10 户 37 人，壮族聚居。姓氏以黄为主。传清嘉庆七年（1802）建村。多敏，壮语 Diegmbwnj，“多 dieg”指地，“敏 mbwnj”指涌冒。因该村建在有泉水冒出的岽场，故名。聚落呈块状。通行壮话。经济以农业和劳务输出为主。农业主种玉米。巴别—三坡公路（726 乡道）过境。

德录 Délù 巴别乡巴别村辖自然村。在村委会驻地东南 1.7 千米处。有 41 户 148 人，壮族聚居。姓氏有梁、周、黄等。传清康熙五十一年（1712）建村。德录，壮语 Diegrug，“德 dieg”指地，“录 rug”指房间。因该村在一处形像房间的地方，故名。聚落呈块状。通行壮话。经济以农业和劳务输出为主。农业主种玉米。巴别—三坡公路（726 乡道）过境。

甘念 Gānniàn 巴别乡巴别村辖自然村。在村委会驻地东南 0.7 千米处。有 19 户 77 人，壮族聚居。姓氏有梁、黄、罗等。传清嘉庆七年（1802）建村。甘念，壮语 Gamjraemx，“甘 gamj”指岩洞，“念 raemx”指水。因该村在有水的岩洞旁，故名。聚落呈块状。通行壮话。经济以农业和劳务输出为主。农业主种玉米。坡洪—弄陇公路（307 省道）过境，巴别—三坡公路（726 乡道）起点。

甘合 Gānhé 巴别乡巴别村辖自然村。在村委会驻地北 0.83 千米处。有 12 户 48 人，壮族聚居。姓氏有黄、吕、赵等。传清乾隆七年（1742）建村。甘合，壮语 Gamjhoemq，“甘 gamj”指岩洞，“合 hoemq”指盖着。因该村所在的岽场形似被盖着的岩洞，故名。聚落呈块状。通行壮话。经济以农业和劳务输出为主。农业主种玉米。林业主种松树、杉树等。

德合 Déhé 巴别乡巴别村辖自然村。在村委会驻地西北 2.2 千米处。有 27 户 107 人，壮族聚居。姓氏有黄、言、岑、罗、杨等。传清乾隆七年（1742）建村。德合，壮语 Daetok，“德 daet”指断，“合 ok”指出。因该村在一座断出去的山边，故名。聚落呈块状。通行壮话。经济以农业和劳务输出为主。农业主种玉米。

三坡村居民地

三坡村 Sānpō Cūn 巴别乡辖村。在乡境南部。驻地在乡人民政府驻地东南 7.8 千米处。东接德安村，南连德保县那甲镇林祥村、巴头乡登星村，西邻德爱村、巴别村，北靠德弄村。面积 12.05 平方千米。辖三坡、德荣、古沙、多乐、多曲、多料、多朗、多无、三多、多寿、多敬、上敬、多班、多令 14 自然村。村委会驻三坡。有 542 户 1913 人，壮族聚居。通行壮话。民族聚居。姓氏有黄、刘等。建村时间待考。多寿，壮语 Diegsaeux，“多 dieg”指地，“寿 saeux”指贫瘠。因该村在多石的弄场，土地贫瘠，故名。聚落呈块状。通行壮话。经济以农业和劳务输出为主。农业主种玉米。

多敬 Duōjìng 巴别乡三坡村辖自然村。在村委会驻地东南 4.6 千米处。有 41 户 139 人，壮族聚居。姓氏有赵、李、闭等。传明正德十四年（1519）建村。多敬，壮语 Dieggengz，“多 dieg”指地，“敬 gengz”指斜坡。因该村建在斜坡上，故名。聚落呈块状。通行壮话。经济以农业和劳务输出为主。农业主种玉米。

上敬 Shàngjìng 巴别乡三坡村辖自然村。在村委会驻地东南 1.4 千米处。有 45 户 176 人，壮族聚居。姓氏有罗、农等。因该村在多敬屯上方，故名。聚落呈块状。通行壮话。经济以农业和劳务输出为主。农业主种玉米。

多班 Duōbān 巴别乡三坡村辖自然村。在村委会驻地东南 2 千米处。有 62 户 221 人，壮族聚居。姓氏有罗、黄、李等。据 1999 年版《田阳县志》载，清代已有此村，称多班，属奉议州西区山老坡团。多班，壮语 Diegbaen，“多 dieg”指地，“班 baen”指分摊。因该村是从附近村庄分散迁来，故名。聚落呈块状。通行壮话。经济以农业和劳务输出为主。农业主种玉米、甘蔗等。

多令 Duōlìng 巴别乡三坡村辖自然村。在村委会驻地西 4.2 千米处。有 16 户 50 人，壮族聚居。姓氏有杨、黄等。传明洪武元年（1368）建村。多令，壮语 Dieglaenh，“多 dieg”指地，“令 laenh”指花梨木。因该村在有花梨木的弄场，故名。聚落呈团状。通行壮话。经济以农业和劳务输出为主。农业主种玉米。巴别—三坡公路（726 乡道）过境。

德安村居民地

德安村 Dé’ān Cūn 巴别乡辖村。在乡境东南部。驻地在乡人民政府驻地东南 9.4 千米处。东接德保县那甲镇念凌村、马道村，南连德保县那甲镇林祥村，西邻三坡村，北靠德弄村和坡洪镇新建村、新景村。面积 13.19 平方千米。辖德莫、德麻、丁坡、定吉、东来、德林、登利、德良、安一、安二、中安、多荣、大元、念登、更阳 14 自然村。村委会驻德莫。有 511 户 1887 人，壮族聚居。通行壮话。民国二十四年（1935）为老坡乡辖地。1952 年德林、德麻、大安 3 村合设德安乡，以“两德一安”取名，属田阳县第四区。1955 年属巴别区。1958 年改大队，属巴别公社。1962 年改公社，属巴别区。1968 年复改大队，属巴别公社。1984 年改村，属巴别乡。主要山峰有公丈山、登谷山，海拔分别为 1016.2 米和 1014.4 米。经济以农业和劳务输出为主。耕地面积 267.65 公顷。农业主种玉米、大豆等。银百高速公路过境。

德莫 Démò 巴别乡德安村辖自然村。村委会驻地。有 34 户 126 人，壮族聚居。姓氏有李、覃等。传清道光十二年（1832）建村。德莫，壮语 Daekmoz，“德 daek”指跌，“莫 moz”指黄牛。因村边大溶洞常有黄牛跌死，故名。聚落呈团状。通行壮话。经济以农业和劳务输出为主。农业主种玉米、大豆等。

德麻 Démá 巴别乡德安村辖自然村。在村委会驻地西 0.55 千米处。有 38 户 142 人，壮族聚居。姓氏有黎、李等。传清道光十七年（1837）建村。德麻，壮语 Daekmat，“德 daek”指地，“麻 mat”指偏。传村前有一座山，因仙人生气而坐偏了，故名。聚落呈块状。通行壮话。经济以农业和劳务输出为主。农业主种玉米、大豆等。

丁坡 Dīngpō 巴别乡德安村辖自然村。在村委会驻地北 0.85 千米处。有 27 户 90 人，壮族聚居。姓氏有覃、黄、陆等。传清道光十二年（1832）建村。丁坡，壮语 Dingjbo，“丁 dingj”指山顶，“坡 bo”指山坡。因该村建在小山顶上，故名。聚落呈块状。通行壮话。经济以农业和劳务输出为主。农业主种玉米、大豆等。

定吉 Dìngjí 巴别乡德安村辖自然村。在村委会驻地西北 1.3 千米处。有 15 户 46 人，壮族聚居。姓氏有黄、覃等。传清道光十二年（1832）建村。定吉，壮语 Dingjdeih，“定 dingj”指帽顶，“吉 deih”指底部。因该村在一座形似帽顶的山脚，故名。聚落呈团状。通行壮话。经济以农业和劳务输出为主。农业主种玉米、大豆等。

东来 Dōnglái 巴别乡德安村辖自然村。在村委会驻地西北 1.5 千米处。有 35 户 140 人，壮族聚居。姓氏有韦、覃、农等。传清雍正十三年（1735）建村。东来，壮语 Daemxhoiq，“东 daemx”指位置，“来 hoiq”指打铁声。因该村在山坡，原有几家铁铺，常有打铁声，故名。聚落呈块状。通行壮话。经济以农业和劳务输出为主。农业主种玉米、大豆等。

德林 Délín 巴别乡德安村辖自然村。在村委会驻地北 1.6 千米处。有 36 户 128 人，壮族聚居。姓氏有杨、罗、岑等。传清乾隆元年（1736）建村。德林，含义有两说。一说为壮语 Daekrin 音译，“德 daek”指断、折，“林 rin”指石头，因该村建在石山断开的地方，故名。一

汝那 Rǔnà 巴别乡德弄村辖自然村。村委会驻地。有 23 户 86 人，壮族聚居。姓氏有赵、李、黄、梁等。1954 年建村。汝那，壮语 Gwnznaz，“汝 gwnz”指上面，“那 naz”指水田。因该村在水田边上，故名。聚落呈团状。通行壮话。经济以农业和劳务输出为主。农业主种玉米、水稻。

德仰 Déyǎng 巴别乡德弄村辖自然村。在村委会驻地南 0.55 千米处。有 9 户 25 人，壮族聚居。姓氏以赵为主。传清乾隆七年（1742）建村。德仰，壮语 Daekyangh，“德 daek”指地，“仰 yangh”指毛虫。因村址周边多毛虫，故名。聚落呈块状。通行壮话。经济以劳务输出为主。农业主种玉米。林业主种杈树、杂树等。

登四 Dēngsì 巴别乡德弄村辖自然村。在村委会驻地西北 0.25 千米处。有 9 户 36 人，壮族聚居。姓氏有李、宁、麻等。传清乾隆七年（1742）建村。登四，壮语 Daemxseiq，“登 daemx”指位置，“四 seiq”指第四层。因该村在弄场第四层山坡上，故名。聚落呈带状。通行壮话。经济以农业和劳务输出为主。农业主种玉米。

多俄 Duō’é 巴别乡德弄村辖自然村。在村委会驻地西北 1 千米处。有 30 户 114 人，壮族聚居。姓氏有黄、覃等。传清康熙五十一年（1712）建村。多俄，壮语 Dieg'nga，“多 dieg”指地，“俄 nga”指分岔。因该村在一个分岔的弄场边，故名。聚落呈带状。通行壮话。经济以农业和劳务输出为主。农业主种玉米。

德翁 Déwēng 巴别乡德弄村辖自然村。在村委会驻地西南 1.5 千米处。有 9 户 26 人，壮族聚居。姓氏有韦、杨等。传清嘉庆十年（1805）建村。德翁，壮语 Daekoengq，“德 daek”指地，“翁 oengq”指罈子。因该村在形似一个瓦罈子的弄场里，故名。聚落呈带状。通行壮话。经济以农业和劳务输出为主。农业主种玉米。

陇赖 Lǒnglài 巴别乡德弄村辖自然村。在村委会驻地西 0.9 千米处。有 16 户 82 人，壮族聚居。姓氏以杨为主。传清嘉庆七年（1802）建村。陇赖，壮语 Runghraih，“陇 rungh”指弄场、石山间平地，“赖 raih”指一种乔木。因该村在长有“赖”木的弄场里，故名。聚落呈块状。通行壮话。经济以农业和劳务输出为主。农业主种玉米。

陇拆 Lǒngchāi 巴别乡德弄村辖自然村。在村委会驻地西 1.5 千米处。有 27 户 103 人，壮族聚居。姓氏以杨为主。传清乾隆三十七年（1772）建村。陇拆，壮语 Runghcek，“陇 rungh”

指弄场、石山间平地，“拆 cek”指破开。因该村建在一个形似破开的弄场里，故名。聚落呈块状。通行壮话。经济以农业和劳务输出为主。农业主种玉米。

大亮 Dàliàng 巴别乡德弄村辖自然村。在村委会驻地东北 1.1 千米处。有 26 户 124 人，壮族聚居。姓氏有黄、陆等。传清乾隆七年（1742）建村。大亮，壮语 Deihhongh，“大 deih”指地，“亮 hongh”指狭长。因该村在山间较狭长的地带，故名。聚落呈块状。通行壮话。经济以农业和劳务输出为主。农业主种玉米。

登岁 Dēngsuì 巴别乡德弄村辖自然村。在村委会驻地东 1.2 千米处。有 15 户 52 人，壮族聚居。姓氏以黄为主。传清乾隆七年（1742）建村。登岁，壮语 Daemxcaez，“登 daemx”指位置，“岁 caez”指迟。因该村在一个日照较迟的山坡上，故名。聚落呈块状。通行壮话。经济以农业和劳务输出为主。农业主种玉米。

多邦 Duōbāng 巴别乡德弄村辖自然村。在村委会驻地东南 2.24 千米处。有 20 户 68 人，壮族聚居。姓氏有李、苏、黄等。传清康熙二十一年（1682）建村。多邦，壮语 Diegndangq，“多 dieg”指地，“邦 ndangq”，指疮疤。因村旁山崖的斑点形似疮疤，故名。聚落呈块状。通行壮话。经济以农业和劳务输出为主。农业主种玉米。

德爱村居民地

德爱村 Dé' ài Cūn 巴别乡辖村。在乡境南部。驻地在乡人民政府驻地南 2.9 千米处。东接三坡村，南连德保县巴头乡登星村、多作村，西邻陇合村，北靠巴别村。面积 12.56 平方千米。辖多柳、德爱、翁部、德巴、多达、岑练、登宁、多用、丁安、陇站 10 自然村。村委会驻多柳。有 404 户 1421 人，壮族聚居。通行壮话。民国二十四年（1935）为多德、多爱 2 村，属老坡乡。1952 年设德爱乡，取多德、多爱 2 村各一字得名，属田阳县第四区。1955 年属巴别区。1958 年改大队，属巴别公社。1962 年改公社，属巴别区。1968 年复改大队，属巴别公社。1984 年改村，属巴别乡。主要山峰有登岭山、坡盖山。经济以农业和劳务输出为主。耕地面积 238.67 公顷。农业主种玉米。

多柳 Duōliǔ 巴别乡德爱村辖自然村。村委会驻地。有 64 户 230 人，壮族聚居。姓氏有黄、罗等。传清乾隆七年（1742）建村。多柳，壮语 Dieglouh，“多 dieg”指地，“柳 louh”指陷落。因该村地势较高，地面时常陷落，故名。聚落呈块状。通行壮话。经济以农业和劳务输出为主。

农业主种玉米。

多柳一隅

德爱 Dé' ài 巴别乡德爱村辖自然村。在村委会驻地西南 0.5 千米处。有 68 户 243 人，壮族聚居。姓氏有周、黄等。传清康熙二十一年（1682）建村。德爱，壮语 Diegngaih，“德 dieg”指地，“爱 ngaih”指阻塞。因该村地处石山区，交通阻塞，故名。聚落呈带状。通行壮话。经济以农业和劳务输出为主。农业主种玉米。

翁部 Wēngbù 巴别乡德爱村辖自然村。在村委会驻地西南 2.6 千米处。有 64 户 217 人，壮族聚居。姓氏有周、罗等。传清康熙二十一年（1682）建村。翁部，壮语 Ndoengbouh，“翁 ndoeng”指上坡路，“部 bouh”指休息。因该村地势低凹，村民出入要爬坡，每次村民走到坡顶都要休息，故名。聚落呈块状。通行壮话。经济以农业和劳务输出为主。农业主种玉米。

德巴 Débā 巴别乡德爱村辖自然村。在村委会驻地东北 0.6 千米处。有 18 户 63 人，壮族聚居。姓氏以黄为主。传清康熙二十一年（1682）建村。德巴，壮语 Diegbaq，“德 dieg”指位置，“巴 baq”指荒地。因该村始建在一片荒地上，故名。聚落呈块状。通行壮话。经济以农业和劳务输出为主。农业主种玉米。

多达 Duōdá 巴别乡德爱村辖自然村。在村委会驻地东南2.1千米处。有46户148人，壮族聚居。姓氏有周、许等。据1999年版《田阳县志》载，清代已有此村，称“多达”，属奉议州西区山老坡团。多达，壮语Dieglak，“多dieg”指地，“达lak”指香菇。因该村周边多野生香菇，故名。聚落呈块状。通行壮话。经济以农业和劳务输出为主。农业主种玉米。

岑练 Cénliàn 巴别乡德爱村辖自然村。在村委会驻地东2.3千米处。有25户74人，壮族聚居。姓氏以陆为主。传清康熙二十一年（1682）建村。岑练，壮语Gumzlinh，“岑gumz”指凹地，“练linh”指穿山甲。传村址曾是穿山甲经常出没的地方，故名。聚落呈块状。通行壮话。经济以农业和劳务输出为主。农业主种玉米。

登宁 Dēngníng 巴别乡德爱村辖自然村。在村委会驻地东1.9千米处。有25户89人，壮族聚居。姓氏有陆、罗等。传清同治十二年（1873）建村。登宁，壮语Daengqmaengh，“登daengq”指凳子，“宁maengh”指坐。因村址背靠大山，村处山坡平坦处，形似建在座椅上，故名。聚落呈块状。通行壮话。经济以农业和劳务输出为主。农业主种玉米。

多用 Duōyòng 巴别乡德爱村辖自然村。在村委会驻地东偏北2.4千米处。有38户145人，壮族聚居。姓氏有梁、罗等。传清嘉庆二十五年（1820）建村。多用，壮语Deihnyumq，“多deih”指地，“用nyumq”指窝、凹。因村在四周是石山的凹地里，故名。聚落呈块状。通行壮话。经济以农业和劳务输出为主。农业主种玉米。

丁安 Dīng’ān 巴别乡德爱村辖自然村。在村委会驻地西南0.8千米处。有20户67人，壮族聚居。姓氏以黄为主。1953年建村。丁安，壮语Dingj’an，“丁dingj”指山顶，“安an”指马鞍。因该村在两山顶间，形像马鞍，故名。聚落呈块状。通行壮话。经济以农业和劳务输出为主。农业主种玉米。

陇站 Lǒngzhàn 巴别乡德爱村辖自然村。在村委会驻地东南2千米处。有36户145人，壮族聚居。姓氏以黄为主。传清康熙二十一年（1682）建村。陇站，壮语Runghcamh，“陇rungh”指岽场、山间平地，“站camh”指搭桥。因该村岽场有一条深沟，需砍树搭桥而过，故名。聚落呈块状。通行壮话。经济以农业和劳务输出为主。农业主种玉米。

大录村居民地

大录村 Dàlù Cūn 巴别乡辖村。在乡境东部。驻地在乡人民政府驻地东北 5.3 千米处。东接坡洪镇古美村、新建村，南连德弄村，西邻巴别村、弄朗村，北靠花参村和坡洪镇五合村。面积 21.1 平方千米。辖大录、大朗、东桥、多别、多列、谷秋、多眉、岑巴、巴利、岑那、金宝 11 自然村。村委会驻大录。有 505 户 1912 人，壮族聚居。通行壮话。民国二十四年（1935）为大禄村，属保宁乡。1952 年改乡，属田阳县第四区。1955 年属巴别区。1958 年改大队，属巴别公社。1962 年改公社，属巴别区。1968 年复改大队，属巴别公社。1984 年改村，属巴别乡。因驻地大录而得名。大录，原名大禄，壮语 Deihruz，“大 deih”指地、地方，“录、禄 ruz”指船。因村处船形弄场里，故名。主要山峰有坡大山、大朗山。耕地面积 330.72 公顷。经济以农业和劳务输出为主。农业主种玉米。坡洪—弄陇公路（307 省道）过境。

大录 Dàlù 巴别乡大录村辖自然村。村委会驻地。有 143 户 527 人，壮族聚居。姓氏有苏、农、黄等。传始建于清嘉庆年间（1796—1820），原名大禄，后简写为“大录”。大录、大禄，壮语 Deihruz，“大 deih”指地、地方，“录、禄 ruz”指船。因村处船形弄场里，故名。聚落呈块状。通行壮话。经济以农业和劳务输出为主。农业主种玉米。

大朗 Dàlǎng 巴别乡大录村辖自然村。在村委会驻地东南 1.6 千米处。有 70 户 275 人，壮族聚居。姓氏有黄、罗、莫等。传清康熙五十一年（1712）建村。大朗，又写作“大郎”，壮语 Diegraz，“大 dieg”指长，“朗、郎 raz”指猪槽。因村处形似猪槽的弄场里，故名。聚落呈块状。通行壮话。经济以农业和劳务输出为主。农业主种玉米。坡洪—弄陇公路（307 省道）过境。

东桥 Dōngqiáo 巴别乡大录村辖自然村。在村委会驻地南 1.4 千米处。有 38 户 145 人，壮族聚居。姓氏有黄、杨、潘等。传清道光元年（1821）建村。东桥，壮语 Doengjgiuz，“东 doengj”指桶，“桥 giuz”指桥。因该村在像桥桶的地方，故名。聚落呈带状。通行壮话。经济以农业和劳务输出为主。农业主种玉米。坡洪—弄陇公路（307 省道）过境。

多别 Duōbié 巴别乡大录村辖自然村。在村委会驻地东南 2.3 千米处。有 30 户 103 人，壮族聚居。姓氏有黄、杨、李等。传清乾隆七年（1742）建村。多别，壮语 Deihbied，“多 deih”指地，“别 bied”指分出。因该村是从附近的村屯分出来的，故名。聚落呈块状。通行壮话。经济以农业和劳务输出为主。农业主种玉米。

多列 Duōliè 巴别乡大录村辖自然村。在村委会驻地东南 3.6 千米处。有 49 户 178 人，壮族聚居。姓氏有黄、陆、李等。传清乾隆七年（1742）建村。多列，壮语 Deihlez，“多 deih”指地，“列 lez”指打猎。因该村处深山里，常有野兽出没，是打猎的好地方，故名。聚落呈块状。通行壮话。经济以农业和劳务输出为主。农业主种玉米。

谷秋 Gǔqiū 巴别乡大录村辖自然村。在村委会驻地西南 1.5 千米处。有 13 户 43 人，壮族聚居。姓氏有黄、蒙、杨等。传清嘉庆十一年（1806）建村。谷秋，壮语 Goekcaeuz，“谷 goek”指树根，“秋 caeuz”指楸树。因该村在长有楸树的岽场，故名。聚落呈块状。通行壮话。经济以农业和劳务输出为主。农业主种玉米。

多眉 Duōméi 巴别乡大录村辖自然村。在村委会驻地西南 1.8 千米处。有 8 户 34 人，壮族聚居。姓氏有蒙、杨等。传清嘉庆十一年（1806）建村。多眉，壮语 Deihmwt，“多 deih”指地，“眉 mwt”指尖刀。因该村建在形似尖刀的岽场里，故名。聚落呈散状。通行壮话。经济以农业和劳务输出为主。农业主种玉米。

岑巴 Cénbā 巴别乡大录村辖自然村。在村委会驻地西 1.7 千米处。有 42 户 157 人，壮族聚居。姓氏有林、陆、黄等。传嘉庆十一年（1806）建村。岑巴，壮语 Gumzbyaz，“岑 gumz”指凹地，“巴 byaz”指麻疯草。因该村在长有麻疯草的凹地里，故名。聚落呈团状。通行壮话。经济以农业和劳务输出为主。农业主种玉米。

巴利 Bālì 巴别乡大录村辖自然村。在村委会驻地西北 1.7 千米处。有 36 户 146 人，壮族聚居。姓氏有李、覃等。传清道光元年（1821）建村。巴利，壮语 Baqrij，“巴 baq”指荒地，“利 rij”指溪。因该村始建在溪边的荒地上，故名。聚落呈块状。通行壮话。经济以农业和劳务输出为主。农业主种玉米。

岑那 Cénnà 巴别乡大录村辖自然村。在村委会驻地北 1.5 千米处。有 28 户 117 人，壮族聚居。姓氏有覃、苏、李等。传清嘉庆十一年（1806）建村。岑那，壮语 Gumznaz，“岑 gumz”指凹地，“那 naz”指田。因该村坐落在一片凹田的旁边，故名。聚落呈块状。通行壮话。经济以农业和劳务输出为主。农业主种玉米。

金宝 Jīnbǎo 巴别乡大录村辖自然村。在村委会驻地东北 1.5 千米处。有 48 户 187 人，壮族聚居。姓氏有周、农、苏、李、梁、林等。传清道光十二年（1832）建村。金宝，壮语

Gumzbauh，“金 gumz”指凹，“宝 bauh”指铇子。因该村建在形似铇子的弄场，故名。聚落呈块状。通行壮话。经济以农业和劳务输出为主。农业主种玉米。

大问村居民地

大问村 Dàwèn Cūn 巴别乡辖村。在乡境东北部。驻地在乡人民政府驻地东北 10 千米处。东接坡洪镇五合村，南连花参村和坡洪镇五合村，西邻花参村，北靠洞靖镇百林村。面积 6.17 平方千米。辖大问、果腊 2 自然村。村委会驻大问。有 232 户 954 人，壮族聚居。通行壮话。民国二十四年（1935）为大问村，属保宁乡。1952 年改乡，属田阳县第四区。1955 年属巴别区。1958 年改大队，属巴别公社。1962 年改公社，属巴别区。1968 年复改大队，属巴别公社。1980 年析出花参大队。1984 年改村，属巴别乡。因驻地大问而得名。大问，壮语 Dahvaemh，“大 dah”指河，“问 vaemh”指看不见。因此地有看不见的地下暗河，故名。主要山峰有高山、坡丁兰。经济以农业和劳务输出为主。耕地面积 160.81 公顷。农业主种玉米。

大问 Dàwèn 巴别乡大问村辖自然村。村委会驻地。有 180 户 742 人，壮族聚居。姓氏有罗、黄、许、李、雷、梁、农等。传清康熙年间（1662—1722）建村。大问，壮语 Dahvaemh，“大 dah”指河，“问 vaemh”指看不见。因该村有看不见的地下暗河，故名。聚落呈带状。通行壮话。经济以农业和劳务输出为主。农业主种玉米。

果腊 Guǒlà 巴别乡大问村辖自然村。在村委会驻地西南 2.1 千米处。有 52 户 212 人，壮族聚居。姓氏有刘、黄、罗、陶、农等。传清康熙年间（1662—1722）建村。果腊，壮语 Gorap，指扁担。因该村两边是弄场，村庄就像一条扁担挑起两边的弄场，故名。聚落呈带状。通行壮话。经济以农业和劳务输出为主。农业主种玉米。

花参村居民地

花参村 Huācān Cūn 巴别乡辖村。在乡境东北部。驻地在乡人民政府驻地北 9 千米处。东接大问村和洞靖镇百林村、坡洪镇五合村，南连大录村，西邻弄朗村和洞靖镇弄岩村，北靠洞靖镇弄岩村、百林村。面积 10.3 平方千米。辖花参、马洪、陇麦、大江 4 自然村。村委会驻花参。有 306 户 1121 人，壮族聚居。通行壮话。原属巴别公社大问大队辖地。1980 年析置花参大队，属巴别公社。1984 年改村，属巴别乡。因驻地花参得名。花参，壮语 Vagyam，“花 va”指斑纹，“参 gyam”指髻簪。因该村后山有红、蓝、白各样斑纹，远望形似妇女的髻簪，故名。

主要山峰有地本山、顶陆山。有国家级非物质文化遗产“布洛陀”口传史诗。经济以农业和劳务输出为主。耕地面积171.18公顷。农业主种玉米。

花参 Huācān 巴别乡花参村辖自然村。村委会驻地。有110户425人，壮族聚居。姓氏有罗、黄、岑、梁等。传清康熙年间（1662—1722）建村。花参，壮语Vagyam，“花va”指斑纹，“参gyam”指髻簪。因该村后山有红、蓝、白各样斑纹，远望形似妇女的髻簪，故名。聚落呈块状。通行壮话。经济以农业和劳务输出为主。农业主种玉米。

马洪 Mǎhóng 巴别乡花参村辖自然村。在村委会驻地南1.4千米处。有117户414人，壮族聚居。姓氏有覃、林、罗、李、黄等。传清顺治十八年（1661）建村。马洪，壮语Maxhongz，“马max”指马，“洪hongz”指发出响声、马叫。传该村后山岩突然炸裂迸出一匹马，到处奔跑、嘶叫，故名。聚落呈块状。通行壮话。经济以农业和劳务输出为主。农业主种玉米。

陇麦 Lǒngmài 巴别乡花参村辖自然村。在村委会驻地西北1.8千米处。有29户111人，壮族聚居。姓氏有农、赵等。传清道光十二年（1832）建村。陇麦，壮语Runghmeg，“陇rungh”指弄场、石山间平地，“麦meg”指三角麦（学名荞麦）。因该村在有三角麦的弄场，故名。聚落呈块状。通行壮话。经济以农业和劳务输出为主。农业主种玉米。

大江 Dàjiāng 巴别乡花参村辖自然村。在村委会驻地北1.8千米处。有50户171人，壮族聚居。姓氏有李、岑、罗、黄、言、周、赵等。传清嘉庆七年（1802）建村。大江，壮语Goekmaenj，“大goek”指地，“江maenj”指李果。因以前该村周边多李子树，故名。聚落呈块状。通行壮话。经济以农业和劳务输出为主。农业主种玉米。

弄朗村居民地

弄朗村 Lònglǎng Cūn 巴别乡辖村。在乡境北部。驻地在乡人民政府驻地北7.6千米处。东接花参村，南连大录村、巴别村、新平村，西邻洞靖镇桥业村，北靠洞靖镇弄岩村。面积8.85平方千米。辖朗下、朗上、谷刚、登有、坡烟、新兴、大令7自然村。村委会驻朗下。有341户1229人，壮族聚居。通行壮话。民国二十四年（1935）为弄朗村，属保宁乡。1952年改乡，属田阳县第四区。1955年属巴别区。1958年改大队，属巴别公社。1962年改公社，属巴别区。1968年复改大队，属巴别公社。1984年改村，属巴别乡。因驻弄朗（今朗下、朗上）而得名。弄朗，壮语Runghndangq，“弄rungh”指弄场、石山间平地，“朗ndangq”指斑色。因该村建在有不同颜色土壤的弄场里，故名。主要山峰有岩美山、安猛山。经济以农业和劳务输出为主。耕地面积 237.98 公顷。农业主种玉米。

朗下 Lǎngxià 巴别乡弄朗村辖自然村。村委会驻地。有 69 户 250 人，壮族聚居。姓氏有苏、凌、农等。传清顺治九年（1652）建村。原与朗上屯统称弄朗或陇朗，“弄、陇 rungh”指弄场、石山间平地，“朗 ndangq”指斑色。因建村在有不同颜色土壤的弄场里而得名。后村屯扩大，按地理方位划分为上下 2 屯，该村在弄场下方，故称弄朗下屯，简称朗下。聚落呈块状。通行壮话。经济以农业和劳务输出为主。农业主种玉米。

朗上 Lǎngshàng 巴别乡弄朗村辖自然村。在村委会驻地东南 0.2 千米处。有 63 户 208 人，壮族聚居。姓氏有凌、罗、苏等。传清顺治九年（1652）建村。原与朗下屯统称弄朗或陇朗，“弄、陇 rungh”指弄场、石山间平地，“朗 ndangq”指斑色。因建村在有不同颜色土壤的弄场里而得名。后村屯扩大，按地理方位划分为上下 2 屯，该村在弄场上方，故称弄朗上屯，简称朗上。聚落呈块状。通行壮话。经济以农业和劳务输出为主。农业主种玉米。

谷刚 Gǔgāng 巴别乡弄朗村辖自然村。在村委会驻地东 0.6 千米处。有 31 户 108 人，壮族聚居。姓氏有苏、李等。传清乾隆三十七年（1772）建村。谷刚，壮语 Goekgang，“谷 goek”指根，“刚 gang”指刚竹。因该村建在多刚竹的坡地上，故名。聚落呈块状。通行壮话。经济以农业和劳务输出为主。农业主种玉米。

登有 Dēngyǒu 巴别乡弄朗村辖自然村。在村委会驻地东 1.3 千米处。有 34 户 136 人，壮族聚居。姓氏以农为主。传清嘉庆七年（1802）建村。登有，壮语 Daemxnyouz，“登 daemx”指坡地，“有 nyouz”指马鬃。因从前村后山坡生长的茅草形似马鬃，故名。聚落呈块状。通行壮话。经济以农业和劳务输出为主。农业主种玉米。

坡烟 Pōyān 巴别乡弄朗村辖自然村。在村委会驻地北 0.7 千米处。有 45 户 158 人，壮族聚居。姓氏有陆、李、农等。传清顺治九年（1652）建村。坡烟，壮语 Bo' ien，“坡 bo”指山坡，“烟 ien”指烟叶。因以前村后山坡多烟叶，故名。聚落呈块状。通行壮话。经济以农业和劳务输出为主。农业主种玉米。

新兴 Xīnxīng 巴别乡弄朗村辖自然村。在村委会驻地西 1.8 千米处。有 56 户 200 人，壮族聚居。姓氏有杨、罗、苏等。1965 年由更新人迁来建村，以兴建新村庄之意取名“新兴”。聚落呈块状。通行壮话。经济以农业和劳务输出为主。农业主种玉米。

大令 Dàlìng 巴别乡弄朗村辖自然村。在村委会驻地东南 1.7 千米处。有 43 户 169 人，壮族聚居。姓氏有李、许、农等。传清道光十二年（1832）建村。大令，壮语 Diegrengh，“大 dieg”指地，“令 rengh”指连接。因该村建在由几个石山连接形成的山间平地上，故名。聚落呈块状。通行壮话。经济以农业和劳务输出为主。农业主种玉米。

新平村居民地

新平村 Xīnpíng Cūn 巴别乡辖村。在乡境北部。驻地在乡人民政府驻地西北 6.7 千米处。东接弄朗村、巴别村，南连巴别村、陇怀村，西邻陇怀村和洞靖镇天德村、德乐村，北靠弄朗村和洞靖镇桥业村。面积 11.27 平方千米。辖和平、弄朋、甘吉、陇谷、陇有、弄朝 6 自然村。村委会驻和平。有 379 户 1381 人，壮族聚居。通行壮话。民国二十四年（1935）为甘吉村，属保宁乡。1952 年设和平乡，因驻和平而得名，属田阳县第四区。1954 年因与那满公社和平乡重名，取“新的和平乡”之意改新平乡。1955 年属巴别区。1958 年改大队，属巴别公社。1962 年改公社，属巴别区。1968 年复改大队，属巴别公社。1984 年改村，属巴别乡。主要山峰有鞍马山、岜望山。经济以农业和劳务输出为主。耕地面积 211.87 公顷。农业主种玉米、甘蔗等。

和平 Hépíng 巴别乡新平村辖自然村。村委会驻地。有 83 户 283 人，壮族聚居。姓氏有陆、苏、凌、满、罗、岑、农等。清宣统三年（1911）建村。和平，壮语 Mboqbingz，“和 mboq”指泉，“平 bingz”指平坦。因建村在地势平坦且有一口泉的地方，故名。又因其是新平村驻地，亦称新平屯。聚落呈块状。通行壮话。经济以农业和劳务输出为主。农业主种玉米、甘蔗等。

弄朋 Lòngpéng 巴别乡新平村辖自然村。在村委会驻地南 0.93 千米处。有 92 户 344 人，壮族聚居。姓氏有黄、岑等。传清康熙二十六年（1687）建村。弄朋，壮语 Runghbaengz，“弄 rungh”指峁场、石山间平地，“朋 boengz”指草棚、茅棚。因建村在峁场里，村民的房屋过去多用茅草搭建，故名。聚落呈带状。通行壮话。经济以农业和劳务输出为主。农业主种玉米、甘蔗等。

甘吉 Gānjí 巴别乡新平村辖自然村。在村委会驻地东南 1.2 千米处。有 77 户 291 人，壮族聚居。姓氏有农、岑、周、韦等。传清乾隆元年（1736）建村。甘吉，壮语 Gamjgeq，“甘 gamj”指岩洞，“吉 geq”指古老。因该村所处的地方有一个古老的岩洞，故名。聚落呈块状。

通行壮话。经济以农业和劳务输出为主。农业主种玉米、甘蔗等。

陇谷 Lǒnggǔ 巴别乡新平村辖自然村。在村委会驻地南2.8千米处。有32户113人，壮族聚居。姓氏有黄、覃、李等。传清乾隆二十四年（1759）建村。陇谷，壮语 Runghgoux，“陇 rungh”指弄场、石山间平地，“谷 goux”指乌桕树。因该村建在长有乌桕树的弄场里，故名。聚落呈块状。通行壮话。经济以农业和劳务输出为主。农业主种玉米。

陇有 Lǒngyǒu 巴别乡新平村辖自然村。在村委会驻地东北2.6千米处。有19户74人，壮族聚居。姓氏以农为主。民国三十六年（1947）从甘吉屯迁来建村。陇有，壮语 Ndoinyouq，“陇 ndoi”指树林，“有 nyouq”指一种乔木。因该村建在一片乔木林边，故名。聚落呈块状。通行壮话。经济以农业和劳务输出为主。农业主种玉米。

弄朝 Lòngcháo 巴别乡新平村辖自然村。在村委会驻地东北1.2千米处。有76户276人，壮族聚居。姓氏有岑、周、黄等。传清乾隆七年（1742）建村。弄朝，壮语 Ndoibeu，“弄 ndoi”指树林，“朝 beu”指一种竹子。因该村建在竹木成林的弄场边上，故名。聚落呈块状。通行壮话。经济以农业和劳务输出为主。农业主种玉米。

陇怀村居民地

陇怀村 Lǒnghuái Cūn 巴别乡辖村。在乡境西部。驻地在乡人民政府驻地西北5.5千米处。东接巴别村，南连陇合村、安宁村，西邻德保县巴头乡荣屯村，北靠新平村和洞靖镇天德村。面积25.18平方千米。辖陇培、陇怀、陇都、都康、陇孟、陇求、陇帮、陇吉、吉朗、陇爱、陇现、陇接、昔居、多太、陇翁、陇力、陇合17自然村。村委会驻陇培。有473户1647人，壮族聚居。通行壮话。民国二十四年（1935）为陇怀村，属保宁乡。1952年改乡，属田阳县第四区。1955年属巴别区。1958年改大队，属巴别公社。1962年改公社，属巴别区。1968年复改大队，属巴别公社。1984年改村，属巴别乡。因所辖陇怀自然村而得名。陇怀，壮语 Runghvai，“陇 rungh”指弄场、石山间平地，“怀 vai”指黄藤。陇怀因地处长有黄藤的弄场里，故名。主要山峰有陇内山、昔居后山。经济以农业和劳务输出为主。耕地面积292.75公顷。农业主种玉米。

陇培 Lǒngpéi 巴别乡陇怀村辖自然村。村委会驻地。有49户181人，壮族聚居。姓氏以黄为主。传清道光十六年（1836）建村。陇培，壮语 Runghboiz，“陇 rungh”指弄场、石山间平地，

“培 boiz”指艾草。因该村地处长有艾草的弄场，故名。聚落呈团状。通行壮话。经济以农业和劳务输出为主。农业主种玉米。

陇怀 Lǒnghuái 巴别乡陇怀村辖自然村。在村委会驻地北 1.1 千米处。有 32 户 122 人，壮族聚居。姓氏有许、黄、陈等。传清乾隆七年（1742）建村。陇怀，亦写作弄怀，壮语 Runghvai，“陇、弄 rungh”指弄场、石山间平地，“怀 vai”指黄藤。因该村地处长有黄藤的弄场里，故名。聚落呈块状。通行壮话。经济以农业和劳务输出为主。农业主种玉米。

陇都 Lǒngdū 巴别乡陇怀村辖自然村。在村委会驻地北 0.7 千米处。有 8 户 16 人，壮族聚居。姓氏有黄、李、满等。传清道光十六年（1836）建村。陇都，壮语 Runghduz，“陇 rungh”指弄场、石山间平地，“都 duz”指一种乔木。因该村地处长有都木的弄场里，故名。聚落呈块状。通行壮话。经济以农业和劳务输出为主。农业主种玉米。

都康 Dūkāng 巴别乡陇怀村辖自然村。在村委会驻地北 1.1 千米处。有 20 户 79 人，壮族聚居。姓氏有满、李、黄等。传清乾隆七年（1742）建村。都康，壮语 Ddoiqhangh，“都 doiq”指下面，“康 hangh”指圩场。因从前该村位于圩场的下面，故名。聚落呈块状。通行壮话。经济以农业和劳务输出为主。农业主种玉米。

陇孟 Lǒngmèng 巴别乡陇怀村辖自然村。在村委会驻地西北 1.2 千米处。有 17 户 66 人，壮族聚居。姓氏有黄、卢、胡等。传清乾隆七年（1742）建村。陇孟，壮语 Runghmbaek，“陇 rungh”指弄场、石山间平地，“孟 mbaek”指竹筒。该村所在的弄场像竹筒，故名。聚落呈块状。通行壮话。经济以农业和劳务输出为主。农业主种玉米。

陇求 Lǒngqiú 巴别乡陇怀村辖自然村。在村委会驻地西北 1.1 千米处。有 25 户 80 人，壮族聚居。姓氏有陈、满、李、陆等。传清乾隆七年（1742）建村。陇求，壮语 Runghgaeu，“陇 rungh”指弄场、石山间平地，“求 gaeu”指藤蔓。因该村在长有藤蔓的弄场，故名。聚落呈块状。通行壮话。经济以农业和劳务输出为主。农业主种玉米。

陇帮 Lǒngbāng 巴别乡陇怀村辖自然村。在村委会驻地西南 1.9 千米处。有 16 户 65 人，壮族聚居。姓氏有黄，陆等。传清康熙四十五年（1706）建村。陇帮，壮语 Runghbang，“陇 rungh”指弄场、石山间平地，“帮 bang”指一种乔木。因该村建在长有“帮”的弄场里，故名。聚落呈团状。通行壮话。经济以农业和劳务输出为主。农业主种玉米。

陇吉 Lǒngjí 巴别乡陇怀村辖自然村。在村委会驻地西 2.5 千米处。有 36 户 116 人，壮族聚居。姓氏有黄、韦、满等。传清乾隆七年（1742）建村。陇吉，壮语 Runghgeiz，“陇 rungh”指弄场、石山间平地，“吉 geiz”指棋子。因该村所在的弄场有一块石头似棋盘，故名。聚落呈块状。通行壮话。经济以农业和劳务输出为主。农业主种玉米。

吉朗 Jílǎng 巴别乡陇怀村辖自然村。在村委会驻地西南 3.3 千米处。有 55 户 211 人，壮族聚居。姓氏有黄、罗、方、李、韦、陆、梁等。传明万历四十六年（1618）建村。吉朗，壮语 Gizlaj，“吉 giz”指某处，“朗 laj”指斑色岩石。因该村建在色彩斑斓的一面岩石下边，故名。聚落呈块状。通行壮话。经济以农业和劳务输出为主。农业主种玉米。

陇爱 Lǒng' ài 巴别乡陇怀村辖自然村。在村委会驻地东 2.1 千米处。有 28 户 85 人，壮族聚居。姓氏有吴、李、黄等。传清道光六年（1826）建村。陇爱，壮语 Runghngaih，“陇 rungh”指弄场、石山间平地，“爱 ngaih”指障碍。因该村地处的弄场道路狭窄，行走不便，故名。聚落呈块状。通行壮话。经济以农业和劳务输出为主。农业主种玉米。

陇现 Lǒngxiàn 巴别乡陇怀村辖自然村。在村委会驻地东南 1.2 千米处。有 57 户 198 人，壮族聚居。姓氏有蔡、韦、慕、黄、许等。传清道光十二年（1832）建村。陇现，壮语 Runghyenz，“陇 rungh”指弄场、石山间平地，“现 yenz”指猩猩。因该村在曾有猩猩出没的弄场，故名。聚落呈块状。通行壮话。经济以农业和劳务输出为主。农业主种玉米。

陇接 Lǒngjiē 巴别乡陇怀村辖自然村。在村委会驻地东北 1.6 千米处。有 30 户 74 人，壮族聚居。姓氏以李为主。传清嘉庆十一年（1806）建村。陇接，壮语 Runghceh，“陇 rungh”指弄场、石山间平地，“接 ceh”指古炮台。因该村在有古炮台的弄场里，故名。聚落呈块状。通行壮话。经济以农业和劳务输出为主。农业主种玉米。

昔居 Xījū 巴别乡陇怀村辖自然村。在村委会驻地东南 1.4 千米处。有 11 户 42 人，壮族聚居。姓氏有黄、罗等。传清道光十二年（1832）建村。昔居，壮语 Deihgyu，“昔 deih”指地，“居 gyu”指盐。因传该地曾有一口盐泉，故名。聚落呈块状。通行壮话。经济以农业和劳务输出为主。农业主种玉米。

多太 Duōtài 巴别乡陇怀村辖自然村。在村委会驻地东南 2.8 千米处。有 21 户 55 人，壮族聚居。姓氏有杨、岑等。传清道光十二年（1832）建村。多太，壮语 Deihdaiq，“多 deih”指地，

“太 daiq”音近壮语外婆，而壮族地区流传智胜猿外婆的故事，因此 daiq 亦引申指猩猩。因传村址曾有猩猩出没，故名。聚落呈块状。通行壮话。经济以农业和劳务输出为主。农业主种玉米。

陇翁 Lǒngwēng　巴别乡陇怀村辖自然村。在村委会驻地东南 1.9 千米处。有 24 户 72 人，壮族聚居。姓氏有黄、农等。传清道光十六年（1836）建村。陇翁，壮语 Rungh' oengq，“陇 rungh”指峼场、石山间平地，“翁 oengq”指小瓦缸。因该村所在的峼场形似瓦缸，故名。聚落呈块状。通行壮话。经济以农业和劳务输出为主。农业主种玉米。

陇力 Lǒnglì　巴别乡陇怀村辖自然村。在村委会驻地东 3.2 千米处。有 9 户 35 人，壮族聚居。姓氏有黄、蒙、陆等。传清乾隆七年（1742）建村。陇力，壮语 Runghruz，“陇 rungh”指峼场、石山间平地，“力 ruz”指船。因该村在船形的峼场，故名。聚落呈块状。通行壮话。经济以农业和劳务输出为主。农业主种玉米。

陇合 Lǒnghé　巴别乡陇怀村辖自然村。在村委会驻地东南 2 千米处。有 35 户 150 人，壮族聚居。姓氏有覃、蒙、黄、韦、吴、罗、李等。传清嘉庆十一年（1806）建村。陇合，壮语 Runghsoeb，“陇 rungh”指峼场、石山间平地，“合 soeb”指牛轭。因该村在狭长且弯曲的峼场，形似牛轭，故名。聚落呈环状。通行壮话。经济以农业和劳务输出为主。农业主种玉米。

陇合村居民地

陇合村 Lǒnghé Cūn　巴别乡辖村。在乡境西部。驻地在乡人民政府驻地西南 4.7 千米处。东接巴别村、德爱村，南连德保县巴头乡多作村，西邻安宁村，北靠陇怀村。面积 17.06 平方千米。辖陇合、陇乐、堂备、多宽、登帮、陇南、多隆、多敖 8 自然村。村委会驻陇合。有 1820 人，壮族聚居。通行壮话。民国二十四年（1935）为陇乐村，属保宁乡。1952 年改陇合乡，属田阳县第四区。1955 年属巴别区。1958 年改大队，属巴别公社。1962 年改公社，属巴别区。1968 年复改大队，属巴别公社。1984 年改村，属巴别乡。因驻地陇合得名。陇合，壮语 Raengzhak，“陇 raengz”指深水潭、溶洞，“合 hak”即客，指汉人。因建村在深水潭旁，为纪念曾有山外汉人到访，故名。主要山峰有丁农山、岜弄山。经济以农业和劳务输出为主。耕地面积 319.02 公顷。农业主种玉米。坡洪—弄陇公路（307 省道）过境。

陇合 Lǒnghé　巴别乡陇合村辖自然村。村委会驻地。有 53 户 202 人，壮族聚居。姓氏以黄为主。传清乾隆元年（1736）建村。陇合，壮语 Raengzhak，“陇 raengz”指深水潭、溶洞，“合 hak”即客，指汉人。陇合建村在深水潭旁，为纪念曾有山外汉人到访，故名。聚落呈块状。通行壮话。经济以农业和劳务输出为主。农业主种玉米。坡洪—弄陇公路（307 省道）过境。

陇乐 Lǒnglè 巴别乡陇合村辖自然村。在村委会驻地东 2 千米处。有 77 户 288 人，壮族聚居。姓氏有岑、梁等。传清乾隆元年（1736）建村。陇乐，壮语 Runghlak，“弄 rungh”指弄场、石山间平地，“乐 lak”指崩塌。因该村地处曾有大石块崩塌的弄场，故名。聚落呈块状。通行壮话。经济以农业和劳务输出为主。农业主种玉米。坡洪—弄陇公路（307 省道）过境。

堂备 Tángbèi 巴别乡陇合村辖自然村。在村委会驻地东南 1 千米处。有 120 户 469 人，壮族聚居。姓氏有黄、周、岑等。因传清乾隆元年（1736）建村。堂备，壮语 Daemzbyaih，“堂 daemz”指地，“备 byaih”指一种树。因该村多备树，故名。聚落呈块状。通行壮话。经济以农业和劳务输出为主。农业主种玉米。

多宽 Duōkuān 巴别乡陇合村辖自然村。在村委会驻地西南 0.88 千米处。有 40 人，壮族聚居。姓氏有黄、何等。传清康熙元年（1662）建村。多宽，壮语 Deihronh，“多 deih”指地，“宽 ronh”指推送。因该村从前是村民把柴火从石崖推送下来的地方，故名。聚落呈块状。通行壮话。经济以农业和劳务输出为主。农业主种玉米。

登帮 Dēngbāng 巴别乡陇合村辖自然村。在村委会驻地东南 2.6 千米处。有 20 户 67 人，壮族聚居。姓氏有周、农、黄等。传清乾隆元年（1736）建村。登帮，壮语 Daemxbyax，“登 daemx”指斜坡，“帮 byax”指打不中。因传人们曾爱到斜坡打猎，但老打不中，后在此地建屯，故名。聚落呈块状。通行壮话。经济以农业和劳务输出为主。农业主种玉米。

陇南 Lǒngnán 巴别乡陇合村辖自然村。在村委会驻地西北 1.3 千米处。有 93 户 378 人，壮族聚居。姓氏有韦、黄、言、农等。传清顺治元年（1644）建村。陇南，壮语 Runghnam，“陇 rungh”指弄场、石山间平地，“南 nam”指荆棘。因该村始建在长满荆棘的弄场里，故名。聚落呈块状。通行壮话。经济以农业和劳务输出为主。农业主种玉米。

多隆 Duōlóng 巴别乡陇合村辖自然村。在村委会驻地东北 1.2 千米处。有 51 户 188 人，壮族聚居。姓氏有黄、韦。农等。传清乾隆元年（1736）建村。多隆，壮语 Deihrungh，“多 deih”指地，“隆 rungh”指弄场、石山间平地。因该村地处石山间平地上，故名。聚落呈块状。通行壮话。经济以农业和劳务输出为主。农业主种玉米。

多熬 Duō' áo 巴别乡陇合村辖自然村。在村委会驻地东南 1.8 千米处。有 51 户 188 人，壮族聚居。姓氏有罗、李等。传清康熙元年（1662）建村。多熬，壮语 Deihngeuh，“多 deih”指地，“熬 ngeuh”指酒樽。因该村地形似个酒樽，故名。聚落呈块状。通行壮话。经济以农业和劳务输出为主。农业主种玉米。

安宁村居民地

安宁村 Ānníng Cūn 巴别乡辖村。在乡境西南部。驻地在乡人民政府驻地西南 7 千米处。东接陇合村和德保县巴头乡多作村，南连德保县巴头乡陇位村、巴头村，西邻德保县巴头乡多美村、荣屯村，北靠陇怀村、陇合村。面积 16.75 平方千米。辖安宁、堂弄、千上、千中、千下、多眉、多六、陇龙、大龙、多留、德怀、陇正、陇右、多柏、谷力、安康、陇公 17 自然村。村委会驻安宁。有 552 户 2079 人，壮族聚居。通行壮话。民国二十四年（1935）为安宁村，属保宁乡。1952 年改乡，属田阳县第四区。1955 年属巴别区。1958 年改大队，属巴别公社。1962 年改公社，属巴别区。1968 年复改大队，属巴别公社。1984 年改村，属巴别乡。因驻地安宁得名。安宁，以“祈望村子安宁”之意取名。主要山峰有百林山、安康后山。经济以农业和劳务输出为主。耕地面积 343.38 公顷。农业主种玉米、水稻、小麦等。境内有县级文物保护单位清咸丰元年路碑。坡洪—弄陇公路（307 省道）过境。

安宁 Ānníng 巴别乡安宁村辖自然村。村委会驻地。有 34 户 133 人，壮族聚居。姓氏有黄、岑、刘、陈、覃等。传清乾隆七年（1742）建村。原名不详，后以“祈望村子安宁”之意改称安宁。聚落呈块状。通行壮话。经济以劳务输出为主。农业主种玉米、水稻、小麦等。坡洪—弄陇公路（307 省道）过境。

堂弄 Tánglòng 巴别乡安宁村辖自然村。在村委会驻地东南 0.78 千米处。有 40 户 152 人，壮族聚居。姓氏有岑、黄等。传清道光二十五年（1845）建村。堂弄，壮语 Dangzrungh，“堂 dangz”指末尾，“弄 rungh”指弄场、石山间平地。因该村坐落在弄场的末尾，故名。聚落呈块状。通行壮话。经济以农业和劳务输出为主。农业主种玉米、水稻、小麦等。

千上 Qiānshàng 巴别乡安宁村辖自然村。在村委会驻地西南 1.2 千米处。有 18 户 71 人，壮族聚居。姓氏以谭为主。传清道光二十五年（1845）建村。原与千中、千下统称大千，“大 dah”

指河流，“千 cien”指一种树。因建村在小河边，且多千树，故名。后村庄扩大，从南至北划分为上、中、下 3 村，该村在大千片的南部，故称千上。聚落呈团状。通行壮话。经济以农业和劳务输出为主。农业主种玉米、水稻、小麦等。

千中 Qiānzhōng 巴别乡安宁村辖自然村。在村委会驻地西南 0.78 千米处。有 14 户 45 人，壮族聚居。姓氏有农、黄、凌等。传清道光二十五年（1845）建村。原与千上、千下统称大千，“大 dah”指河流，“千 cien”指一种树。因建村在小河边，且多千树，故名。后村庄扩大，从南至北划分为上、中、下 3 村，该村在大千片的中部，故称千中。聚落呈块状。通行壮话。经济以农业和劳务输出为主。农业主种玉米、水稻、小麦等。

千下 Qiānxià 巴别乡安宁村辖自然村。在村委会驻地西南 0.74 千米处。有 15 户 59 人，壮族聚居。姓氏有黄、凌等。传清道光二十五年（1845）建村。原与千上、千中统称大千，“大 dah”指河流，“千 cien”指一种树。因建村在小河边，且多千树，故名。后村庄扩大，从南至北划分为上、中、下 3 村，该村在大千片的北部，故称千下。聚落呈块状。通行壮话。经济以农业和劳务输出为主。农业主种玉米、水稻、小麦等。

多眉 Duōméi 巴别乡安宁村辖自然村。在村委会驻地西南 2.3 千米处。有 38 户 42 人，壮族聚居。姓氏以何为主。传清乾隆七年（1742）建村。多眉，壮语 Deihmbwq，“多 deih”指地，“眉 mbwq”指厌烦。因该村高山环绕，交通不便，是人们不愿居住之地，故名。聚落呈团状。通行壮话。经济以农业和劳务输出为主。农业主种玉米。

多六 Duōliù 巴别乡安宁村辖自然村。在村委会驻地西北 1.5 千米处。有 68 户 290 人，壮族聚居。姓氏有黄、梁等。传清嘉庆七年（1802）建村。多六，壮语 Deihnduz，“多 deih”指地，“六 nduz”指锅底。因该村在形像锅头的弄场底部，故名。聚落呈团状。通行壮话。经济以农业和劳务输出为主。农业主种水稻、玉米等。

陇龙 Lǒnglóng 巴别乡安宁村辖自然村。在村委会驻地西南 1.1 千米处。有 21 户 52 人，壮族聚居。姓氏以韦为主。传清乾隆七年（1742）建村。陇龙，壮语 Runghhung，“陇 rungh”指弄场、石山间平地，“龙 hung”指大。因该村建在较大的弄场里，故名。聚落呈带状。通行壮话。经济以农业和劳务输出为主。农业主种水稻、玉米等。

大龙 Dàlóng 巴别乡安宁村辖自然村。在村委会驻地西南 2.1 千米处。有 10 户 37 人，壮族聚居。姓氏以农为主。传清道光十二年（1832）建村。大龙，壮语 Deihrungz，“大 deih”指地，“龙 rungz”指大叶榕。因该村建在长有大叶榕的弄场里，故名。聚落呈团状。通行壮话。经济以农业和劳务输出为主。农业主种水稻、玉米等。

多留 Duōliú 巴别乡安宁村辖自然村。在村委会驻地西北 2.5 千米处。有 34 户 152 人，壮族聚居。姓氏有韦、黄等。传清乾隆三十七年（1772）建村。多留，壮语 Deihveuq，“多 deih”指地，“留 veuq”指裂。因村后山崖有裂缝，故名。聚落呈块状。通行壮话。经济以农业和劳务输出为主。农业主种水稻、玉米等。

德怀 Déhuái 巴别乡安宁村辖自然村。在村委会驻地北 3 千米处。有 42 户 183 人，壮族聚居。姓氏有农、黄等。传清同治元年（1862）建村。德怀，壮语 Diegvaiz，“德 dieg”指位置，“怀 vaiz”，指水牛。因该村坐落的位置形似水牛，故名。聚落呈块状。通行壮话。经济以农业和劳务输出为主。农业主种水稻、玉米等。

陇正 Lǒngzhèng 巴别乡安宁村辖自然村。在村委会驻地西北 1.8 千米处。有 47 户 193 人，壮族聚居。姓氏有甘、韦、吕、班、黄等。传清嘉庆七年（1802）建村。陇正，壮语 Runghcingq，“陇 rungh”指弄场、石山间平地，“正 cingq”指全部。因该村在无平地的弄场里，故名。聚落呈块状。通行壮话。经济以农业和劳务输出为主。农业主种水稻、玉米等。

陇右 Lǒngyòu 巴别乡安宁村辖自然村。在村委会驻地东北 1.3 千米处。有 81 户 329 人，壮族聚居。姓氏有覃、李等。传清乾隆七年（1742）建村。陇右，壮语 Runghyoux，“陇 rungh”指弄场、石山间平地，“右 youx”指互相帮助。因该弄场的农民到耕种时经常互相帮工，故名。聚落呈块状。通行壮话。经济以农业和劳务输出为主。农业主种水稻、玉米等。

多柏 Duōbǎi 巴别乡安宁村辖自然村。在村委会驻地东 1.5 千米处。有 14 户 49 人，壮族聚居。姓氏有李、刘等。传清乾隆七年（1742）建村。多柏，壮语 Deihmbat，“多 deih”指地，“柏 mbat”指小凹地。因该村位于倾斜小凹地的中心，故名。聚落呈块状。通行壮话。经济以农业和劳务输出为主。农业主种水稻、玉米等。

谷力 Gǔlì 巴别乡安宁村辖自然村。在村委会驻地东南 1.7 千米处。有 5 户 18 人，壮族聚居。姓氏以苏为主。传清乾隆七年（1742）建村。谷力，壮语 Goekreiz，“谷 goek”指根，“力 reiz”指小榕树。因该村建在小叶榕边，故名。聚落呈环状。通行壮话。经济以农业和劳务输出为主。农业主种水稻、玉米等。

安康 Ānkāng 巴别乡安宁村辖自然村。在村委会驻地东南 1.7 千米处，毗邻德保县。有 66 户 260 人，壮族聚居。姓氏有黄、班、苏等。传清乾隆七年（1742）建村。安康，取安宁康乐意得名。聚落呈块状。通行壮话。经济以农业和劳务输出为主。农业主种水稻、玉米、小麦等。县级文物保护单位清咸丰元年路碑在境内。

陇公 Lǒnggōng 巴别乡安宁村辖自然村。在村委会驻地东 1.5 千米处。有 5 户 14 人，壮族聚居。姓氏以李为主。传清道光十二年（1832）建村。陇公，壮语 Runghgungj，“陇 rungh”指弄场、石山间平地，“公 gungj”指弓形。因该村在弓形的弄场里，故名。聚落呈块状。通行壮话。经济以农业和劳务输出为主。农业主种水稻、玉米、小麦等。坡洪—弄陇公路（307 省道）过境。

非行政区域

林场

三雷林场 Sānléi Línchǎng 属田阳区管辖。在田州镇东部和北部，镇人民政府驻地东北 3 千米处。场部驻田州镇三雷村。东与右江林场连接，南至右江南岸金矿一带，西至头塘镇百里村，北至田阳—巴马公路 4 ～ 7.5 千米路段两侧。总面积 34.8 平方千米。1958 年初建场，称田阳县农林畜牧园艺场，为地区林业局直属场。1965 年更名为三雷造林站，属百色地区右江林场管辖。1970 年下放县管，改为国有田阳县三雷林场，简称三雷林场。2018 年与右江林场、那么林场整合成立敢壮山林场，成为敢壮山林场的三大分场之一。因场部场址所在地三雷村而得名。有人口 200 人，其中职工 112 人。分为金矿林区、绢纺厂林区、大山林区等林区。有商品林 32.62 平方米，森林蓄积量 9.92 万平方米。以速生桉短轮伐期商品林为主，马尾松商品林和芒果经济林为辅。有场部办公楼 1 栋、职工宿舍楼 3 栋、平房 2 栋。是田阳区培育和保护林场森林资源，为社会提供公共生态产品的基地之一。323 国道过境。

右江林场 Yòujiāng Línchǎng 属田阳区管辖。在百育镇西北部，镇人民政府驻地西北 4.5 千米处。场部驻百育镇七联村。前身为田阳县农林学校，始建于 1958 年。1960 年改为自治区直属百育农场，附近的那笔、那柏、哩徐上、哩徐下、卜雄、那立等自然村划归农场管辖。1965 年撤销农场成立右江林场，属百色地区管辖，上述自然村同时划归百育区管辖。1970 年下放县管。从建场至 20 世纪 70 年代末，林场以育苗造林为主，1980 年开始以间伐利用为主，同时进行低产林改造工作。2018 年与三雷林场、那么林场整合成立敢壮山林场，成为敢壮山林场的三大分场之一。因场址处右江南岸，故名。有人口 98 人。总面积 55.04 平方千米，其中林业用地面积 39.67 平方千米，有林面积 7.39 平方千米，活立木蓄积 63770 平方米。树种以松树、桉树、芒果树为主。有场部办公楼、职工宿舍楼、综合楼各 1 栋，平房 10 栋。是田阳区培育和保护林场森林资源，为社会提供公共生态产品的基地之一。云桂铁路、324 国道过境。

那么林场 Nàmō Línchǎng 属田阳区管辖。在玉凤镇东北部，镇人民政府驻地东北 3.5 千米处。场部驻玉凤镇玉凤村。前身为国营华彰农林牧园艺场，1957 年 12 月建场。1960 年改为华彰农林牧园艺场。20 世纪 80 年代更名为那么林场。2018 年与三雷林场、右江林场整合成立敢壮山林场，成为敢壮山林场的三大分场之一。因场部设在玉凤村那么屯，故名。有人口 42 人。有东令 1 个分场。总面积 24.08 平方千米，林业用地面积 19.71 平方千米，有林面积 7.34 平方千米，活立木蓄积量47048立方米，其中国有林业用地5.225平方千米。树种以松树、杉树、桉树为主，有少量八角林。是田阳区培育和保护林场森林资源，为社会提供公共生态产品的基地之一。323国道、能带公路过境。

工业区

百色新山铝产业示范园 Bǎisè Xīnshān Lǚchǎnyè Shìfànyuán 在头塘镇境西北部。东至头塘村，南至二塘村，西至新山村，北至百沙村。规划控制范围39.8平方千米，建设用地规模19.89平方千米，截至2021年底，已开发面积7平方千米。因建在百色市田阳区头塘镇新山村而得名。2009年7月经百色市人民政府正式批准建立的自治区级产业园，由百色市人民政府设派出机构百色新山铝产业示范园管理委员会管理。2011年元月正式启动建设。园区以铝及有色金属加工为主导，涵盖新材料、能源电力、农机装备制造及零配件制造、再生资源回收利用、综合物流等六大产业。截至2021年底，入驻企业有广西百矿铝业有限公司、广西百色永宏阻燃剂材科枝有限公司、广西好时捷电动车业有限公司、广西南桂铝业有限公司等55家。2021年实现工业总产值252.6亿元，实现税收5.06亿元。是国家发展和改革委批复设立的百色生态型铝产业示范基地重要载体、自治区重点推进的27个工业园区之一。南昆铁路、云桂铁路、324国道过境。

百色新山铝产业示范园区一角

田阳区城东轻工业园区 Tiányáng Qū Chéngdōng Qīnggōngyèyuánqū 在田阳区中部偏东。在田州镇三今和南面的百育镇，南昆铁路的南面，百色巴马机场的北侧，324国道南北穿过用地。规划面积 13.84 平方千米，截至 2021 年底，开发土地面积约 0.3 平方千米。因地处田阳城区东部，故名。以国营田阳区右江林场为基础进行规划，2005 年开发建设，原称田阳县城东轻工业区。2019 年更名为田阳区城东轻工业园区。以农副产品物流及本地资源型农副产品加工为主导产业和非食品类轻工业，为承接产业转移新基地和深百（南田）众创产业园。主要有物流产业、农副产品加工、轻工业加工产业等，已有广西福民食品有限公司、田阳三方耐磨材料有限公司、百色壮乡河谷农业科技有限公司等 50 家企业入驻，其中规模以上企业 7 家。2021 年实现工业总产值约 6.8 亿元，可安排就业岗位 3000 多人。片区内包含综合小商品批发市场和易地扶贫搬迁安置小区—老乡家园。附近有 324 国道经过。

田阳区红岭坡工业园区 Tiányáng Qū Hónglǐngpō Gōngyèyuánqū 在田阳区中部偏西。南至那坡镇尚兴村新村，北到头塘镇新山村，规划为 A、B、C、D 共 4 个组团，分布在右江两侧。规划面积 8.68 平方千米，截至 2021 年底，已开发土地面积约 0.5 平方千米。因在红岭坡，故名。2005 年开发建设，原称红岭坡糖纸工业区。2019 年更名为田阳区红岭坡工业园区。主要布局原糖加工及造纸、建材、矿产品加工产业片区。产业主要有纸品生产、制糖产业、冶炼产业、建材加工、矿产加工等。已有田阳南华糖业有限责任公司、田阳南华纸业有限公司、华润水泥（田阳）有限公司等 29 家企业入驻，其中规模以上企业 19 家。2021 年实现工业总产值约 31.8 亿元，可安排就业岗位 3500 多人。是田阳区规模以上工业企业的聚集地之一。323 国道、324 国道过境。

福州—昆明公路 Fúzhōu Kūnmíng Gōnglù 国道。在区境中部。东于百育镇九合村入境，经田州镇，西至头塘镇二塘村出境。境内路段于民国四年（1915）开工建设，民国二十一年（1932）建成通车，长32千米，有桥梁4座，路基宽4.5～6米，为沙石路面，属于简易公路。后经整修，1973年改铺柏油路面，路基拓宽到12～20米，路面宽8米，1985年达三级公路。1992年9月30日动工改建为二级公路，1995年5月29日建成，田阳境内路段缩短为31.63千米，路面宽7.5～9.5米，为水泥混凝土路面。2005年6月改建为沥青混凝土路面，2006年建成。田阳区敢壮大道与324国道交接处至田阳区头塘镇与右江区四塘镇交会处的13.17千米于2015—2017年改扩建为路基宽66米的城市主干道，称百色大道，为双向八车道。因全线东起福建省福州市，西至云南省昆明市，故名。简称福昆线，编号为G324。二级公路。长23.51千米，路基宽15～66米，路面宽9～30米。大部分路段为双向两车道，百色大道路段为双向八车道，沥青混凝土路面。沿线有田州大桥、四那中桥、里勒桥、三雷小桥。头塘镇头塘村至二塘村路段与瑞金—清水河公路（323国道）共线。全线是国家级干线公路，为国家道路网的横线之一，是联系福建、广东、广西、贵州、云南的主要交通干道，途经田阳区的路段使田阳实现东西向联通二级公路。

兰州—龙邦公路 Lánzhōu Lóngbāng Gōnglù 国道。在区境西南部。北于那坡镇那葛村入境，经那坡镇、坡洪镇、五村镇，南至五村镇天阳村出境。由原县道头塘—定夜公路和省道田东—龙邦公路定夜至天阳村段组成。2013年后调整为国道。因全线北起甘肃省兰州市，南至广西壮族自治区百色市靖西市龙邦镇龙邦口岸，故名。简称兰龙线，编号为G212。二级公路。长43.88千米，路基宽8.5～12米，路面宽7.5～9米。为双向两车道，沥青混凝土路面。沿线有那吉小桥、新屯桥、那用桥等。与大化—五村公路（306省道）、坡洪—弄陇公路（307省道），田州—红岭坡公路（745县道）、那老—公篓公路（748县道）、头塘—那坡公路（850县道），永常—义安公路（702乡道）等相交或衔接。是我国规划的西部大开发8条大通道之一，贯穿甘肃、四川、重庆、贵州、广西5省（区、市），是西北地区通往华南地区的重要通道，而境内路段则是连接田东、田阳、德保、靖西的交通要道。

坡洪—弄陇公路 Pōhóng Lònglǒng Gōnglù 省道。在区境西南部。东起坡洪镇，西至巴别乡安宁村出境。原是1959年建成通车的坡洪—巴头公路（750县道）。2015年经广西壮族自治区公路管理局审定调整为省道坡洪—弄陇公路的组成部分。因东北起田阳区坡洪镇，西南至那坡县坡荷乡弄陇屯，故名。编号为S307。二级公路。长41.23千米，路基宽6.5～9米，路面宽4～7.5米。为双向两车道，水泥混凝土路面。与212国道、巴别—三坡公路（726乡道）衔接。是连接田阳区坡洪镇、巴别乡、德保县、那坡县的交通干线。

大化—五村公路 Dàhuà Wǔcūn Gōnglù 省道。在五村镇东部。东于五村镇百宙村入境，西至定夜村。境内路段于 2002 年 5 月开工建设，2004 年建成通车。原为田东—龙邦公路（210 省道）的组成部分，2015 年经广西壮族自治区公路管理局审定调整为省道大化—五村公路的组成部分。因东起河池市大化瑶族自治县，西至百色市田阳区五村镇，故名。编号为 S306。二级公路。长 7 千米，路基宽 8.5 ～ 12 米，路面宽 7.5 ～ 9 米。为双向两车道，沥青混凝土路面。为广西省道横 7 线，与 212 国道衔接。是连接田东、田阳、德保的交通干线。

那坡—定夜公路 Nàpō Dìngyè Gōnglù 县道。在区境东南部。北起那坡镇桥头，经合力村、宝美村入那满镇，又经露美村、新立村、光琴村、新仑村、新生村入五村镇，南至五村镇定夜村。那坡至那满镇新立村段于 1959 年开工建设，1965 年建成通车，长 20 千米，路基宽 4 ～ 6.5 米，路面宽 3.5 米。那满镇新立村至五村镇定夜村段于 1976 年开工建设，1983 年建成通车，长 30.1 千米，路基宽 6.5 米，路面宽 3.5 米。2012 年全线改建。因起迄点得名。编号为 X749451003。四级公路。长 41.18 千米，路基宽 6.5 米，路面宽 4.5 ～ 5.5 米，设计时速 20 千米 / 小时。为单向单车道，水泥混凝土路面。与大化—五村公路（306 省道），田东大桥—新立公路（757 县道），那坡—那满公路（703 乡道）、陇列—新楼公路（725 乡道）衔接。是连接那坡、那满、五村 3 个镇的交通干道。

坡洪—桥业公路 Pōhóng Qiáoyè Gōnglù 县道。在区境西南部。东起坡洪镇坡丹村，途经坡洪镇下邦村、陇升村、郎含村和洞靖镇淋楞村、雪平村、靖安村、弄岩村、大架村，西至洞靖镇桥业村止。1959 年开工建设，1965 年建成通车，属等外公路，路基宽 4.5 ～ 6.5 米，路面宽 3.5 米，有桥梁 3 座，涵洞 79 道，泥结碎石路面。2003 年和 2015 年分别改建。因起迄点得名。编号 X751451003。三级公路。长 31.88 千米，路基宽 7.5 米，路面宽 6.5 米，设计时速 40 千米 / 小时。为双向车道，沥青表处路面。与波洪—弄陇公路（307 省道）、坡洪—百合公路（C85 县道）衔接，在百务屯可通过百务收费站连接百靖高速公路。是连接坡洪和洞靖两个乡镇的交通干线。

百育—那满公路 Bǎiyù Nàmǎn Gōnglù 县道。在区境东部。北起 324 国道百育镇新街社区段，经百育镇百育村百鸾屯、那满镇自强村，南至那满镇三同村。原全线长 5.6 千米，分两段修建。那满段于 1987 年使用粮棉布以工代赈修成，长 1.325 千米；百育段于 1993 年修成，长 4.081 千米。2002 年改建。2016 年复改建，并将终点由那满镇新立村调整为三同村。因起迄点得名。编号 X848451003。三级公路。长 2.73 千米，路基宽 7.5 米，路面宽 6.5 米，设计时速 40 千米 / 小时。为双向单车道，沥青混凝土路面。与 324 国道、那坡—那满公路（703 乡道）衔接。是连接百育、那满 2 镇的干线公路。

头塘—那坡公路 Tóutáng Nàpō Gōnglù 县道。在区境中部偏北。北起头塘镇头塘村，经康达社区、那坡镇那坡街和尚兴村，南至那坡镇敢亮村平陇屯广昆高速公路平陇分离式立交桥止。原为 1965—1966 年修建通车的头塘至定夜公路（又曾名头塘至龙邦公路），为泥结碎石路面。1981—1983 年改铺柏油路面，属四级公路。2005 年整修。2013 年那坡至定夜段调整为 212 国道的组成部分。2014 年对 0 ～ 2 千米路段进行改建。2016 年更名为头塘—那坡公路，终点在那坡镇敢亮村平陇屯广昆高速公路平陇分离式立交桥。因起讫点得名。编号为 X850451003。全线长 8.7 千米，其中 0 ～ 2 千米路段为二级公路，路基宽 8.5 米，路面宽 7.5 米，设计时速 60 千米 / 小时，为双向两车道，沥青混凝土路面；其余路段为三级公路，路基宽 7.5 米，路面宽 6.5 米，设计时速 40 千米 / 小时，为双向两车道，沥青表处路面。沿线有那坡大桥。与广昆高速公路、323 国道、324 国道、212 国道衔接。是连接头塘、那坡 2 镇的干线公路。

田州—红岭坡公路 Tiánzhōu Hónglǐngpō Gōnglù 县道。在田州镇西部。东起定律村，经凤马村，西至红岭坡。民国二十一年（1932）改线兴建，由那坡镇商人黄恒栈与当时的县政府联合征民工投劳修建，路基宽 7 米，路面宽 5.5 米，涵洞 15 个。1978 年改铺柏油路面，为四级公路。2010 年改铺沥青混凝土路面，并拓宽路基。2020 年复改建。因是田州城通往红岭坡的公路，故名。编号为 X745451003。二级公路。长 5.59 千米，路基宽 8.5 米，路面宽 7 米，设计时速 40 千米 / 小时。为单向两车道，沥青混凝土路面。沿线有涵洞 3 个。与 323 国道、324 国道、212 国道连接。

田州—三雷公路 Tiánzhōu Sānléi Gōnglù 县道。在田州镇中部。北起三雷木材检查站附近，南至解放东路止。1966 年建成通车。2005 年整修。2019 年复整修。因该路连接田州街和三雷木材检查站，故名。编号为 X746451003。二级公路。长 2.21 千米，路基宽 12 米，路面宽 9 米。设计时速 40 千米 / 小时。为单向两车道，部分路段为沥青混凝土路面，部分路段为水泥混凝土路面。与 323 国道、金狮路衔接。是连通 323 国道和 324 国道的交通干线。

那老—公篓公路 Nàlǎo Gōnglǒu Gōnglù 县道。在那坡镇北部。东起敢亮村那老屯，途经那驮村巴怀屯、那音村坡落屯等，西至公篓煤矿止。1978 年始建，1981 年建成通车。修建时属四级公路，路基宽 6.5 ～ 8 米，路面宽 3.5 米，有桥梁 4 座长 100.8 米，涵洞 77 个，为泥结碎石路面。1985 年，那老至田阳石油站路段 3.3 千米改铺柏油路面。2014—2015 年改建。因起讫点得名。编号为 X748451003。二级公路。全长 15 千米，其中 0 ～ 3.17 千米路段为二级公路，路基宽 12 米，路面宽 9 米，水泥混凝土路面，双向车道，设计时速 40 千米 / 小时；3.17 ～ 15 千米路段为四级公路，路基宽 6.5 米，路面宽 4.5 ～ 5 米，沥青表处路面，单车道，设计时速 20 千米 / 小时。与 212 国道，万平—那驮公路（701 乡道）、农科所—弄坡公路（727 乡道）衔接。是那坡镇那音村、百峰村群众出行的交通要道。

坡洪—百合公路 Pōhóng Bǎihé Gōnglù 县道。在坡洪镇中部。西起坡洪镇坡丹村（巴别岔路口），经定师、百叫、百发等自然村，东至百合村与 212 国道交叉路口止。1966 年建成通车。2006 年改建。2019 年整修。因起讫点得名。编号 XC85451003。三级公路。长 5.15 千米，路基宽 7.5 米，路面宽 6.5 米，设计时速 40 千米 / 小时。为双向单车道，沥青表处路面。是连接波洪—弄陇公路（307 省道）和 212 国道的交通干线。

田东大桥—新立公路 Tiándōngdàqiáo Xīnlì Gōnglù 县道。在那满镇东部。北起那满镇新立村，经百敢村后出境，南至田东县布兵村大桥片（地名）止。1986 年开工建设，1987 年建成通车。因起讫点得名。编号为 X757451003。四级公路。境内路段长 4.39 千米，路基宽 6.5 米，路面宽 4.5 米，设计时速 20 千米 / 小时。为单向单车道，水泥混凝土路面。境内与那坡—定夜公路（749 县道）、那坡—那满公路（703 乡道）衔接，在田东县布兵村与大化—五村公路（306 省道）衔接。是连接田阳、田东两县区的乡村公路。

谷西—坤平公路 Gǔxī Kūnpíng Gōnglù 县道。在玉凤镇境中部。东起 323 国道上镇村谷西屯段，经东一、东二、那怀、那礼等自然村，西至坤平村止。1973 年开工建设，1974 年建成通车，为泥土路面。1980 年扩建为泥结碎石路面，长 15 千米，路基宽 4.5 ～ 6.5 米，路面宽 3.5 米，属等外公路。1997—2005 年对部分路段进行改建，并对全线进行等级路改造，改建为沥青表处路面。2012 年改建水泥混凝土路面。因起讫点得名。编号 X849451003。四级公路。长 15 千米，路基宽 6.5 米，路面宽 4.5 米，设计时速 20 千米 / 小时。为单向单车道，水泥混凝土路面。与 323 国道衔接。是连接玉凤镇坤平、坡旺、百民、百甲、那江等村的公路。

那坡—那满公路 Nàpō Nàmǎn Gōnglù 乡道。在区境中部。西起那坡镇路口，途经六合村，田州镇兴城村、东旺村，那满镇三同村，东至那满中学止。分段修建。那坡镇路口至六合村段于 2004 年建成通车，2013 年改建；那坡镇六合村至田州镇东旺村段于 2009 年建成通车，其中兴城村至东旺村段于 2013 年改建；田州镇东旺村至那满镇三同村段于 2014 年建成通车，并于 2017 年改建；三同村至那满中学段于 2006 年建成通车。因起讫点得名。编号 Y703451003。兴城村至三同村段为三级公路，双向两车道，设计时速 40 千米 / 小时；其余路段为四级公路，双向单车道，设计时速 20 千米 / 小时。长 18.2 千米，路基宽 6.5 ～ 7.5 米，路面宽 4.5 ～ 6.5 米。沥青混凝土路面。沿线有涵洞 46 个。与那坡—定夜公路（749 县道）、百育—那满公路（848 县道）衔接。是连接那坡、田州、那满 3 镇右江南岸各村屯的公路。

坡洪—雷圩公路 Pōhóng Léixū Gōnglù 乡道。在区境南部。北起坡洪镇坡丹村，途经新洞村、五村镇百谷村，东南至五村镇雷圩村止。坡洪至新洞村段于 1959 年建成，为泥结碎石路面的等外公路，至 1972 年为七〇二矿（水晶矿）的专用公路。1986—1987 年续修新洞村至雷圩段。1997 年和 2000 年分别改建。因起讫点得名。编号为 Y716451003。四级公路。长 19.6 千米，路基宽 6.5 米，路面宽 5 米，设计时速 20 千米 / 小时。为单向单车道，沥青表处路面。沿线有涵洞 19 个。与坡洪—百合公路（C85 县道）衔接。是新洞村、百谷村、雷圩村之间往来的乡村公路。

坡洪—桥马公路 Pōhóng Qiáomǎ Gōnglù 乡道。在区境东南部。北起坡洪镇百合村盆地屯，途经琴华村、央律村、那满镇新生村，东南至五村镇桥马村止。1988 年采取民工建勤的办法建成通车，称盆地—桥马公路。2004 年和 2016 年分别进行改建，并更名为坡洪—桥马公路。因起讫点得名。编号为 Y717451003。四级公路。长 17 千米，路基宽 6.5 米，路面宽 4.5 米，设计时速 20 千米 / 小时。为单向单车道，水泥混凝土路面。沿线有涵洞 34 个。与 212 国道、坡洪—百合公路（C85 县道）衔接。是连接坡洪镇百合村、琴华村、央律村、那满镇新生村、五村镇桥马村之间的乡村公路。

百务—百林公路 Bǎiwù Bǎilín Gōnglù 乡道。在田阳区境西部。东起坡洪镇郎含村百务屯广昆高速公路百务互通甬道，途经兴达村、洞靖镇百林村，西至坡洪—桥业公路（751 县道）雪平村交叉路口。2005 年建成通车。2011 年改建。因起讫点得名。编号为 Y737451003。四级公路。长 11.49 千米，路基宽 6.5 米，路面宽 4.5 米，设计时速 20 千米 / 小时。为单向单车道，水泥混凝土路面。沿线有涵洞 13 个。与坡洪—桥业公路（751 县道）衔接。是连接雪平村、百林村、兴达村的交通干线，亦为洞靖镇经百务互通进入广昆高速的最便捷交通线路。

绢纺厂—定律公路 Juānfǎngchǎng Dìnglǜ Gōnglù 乡道。在田州镇中部。北起广西田阳绢纺厂，南至定律村。1957 年以民工建勤办法建成，全长 5 千米，路面宽 3.5 米，为天然砾石路面，属等外公路。2004 年、2015 年分别完成改建。因起讫点得名。编号为 Y711451003。四级公路。长 4.48 千米，路基宽 6.5 米，路面宽 4.5 米，设计时速 20 千米 / 小时。为单向单车道，水泥混凝土路面。沿线有涵洞 9 个。与 324 国道、敢壮大道相交。是田阳城区通往田阳绢纺厂的重要交通干线。

田州—平坡公路 Tiánzhōu Píngpō Gōnglù 乡道。在田州镇西北部。南起三雷村河口屯，北至平坡村。1974 年建成那塘村至平坡村段。1998 年续建那塘村至三雷村河口屯段。2015 年改建。因是平坡村通往田州镇区的公路，故名。编号为 Y733451003。四级公路。长 5.8 千米，路基宽 6.5 米，路面宽 4.5 米，设计时速 20 千米 / 小时。为单向单车道，水泥混凝土路面。沿线有涵洞 8 个。与 324 国道衔接，与敢壮大道、港阳路相交。是连接平坡村和田阳城区的重要交通干线。

万平—那驮公路 Wànpíng Nàtuó Gōnglù 乡道。在那坡镇北部。南起万平村，向北途经那芘村，又向南折至那驮村。1966 年建成简易公路。1995 年改建为泥结碎石公路。2017 年复改建。因起迄点得名。编号为 Y701451003。四级公路。长 8.2 千米，路基宽 6.5 米，路面宽 4.5 米，设计时速 20 千米 / 小时。为单向单车道，水泥混凝土路面。沿线有涵洞 9 个。与那老—公篓公路（748 县道）衔接，与 212 国道相交。是万平、那芘、那驮等村屯通往那坡镇的主要公路。

永常—义安公路 Yǒngcháng Yì' ān Gōnglù 乡道。在那坡镇南部。西起 212 国道永常村陇荷下屯处，东至义安村。1995 年开工建设。1997 年建成通车，为沙石路面。2004 年改建。2019 年整修。因起迄点得名。编号 Y702451003。四级公路。长 6.48 千米，路基宽 6.5 米，路面宽 4.5 米，设计时速 20 千米 / 小时。为单向单车道，0 ～ 2 千米路段为水泥混凝土路面，其余路段为沥青表处路面。沿线有涵洞 11 个。与 212 国道连接。是连接村屯的山区公路。

那芘—濑旺公路 Nàpí Làiwàng Gōnglù 乡道。在那坡镇东北部。南起那芘村，北至濑旺村坟背屯。1992 年建成通车，为四级砂土路。2020 年改建。因起迄点得名。编号为 Y713451003。四级公路。长 3.28 千米，路基宽 6.5 米，路面宽 4.5 米，设计时速 20 千米 / 小时。为单向单车道，水泥混凝土路面。沿线有涵洞 2 个。与万平—那驮公路（701 乡道）衔接。是那芘村、濑旺村外出的必经公路。

瓦窑—坟背公路 Wǎyáo Fénbèi Gōnglù 乡道。在那坡镇东北部。南起万平村瓦窑屯，沿右江河岸途经那测屯、哩额屯，北至濑旺村坟背屯。1992 年建成通车。因起迄点得名。编号为 Y715451003。四级公路。长 3.24 千米，路基宽 6.5 米，路面宽 3.5 米，设计时速 20 千米 / 小时。为单向单车道，水泥混凝土路面。沿线有涵洞 2 个。与万平—那驮公路（701 乡道）衔接。是瓦窑屯、那测屯、哩额屯外出的重要乡村公路。

农科所—弄坡公路 Nóngkēsuǒ Lòngpō Gōnglù 乡道。在那坡镇中部。北起那驮村，途经兴福、百登等自然村，南至弄坡村陇帮屯。1986 年 10 月建成通车，原称驮芘—弄坡公路。1998

百育—敢壮山公路 Bǎiyù Gǎnzhuàngshān Gōnglù 乡道。在百育镇中部。南起 324 国道百育岔路口，经聚之乐休闲农业园、四那村绿江自然村，北至敢壮山布洛陀文化遗址景区。1985 年开工建设，同年建成通车。2012 年扩建。因起讫点得名。编号 Y738451003。二级公路。长 9.15 千米，路基宽 12 米，路面宽 9 米，设计时速 60 千米 / 小时。为双向单车道，沥青混凝土路面。沿线有涵洞 36 个。与 324 国道衔接。是连接百育、六联、四那、新民村，以及敢壮山布洛陀文化遗址景区的干线公路。

百育—科技园区公路 Bǎiyù Kējìyuánqū Gōnglù 乡道。在百育镇南部。南起 324 国道百育岔路口，经那藏屯、广西百色国家农业科技园区，北至广西百色国家农业科技园区管理委员会接百育—敢壮山公路岔路口。2004 年建成通车。2013 年改建。因起于 324 国道百育镇岔路口止于广西百色国家农业科技园区管理委员会，故名。编号 Y739451003。二级公路。长 1.74 千米，路基宽 10 米，路面宽 9 米，设计时速 60 千米 / 小时。为双向双车道，沥青混凝土路面。沿线有涵洞 2 个。与 324 国道、百育—敢壮山公路（738 乡道）衔接。是通往广西百色国家农业科技园区的重要交通干线。

亭怀—能带公路 Tínghuái Néngdài Gōnglù 乡道。在玉凤镇东北部。南起玉凤村亭怀屯，北至能带村村民委员会。1998 年建成通车。2014 年改建。因起讫点得名。编号为 Y722451003。四级公路。长 12 千米，路基宽 6.5 米，路面宽 4.5 米，设计时速 20 千米 / 小时。为单向单车道，水泥混凝土路面。沿线有涵洞 32 个。与 323 国道衔接。是连接能带村和玉凤镇驻地之间的乡村公路。

懂立—朔柳公路 Dǒnglì Shuòliǔ Gōnglù 乡道。在玉凤镇南部。西起 323 国道统合村百懂屯路段，经那娄、百庙等自然村，东至朔柳村驻地百徐屯。20 世纪 80 年代形成土路，因起点百懂屯属懂立大队，故以起讫点大队名懂立、朔柳取名。2005 年建成水泥混凝土公路。2011 年改建。编号为 Y731451003。四级公路。长 7.18 千米，路基宽 6.5 米，路面宽 4.5 米，设计时速 20 千米 / 小时。为单向单车道，水泥混凝土路面。沿线有涵洞 12 个。与 323 国道玉凤镇百懂段衔接。是玉凤镇南部的重要交通干线。

玉凤—巴庙公路 Yùfèng Bāmiào Gōnglù 乡道。在玉凤镇境东北部。南起 323 国道玉凤村路口，经那东、弄腰、巴朗、巴令、巴造、巴庙、班六、坡东、那巴等自然村，北至巴庙村那床屯田阳区与巴马瑶族自治县交界处。1976 年开工，同年建成通车，为风化石路面。长 11.44 千米，路基宽 5 ～ 6 米，路面宽 4 米。1996 年、2005 年和 2011 年、2019 年分别进行了改建或维修。因起讫点得名。编号 Y734451003。三级公路。长 11.44 千米，路基宽 7.5 米，路面宽 6.5

米，设计时速 40 千米 / 小时。为双向单车道，沥青表处路面。沿线有巴朗桥、巴令桥、巴庙一桥、巴庙二桥共 4 座桥梁，涵洞 12 个。与 323 国道衔接。是连接田阳区玉凤镇和巴马瑶族自治县所略乡的交通干线。

坡旺—百民公路 Pōwàng Bǎimín Gōnglù 乡道。在玉凤镇西北部。南起坤平村实力屯，北至百民村那陋屯。1998 年建成通车。2015 年改建。因规划时以坡旺村为起点，百民村村民委员会为终点，故名。编号为 Y735451003。四级公路。长 12.7 千米，路基宽 6.5 米，路面宽 4.5 米，设计时速 20 千米 / 小时。为单向单车道，水泥混凝土路面。与谷西—坤平公路（849 县道）衔接。是连接百民村和坤平村的重要交通干线。

平泗—百东河公路 Píngsì Bǎidōnghé Gōnglù 乡道。在头塘镇南部。南起头塘村平泗屯，途经百坡村百武屯，北至百东河水库坝首。为便于修建百东河水库而修建，1957 年建成通车，为天然砾石路面。2003 年改建。因起讫点得名。编号为 Y709451003。四级公路。长 4.7 千米，路基宽 6.5 米，路面宽 3.5 米，设计时速 20 千米 / 小时。为单向单车道，沥青表处路面。沿线有涵洞 6 个。与 323 国道衔接。是通往百东河水库的重要交通干线。

琴光—绿机公路 Qínguāng Lǜjī Gōnglù 乡道。在头塘镇西部。南起琴光（地名），西北至新山村绿机屯。1988 年始建华侨农场—绿机公路。1998 年改建，并更名琴光—绿光公路。因起讫点得名。编号为 Y721451003。四级公路。长 6.04 千米，路基宽 5.5 米，路面宽 4.5 米，设计时速 20 千米 / 小时。为单向单车道，水泥混凝土路面。沿线有涵洞 6 个。与二塘—新山公路（736 乡道）相交。

头塘—百沙公路 Tóutáng Bǎishā Gōnglù 乡道。在头塘镇西南部。南起百坡村，北至百沙村。1987 年建成通车，因起点在头塘华侨农场附近，终点在百沙村，故称头塘华侨—百沙公路。2004 年、2015 年改建，并更名头塘—百沙公路。编号为 Y732451003。四级公路。长 8.37 千米，路基宽 6.5 米，路面宽 4.5 米，设计时速 20 千米 / 小时。为单向单车道，水泥混凝土路面。沿线有涵洞 27 个。与 323 国道衔接。是连接百沙村和头塘镇人民政府驻地的重要交通干线。

二塘—新山公路 Èrtáng Xīnshān Gōnglù 乡道。在头塘镇西部。南起二塘村 323 国道交叉处，北至新山村上练屯。1997 年开工建设。1998 年建成通车。2004 年和 2012—2013 年分别改建。因起讫点得名。编号为 Y736451003。四级公路。长 5.1 千米，路基宽 6.5 米，路面宽 4.5 米，设计时速 20 千米 / 小时。为单向单车道，水泥混凝土路面。沿线有涵洞 10 个。与 323 国道、琴光—绿机公路（721 乡道）相交。是连接二塘村和新山村的重要交通干线。

五村—雷圩公路 Wǔcūn Léixū Gōnglù　乡道。在五村镇中部偏西南。北起五村，向西南途经陇华村，西至雷圩村。1973 年建成通车，为等外公路泥结碎石路面。2004 年、2016 年改建。因起迄点得名。编号为 Y705451003。四级公路。长 11 千米，路基宽 6.5 米，路面宽 4.5 米，设计时速 20 千米 / 小时。为单向单车道，水泥混凝土路面。沿线有涵洞 23 个。与 212 国道衔接。是雷圩、陇华等村屯通往五村镇的主要公路。

雷圩—陇里公路 Léixū Lǒnglǐ Gōnglù　乡道。在五村镇西南部。东起雷圩村，途经伏王村，西至弄里村。1987 年建成通车。2005 年、2013 年改建。因修建时起点为雷圩村，终点是陇里村（今弄里村），故名。编号为 Y724451003。四级公路。长 12.65 千米，路基宽 6.5 米，路面宽 4.5 米，设计时速 20 千米 / 小时。为单向单车道，水泥混凝土路面。沿线有涵洞 18 个。与坡洪—雷圩公路（716 乡道）衔接。是连接雷圩、伏王、弄里 3 村的乡村公路。

桥业—太平公路 Qiáoyè Tàipíng Gōnglù　乡道。在洞靖镇西南部。北起桥业村，向西南途经大能村后入德保县境，经德保县东凌镇高国村后再折入田阳区，至洞靖镇太平村。桥业至大能村段 1991 年建成通车，2017 年改建。大能村至太平村段 1998 年建成通车，2013 年改建。因起迄点得名。编号为 Y707451003。四级公路。长 15 千米，路基宽 6.5 米，路面宽 4.5 米，设计时速 20 千米 / 小时。为单向单车道，水泥混凝土路面。沿线有涵洞 12 个。与坡洪—桥业公路（751 县道）衔接。是太平、大能等村屯通过桥业往洞靖镇的山区公路。

桥业—连安下公路 Qiáoyè Lián’ānxià Gōnglù　乡道。在洞靖镇西部。北起桥业村桥业屯，南至桥业村连安下屯。1996 年开工建设，1998 年建成通车。2016 年改建。2019 年整修。因起迄点得名。编号为 Y718451003。四级公路。长 3.3 千米，路基宽 6.5 米，路面宽 4.5 米，设计时速 20 千米 / 小时。为单向单车道，水泥混凝土路面。沿线有涵洞 3 个。与桥业—太平公路（707 乡道）衔接。是连接桥业村桥业屯、连安下屯之间的乡村公路。

巴别—三坡公路 Bābié Sānpō Gōnglù　乡道。在巴别乡东南部。西起巴别村甘念自然村，经德录、多敏、多令、三多、多料、古沙等自然村，南至三坡村三坡街。1973 年开工建设，1976 年建成通车。长 11 千米，路基宽 4～6.5 米，路面宽 3.5 米，为泥结碎石路面的等外公路。2005 年、2014 年改建。因起迄点得名。编号 Y726451003。四级公路。长 9.6 千米，路基宽 6.5 米，路面宽 4.5 米，设计时速 20 千米 / 小时。为单向单车道，水泥混凝土路面。与坡洪—弄陇公路（307 省道）衔接。是连接乡村的山区公路。

汽车站、收费站

田阳汽车总站 Tiányáng Qìchē Zǒngzhàn 在田州镇中部中山社区。民国二十一年（1932）始建，称田州汽车站。民国二十二年（1933）建成。1995 年扩建。1997 年建成。2013 年选址新建，2015 年建成。因是田阳公路运输主要枢纽站，故名。占地面积 62079.53 平方米。建筑面积 39784.2 平方米。有 26 个发车库，有营运线路 37 条，日均发车 88 班次，日均发送旅客 500 人。日班车量 50 班次。有旅客站台 26 个，候车大厅 1 个，可容纳 10000 人。年客运量 18.25 万人。有站前小广场。可电话订票、网上售票。客运线路通往各乡镇和南宁、河池等广西主要城市，及广州、东莞、深圳、斗门、高州等地。

田阳收费站 Tiányáng Shōufèizhàn 在田州镇西南部兴城村，广昆高速公路田阳互通甬道上。占地面积 3277 平方米。建筑面积 1485 平方米。2005 年始建，2007 年 12 月建成。因毗邻田阳城区，故名。双向 5 车道。日均通车 6950 辆次。年均通车 253.68 万辆次。与敢壮大道连接。

那坡收费站 Nàpō Shōufèizhàn 在那坡镇中部偏东敢亮村，头塘—那坡公路（850 县道）和广昆高速公路田阳互通甬道上。占地面积 6500 平方米。建筑面积 822 平方米。2005 年始建，2007 年 12 月建成。因在那坡镇，故名。双向 4 车道。日均通车 2950 辆次。年均通车 107.68 万辆次。与头塘—那坡公路（850 县道）连接。

那坡收费站

百务收费站 Bǎiwù Shōufèizhàn 在坡洪镇西北部郎含村百务屯，银百高速公路百务互通甬道上。占地面积 9833.4 平方米。建筑面积 1361 平方米。2011 年始建，2014 年 12 月建成。因在坡洪镇郎含村百务屯，故名。双向 4 车道。日均通车 500 辆次。年均通车 182.5 万辆次。与坡洪—桥业公路（751 县道）连接。

百务收费站

铁路线、铁路车站

云桂铁路 Yúnguì Tiělù 高速铁路。又称云桂高铁、南昆客运专线、南昆高铁。东于百育镇新民村（176 KM +900 M处）入境，经田州镇，西至头塘镇新山村（K205 KM +500 M处）出境，设田阳站 1 车站。田阳境内营运里程 28.6 千米。2009 年 12 月开工建设。2015 年建成，并于 12 月 11 日开通运营。因东起广西壮族自治区南宁市，西至云南省昆明市，取广西代称“桂”和云南代称“云”得名。为客运专线，国铁 Ⅰ 级干线，双线电气化铁路。有 24 座桥梁（其中 3 座铁路跨公路桥），11 个隧道，29 个涵渠，18 个交通涵、排洪涵。是我国干线铁路网的重要组成部分，对扩大西南出海通道的运输能力，实现区域间优势互补和优化资源配置，促进云南、广西等西南地区经济社会发展都具有重要的意义。

途经田阳的云桂铁路

南昆铁路 Nánkūn Tiělù 国有铁路。又称南昆线。于百育镇新民村入境，经田州镇，至头塘镇二塘村出境，设田阳站1车站。南昆铁路全长898千米，田阳境内30.24千米。田阳段于1992年8月动工兴建，1995年5月铺轨建成，同年8月1日开通工程运输，与全国铁路开办运输业务。1995年9月电气化改造工程开工，1997年开通电气化。2014年12月增建二线工程。2017年12月27日二线工程完工并开通运营。因东起广西壮族自治区南宁市，西至云南省昆明市，取南宁、昆明各一字得名。国铁Ⅰ级双线电气化铁路。全线东与湘桂铁路相接，西与成昆铁路相接，北与贵昆铁路相接。使田阳形成公路、铁路、航运交通立体网络，田阳站成为德保、靖西和河池市的巴马、凤山、东兰等周边县区货物集散地，激活了田阳革命老区发展动能。

云桂铁路与南昆铁路在田阳境内交会

田阳站 Tiányáng Zhàn 铁路四等客货混合运站。在田州镇北部金狮路11号。占地面积1.33万平方米。1992年8月动工建设，1995年建成，1997年开通运营。2015年12月11日高速场随云桂铁路开通正式办理运营。因在田阳境内，故名。途经主要线路是南昆铁路和云桂铁路。有站房1座，建筑面积1238平方米。设候车大厅，面积360平方米，最多可容纳250人。有售票厅1个、行包房1个，售票厅设人工售票窗口2个，自动售票机2台。站场分高速场和普速场，其中高速场有正线2条，到发线2条，设旅客站台2座；普速场有正线2条，到发线3条，旅客站1座。货场有货物线2条、货运站台1座，货位18个，货物仓库2个。衔接专用线2条。日接发客货列车72列，其中旅客列车18列，货物列车54列。日均客运量192人次，年客运量7万人次。年货物发送量3.5吨，到达量24.1万吨。是南昆铁路、云桂铁路上的车站。通公交车。

铁路车站田阳站

航空港

百色巴马机场 Bǎisè Bāmǎ Jīchǎng 在百色市田阳区中部，百色市人民政府驻地东南 41 千米，田阳区人民政府驻地东南 5 千米。前身为 1965 年建成通航的空军田阳机场。2003 年 6 月 25 日，经国务院、中央军委批准实行军民合用，民用部分命名为百色田阳机场。2005 年 3 月改扩建工程正式动工，2006 年建成。2007 年 2 月 4 日正式通航。2008 年 1 月 8 日，整体移交广西机场管理集团有限责任公司。2013 年 9 月 8 日，更名为百色巴马机场。2018 年开通货运业务。因地处百色市且毗邻巴马瑶族自治县，故名。占地 62500 平方米。航站楼为单层建筑，建筑面积 1350 平方米。有混凝土跑道 1 条，长 2500 米，宽 45 米。停机坪面积 10000 平方米，设 2 个 C 类机位。可供 B737-800、A321 同类及以下机型起降。截至 2021 年底，有国内航线 7 条，通达北京、上海、广州、深圳、西安、重庆、长沙、海口、贵阳、天津、丽江、桂林 12 个城市。2021 年旅客吞吐量 18.11 万人次，货运量 18.5 吨，起降 2912 架次。有停车场面积 4200 平方米，有导航台等设备。324 国道在附近经过。该机场的通航为革命老区加强互联互通，提升百色对外开放水平，促进经济社会持续快速发展具有重要的意义。

城区道路街巷

百色大道 Bǎisè Dàdào 主干路。在田阳区中部，跨田州镇和头塘镇。东南起敢壮大道与 324 国道交接处，西北至田阳区头塘镇与右江区四塘镇交会处。与敢壮大道、解放西路等相交。长 13 千米，设计路基宽 66 米。沥青路面。双向八车道。机动车道宽 30 米，非机动车道宽 28

米，人行道宽 6 米。沿途设有路灯、加油站等。原为 324 国道田阳段，2015 年 10 月 28 日正式开工改扩建，2017 年 9 月建成。因直通百色市驻地，故名。沿途有华侨农场、百煤物流园等。是“右江—田阳一体化”建设的城市主干道，对促进“右江—田阳一体化”进程、完善城市功能、惠及沿路民生等都具有重要的作用。通公交车。

百色大道沿路风景

敢壮大道 Gǎnzhuàng Dàdào 主干路。在田州镇境中部偏南。东北起解放东路原蓝天加油站，西南至兴城村广昆高速公路出口。与 323 国道、324 国道、金狮路、文体路、荣鑫路、阳光路、花园大道等相交。长 7.47 千米，设计路基宽 40 米。沥青、水泥路面。双向八车道。机动车道宽 22 ～ 24 米，非机动车道宽 7 ～ 10 米，人行道宽 5.5 ～ 6 米，绿化隔离带 2 米，有路灯。设有中国石化敢壮大道加油站、中国石油敢壮大道西加油站。2009 年始建，2012 年建成。因该大道延长线直通敢壮山，故名。沿途有田阳区人民检察院、田阳交警大队、田阳区民族中学等单位，有老乡家园小区、壮城小区、万合小区、荣鑫小区等居民小区，有田阳体育场、田阳汽车总站等重要地标。是田阳区东西向重要的人流、物流通道，也是从高速公路通往百色巴马机场最便捷的通道。通公交车。

宽阔的敢壮大道

花园大道 Huāyuán Dàdào 主干路。在田州镇境中部偏南。东起东江一桥，西至天盛小区。与敢壮大道、将军路、红棉路、布洛陀大道等相交。长 2.78 千米，设计路基宽 60 米。沥青路面。双向八车道。机动车道宽 25 ～ 33 米，非机动车道宽 9 米，人行道宽 6 ～ 8.7 米，有路灯。设有中国石油花园大道加油站。2012 年始建，2013 年建成。因修建前土地多属凤马村花园屯，故名。沿途有田阳高中、田阳航道站等单位。两侧有华讯城、三合城、银海、天盛等居民小区和隆平村、花园屯、明珠建材综合市场等。通公交车。

解放东路 Jiěfàng Dōnglù 主干路。在田州镇境中部偏南。东起狮子山公园，西至港口路交叉路口。与港口路、金狮路相交。长 2 千米，设计路基宽 40 米。柏油路面。双向六车道。机动车道宽 11 米，非机动车道宽 12 米，人行道宽 12 米，有路灯。设有中国石化三雷加油站、中国石油田阳货运加油站等。原为民国时期修建的邕（南宁）色（百色）公路段。1954 年田阳县城从那坡迁至田州镇，县直机关单位和居民先后在邕（南宁）色（百色）公路两旁新建住房，开辟解放大街。1978 年扩建；1992 年改建，1995 年建成；2002 年复扩建，2003 年建成。原称解放大街（或解放街、解放路、解放大道），为纪念田阳解放而得名，后以方位划分为解放东路、解放中路、解放西路。该路段在解放大街东边，故称解放东路。沿途有田阳供电公司、田阳区交通运输局、田阳区妇幼保健院、田阳区总工会等企事业单位和江与城小区、金源小区等居民小区。连接解放中路。通公交车。

解放中路 Jiěfàng Zhōnglù 主干路。在田州镇境中部偏南。东起解放东路与港口路交叉处，西至兴华路口。与常安路、明珠路、瓦氏路、布洛陀大道相交。长 1.2 千米，设计路基宽 40 米。柏油路面。双向六车道。机动车道宽 14 米，非机动车道宽 12 米，人行道宽 10 米，有路灯。原为民国时期修建的邕（南宁）色（百色）公路路段。1954 年田阳县城从那坡迁至田州镇，县直机关单位和居民民先后在邕（南宁）色（百色）公路两旁新建住房，辟解放大街。1978 年扩建。1992 年改建，1995 年建成。2002 年复扩建，2003 年建成。原称解放大街（或解放街、解放路、解放大道），为纪念田阳解放而得名，后以方位划分为解放东路、解放中路、解放西路。该路段在解放大街中间，故称解放中路。沿途有田州镇人民政府、田阳区政务服务中心、田阳区人民政府、田阳区红十字会医院、田阳区退役军人事务局等机关单位以及中国工商银行田阳区田州支行、中国建设银行田阳支行、中国电信、中国联通等银行和通讯服务机构。两侧有金卓苑、瑞阳阁等居民小区。连接解放东路和解放西路。通公交车。

解放西路 Jiěfàng Xīlù 主干路。在田州镇境中部偏南。东起兴华路口，西至敢壮大道。与敢壮大道、港阳路、红棉路、将军路等相交。长 1.1 千米，设计路基宽 40 米。柏油路面。双向六车道。机动车道宽 14 米，非机动车道宽 12 米，人行道宽 10 米，有路灯。设有中国石化城西加油站。原为民国时期修建的邕（南宁）色（百色）公路路段。1954 年田阳县城从那坡迁至田州镇，县直机关单位和居民民先后在邕（南宁）色（百色）公路两旁新建住房，开辟解放大街。1978 年扩建。1992 年改建,1995 年建成。2002 年再次动工扩建,2003 年建成。原称解放大街（或解放街、解放路、解放大道），为纪念田阳解放而得名，后以方位划分为解放东路、解放中路、解放西路。该路段在解放大街西边，故称解放西路。沿途有田阳区人民医院、田阳区疾病预防控制中心、田阳区市场监督管理局、田阳区农业农村局等机关单位。两侧有布洛陀文化中心广场、田阳商场、石油生活区、机械厂生活区、城西客运站等。连通敢壮大道、百色大道、解放中路。通公交车。

布洛陀大道 Bùluòtuó Dàdào 主干路。在田阳镇境中部偏南。南起江滨路，北至田州古城布洛陀广场。与花园大道、荣鑫路、解放中路、百东路等相交。长 2.25 千米，宽 30 ～ 40.5 米。柏油路面。大部分路段为双向八车道。机动车道宽 20 ～ 34.5 米，人行道宽 6 ～ 10 米，有路灯。2011 年始建，2014 年建成。因通往田州古城，有为纪念壮族始祖布洛陀而建的布洛陀广场，故名。沿途有田阳区公安局、国家税务总局田阳区税务局、田阳区第六小学等单位。两侧有华讯城、瑞田花园等居民小区。连接解放中路、荣鑫路、花园大道、江滨路等城市道路和田州古城。

荣鑫路 Róngxīn Lù 次干路。在田州镇境中部偏南。东起田阳区第五小学，西至敢壮大道。与将军路、红棉路、布洛陀大道等相交。长 2.96 千米，宽 24 ～ 26 米。水泥路面。双向四车道。机动车道宽 9 ～ 18 米，非机动车道宽 0 ～ 5 米，人行道宽 8 ～ 10 米，有路灯。2004 年始建，2005 年建成。2012 年拓延。荣鑫，取欣欣向荣、财富兴盛意得名。沿途有田阳区第五小学、田阳高中、田阳区中医医院等单位。两侧有瑞田花园、华讯城、清华园、宁馨家园、荣鑫苑等居民小区以及建材市场。

荣鑫路旁芒果花开

阳光路 Yángguāng Lù 次干路。在田州镇境中部偏南。东起兴华路，西至敢壮大道。与将军路、红棉路、玉兰路等相交。长 1.04 千米，宽 24 米。水泥路面。双向两车道。机动车道宽 9 米，非机动车道宽 5 米，人行道宽 10 米，有路灯。2004 年始建，2005 年建成。因路侧有阳光家园小区，取生活充满阳光、前景充满希望与光明意得名。沿途有田阳农村商业银行牌楼支行、田阳兴阳村镇银行、维也纳国际酒店田阳店、田阳区人民法院等企事业单位。两侧有阳光家园一、二、三区，欧艺新城三区、华润家园、宁馨家园、天盛小区、荣鑫苑三区等居民小区，有欧艺广场。田阳区城西片东西向次干道之一，连接敢壮大道、兴华路。

育才路 Yùcái Lù 次干路。在田州镇境中部偏南。东起碧桂园路口，西至文体路。长 0.43 千米，宽 43.5 米。沥青混凝土路面。双向四车道。机动车道宽 24 米，非机动车道宽 6 米，人行道宽 13.5 米，有路灯。2013 年始建，2016 年建成。因路南是田阳区实验中学，取育英才意，故名。沿路南侧有田阳区实验中学，北侧为未开发的田地。田阳城区城北片区东西向次干路之一。

金狮路 Jīnshī Lù 次干路。在田州镇境中部偏南。南起解放东路交叉路口，北至田阳火车站。与解放东路、敢壮大道、育才路等相交。长 1.8 千米，宽 35 ～ 50 米。水泥路面。双向六车道。机动车道宽 16 ～ 30 米，非机动车道宽 9 米，人行道宽 10 米，有路灯。起点附近设有中国石化三雷加油站。1987 年，从县铁锅厂、田州公路道班至三雷林场、县砖瓦厂的路段经田阳县八届人大常委会第二十一次会议命名为金狮街。后拓延至田阳毛绢纺织厂、田阳火车站一带。2007 年动工扩建，2008 年建成。因起点在狮子山附近，故以“金狮”为名，寓意吉祥繁荣。沿途有田阳区自然资源局、田阳区住房和城乡规划建设局、田阳区财政局、田阳区审计局、田阳区烟草专卖局等机关单位。两侧有壮城小区、百朝屯、那广屯、雷公屯、三雷村村民委员会、三雷农贸市场等。连通田阳城区和田阳火车站。通公交车。

文体路 Wéntǐ Lù 次干路。在田州镇境中部偏南。南起田州—平坡公路，北至育才路。与敢壮大道相交。长 0.9 千米，宽 24 ～ 37 米。沥青混凝土路面。双向四车道。机动车道宽 16 ～ 20 米，非机动车道宽 0 ～ 5 米，人行道宽 6 ～ 8 米，有路灯。2013 年始建，2016 年建成。2017 年续建敢壮大道至田州—平坡公路的南延长线。因路东有田阳区实验中学和田阳体育中心两个文化和体育的地标建筑，故名。两侧有田阳区实验中学、田阳体育中心、百矿锦绣华府小区。田阳城区城北片区南北向的次干路之一。

瓦氏路 Wǎshì Lù 次干路。在田州镇境中部偏南。南起江滨路，北至解放中路。与荣鑫路、花园大道相交。长 1.13 千米，宽 21.3 米。柏油路面。双向四车道。机动车道宽 13 米，人行道宽 8.3 米，有路灯。2002 年始建，同年建成。因为纪念明代民族女英雄瓦氏夫人，故名。沿途有田阳区气象局、田阳区政务服务中心。两侧有华讯城、金穗小区等居民小区。连接解放中路、荣鑫路、花园大道、江滨路。

明珠路 Míngzhū Lù 次干路。在田州镇境中部偏南。南起江滨路，北至解放中路。与花园大道、荣鑫路、常安路东三巷相交。长 1 千米，宽 29.6 米。水泥路面。部分路段为双向六车道，部分路段为双向四车道。机动车道宽 21 米，人行道宽 8.6 米，有路灯。2012 年始建，2014 年建成。因路中段有大型商住小区东方明珠小区，故名。沿途有中共田阳区委党校、田州镇市场监督管理所、田阳区社会保险事业局等单位。两侧有隆平村兰地屯、明珠建材综合市场、东方明珠小区、田阳宾馆等。通过东慕大桥连接东慕岛。

兴华路 Xīnghuá Lù 次干路。在田州镇境中部偏南。南起南华糖业有限公司，北至解放中路和解放西路连接处。与荣鑫路、阳光路、花园大道等相交。长 2.1 千米，宽 18 米。水泥路面。

双向四车道。机动车道宽 12 米，非机动车道宽 5 米，人行道宽 6 米，有路灯。1957 年始建，1958 年建成。1980 年改建。1987 年从兴华旅社、县果菜公司门市部至县保险公司、县农业局延伸到田阳糖厂（含民族染织厂、县物资局、县造纸一分厂）路段经田阳县第八届人大常委会第二十一次会议命名为兴华街，取振兴中华意。2002—2003 年复建。沿途有田阳区教育局、国家统计局田阳调查队、中国人寿保险股份有限公司田阳支公司、江安水务、田阳区城建管理监察大队、田阳区第三小学等企事业单位。两侧有中兴百货超市、冠超市、南华糖业小区、隆平居民住宅区等。是通往隆平村牌楼屯、南华糖业有限公司的交通干道。

红棉路 Hóngmián Lù 次干路。在田州镇境中部偏南。南起花园大道，北至解放西路。与荣鑫路、阳光路相交。长 1 千米，宽 21 米。水泥路面。双向两车道。机动车道宽 9 米，非机动车道宽 5 米，人行道宽 7 米，有路灯。2007 年始建，2008 年建成。因路两旁种植木棉树，木棉别名红棉，故名。沿途有田阳区司法局、田阳区公安局田州派出所等单位。两侧有华润家园、宁馨家园、茂业小区等居民小区。田阳城区城西片区南北向的次干路之一。

将军路 Jiāngjūn Lù 次干路。在田州镇境中部偏南。南起花园大道天盛小区路口，北至解放西路。与荣鑫路、阳光路相交。长 1 千米，宽 23 米。水泥路面。双向两车道。机动车道宽 9 米，非机动车道宽 5 米，人行道宽 9 米，有路灯。设有中国石化城西加油站。2007 年始建，2008 年建成。因为纪念田阳籍的冼恒汉、欧致富两位将军，故名。两侧有天盛小区、宁馨家园、荣鑫苑、合源美地等居民小区。田阳城区城西片区南北向的次干路之一。

中山街 Zhōngshān Jiē 支路。在田州镇境中部偏南。东起解放中路旧汽车站对面，西至桑园街。与布洛陀大道相交。长 0.43 千米，宽 15 米。水泥路面。单向双车道。机动车道宽 7 米，人行道宽 8 米，有路灯。民国十五年（1926）始建，为泥石路面。1964 年改建为混凝土路面。曾名启明街，后为纪念革命先行者孙中山而改名中山街。两侧有田阳区水利局、田阳区第六小学、田州居民住宅区等。是今田阳城区最早建成的 9 条街道之一。

桑园街 Sāngyuán Jiē 支路。在田州镇境中部偏南。东起中山街，西至民权街。与民族街相交。长 0.29 千米，宽 15 米。水泥路面。单向双车道。机动车道宽 7 米，人行道宽 8 米，有路灯。民国五年（1916）始建，为泥石路面。1964 年改建为混凝土路面。因修建前是一片桑园，故名。两侧为居民住宅区。是今田阳城区最早建成的 9 条街道之一。

民生街 Mínshēng Jiē 支路。在田州镇境中部偏南。东北起维新街，西南至解放西路。与维新街、民主街相交。长 0.45 千米，宽 10 米。水泥路面。单向双车道。机动车道宽 5 米，人行道宽 5 米，有路灯。民国二十一年（1932）始建，为泥石路面。1964 年改建为混凝土路面。因是为纪念革命先行者孙中山先生所倡导的民主革命纲领《三民主义》中的“民生主义”，故名。沿路两侧有中国工商银行田阳支行、田州粮油市场、居民自建住宅以及电器、五金、家纺等各类日用百货商铺等。是田阳城区最早建成的 9 条街道之一。

民主街 Mínzhǔ Jiē 支路。在田州镇境中部偏南。东南起民权街，西北至港阳路。与维新街、民生街、博爱街相交。长 0.3 千米，宽 7.5 米。水泥路面。单向单车道。机动车道宽 7.5 米，有路灯。民国二十一年（1932）始建，为泥石路面。20 世纪 80 年代改建为水泥路面。因为纪念孙中山提出的民主主义思想，故名。两侧有港阳花园、居民自建住宅。是今田阳城区最早建成的 9 条街道之一。

博爱街 Bó' ài Jiē 支路。在田州镇境中部偏南。东起维新街，西至民主街。长 0.28 千米，宽 9 米。水泥路面。单向单车道。机动车道宽 9 米，有路灯。民国二十一年（1932）始建，为泥石路面。20 世纪 80 年代改建为水泥路面。因为纪念孙中山领导的辛亥革命提出的“博爱”思想，故名。两侧为居民自建住宅。是今田阳城区最早建成的 9 条街道之一。

港口路 Gǎngkǒu Lù 支路。在田州镇境中部偏南。东起航运水岸华府小区，西至解放中路。与港口路一至五巷相交。长 0.57 千米，宽 5 ～ 16.8 米。水泥混凝土路面。单向双车道。机动车道宽 5～10.4 米，人行道宽 0～6.4 米，有路灯。1958 年始建，同年建成。1987 年，从原监理站、民政福利社至县港务站的路段经田阳县八届人大常委会第二十一次会议命名为港口街。1991 年扩建。2005 年改建为水泥混凝土路面。因命名时终点为田阳县港务站，往东可直通港口码头，故名。沿途有广西盐业集团有限公司田阳支公司、田阳区路政执法大队、航运水岸华府小区、福利宾馆等。连通田州渡口，并经桥梁连通东江村。

百东南路 Bǎidōng Nánlù 支路。在田州镇境中部偏南。东起解放东路晨华宾馆，西至田州古城二桥。与解放东路相交。长 1 千米，宽 20 米。水泥路面。双向双车道。机动车道宽 10 米，人行道宽 4 ～ 10 米，有路灯。2007 年始建，2008 年建成。因在百东河南岸，故名。北侧为百东河，南侧有领秀城小区、一品湾小区。是连接解放东路，通往田州古城的江滨道路。

香芒路 Xiāngmáng Lù 支路。在田州镇境中部偏南。东南起广场一路，西北至广场二路。与玉兰路、扁桃路相交。长 0.35 千米，宽 8 米。水泥路面。双向单车道。机动车道宽 5 米，人行道宽 3 米，有路灯。2002 年始建，2003 年建成。因环绕香芒湖，故名。东侧为香芒湖，西侧有憩园小区和居民自建住宅等。是连通香芒湖周边区域的城市支路。

百东路 Bǎidōng Lù 支路。在田州镇境中部偏南。东北起田州古城东侧百东河北岸碧橙路口，西南至田州古城西侧百东河北岸。与碧橙路、栖霞大道、布洛陀大道、德保路相交。长 1.16 千米，宽 34 米。水泥混凝土路面。双向四车道。机动车道宽 24 米，人行道宽 10 米，有路灯。2013 年始建，2014 年建成。因在百东河岸，故名。两侧多餐饮商铺。是田州古城内的主要道路。

玉兰路 Yùlán Lù 支路。在田州镇境中部偏南。南起花园大道欧艺市场，北至香芒路。与香芒路、荣鑫路、阳光路、花园大道相交。长 0.8 千米，宽 32 米。水泥混凝土路面。双向四车道。机动车道宽 18 米，非机动车道宽 5 米，人行道宽 10 米，有路灯。2004 年始建，2005 年建成。因两旁种植玉兰树，故名。沿途有田阳兴阳村镇银行，两侧有欧艺新城、阳光家园二区、阳光家园三区等居民小区以及居民自建住宅，有欧艺广场、田阳农贸市场等。是田阳城西片区的南北向支路之一。

港阳路 Gǎngyáng Lù 支路。在田州镇境中部偏南。南起解放西路，北至定律下屯百东河南岸。与民主街、解放西路相交。长 0.8 千米，宽 18 米。水泥路面，双向四车道，机动车道宽 12 米，人行道宽 6 米，有路灯。1990 年始建，1995 年建成。2004 年扩建。因路侧港阳小区取名。两侧有田阳区人民医院、田阳区第十小学、民生花园小区等单位和居民小区。是定律村通往田阳城区的主要道路。

扁桃路 Biǎntáo Lù 支路。在田州镇境中部偏南。南起花园大道欧艺路口，北至香芒路。与阳光路、荣鑫路相交。长 0.52 千米，宽 42 米。水泥路面。双向四车道。机动车道宽 29 米，非机动车道宽 9 米，人行道宽 13 米，有路灯。2004 年始建，2005 年建成。因该路按城市绿化规划，道路两旁种植扁桃树，故名。沿路两侧有阳光家园一区、阳光家园二区、欧艺新城三期等居民小区以及居民自建住宅、欧艺广场、田阳农贸市场等。

谷林路 Gǔlín Lù 支路。在田州镇境中部偏南。南起花园大道欧艺新城三期路口，北至荣鑫路。与阳光路相交。长 0.39 千米，宽 21.6 米。水泥路面。双向双车道。机动车道宽 14 米，人行道宽 7.6 米，有路灯。2004 年始建，2005 年建成。谷林，壮语 Raemxgoek，“谷 goek”指根部，“林 raemx”指水。因该路段一棵大树底下曾有一口泉水，故名。两侧有欧艺新城三期、阳光家园一区、水厂住宅区等居民小区。

常安路 Cháng' ān Lù 支路。在田州镇境中部偏南。南起田阳高中，北至解放中路。与荣鑫路、解放中路、常安路东一巷、常安路东二巷、常安路东三巷相交。长0.48千米，宽15米。水泥路面。双向双车道。机动车道宽9米，人行道宽6米，有路灯。1996年始建，同年建成。因常年平安意而得名。两侧有田阳区博物馆、田阳区爱国卫生运动委员会、田阳区学生资助管理中心等单位和居民自建住宅。是常安社区内的城市支路。

民族街 Mínzú Jiē 支路。在田州镇境中部偏南。南起桑园街，北至维新街。与桑园街、民权街相交。长0.33千米，宽7米。水泥路面。单向双车道。机动车道宽7米，有路灯。民国二十一年（1932）始建，为泥石路面。20世纪80年代改建为水泥路面。因为纪念革命先行者孙中山先生所倡导的民主革命纲领《三民主义》中的“民族主义”，故名。两侧有田州镇卫生院和居民自建住宅。是今田阳城区最早建成的9条街道之一。

民权街 Mínquán Jiē 支路。在田州镇境中部偏南。南起解放西路和解放中路交叉路口，北至民族街。与民生街、桑园街相交。长0.49千米，宽17米。水泥路面。单向双车道。机动车道宽9米，人行道宽8米，有路灯。民国二十一年（1932）始建，为泥石路面。20世纪80年代改建为水泥路面。因是为纪念革命先行者孙中山先生所倡导的民主革命纲领《三民主义》中的“民权主义”，故名。两侧有新朝阳大酒店、中国农业银行田阳支行、田阳区医药公司第一药店等单位以及电器、服装、家纺等各类日用百货商铺和居民自建住宅等。是今田阳城区最早建成的9条街道之一。

维新街 Wéixīn Jiē 支路。在田州镇境中部偏南。南起民主街，北至民族街。与民生街、博爱街相交。长0.23千米，宽10米。水泥路面。单向双车道。机动车道宽10米，有路灯。民国二十一年（1932）始建，为泥石路面。20世纪80年代改建为水泥路面。2005年改建。因为纪念孙中山先生提出的维护新民主主义，故名。两侧有田州市场、维新街农贸市场以及电器、服装、粮油、药店等日用百货商铺。是今田阳城区最早建成的9条街道之一。

广场一路 Guǎngchǎng Yī Lù 支路。在田州镇境中部偏南。南起荣鑫路，北至解放西路。与香芒路、扁桃路东二巷相交。长0.56千米，宽19米。水泥路面。单向双车道。机动车道宽14米，人行道宽5米，有路灯。2002年始建，同年建成。因在布洛陀文化中心广场东边，按自东向西顺序排列，位列第一，故得名广场一路。东侧有田阳农村商业银行、田阳新华书店、田阳区水产畜牧局、田阳区第一小学等单位和服装、文具、药店、餐饮等各类商铺；西侧有布洛陀文化中心广场、田阳布洛陀文化中心、香芒湖等。是连通布洛陀文化中心广场周边区域的城市支路。

广场二路 Guǎngchǎng Èr Lù 支路。在田州镇境中部偏南。南起玉兰路西一巷，北至解放西路。与香芒路相交。长 0.52 千米，宽 12 米。水泥路面。单向双车。机动车道宽 7 米，人行道宽 5 米，有路灯。2002 年始建，同年建成。因在布洛陀文化中心广场西边，按自东向西的顺序排列，故得名广场二路。沿路两侧有田阳区文化体育广电和旅游局、百色田阳国际大酒店、布洛陀文化中心广场、田阳布洛陀文化中心、香芒湖和餐饮、摄影、美容美发等服务类商铺。该路是连通布洛陀文化中心广场周边区域的城市支路。

金穗街 Jīnsuì Jiē 支路。在田州镇境中部偏南。南起隆平村田地，北至解放中路。与解放中路、瓦氏路一巷、瓦氏路二巷相交。长 0.19 千米，宽 17 米。水泥路面。单向车道。2002 年始建，同年建成。因路侧粮食管理部门住宅区金穗小区取名，意为“金色稻穗”。两侧有金穗小区、田阳供电公司解放生活区、居民自建住宅和多间电子厂等。

桥梁

田阳双线特大桥 Tiányáng Shuāngxiàn Tèdàqiáo 铁路桥。在田阳区中部，跨田州镇和头塘镇。2009 年动工建设，2016 年建成使用。因是田阳区境内的铁路双线特大桥梁，故名。为云桂铁路正线桥梁，起讫里程为 DK194+167.36 ～ DK198+999.88，中心里程为 DK194+852，全桥总长 4832.53 米。

田州大桥 Tiánzhōu Dàqiáo 公路桥。在田州镇东部，324 国道福州—昆明公路南宁—百色段，跨百东河。1957 年动工建设，1958 年建成使用。1968—1970 年维修加固。2007 年扩建。因是建在田州车渡原址处的大型桥梁，故名。桥长 149 米，桥面宽 18 米，车行道宽 16 米，最大跨度 10 米，桥下净高 20 米。桥面设双向四车道，两侧有护栏、路灯等。设计荷载等级为汽车 -20 级。是通往田阳城区的主要桥梁。

田阳互通立交桥 Tiányáng Hùtōng Lìjiāoqiáo 公路互通式立交桥。在田州镇西南部兴城村，广昆高速公路 K755+420 处。2005 年动工建设，2007 年建成使用。因是广昆高速公路为连通田阳城区而设的互通式立交桥，故名。桥长 67 米，桥面宽 32 米，车行道宽 10.5 米，最大跨度 20 米，桥下净高 5 米。桥面设双向四车道，两侧有护栏。最大承重量 125 吨。是广昆高速公路出口连接田阳敢壮大道的主要通道。

田阳互通立交桥

田阳右江大桥 Tiányáng Yòujiāng Dàqiáo 公路桥。在田州镇西南部，广昆高速公路匝道上，跨右江。2005 年动工建设，2007 年建成使用。因是在田阳境内跨右江的大型桥梁，故名。桥梁中心桩号 K755+274。桥长 326 米，桥面宽 15 米，车行道宽 14 米，最大跨度 70 米，桥下净高 14 米。为箱形梁桥。桥面设双向车道和非机动车道，两侧有护栏、路灯等。最大承重量 125 吨。是广昆高速公路经敢壮大道连通田阳城区的重要交通要道。

田阳右江大桥俯瞰

百东河大桥 Bǎidōnghé Dàqiáo 公路桥。在田州镇中部那塘村，敢壮大道 K0+960～K1+040 段，跨百东河。2009 年动工建设，2010 年建成使用。因是跨百东河的大型桥梁，故名。桥长 75 米，桥面宽 40 米，车行道宽 37 米，最大跨度 25 米，桥下净高 11 米。桥面设双向八车道，中间设绿化隔离带，两侧有非机动车道、人行道、护栏、路灯等。最大承重量 70 吨。是田阳城区南北过江通道。

那坡大桥 Nàpō Dàqiáo 公路桥。在那坡镇东北部那坡街，头塘—那坡公路（850 县道）上，跨右江。1964 年 12 月动工建设，1966 年 8 月建成使用。2011—2012 年维修加固。因是建在原那坡车渡处的大型桥梁，故名。桥梁中心桩号 K6+517。桥长 207 米，桥面宽 9 米，车行道宽 7 米，最大跨度 32.6 米，桥下净高 25.42 米。为 T 型梁桥，跨径组合为 6×32.6（米）。桥面设双向车道，两侧有护栏。设计荷载等级汽车 -15 级，最大承重量 60 吨。是头塘—那坡公路（850 县道）的主线桥梁。

那坡一号高架大桥 Nàpō Yīhào Gāojià Dàqiáo 公路桥。在那坡镇东北部尚兴村，广昆高速公路坛百高速段上，跨山沟。2005 年动工建设，2007 年建成使用。因是广昆高速公路途经那坡镇的第一座高架大桥，故名。桥梁中心桩号 K759+385。桥长 466 米，采用双幅布置，中间设隔离带，单幅桥面宽 13.5 米，单幅桥面车行道宽 12.5 米，最大跨度 30 米，桥下净高 20 米。为预应力混凝土连续 T 梁桥。桥面为沥青路面，单幅桥面设双车道和应急车道，两侧有护栏。最大承重量 125 吨。是广昆高速公路坛百高速段的主线桥梁。

广昆高速公路那坡一号高架大桥

那坡二号高架大桥 Nàpō Èrhào Gāojià Dàqiáo 公路桥。在那坡镇东北部尚兴村，广昆高速公路坛百高速段上，跨头塘—那坡公路（850 县道）。2005 年动工建设，2007 年建成使用。因是广昆高速公路途经那坡镇的第二座高架大桥，故名。桥梁中心桩号 K761+624。桥长 306 米，采用双幅布置，中间设隔离带，单幅桥面宽 13.5 米，单幅桥面车行道宽 12.5 米，最大跨度 30 米，桥下净高 5 米。为预应力混凝土连续 T 梁桥。桥面为沥青路面，单幅桥面设双车道和应急车道，两侧有护栏。最大承重量 125 吨。是广昆高速公路坛百高速段的主线桥梁。

那坡互通立交桥 Nàpō Hùtōng Lìjiāoqiáo 公路互通式立交桥。在那坡镇东北部敢亮村，广昆高速公路坛百高速段。2005 年动工建设，2007 年建成使用。因是广昆高速公路途经那坡镇，为连通那坡镇和其他普通公路而设立的互通式立交桥，故名。主线桥长 102 米，桥面宽 34 米，车行道宽 31 米，最大跨度 30 米，桥下净高 5 米。左右两侧各设 2 条匝道和 1 个出入口。是广昆高速公路坛百高速段连接那坡镇的主要通道。

那驮高架大桥 Nàtuó Gāojià Dàqiáo 公路桥。在那坡镇北部那驮村巴怀屯，广昆高速公路坛百高速段，跨小河和那老—公篓公路（748 县道）。2005 年动工建设，2007 年建成使用。因在那驮村，为跨河流及公路而建的高架大桥，故名。桥梁中心桩号 K765+801。桥长 222 米，采用双幅布置，中间设隔离带，单幅桥面宽 13.5 米，单幅桥面车行道宽 12.5 米，最大跨度 30 米，桥下净高 20 米。为 T 型梁桥。桥面为沥青混凝土路面，单幅桥面设双车道和应急车道，两侧有护栏。最大承重量 125 吨。是广昆高速公路坛百高速段的主线桥梁。

那音大桥 Nàyīn Dàqiáo 公路桥。在那坡镇北部那音村，广昆高速公路南宁（坛洛）至百色段，跨扁村河。2005 年动工建设，2007 年 12 月建成使用。2012—2014 年进行双侧加宽改建。因是在那音村的大型桥梁，故名。桥梁中心桩号 K2183+412。桥长 235 米，采用双幅布置，中间设 1 米隔离带，桥面原单幅宽 13.5 米，加宽后左幅宽 17.75 米，右幅宽 21.75 ～ 23.25 米，单幅车行道宽 17 米，其中右幅车行道剩余的横向部分设人行道，人行道与车行道间设 0.5 米护栏与隔离栅。桥梁最大跨度 25 米。为预应力混凝土 T 梁桥。单幅设四车道，两侧有防撞护栏。最大承重量 125 吨。原是广昆高速南宁（坛洛）至百色路段的主线桥梁，改建后同时作为银百高速公路百峰互通立交桥的 A、D 匝道桥，经百峰互通立交可实现广昆高速公路和银百高速公路互通。

那音中桥 Nàyīn Zhōngqiáo 公路桥。在那坡镇北部那音村，银百高速公路百靖高速段，跨山沟。2012 年动工建设，2014 年建成使用。因是在那音村的中型桥梁，故名。桥梁中心桩号 K2183+569。桥长 54 米，采用双幅布置，中间设隔离带，单幅桥面宽 12.75 米，单幅桥面车行道宽 10.5 米，最大跨度 16 米，桥下净高 9.3 米。为预应力混凝土连续空心板梁桥。单幅桥面设单向双车道和应急车道，两侧有护栏。最大承重量 125 吨。为银百高速公路百靖高速段的主要桥梁之一。

那音车行天桥 Nàyīn Chēxíng Tiānqiáo 公路桥。在那坡镇北部那音村乡村公路上，跨百靖高速 K2182+979 处。2012 年动工建设,2014 年建成使用。因在那音村，是供汽车通行的跨线桥，故名。桥长 55 米，桥面宽 5.5 米，车行道宽 5 米，最大跨度 25 米，桥下净高 7.75 米。为预应力混凝土 T 梁桥。桥面设单车道，两侧有护栏。最大承重量 60 吨。是通往那音村的主要桥梁。

那音桥 Nàyīn Qiáo 公路桥。在那坡镇北部那音村，那老—公篓公路（748 县道）上，跨扁村河。2009 年建成使用。因在那音村，故名。桥梁中心桩号 K6.84。桥长 62.7 米，桥面宽 7.9 米，最大跨度 12.95 米。为 I 型梁桥。桥面为水泥混凝土路面，设双向车道，两侧有护栏。设计荷载等级为公路Ⅱ级。是那老—公篓公路（748 县道）的主要桥梁。

百峰互通立交桥 Bǎifēng Hùtōng Lìjiāoqiáo 公路互通式立交桥。在那坡镇北部那音村，广昆高速公路南百段 K766+640 ～ K769+190。2012 年动工建设，2014 年建成使用。因其所在地曾属百峰乡，为互通式立交桥，故名。包括 A、B、C、D 四条匝道，其中 A、C 两条匝道跨广昆高速公路南百路段。是广昆高速公路南百段与银百高速公路百靖段的接入工程。

百峰右江大桥 Bǎifēng Yòujiāng Dàqiáo 公路桥。在那坡镇北部百峰村，广昆高速公路坛

百峰右江大桥

百高速段，跨右江。2005 年动工建设，2007 年 12 月建成使用。因是在百峰村跨右江的大型桥梁，故名。桥长 555.08 米，采用双幅布置，中间设隔离带，桥面总宽 27 米，车行道宽 25 米，最大跨度 70 米，桥下净高 25 米。为预应力混凝土连续 T 梁桥。桥面设双向六车道，两侧有护栏。最大承重量 125 吨。是广昆高速公路坛百高速段的主要桥梁。

百峰林场大桥 Bǎifēng Línchǎng Dàqiáo　公路桥。在那坡镇北部百峰林场，银百高速公路百靖高速段，跨扁村河。2012 年动工建设，2014 年建成使用。因是在百峰林场的大型桥梁，故名。桥梁中心桩号 K2184+475。桥长 182 米，采用双幅布置，中间设隔离带，单幅桥面宽 12.75 米，单幅桥面车行道宽 10.5 米，最大跨度 25 米，桥下净高 22.1 米。为预应力混凝土连续 T 梁桥。单幅桥面设双车道和应急车道，两侧有护栏。最大承重量 125 吨。是银百高速公路百靖高速段的跨河桥梁。

百峰林场中桥 Bǎifēng Línchǎng Zhōngqiáo　公路桥。在那坡镇北部百峰林场，银百高速公路百靖高速段，跨山沟。2012 年动工建设，2014 年建成使用。因是在百峰林场的中型桥梁，故名。桥梁中心桩号 K2184+265。桥长 82 米，采用双幅布置，中间设隔离带，单幅桥面宽 12.75 米，单幅桥面车行道宽 10.5 米，最大跨度 25 米，桥下净高 8.1 米。为预应力混凝土连续 T 梁桥。单幅桥面设双车道和应急车道，两侧有护栏。最大承重量 125 吨。是银百高速公路百靖高速段的主要桥梁之一。

稠烟大桥 Chóuyān Dàqiáo　公路桥。在那坡镇北部那音村桥烟屯，银百高速公路百靖高速段，跨村道百峰—弄初公路。2012 年动工建设，2014 年建成使用。因是在桥烟屯的大型桥梁，桥烟与稠烟壮语音近，故名。桥梁中心桩号 K2188+125。桥长 132 米，采用双幅布置，中间设隔离带，单幅桥面宽 12.75 米，单幅桥面车行道宽 10.5 米，最大跨度 25 米，桥下净高 20.2 米。为预应力混凝土连续 T 梁桥。单幅桥面设双车道和应急车道，两侧有护栏。最大承重量 125 吨。是银百高速公路百靖高速段的跨线桥梁。

闷约一号大桥 Mènyuē Yīhào Dàqiáo　公路桥。在那坡镇南部弄山村，银百高速公路百靖高速段，跨扁村河。2012 年动工建设，2014 年建成使用。因是银百高速公路途经闷约岭的第一座大型桥梁，故名。桥梁中心桩号 K2188+622。桥长 127 米，采用双幅布置，中间设隔离带，单幅桥面宽 12.75 米，单幅桥面车行道宽 10.5 米，最大跨度 30 米，桥下净高 20.9 米。为预应力混凝土连续 T 梁桥。单幅桥面设双车道和应急车道，两侧有护栏。最大承重量 125 吨。是银百高速公路百靖高速段的跨河桥梁。

闷约二号大桥 Mènyuē Èrhào Dàqiáo 公路桥。在那坡镇南部弄山村，银百高速公路百靖高速段，跨扁村河。2012 年动工建设，2014 年建成使用。因是银百高速公路途经闷约岭的第二座大型桥梁，故名。桥梁中心桩号 K2188+842。桥长 127 米，采用双幅布置，中间设隔离带，单幅桥面宽 12.75 米，单幅桥面车行道宽 10.5 米，最大跨度 30 米，桥下净高 24 米。为预应力混凝土连续 T 梁桥。单幅桥面设双车道和应急车道，两侧有护栏。最大承重量 125 吨。是银百高速公路百靖高速段的跨河桥梁。

琴叫大桥 Qínjiào Dàqiáo 公路桥。在那坡镇南部弄山村琴叫屯，银百高速公路百靖高速段，跨山沟。2012 年动工建设，2014 年建成使用。因是在琴叫屯的大型桥梁，故名。桥梁中心桩号 K2189+432。桥长 157 米，采用双幅布置，中间设隔离带，单幅桥面宽 12.75 米，单幅桥面车行道宽 10.5 米，最大跨度 30 米，桥下净高 23 米。为预应力混凝土连续 T 梁桥。单幅桥面设双车道和应急车道，两侧有护栏。最大承重量 125 吨。是银百高速公路百靖高速段的主要桥梁之一。

琴叫中桥 Qínjiào Zhōngqiáo 公路桥。在那坡镇南部弄山村琴叫屯，银百高速公路百靖高速段，跨山沟。2012 年动工建设，2014 年建成使用。因是在琴叫屯的中型桥梁，故名。桥梁中心桩号 K2189+897。桥长 97 米，采用双幅布置，中间设隔离带，单幅桥面宽 12.75 米，单幅桥面车行道宽 10.5 米，最大跨度 30 米，桥下净高 11.3 米。为预应力混凝土连续 T 梁桥。单幅桥面设双车道和应急车道，两侧有护栏。最大承重量 125 吨。是银百高速公路百靖高速段的主要桥梁之一。

那林大桥 Nàlín Dàqiáo 公路桥。在那坡镇西南部弄初村那林屯，银百高速公路百靖高速段，跨扁村河。2012 年动工建设，2014 年建成使用。因是在那林屯的大型桥梁，故名。桥梁中心桩号 K2190+587。桥长 637 米，采用双幅布置，中间设隔离带，单幅桥面宽 12.75 米，单幅桥面车行道宽 10.5 米，最大跨度 30 米，桥下净高 31.2 米。为预应力混凝土连续 T 梁桥。单幅桥面设双车道和应急车道，两侧有护栏。最大承重量 125 吨。是银百高速公路百靖高速段的主要桥梁之一。

坡南岭大桥 Pōnánlǐng Dàqiáo 公路桥。在那坡镇西南部弄初村，银百高速公路百靖高速段，跨扁村河。2012 年动工建设，2014 年建成使用。因是在那坡镇弄初村坡南岭的大型桥梁，故名。桥梁中心桩号 K2191+167。桥长 127 米，采用双幅布置，中间设隔离带，单幅桥面宽 12.75 米，单幅桥面车行道宽 10.5 米，最大跨度 30 米，桥下净高 11.5 米。为预应力混凝土连续

T 梁桥。单幅桥面设双车道和应急车道，两侧有护栏。最大承重量 125 吨。是连通银百高速公路百靖高速段的主要桥梁。

坡三搜 1 号大桥 Pōsānsōu Yīhào Dàqiáo 公路桥。在那坡镇西南部弄初村，银百高速公路百靖高速段，跨扁村河。2012 年动工建设，2014 年建成使用。因是银百高速公路途经坡三搜山的第一座大型桥梁，故名。桥梁中心桩号 K2191+532。桥长 154.6 米，采用双幅布置，中间设隔离带，单幅桥面宽 12.75 米，单幅桥面车行道宽 10.5 米，最大跨度 30 米，桥下净高 21.3 米。为预应力混凝土连续 T 梁桥。单幅桥面设双车道和应急车道，两侧有护栏。最大载重量 125 吨。是连通银百高速公路百靖高速段的主要桥梁。

坡三搜 2 号大桥 Pōsānsōu Èrhào Dàqiáo 公路桥。在那坡镇西南部弄初村，银百高速公路百靖高速段，跨扁村河。2012 年动工建设，2014 年建成使用。因是银百高速公路途经坡三搜山的第二座大型桥梁，故名。桥梁中心桩号 K2191+860。桥长 164.6 米，采用双幅布置，中间设隔离带，单幅桥面宽 12.75 米，单幅桥面车行道宽 10.5 米，最大跨度 30 米，桥下净高 31.5 米。为预应力混凝土连续 T 梁桥。单幅桥面设双车道和应急车道，两侧有护栏。最大承重量 125 吨。是连通银百高速公路百靖高速段的主要桥梁。

陆立大桥 Lùlì Dàqiáo 公路桥。在那坡镇西南部弄初村，银百高速公路百靖高速段，跨扁村河。2012 年动工建设，2014 年建成使用。因是在陆立岭的大型桥梁，故名。桥梁中心桩号 K2192+571。桥长 326 米，采用双幅布置，中间设隔离带，单幅桥面宽 12.75 米，单幅桥面车行道宽 10.5 米，最大跨度 40 米，桥下净高 37 米。为预应力混凝土连续 T 梁桥。单幅桥面设双车道和应急车道，两侧有护栏。最大承重量 125 吨。是连通银百高速公路百靖高速段的主要桥梁。

陆现半幅桥 Lùxiàn Bànfúqiáo 公路桥。在那坡镇西南部弄初村，银百高速公路百靖高速段，跨扁村河。2012 年动工建设，2014 年建成使用。因是在陆现岭的右半幅桥梁，故名。桥梁中心桩号 K2193+287。桥长 64.6 米，桥面宽 12.75 米，车行道宽 10.5 米，最大跨度 20 米，桥下净高 7.95 米。为预应力混凝土连续空心板梁桥。桥面设双车道和应急车道，两侧有护栏。最大承重量 125 吨。是连通银百高速公路百靖高速段的主要桥梁。

陆现中桥 Lùxiàn Zhōngqiáo 公路桥。在那坡镇西南部弄初村，银百高速公路百靖高速段，跨扁村河。2012 年动工建设，2014 年建成使用。因是在陆现岭的中型桥梁，故名。桥梁中心桩号 K2193+383。桥长 64.6 米，采用双幅布置，中间设隔离带，单幅桥面宽 12.75 米，单幅桥面车行道宽 10.5 米，最大跨度 20 米，桥下净高 20.1 米。为预应力混凝土连续空心板梁桥。单幅桥面设双车道和应急车道，两侧有护栏。最大载重量 125 吨。是连通银百高速公路百靖高速段的主要桥梁。

驮呆大桥 Tuódāi Dàqiáo 公路桥。在那坡镇西南部弄初村驮呆屯，银百高速公路百靖高速段，跨扁村河。2012 年动工建设，2014 年建成使用。因是在驮呆屯的大型桥梁，故名。桥梁中心桩号 K2193+918。桥长 286.3 米，采用双幅布置，中间设隔离带，单幅桥面宽 12.75 米，单幅桥面车行道宽 10.5 米，最大跨度 40 米，桥下净高 52.78 米。为预应力混凝土连续 T 梁桥。单幅桥面设双车道和应急车道，两侧有护栏。最大承重量 125 吨。是连通银百高速公路百靖高速段的主要桥梁。

岩康乐天桥 Yánkānglè Tiānqiáo 公路桥。在那坡镇西南部弄初村乡村公路上，跨银百高速 K2194+270 处。2012 年动工建设，2014 年建成使用。因在弄初村岩康乐地片上，且是横跨银百高速的通行天桥，故名。桥长 55 米，桥面宽 5.5 米，车行道宽 4.5 米，最大跨度 25 米，桥下净高 9.77 米。为预应力混凝土 T 型梁桥。桥面设单车道，两侧有护栏。是连通弄初村乡村公路的主要桥梁。

岩康乐大桥 Yánkānglè Dàqiáo 公路桥。在那坡镇西南部弄初村，银百高速公路百靖高速段，跨山沟。2012 年动工建设，2014 年建成使用。因是在弄初村岩康乐地片内的大型桥梁，故名。桥梁中心桩号 K2194+762。桥长 395.8 米，采用双幅布置，中间设隔离带，单幅桥面宽 12.75 米，单幅桥面车行道宽 10.5 米，最大跨度 30 米，桥下净高 47.19 米。预应力混凝土连续 T 梁桥。单幅桥面设双车道和应急车道，两侧有护栏。最大承重量 125 吨。为百靖高速公路的主要桥梁之一。

陇内中桥 Lǒngnèi Zhōngqiáo 公路桥。在坡洪镇西北部兴达村，银百高速公路百靖高速段，跨兴达河。2012 年动工建设，2014 年建成使用。因是在兴达村陇内屯的中型桥梁，故名。桥梁中心桩号 K2202+030。桥长 70 米，采用双幅布置，中间设隔离带，单幅桥面宽 12.75 米，车行道宽 10.5 米，最大跨度 16 米，桥下净高 7.81 米。为预应力混凝土连续空心板梁桥。桥面为沥青混凝土路面，单幅桥面设双车道和应急车道，两侧有护栏。最大承重量 125 吨。是银百高速公路百靖高速段的主线桥梁。

更宜大桥 Gēngyí Dàqiáo 公路桥。在坡洪镇西部古美村更宜屯，银百高速公路百靖高速段，跨古美河。2012 年动工建设，2014 年建成使用。因是在古美村更宜屯的大型桥梁，故名。桥梁中心桩号 K2211+935。桥长 217 米，采用双幅布置，中间设隔离带，单幅桥面宽 12.75 米，单幅桥面车行道宽 10.5 米，最大跨度 30 米，桥下净高 11.2 米。为预应力混凝土连续 T 梁桥。桥面为沥青混凝土路面，单幅桥面设双车道和应急车道，两侧有护栏。最大承重量 125 吨。是银百高速公路百靖高速段的主线桥梁。

头孔 1 号中桥 Tóukǒng Yīhào Zhōngqiáo 公路桥。在坡洪镇西南部新建村头孔屯，银百高速公路百靖高速段，跨古美河。2012 年动工建设，2014 年建成使用。因是银百高速公路自北向南途经头孔屯的第一座中型桥梁，故名。桥梁中心桩号 K2214+220。桥长 87 米，采用双幅布置，中间设隔离带，单幅桥面宽 12.75 米，单幅桥面车行道宽 10.5 米，最大跨度 20 米，桥下净高 6 米。为预应力混凝土连续空心板梁桥。桥面为沥青混凝土路面，单幅桥面设双车道和应急车道，两侧有护栏。最大承重量 125 吨。是银百高速公路百靖高速路段的主线桥梁。

头孔 2 号中桥 Tóukǒng Èrhào Zhōngqiáo 公路桥。在坡洪镇西南部新建村头孔屯，银百高速公路百靖高速段，跨古美河。2012 年动工建设，2014 年建成使用。因是银百高速公路自北向南途经头孔屯的第二座中型桥梁，故名。桥梁中心桩号 K2214+610。桥长 66 米，采用双幅布置，中间设隔离带，单幅桥面宽 12.75 米，单幅桥面车行道宽 10.5 米，最大跨度 20 米，桥下净高 5.97 米。为预应力混凝土连续空心板梁桥。桥面为沥青混凝土路面，单幅桥面设双车道和应急车道，两侧有护栏。最大承重量 125 吨。是银百高速公路百靖高速段的主线桥梁。

新建—马凌中桥 Xīnjiàn Mǎlíng Zhōngqiáo 公路桥。在坡洪镇西南部新建村马凌屯，银百高速公路百靖高速段，跨村道大德—登的公路。2012 年动工建设，2014 年建成使用。因是在新建村马凌屯的中型桥梁，故名。桥梁中心桩号 K2215+088。桥长 54 米，采用双幅布置，中间设隔离带，单幅桥面宽 12.75 米，单幅桥面车行道宽 10.5 米，最大跨度 16 米，桥下净高 6.3 米。为预应力混凝土连续空心板梁桥。桥面为沥青混凝土路面，单幅桥面设双车道和应急车道，两侧有护栏。最大承重量 125 吨。是银百高速公路百靖高速段的主线桥梁。

那满大桥 Nàmǎn Dàqiáo 公路桥。在那满镇东部，广昆高速公路 K745+276 至 K745+507 之间，跨驮烈河。2005 年动工建设，2007 年建成使用。因是广昆高速公路途经那满镇的大型桥梁，故名。桥长 231 米，采用双幅布置，中间设隔离带，单幅桥面宽 13.5 米，单幅桥面车行道宽 12.5 米，最大跨度 25 米，桥下净高 25 米。为预应力混凝土连续 T 梁桥。桥面为沥青混凝土路面，单幅桥面设双车道和应急车道，两侧有护栏。最大承重量 80 吨。是广昆高速公路坛百高速段的主线桥梁。

四那桥 Sìnà Qiáo 公路桥。在百育镇南部四那村，324 国道南宁至百色段 K215+610 处，跨四那小溪。原是木桥。1965 年动工建设为钢筋混凝土桥，1966 年建成使用。1992—1993 年扩建。因在四那村，故名。桥长 35.5 米，桥面宽 18 米，车行道宽 16 米，最大跨度 13 米，桥下净高 5.5 米。为 T 型梁桥。桥面设双向车道，两侧有护栏。最大承重量 80 吨。是 324 国道的主线桥梁。

玉凤中桥 Yùfèng Zhōngqiáo 公路桥。在玉凤镇东部玉凤村，323 国道田阳至巴马段 K42+470 处，跨玉凤河。原是木桥。1966 年改建为钢筋混凝土桥。1968 年夏因受特大洪水冲击，桥面被冲毁，旋即修复，1969 年竣工恢复使用。2004 年扩建，2005 年 6 月 30 日建成使用。因是在玉凤村的中型桥梁，故名。又因曾是玉凤镇建设较早较大的桥，故习称玉凤大桥。桥长 85.08 米，桥面宽 9.5 米，车行道宽 8 米，最大跨度 16 米，桥下净高 11.5 米。为板梁桥。桥面设双车道，两侧有护栏。最大承重量 150 吨。是 323 国道田阳至巴马段的主线桥梁。

凤桥中桥 Fèngqiáo Zhōngqiáo 公路桥。在玉凤镇东部岭平村，323 国道田阳至巴马段 K37+900 处，跨山沟。1965 年动工建设，当年建成使用。2004 年扩建，2005 年 6 月 30 日建成使用。因是在岭平村凤桥上的中型桥梁，故名。桥长 53.03 米，桥面宽 10.10 米，车行道宽 8 米，最大跨度 16 米，桥下净高 13.75 米。为板梁桥。桥面设双车道，两侧有护栏。最大承重量 150 吨。是 323 国道田阳至巴马路段的主线桥梁。

巴令桥 BāLìng Qiáo 公路桥。在玉凤镇东北部华彰村巴令屯，玉凤—巴庙公路（734 乡道）上，跨玉凤河。1985 年动工建设，1987 年建成使用。2013 年改建。因在巴令屯，故名。桥梁中心桩号 K3+143。桥长 56 米，桥面宽 9 米，车行道宽 6.5 米，最大跨度 46 米。为双曲拱桥。桥面为砂石路面，设单车道，两侧有护栏。最大承重量 20 吨。是玉凤—巴庙公路（734 乡道）的主线桥梁。

巴朗桥 Bālǎng Qiáo 公路桥。在玉凤镇东北部华彰村巴朗屯，玉凤—巴庙公路（734 乡道）上，跨玉凤河。1982 年动工建设，1985 年建成使用。因在巴朗屯，故名。桥梁中心桩号 K2+623。桥长 60 米，桥面宽 7.5 米，车行道宽 5 米，最大跨度 25 米。为整体现浇板桥。桥面为砂石路面，设单车道，两侧有护栏。最大承重量 20 吨。是玉凤—巴庙公路（734 乡道）的主线桥梁。

巴庙一桥 Bāmiào Yīqiáo 公路桥。在玉凤镇东北部巴庙村，玉凤—巴庙公路（734 乡道）

上，跨玉凤河支流。1985 年动工建设，1986 年建成使用。1997 年改建。因是玉凤—巴庙公路（734 乡道）自南向北途经巴庙村的第一座桥梁，故名。桥梁中心桩号 K8+951。桥长 16.5 米，桥面宽 6 米，车行道宽 6 米，最大跨度 6 米。为整体现浇板桥。桥面为砂石路面，设单车道，两侧有护栏。最大承重量 20 吨。是玉凤—巴庙公路（734 乡道）的主线桥梁。

巴庙二桥 Bāmiào Èrqiáo 公路桥。在玉凤镇东北部巴庙村，玉凤—巴庙公路（734 乡道）上，跨玉凤河支流。1992 年动工建设，当年建成使用。因是玉凤—巴庙公路（734 乡道）自南向北途经巴庙村的第二座桥梁，故名。桥梁中心桩号 K11+072。桥长 22.5 米，桥面宽 7 米，车行道宽 5.4 米，最大跨度 7.5 米。为整体现浇板桥。桥面为砂石路面，设单车道，两侧有护栏。最大承重量 20 吨。是玉凤—巴庙公路（734 乡道）的主线桥梁。

那徐桥 Nàxú Qiáo 公路桥。在玉凤镇东南部长高村那徐屯，村道长高公路 K5.5+000 处，跨玉凤河。2010 年动工建设，2011 年建成使用。因在那徐屯，故名。桥长 75 米，桥面宽 8 米，车行道宽 6 米，最大跨度 13 米，桥下净高 8 米。为 T 型梁桥。桥面设单车道，两侧有护栏等。最大承重量 20 吨。是连通玉凤镇往田东县那拔乡道路的主要桥梁。

谷西桥 Gǔxī Qiáo 公路桥。在玉凤镇中部上镇村谷西屯，323 国道田阳至巴马段 K30+700 处，跨谷西小溪。1965 年动工建设，1966 年建成使用。2004 年扩建。2005 年建成使用。因在谷西屯，故名。又因其属小型桥梁，故亦称谷西小桥。桥长 30 米，桥面宽 9 米，车行道宽 8 米，最大跨度 16 米，桥下净高 7.97 米。为板梁桥。桥面设双车道，两侧有护栏。最大承重量 150 吨。是 323 国道田阳至巴马段的主线桥梁。

谷丰一桥 Gǔfēng Yīqiáo 公路桥。在玉凤镇中部上镇村谷丰屯，323 国道田阳至巴马段，跨谷丰小溪。1965 年动工建设，1966 年建成使用。2004 年扩建，2005 年建成使用。因是 323 国道由南向北途经谷丰屯的第一座桥梁，故名。桥长 60 米，桥面宽 10.2 米，车行道宽 9 米，最大跨度 16 米，桥下净高 5.59 米。为板梁桥。桥面设双车道，两侧有护栏。最大承重量 150 吨。是 323 国道田阳至巴马段的主线桥梁。

谷丰二桥 Gǔfēng Èrqiáo 公路桥。在玉凤镇中部上镇村谷丰屯，323 国道田阳至巴马段，跨谷丰小溪。1965 年动工建设，1966 年建成使用。2004 年扩建，2005 年建成使用。因是 323 国道由南向北途经谷丰屯的第二座桥梁，故名。桥长 42 米，桥面宽 9 米，车行道宽 8 米，最大跨度 16 米，桥下净高 8.72 米。为板梁桥。桥面设双车道，两侧有护栏。最大承重量 150 吨。是

323 国道田阳至巴马路段的主线桥梁。

文东中桥 Wéndōng Zhōngqiáo 公路桥。在玉凤镇中部偏南的甫里村岩念屯，323 国道田阳至巴马段 K25+600 处，跨旱沟。2004 年动工建设，2005 年建成使用。因是在岩念屯东岭脚的中型桥梁，故名。桥长 107.5 米，桥面宽 9 米，车行道宽 8 米，最大跨度 16 米，桥下净高 25 米。为箱梁桥。桥面设双车道，两侧有护栏。最大承重量 150 吨。是 323 国道田阳至巴马段的主线桥梁。

百懂大桥 Bǎidǒng Dàqiáo 公路桥。在玉凤镇西南部统合村百懂屯，323 国道田阳至巴马段 K13+075 处，跨百里河。1967 年动工建设，1968 年建成使用。2004 年改建，2005 年建成使用。因是在百懂屯的大型桥梁，故名。桥长 60 米，桥面宽 9 米，车行道宽 8 米，最大跨度 16 米，桥下净高 11.7 米。为钢筋混凝土平桥。桥面设双车道，两侧有护栏。最大承重量 150 吨。是 323 国道田阳至巴马段的主线桥梁。

百东河二号双线特大桥 Bǎidōnghé Èrhào Shuāngxiàn Tèdàqiáo 铁路桥。在头塘镇中部。2009 年动工建设，2015 年建成使用。因是云桂铁路跨百东河而建的第二座铁路双线特大桥梁，故名。为云桂铁路正线桥梁，起讫里程为 DK201+551.98 ～ DK205+226.66，中心里程为 DK203+389，全桥长 3674.68 米，共 112 跨。

百里桥 Bǎilǐ Qiáo 公路桥。在头塘镇东南部百里村，村道那亮—平合公路上，跨百里河。2014 年动工建设，同年建成使用。因在百里村，故名。桥梁中心桩号 K0+360。桥长 37 米，桥面宽 5.5 米，车行道宽 4.5 米，最大跨度 16 米。为空心板梁桥。桥面为水泥混凝土路面，设单车道，两侧有护栏。设计荷载等级为公路Ⅱ级。是村道那亮—平合公路的主线桥梁。

百沙桥 Bǎishā Qiáo 公路桥。在头塘镇中部偏西南百沙村，平泗—百东河公路（709 乡道）K3+400 处，跨百东河。1978 年动工建设，1979 年建成使用。曾名百东河大桥，因跨百东河而得名。后因在百沙村，改为百沙桥。桥长 75.2 米，桥面宽 4 米，车行道宽 3.5 米，最大跨度 10 米，桥下净高 7.5 米。为预应力混凝土桥。桥面设单车道，两侧有护栏。最大载重量 30 吨。是平泗—百东河公路（709 乡道）的主线桥梁。

平泗中桥 Píngsì Zhōngqiáo 公路桥。在头塘镇南部头塘村平泗屯，323 国道上，跨百东河。1966 年动工建设，1967 年建成使用。因在平泗屯，故名平泗桥。后因是中型桥梁，改称平泗中桥。桥长 71.4 米，桥面宽 7.5 米，车行道宽 7 米，最大跨度 16.8 米，桥下净高 15 米。为箱梁桥。桥面设双向车道，两侧有护栏。最大承重量 60 吨。是 323 国道的主要桥梁。

甫孟大桥 Fǔmèng Dàqiáo 公路桥。在洞靖镇东部扁村甫孟屯，银百高速公路百靖高速段，跨扁村河。2012 年动工建设，2014 年建成使用。因是建在甫孟屯的大型桥梁，故名。桥梁中心桩号 K2195+337。桥长 526.3 米，采用双幅布置，中间设隔离带，单幅桥面宽 12.75 米，单幅桥面车行道宽 10.5 米，最大跨度 40 米，桥下净高 59.13 米。为预应力混凝土连续 T 梁桥。桥面为沥青混凝土路面，单幅桥面设双车道和应急车道，两侧有护栏。最大载重量 125 吨。是银百高速公路百靖高速段的主线桥梁。

六头山 1 号大桥 Liùtóushān Yīhào Dàqiáo 公路桥。在洞靖镇东部扁村，银百高速公路百靖高速段，跨山沟。2012 年动工建设，2014 年建成使用。因是银百高速公路百靖高速段自北向南途经六头山的第一座大型桥梁，故名。桥梁中心桩号 K2195+907。桥长 155.8 米，采用双幅布置，中间设隔离带，单幅桥面宽 12.75 米，单幅桥面车行道宽 10.5 米，最大跨度 30 米，桥下净高 45.1 米。为预应力混凝土连续 T 梁桥。桥面为沥青混凝土路面，单幅桥面设双车道和应急车道，两侧有护栏。最大承重量 125 吨。是银百高速公路百靖高速段的主线桥梁。

六头山 2 号大桥 Liùtóushān Èrhào Dàqiáo 公路桥。在洞靖镇东部扁村，银百高速公路百靖高速段，跨山沟。2012 年动工建设，2014 年建成使用。因是银百高速公路百靖高速段自北向南途经六头山的第二座大型桥梁，故名。桥梁中心桩号 K2196+207。桥长 124.6 米，采用双幅布置，中间设隔离带，单幅桥面宽 12.75 米，单幅桥面车行道宽 10.5 米，最大跨度 30 米，桥下净高 13.8 米。为预应力混凝土连续 T 梁桥。桥面为沥青混凝土路面，单幅桥面设双车道和应急车道，两侧有护栏。最大承重量 125 吨。是银百高速公路百靖高速段的主线桥梁。

六头山 3 号大桥 Liùtóushān Sānhào Dàqiáo 公路桥。在洞靖镇东部扁村，银百高速公路百靖高速段，跨山沟。2012 年动工建设，2014 年建成使用。因是银百高速公路百靖高速段自北向南途经六头山的第三座大型桥梁，故名。桥梁中心桩号 K2196+632。桥长 277 米，采用双幅布置，中间设隔离带，单幅桥面宽 12.75 米，单幅桥面车行道宽 10.5 米，最大跨度 30 米，桥下净高 31.1 米。为预应力混凝土连续 T 梁桥。桥面为沥青混凝土路面，单幅桥面设双车道和应急车道，两侧有护栏。最大承重量 125 吨。是银百高速公路百靖高速段的主线桥梁。

坡六遥1号大桥 Pōliùyáo Yīhào Dàqiáo 公路桥。在洞靖镇东部扁村，银百高速公路百靖高速段，跨山沟。2012年动工建设，2014年建成使用。因是银百高速公路百靖高速段自北向南途经坡六遥山坡的第一座大型桥梁，故名。桥梁中心桩号K2197+015。桥长168米，采用双幅布置，中间设隔离带，单幅桥面宽12.75米，单幅桥面车行道宽10.5米，最大跨度40米，桥下净高37米。为预应力混凝土连续T梁桥。桥面为沥青混凝土路面，单幅桥面设双车道和应急车道，两侧有护栏。最大承重量125吨。是银百高速公路百靖高速段的主线桥梁。

坡六遥2号大桥 Pōliùyáo Èrhào Dàqiáo 公路桥。在洞靖镇东部扁村，银百高速公路百靖高速段，跨山沟。2012年动工建设，2014年建成使用。因是银百高速公路百靖高速段自北向南途经坡六遥山坡的第二座大型桥梁，故名。桥梁中心桩号K2197+427。桥长408米，采用双幅布置，中间设隔离带，单幅桥面宽12.75米，单幅桥面车行道宽10.5米，最大跨度40米，桥下净高51.2米。为预应力混凝土连续T梁桥。桥面为沥青混凝土路面，单幅桥面设双车道和应急车道，两侧有护栏。最大承重量125吨。是银百高速公路百靖高速段的主线桥梁。

乾母洞中桥 Qiánmǔdòng Zhōngqiáo 公路桥。在洞靖镇东部淋楞村，银百高速公路百靖高速段，跨山谷。2012年动工建设，2014年建成使用。因是跨乾母洞山谷的中型桥梁，故名。桥梁中心桩号K2200+635。桥长82米，采用双幅布置，中间设隔离带，单幅桥面宽12.75米，单幅桥面车行道宽10.5米，最大跨度25米，桥下净高10.1米。为预应力混凝土连续T梁桥。桥面为沥青混凝土路面，单幅桥面设双车道和应急车道，两侧有护栏。最大承重量125吨。是银百高速公路百靖高速段的主线桥梁。

坡洪—桥业跨线桥 Pōhóng Qiáoyè Kuàxiànqiáo 公路桥。在洞靖镇东部淋楞村，银百高速公路百靖高速段，跨坡洪—桥业公路（751县道）。2012年动工建设，2014年建成使用。因是银百高速跨坡洪—桥业公路的桥梁，故名。桥梁中心桩号K2200+784。桥长66米，采用双幅布置，中间设隔离带，单幅桥面宽12.75米，单幅桥面车行道宽10.5米，最大跨度20米，桥下净高10.13米。为预应力混凝土连续空心板梁桥。桥面为沥青混凝土路面，单幅桥面设双车道和应急车道，两侧有护栏。最大承重量125吨。是银百高速公路百靖高速段的主线桥梁。

隧道

古美隧道 Gǔměi Suìdào 公路隧道。在坡洪镇西部古美村，银百高速公路百靖高速段K2208+400处，穿过那龙山。长680米，宽23.42米，高5米。2012年开工建设，2014

年 12 月建成通车。因在古美村，故名。为分离式双线小净距隧道，单洞建筑限界净宽 10.75 米，设计行车速度 100 千米 / 小时，洞内路面设计荷载为公路 I 级。左线起始桩号为 ZK25+650 ～ ZK26+280，右线起始桩号 K25+654 ～ K26+230，最大埋深约 155 米。洞门端墙为台阶式，洞门端墙及顶帽采用 C25 钢筋混凝土，顶水沟采用 M10 浆砌片石。为复合式衬砌结构，墙壁粉刷涂料。

百务隧道 Bǎiwù Suìdào 公路隧道。在坡洪镇西北部郎含村百务屯，银百高速公路百靖高速段 K2203+500 处，穿过炸沟山。长 380 米，宽 23.42 米，高 5 米。2009 年开工建设，2014 年 12 月建成通车。因在百务屯，故名。为双线连拱隧道，单洞建筑限界净宽 10.75 米，设计行车速度 100 千米 / 小时，洞内路面设计荷载为公路 I 级。为复合式衬砌结构，墙壁粉刷涂料。

陇内隧道 Lǒngnèi Suìdào 公路隧道。在坡洪镇西北部兴达村陇内屯，银百高速公路百靖高速段 K2201+120 处，由南向北穿过更焦山。长 350 米，宽 23.42 米，高 5 米。2009 年开工建设，2014 年 12 月建成通车。因在陇内屯，故名。为双线连拱隧道，单洞建筑限界净宽 10.75 米，设计行车速度 100 千米 / 小时，洞内路面设计荷载为公路 I 级。为复合式衬砌结构，墙壁粉刷涂料。

六联隧道 Liùlián Suìdào 铁路隧道。在百育镇北部六联村。长 3831 米。2009 年开工建设，2014 年 11 月贯通，2015 年 12 月投入使用。因在六联村，故名。为铁路客运专线双线隧道，设计行车速度为 250 千米 / 小时。

岩下隧道 Yánxià Suìdào 公路隧道。在玉凤镇中部上镇村岩霞屯，323 国道 K1418+979 处，穿过坡绿老山。长 364 米，宽 7 米，高 4.5 米。2003 年开工建设，2005 年建成通车。因在岩霞屯，当地“霞”“下”音近，故亦写作“岩下”，故名。为单线隧道。为复合式衬砌结构，边墙地上 2 米用瓷砖砌筑，墙壁 2 米以上粉刷涂料。

陇央外屯隧道 Lǒngyāngwàitún Suìdào 公路隧道。在洞靖镇东部淋楞村央外屯，银百高速公路百靖高速段 K2199+280 处，穿过六老山。全长 412 米，其中明洞长 10 米，暗洞长 402 米，宽 23.42 米，高 5 米。2009 年开工建设，2014 年 12 月建成通车。因在央外屯，央外屯原名陇央外屯，故名。为双线连拱隧道，单洞建筑限界净宽 10.75 米，设计行车速度 100 千米 / 小时，洞内路面设计荷载为公路 I 级。隧道最大埋深 49 米，左右线测量基线间距为 4.5 米，隧道内轮廓为单心圆曲墙，圆半径为 5.85 米，连拱隧道中隔墙为曲线墙，净宽 11.71 米 +2.44 米 +11.71

米，净高 7.11 米。为复合式衬砌结构，墙壁粉刷涂料。是百靖高速段最长隧道。

百靖高速路段最长隧道之陇央外屯隧道

念登隧道 Niàndēng Suìdào 公路隧道。在巴别乡东南部德安村念登屯，银百高速公路百靖高速段 K2218+900 处，穿过顶坡山。长 310 米，宽 23.42 米，高 5 米。2012 年开工建设，2014 年 12 月建成通车。因在念登屯，故名。为双线连拱隧道，单洞建筑限界净宽 10.75 米，设计行车速度 100 千米 / 小时，洞内路面设计荷载为公路Ⅰ级。为复合式衬砌结构，墙壁粉刷涂料。围岩等级为Ⅲ级和Ⅳ级。

水利设施

池塘、水利枢纽

土司官塘 Tǔsī Guāntáng 在田州镇西南部。明嘉靖三十五年（1556），明代抗倭女英雄瓦氏夫人抗倭归来后所建。1989 年 8 月，田阳县人民政府公布为田阳县文物保护单位。因是抗倭女英雄瓦氏夫人所建，故名。呈长方形，东北—西南走向，长 208.97 米，宽 62 米，面积约 12950 平方米。传原长约 1 千米，每年端午节州府在此举行龙舟赛，后因城市建设需要，被占去若干面积。现为隆平村池塘。

下路山塘 Xiàlù Shāntáng 在百育镇西南部。1956 年建成。因在两座大山中间的下方，旁边有一条路，故名。呈不规则形，南北走向，长约 300 米，宽约 256 米，面积约 76800 平方米。主要用于灌溉、养鱼。

那吉航运枢纽 Nàjí Hángyùn Shūniǔ 在那坡镇北部那莅村那吉屯右江河上，距田阳城区 22 千米，距上游百色水利枢纽 61.8 千米。2005 年 9 月 25 日，主体工程正式开工建设。2007 年 10 月 30 日实现通航。2008 年全部工程竣工。因在那吉屯，故名。由拦河坝、电站、1000 吨

那吉航运枢纽

级船闸、枢纽对外交通桥等建筑物组成，主要建筑物自右至左依次为船闸、电站厂房、10孔溢流坝和左岸混凝土接头坝。校核洪水位118.53米，相应总库容为1.83亿立方米，正常蓄水位115米，相应库容为1.03亿立方米，死水位114.4米。船闸通航标准为Ⅲ级航道，通航一列2×1000吨顶推驳船队，渠化千吨级航道56千米。电站安装3台水轮发电机组，总装机容量66兆瓦。是国务院批准的《珠江流域西江水系郁江综合利用规划报告》10个梯级中的第4级，是百色水利枢纽的反调节水库。是一座以航运为主，结合发电，兼有其他效益的水资源综合利用工程。

水库

那音水库 Nàyīn Shuǐkù　在那坡镇南部那音村那音河上。1959年11月动工建设，1960年陆续完成大坝、溢洪道、输水管等主要建筑物的修建并开始蓄水。1981年1月和1988年1月，坝后电站和二级电站分别建成投产。1999年7月，田阳县城及附近乡（镇）的生活及工业用水管路建成。2008年进行除险加固。因在那音村，故名。属中型水库。主要水源是那音河及雨水。集水面积170.45平方千米。总库容1813万立方米，有效库容1460万立方米。大坝建在那音村溶洞口下游约3千米处，为黏土心墙坝，坝顶高程183.17米，实际最大坝高31.17米，坝顶长198米，宽4米，坝底宽184.8米；大坝右岸有溢洪道1座，为侧槽式溢流堰，各宽43米。最大泄洪量190米^3/秒。坝左侧有126米长输水隧洞。坝后电站装机为3×200千瓦，二级电站装机2×160千瓦，总装机920千瓦。灌区内有那坡响水干渠和百峰干渠，设计灌溉面积1333.33公顷，有效灌溉面积1120公顷。有村道通达。以灌溉为主，兼顾防洪、发电、供水、养殖等综合利用。

兴达水库 Xīngdá Shuǐkù　在坡洪镇西北部兴达村，古美河下游、兴达桥上游1.5千米处。1971年10月动工建设，分三期施工，1980年11月建成。建成后不能蓄水，又于1982年4月对大坝右肩灌浆处理，1984年竣工后方能蓄水。因在兴达村境内，故名。属小一型水库。主要水源为古美河及雨水。集水面积102.6平方千米，其中暗流部分73.6平方千米，明流部分29平方千米。总库容572万立方米，有效库容535万立方米。主坝为黏土心墙坝，坝顶高程150米，实际最大坝高38米，坝顶长228米，宽4米；副坝1座，总长72.7米。泄洪道1座，为圬工溢流堰，宽25米。最大泄洪量410米^3/秒。坝左右侧有3.2千米长输水隧洞。灌区设计2条干渠和11条渠系，全长55.42千米。设计灌溉面积666.67公顷，有效灌溉面积320公顷，历史最大灌溉面积275.73公顷（1976年），灌区覆盖坡洪镇兴达、郎含和洞靖镇百林、弄岩、淋楞等村。有村道通达。以防洪和农田灌溉为主。

兴达水库风光

六谷水库 Liùgǔ Shuǐkù 在那满镇东北部内江村。1956 年 4 月动工建设,1957 年 3 月建成蓄水。六谷，壮语 Luegguk，“六 lueg”指山谷，“谷 guk”指老虎。因在名为“六谷”的山谷中，传说该山谷曾有老虎出没，故名。属小二型水库。主要水源为雨水。集水面积 4.6 平方千米。总库容 73.6 万立方米，有效库容 49.7 万立方米，调洪库容 23.3 万立方米。主坝为黏土心墙坝，坝顶高程 136.3 米，最大坝高 18.3 米，坝顶长 118 米，宽 3 米。原设计防洪标准为 20 年一遇洪水设计，200 年一遇洪水校核，相应水位为 134.98 米和 135.45 米。正常水位为 133.4 米。水库溢洪道为河岸式，进口底高程 133.4 米，堰顶净宽 8 米，最大泄洪量 34.6 米 ^{3}/ 秒。放水设施为坝下无压涵洞，断面尺寸 0.5 米 ×0.7 米，进口底高程 123.2 米，最大下泄水流量 0.3 米 ^{3}/ 秒。设计灌溉面积 66.67 公顷，实际灌溉面积 33.33 公顷。有村道通达。主要用于农业灌溉，兼防洪。

六华水库 Liùhuá Shuǐkù 在那满镇东北部内江村。1952 年 10 月动工建设，1953 年 4 月建成蓄水。六华，壮语 Luegvaz，“六 lueg”指山谷，“华 vaz”指冲刷。因在名为“六华”的山谷中，该山谷遇大雨常被冲刷，故名。属小二型水库。主要水源为雨水。集水面积 0.8 平方千米。总库容 25 万立方米，有效库容 18 万立方米。主坝为黏土斜墙土坝，坝顶高程 125.1 米，最大坝高 10 米，坝顶长 54 米，宽 3 米。水库溢洪道均为河岸式，进口底高程 122.6 米，堰顶净宽 4.9 米，最大泄洪量 10.1 米 ^{3}/ 秒。放水设施为坝下无压涵洞，断面尺寸 0.4 米 ×0.4 米，进口底高程 115.8 米，最大下泄水流量 0.1 米 ^{3}/ 秒。设计及实际灌溉面积均为 20 公顷。有村道通达。主要用于农业灌溉，兼防洪。

那生水库 Nàshēng Shuǐkù 在百育镇中部偏南四那村。1952 年 10 月动工建设，1953 年 6 月建成蓄水。因在那生片村（那生上屯、那生下屯、那生新屯），故名。属小二型水库。主要水源为雨水。集水面积 2.5 平方千米。总库容 48 万立方米，有效库容 45 万立方米。主坝为黏土心墙坝，最大坝高 9 米，坝顶长 200 米，宽 2.4 米。灌溉农田 133 公顷。有村道通达。主要补充百东河水源，属百东河水库结瓜工程。

百育水库 Bǎiyù Shuǐkù 在百育镇西南部百育村驮岂屯。1955 年 11 月动工建设，1956 年 7 月建成蓄水。因在百育村，故名。属小一型水库。主要水源为雨水。集水面积 3.56 平方千米。总库容 133 万立方米，有效库容 102 立方米。主坝为均质土坝，最大坝高 12 米，坝顶长 150 米，宽 2.5 米；泄洪道 1 座，各宽 20 米。最大泄洪量 15 米 ^{3}/ 秒。为梯级斜管，管长 99 米。有干渠 1 条 3.76 千米，支渠 3 条 7.06 千米，渡槽 1 座 83.1 米。灌溉农田 233 公顷。有村道通达。在百东河干渠下面，为百东河灌区结瓜库，主要补充百东河水源，百东河干渠可以直接引灌入此库原有干支渠，其灌溉效益并入百东河灌区。以农业灌溉为主，兼防洪。

下花水库 Xiàhuā Shuǐkù 在百育镇东部新民村花茶屯。1957 年 3 月动工建设，1960 年 3 月建成蓄水。因在花茶屯娄山下峡谷处，故名。属小一型水库。主要水源为雨水。集水面积 10.67 平方千米。总库容 450 万立方米，有效库容 321 立方米。主坝为黏土心墙坝，最大坝高 17.92 米，坝顶长 174 米，宽 3.9 米；有泄洪道 1 座，宽 10 米。最大泄洪量 96 米 ^{3}/ 秒。坝左侧有 84 米拱涵。设计灌溉面积 106.67 公顷，通过电灌站抽水补给使有效灌溉面积达到 260 公顷，灌区主要是新民村和六联村的部分田地。有村道通达。以农业灌溉为主，兼防洪。

绿岭水库 Lùlǐng Shuǐkù 在百育镇北部。1998 年动工建设，2001 年建成蓄水。因在绿岭田垌内，故名。属小二型水库。主要水源为雨水。集水面积 0.97 平方千米。总库容 79.5 万立方米，有效库容 70 万立方米。主坝为黏土心墙坝，最大坝高 17 米，坝顶长 1050 米，宽 4 米；泄洪道 1 座，宽 5 米。最大泄洪量 45 米 ^{3}/ 秒。坝左侧有 900 米长输水渠道。灌溉农田 60 公顷。有村道通达。主要用于农业灌溉。

懂立水库 Dǒnglì Shuǐkù 在玉凤镇东南部懂立村甫少屯西 1 千米处。1975 年 10 月动工建设，1979 年 10 月建成蓄水。因在懂立村，故名。属小一型水库。主要水源为雨水。集水面积 18.3 平方千米。总库容 108 万立方米，有效库容 87 万立方米。主坝为黏土心墙坝，坝顶高程 258 米，实际最大坝高 31 米，坝顶长 98 米，宽 4 米，坝底宽 165 米。设计洪水位 255.7 米，校核洪水位 256.3 米。泄洪道 1 座，为宽顶堰，堰顶宽 11 米。最大泄洪量 187 米 ^{3}/ 秒。坝左侧有 150 米梯级放水管。设计及有效灌溉面积 26.67 公顷。有村道通达。主要用于农业灌溉，兼防洪。

朔柳水库 Shuòliǔ Shuǐkù 在玉凤镇东南部与百育镇交界处的朔柳村朔柳河上。1969 年动工建设，1970 年 11 月建成。因在朔柳村，故名。属小一型水库。主要水源为朔柳河及雨水。集水面积 20 平方千米。总库容 225 万立方米，有效库容 171 万立方米，死库容 9 万立方米。主坝为黏土心墙坝，坝顶高程 104.54 米，实际最大坝高 24.5 米，坝顶长 157.5 米，宽 4 米，坝底宽 152.6 米；校核洪水位 101.6 米，设计洪水位 101.3 米，正常蓄水位 100 米，汛期限制水位 96.1 米。副坝 1 座，长 66 米，副坝坝顶与主坝坝顶相连。泄洪道 1 座，为侧流堰，混凝土护面，进口宽 44 米，校核最大泄洪量 303 米 ^{3}/ 秒。坝左侧有 96.1 千米长输水隧洞。有干渠 2 条共 14.54 千米（其中输入下花水库干渠 2.88 千米），支渠 3 条 5.66 千米。设计灌溉面积 86.67 公顷，有效灌溉面积 80 公顷，灌区包括玉凤镇朔柳村 6 个村民小组，并补充下花水库水量。有村道通达。主要用于农业灌溉，兼防洪。

百东河水库 Bǎidōnghé Shuǐkù 在头塘镇北部百沙村百东河上。1957 年 11 月动工建设，1958 年 7 月建成蓄水。1961 年、1966 年和 1980 年先后 3 次除险加固。因在右江支流百东河上，故名。属中型水库。主要水源为百东河及雨水。集水面积 760 平方千米。总库容 9192 万立方米，有效库容 3837 万立方米，正常蓄水位 137 米。枢纽工程由大坝、溢洪道、放水塔、输水隧洞和水电站组成。大坝建在百东河与磺桑江汇合口上游 800 米处，为黏土心墙土坝，坝顶高程 151.8 米，实际坝高 46.8 米，坝顶长 346 米，宽 6 米，坝顶防浪墙高 1 米。溢洪道设在大坝左岸山坳处，为开敞式宽顶实用堰，堰顶净宽 100 米，最大泄洪量 4424 米 ^{3}/ 秒。放水塔及输水隧洞设

百东河水库俯瞰

于大坝左岸，最大过水流量 13.8 米 ^{3}/ 秒。防洪标准按 100 年一遇洪水设计，1000 年一遇洪水校核。坝后电站装机容量 1000 千瓦，年发电量 192 万千瓦时。是以灌溉为主，兼防洪、发电、养殖、城镇供水等功能于一体的年调节中型水利枢纽。设计灌溉面积 6493.33 公顷，有效灌溉面积 5673.33 公顷，历年最大灌溉面积 5440 公顷。灌区范围包括今田阳区头塘镇百沙、百坡、百里 3 村，田州镇平坡、那塘、三雷、东江 4 村，百育镇七联、六联、四那、百育、九合 5 村，田东县有平马、林逢、祥周等乡（镇）14 个村。有村道通达。

惠洞水库 Huìdòng Shuǐkù 在田阳区五村镇西南部雷圩村惠洞屯惠洞河上。1957 年冬动工建设，1960 年 3 月建成蓄水。1972 年和 1977 年建成坝后一级、二级、三级电站。1973 年、1974 年、2005 年先后 3 次进行维修或除险加固。因在惠洞屯，故名。属中型水库。主要水源为惠洞河及雨水。水库集水面积 22.5 平方千米，还有驮丹、伏王 2 处引洪集水面积 10 平方千米。总库容 1942 万立方米，有效库容 1542 万立方米。主坝为黏土心墙坝，坝高 28.2 米，坝顶长 69 米，宽 3.4 米；副坝 1 座，长 48.5 米。副坝左侧有侧槽式宽顶堰溢洪道，堰顶宽 35 米，最大泄洪量 94 米 ^{3}/ 秒。主坝右侧有 75.9 千米长输水隧洞。有驮丹、伏王 2 处引洪渠。有总干渠 1 条 7.13 千米，南北两条干渠 29.6 千米，支渠 12 条 43 千米。主要用于农业灌溉，兼发电、城镇供水以及渔业养殖。坝后电站总装机 450 千瓦。设计灌溉面积 826.67 公顷，有效灌溉面积 766.67 公顷，历史最大实际灌溉面积 653.33 公顷（1974 年）。灌区范围包括今五村镇雷圩、百谷、康华、百宙、五村、漱贡、陇华 7 村，坡洪镇乐上、南兴、新洞、坡丹、百合、局盛、陇含、陇升 8 村。有村道通达。

惠洞水库风光

灌溉渠、堤坝

百东河干渠 Bǎidōnghé Gànqú 在区境东部。从田阳区头塘镇百沙村至田东县祥周镇甘连村止，途经田阳区头塘、田州、百育 3 镇。1957 年动工兴建，1958 年基本挖通，后逐步整治改善。因是百东河水库配套工程，故名。全长 49.19 千米，最大宽度 12.5 米，最小宽度 2.5 米。设计灌溉面积 110.2 平方千米，有效灌溉面积 54.4 平方千米。平均流量 8.65 米 ^{3}/ 秒。由混凝土浆砌块石砌成。

磺桑江干渠 Huángsāngjiāng Gànqú　在区境中部。从头塘镇新山村上练屯起至田州镇隆平村那豆屯止。1953 年 11 月动工兴建，1954 年 5 月建成，1977—1978 年完成三面光防渗衬砌，后逐年加固。因是磺桑江引水灌溉配套工程，故名。全长 25.7 千米，支、分渠 13 条 33 千米，最大宽度 3 米，最小宽度 1.5 米。设计灌溉面积 20 平方千米，有效灌溉面积 19.33 平方千米。平均流量 2.5 米 ^{3}/ 秒。由三面光防渗衬砌成。

惠洞南干渠 Huìdòng Nán'gànqú　在五村镇南部。从五村至定夜村止。1966 年冬动工兴建，1967 年春建成。因是惠洞水库灌区配套工程，且在总干渠南面，故名。全长 9.3 千米，最大宽度 1.2 米。最小宽度 1 米。设计灌溉面积 1.6 平方千米，有效灌溉面积 1.1 平方千米。平均流量 2 米 ^{3}/ 秒。由混凝土浆砌块石砌成。设计输水流量 0.4 米 ^{3}/ 秒，水深 0.6 米，底宽 0.8 米，纵坡 1/500；支渠 2 条 12 千米；隧洞 1 条 11 米；渡槽 1 座 30 米。还有跌水 3 处，交通桥 11 座，闸门 2 座，斗闸 27 座。

惠洞总干渠 Huìdòng Zǒnggànqú　在五村镇南部。从五村至雷圩村止。1958 年动工兴建，1960 年修筑 4.5 千米。1965 年 9 月续修，1966 年 3 月建成蓄水。因是惠洞水库灌区配套工程，故名。全长 7.13 千米，最大宽度 1.5 米，最小宽度 1 米。设计灌溉面积 8.26 平方千米，有效灌溉面积 5.2 平方千米。平均流量 2 米 ^{3}/ 秒。由混凝土浆砌块石砌成。设计输水流量 2.44 米 ^{3}/ 秒，水深 1. 45 米，底宽 1.8 米，纵坡 1/1000；支渠 1 条 9.13 千米。有隧洞 1 条 97 米；其他附属工程还有跌水 5 处，渡槽 1 座，闸门 8 座，桥梁 11 座，斗门 15 座。

磺桑江坝首 Huángsāngjiāng Bàshǒu　在头塘镇西北部新山村上练屯磺桑江下游，距头塘镇人民政府驻地 5 千米。1953 年 11 月动工兴建，1954 年 5 月建成蓄水。因是磺桑江引水工程的拦河大坝，故名。坝长 45.2 米，高 4.5 米，顶宽 2 米，底宽 10.9 米。由混凝土浆砌块石砌成。设计引水流量 2.5 米 ^{3}/ 秒，设计灌溉面积 20 平方千米。主要灌溉田州河右岸与右江左岸间的盆地，包括头塘镇兴侨社区和新山、百沙、百坡、头塘、二塘、四联 6 村及田州镇龙河、风马、定律、隆平 4 村。

纪念地与旅游景点

纪念地

那赖遗址 Nàlài Yízhǐ 在田阳区中部，田州镇兴城村那赖屯与那坡镇六合村交界处的山坡上。分布面积500万平方米。因是主要分布在那赖屯的旧石器时代古人类遗址，故名。2003年发现，属右江南岸四级阶地，高出山脚约70米，网纹红土层厚1～4米，砾石层距地表10～25米。最高点有约50平方米的核心区，石制品密集。2005年广西文物工作队等对其进行局部抢救性发掘，出土大量砍砸器、手斧、手镐、刮削器等打制石器和玻璃陨石。经对与手斧同地层出土的玻璃陨石进行年代测定，该遗址距今80.3万年。2005年田阳县人民政府公布为县级文物保护单位。2009年5月广西壮族自治区人民政府公布为自治区级文物保护单位。2013年国务院公布为全国重点文物保护单位。

百色市田阳区革命烈士纪念陵园 Bǎisè Shì Tiányáng Qū Gémìnglièshì Jì' niàn Língyuán 在田州镇东部解放东路狮子山上。占地面积5.2万平方米。建筑面积100平方米。因是田阳为纪念革命烈士而建造的陵园，故名。1964年始建在田阳县城中心，称田阳县革命烈士陵园。1999年迁至狮子山新建，2000年建成。主要设施包括烈士纪念碑、烈士亭、黄治峰雕像、大门石牌坊、碑园绿地等。烈士纪念碑坐东朝西，高20米，由522块花岗岩砌成，碑体象展翅飞翔的雄鹰；碑旁有烈士亭和黄治峰烈士雕像，烈士亭收录田阳县土地革命战争、抗日战争、解放战争、抗美援朝、对越反击战等各时期共916名烈士的简介。纪念碑和3米高的黄治峰雕像于1994年8月3日被广西壮族自治区人民政府确定为广西壮族自治区重点烈士纪念建筑物保护单位，是田阳区爱国主义和革命英雄主义教育的主要阵地。有解放东路通往田阳城区。

瓦氏夫人墓 Wǎshìfūrén Mù 在田州镇隆平村那豆屯东北200米的岑氏墓地。占地面积200平方米。因是明代抗倭女英雄、二品夫人瓦氏夫人之墓，故名。明嘉靖三十五年（1556）始建。清嘉庆十年（1805）重立碑。1995年修复。瓦氏夫人为明代广西田州岑氏土司十六世祖、世袭田州府指挥同知岑猛的夫人。明嘉靖三十三年（1554）奉诏率田州狼兵赴江浙抗倭，授参将总兵衔。因其为保国安民立下战功，两次受明皇嘉奖，赐封二品夫人。修复后的墓，墓前有墓碑，碑高1.4米，宽0.78米，厚0.16米，基性岩石质，碑体完好，脚断，字迹清楚。碑题“前明嘉靖特封淑人岑门十六世祖妣瓦氏太君之墓”21字，楷体，字径5～6厘米。落款字径3厘米，为“钦赐四品官田州知州世袭云骑尉又一恩骑尉军工加二级二十六世裔孙煜立”32字。年款字径同为 3 厘米，为“嘉庆拾年岁次乙丑仲夏月中浣谷旦”。1989 年 8 月田阳县人民政府公布为县级文物保护单位。1994 年广西壮族自治区人民政府公布为自治区级文物保护单位。2018 年 4 月，以瓦氏夫人墓为基础建设瓦氏夫人文化公园，公园占地面积为约 7333.33 平方米，由瓦氏夫人墓、瓦氏夫人文化展示馆和田州土司文化长廊三大部分组成，建筑面积约 2000 平方米，于 2022 年 9 月竣工并开园。布洛陀大道和花园大道经此。

2022 年新建成的瓦氏夫人文化公园

田阳粤东会馆 Tiányáng Yuèdōng Huìguǎn 在田州镇隆平村牌楼屯西约 200 米的田阳南华糖业有限责任公司厂区内。占地面积 547.34 平方米。因是由广东商人集资建在田阳的会馆，故名。清同治年间（1862—1874）始建。坐东北向西南，为二进穿廊庭院式砖木结构。前进面阔三间，宽 13.78 米、深 10.72 米、高 6 米；后进面阔三间，宽 13.78 米、深 11.9 米、高 6 米；穿斗式梁架，悬山屋顶，琉璃瓦面，前后进之间有走廊，地面铺阶砖，两进房均雕梁画栋，两边墙上有壁画。1989 年 8 月，田阳县人民政府公布为县级文物保护单位。2009 年 5 月，广西壮族自治区人民政府公布为自治区级文物保护单位。毗邻兴华路。

北府庙 Běifǔ Miào 在田州镇南部隆平村平街屯。占地面积 400 平方米。建筑面积 85 平方米。因镇守北天门，故名。传宋靖康二年（1127）始建，后被毁。2015 年重建。主要建筑为二层砖木结构楼房。庙内设有李靖公神像、祷告室，存有唐代乌龟石、羊石。庙前有小广场。有小路连通平街道路。

2015 年重建的北府庙

崇正书院 Chóngzhèng Shūyuàn 在田州镇兴城村旧城屯。占地面积 2200 平方米。建筑面积 684.68 平方米。因是古代乡土教化之地，取“崇文正德”意，故名。清光绪十四年（1888）始建，原址位于田州镇隆平村埬慕洲玉皇阁。清光绪十五年（1889）移建此地。清光绪三十三年（1907）改为奉议县两等小学堂（今兴城小学）。坐西南向东北，由正座、左右侧房、左右斋房组成，正座宽 11.4 米、深 6.8 米、高 6.5 米，正门上方挂有 2.5 米长的横匾，上写楷书“崇正书院”；左侧房宽 11.2 米、深 6.8 米、高 7.5 米；右侧小房宽 4.2 米、深 6.8 米、高 6 米，右侧大房宽 13.5 米、深 6.8 米、高 6 米；左斋房宽 10.8 米、深 11.3 米、高 5 米，右斋房宽 10.8 米、深 11.3 米、高 5 米。正座、西北侧房、斋房均为清代砖木结构硬山顶结构，东南侧房为西洋式砖木结构。对研究田阳教育发展史有比较重要的价值。1989 年田阳县人民政府公布为县级文物保护单位。有村道通达。

列圣宫 Lièshèng Gōng 在田州镇西南部凤马村秣马屯。占地面积 990 平方米。建筑面积 360 平方米。因以观世音菩萨法像为主，陈列有土地公、土地婆、孔圣人、韦陀等众神，故名。清嘉庆年间（1796—1820）始建，由广东船高协建。1958 年被拆毁。1973 年重建后宫廷 3 间。2007 年扩建。主要建筑有六开间红墙绿瓦房屋 2 栋，分为前宫、天井、后宫，后宫设观音像，左边是厢房，前面是宫廷广场。有村路通达。

水月宫 Shuǐyuè Gōng　在田州镇中部中山社区，百东河岸。占地面积 300 平方米。建筑面积 240 平方米。因传该宫观音显灵，故名。传明洪武元年（1368）始建，后被毁。2003 年重建，2005 年建成。主要建筑有一座三层钢筋混凝土的塔式观音庙、岑三爷庙、瓦氏夫人庙等。庙内设有红衣观音、千手千眼观音、百衣观音等神像。毗邻桑园街。

2005 年重建落成的水月宫

玉皇阁 Yùhuáng Gé　在田州镇南部，东慕岛西滩头的沙洲上。占地面积 300 平方米。建筑面积 260 平方米。因供奉玉皇大帝，故名。清同治五年（1866）始建。“文化大革命”期间被毁坏。1987 年被拆除。1990 年重修。1994 年因火灾被毁。2002 年复重建。主要建筑有一栋三开间红瓦房，有关公庙、文笔獨魁庙。前宫庙内设玉皇大帝神像，后宫庙内有土地公、观音、弥勒佛等神像。有祷告室。有东慕岛公路通达。

田州区苏维埃政府旧址 Tiánzhōu Qū Sūwéiāi Zhèngfǔ Jiùzhǐ　在田州镇维新街 38 号。占地面积约 200 平方米。建筑面积 450 平方米。因民国十九年（1930）奉议县（后与恩阳县合并为田阳县）田州区苏维埃政府在这里成立，故名。此处原为“岑三爷”庙，始建于元代。民国前期为田州镇凤马村商家农淑田的店铺。民国十九年（1930）奉议县田州区苏维埃政府在此成立，当时驻有农民赤卫队一个独立大队，负责维持地方治安、打土豪分田地。1950 年划给田阳县医药公司。20 世纪 60 年代田阳县医药公司拆下重建，70 年代末重新加固后座护条。1983 年文物普查时发现其为右江革命活动的旧址之一。1989 年 8 月，田阳县人民政府公布为县级文物保护单位。坐西向东，为二进二开间砖木结构二层楼房，长25米、宽7.6米、高8米。现旧址建筑被全部拆除，改建为市场。

恩阳县苏维埃政府旧址 Ēnyáng Xiàn Sūwéiāi Zhèngfǔ Jiùzhǐ 在那坡镇那坡街居委会上新街44号。占地面积511.98平方米。建筑面积415.84平方米。因民国十九年（1930）恩阳县（后与奉议县并为田阳县）人民在邓小平、张云逸等领导下发动百色起义，建立工农武装和苏维埃政权，恩阳县苏维埃政府设在此，故名。民国三年（1914）始建，原为大资本家黄恒栈寓所。民国十九年（1930）恩阳县苏维埃政府设在此。坐西向东，由三进房屋组成建筑群，前进为平顶三层楼房，法式砖木结构建筑，中、后进为瓦顶平房，东西长53.3米，南北宽9.4米。1989年田阳县人民政府公布为县级文物保护单位。万平—那驮公路（701乡道）途经附近。

黄恒栈四平楼 Huánghéngzhàn Sìpínglóu 在那坡镇那坡街居委会合同街1号。占地面积238.28平方米。因原是黄恒栈商号四老板寓所，为平顶楼房，故名。民国十七年（1928）始建。1949年中华人民共和国成立后为中共田阳县工委机关第一个办公地点（后改为县委机关办公住址）。1954年田阳县委、县人民政府迁入田州镇后，此楼改为那坡镇党委和政府办公楼。2002年后为那坡镇人民政府干部宿舍楼。现已闲置。坐西向东，为中西结合砖木结构的三层楼房，面阔三间，宽16.2米、深14.4米、高16.6米。临街建骑楼，骑楼深2.5米。1989年8月，田阳县人民政府公布为县级文物保护单位。

黄恒栈烟厂旧址 Huánghéngzhàn Yānchǎng Jiùzhǐ 在那坡镇那坡街居委会下新街60号。占地面积3170.6平方米。因曾是黄恒栈创办的烟厂所在地，故名。民国十六年（1927）由商人黄恒栈创办为电厂，也是百色地区第一家电厂。民国十九年（1930）改建为烟厂，烟产品远销云南、贵州及越南等地。1949年中华人民共和国成立后烟厂收归国有，改建为田阳县酒厂，现酒厂已倒闭。坐东向西，为中西结合四合院式的砖木结构建筑群，建筑群东西长60.8米，南北宽32米。1989年8月，田阳县人民政府公布为县级文物保护单位。

田阳县国民党政府旧址 Tiányáng Xiàn Guómíndǎng Zhèngfǔ Jiùzhǐ 在那坡镇那坡街居委会同合街108号，那坡镇卫生院内。因民国二十四年（1935）国民党政府将恩阳县、奉议县并为田阳县，县政府设于此，故名。占地面积14000平方米。坐北向南，原有砖木结构房屋5栋，由前、中、后座和两侧房组成四合院式的建筑群。前座大门前为广场，其中央有篮球场，中座为办公大楼。现仅存前座，前座面阔三间，宽14.6米、深11.4米、高8.8米。1989年8月，田阳县人民政府公布为县级文物保护单位。

蝙蝠洞石刻 Biānfú Dòng Shíkè 在那坡镇东部，宝美村下面屯西南 50 米的山上岩洞内。因石刻刻在多蝙蝠栖息的岩洞内，故名。清乾隆年间（1736—1795）始刻，奉议州州判燕章诚题书。在距洞口 5 米深的洞内南壁上，离地面 7.2 米，呈条幅，高 2.6 米，宽 1.7 米，草书，字迹难认，内容不详。有较重要的历史和艺术价值。1989 年 8 月，田阳县人民政府公布为县级文物保护单位。

那坡烈士公墓 Nàpō Lièshì Gōngmù 在那坡镇北部平朴村。占地面积 624 平方米。建筑面积 14 平方米。因是那坡镇为纪念烈士而建的公墓，故名。1969 年为纪念 7 位革命烈士而建。2013 年扩建，增加一墓。主要建筑有纪念碑、烈士墓。纪念碑高 10 米。碑前是平台，纪念碑居中矗立，碑后为 8 位烈士墓。为田阳区爱国主义教育基地。有公路通达。

坡洪烈士公墓 Pōhóng Lièshì Gōngmù 在坡洪镇坡洪街南面茄娘山上。占地面积 184 平方米。建筑面积 20 平方米。因是坡洪镇为纪念革命烈士而建的公墓，故名。1969 年为纪念 4 位革命烈士而建。2013 年扩建。主要建筑有纪念碑、烈士墓，凉亭。纪念碑高 10 米。碑前是平台，纪念碑居中矗立，碑后为 4 位革命烈士墓。为田阳区爱国主义教育基地。有公路通达。

执岜志山照碑 Zhíbāzhìshānzhào Bēi 又名榨舌山碑刻。在坡洪镇中部，百合村盆地屯南约 600 米的榨舌山顶。因碑刻题首为“执岜志山照”，故名。清同治十一年（1872）始立。碑高 1.42 米、宽 0.8 米、厚 0.3 米，单面刻楷书，题首为“执岜志山照”，碑文载奉议州府批准伏领、农旧二村的村民周聚宽、周德盛等人继承具祖父周文善管埋当地税赋，那用村佃户代服劳役，周家人督促佃户赋役之事。碑刻完整，具有重要的历史和科学价值。1989 年 8 月，田阳县人民政府公布为县级文物保护单位。

莲花山寺遗址 Liánhuāshānsì Yízhǐ 在那满镇中部新立村弄仑屯北 50 米的莲花山上。占地面积 500 平方米。因寺庙所在的山形似一朵盛开的莲花，故名。据寺内碑刻载，清同治元年（1862）始建，清光绪十三年（1887）重建，史称慈云阁，是奉义州各界人士及群众捐资兴建，坐东向西，建筑群为顺坡 5 进 3 间，依次为北极佛、观音宫、佛母宫、八仙宫、寿星宫，全为石料所砌。清光绪十六年（1890）竣工时寺内立石碑 22 通。20 世纪五六十年代建筑群天面及寺内神台、佛像被毁，仅存墙基、碑刻，后群众集资在原址重建。重建后为五进砖木结构建筑，沿坡面呈台阶式排列。是田阳仅存的古寺，田阳八景之一。有乡村公路通达。

莲花山寺遗址

驮岂赤卫队烈士公墓 Tuóqǐ Chìwèiduì Lièshì Gōngmù 在百育镇南部百育村驮岂屯西北 200 米的山坡上。保护范围面积 600 平方米。占地面积 40 平方米。因是为纪念民国二十年（1931）抗击国民党军和反动民团而牺牲的赤卫队员而在驮岂屯境内建设的公墓，故名。1952 年始建。1990 年重建。坐北向南。主要建筑有纪念碑、烈士墓。烈士公墓葬着民国二十年（1931）因英勇抗击国民党军和反动民团而壮烈牺牲的 35 名赤卫队员和 116 名群众。纪念碑高 10 米，碑前是平台，纪念碑居中矗立，碑后是 158 人合葬墓。1989 年田阳县人民政府公布为县级文物保护单位。有道路连通驮岂公路。

敢壮山赤卫军战斗遗址 Gǎnzhuàngshān Chìwèijūn Zhàndòu Yízhǐ 在百育镇中部六联村那贯屯北 600 米的敢壮山上。因是民国十九年（1930）右江赤卫军在敢壮山抗击国民党军而留下的战斗遗址，故名。遗址由将军洞、观音洞、蝗虫洞、鸳鸯泉等组成，岩洞相通，洞口左右建有庙宇亭台和牌坊。岩洞上方书有“春晓岩”3 个大字。明代起，春晓岩成为右江河谷一带最大的壮族歌圩，每年农历三月初七至初九，当地男女青年成群结队到此赶歌圩。革命战争时期，右江革命先驱、后任红七军二十师副师长的黄治峰曾多次在敢壮山附近组织开展革命活动。民国十九年（1930），国民党桂军在民团黄曹山、黄有功的配合下进剿敢壮山，点燃混着辣椒的棉胎，将掩护群众转移的 24 名赤卫队员及部分革命群众熏死在敢壮山上的洞中。后岩洞内发现有赤卫军用过的驳壳枪、残鼎锅等。1989 年田阳县人民政府公布为县级文物保护单位，称为春晓岩遗址，2005 年后改称敢壮山赤卫军战斗遗址。有百育—敢壮山公路（738 乡道）、三今—敢壮山景区公路（773 乡道）通达。

花茶庙遗址 Huāchá Miào Yízhǐ 在百育镇东部新民村花茶屯东500米。占地面积200平方米。因是建在花茶屯的寺庙，但庙堂已被毁而仅存遗址，故名。寺庙始建时间不详。为一座四合院式庙堂，由三幢房屋组成，中间一幢是中堂，两边是厢房，呈丙字形。是右江地区重要的革命活动地点和最早的革命根据地之一。民国十六年（1927），奉议县（后与恩阳县合并为田阳县）各乡农民运动骨干第一次会议、成立奉议县农民协会、策划“二都暴动”、成立中共奉议县特别支部等革命活动在此进行。据党史资料载（原红七军二纵队政治部主任袁运远回忆文章《从百色到湘赣》），民国十八年（1929）十一月中旬，邓小平从百色往龙州途中，在此指导革命。庙堂于20世纪60年代初至70年代末期间因反对封建迷信破四旧运动被毁，仅存庙堂旁的大榕树。1989年8月，田阳县人民政府以“花茶革命活动地点”之名公布为县级文物保护单位，保护范围包括大榕树、练兵场。2007年，广西壮族自治区党史研究室把花茶庙列为田阳革命遗址遗迹。有花茶屯道路通达。

新民村烈士陵园 Xīnmíncūn Lièshì Língyuán 在百育镇东部新民村花茶屯大榕树北坡上。占地面积2133.33平方米。因是为纪念新民籍31名在土地革命时期牺牲的红七军和赤卫军烈士而由新民村自发组织兴建的烈士陵园，故名。2004年兴建。2012年1月田阳县人民政府新建“二都暴动”纪念碑。纪念碑占地面积600平方米，碑高12.35米，剪力墙结构。花茶屯道路通达。

建在新民村烈士陵园里的“二都暴动”纪念碑

雷圩碑刻 Léixū Bēikè 在五村镇南部，雷圩村旧圩屯。因在雷圩村，故名。清乾隆年间（1736—1795）始刻。碑高1.3米、宽0.81米、厚0.2米。两面刻楷书，一面为清乾隆十四年（1749），奉议州州判燕章诚所立关于“严禁收征粮之窃弊”告示；另一面为清乾隆三十三年（1768），镇安府正堂赵翼颁布的规定府以下各级官员出差巡视不得随意雇用民夫，不得随便传唤官票告示。碑刻基本完整，有轻度风化，右下角稍缺，具有重要的历史和科学价值。1989年8月田阳县人民政府公布为县级文物保护单位。

清咸丰元年路碑 Qīng Xiánfēngyuánnián Lùbēi 又称安康碑刻。在巴别乡西南部，安宁村安康屯东500米的公路边。因是立于清咸丰元年（1851）的修路碑，故名。该碑主要记述安康屯一带的百姓集资修路之事并刻下捐资者姓名。1989年8月田阳县人民政府公布为县级文物保护单位。

旅游景点

田州古城 Tiánzhōu Gǔchéng 在田州镇中部百东河北岸。面积0.95平方千米。因是在田州镇建造的大型仿古建筑群，故名。2013年10月动工兴建，分三期建设。2014年建成一期工程，同年11月6日开街迎宾，布洛陀大道、百东河夜市、餐饮文化街等街区相继开放。2015年，古城迎宾广场、养生广场、娅王阁、具有民族特色的田州古城大牌坊等建成，2015年4月25日，田州古城正式开城，紫荆广场、月亮河酒吧街等正式开放。2019年，建设清风苑、斗牛场、栖霞路、北门城门楼。分为古城核心区、养生居住区、合院住宅区和民居文化展示区四大片区，分布有商住一体四合院、旅游五星级酒店、客栈、会所、祭祀台、祖公塔、布洛陀广场、土司府、壮族文史博物馆等多种功能建筑。对挖掘、弘扬、传承田阳壮族文化、布洛陀文化以及土司文化，最大化地转化资源优势，推动田阳旅游业发展具有重要意义。2017年，经广西壮族自治区旅游资源规划开发质量评定委员会组织评定为国家AAAA级旅游景区。2021年，经广西壮

田州古城俯瞰图

族自治区文化和旅游厅组织评定，公布为2021年“广西旅游休闲街区”。324国道经此，距田阳火车站2千米。

狮子山森林公园 Shīzǐshān Sēnlín Gōngyuán 在田州镇东部三雷村河口屯东南200米处，距田阳城区3千米。占地面积0.22平方千米。因在狮子山上，故名。狮子山海拔154米，山顶曾建有庙宇楼台，庙四周大树环绕，翠绿阴凉，可望至东江、兴城、甫圩、田州等地。中华人民共和国成立后狮子山多次植树造林。1992年，田阳县人民政府将狮子山划为绿化风景保护区，开始投资兴建人民公园。1999年，田阳县革命烈士纪念陵园由县城中心迁至狮子山。2003年田阳县人民政府将其命名为狮子山森林公园。主要建筑有田阳县革命烈士纪念碑、烈士亭、黄治锋雕像等。解放东路经此。

敢壮山布洛陀文化遗址景区 Gǎnzhuàngshān Bùluòtuó Wénhuà Yízhǐ Jǐngqū 在百育镇中部六联村那贯屯。规划占地面积2.45平方千米。因以敢壮山为基础开发建设，而敢壮山是壮族人文始祖布洛陀栖息的圣山，是壮族布洛陀文化的发祥地，故名。2002年，敢壮山布洛陀文化遗址被认定，开启田阳敢壮山布洛陀文化和旅游开发。2004年，“敢壮山旅游景区”揭牌并对外开放，同时举办首届百色市布洛陀民俗文化旅游节。2005年，景区被广西壮族自治区旅游局评为“广西民族风情旅游示范点”。2016年获评为国家AAA级旅游景区。有祭祀壮族人文始祖布洛陀的祖公祠、创世始祖布洛陀和创世女神姆勒甲居住的岩洞姆娘岩、布洛陀守护神居住的将军洞、布洛陀为一对恋人点化而成的鸳鸯泉、布洛陀开天地神木、圣女池、锁蝗洞、通天洞、红军洞、连理树、壮族12图腾、布洛陀民俗文化活动场所、舞狮台、布洛陀文化陈列馆、布洛陀朝拜大殿等自然和人文景点。大门前设有停车场、游客服务中心、旅游厕所等接待服务设施。2004—2021年，成功举办15届百色市布洛陀民俗文化旅游节，每年农历三月初七至初九来自国内外数十万人齐聚敢壮山共同朝拜布洛陀，促使布洛陀文化得到持续的传承发扬和创新。百

在敢壮山布洛陀文化遗址景区举办的百色市布洛陀民俗文化旅游节活动现场

育—敢壮山公路（738 乡道）、三今—敢壮山景区公路（773 乡道）经此。

田阳聚之乐休闲农业景区 Tiányáng Jùzhīlè Xiūxián Nóngyè Jǐngqū 在百育镇南部四那村。规划占地面积约 0.67 平方千米。因其是以休闲观光农业旅游为主题的景区，且寄予团聚、快乐等美好寓意，故名。2012 年始建，2013 年对外开放。2013 年 9 月通过国家 AAAA 级景区评定。2015 年获评全国休闲与乡村旅游 5 星级示范园。主体中心展示区 0.33 平方千米，有葡萄园、四季采摘园、台湾莲雾采摘园、休闲垂钓基地、生态餐厅、芒果采摘园、动物展示园、荷花塘、温室种植园等。是集现代农业观光、快乐农场、农家课堂书屋、少儿科普基地、珍稀动物养殖、生态美食、团队拓展培训、外景婚纱摄影、艺术展览、节假日游乐于一体的乡村休闲旅游景区。毗邻 324 国道，百育—敢壮山公路（738 乡道）经此。

建筑物

房屋

田阳商场 Tiányáng Shāngchǎng 在田阳城区田州镇解放西路20号。因是田阳城区较大规模的百货商店，故名。1990年建成开业。占地面积9666.66平方米。建筑面积17500平方米。主楼坐北朝南共三层楼，一楼主要经营肉类、水产品、蔬菜、粮油等生活消费品，二楼和三楼主要经营电器、服装、鞋类、美妆产品等日用百货的零售和批发。正前方有小广场，主要经营水果和摩托车、自行车保管。东侧是“7”字型两层楼房，一楼为餐饮类商铺，二楼设宿舍区供住宿。是商品种类齐全的一站式消费场所，也是田阳城区最大的农贸市场。

田阳布洛陀文化中心 Tiányáng Bùluòtuó Wénhuàzhōngxīn 在田阳城区田州镇布洛陀文化广场中轴线，香芒湖上。因是田阳区以研究、展示、传承和弘扬布洛陀文化为核心而建的文化中心，故名。2005年3月28日动工建设，2006年建成。主体建筑为一栋4层楼房，架空式建在香芒湖上，占地面积6720平方米，建筑面积9812平方米，内设1500个座位的演出大厅1间，小型会议室、办公室15间，中型会议室或排练厅7间，放映室1间，展览厅3间。是田阳展示和传承弘扬布洛陀文化的主要基地之一，同时也是田阳举办各类文化活动演出和各类重要会议的主要场所。广场一路和广场二路经此。

田阳布洛陀文化中心

田阳国际大酒店 Tiányáng Guójì Dàjiǔdiàn 在田阳城区田州镇广场二路1号，布洛陀文化中心广场旁。因是田阳城区内集餐饮、住宿、商务、会议等于一体的大型酒店，故名。分为贵宾楼和主楼，2011年始建，2012年6月贵宾楼建成开业，2015年8月主楼建成开业。占地面积8586平方米。有各类客房141间，会议厅3个，会议室2个，中餐厅1个（内设包厢20间），配套有游泳池、书吧、购物街、停车场等。可容纳上千人同时举办各类商务会议和庆典活动。为五星级酒店。

田阳电力大厦 Tiányáng Diànlì Dàshà 在田阳城区田州镇解放东路119号。因原由田阳县电力有限责任公司投资兴建，故名。1999年始建，2001年建成。为一栋16层楼房，占地面积6316.8平方米，建筑面积10400平方米。是田阳主要标志性建筑，现为中国南方电网广西电网田阳供电公司办公楼。

田阳县水利局综合楼 Tiányáng Xiàn Shuǐlì Jú Zōnghélóu 在田阳城区田州镇中山路67号。因原是田阳县水利局综合利用楼房，故名。2013年始建，2016年建成。为地下一层、地上16层，框架剪力墙结构楼房。占地面积2831.27平方米，建筑高度54.5米，建筑面积13037.29平方米。原是田阳县水利局主要的办公用房、职工住宅用房。

田阳体育馆 Tiányáng Tǐyùguǎn 在田州镇中部，田阳城区北部。2013年始建，2016年建成。因是田阳区用于室内体育比赛、体育锻炼等的建筑，故名。建筑面积14738平方米。采用透明天窗、三面看台、全馆空调覆盖设计，南北各设大型显示屏幕，馆内固定座位4150个，活

2016年建成的田阳体育馆

动座椅1450张（待建），分东南西北各四个运动员出口和观众出口。内设办公室、新闻发布厅、运动员休息室、候检室、健身房、器材库房等功能房，配套建设空调制冷系统、消防控制系统、电子监控系统、音响控制系统、灯光控制系统等电子控制系统。比赛场地尺寸40米×70米，为木地板，可举办室内球类和拳击、摔跤、体操等单项赛事和自由搏击、电子竞技等娱乐性、观赏性的体育赛事，可承办县、市、区、国家级、国际级各项体育比赛。是集体育比赛、体育训练、健身活动、群众娱乐、大型会议、文艺演出等于一体的多功能、现代化、综合性的体育文化设施。周边有田阳体育场、田阳实验中学。敢壮大道、文体路经此。

广场、体育场、市场

布洛陀文化中心广场 Bùluòtuó Wénhuà Zhōngxīn Guǎngchǎng 在田州镇中部偏南，田阳城区中心。1999年始建并完成第一期工程，2001年二期工程竣工，广场建成。2010年改建。原名新世纪广场，因在世纪之交建成而得名，2006年因广场中轴线上的田阳布洛陀文化中心落成，更名布洛陀文化中心广场，简称布洛陀文化广场或布洛陀广场。占地面积23115.91平方米。广场内设国旗台、喷泉、户外LED大屏等，广场两边有展示壮族布洛陀历史文化的碑墙，还有公共厕所。是田阳城区市民集会、娱乐、运动、休闲的重要场所，也是田阳区党政机关和团体企事业单位举办宣传、普法、文艺等各类活动的重要场所。周边有田阳布洛陀文化中心、田阳国际大酒店等标志性建筑以及香芒湖。解放西路经此并设公交车站点。

布洛陀文化中心广场俯瞰

三雷花园广场 Sānléi Huāyuán Guǎngchǎng 又称三雷广场。在田州镇中部，三雷村境内。2003年5月动工兴建，同年9月建成。因在三雷村，故名。占地面积3万平方米。是群众娱乐、运动、休闲的场所。周边有狮子山森林公园。解放东路、金狮路经此并设公交车站。

中国－东盟（百色）农业新技术新品种交易中心广场 Zhōngguó Dōngméng（Bǎisè）Nóngyè Xīnjìshù Xīnpǐnzhǒng Jiāoyìzhōngxīn Guǎngchǎng 在百育镇南部广西百色国家现代科技园区内。2008 年始建，2009 年建成。因是百色每年举办中国－东盟农业展交会的场所，故名。占地面积 2 万平方米。可提供 500 ～ 800 个展位，是中国－东盟各国农业项目交流合作新技术新品种交易中心。周围有农科所、广西百色国家现代科技园区管委会。距离百色巴马机场 5 千米。324 国道经此。

田阳体育场 Tiányáng Tǐyùchǎng 在田州镇中部，田阳城区北部。2013 年始建，2016 年建成。因是田阳区室外体育运动的场地，故名。占地面积 3477.65 平方米。建筑面积 7883.05 平方米。固定座椅 4800 张，按国际比赛标准设有 400 米标准田径场，田径场内配备 105 米 ×68 米人造草坪的专业足球场。是田阳区综合性体育活动中心。周边有田阳体育馆、田阳实验中学。敢壮大道、文体路经此。

2016 年建成的田阳体育场

广西田阳农副产品综合批发市场 Guǎngxī Tiányáng Nóngfùchǎnpǐn Zōnghé Pīfā Shìchǎng 在百色市田阳区田州镇金狮路 1 号。因是建在广西田阳的农产品交易市场，故名。占地面积 16.8 万平方米，分两期建设。1998 年始建一期工程，1999 年 11 月竣工并营运，称广西田阳农产品批发中心。一期占地面积 10.13 万平方米，建筑面积 2.9 万平方米，设交易大棚 8 栋、交易铺面 88 间，冷藏保鲜库 4 栋 45 间。有综合服务大楼、大型停车场、信息服务、农产品质量安全检测、废弃物处理等配套设施。主要以批发、代购代销、联购联销、代储代运、零售等方式进行经营，主营蔬菜、水果、农副土特产品及加工品，兼营餐饮、旅馆等，主要产品有西红柿、西葫芦、四季豆、芒果等几十个品种。二期计划占地面积4万平方米，对市场进行全面升级改造。项目拟打造水果交易区、蔬菜配送区、海产交易区、冷链配送区、食品安全管理中心、消费扶贫中心、农创科技中心、红色展馆、农业展馆、智慧农贸信息化系统平台。平均日交易量2000吨，高峰期日交易量5000吨，从事市场务工人员上千人，产品年总交易量70多万吨，产品销往北京、武汉、安徽等全国230多个大中城市及越南、俄罗斯等国家和香港等地区。是中国西南最大的农副产品产地批发市场。通多路公交车。

广西田阳农副产品综合批发市场交易繁忙

文教卫机构

百色市田阳区博物馆 Bǎisè Shì Tiányáng Qū Bówùguǎn 在田州镇解放中路 54 号。1985 年 3 月 1 日成立，称田阳县博物馆，与田阳县文化局一起办公。1993 年 6 月常安路 10 号的新馆落成，7 月迁至新馆。2017 年迁至今址并免费对外开放。有库房面积 200 平方米。馆藏有石器、青铜器、陶瓷器、石刻等历史文物和革命文物 1074 件，其中一级文物 3 件，二级文物 37 件，三级文物 442 件，一般文物 592 件。负责田阳区文物的收藏、管理、研究、宣传展示、社会服务以及不可移动文物的保护管理工作。田阳 3 路、10 路公交车途经，并设停靠站点。

百色市田阳区田阳高中 Bǎisè Shì Tiányáng Qū Tiányáng Gāozhōng 简称田阳高中。广西壮族自治区示范性普通高中、全日制公办高中。在百色市田阳区田州镇常安路 102 号。民国二十六年（1937）始建，校址在今那坡镇那坡街，称广西省立田阳国民中学。1946 年改称田阳县立那坡初级中学。1950 年改称田阳县初级中学。1956 年改称田阳中学。1957 年迁至田州现址。1980 年改称田阳县第一中学。1988 年改称田阳高中。2020 年因田阳撤县设区，更名为百色市田阳区田阳高中，简称田阳高中。占地面积 13.34 万平方米，建筑面积约 8.5 万平方米，绿化用地面积 4.5 万平方米，运动场地面积 2.5 万平方米。有教学楼、科技楼、理化试验楼、综合楼、办公楼、食堂大楼、学生公寓及教工宿舍楼等 24 栋现代化的主体建筑，其中教学楼 6 栋，学生公寓 9 栋，食堂大楼 2 栋。还有足球场 1 个，篮球场 12 个。图书室藏书 25.8 万册。2021 年设 80 个教学班，在校学生 4748 人，在岗教职工 488 人。

田阳高中

百色市田阳区民族高级中学 Bǎisè Shì Tiányáng Qū Mínzú Gāojí Zhōngxué 简称田阳民族高中。民办非营利性全日制普通高中。在百色市田阳区田州镇老乡家园三期进园二路。由百色市田阳区人民政府与广西汉广教育管理集团于 2021 年 9 月联合创办，引进广西师范大学附属中学优质教育资源。占地面积 13.34 万平方米，建筑面积 8.2 万平方米，可同时容纳 100 个教学班 5000 名在校生。有教学楼 7 栋、实验楼 2 栋、综合楼 1 栋、艺术楼 1 栋、合班教室 3 间、宿舍楼 6 栋、食堂 2 栋、体育馆 1 栋、门卫室 4 个，每间教室均配备现代化一体机，学生宿舍楼均有 24 小时热水以及单独卫浴。2021 年有 11 个教学班，在校学生 528 人，在岗教职工 61 人。该校的建立填补了百色民族地区、边疆地区、革命老区高端优势教育资源的空缺，对促进田阳教育教学质量和办学水平提升有重要的意义。

百色市田阳区实验中学 Bǎisè Shì Tiányáng Qū Shíyàn Zhōngxué 简称田阳实验中学、田阳实中。全日制公办初级中学。在田阳城区北部，田州镇育才路 1 号。原为田阳县实验中学，2002 年 8 月由原田州实验学校初中部和田州镇第一中学撤并后成立，校址在田州镇兴华路 24 号。2012 年 12 月在今育才路建新校区。2015 年 9 月迁至育才路 1 号的新校区。2020 年因田阳县撤县设区，更名为百色市田阳区实验中学。占地面积 4.94 万平方米，建筑面积 4.03 万平方米。有教学楼、综合实验楼等楼房 5 栋。开设义务教育阶段七至九年级共 57 个教学班，在校生 3500 人，在岗教职工 200 余人。2020 年 11 月，入选教育部“第三批国防教育特色学校”名单。毗邻田阳文化体育中心。育才路、敢壮大道经此。通公交车。

田阳实验中学

百色市田阳区民族中学 Bǎisè Shì Tiányáng Qū Mínzú Zhōngxué 简称田阳民族中学、田阳民中。全日制公办初级中学。在田州镇民乐街 100 号。前身是 1956 年 12 月创办的田阳县壮文学校，校址在田州镇隆平村兰地屯。1988 年更名田阳县民族中学。2003 年 9 月与田州镇第二初中合并，迁至现址。2015—2016 年改扩建。2020 年因田阳县撤县设区，更名为百色市田阳区民族中学。占地面积 2.21 万平方米。有教学楼 3 栋，综合楼 1 栋，学生公寓楼 5 栋，教师宿舍楼 1 栋，学生饭堂 1 栋，民族文化陈列室 1 间及图书室 1 栋。教学及教学辅助用房建筑总面积 9284 平方米。有实验室、仪器室、音乐室、美术室、体育室、电脑室、多媒体教室等功能室。图书室有藏书 11.47 万册。开设义务教育阶段七至九年级共 48 个教学班。招收的壮族学生约占学生总人数的 80%。是百色市田阳区唯一一所壮汉双语实验教学的中学，也是百色市田阳区民族体育传统项目训练基地。地处高速公路入城口，敢壮大道、荣鑫路经此。

百色市田阳区第三初级中学 Bǎisè Shì Tiányáng Qū Dìsān Chūjí Zhōngxué 简称田阳三中。全日制公办初级中学。在田州镇金狮路 36 号。2015 年 7 月成立，称田阳县第三初级中学。2020 年因田阳县撤县设区，更名为百色市田阳区第三初级中学。占地面积 4.33 万平方米，建筑面积 2.38 万平方米，其中教学及教学辅助用房建筑面积 1.33 万平方米。开设义务教育阶段七至九年级共 45 个教学班，在校生 2723 人，在岗教职工 155 人。有篮球场、气排球场、足球场和塑胶跑道等运动场地，共 12200 平方米。金狮路、323 国道经此。

百色市田阳区第四初级中学 Bǎisè Shì Tiányáng Qū Dìsì Chūjí Zhōngxué 简称田阳四中。全日制公办初级中学。在田州镇老乡家园三期进园四路。2018 年 8 月，田阳县委、县人民政府正式批准成立田阳县老乡家园中学。2020 年建成招生，且因田阳县撤县设区，更名为百色市田阳区第四初级中学。占地面积 7 万平方米，建筑面积 3.75 万平方米。有教学楼 7 栋，学生宿舍楼 6 栋，学生食堂 1 栋，共设教室、功能室 148 个，所有教室和功能室均装有空调。配套塑胶田径场、人工草皮足球场、篮球场、排球场、羽毛球场等。拟开设义务教育阶段七至九年级共 70 个教学班，学位 3500 个，至 2021 年有 36 个教学班，在校生 1923 人，在岗教职工 126 人。为易地扶贫搬迁安置区配套的学校，有效解决易地扶贫搬迁户子女和附近厂矿企业职工子女就近入学问题。

百色市田阳区第一小学 Bǎisè Shì Tiányáng Qū Dìyī Xiǎoxué 全日制公办完全小学。在田州镇兴华路 20 号，田阳城区中心。前身为清光绪十四年（1888）设立的正蒙义塾，后曾名维新小学堂、奉议县立第二学堂、奉议县第一小学堂、劳动小学、田州中心国民学校等。1953 年称为田州中心小学。1970 年称田阳县五七小学。1980 年改为田州镇第一小学。1986 年更名为田州实验学校，增设初中部实行九年义务教育。2002 年 9 月初中部分离，更名田阳县实验小学。2015 年 8 月更名田阳县第一小学。2020 年因田阳县撤县设区，更名百色市田阳区第一小学。占地面积 2.71 万平方米，校舍建筑面积 2.92 万平方米。有教学综合楼 2 栋，教学楼 3 栋，生活用房 4 栋，学生食堂 1 栋。配套塑胶环形跑道、室内体育馆、七人制足球场、篮球场、排球场和游泳池。开设义务教育阶段一至六年级共 73 个教学班，在校生 4215 人，在岗教职工 168 人，专任教师 164 人。2017 年获评第一届全国文明校园。2021 年 1 月入选 2020 年全国青少年校园足球特色学校。毗邻布洛陀文化中心广场。敢壮大道经此。

百色市田阳区第二小学 Bǎisè Shì Tiányáng Qū Dì' èr Xiǎoxué 全日制公办完全小学。在田阳城区西部，田州镇凤马村度立屯，敢壮大道和花园大道交会处。前身为民国二十六年（1937）建立的中心国民学校，后名称几经变化，改为田州镇度立小学。2015 年 7 月更名为田阳县第二小学。2020 年因田阳撤县设区，更名为百色市田阳区第二小学。占地面积 7950 平方米，建筑面积 6124 平方米。有教学楼、饭堂、综合楼各 1 栋，篮球场 2 个。开设义务教育阶段一至六年级共 34 个教学班。敢壮大道、阳光路等经此。

百色市田阳区第三小学 Bǎisè Shì Tiányáng Qū Dìsān Xiǎoxué 全日制公办完全小学。在田州镇兴华路 155 号。前身为民国八年（1919）创建的四厢乡小学。1981 年更名为田州镇隆平小学。2015 年更名为田阳县第三小学。2020 年因田阳撤县设区，更名为百色市田阳区第三小学。占地面积 6025 平方米，建筑面积 3085 平方米。有教学楼、综合楼、学生宿舍楼、食堂各 1 栋，配套篮球场 1 个。图书室藏书 2 万册。开设义务教育阶段一至六年级共 14 个教学班。在校生 660 人，在职教职工 40 人，其中专任教师 34 人。毗邻田阳南华糖厂、田阳小纸厂、染织厂等企业生活小区。

百色市田阳区第四小学 Bǎisè Shì Tiányáng Qū Dìsì Xiǎoxué 全日制公办完全小学。在田州镇隆平村平街屯。前身为民国十六年（1927）创办的岑泉小学。民国二十六年（1937）更名平街小学。2015 年更名田阳县第四小学。2020 年因田阳撤县设区，更名为百色市田阳区第四小学。占地面积 8689 平方米，校舍占地面积 1882.77 平方米，建筑面积 5409.78 平方米。有教学楼 1 栋，综合楼 2 栋，学生食堂 1 栋。开设义务教育阶段一至六年级共 22 个教学班。在校生 1000 余人，其中 85% 为进城务工人员随迁子女。花园大道经此。

百色市田阳区第五小学 Bǎisè Shì Tiányáng Qū Dìwǔ Xiǎoxué 全日制公办完全小学。在田州镇荣鑫路延长线。2015 年 8 月创建，称田阳县第五小学。2020 年因田阳撤县设区，更名为百色市田阳区第五小学。占地面积 1.96 万平方米，建筑面积 1.3 万平方米。有教学楼 3 栋 44 间教室，办公楼 2 栋 22 间办公室，公寓宿舍楼 2 栋共 80 间宿舍，二层 2000 平方米的食堂 1 栋。

开设义务教育阶段一至六年级共38个教学班。在校生2800多名，在岗教职工120余名。毗邻百色市田阳区中医医院（广西中医药大学瑞康医院田阳院区）、瑞田花园小区。

百色市田阳区第五小学

百色市田阳区第六小学 Bǎisè Shì Tiányáng Qū Dìliù Xiǎoxué 全日制公办完全小学。在田州镇中山街6号。前身为创办于1963年的田州一小。1969年更名田州二小。1980年更名田州小学。1990年更名中山小学。2003年更名田州镇中心小学。2015年8月更名田阳县第六小学。2020年因田阳撤县设区，更名为百色市田阳区第六小学。占地面积4832平方米，建筑面积5984.5平方米。有教学楼1栋、综合楼1栋以及学校食堂、学生宿舍楼、教师宿舍楼等。开设义务教育阶段一至六年级共24个教学班。主要负责田阳城区东部各机关企事业单位、中山街、桑园街等职工、居民的适龄儿童义务教育。周边有中山街、解放中路、布洛陀大道等。

百色市田阳区第七小学 Bǎisè Shì Tiányáng Qū Dìqī Xiǎoxué 全日制公办完全小学。在田州镇金狮路15号。前身为清光绪三十一年（1905）创建的雷公小学堂。民国九年（1920）更名雷公村小学。民国十九年（1930）更名雷公村小学校。民国二十四年（1935）更名新荣乡中心国民学校。1949年更名三雷中心小学。1988年更名三雷小学。2014年9月迁至现址新建校区。2015年更名田阳县第七小学。2020年因田阳撤县设区，更名为百色市田阳区第七小学。占地面积5888.3平方米。有集教学和办公一体的综合楼1栋，学生食堂1栋，总建筑面积3687平方米，其中教学及教学辅助用房3085平方米。篮球场、排球场等体育运动场4100平方米。开设义务教育阶段一至六年级共 13 个班，在校生 720 人，在岗教职工 28 人。主要负责三雷村的适龄儿童义务教育。毗邻百色市田阳区第三初级中学。

百色市田阳区第八小学 Bǎisè Shì Tiányáng Qū Dìbā Xiǎoxué 全日制公办完全小学。在田州镇金狮路 114 号。前身为 1973 年 9 月创建的广西田阳毛绢纺织厂子弟学校，是田阳毛绢纺织厂企业办学校，1999 年 1 月起移交田阳县人民政府管理，又名田阳县田娟学校。2015 年 7 月更名田阳县第八小学。2020 年因田阳撤县设区，更名为百色市田阳区第八小学。占地面积 7490.87 平方米，建筑面积 3925 平方米。有教学楼 1 栋，幼儿综合楼 1 栋。开设义务教育阶段一至六年级共 10 个教学班，在校生 400 余人，在岗教职工 27 人。主要负责原田阳毛绢纺织厂、附近村屯等适龄儿童及进城务工人员随迁子女的义务教育。323 国道经此。

百色市田阳区第九小学 Bǎisè Shì Tiányáng Qū Dìjiǔ Xiǎoxué 全日制公办完全小学。在田州镇那塘村那塘上屯，敢壮大道东。前身为 1958 年创建的田州镇那塘小学。2015 年 7 月更名田阳县第九小学。2020 年因田阳撤县设区，更名为百色市田阳区第九小学。占地面积 2.67 万平方米，建筑面积 1.32 万平方米，绿地面积 3500 平方米。有综合教学楼、学生公寓楼、食堂等。配备一体化的教学设备、田径运动场。开设义务教育阶段一至六年级共 30 个教学班，在校生 1800 人。主要负责那塘村及驻该村企业的适龄儿童以及新山工业园区职工适龄子女的义务教育。毗邻田阳区第二幼儿园、田州古城北门。敢壮大道经此。

百色市田阳区第十小学 Bǎisè Shì Tiányáng Qū Dìshí Xiǎoxué 全日制公办完全小学。在田州镇港阳路 63 号。前身为 1958 年创建的定律小学。20 世纪 80 年代初曾改名田阳县三小。20 世纪 90 年代初更名为田阳县田州镇定律小学。2015 年 7 月更名田阳县第十小学。2020 年因田阳撤县设区，更名为百色市田阳区第十小学。占地面积 5293 平方米，校舍建筑面积 3607 平方米。建有教学综合楼 2 栋、教学辅助用房 1 栋、食堂 1 栋，配套篮球场 1 个。开设义务教育阶段一至六年级共 19 个教学班，在校生 1000 人，在岗教职工 60 人。毗邻田阳区人民医院。解放西路、港阳路等经此。

百色市田阳区第十一小学 Bǎisè Shì Tiányáng Qū Dìshíyì Xiǎoxué 全日制公办完全小学。在田州镇凤马村。前身为始建于民国元年（1912）的凤马小学。2015 年 7 月更名为田阳县第十一小学。2016—2018 年改扩建。2020 年因田阳撤县设区，更名为百色市田阳区第十一小学。占地面积 1.07 万平方米，建筑面积 5300 平方米。有综合教学楼 1 栋，配套音乐室、美术室、电脑室、图书阅览室、篮球场等。开设义务教育阶段一至六年级共 18 个教学班。主要负责凤马村辖区的五个自然屯、万和新城小区、周边几个工业厂区以及部分进城务工人员随迁子女等适龄儿童的义务教育。

百色市田阳区南山实验小学 Bǎisè Shì Tiányáng Qū Nánshān Shíyàn Xiǎoxué 全日制公办完全小学。在田州镇老乡家园三期进园一路。2020年建成，建设项目名称为田阳县老乡家园第一小学，建成后命名为百色市田阳区南山实验小学。占地面积2.8万平方米，建筑面积1.61万平方米。有教学楼4栋、综合楼1栋、学生宿舍楼1栋及食堂1栋，配备现代化网络教室以及篮球场、足球场、网球场、塑胶环形跑道等运动场所。开设义务教育阶段一至六年级共48个教学班。是百色市田阳区易地扶贫搬迁安置点配套项目学校，由深圳市南山区人民政府援建。主要负责老乡家园一、二、三期易地扶贫搬迁安置区，三雷廉租房小区以及周边村屯、工业园区等适龄儿童的义务教育。

百色市田阳区特殊教育学校 Bǎisè Shì Tiányáng Qū Tèshūjiàoyù Xuéxiào 在田州镇常安路16号。前身是1991年9月始办的田阳县实验小学特教部。2002年9月创办田阳县特殊教育学校。2020年4月田阳撤县设区后，更名为百色市田阳区特殊教育学校。占地面积2145平方米，建筑面积1453平方米。有四层教学综合楼1栋。2021年有8个教学班。在校生104名，其中智力障碍67人，听力障碍4人，言语障碍13人，肢体残疾5人，多重残疾15人；在编教职工20人。以“按需施教，潜能开发，多元发展”为教育理念，致力于让特殊孩子适应生活，掌握劳动技能，减轻家庭负担，回归社会主流。是一所集智障、聋哑、多重残疾儿童少年教育与康复为一体的综合性全日制学校，承担百色市田阳区残疾儿童的义务教育重任。

百色市田阳区人民医院 Bǎisè Shì Tiányáng Qū Rénmín Yīyuàn 公立综合性二级甲等医院。在田州镇解放西路26号。前身为民国二十六年（1937）创建的田阳县立医务所，地址在今那坡镇那坡街。民国三十年（1941）更名为县卫生院，同年在田州镇今址设县卫生院田州分院。1956年，因田阳县驻地从那坡镇迁到田州镇，县卫生院随之搬迁与田州分院合并更名为田阳县人民医院。2020年田阳撤县设区，更名为百色市田阳区人民医院。占地面积3.8万平方米，建筑面积2.7万平方米，其中业务用房面积2.5万平方米。由门诊综合楼、外科住院大楼、医技楼、传染病区（楼）和职工集资住宅楼等组成。设17个临床科室、8个医技科室、21个行政后勤科室和1家移民搬迁点老乡家园分院。编制床位566张，实际开放床位416张。业务范围包括预防保健科、外科、妇产科、妇女保健科、儿科、儿童保健科、眼科、耳鼻咽喉科、口腔科、皮肤科、传染科、结核病科、肿瘤科、急诊医学科、麻醉科、重症医学科、医学检验科、医学影像科、中医科等。现有职工700余人，其中卫生技术人员600余人，正高级职称4人，副高级职称 68 人。是右江民族医学院、柳州医学高等专科学校、百色市民族卫生学校等大中专院校的实习医院。是百色市田阳区职工医疗保险定点医院、新型农村合作医疗、大病专项救治定点医院。田阳 120 急救中心、产科急救中心、百色巴马机场应急救护中心、田阳抗病毒治疗点均设此。田阳 1 路、2 路、4 路延长线、8 路、10 路、13 路、15 路、百色—田阳专线等多路公交车途经并设停靠站点。

百色市田阳区妇幼保健院 Bǎisè Shì Tiányáng Qū Fùyòu Bǎojiàn Yuàn 公立二级甲等保健院。在田州镇解放东路 232 号。前身为 1953 年创建的田阳县妇幼保健站，站址在今百育镇。1956 年 8 月迁至田州镇。1958 年并入田阳县人民医院，设保健科。1959 年建立妇幼保健站。1968 年与田阳县人民医院、田阳县防疫站合并，设妇幼保健组。1970 年并入县防疫站，设妇幼保健组。1975 年恢复建立田阳县妇幼保健站，与田阳县防疫站合用办公楼。1986 年 9 月搬迁至新建业务楼，地址在解放西路田阳县人民医院对面。1996 年更名田阳县妇幼保健院。2002 年因布洛陀文化中心广场建设需要而搬迁至今址。2020 年因田阳撤县设区，更名为百色市田阳区妇幼保健院。占地面积 7840 平方米，建筑面积 8000 平方米。设妇科、产科、新生儿科等 10 个临床科室，妇女保健科、儿童保健科、孕产保健科等 6 个保健科室，药剂科、放射科等 5 个医技科，以及办公室、医务科等 10 个行政科室。实际开放床位 138 张。现有职工 300 余人，其中卫生专业技术人员 250 人。以妇女儿童保健医疗为重点。是百色市田阳区基本医疗保险定点单位和新型农村合作医疗定点机构，也是百色市田阳区妇幼保健业务技术培训指导中心。田阳 1 路、4 路、10 路、15 路等多路公交车途经并设停靠站点。

百色市田阳区中医医院 Bǎisè Shì Tiányáng Qū Zhōngyī Yīyuàn 又名广西中医药大学附属瑞康医院田阳院区。公立二级中医医院。在田阳城区东南部，田州镇荣鑫路南侧。2009 年，田阳县第十四届人民代表大会第五次会议审议通过《关于成立田阳县中医院议案》。2013 年动工兴建。2014 年 7 月，广西中医药大学附属瑞康医院与田阳县人民政府签署协议全面接管“田阳县中医医院”，并将医院命名为广西中医药大学附属瑞康医院田阳院区。2015 年 12 月 11 日开业运营。占地面积 6.67 万平方米。已建成的一期建筑面积 1.55 万平方米，有门诊医技住院综合楼、中心供氧室、配电房、太平房、污水处理及相关附属用房。二期规划建设住院综合大楼，建筑面积 45000 平方米。现设有急诊科、内科、外科、妇产科、骨伤科、壮医科、针灸推拿科、血液净化中心、健康管理中心、口腔科等临床医技科室 19 个，开放床位 218 张。以中西医结合尤其是壮医科为临床医疗和科研重点。现有在岗职工 206 人，其中主任医师 3 名、副主任医师 12 名、主治医师 18 名、住院医师 36 名。临床、医技等科室主任、专家均由瑞康医院派驻，并安排专家定期坐诊。依托瑞康医院中西医专家团队及先进的信息化管理技术，可开展远程临床会诊、影像、病理同步远程诊断等信息化诊疗。是集医疗、科研、教学、预防、康复、保健等于一体，同时满足常规医疗和高端医疗需求的综合性医疗服务中心。荣鑫路、布洛陀大道等经此。

百色市田阳区中医医院

百色市田阳区田州镇卫生院 Bǎisè Shì Tiányáng Qū Tiánzhōu Zhèn Wèishēngyuàn 基层医疗卫生机构。在田州镇民族街 86 号。1953 年创建，始称田州区卫生所。1958 年更名田州镇公社卫生院，地址在田州镇红星街。1979 年更名田阳县田州镇卫生院。2020 年更名百色市田阳区田州镇卫生院。占地面积 911.8 平方米，建筑面积 2150 平方米。设有行政办公室、公共卫生科、住院部、门诊部、医技部、后勤科共 6 个职能部门，在职人数 43 人（不含临时聘用人员）。主要开展内科、外科、妇产科、儿科、五官科等基本医疗服务，兼承担田州镇乡村现场应急救护、转诊服务、防疫保健、健康教育、村级卫生保健督导等。

百色市田阳区初级中学 Bǎisè Shì Tiányáng Qū Chūjí Zhōngxué 全日制公办初级中学。在那坡镇平朴村平朴旧屯。学校前身为民国二十六年（1937）秋创办的田阳县立国民中学。1946 年 2 月根据《广西省国民中学调整》的要求，改名为田阳县那坡初级中学。1950 年秋，原田州初中并入后更名为田阳县中学。1956 年秋招收第一个高中班并更名为田阳中学。1957 年秋，高中部与初三年级迁往田州镇隆平村，更名为田阳县第一初级中学。1960 年秋再招高中班，改名为田阳县那坡中学。1969 年春改名田阳县那坡公社中学。1980 年 9 月，全县对 15 所高中进行调整后改名为田阳县第二中学。1986 年秋停招高中班。1989 年秋恢复校名田阳县初级中学。2020 年因田阳县撤县设区，更名为百色市田阳区初级中学。占地面积 3.86 万平方米，校舍建筑面积 2.65 万平方米，体育运动场地 1.3 万平方米。有教学楼、综合楼、宿舍楼等 11 栋楼房，配套田径运动场 1 个、篮球场 10 个、排球场 3 个。开设义务教育阶段七至九年级共 47 个教学班，在校生 2750 人，在岗教职工 185 人。

百色市田阳区那坡镇中心小学 Bǎisè Shì Tiányáng Qū Nàpō Zhèn Zhōngxīn Xiǎoxué 全日制公办完全小学。在那坡镇同合街 11 号。民国十六年（1927）创建，先后称那坡中心国民学校、恩阳小学、那坡表正小学。1984 年撤公社建镇后称田阳县那坡镇中心小学。占地面积 1.69 万平方米，建筑面积 1.18 万平方米。有主教学楼、学生公寓楼、教师周转房、公租房、学生食堂各 1 栋，教学综合楼 2 栋。配套有科学实验室、图书阅览室、音乐室、美术室、舞蹈室、电脑室、卫生室等各类功能室。图书室藏书 4.4 万册。开设义务教育阶段一至六年级共 28 个教学班，在校生 1300 人，在岗教职工 70 人。主要负责以那坡街为中心方圆约 7.5 千米各村屯适龄儿童的义务教育。

百色市田阳区那坡镇百峰小学 Bǎisè Shì Tiányáng Qū Nàpō Zhèn Bǎifēng Xiǎoxué 全日制公办完全小学。在那坡镇百峰村分洲街 1 号。清乾隆八年（1743）始建，曾名田阳县百峰中心小学、田阳县那坡镇百峰小学。2020 年因田阳撤县改区，更名为百色市田阳区那坡镇百峰小学。占地面积 2.08 万平方米，建筑面积 4395 平方米，其中学生食堂面积 485 平方米。有学生公寓、教学楼、综合楼各 1 栋。开设义务教育阶段一至六年级共 10 个教学班。主要负责百峰村及其周边村屯适龄儿童的义务教育。

百色市田阳区那坡镇中心卫生院 Bǎisè Shì Tiányáng Qū Nàpō Zhèn Zhōngxīn Wèishēngyuàn 基层医疗卫生机构。在那坡镇同合街 108 号。1956 年创建，称那坡区卫生所。后随区划变更和机构调整，历称那坡公社卫生院、那坡镇卫生院等。2005 年因百峰乡卫生院归那坡镇卫生院管理，更名田阳县那坡镇中心卫生院。2020 年更名百色市田阳区那坡镇中心卫生院。占地面积 9990 平方米。建有 3 栋楼，建筑面积 3320 平方米。有住院部、门诊部、医技部、公共卫生科、行政办公室、后勤科 6 个职能部门。事业编制数 43 人。主要开展内科、外科、妇产科、儿科、五官科等基本医疗服务，兼承担那坡镇乡村现场应急救护、转诊服务、防疫保健、健康教育、村级卫生保健督导等。

百色市田阳区坡洪镇坡洪中心小学 Bǎisè Shì Tiányáng Qū Pōhóng Zhèn Pōhóng Zhōngxīn Xiǎoxué 全日制公办完全小学。在坡洪镇坡丹村坡洪街 85 号。前身为民国二十五年（1936）创建的坡洪国民基础学校，后更名坡洪承德小学、坡丹小学。1986 年更名为田阳县坡洪镇坡洪中心小学。2020 年因田阳撤县设区，更名为百色市田阳区坡洪镇坡洪中心小学。占地面积 1.21

万平方米，其中小学部占地面积5267平方米，幼儿部占地面积6826平方米。校舍建筑面积7870平方米，其中小学部建筑面积3920平方米。有教学楼2栋，学生宿舍楼2栋，公租房1栋，小综合楼1栋、食堂1栋；幼儿部建筑面积3950平方米，有旧综合楼1栋、饭堂1栋、新教学楼1栋。配套有科学实验室、图书阅览室、音乐室、美术室、舞蹈室、电脑室、卫生室等各类功能室。小学部开设义务教育阶段一至六年级共17个教学班，在校生760人，在岗教职工38人。主要负责坡洪镇适龄儿童的义务教育。

百色市田阳区坡洪镇琴华中心小学 Bǎisè Shì Tiányáng Qū Pōhóng Zhèn Qínhuá Zhōngxīn Xiǎoxué 全日制公办完全小学。在坡洪镇琴华村琴华街56号。民国二十四年（1935）创建，始称琴华乡中心小学。1949年中华人民共和国成立后称琴华中心小学。2006年因琴华乡撤并到坡洪镇，更名为田阳县坡洪镇琴华中心小学。2020年田阳县撤县设区，改为今名。占地面积8884平方米，校舍建筑面积4369平方米。有教学楼、义教楼、综合楼、学生公寓楼、食堂、宿舍楼各1栋。为农村寄宿制学校。开设义务教育阶段一至六年级共6个教学班。主要负责琴华、央律、南兴、乐上、新合、朝马、双达、康浮、百合等村的适龄儿童的义务教育。

百色市田阳区坡洪镇中心卫生院 Bǎisè Shì Tiányáng Qū Pōhóng Zhèn Zhōngxīn Wèishēngyuàn 基层医疗卫生机构。在坡洪镇坡洪街161号。1953年创建，称坡洪区卫生所。后随区划变更和机构调整，历称坡洪公社卫生院、坡洪镇卫生院等。2005年因琴华乡卫生院归坡洪镇卫生院管理，更名田阳县坡洪镇中心卫生院。2020年更名百色市田阳区坡洪镇中心卫生院。占地面积3402平方米。有办公楼5栋，建筑面积690平方米。设住院部、门诊部、医技部、公共卫生科、行政办公室、后勤科6个职能部门，有在职员工58人。主要开展内科、外科、妇产科、儿科、五官科等基本医疗服务，兼承担坡洪镇乡村现场应急救护、转诊服务、防疫保健、健康教育、村级卫生保健督导等。

百色市田阳区那满镇中心小学 Bǎisè Shì Tiányáng Qū Nàmǎn Zhèn Zhōngxīn Xiǎoxué 全日制公办完全小学。在那满镇三同村大同街142号。创建于民国二年（1913）九月，校址设在一个祠堂里，称那满小学。1949年中华人民共和国成立后由政府接管并迁往废墟中的冶炼厂，1956年秋再次搬迁建于现址，称三同小学。2003年更名为田阳县那满镇中心小学。2015年7月，田阳县委、县人民政府对全县教育资源进行重新布局和调整，将那满镇初级中学撤并，且把那满镇初级中学校区划拨给田阳县那满镇中心小学使用。2020年田阳县撤县设区，改为今名。分2个校区，总占地面积3.28万平方米，校舍建筑面积6212平方米。有教学楼、学生宿舍楼、食堂各2栋，教师宿舍楼1栋。开设义务教育阶段一至六年级11个教学班，其中一至三年级在原校区，四至六年级在原那满镇初级中学校区。主要负责那满镇适龄儿童的义务教育。

百色市田阳区那满镇露美小学 Bǎisè Shì Tiányáng Qū Nàmǎn Zhèn Lùměi Xiǎoxué 全日制公办小学。在那满镇露美村布露屯。1965 年创建，称布露小学。1984 年更名为田阳县那满镇露美小学。2020 年因田阳县撤县设区，更名为百色市田阳区那满镇露美小学。占地面积 2816 平方米，建筑面积 1800 平方米。有教学楼 2 栋，学生宿舍楼 1 栋，升旗台、篮球场各 1 个，有围墙。主要开设义务教育阶段一至四年级共 4 个教学班，还设有附属幼儿园，开展学前教育。

百色市田阳区那满镇中心卫生院 Bǎisè Shì Tiányáng Qū Nàmǎn Zhèn Zhōngxīn Wèishēngyuàn 基层医疗卫生机构。在那满镇三同村，那满镇人民政府右侧 100 米处。1956 年创建，称那满区卫生所。后随区划变更和机构调整，历称那满公社卫生院、那满镇卫生院等。2020 年更名百色市田阳区那满镇中心卫生院。占地面积 5000 平方米。有 4 栋楼。设有内科、儿科、防保科、检验科等。配备救护车 2 部、病床 29 张。有职工 31 人。主要开展内科、外科、妇产科、儿科、五官科等基本医疗服务，兼承担那满镇乡村现场应急救护、转诊服务、防疫保健、健康教育、村级卫生保健督导等。

百色市田阳区百育镇中心小学 Bǎisè Shì Tiányáng Qū Bǎiyù Zhèn Zhōngxīn Xiǎoxué 全日制公办完全小学。在百育镇九合村那兰屯。前身为百育镇镇直小学，1997 年 9 月，因由香港邵逸夫先生捐赠 50 万港币兴建邵逸夫楼而改名百育镇逸夫小学。2015 年 7 月，田阳县委、县人民政府对全县教育资源进行重新布局和调整，将百育第二中学撤并，且把百育第二中学校区划拨给百育镇逸夫小学使用。2020 年因田阳县撤县设区，更名为百色市田阳区百育镇中心小学。分两个校区，总占地面积 4.5 万平方米，总建筑面积 1.77 万平方米。有教学楼、综合楼共 7 栋，学生公寓楼 5 栋，教师周转房 1 栋，食堂 2 栋，教学及教学辅助用房建筑面积 6236 平方米。配备实验室、图书室、阅览室、体育室、音乐室、美术室等功能室。开设义务教育阶段一至六年级 21 个教学班，其中一至三年级设在原逸夫小学的校区，四至六年级设在原百育二中校区。主要负责百育镇适龄儿童的义务教育。323 国道经此。

百色市田阳区百育镇卫生院 Bǎisè Shì Tiányáng Qū Bǎiyù Zhèn Wèishēngyuàn 基层医疗卫生机构。在百育镇百育新街。1956 年创建，称百育区卫生所。后随区划变更和机构调整，历称百育公社卫生院、百育乡卫生院等。1995 年改称田阳县百育镇卫生院。2020 年因田阳县撤县设区，更名百色市田阳区百育镇卫生院。占地面积 9333.38 平方米。有 4 栋楼，建筑面积 4110

平方米。设有内科、儿科、防保科、检验科等。配备救护车 1 部、病床 42 张。有职工 38 人。主要开展内科、外科、妇产科、儿科、五官科等基本医疗服务，兼承担百育镇辖区内乡村现场应急救护、转诊服务、防疫保健、健康教育、村级卫生保健督导等。

百色市田阳区玉凤镇中心小学 Bǎisè Shì Tiányáng Qū Yùfèng Zhèn Zhōngxīn Xiǎoxué 全日制公办完全小学。在玉凤镇玉凤村那么街 159 号。1953 年创建，称玉凤中心小学。2006 年 5 月更名为田阳县玉凤中心校。2015 年 7 月，田阳县委、县人民政府对全县教育资源进行重新布局和调整，将玉凤初中撤并，且把玉凤初中校区划拨给田阳县玉凤中心校使用。2020 年因田阳县撤县设区，更名为百色市田阳区玉凤镇中心小学。分两个校区，总占地面积 2.89 万平方米，其中旧校区占地面积约 9500 平方米，校舍建筑面积 3153 平方米，新校区（原玉凤初中校区）占地面积 1.94 万平方米，绿化用地面积 7431 平方米，运动场地面积 4800 平方米，校舍建筑面积 7161 平方米。有教学楼 2 栋，综合楼 1 栋，学生宿舍楼 5 栋，教师宿舍楼 2 栋，饭堂 2 栋。开设义务教育阶段一至六年级共 15 个教学班，其中一至三年级设在旧校区，四至六年级设在原玉凤初中校区。主要负责玉凤镇适龄儿童的义务教育。

百色市田阳区玉凤镇中心卫生院 Bǎisè Shì Tiányáng Qū Yùfèng Zhèn Zhōngxīn Wèishēngyuàn 基层医疗卫生机构。在玉凤镇那么街。1953 年创建那么区卫生所。后随区划变更和机构调整，历称那么公社卫生院、玉凤乡卫生院、玉凤镇卫生院等。2011 年更名田阳县玉凤镇中心卫生院。2020 年因田阳县撤县设区，更名百色市田阳区玉凤镇中心卫生院。占地面积 7000 平方米。有楼房 3 栋，总建筑面积 1800 平方米。内设内科、外科、妇产科、儿科、中医科、口腔科、医技科、防保科、公共卫生科。有在编人员 36 人。主要开展内科、外科、妇产科、儿科、五官科等基本医疗服务，兼承担玉凤镇辖区内乡村现场应急救护、转诊服务、防疫保健、健康教育、村级卫生保健督导等。

百色市田阳区第五初级中学 Bǎisè Shì Tiányáng Qū Dìwǔ Chūjí Zhōngxué 全日制公办初级中学。在头塘镇头塘街中学路，距田阳城区 8 千米。前身为 1972 年和 1977 年创办的头塘镇中学和五七中学。1981 年头塘镇中学更名二塘初级中学。1980 年五七学校更名百坡初中。1997 年 9 月，二塘初级中学和百坡初级中学撤并，且在今校址创办田阳县头塘镇初级中学。2020 年因田阳撤县设区，更名百色市田阳区头塘镇初级中学。2021 年 9 月，更名百色市田阳区第五初级中学。占地面积 2.84 万平方米，总建筑面积 1.13 万平方米。有教学楼、综合楼、科技楼、学生公寓楼、食堂、教工宿舍楼等主要建筑，配备理化生实验室、学生电脑室、图书室、阅览室、音乐室、美术室、体育室、劳技室各 1 个，有田径运动场 1 个、篮球场 4 个。为农村寄宿制初级中学，开设义务教育阶段七至九年级共 16 个教学班。图书室藏书 3.48 万册。毗邻百色新山铝工业示范园。百色大道经此。

百色市田阳区头塘镇中心小学 Bǎisè Shì Tiányáng Qū Tóutáng Zhèn Zhōngxīn Xiǎoxué 全日制公办完全小学。在头塘镇头塘村坎社屯。1953 年创建，称头塘村完小。2002 年，香港幸福集团捐资 20 万元建一栋 790 平方米的教学楼后更名为头塘幸福小学。2007 年更名为田阳县头塘中心小学。2020 年因田阳县撤县设区，更名为百色市田阳区头塘镇中心小学。占地面积 1.34 万平方米，建筑面积 7363 平方米。有教学楼 1 栋、综合楼 3 栋、学生宿舍楼 1 栋、教师周转宿舍及教师周转房各 1 栋、学生食堂 1 栋。图书室藏书约 2 万册。为农村寄宿制学校，开设义务教育阶段一至六年级共 28 个教学班，有在校生 1400 人，在岗教职工 50 余人。主要负责头塘镇适龄儿童的义务教育。323 国道经此。

百色市田阳区头塘镇卫生院 Bǎisè Shì Tiányáng Qū Tóutáng Zhèn Wèishēngyuàn 基层医疗卫生机构。在头塘镇头塘街。1959 年创建，称头塘人民公社卫生院。1984 年称田阳县二塘乡卫生院。1995 年改称田阳县头塘镇卫生院。2020 年因田阳县撤县设区，改称百色市田阳区头塘镇卫生院。占地面积 1092 平方米。有门诊综合楼 1 栋和住院楼 1 栋，总建筑面积 2332 平方米。设行政办公室、住院部、门诊部、医技部、后勤 5 个职能部门。有病床 50 张。有职工 35 人。主要开展内科、外科、妇产科、儿科、五官科等基本医疗服务，兼承担头塘镇辖区内乡村现场应急救护、转诊服务、防疫保健、健康教育、村级卫生保健督导等。

百色市田阳区五村镇中心小学 Bǎisè Shì Tiányáng Qū Wǔcūn Zhèn Zhōngxīn Xiǎoxué 全日制公办完全小学。在五村镇五村街 14 号。前身为民国二十一年（1932）创办的私塾，后曾改称敦伦小学。1953 年更名为五村小学。1995 年更名为田阳县五村乡五村中心小学。2013 年改称田阳县五村镇中心小学。2020 年因田阳县撤县设区，改称百色市田阳区五村镇中心小学。占地面积 1.26 万平方米，校舍建筑面积 5030 平方米。有教学楼 3 栋、学生宿舍楼 1 栋、教师周转房 1 栋、学生食堂 1 栋，配套篮球场 2 个，丙烯酸运动场和环形跑道 1 个。图书室藏书 3.14 万册。开设义务教育阶段一至六年级共 11 个教学班。有在校生 500 余人，在岗教职工 40 余人。主要负责五村镇五村街及周边村屯适龄儿童的义务教育。212 国道经此。

百色市田阳区五村镇雷圩小学 Bǎisè Shì Tiányáng Qū Wǔcūn Zhèn Léixū Xiǎoxué 全日制公办完全小学。在五村镇雷圩村雷圩街。民国二十八年（1939）创建，称雷圩小学，原校址在雷圩村雷圩街供销社旁。2006 年 8 月因原雷圩初中撤销，雷圩小学搬至原雷圩初中，即学校现址，且因雷圩乡已并入五村乡，更名为田阳县五村乡雷圩小学。2013 年更名为田阳县五村镇雷圩小学。2020 年因田阳撤县设区，更名为百色市田阳区五村镇雷圩小学。占地面积 7448 平方米，建筑面积 4604 平方米。有教学楼 1 栋、学生宿舍楼 1 栋、教工宿舍楼 1 栋和食堂 1 栋，配套篮球场、气排球场等体育运动场地 4330 平方米。图书室藏书 1.5 万册。为农村寄宿制学校，开设义务教育阶段一至六年级共 6 个教学班。主要负责五村镇雷圩片区雷圩、百谷、巴某、驮逢、伏王、弄里六个村的适龄儿童的义务教育。

百色市田阳区五村镇中心卫生院 Bǎisè Shì Tiányáng Qū Wǔcūn Zhèn Zhōngxīn Wèishēngyuàn
基层医疗卫生机构。在五村镇五村街。1953 年创建五村区卫生所。后随区划变更和机构调整，历称五村公社卫生院、五村乡卫生院等。2013 年改称田阳县五村镇中心卫生院。2020 年因田阳县撤县设区，改称百色市田阳区五村镇中心卫生院。占地面积 3403.22 平方米。有楼房 5 栋，设办公室 11 间，总建筑面积 3380 平方米。内设中医馆、妇幼科、防疫科、化验室、门诊科、心电 B 超室、基本公共卫生科等 9 个职能股室。有在编人员 20 人。主要开展内科、外科、妇产科、儿科、五官科等基本医疗服务，兼承担五村镇辖区内乡村现场应急救护、转诊服务、防疫保健、健康教育、村级卫生保健督导等。

百色市田阳区洞靖镇中心小学 Bǎisè Shì Tiányáng Qū Dòngjìng Zhèn Zhōngxīn Xiǎoxué
全日制公办完全小学。在洞靖镇靖安村靖安街 52 号。1960 年创建，称洞靖小学。1976 年更名为靖安中心小学。2015 年更名洞靖中心小学。2019 年 9 月整体搬迁到新校区（原洞靖初中校区）。2020 年因田阳撤县设区，更名为百色市田阳区洞靖镇中心小学。占地面积 1.51 万平方米，建筑面积 7226 平方米。有教学楼 2 栋，学生宿舍楼 2 栋、教师宿舍楼 1 栋、食堂 1 栋，配备会议室、体育室、少先队活动室等 12 个功能室，配套小型足球场 1 个、篮球场 2 个、气排球场 2 个、羽毛球场 2 个。为农村寄宿制学校，开设义务教育阶段一至六年级共 9 个教学班，在校生 400 人，在岗教职工 26 人。主要负责洞靖镇辖区村适龄儿童的义务教育。

百色市田阳区洞靖镇桥业小学 Bǎisè Shì Tiányáng Qū Dòngjìng Zhèn Qiáoyè Xiǎoxué
全日制公办完全小学。在洞靖镇桥业村桥业街 7 号。民国二十八年（1939）创办，原名桥业小学。2006 年更名为田阳县桥业中心小学。2020 年因田阳县撤县设区，更名为百色市田阳区洞靖镇桥业小学。占地面积 1.26 万平方米，校舍总建筑面积 9210 平方米，体育运动场地面积 6550 平方米。有教学楼、学生宿舍楼、教师周转房、教师宿舍楼各 1 栋，配套篮球场 2 个。为农村寄宿制学校，开设义务教育阶段一至六年级共 12 个教学班，在校生 400 人。主要负责洞靖镇桥业片区 12 个村适龄儿童的义务教育。

百色市田阳区洞靖镇卫生院 Bǎisè Shì Tiányáng Qū Dòngjìng Zhèn Wèishēngyuàn 基层医疗卫生机构。在洞靖镇洞靖街。1956 年创建，称洞靖区卫生所。后随区划变更和机构调整，历称洞靖公社卫生院、洞靖乡卫生院等。2015 年改称田阳县洞靖镇卫生院。2020 年因田阳县撤县设区，改称百色市田阳区洞靖镇卫生院。占地面积 2200 平方米。建有 3 栋楼，总建筑面积 8600 平方米。内设内科、儿科、妇科、防保科、检验科等业务股室。配套救护车 1 辆，病床 20 张。有职工 24 人。主要开展内科、外科、妇产科、儿科、五官科等基本医疗服务，兼承担洞靖镇辖区内乡村现场应急救护、转诊服务、防疫保健、健康教育、村级卫生保健督导等。

百色市田阳区巴别乡中心小学 Bǎisè Shì Tiányáng Qū Bābié Xiāng Zhōngxīn Xiǎoxué 全日制公办完全小学。在巴别乡巴别村巴别街 100 号。民国二十六年（1937）创办，称巴别小学。2003 年 9 月更名田阳县巴别乡中心小学。2007 年因巴别乡初级中学撤销，巴别乡初级中学校区划给巴别乡中心小学使用，校址随即搬迁至今址。2020 年因田阳县撤县设区，更名为百色市田阳区巴别乡中心小学。占地面积 1.37 万平方米。建筑面积 7428 平方米。有教学楼 2 栋、学生宿舍楼 2 栋、教师周转房 1 栋、教师宿舍楼 1 栋，配套篮球场 3 个。图书室藏书 2 万余册。农村寄宿制学校，开设义务教育阶段一至六年级共 8 个教学班。主要负责巴别乡适龄儿童的义务教育。

百色市田阳区巴别乡卫生院 Bǎisè Shì Tiányáng Qū Bābié Xiāng Wèishēngyuàn 基层医疗卫生机构。在巴别乡巴别村巴别圩。1956 年创建巴别区卫生所。后随区划变更和机构调整，历称巴别公社卫生院、田阳县巴别乡卫生院等。2020 年因田阳县撤县设区，改称百色市田阳区巴别乡卫生院。占地面积 3170 平方米。有楼房 3 栋，设办公室 12 间，总建筑面积 2200 平方米。内设门诊、住院部、妇幼科、防疫科、B 超室、检验科等 8 个业务股室。有职工 24 人。主要开展内科、外科、妇产科、儿科、五官科等基本医疗服务，兼承担巴别乡辖区内乡村现场应急救护、转诊服务、防疫保健、健康教育、村级卫生保健督导等。

陆地地形

山

莲花山 Liánhuā Shān 在区境东南部，那满镇新立村弄仑屯与坡洪镇双达村弄显屯交界处。因山形似一朵盛开的莲花，故名。长 0.28 千米，宽 0.2 千米，海拔 700 米。土壤以砂页岩为主。植被有苏木和各类野生杂木。清同治元年（1862），奉议州各界人士及群众捐资兴建慈云阁于此，清光绪十三年（1887）重建，光绪十六年（1890）竣工。中华人民共和国成立后寺院已毁，仅存墙基、碑刻。1989 年，田阳县人民政府公布莲花山寺遗址为县级文物保护单位。随后，群众集资在遗址上重建寺庙，称莲花山寺。重建的莲花山寺坐东向西，为五进砖木结构建筑，沿坡面呈台阶式而建，五进砖木结构建筑同在一条轴线上。寺内立石碑 22 通，半山腰修城门式围墙，占地面积约 500 平方米。有道路通达寺庙，每年上山寺烧香拜佛、游览人数万人次。

狮子山 Shīzǐ Shān 在田州镇三雷村河口屯东南 200 米处。因山形似狮子，故名。长 0.46 千米，宽 0.24 千米，海拔 140 米。土壤以膨胀土为主。植被有松树、桉树。土地革命战争时期，因其位置险要而成为进出田州的咽喉要地。民国十九年（1930），右江农民赤卫军总指挥黄治峰率领赤卫军及红七、红八军共 6 个连收复田州后，亲率部队增援在此的赤卫军和红军，与国民党军 2 个连的护船队及百育钟少朴、东江梁仲良 2 个连的民团激战，赤卫军及红军牺牲 50 余人，最后击毙护船队长钟月楼，打败国民党军，取得战斗胜利。1991 年，田阳县博物馆在田州镇开展文物普查时发现此地有战斗遗址。2002 年，田阳县在山上建革命烈士纪念园，主要建筑有革命烈士纪念碑、黄治峰烈士雕像、烈士亭等。山上红军战斗遗址现在是百色市田阳区革命教育基地。通解放东路。

那龙山 Nàlóng Shān 在坡洪镇天安村驮抗屯东北 0.92 千米处。那龙，壮语 nazrongz，“那 naz”指水田，引申为田垌，“龙 rongz”意为淹没。因山脚田垌逢雨季常被洪水淹没，故名。长约 0.69 千米，宽 0.22 千米，海拔 1009 米。为石灰岩山，山上植被多为低矮杂木。

谷内山 Gǔnèi Shān 在坡洪镇天安村村委会驻地东 1.09 千米处。谷内，壮语 Gugndaw，“谷 gug”指深沟，“内 ndaw”意为里面。因此山在深沟里，故名。长 1 千米，宽 0.4 千米，海拔 1108 米。为石灰岩山，山上植被多为低矮杂木。

肯兰山 Kěnlán Shān 在坡洪镇天安村驮兰屯西北 0.33 千米处。肯兰，壮语 Gwnzranz，“肯 gwnz”意为上面，“兰 ranz”指家、房子。因在驮兰屯村屋后面，习称上面，故名。长约 0.5 千米，宽 0.25 千米，海拔 1100 米。为石灰岩山，山上植被为杂木、灌木。

板老山 Bǎnlǎo Shān 在坡洪镇新洞村村委会驻地西南 0.95 千米处。板老，壮语 Banzlaux，“板 banz”意为一片地，“老 laux”指大。因山前有一大片坡地，故名。长 0.6 千米，宽 0.5 千米，海拔 1010 米。为石灰岩山，山上植被为杂木。

根的山 Gēndì Shān 在坡洪镇新洞村村委会驻地西 1 千米处。根的，壮语 Gwnzdeih，“根 gwnz”指上面，“的 deih”指坟墓。因山上坟墓多，故名。长 0.7 千米，宽 0.7 千米，海拔 1050 米。为石灰岩山，山上植被多为低矮杂木。

德云山 Déyún Shān 在坡洪镇新景村村委会驻地东南 1.21 千米处。德云，壮语 Byayiuh，“德 bya”指山，“云 yiuh”指鹞鹰。因山形像鹞鹰，故名。长 0.1 千米，宽 0.8 千米，海拔 1030 米。为石灰岩山，山上植被多为低矮杂木。

布定山 Bùdìng Shān 在坡洪镇新屯村村委会驻地南 4.4 千米处。布定，壮语 Mboqnding，“布 mboq”指泉，“定 nding”意为红色。因山表层为红壤，山下有一口泉，故名。长 0.7 千米，宽 0.38 千米，海拔 1014 米。为土坡山，山上植被多为杂草。

大毕山 Dàbì Shān 在坡洪镇新屯村村委会驻地南 4.1 千米处。大毕，壮语 Deihbid，“大 deih”指地，“毕 bid”指蝉。因该山蝉多，故名。长 0.6 千米，宽 0.4 千米，海拔 1000 米。为石灰岩山，山上植被多为低矮杂木。

山岩基山 Shānyánjī Shān 在坡洪镇百合村村委会驻地西南 2.5 千米处。山岩基，壮语 Byagamjgaeq，“山 bya”指石山，“岩 gamj”指山洞，“基 gaeq”指鸡。因山上一山洞有块石头形似象鸡，故名。长约 1.5 千米，宽约 0.5 千米，海拔 1066 米。为石灰岩山，山上植被多为低矮杂木。

三记山 Sānjì Shān 在坡洪镇新美村村委会驻地东北 1.48 千米处。三记，壮语 Gaehsam，“记 gaeh”指髻，“三 sam”同 3。因三座小山峰形似三个髻，故名。长 1 千米，宽 0.6 千米，海拔 1116.7 米。为石灰岩山，山上植被多为低矮杂木。

敢壮山 Gǎnzhuàng Shān　在百育镇六联村那贯屯北 600 米处。敢壮，壮语意为岩洞。因该山岩洞多得名。传布洛陀与姆洛甲受玉帝派遣，于农历二月初一启程，用箩筐挑着 5 个孩子及镰刀和锄头等用具，乘着玉皇大帝宫殿前摘下的两片树叶，飘到田阳上空。这时，乌云密布，电闪雷鸣，布洛陀肩上的扁担被劈断了，两只箩筐坠落在相距 5 千米的那贯和三今两地，形成现在的五指山和敢壮山。长 0.66 千米，宽 0.42 千米。海拔 326.7 米。土壤以砂页岩、赤土壤为主。植被有亚热带绿阔叶林、石灰岩灌丛、灌草丛等。野生动物有两栖爬行动物如黑眶蟾蜍、泽蛙、虎纹蛙、台北蛙、斑腿树蛙、花狭口蛙、饰纹姬蛙、花姬蛙。野生植物主要有葡萄科、防己科、漆树科、桑科、荨麻科、鸭跖草科等。是布洛陀圣山，山上有祖公庙、母娘岩、将军洞、鸳鸯泉、通天洞、红军洞、圣水池等景点和建筑物。在此形成的歌圩是广西最早、规模最大、最古老的歌圩。每年农历三月初七至初九，来自右江盆地百色、田东等地的壮族同胞数万人汇集在此，以唱山歌等形式祭祀布洛陀。是重要的革命纪念地之一，民国十六年（1927）韦拔群、黄治峰等领导的“二都暴动”发生在此。民国十九年（1930）三月十八日，24 名赤卫队员及部分革命群众被国民党桂军及民团熏死在山上的洞中。后形成右江赤卫军战斗遗址；1989 年，被田阳县人民政府列为县级文物保护单位，并命名为“春晓岩遗址”，2005 年又改为敢壮山遗址。2002 年，经有关专家学者反复考察论证，认定此山是珠江流域始居民族人文始祖布洛陀的圣地，是展示以布洛陀文化为核心的壮族原生态文化的基地，是探索珠江流域文明起源的园地。2004 年，开发建设敢壮山布洛陀文化遗址景区。百育—敢壮山公路（738 乡道）、三今—敢壮山景区公路（773 乡道）通达。

敢壮山航拍图

下啃罩山 Xiàkěnzhào Shān 在五村镇达巴村西南部。下啃罩，壮语 Genggyaeplaj，“下 laj”指下面，“啃 geng”指山冈，“罩 gyaep”指草帽。因该山山顶树木繁茂，远看似一顶草帽盖在山上，故名。长 0.47 千米，宽 0.39 千米，海拔 1010 米。为石灰岩山，山上植被多为杂木。

炸劳山 Zhàláo Shān 在五村镇达巴村下山屯，达巴村村委会驻地南 0.7 千米处。炸劳，壮语 Byalaux，“炸 bya”指石山，“劳 laux”意为大。因是周边最大最高的石山，故名。长 0.54 千米，宽 0.25 千米，海拔 1000 米。为石灰岩山，山上植被多为杂木。

弄谢山 Lòngxiè Shān 在五村镇大言村陇谢屯，大言村村委会驻地西 2.5 千米处。因在陇谢屯而得名。陇、弄，壮语音义相同，为 rungh，指岽场、石山间平地，群众常混用。长 0.4 千米，宽 0.29 千米，海拔 1000 米。为石灰岩山，山上植被多为杂木。

足窑岭 Zúyáo Lǐng 在五村镇雷圩村村委会驻地西南 3.2 千米处。足窑岭，壮语 Ndoicokgiunh“足 cok”指山顶，“窑 giunh”指风筝，“岭 ndoi”指山岭。因该山山顶形似一只风筝，故名。长 0.5 千米，宽 0.5 千米，海拔 1099 米。为石灰岩山，山上植被为灌木、杂木。

当斗山 Dāngdǒu Shān 在五村镇伏王村驮妥屯西北 1 千米处。当斗，壮语 Dangqdaeuj，“当 dangq”意为相对，“斗 daeuj”即争斗。因该山两峰相对，形似争斗，故名。长 0.36 千米，宽 0.3 千米，海拔 1060 米。为石灰岩山，山上植被为灌木、杂木。

丁凳山 Dīngdèng Shān 在五村镇伏王村驮妥屯西 0.4 千米处。丁凳，壮语 Daengqdingj，“丁 dingj”指山顶，“凳 daengq”指凳子。因该山成片，前低后高，形似凳子，故名。长 0.61 千米，宽 0.27 千米，海拔 1080 米。为石灰岩山，山上植被为灌木、杂木。

发叶山 Fāyè Shān 在五村镇伏王村伏王屯南 0.35 千米处。发叶，壮语 Fatmbaw，“发 fat”意为生长茂盛，“叶 mbaw”指树叶。因该山灌木枝叶常年繁茂，故名。长 0.37 千米，宽 0.22 千米，海拔 1030 米。为石灰岩山，山上植被为灌木、杂木。

翻云山 Fānyún Shān 在五村镇伏王村坛道屯西北 0.7 千米处。翻云，壮语 Najfan，指黑着脸，“翻 fan”意为倒反，“云 naj”指脸。因该山山色黝黑，故名。长 0.33 千米，宽 0.2 千米，海拔 1090 米。为石灰岩山，山上植被为灌木、杂木。

岗催山 Gǎngcuī Shān 在五村镇伏王村驮妥屯东 0.8 千米处。岗催，壮语 Sokgang，“岗 gang”即山岗，“催 sok”指壕沟。因山里曾有土匪，村子在形似壕沟的山谷里，能阻挡土匪进村、保护村民，故名。长 0.28 千米，宽 0.24 千米，海拔 1010 米。为石灰岩山，山上植被为灌木、杂木。

哥卢山 Gēlú Shān 在五村镇伏王村驮妥屯东偏北 0.3 千米处。哥卢，壮语 Gorungz，指大叶榕。因该山有一棵大叶榕，故名。长 0.25 千米，宽 0.23 千米，海拔 1030 米。为石灰岩山，山上植被为灌木、杂木。

谷布山 Gǔbù Shān 在五村镇伏王村村委会驻地西南 0.6 千米处。谷布，壮语 Goekmboq，“谷 goek”指根，“布 mboq”指泉水。因山脚有泉，是附近村屯的重要水源，故名。长 0.35 千米，宽 0.27 千米，海拔 1040 米。为石灰岩山，山上植被为灌木、杂木。

啃兰山 Kěnlán Shān 在五村镇伏王村坛道屯西南 0.2 千米处。啃兰，壮语 Gwnzranz，“啃 gwnz”指上面，“兰 ranz”指房子、村子。因该山在坛道屯后面，故名。长 0.24 千米，宽 0.2 千米，海拔 1050 米。为石灰岩山，山上植被为灌木、杂木。

陇弟山 Lǒngdì Shān 在五村镇伏王村驮妥屯东北 0.7 千米处。陇弟，壮语 Runghdaej，“陇 rungh”指弄场、石山间平地，“弟 daej”指底部。因该山底部有弄场，故名。长 0.5 千米，宽 0.24 千米，海拔 1080 米。为石灰岩山，山上植被为灌木、杂木。

陇内山 Lǒngnèi Shān 在五村镇伏王村坛道屯南 0.4 千米处。陇内，壮语 Runghnoix，“陇 rungh”指弄场、石山间平地，“内 noix”意为罕见、少见。因该山有一块凹进去的山间平地，十分罕见，故名。长 0.48 千米，宽 0.28 千米，海拔 1050 米。为石灰岩山，山上植被为灌木、杂木。

陇体山 Lǒngtǐ Shān 在五村镇伏王村村委会驻地西 1 千米处，是田阳区和德保县的界山。陇体，壮语 Dizrungh，“陇 rungh”指弄场、石山间平地，“体 diz”指身体。因该山与周边各山相连，中间形成一个大弄场，故名。长 0.4 千米，宽 0.31 千米，海拔 1070 米。为石灰岩山，山上植被为灌木、杂木。

龙削山 Lóngxiāo Shān 在五村镇伏王村村委会驻地东北 1.3 千米处，是田阳区和德保县的界山。龙削，壮语 Runghsok，“龙 rungh”指弄场、石山间平地，“削 sok”意为陡峭。因该山与对面的陇章上山形成狭长的弄场，山弄两边陡峭，故名。长 0.4 千米，宽 0.32 千米，海拔 1060 米。为石灰岩山，山上植被为灌木、杂木。

陇章上山 Lǒngzhāng Shàng Shān 在五村镇伏王村村委会驻地东北 2 千米处。陇章，壮语 Runghgyang，“陇 rungh”指弄场、石山间平地，“章 gyang”意为中间。因该山与陇章下山中间有个大弄场，该山在弄场上方，故名。长 0.49 千米，宽 0.26 千米，海拔 1090 米。为石灰岩山，山上植被为灌木、杂木。

陇章下山 Lǒngzhāng Xià Shān 在五村镇伏王村村委会驻地东北 1.2 千米处，是田阳区和德保县的界山。“陇 rungh”指弄场、石山间平地，“章 gyang”意为中间。因该山与陇章上山中间有个大弄场，该山在弄场下方，故名。长 0.37 千米，宽 0.24 千米，海拔 1080 米。为石灰岩山，山上植被为灌木、杂木。

农卜山 Nóngbǔ Shān 在五村镇伏王村村委会驻地西南 0.4 千米处，是田阳区和德保县的界山。农卜，壮语 Ndoengbaeg，“农 ndoeng”意为树林，“卜 baeg”指萝卜。一说因该山在村子旁，村民曾在山边林子旁种萝卜，故名；一说该山林木茂密，山形独耸似萝卜，故名。长 0.4 千米，宽 0.25 千米，海拔 1040 米。为石灰岩山，山上植被为灌木、杂木。

山陇卜山 Shānlǒngbǔ Shān 在五村镇伏王村村委会驻地西北 0.8 千米处。山陇卜，壮语 Byarunghbuz，“山 bya”指石山，“陇 rungh”指弄场、石山间平地，“卜 buz”指葫芦瓜。一说因人们曾在该山山脚弄场种葫芦瓜，故名；一说因该山山脚弄场一头大一头小，形似葫芦，故名。长 0.47 千米，宽 0.23 千米，海拔 1080 米。为石灰岩山，山上植被为灌木、杂木。

塘兵山 Tángbīng Shān 在五村镇伏王村村委会驻地东北 1.23 千米处。塘兵，壮语 Daemzbing，“塘 daemz”指水塘，“兵 bing”指蚂蟥。因该山独耸在一个有蚂蟥的水塘边，故名。长 0.44 千米，宽 0.26 千米，海拔 1040 米。为石灰岩山，山上植被为灌木、杂木。

陇谷山 Lǒnggǔ Shān 在五村镇伏王村村委会驻地西北 2 千米处。陇谷，壮语 Gukrungh，“陇 rungh”指弄场、石山间平地，“谷 guk”指老虎。因该山山脚大弄场曾有老虎出没，故名。长 0.4 千米，宽 0.27 千米，海拔 1100 米。为石灰岩山，山上植被为灌木、杂木。

炸巴老山 Zhàbālǎo Shān 在五村镇伏王村村委会驻地北 1.25 千米处。炸巴老，壮语 Byabaqlaux，“炸 bya”指石山，“巴 baq”指荒地，“老 laux”意为大。因其是不宜耕种只能抛荒的大石山，故名。长 0.36 千米，宽 0.27 千米，海拔 1110 米。为石灰岩山，山上植被为灌木、杂木。

兰弯山 Lánwān Shān 在五村镇伏王村村委会驻地西北 2.5 千米处。兰弯，壮语 Runghvan，“兰 rungh”指弄场、石山间平地，“弯 van”，指末尾。因是位于弄场末尾的石山，故名。长 0.5 千米，宽 0.23 千米，海拔 1130 米。为石灰岩山，山上植被为野草、灌木、杂木。

蜂山 Fēng Shān 在五村镇弄里村村委会驻地东南 0.5 千米处。因该石山上曾多野蜂，故名。长 0.3 千米，宽 0.18 千米，海拔 1010 米。为石灰岩山，山上植被为灌木、杂木。

凡星山 Fánxīng Shān 在五村镇弄里村村委会驻地东北 0.5 千米处。凡星，壮语 Funghsing，“凡 fungh”指凤凰，“星 sing”意为争夺、抢夺。因传曾有凤凰落于此山，后成众人争抢地祥瑞之地，故名。长 0.58 千米，宽 0.5 千米，海拔 1080 米。为石灰岩山，山上植被为灌木、杂木。

谷内山 Gǔ’ nèi Shān 在五村镇弄里村村委会驻地东北 1.1 千米处。谷内，壮语 Goekndaw，“谷 goek”根部、底部，“内 ndaw”指里面。因该石山山脚有一个名为“谷内”的弄场，故名。长 0.26 千米，宽 0.26 千米，海拔 1070 米。为石灰岩山，山上植被为灌木、杂木。

布查山 Bùchá Shān 在五村镇弄里村村委会驻地东北 1.4 千米处，驮旦屯北面。布查，壮语 Mboqsah，“布 mboq”指泉水，“查 sah”意为洗衣服。因此山有泉水，村民来此洗衣服，故名。长 0.39 千米，宽 0.3 千米，海拔 1020 米。为石灰岩山，山上植被为灌木、杂木。

垦田山 Kěntián Shān 在五村镇弄里村村委会驻地西北 2.4 千米处。垦田，壮语 Gwnzdiengz，“垦 gwnz”指上面，“田 diengz”指茅草棚。因石山上有附近村民搭建的几座茅草棚，故名。长 0.39 千米，宽 0.24 千米，海拔 1030 米。为石灰岩山，山上植被为灌木、杂木。

陇谷山 Lǒnggǔ Shān 在五村镇弄里村村委会驻地北 1.5 千米处，陇外屯东南部。陇谷，壮语 Runghgut，“陇 rungh”指弄场、石山间平地，“谷 gut”指山谷。因此山谷底为一片平地，故名。长 0.34 千米，宽 0.28 千米，海拔 1050 米。为石灰岩山，山上植被为灌木、杂木。

那劳山 Nàláo Shān　在五村镇弄里村村委会驻地北 0.1 千米处。那劳，壮语 Najlaux，“那 naj”意为一片、一处，“劳 laux”意为大。因是陇怀屯后两座相连石山中较大的一座，故名。长 0.24 千米，宽 0.24 千米，海拔 1020 米。为石灰岩山，山上植被为灌木、杂木。

独山 Dú Shān　在五村镇弄里村村委会驻地东 0.75 千米处，陇怀屯东面。因此山独立高耸，故名。长度 0.28 千米，宽度 0.21 千米，海拔 1020 米。为石灰岩山，山上植被为灌木、杂木。

那同山 Nàtóng Shān　在五村镇弄里村村委会驻地北 0.3 千米处。那同，壮语 Najndoeng，“那 naj”意为一片、一处，“同 ndoeng”指树林、密林。因是林木繁茂的高大石山，故名。长 0.34 千米，宽 0.18 千米，海拔 1000 米。为石灰岩山，山上植被为灌木、杂木。

塘磊山 Tánglěi Shān　在五村镇弄里村村委会驻地东南 0.85 千米处，驮侦屯南面。塘磊，壮语 Daemzsae，“塘 daemz”指水塘，“磊 sae”指水螺。因该山山脚曾有几个水螺多的水塘，故名。长 0.36 千米，宽 0.17 千米，海拔 1060 米。为石灰岩山，山上植被为灌木、杂木。

炸劳山 Zhàláo Shān　在五村镇弄里村村委会驻地西北 2.1 千米处，陇外屯北面。炸劳，壮语 Byalaux，“炸 bya”指石山，“劳 laux”意为大。因该山较附近的山大，故名。长 0.35 千米，宽 0.24 千米，海拔 1080 米。为石灰岩山，山上植被为灌木、杂木。

那朗山 Nàlǎng Shān　在五村镇弄里村村委会驻地北 0.7 千米处。那朗，壮语 Nazlangh，“那 naz”指田，“朗 langh”意为轮流耕种。因该山下曾有一片轮流耕种的社田，故名。长 0.37 千米，宽 0.26 千米，海拔 1080 米。为石灰岩山，山上植被为杂草、乔木等。

陇安山 Lǒng' ān Shān　在五村镇弄里村村委会驻地西 1.5 千米处。陇安，壮语 Runghnganx，“陇 Rungh”指岽场、石山间平地，“安 nganx”指龙眼树。因该山山脚的岽场有龙眼树，岽场因此得名陇安，山因岽场得名。长 0.5 千米，宽 0.5 千米，海拔 1157 米。为石灰岩山，山上植被为杂草、灌木等。

德崖山 Déyá Shān　在五村镇弄里村村委会驻地西北 1.4 千米处。德崖，壮语 Datyaz，“德 dat”意为陡峭，“崖 yaz”意为挡住、遮挡。因该山北面（被阳光挡住的一面）为陡峭的山崖，故名。长 0.57 千米，宽 0.33 千米，海拔 1142.4 米。为石灰岩山，山上植被为杂草、灌木等。

角刚山 Jiǎogāng Shān 在五村镇弄里村村委会驻地北 1.2 千米处。角刚，壮语 Goekgang，"角 goek"指根部，"刚 gang"意为搭、撑。因曾有人在该山山脚坡地上搭建茅草棚，故名。长 0.58 千米，宽 0.37 千米，海拔 1120.1 米。为石灰岩山，山上植被为杂草、灌木等。

肯兰山 Kěnlán Shān 在五村镇弄里村村委会驻地西 0.8 千米处，驮侦屯东北部。肯兰，壮语 Gwnzranz，"肯 gwnz"意为上面，"兰 ranz"指家、房子。因该山在驮侦屯村屋后，习称上面，故名。长 0.51 千米，宽 0.33 千米，海拔 1120 米。为石灰岩山，山上植被为杂草、灌木等。

陇桑山 Lǒngsāng Shān 在五村镇弄里村村委会驻地东北 1.4 千米处，驮贞屯东北面。陇桑，壮语 Runghsang，"陇 rungh"指峷场、石山间平地，"桑 sang"意为高。因此山较高，山上有一个山洞，故名。长 0.44 千米，宽 0.18 千米，海拔 1080 米。为石灰岩山，山上植被为灌木、杂木。

陇烈山 Lǒngliè Shān 在五村镇弄里村村委会驻地西北 1.5 千米处。陇烈，壮语 Runghreq，"陇 rungh"指峷场、石山间平地，"烈 req"指砂砾。因该山山脚大峷场多砂砾，故名。长 0.69 千米，宽 0.24 千米，海拔 1140 米。为石灰岩山，山上植被为杂草、低矮灌木等。

板斜山 Bǎnxié Shān 在五村镇弄里村村委会驻地西北 2.5 千米处。板斜，壮语 Mbanjcez，"板 mbanj"指村子、寨子，"斜 cez"意为倾斜。因该山在弄外屯后面，山体高大且山腰倾斜，故名。长 0.68 千米，宽 0.38 千米，海拔 1120 米。为石灰岩山，山上植被为杂草、灌木等。

都爱山 Dōu' ài Shān 在五村镇驮逢村村委会驻地南 0.76 千米处，砚逢屯北面。都爱，壮语 Doungaih，"都 dou"指门口，"爱 ngaih"意为守护。因该山与对面的塘领山相对而立，形似砚逢屯的山门，守护着村民，故名。长 0.39 千米，宽 0.25 千米，海拔 1080 米。为石灰岩山，山上植被为杂草、灌木等。

岗低山 Gǎngdī Shān 在五村镇驮逢村村委会驻地东南 2 千米处，驮宜屯东部。岗低，壮语 Gengdaemq，"岗 geng"指岗哨，"低 daemq"同汉意，指低、矮。因该山的山路都在较低的山脚，山上相传曾设岗哨，故名。长 0.38 千米，宽 0.17 千米，海拔 1050 米。为石灰岩山，山上植被为灌木、杂木。

谷怀山 Gǔhuái Shān 在五村镇驮逢村村委会驻地南 1.2 千米处，砚逢屯南面。谷怀，壮语

Goekvaiz，“谷 goek”指根部、底部，“怀 vaiz”指坝。因该山横亘在砚逢屯所处弄场的最里面，像天然的大坝，故名。长 0.36 千米，宽 0.15 千米，海拔 1060 米。为石灰岩山，山上植被为灌木、杂木。

更革山 Gēnggé Shān 在五村镇驮逢村村委会驻地西北 0.5 千米处。更革，壮语 Gwnzgeng，“更 gwnz”意为上面，“革 geng”指坳口。因该山上面有一个坳口，故名。长 0.24 千米，宽 0.11 千米，海拔 1020 米。为石灰岩山，山上植被为灌木、杂木。

肯兰山 Kěnlán Shān 在五村镇驮逢村村委会驻地东北 0.3 千米处。肯兰，壮语 Gwnzranz，“肯 gwnz”意为上面，“兰 ranz”指家、房子。因此山在驮逢屯村屋后，俗称上面，故名。长 0.31 千米，宽 0.27 千米，海拔 1090 米。为石灰岩山，山上植被为灌木、杂木。

肯设山 Kěnshè Shān 在五村镇驮逢村村委会驻地南 0.9 千米处。肯设，壮语 Gwnzsez，“肯 gwnz”意为上面，“设 sez”指房舍。因该山在砚逢屯房舍后，俗称上面，故名。长 0.29 千米，宽 0.15 千米，海拔 1060 米。为石灰岩山，山上植被为灌木、杂木。

陇内山 Lǒngnèi Shān 在五村镇驮逢村村委会驻地南 0.64 千米处，砚逢屯西北部。陇内，壮语 Runghndaw，“陇 rungh”指弄场、石山间平地，“内 ndaw”同汉义，指里面。因该山位于弄场里面，故名。长 0.27 千米，宽 0.21 千米，海拔 1060 米。为石灰岩山，山上植被为灌木、杂木。

那么山 Nàmō Shān 在五村镇驮逢村村委会驻地东北 1 千米处，驮闹屯东北面。那么，壮语 Nazmboq，“那 naz”指田，“么 mboq”指泉水。因该山山脚有一块泉水涌出的田，故名。长 0.36 千米，宽 0.18 千米，海拔 1060 米。为石灰岩山，山上植被为灌木、杂木。

塘领山 Tánglǐng Shān 在五村镇驮逢村村委会驻地东南 1.3 千米处，砚逢屯与驮宜屯之间。塘领，壮语 Daemzlingq，“塘 daemz”指水塘，“领 lingq”意为陡峭。因该山陡峭，且山脚有一个大水塘，故名。长 0.38 千米，宽 0.21 千米，海拔 1080 米。为石灰岩山，山上植被为灌木、杂木。

下岗山 Xiàgǎng Shān 在五村镇驮逢村村委会驻地东南 1.8 千米处，驮宜屯南面。下岗，壮语 Lajgeng，“下 laj”同汉义，指下面，“岗 geng”指岗哨。因过去为防土匪到村寨抓丁而在该山设岗哨，故名。长 0.42 千米，宽 0.15 千米，海拔 1030 米。为石灰岩山，山上植被为灌木、杂木。

岩岗山 Yángǎng Shān 在五村镇驮逢村村委会驻地西 1.09 千米处。岩岗，壮语 Ngamzgeng，“岩 ngamz”指山坳、山口，“岗 geng”指岗哨。因该山在山坳口，传为防土匪曾在山上设岗哨，故名。长 0.18 千米，宽 0.14 千米，海拔 1030 米。为石灰岩山，山上植被为灌木、杂木。

岩怀山 Yánhuái Shān 在五村镇驮逢村村委会驻地东北 1.3 千米处，驮闹屯东面。岩怀，壮语 Henxvaiz，“岩 henx”意为啃食，“怀 vaiz”指水牛。传古时该山常有猛兽出没啃食水牛等家畜，故名。长 0.25 千米，宽 0.16 千米，海拔 1040 米。为石灰岩山，山上植被为灌木、杂木。

鹰嘴山 Yīngzuǐ Shān 在五村镇驮逢村村委会驻地东南 1.55 千米处，驮宜屯北面。因山形像老鹰的嘴巴，故名。长 0.25 千米，宽 0.14 千米，海拔 1030 米。为石灰岩山，山上植被为灌木、杂木。

炸浪山 Zhàlàng Shān 在五村镇驮逢村村委会驻地东北 1.3 千米处，驮闹屯东面偏北。炸浪，壮语 Byandangq，“炸 bya”指石山，“浪 ndangq”指斑纹、波浪。因山顶岩石呈波浪式，故名。长 0.12 千米，宽 0.1 千米，海拔 1010 米。为石灰岩山，山上植被为灌木、杂木。

旧村山 Jiùcūn Shān 在五村镇驮逢村村委会驻地 0.3 千米处。因驮逢屯曾建在该山山脚，后迁至前面田垌，故得名旧村山。长 0.52 千米，宽 0.21 千米，海拔 1100 米。为石灰岩山，山上植被为杂木。

科坤山 Kēkūn Shān 在五村镇驮逢村村委会驻地南 0.4 千米处。科坤，壮语 Gogoenq，意为一种称“坤”的树。因该山山脚有块长有坤木的地，故名。长 0.77 千米，宽 0.31 千米，海拔 1100 米。为石灰岩山，山上植被多为杂草、杂木、灌木。

塘换山 Tánghuàn Shān 在五村镇驮逢村村委会驻地东南 1 千米处，砚逢屯东北面。塘换，壮语 Daemzvengz，“塘 daemz”指水塘，“换 vengz”指横。因该山横向分布，山坳有个水塘，故名。长 0.36 千米，宽 0.21 千米，海拔 1110 米。为石灰岩山，山上植被多为杂草、杂木、灌木。

石龙山 Shílóng Shān 在五村镇巴某村村委会驻地北 1 千米处。因该石山蜿蜒似龙，故名。

长约 0.27 千米，宽约 0.2 千米，海拔 1000 米。为石灰岩山，山上植被多为杂草、杂木、灌木。

凹坊山 Āofáng Shān 在五村镇百谷村村委会驻地东 1.2 千米处。凹坊，壮语 Ngamzfangz，“凹 ngamz”指山坳，“坊 fangz”指鬼。传该山山坳闹鬼，故名。长 0.42 千米，宽 0.39 千米，海拔 1017 米。为石灰岩山，山上植被多为杂草、杂木、灌木。

拉单山 Lādān Shān 在五村镇百谷村村委会驻地西北 2.5 千米处，百朝屯东北面。拉单，壮语 Lajdat，“拉 laj”指下面，“单 dat”指山崖。因该山又高又陡，故名。长 0.56 千米，宽 0.44 千米，海拔 1000 米。为石灰岩山，山上植被多为杂草、杂木、灌木。

那弓山 Nàgōng Shān 在五村镇百谷村村委会驻地东 0.76 千米处。那弓，壮语 Nazgoengj，“那 naz”指田，“弓 goengj”意为弯曲。因该山在水田边，山前有弯曲的小河，故名。长 0.53 千米，宽 0.36 千米，海拔 1030 米。为石灰岩山，山上植被多为杂草、杂木、灌木。

土汗山 Tǔhàn Shān 在五村镇百谷村村委会驻地东北 1.24 千米处，东梅屯东面。土汗，壮语 Duzhhanq，指一种当地称“野天鹅”的动物。因传该山曾有一种当地称“野天鹅”的动物，故名。长 0.5 千米，宽 0.43 千米，海拔 1029.5 米。为石灰岩山，山上植被多为杂草、杂木、灌木。

岩育山 Yányù Shān 在五村镇百谷村村委会东南 1.6 千米处，百谷屯东面。岩育，壮语 Ngamzyueg，“岩 ngamz”指山坳，“育 yueg”指当地一种捕捉动物的工具。因该山以前多动物，用当地一种称“育”的工具即可轻易捕捉，故名。长 0.39 千米，宽 0.25 千米，海拔 1000 米。为石灰岩山，山上植被多为杂草、杂木、灌木。

炸桑山 Zhàsāng Shān 在五村镇百谷村村委会驻地北 1.47 千米处，百朝屯东面。炸桑，壮语 Byasang，“炸 bya”指石山，“桑 sang”意为高。因这座山较高，故名。长 0.27 千米，宽 0.18 千米，海拔 1010 米。为石灰岩山，山上植被多为杂草、杂木、灌木。

三燕山 Sānyàn Shān 在五村镇百谷村村委会驻地东南 1.3 千米处。因该山由三座较大的山峰组成，形似燕子的尾巴，故名。长 0.7 千米，宽 0.33 千米，海拔 1030 米。为石灰岩山，山上植被多为杂草、杂木、灌木和竹子。

大伟山 Dàwěi Shān　在洞靖镇念堂村村委会驻地东南 1.42 千米处。因该山山脚是大伟屯，故名。长 0.81 千米，宽 0.62 千米，海拔 1070.3 米。为石灰岩山，山上植被有乔木、杂草。

布兰山 Bùlán Shān　在洞靖镇天德村村委会驻地东 2.4 千米处。布兰，壮语 Mboqlanz，“布 mboq”指泉，“兰 lanx”意为阻拦、拦住。因该山青石板下有一口泉，似石板拦住水流，故名。长 0.8 千米，宽 0.53 千米，海拔 1093.8 米。为石灰岩山，山上植被有松树、杂草。

敢那山 Gǎnnà Shān　在洞靖镇天德村村委会驻地东南 1.85 千米处。敢那，壮语 Ganjnaz，“敢 ganj”意为狭窄，“那 naz”指田。因该山两边都是狭窄山谷，山谷可辟成田地，故名。长 0.71 千米，宽 0.43 千米，海拔 1150 米。为石灰岩山，山上植被有松树及杂草。

半巴山 Bànbā Shān　在巴别乡巴别村村委会驻地西南 2.16 千米处，安内屯南面。半巴，壮语 Buenqbaq，“半 buenq”指半山腰，“巴 baq”指荒地。因该山从半山腰起山势险峻，不宜垦荒耕种，故名。长 1.2 千米，宽 0.44 千米，海拔 1062.50 米。为石灰岩山，山上植被为野生杂木林。

门前山 Ménqián Shān　在巴别乡巴别村村委会驻地东南 2.9 千米处，多敏屯西南面。门前，壮语 Dounaj，“门 dou”指门口、对门，“前 naj”指前方。因该山在多敏屯前，故名。长 0.48 千米，宽 0.29 千米，海拔 1035.60 米。为石灰岩山，山上植被为野生杂木林。

侬更山 Nónggēng Shān　在巴别乡巴别村村委会驻地东南 3.6 千米处，多敏屯南面。侬更，壮语 Ndoengsenq，“侬 ndoeng”指树林、密林，“更 senq”意为最先。因该山海拔高，林木茂盛，早上最先被太阳照射，故名。长 0.41 千米，宽 0.34 千米，海拔 1062.5 米。为石灰岩山，山上植被为野生杂木林。

登雷山 Dēngléi Shān　在巴别乡巴别村村委会驻地 2 千米处，百安屯南面。登雷，壮语 Dingjloih，“登 dingj”意为顶端、山顶，“雷 loih”指斑纹。因该山山顶高，山崖上有闪电状的斑纹，故名。长 0.25 千米，宽 0.12 千米，海拔 1008.8 米。为石灰岩山，山上植被为野生杂木林。

登腰胺马山 Dēngyāo'ànmǎ Shān　在巴别乡巴别村村委会驻地南 2.37 千米处，百安屯南面。登腰胺马，壮语 Dingjhwetmax，“登 dingj”意为顶端、山顶，“腰马 hwetmax”指马的腰部。因该山山顶高，山形像马的腰部一样，故名。长 0.05 千米，宽 0.04 千米，海拔 1008.1 米。为石灰岩山，山上植被为野生杂木林。

登思山 Dēngsī Shān 在巴别乡巴别村村委会驻地东南 1.7 千米处，德录屯北面。登思，壮语 Dingjniemh，“登 dingj”意为顶端、山顶，“思 niemh”意为思念。因该山山顶高，传古时山上有个老妇人日夜思盼丈夫回家，故名。长 0.44 千米，宽 0.35 千米，海拔 1070.20 米。为石灰岩山，山上植被为野生杂木林。

谷登山 Gǔdēng Shān 在巴别乡巴别村村委会驻地东偏北 4 千米处，岑任屯南面。谷登，壮语 Gokdaemz，“谷 gok”指角落，“登 daemz”指水塘。因传古人在该山挖了一个水塘，故名。长 0.61 千米，宽 0.46 千米，海拔 1051.2 米。为石灰岩山，山上植被为野生杂木林。

怀台山 Huáitái Shān 在巴别乡巴别村村委会驻地东北 2.7 千米处，念三屯北面。怀台，壮语 Vaizdai，“怀 vaiz”指牛，“台 dai”指死亡。因传古时有一群牛被困山上而死，故名。长 0.69 千米，宽 0.45 千米，海拔 1022.5 米。为石灰岩山，山上植被为野生杂木林。

坡顶山 Pōdǐng Shān 在巴别乡巴别村村委会驻地东北 1.43 千米处，念三屯东南面。坡顶，壮语 Bodingj，“坡 bo”指山坡，“顶 dingj”指顶端、山顶。因此山在周围群山中最为雄伟高大，故名。长 0.66 千米，宽 0.42 千米，海拔 1006.2 米。为石灰岩山，山上植被为野生杂木林。

灵山 Líng Shān 在巴别乡巴别村村委会驻地东 0.9 千米处，巴别街东面。灵山，壮语 Byalingz，“灵 lingz”指猴子，“山 bya”指石山。因传该山过去常有猴子出没，故名。长 0.62 千米，宽 0.49 千米，海拔 1081.2 米。为石灰岩山，山上植被为野生杂木林。

陇蒙山 Lǒngméng Shān 在巴别乡巴别村村委会驻地东偏南 3.35 千米处，专下屯南面。陇蒙，壮语 Runghmbaenq，“陇 rungh”指弄场、石山间平地，“蒙 mbaenq”意为分层。因该山在弄场边，过去村民到弄场放牛，常从弄场逐层往上爬坡，故名。长 0.6 千米，宽 0.41 千米，海拔 1038.8 米。为石灰岩山，山上植被为野生杂木林。

陇钦山 Lǒngqīn Shān 在巴别乡巴别村村委会驻地东南 2.35 千米处，德录屯东面。陇钦，壮语 Runghgvengx，“陇 rungh”指弄场、石山间平地，“钦 gvengx”指圆筐。因山顶形成一个矮圆的弄场，故名。长 0.62 千米，宽 0.37 千米，海拔 1001.2 米。为石灰岩山，山上植被为野生杂木林。

陇桑山 Lǒngsāng Shān 在巴别乡巴别村村委会驻地西 1.6 千米处，德合屯东南面。陇桑，壮语 Runghsangh，“陇 rungh”指岽场、石山间平地，“桑 sangh”指桑树。因传该山半山腰的平地曾多桑树，故名。长 0.29 千米，宽 0.28 千米，海拔 1086.2 米。为石灰岩山，山上植被为野生杂木林。

念仙山 Niànxiān Shān 在巴别乡巴别村村委会驻地西北 2.75 千米处，德合屯西北面。念仙，壮语 Raemxsien，“念 raemx”指水，“仙 sien”指神仙。因该山曾有一个储水的水潭，古人称此水是神仙所赐，故名。长 0.34 千米，宽 0.19 千米，海拔 1081.2 米。为石灰岩山，山上植被为野生杂木林。

弄权山 Lòngquán Shān 在巴别乡巴别村村委会驻地北 3.5 千米处。弄权，壮语 Runghvenj，“弄 rungh”指岽场、石山间平地，“权 venj”意为挂。因该山海拔高，人们利用山上高处细小平地进行耕种，故名。长 0.65 千米，宽 0.4 千米，海拔 1003.9 米。为石灰岩山，山上植被为野生杂木林。

陇上山 Lǒngshàng Shān 在巴别乡巴别村村委会驻地北 1.65 千米处，甘合屯北面。陇上，壮语 Runghgwnz 的音译转写。“陇 rungh”指岽场、石山间平地，“上 gwnz”指上面。因是在岽场边上的一座荒凉的高大石山，故名。长 0.5 千米，宽 0.47 千米，海拔 1018.8 米。为石灰岩山，山上植被为野生杂木林。

陇泥山 Lǒngní Shān 在巴别乡巴别村东偏南 2.7 千米处。陇泥，壮语 Runghnaez，“陇 rungh”指岽场、石山间平地，“泥 naez”指泥石。因该山山顶是块泥石裸露植被稀少的小平地，故名。长 0.39 千米，宽 0.39 千米，海拔 1081.9 米。为石灰岩山，山上植被为野生杂木林。

布爱山 Bù’ài Shān 在巴别乡巴别村村委会驻地北 2.8 千米处，甘合屯北面。布爱，壮语 Mboqngaih，“布 mboq”指泉水，“爱 ngaih”意为喜爱。因该山有一处山泉，村民喜欢到此处嬉戏、洗衣，故名。长 0.82 千米，宽 0.42 千米，海拔 1050 米。为石灰岩山，山上植被为野生杂木林。

路半山 Lùbàn Shān 在巴别乡巴别村村委会驻地西偏南 1.35 千米处，安内屯东北面。路半，壮语 Lohbuenq，“路 loh”指水渠，“半 buenq”指半山腰。因该山上有一条水渠从半山腰通过，故名。长 0.71 千米，宽 0.33 千米，海拔 1026.4 米。为石灰岩山，山上植被为野生杂木林。

半谷山 Bàngǔ Shān 在巴别乡巴别村村委会驻地南偏西 0.94 千米处，安内屯东北面。半谷，壮语 Gyanggoek，指蕨菜，当地称龙爪菜。因该山多龙爪菜，故名。长 0.81 千米，宽 0.71 千米，海拔 1070.2 米。为石灰岩山，山上植被为杂草和野生杂木林。

琴伊山 Qínyī Shān 在巴别乡巴别村村委会驻地北 3.9 千米处。琴伊，壮语 Gumhiq，意为偏远。因该山远离村子，十分偏僻，故名。长 0.6 千米，宽 0.37 千米，海拔 1010.6 米。为石灰岩山，山上植被为野生杂木林。

万吹山 Wànchuī Shān 在巴别乡巴别村村委会驻地东北 2.74 千米处，王台屯西面。万吹，壮语 Fanhcoij，“万 fanh”指数量多，“吹 coij”指开垦成行的地。因传村民在该山开垦出一垄垄地，故名。长 0.72 千米，宽 0.4 千米，海拔 1007.5 米。为石灰岩山，山上植被为杂木林。

坡腰山 Pōyāo Shān 在巴别乡巴别村村委会驻地西北 1.72 千米处，德合屯北面。坡腰，壮语 Boyiuh，“坡 bo”指山坡，“腰 yiuh”指鹞鹰。因该山常有鹞鹰出没，故名。长 0.8 千米，宽 0.37 千米，海拔 1051 米。为石灰岩山，山上植被为野生杂木林。

专上前山 Zhuānshàng Qiánshān 在巴别乡巴别村村委会驻地西 2.49 千米处，专上屯南面。因该山在专上屯前，故名。长 0.45 千米，宽 0.19 千米，海拔 1091.2 米。为石灰岩山，山上植被为野生杂木林。

光玉山 Guāngyù Shān 在巴别乡安宁村村委会驻地东南 0.7 千米处。因该山古时有个名光玉的人在此开荒耕种，故名。长 0.56 千米，宽 0.3 千米，海拔 1158.8 米。为石灰岩山，山上植被为野生杂木林。

帽头山 Màotóu Shān 在巴别乡安宁村村委会驻地北 0.4 千米处。帽头，壮语 Mauhgyaeuj，指古时的方巾帽。因该山山头远看像古时的方巾帽，故名。长 0.55 千米，宽 0.51 千米，海拔 1167.5 米。为石灰岩山，山上植被为杂草和野生杂木林。

兆壮山 Zhàozhuàng Shān 在巴别乡安宁村村委会驻地东 0.5 千米处。传古时有个名兆壮的人到垦荒种地时被山上的老虎咬死，故名。长 0.43 千米，宽 0.28 千米，海拔 1186.2 米。为石灰岩山，山上植被为野生杂木林。

念槽山 Niàncáo Shān 在巴别乡安宁村村委会驻地南0.85千米处，堂弄屯东面。念槽，壮语Raemxcauz，“念raemx”指水，“槽cauz”指食槽。因该山山脚有块可储水的形似食槽的石头，故名。长0.12千米，宽0.08千米，海拔1100.6米。为石灰岩山，山上植被为野生杂木林。

排崩山 Páibēng Shān 在巴别乡安宁村村委会驻地西北3.5千米处，德怀屯北面。排崩，壮语Baizbaenh，“排baiz”指排列、排行，“崩baenh”意为那边。因是村庄边的成排石山，故名。长0.17千米，宽0.14千米，海拔1148.8米。为石灰岩山，山上植被为野生杂木林。

排逢山 Páiféng Shān 在巴别乡安宁村村委会驻地东南2.15千米处，多柏屯东面。排逢，壮语Baizfungz，“排baiz”指排列、排行，“逢fungz”指人名“逢”。因该山民国时属于一个名“逢”的人，故名。长0.54千米，宽0.35千米，海拔1142.5米。为石灰岩山，山上植被为野生杂木林。

排荣成山 Páiróngchéng Shān 在巴别乡安宁村村委会驻地北偏西2.08千米处，陇正屯东北面。排荣成，壮语Baizyungzcwngz，“排baiz”指排列、排行，“荣成yungzcwngz”指人名“荣成”。因传该山以前归一个名荣成的人所有，故名。长0.69千米，宽0.31千米，海拔1140.5米。为石灰岩山，山上植被为野生杂木林。

坡庙山 Pōmiào Shān 在巴别乡安宁村村委会驻地西北2.18千米处，多留屯东面。坡庙，壮语Bomiuh，“坡bo”指山坡，“庙miuh”指寺庙。因该山山脚有寺庙，故名。长0.17千米，宽0.14千米，海拔1100.6米。为石灰岩山，山上植被为野生杂木林。

山尖山 Shānjiān Shān 在巴别乡安宁村村委会驻地西北1千米处，多六屯东面。因该山山峰尖，故名。长0.28千米，宽0.22千米，海拔1145.6米。为石灰岩山，山上植被为野生杂木林。

山林山 Shānlín Shān 在巴别乡安宁村村委会驻地南0.7千米处，堂弄屯北面。山林，壮语Byalwnz，“山bya”指石山，“林lwnz”指轮流。因该山曾设有放哨点，由村民轮流放哨，故名。长0.3千米，宽0.27千米，海拔1105.6米。为石灰岩山，山上植被为野生杂木林。

山美山 Shānměi Shān 在巴别乡安宁村村委会驻地南2.3千米处，安康屯东南面。山美，壮语Byameij，“山bya”指石山，“美meij”指美丽、好看。因该山景色秀丽，故名。长0.55千米，宽 0.5 千米，海拔 1147.5 米。为石灰岩山，山上植被为野生杂木林。

堂弄前山 Tánglòng Qiánshān 在巴别乡安宁村村委会驻地南 1 千米处，堂弄屯南面。因该山在堂弄屯前方，故名。长 0.28 千米，宽 0.16 千米，海拔 1136.9 米。为石灰岩山，山上植被为野生杂木林。

岩猪山 Yánzhū Shān 在巴别乡安宁村村委会驻地西北 2.1 千米处，多留屯东面，为田阳区和德保县界山。岩猪，壮语 Ngamzmou，“岩 ngamz”指山坳、山口，“猪 mou”同汉义，指猪。因传该山山坳过去常有野猪出没，故名。长 0.43 千米，宽 0.26 千米，海拔 1160.6 米。为石灰岩山，山上植被为野生杂木林。

发令山 Fālìng Shān 在巴别乡安宁村村委会驻地东北 0.7 千米处，陇右屯西面。发令，壮语 Fahlengq，“发 fah”意为遮挡，“令 lengq”指路过的行人。因此山高大，山上树木繁茂，树荫能遮挡往来行人，故名。长 0.5 千米，宽 0.31 千米，海拔 1109.4 米。为石灰岩山，山上植被为野生杂木林。

谷优山 Gǔyōu Shān 在巴别乡安宁村村委会驻地西 1.9 千米处，多六屯西南面。谷优，壮语 Gokyouh，“谷 gok”指稻谷，“优 youh”意为有利。因该山有泉水流出，利于山脚稻生长，故名。长 0.39 千米，宽 0.25 千米，海拔 1121.9 米。为石灰岩山，山上植被为野生杂木林。

交多加山 Jiāoduōjiā Shān 在巴别乡安宁村村委会驻地西北千米处，德怀屯南面。因该山在通往德保县多加片村（含多加上屯、多加下屯）的路旁，又是田阳和德保交界的界山，故名。长 0.26 千米，宽 0.23 千米，海拔 1120.6 米。为石灰岩山，山上植被为野生杂木林。

路班山 Lùbān Shān 在巴别乡安宁村村委会驻地西北 2.65 千米处，陇正屯北面。路班，壮语 Lohbuenq，“路 loh”指道路，“班 buenq”指半山腰。因该山山腰有一条路，故名。长 0.69 千米，宽 0.31 千米，海拔 1142.5 米。为石灰岩山，山上植被为野生杂木林。

崖红山 Yáhóng Shān 在巴别乡安宁村村委会驻地西北 1.9 千米处，陇正屯西南面，为田阳区和德保县的界山。崖红，壮语 Datnding，“崖 dat”指山崖，“红 nding”意为红色。因该山崖上呈红色，故名。长 0.54 千米，宽 0.4 千米，海拔 1133.1 米。为石灰岩山，山上植被为杂草和野生杂木林。

大吉山 Dàjí Shān 在巴别乡安宁村村委会驻地西北0.88千米处，多六屯东面。因该山形体高大，看起来吉利，故名。长0.27千米，宽0.24千米，海拔1115.6米。为石灰岩山，山上植被为杂草和野生杂木林。

多留后山 Duōliú Hòushān 在巴别乡安宁村村委会驻地西北2.4千米处，多留屯南面，为田阳区和德保县的界山。因在多留屯房舍后，山体又高又陡，故名。长0.49千米，宽0.34千米，海拔1177.80米。为石灰岩山，山上植被为野草和野生杂木林。

多平山 Duōpíng Shān 在巴别乡安宁村村委会驻地东偏北1.7千米处，陇右屯东面。多平，壮语Mbangjbingz，“多mbangj”意为部分、一些，“平bingz”指平坦。因该山中间有一点平，故名。长0.35千米，宽0.32千米，海拔1125.6米。为石灰岩山，山上植被为野草和野生杂木林。

坡松山 Pōsōng Shān 在巴别乡安宁村村委会西北2.15千米处，陇正屯西面。坡松，壮语Bosung，“坡bo”指山坡，“松sung”意为高。因该山是这一带山中较高的山，故名。长0.63千米，宽0.3千米，海拔1145.6米。为石灰岩山，山上植被为野草和野生杂木林。

排坤山 Páikūn Shān 在巴别乡安宁村村委会驻地东南1.7千米处，多柏屯南面，为田阳区和德保县的界山。排坤，壮语Baizgoemq，“排baiz”指一片、成排，“坤goemq”指遮挡。因此山杂木多，阳光被遮挡，故名。东西走向，长0.66千米，宽0.41千米，海拔115米。为石灰岩山，山上植被为野草和野生杂木林。

大山 Dà Shān 在巴别乡安宁村村委会驻地北3.4千米处，德怀屯东北面。因该山是四周最高大的石山，故名。长0.84千米，宽0.54千米，海拔1065.6米。为石灰岩山，山上植被为野草和野生杂木林。

顶雷山 Dǐngléi Shān 在巴别乡安宁村村委会驻地东南1.8千米处，多柏屯东南面。顶雷，壮语Dingjndoi，“顶dingj”指山顶，“雷ndoi”指土坡。因该山高大，半山腰下为土坡，故名。长0.29千米，宽0.25千米，海拔1031.1米。山上植被为野草和野生杂木林。

法烈山 Fǎliè Shān 在巴别乡安宁村村委会东北1.59千米处，陇右屯北面。法烈，壮语Fanjlej，指山体反照。因太阳升起时该山反光，故名。长0.37千米，宽0.33千米，海拔1097.6

米。为石灰岩山，山上植被为野草和野生杂木林。

放哨山 Fàngshào Shān 在巴别乡安宁村村委会驻地西0.2千米处。因1949年前，村民为防土匪入侵在此山头建了一个石墙房，并派人在此放哨，故名。长0.29千米，宽0.2千米，海拔1092.5米。为石灰岩山，山上植被为野草和野生杂木林。

角靠山 Jiǎokào Shān 在巴别乡安宁村村委会驻地西北1.5千米处，多六屯北面。角靠，壮语Goekgauq，“角goek”指树根、树底，“靠gauq”指樟脑树。因该山多樟脑树，当地称靠树，故名。长0.55千米，宽0.27千米，海拔1062.6米。为石灰岩山，山上植被为野草和野生杂木林。

山依山 Shānyī Shān 在巴别乡安宁村村委会驻地南1.78千米处，安康屯东面，为田阳区和德保县的界山。山依，壮语Byasaeq，“山bya”指石山，“依saeq”指比较小。因该山在安康屯前，较小，故名。长0.26千米，宽0.24千米，海拔1031.2米。为石灰岩山，山上植被为野草和野生杂木林。

争恐山 Zhēngkǒng Shān 在巴别乡安宁村村委会驻地西南1.9千米处，多眉屯东北面。争恐，壮语Cenggungj，意为恐怖。因该山离村屯较远，单人途经易害怕，故名。长0.33千米，宽0.26千米，海拔1025.9米。为石灰岩山，山上植被为野草和野生杂木林。

百林山 Bǎilín Shān 在巴别乡安宁村村委会驻地西南2.45千米处。百林，壮语Baklaemz，“百bak”意为数量多，“林laemz”指森林。因该山在多眉、大龙两村之间，山上多树木，故名。长3千米，宽2.5千米，海拔1234米。为石灰岩山，山上植被为野草和野生杂木林。

安康后山 Ānkāng Hòushān 在巴别乡安宁村村委会驻地南2.24千米处，安康屯南面。因此山在安康屯房舍后，故名。长0.61千米，宽0.55千米，海拔1221.9米。为石灰岩山，山上植被为野草和野生杂木林。

拜铭山 Bàimíng Shān 在巴别乡安宁村村委会驻地东0.36千米处，安宁屯东面。传该山从前属名为“拜铭”的人，故名。长0.46千米，宽0.37千米，海拔1215米。为石灰岩山，山上植被为野草和野生杂木林。

登班山 Dēngbān Shān 在巴别乡安宁村村委会驻地南1.6千米处，安康屯西南面。登班，壮语Daengzbanz，“登daengz”意为到达，“班banz”指盘子，意为一块平地。因该山半山腰上有一块小平地，形似大碟子，故名。长0.65千米，宽0.26千米，海拔1248.1米。为石灰岩山，山上植被为野草和野生杂木林。

丁角山 Dīngjiǎo Shān 在巴别乡安宁村村委会驻地西南1.7千米处，多六屯南面。丁角，壮语Dingjgaeu，“丁dingj”意为顶，“角gaeu”意为高、尖。因该山很高，山顶呈尖角状，故名。长0.71千米，宽0.37千米，海拔1228.8米。为石灰岩山，山上植被为野草和野生杂木林。

顶拜山 Dǐngbài Shān 在巴别乡安宁村村委会驻地西南2.5千米处，多眉屯西面。顶拜，壮语Dingjbanz，“顶dingj”指山顶，“拜banz”意为陡峭。因该山山顶较为陡峭，故名。长0.18千米，宽0.15千米，海拔1202.5米。为石灰岩山，山上植被为野草和野生杂木林。

顶者山 Dǐngzhě Shān 在巴别乡安宁村村委会驻地西1.3千米处，陇右屯南面。顶者，壮语Dingjceh，“顶dingj”指山顶，“者ceh”指堡垒、炮台等掩体，此处指山体高大成为村庄的遮挡物。因该山是屯里的最高山，故名。长0.51千米，宽0.37千米，海拔1206.9米。为石灰岩山，山上植被为野草和野生杂木林。

林龙山 Línlóng Shān 在巴别乡安宁村村委会驻地西南2.8千米处，多眉屯西面。林龙，壮语Laemzlingz，“林laemz”指树林，“龙lingz”意为最大。因该山有一大片树林，故名。长0.16千米，宽0.13千米，海拔1208.8米。为石灰岩山，山上植被为野草和野生杂木林。

陇内山 Lǒngnèi Shān 在巴别乡安宁村村委会驻地西南2.78千米处，多眉屯南面。陇内，壮语Runghndaw，“陇rungh”指弄场、石山间平地，“内ndaw”意为里面。因该山在村屯所在弄场里，故名。长0.29千米，宽0.22千米，海拔1201.2米。为石灰岩山，山上植被为野草和野生杂木林。

排灵山 Páilíng Shān 在巴别乡安宁村村委会驻地东南1.23千米处，多柏屯西北面，陇右屯南面。排灵，壮语Baizlingz，“排baiz”意为成排、成片，“灵lingz”在猴子。因该山光秃秃的，像一只石猴，故名。长0.57千米，宽0.35千米，海拔1214米。为石灰岩山，山上植被为野草和野生低矮杂木。

德六山 Déliù Shān 在巴别乡陇合村村委会驻地西北 2.4 千米处，陇南屯西北面。德六，壮语 Datlueg，“德 dat”意为陡峭，“六 lueg”指山谷。因是山谷旁陡峭的高山，故名。长 0.45 千米，宽 0.24 千米，海拔 1200 米。为石灰岩山，山上植被为野草和野生杂木林。

岜弄山 Balòng Shān 在巴别乡陇合村村委会驻地东南 1.38 千米处。岜弄，壮语 Bakrungh，“岜 bak”指山口，“弄 rungh”指弄场、石山间平地。因该山在一个弄场旁，故名。长 0.42 千米，宽 0.37 千米，海拔 1208 米。为石灰岩山，山上植被为野草和野生杂木林。

丁农山 Dīngnóng Shān 在巴别乡陇合村村委会驻地西 1.65 千米处，陇南屯东南面。又称顶农山。丁农、顶农，壮语均为 Dingjndoeng，“丁、顶 dingj”指山顶，“农 ndoeng”指树林、密林。因该山山顶上有林木，故名。长 0.42 千米，宽 0.3 千米。主峰海拔 1250.8 米，为田阳区最高山。为石灰岩山，土壤为山地岩性 T2b 三叠系板纳组黄绿、灰绿色薄层泥岩夹粉砂岩、细砂岩。植被为野生杂木林。

把信山 Bǎxìn Shān 在巴别乡陇合村村委会驻地西北 1.5 千米处，陇南屯东北面。把信，壮语 Byasoem，“把 bya”指山，“信 soem”意为尖。因此山看起来很尖，故名。长 0.3 千米，宽 0.16 千米，海拔 1150 米。为石灰岩山，山上植被为野草和野生杂木林。

班牟山 Bānmóu Shān 在巴别乡陇合村村委会驻地东北 2.3 千米处，多隆屯东南面。班牟，壮语 Baqmwnh，“班 baq”指荒山，“牟 mwnh”指黄牛发出的叫声，指代牛。因是放牛场，故名。长 0.5 千米，宽 0.3 千米，海拔 1130 米。为石灰岩山，山上植被为野草和野生杂木林。

丁补山 Dīngbǔ Shān 在巴别乡陇合村村委会驻地东北 2 千米处，陇乐屯北面。丁补，壮语 Dingjbouj，“丁 dingj”指山顶，“补 bouj”指填补、补充，这里指种植。因山顶上曾有块平坦的空地，老百姓在空地上种植树木等植物，故名。长 0.57 千米，宽 0.33 千米，海拔 1112.5 米。为石灰岩山，山上植被为野草和野生杂木林。

丁谷山 Dīnggǔ Shān 在巴别乡陇合村村委会驻地西南 1.14 千米处。丁谷，壮语 Ngamzgok，“丁 gok”指突出的山体，“谷 ngamz”指山崖。因该山山体突兀高耸，故名。长 0.71 千米，宽 0.51 千米，海拔 1112.5 米。为石灰岩山，山上植被为野草和野生杂木林。

顶崭山 Dǐngzhǎn Shān 在巴别乡陇合村村委会驻地北 0.5 千米处，陇合屯东北面。顶崭，壮语 Dingjcangq，“顶 dingj”指山顶，“崭 cangq”指灯盏。因该山山顶看起来像一盏灯，故名。长 0.63 千米，宽 0.62 千米，海拔 1153.80 米。为石灰岩山，山上植被为野草和野生杂木林。

排领山 Páilǐng Shān 在巴别乡陇合村村委会驻地南 0.74 千米处，多宽屯南面。排领，壮语 Baizlingq，“排 baiz”意为山体高，“领 lingq”意为陡峭。因该山又高又陡，故名。长 0.91 千米，宽 0.3 千米，海拔 1160 米。为石灰岩山，山上植被为野草和野生杂木林。

多龙那屋山 Duōlóngnàwū Shān 在巴别乡陇合村村委会驻地北偏东 1.47 千米处，多隆屯东北面。因在多隆屯对面，多隆与多龙同音，“那 naj”指对面，“屋 ranz”即房舍，故名。长 0.36 千米，宽 0.26 千米，海拔 1181.4 米。为石灰岩山，山上植被为野生杂木林。

叫那山 Jiàonà Shān 在巴别乡陇合村村委会驻地西 2 千米处，陇南屯西面。叫那，壮语 Geuqnaj。“叫 geuq”指山坳，“那 naj”意为对面。因曾有人在此旁种地过路人问怎么走到山对面，耕地人说沿山坳走就到了，故名。长 0.23 千米，宽 0.19 千米，海拔 1165.6 米。为石灰岩山，山上植被为野草和野生杂木林。

陇现山 Lǒngxiàn Shān 在巴别乡陇合村村委会驻地北 0.99 千米处，多陇屯西南部。陇现，壮语 Runghyienh，“陇 rungh”指峚场、石山间平地，“现 yienh”意为边缘。因这座山在峚场的边缘，故名。长 0.32 千米，宽 0.22 千米，海拔 1180 米。为石灰岩山，山上植被为野草和野生杂木林。

陇林山 Lǒnglín Shān 在巴别乡陇合村村委会驻地西北 1.15 千米处，陇南屯南面。陇林，壮语 Runghlwnz，“陇 rungh”指峚场、石山间平地，“林 lwnz”意为放牛。因该山在峚场边，山上灌木丛多而茂密，村民不敢在此山放牛，故名。长 0.36 千米，宽 0.35 千米，海拔 1150 米。为石灰岩山，山上植被为野草和野生杂木林。

岩闷山 Yánmēn Shān 在巴别乡陇合村村委会驻地东南 1.7 千米处，堂备屯东面。岩闷，壮语 Ngamzmwnz，“岩 ngamz”指山崖，“闷 mwnz”指圆形。因是个约呈圆形的石山，故名。长 0.55 千米，宽 0.37 千米，海拔 1187.5 米。为石灰岩山，山上植被为野草和野生杂木林。

安显山 Ānxiǎn Shān 在巴别乡陇合村村委会驻地西南 0.96 千米处，陇现屯西北面。安显，壮语 Ngamzyiemj，“安 ngamz”指山崖，“显 yiemj”意为危险。因从前有人在该山砍柴跌落山崖而死，人们认为该山很危险，故名。长 0.27 千米，宽 0.21 千米，海拔 1102.5 米。为石灰岩山，山上植被为野草和野生杂木林。

陇翁后山 Lǒngwēng Hòushān 在巴别乡陇合村村委会驻地北 2.4 千米处，陇翁屯西面。因此山在陇翁屯后，故名。长 0.63 千米，宽 0.28 千米，海拔 1140.6 米。为石灰岩山，山上植被为野草和野生杂木林。

陇鹰山 Lǒngyīng Shān 巴别乡陇合村村委会驻地北 2 千米处，陇翁屯南面。陇鹰，壮语 Runghyiuh，“陇 rungh”指弄场、石山间平地，“鹰 yiuh”指鹞鹰。因该山在弄场边，传山上有鹞鹰栖息，故名。长 0.36 千米，宽 0.31 千米，海拔 1187.5 米。为石灰岩山，山上植被为野草和野生杂木林。

胶山 Jiāo Shān 在巴别乡陇合村村委会驻地东北 3.4 千米处，多太屯东北面。胶，壮语 Gyauh，指橡胶。因此山上曾种有橡胶，故名。长 0.26 千米，宽 0.13 千米，海拔 1112.5 米。为石灰岩山，山上植被为野草和野生杂木林。

多太门前山 Duōtàimén Qiánshān 在巴别乡陇合村村委会驻地东南 2.5 千米处，多太屯北面。因此山正对多太屯门前，故名。长 0.54 千米，宽 0.32 千米，海拔 1177.5 米。为石灰岩山，山上植被为野草和野生杂木林。

多担山 Duōdān Shān 在巴别乡陇合村村委会驻地东南 1.5 千米处，堂备屯南面。多担，壮语 Dieghanz，“多 dieg”指某地，“担 hanz”指扁担。因该山有一片又长又直的菜地，形像扁担，故名。长 0.75 千米，宽 0.36 千米，海拔 1093.8 米。为石灰岩山，山上植被为野草和野生杂木林。

多里山 Duōlǐ Shān 在巴别乡陇合村村委会驻地东南 2.4 千米处，多熬屯东南面。多里，壮语 Dieglae，“多 dieg”指某地，“里 lae”意为流动、涌下，此处指石块滚落。因传以前该山常有石头滚落，故名。长 0.36 千米，宽 28 千米，海拔 1060 米。为石灰岩山，山上植被为野草和野生杂木林。

角谷目山 Jiǎogǔmù Shān 在巴别乡陇合村村委会驻地南 1.3 千米处，多宽屯东南面。角谷目，壮语 Goekgaeumoeg，“角 goek”指树根，“谷 gaeu”意为底部，“目 moeg”指竹子。因传村民到此山开荒时曾种了一片罗汉竹，故名。长 0.36 千米，宽 0.35 千米，海拔 1096.9 米。为石灰岩山，山上植被为野草和野生杂木林。

坡盖山 Pōgài Shān 在巴别乡陇合村村委会驻地东南 2.1 千米处，多熬屯东面。坡盖，壮语 Bogaiq，“坡 bo”指山坡，“盖 gaiq”指瓶盖。因该山山顶比山腰宽大，像瓶盖盖着瓶腰，故名。长 0.35 千米，宽 0.22 千米，海拔 1060 米。为石灰岩山，山上植被为野草和野生杂木林。

山布山 Shānbù Shān 在巴别乡陇合村村委会驻地东南 1.9 千米处，多熬屯东南面。山布，壮语 Goekmboq，指水源。因村民在山上放马经过一处水源都会在那休息喝水，故名。长 0.44 千米，宽 0.26 千米，海拔 1000 米。为石灰岩山，山上植被为野草和野生杂木林。

山泽山 Shānzé Shān 在巴别乡陇合村村委会驻地东 1.04 千米处，堂备屯北面。山泽，壮语 Byaceh，“山 bya”指山，“泽 ceh”指公社，指代以前的村部。因以前村部在此山对面，故名。长 0.48 千米，宽 0.36 千米，海拔 1044.4 米。为石灰岩山，山上植被为野草和野生杂木林。

炸志者山 Zhàzhìzhě Shān 在巴别乡陇合村村委会驻地东南 2.17 千米处，多熬屯东面。炸志者，壮语 Byaciqceh，“炸 bya”指石山，“志 ciq”意为杀害，“者 ceh”指石头围成方块形的藏身之地。因以前村民为躲避土匪的杀害抢掠，逃到此山，用石头搭建成一个个藏身的住所，故名。长 0.35 千米，宽 0.21 千米，海拔 1053.8 米。为石灰岩山，山上植被为野草和野生杂木林。

钟山 Zhōng Shān 在巴别乡陇合村村委会驻地东北 3 千米处，陇乐屯东北面。因该山形似一口大钟，故名。长 0.27 千米，宽 0.38 千米，海拔 1080 米。为石灰岩山，山上植被为野草和野生杂木林。

威龙山 Wēilóng Shān 在巴别乡陇怀村村委会驻地西南 1.43 千米处，陇现屯西面。威龙，壮语 Veihlungz，指屯名。因此山曾有一个屯名威龙，山形似一条威武的巨龙，故名。长 0.43 千米，宽 0.29 千米，海拔 1062.5 米。为石灰岩山，山上植被为野草和野生杂木林。

陇现门前山 Lǒngxiàn Ménqián Shān 在巴别乡陇怀村村委会驻地南 1.6 千米处，陇现屯南面。因该山在陇现屯前，故名。长 0.77 千米，宽 0.41 千米，海拔 1029.5 米。为石灰岩山，山上植被为野草和野生杂木林。

陇美山 Lǒngměi Shān 在巴别乡陇怀村村委会驻地东北0.65千米处，陇都屯东面。陇美，壮语Runghmeij，“陇rungh”指弄场、石山间平地，“美meij”指美女。因该山有个凹下去的弄场，传从前有个名“美”的姑娘在山上砍柴时被老虎吃掉，故名。长0.31千米，宽0.28千米，海拔1071.2米。为石灰岩山，山上植被为野草和野生杂木林。

陇衣山 Lǒngyī Shān 在巴别乡陇怀村村委会驻地东2.25千米处，陇爱屯东北面。陇衣，壮语Runghbuh，“陇rungh”指弄场、石山间平地，“衣buh”指衣服。因该山在弄场边，形似一件衣服绕着村子，故名。长0.46千米，宽0.36千米，海拔1092.5米。为石灰岩山，山上植被为野草和野生杂木林。

昔居后山 Xījū Hòushān 在巴别乡陇怀村村委会驻地东南1.34千米处，昔居屯南面。因此山在昔居屯后，故名。长0.47千米，宽0.25千米，海拔1159.4米。为石灰岩山，山上植被为野草和野生杂木林。

路畔山 Lùpàn Shān 在巴别乡陇怀村村委会驻地东南0.62千米处，陇怀屯西南面。因是在路边的山，故名。长0.43千米，宽0.37千米，海拔1128.1米。为石灰岩山，山上植被为野草和野生杂木林。

陇牙山 Lǒngyá Shān 在巴别乡陇怀村村委会驻地东1.7千米处，陇爱屯西北面。陇牙，壮语Runghngah，“陇rungh”指弄场、石山间平地，“牙ngah”指酸草树。因该山半山腰有个小弄场，且山上长有酸草树，故名。长0.63千米，宽0.31千米，海拔1133.8米。为石灰岩山，山上植被为野草和野生杂木林。

陇内山 Lǒngnèi Shān 在巴别乡陇怀村陇现屯。陇内，壮语Runghndaw，“陇rungh”指弄场、石山间平地，“内ndaw”意为里边。因该山靠里面的半山腰处与周边的山形成一个小弄场，故名。长1.24千米，宽0.35千米，海拔1172.2米。为石灰岩山，山上植被为野草和野生杂木林。

陇登加山 Lǒngdēngjiā Shān 在巴别乡陇怀村村委会驻地西南3千米处，吉朗屯东南面。陇登加，壮语Runghdaengqgyang，“陇rungh”指弄场、石山间平地，“登加daengqgyang”指小孩坐的矮板凳。因该山在弄场里，山形似小孩坐的矮板凳，故名。长0.49千米，宽0.36千米，海拔1128.8米。为石灰岩山，山上植被为野草和野生杂木林。

百陇邦山 Bǎilǒngbāng Shān 在巴别乡陇怀村村委会驻地西南 2.82 千米处，陇邦屯西面。“百 bak”指山口，因该山山口是陇邦屯，故名。长 0.54 千米，宽 0.3 千米，海拔 1137.5 米。为石灰岩山，山上植被为野草和野生杂木林。

应山 Yīng Shān 在巴别乡陇怀村村委会驻地西南 1.5 千米处，陇邦屯东北面。应，壮语 Ying，指一种像山羊的动物。因传该山曾有一种长得像山羊的动物出没，故名。长 0.36 千米，宽 0.27 千米，海拔 1157.5 米。为石灰岩山，山上植被为野草和野生杂木林。

妈江山 Mājiāng Shān 在巴别乡陇怀村村委会驻地西北 3 千米处，陇吉屯东南面。因以前有个名“妈江”的妇女在山旁开垦了一块田地，故名。长 0.40 千米，宽 0.26 千米，海拔 1140 米。为石灰岩山，山上植被为野草和野生杂木林。

甘羊山 Gānyáng Shān 在巴别乡陇怀村村委会驻地西南 0.69 千米处，陇培屯西南面。甘羊，壮语 Gamjyiengz，“甘 gamj”指岩洞，“羊 yiengz”指羊。因该山有岩洞，传从前有野山羊出没，故名。长 0.29 千米，宽 0.26 千米，海拔 1132.1 米。为石灰岩山，山上植被为野草和野生杂木林。

陇吾山 Lǒngwú Shān 在巴别乡陇怀村村委会驻地东 3 千米处，陇爱屯东南面。陇吾，壮语 Runghvueg，“陇 rungh”指弄场、石山间平地，“吾 vueg”指金刚木。因该山处弄场边，山上多金刚木，故名。长 0.31 千米，宽 0.25 千米，海拔 1146.2 米。为石灰岩山，山上植被为野草和野生杂木林。

顶陇亮山 Dǐnglǒngliàng Shān 在巴别乡陇怀村村委会驻地西南 2.4 千米处，陇邦屯东南面。顶陇亮，壮语 Dingjrunghrongh，“顶 dingj”指山顶，“陇亮 runghrongh”指某地的地名。因该山在一块名“陇亮”的土地上方，故名。长 0.33 千米，宽 0.28 千米，海拔 1079.4 米。为石灰岩山，山上植被为野草和野生杂木林。

顶泥泊山 Dǐngníbó Shān 在巴别乡陇怀村村委会驻地西南 1.9 千米处，陇邦屯东南面。顶泥泊，壮语 Dingjnaezmboq，指泉眼上的山。因此山山脚有一个泉眼，故名。长 0.69 千米，宽 0.27 千米，海拔 1038.8 米。为石灰岩山，山上植被为野草和野生杂木林。

陇荒山 Lǒnghuāng Shān 在巴别乡陇怀村村委会驻地西南 3.5 千米处，吉朗屯南面。陇荒，壮语 Runghvangh，“陇 rungh”指弄场、石山间平地，“荒 vangh”指荒芜的山。因此山位置偏僻，荒无人烟，故名。长 0.35 千米，宽 0.19 千米，海拔 1090 米。为石灰岩山，山上植被为野草和野生杂木林。

吉朗前山 Jílǎng Qiánshān 在巴别乡陇怀村村委会驻地西南 3.2 千米处，吉朗屯北面。因此山在吉朗屯前，故名。长 0.58 千米，宽 0.32 千米，海拔 1081.2 米。为石灰岩山，山上植被为野草和野生杂木林。

陇木美山 Lǒngmùměi Shān 在巴别乡陇怀村村委会驻地东北 0.54 千米处。陇木美，壮语 Runghmaexmoix，“陇 rungh”指弄场、石山间平地，“木美 maexmoix”指梅子树。因该山处弄场旁，山上曾多梅子树，故名。长 0.75 千米，宽 0.30 千米，海拔 1070 米。为石灰岩山，山上植被为野草和野生杂木林。

陇吉后山 Lǒngjí Hòushān 在巴别乡陇怀村村委会驻地西 3 千米处，陇吉屯西北面。因该山在陇吉屯后，故名。长 0.65 千米，宽 0.35 千米，海拔 1026.2 米。为石灰岩山，山上植被为野草和野生杂木林。

陇顶山 Lǒngdǐng Shān 在巴别乡陇怀村村委会西南 2.8 千米处，吉朗屯东面。陇顶，壮语 Runghdaengx，“陇 rungh”指弄场、石山间平地，“顶 daengx”意为尽头、顶点、很高。因其是弄场四周最高的石山，故名。长 0.23 千米，宽 0.17 千米，海拔 1048.1 米。为石灰岩山，山上植被为野草和野生杂木林。

桥刚山 Qiáogāng Shān 在巴别乡陇怀村村委会驻地西 2.5 千米处，陇吉屯北面。桥刚，壮语 Giuhgeng，“桥 giuh”指山轿，“刚 geng”指山冈。因该山前低后高，两旁有狭窄山谷，形似用椅子捆在杠上做成的山轿，故名。长 0.52 千米，宽 0.25 千米，海拔 1037.5 米。为石灰岩山，山上植被为野草和野生杂木林。

排大山 Páidà Shān 在巴别乡陇怀村村委会驻地北 1 千米处，都康屯西面。排大，壮语 Baizhung，“排 baiz”指成排、成片，“大 hung”意为很大。因该山山体较大，故名。长 0.37 千米，宽 0.31 千米，海拔 1087.5 米。为石灰岩山，山上植被为野草和野生杂木林。

都康后山 Dōukāng Hòushān 在巴别乡陇怀村村委会驻地北 0.9 千米处，都康屯南面。因此山在都康屯后，故名。长 0.34 千米，宽 0.2 千米，海拔 1004.4 米。为石灰岩山，山上植被为野草和野生杂木林。

叫猫山 Jiàomāo Shān　在巴别乡陇怀村村委会驻地西北 0.9 千米处，陇怀屯西北面。叫猫，壮语 Geuqmeuz，“叫 geuq”指山坳，“猫 meuz”指山猫。因山形像一只猫，故名。长 0.45 千米，宽 0.17 千米，海拔 1098.8 米。为石灰岩山，山上植被为野草和野生杂木林。

陇深山 Lǒngshēn Shān　在巴别乡陇怀村村委会驻地东南 2.2 千米处，陇合屯东北面。壮语 Runghlaeg，“陇 rungh”指弄场、石山间平地，“深 laeg”意为很深。因此山两旁都有很深的弄场，故名。长 0.25 千米，宽 0.25 千米，海拔 1037.6 米。为石灰岩山，山上植被为野草和野生杂木林。

鞍马山 Ānmǎ Shān　在巴别乡新平村村委会驻地南 1.4 千米处，甘吉屯西南面。因此山形像马鞍，故名。长 0.43 千米，宽 0.42 千米，海拔 1172.3 米。为石灰岩山，山上植被为野草和野生杂木林。

巴怀山 Bāhuái Shān　在巴别乡新平村村委会驻地东南 2.5 千米处，陇谷屯西部。巴怀，壮语 Byafai，“巴 bya”指石山，“怀 fai”指水坝。因该山高大形似横在弄场边的大坝，故名。长 0.77 千米，宽 0.42 千米，海拔 1146.9 米。为石灰岩山，山上植被为野草和野生低矮杂木。

岜望山 Bāwàng Shān　在巴别乡新平村村委会驻地南 1.16 千米处，甘吉屯西南面，弄朋屯东南面。岜望，壮语 Byafwz，意为荒凉的石山。因是座荒凉的石山，故名。长 0.62 千米，宽 0.38 千米，海拔 1112 米。为石灰岩山，山上植被为松木和野生杂木林。

排大山 Páidà Shān　在巴别乡新平村弄朋屯西面。因该山是周边一排石山中最高大的山，故名。长 0.95 千米，宽 0.33 千米，海拔 1123 米。为石灰岩山，山上植被为野草和野生杂木林。

五鬼山 Wǔguǐ Shān　在巴别乡新平村村委会驻地东南 1 千米处。五鬼，壮语 Ngogveij，“五 ngo”意为饥饿，“鬼 gveij”指鬼神。因传该山曾有吃人和动物的怪物，故名。西北—东南走向。长 0.26 千米，宽 0.55 千米，海拔 1117 米。为石灰岩山，山上植被为松木和野生杂木林。

坡松山 Pōsōng Shān　在巴别乡新平村村委会驻地西北 1.8 千米处。坡松，壮语 Bosang，“坡

bo”指山坡，“松 sang”意为高。因此山在周边是最高，故名。长 0.65 千米，宽 0.49 千米，海拔 1065 米。为石灰岩山，山上植被为野草和野生杂木林。

平江山 Píngjiāng Shān 在巴别乡新平村村委会驻地东南 3.28 千米处，陇谷屯南面。平江，壮语 Bingzgyangh，“平 bingz”意为平坦，“江 gyangh”指江河。因该山山脚是一大片平地，像是一条江，故名。长 0.46 千米，宽 0.42 千米，海拔 1086.2 米。为石灰岩山，山上植被为竹林和野生杂木林。

弩弓山 Nǔgōng Shān 在巴别乡新平村村委会驻地东南 2 千米处，陇有屯西面。弩弓，壮语 Naqgung，指一种树木。因山上多弩弓树，故名。长 0.5 千米，宽 0.4 千米，海拔 1060 米。为石灰岩山，山上植被为野草和野生杂木林。

门前山 Ménqián Shān 在巴别乡新平村村委会驻地东南 1.5 千米处，甘吉屯南面。门前，壮语 Bakdou，指门口。因该山在村庄前面，故名。长 0.32 千米，宽 0.34 千米，海拔 1014.4 米。为石灰岩山，山上植被为野草和野生杂木林。

陇问山 Lǒngwèn Shān 在巴别乡新平村村委会驻地东南 3.2 千米处，陇谷屯南面。陇问，壮语 Runghvunz，“陇 rungh”弄场、石山间平地，“问 vunz”指人。因传以前很多人在此山迷失方向，故名。长 0.9 千米，宽 0.8 千米，海拔 1043.8 米。为石灰岩山，山上植被为野草和野生杂木林。

鸡冠山 Jīguān Shān 在巴别乡新平村村委会驻地西南 1.89 千米处，弄朋屯西面。因该山形似鸡冠，故名。长 0.6 千米，宽 0.3 千米，海拔 1062.5 米。为石灰岩山，山上植被为野草和野生杂木林。

岩表山 Yánbiǎo Shān 在巴别乡新平村村委会驻地西南 1.6 千米处，弄朋屯西北面。岩表，壮语 Ngamzbeu，“岩 ngamz”指岩洞，此处意为山凹，“表 beu”是竹子的一种。因该山凹处有一片表竹林，故名。长 0.45 千米，宽 0.37 千米，海拔 1096.5 米。为石灰岩山，山上植被为野草，松木林和野生杂木林。

得地山 Dédì Shān 在新平村村委会驻地东南 2.25 千米处，弄朝屯东南面。得地，壮语 Daekdaeq，“得 daek”意为收获，得到，“地 daeq”指玉米。因村民在此山种玉米，每年都盼望有收成，故名。长 0.21 千米，宽 0.17 千米，海拔 1010.6 米。为石灰岩山，山上植被为野草和野生杂木林。

布压山 Bùyā Shān 在巴别乡新平村村委会驻地东南 1 千米处，甘吉屯西面。布压，壮语 Mboqhaz，“布 mboq”指山泉，“压 haz”指一种茅草。因此山有一口四周长满茅草的山泉，故名。长 0.45 千米，宽 0.26 千米，海拔 1043.8 米。为石灰岩山，山上植被为野草和野生杂木林。

鞍窑山 Ānyáo Shān 在巴别乡新平村村委会驻地东南 1.4 千米处，甘吉屯东北面。鞍窑，壮语 Ngamzyiuz，“鞍 ngamz”指山岩，“窑 yiuz”指窑洞。因传村民曾在此山建了一个烧瓦片的窑洞，故名。长 0.49 千米，宽 0.42 千米，海拔 1067.5 米。为石灰岩山，山上植被为野草和野生杂木林。

坡大山 Pōdà Shān 在巴别乡大录村村委会驻地东南 2.5 千米处。坡大，壮语 Boluenz，“坡 bo”指山坡，“大 luenz”意为圆形。因该山又圆又高，故名。东西走向。长 0.36 千米，宽 0.30 千米，海拔 1182.5 米。为石灰岩山，山上植被为野草和野生杂木林。

榨贤栏山 Zhàxiánlán Shān 在巴别乡大录村村委会驻地东南 2.6 千米处，多别屯东面。榨贤栏，壮语 Byahenzranz，“榨 bya”指石山，“贤 henz”意为旁边，“栏 ranz”指房舍。因是在多列屯房舍后的石山，故名。长 0.54 千米，宽 0.39 千米，海拔 1183.8 米。为石灰岩山，山上植被为野草和野生杂木林。

大朗山 Dàlǎng Shān 在巴别乡大录村村委会驻地东 3.4 千米处，大朗屯东面。因在大朗屯地界里，故名。长 1.1 千米，宽 0.54 千米，海拔 1046.2 米。为石灰岩山，山上植被为野草和野生杂木林。

德狼山 Déláng Shān 在巴别乡大录村村委会驻地西南 2.5 千米处，多眉屯西北面。德狼，壮语 Daeksangz，“德 daek”指某地，“狼 sangz”指食槽。因此山形似喂食牲口的食槽，故名。长 0.76 千米，宽 0.35 千米，海拔 1026.9 米。为石灰岩山，山上植被为野草和野生杂木林。

坡尖山 Pōjiān Shān 在巴别乡大录村村委会驻地西 2.19 千米处，岑巴屯西北面。坡尖，壮语 Bosoem，“坡 bo”指山坡，“尖 soem”指尖刀。因该山山尖像一把尖刀，故名。长 0.58 千米，宽 0.42 千米，海拔 1012.5 米。为石灰岩山，山上植被为野草和野生杂木林。

岩四山 Yánsì Shān 在巴别乡大录村村委会驻地西北 2.62 千米处，岑巴屯西北面。岩四，壮语 Ngamzseiq，“岩 ngamz”指石山，“四 seiq”意为四条。因该山有四条小路在岩口汇合，故名。长 0.47 千米，宽 0.4 千米，海拔 1001.2 米。为石灰岩山，山上植被为野草和野生杂木林。

榨肯栏山 Zhàkěnlán Shān 在巴别乡大录村村委会驻地东南 3.3 千米处，多列屯西北面。榨肯栏，壮语 Byagwnzranz，“榨 bya”指石山“肯 gwnz”意为上面，“栏 ranz”指房舍。因是在多列屯房舍后的大石山，故名。长 0.73 千米，宽 0.39 千米，海拔 1027.5 米。为石灰岩山，山上植被为野生杂木林。

榨肯栏山 Zhàkěnlán Shān 在巴别乡大录村村委会驻地东南 2.6 千米处，多别屯东面。榨肯栏，壮语 Byagwnzranz，“榨 bya”指石山，“肯 gwnz”意为上面，“栏 ranz”指房舍。因是在多别屯房舍后的大石山，故名。长 0.46 千米，宽 0.38 千米，海拔 1076.9 米。为石灰岩山，山上植被为野生杂木林。

坡盖山 Pōgài Shān 在巴别乡德爱村村委会驻地西 3 千米处，翁部屯西南面。坡盖，壮语 Mauhdaeuz，意为盖过别的山头。因此山比周围山都要高，盖过别的山，故名。东西走向。长 2 千米，宽 1 千米，海拔 1111 米。为石灰岩山，山上植被为野草和野生杂木林。

夏位山 Xiàwèi Shān 在巴别乡德爱村村委会驻地南 0.3 千米处，丁安屯东面。因从前有个名“夏位”的人在此山居住，故名。长 0.42 千米，宽 0.36 千米，海拔 1110 米。为石灰岩山，山上植被为野草和野生杂木林。

三修山 Sānxiū Shān 在巴别乡德爱村村委会驻地东南 1.73 千米处，陇站屯西面，为田阳区和德保县的界山。三修，壮语 Samfaeuz，“三 sam”指三座小山，“修 faeuz”意为连接。因此山是由三座小山连接而成，故名。长 0.68 千米，宽 0.35 千米，海拔 1130 米。为石灰岩山，山上植被为野草和野生杂木林。

者山 Zhě Shān 在巴别乡德爱村村委会驻地西北 2.5 千米处，多用屯西北面。者，壮语 Ceh，指泥箕。因群众曾为了躲避土匪抢掠，在此山用石头建了一个防御堡垒，故名。长 0.31 千米，宽 0.26 千米，海拔 1046.2 米。为石灰岩山，山上植被为野草和野生杂木林。

德心山 Déxīn Shān 在巴别乡德爱村村委会驻地西南 0.3 千米处，多柳屯西南面。德心，壮语 Daeksaenm，“德 daek”意为断，即山脊断为两节，“心 saem”意为中间。因此山高大，山脊略宽而平，分为两节，故名。长 0.5 千米，宽 0.5 千米，海拔 1070 米。为石灰岩山，山上植被为野草和野生杂木、灌木。

德心山 Déxīn Shān 在巴别乡德爱村驻地西南 1.5 千米处，德爱屯南面，为田阳区和德保县的界山。德心，壮语 daeksaem，“德 daek”意为崩落，“心 saem”意为中间。因该石山常有石头崩落，故名。长 1 千米，宽 0.3 千米，海拔 1068.8 米。为石灰岩山，山上植被为野草和野生杂木林。

登岭山 Dēnglǐng Shān 在巴别乡德爱村村委会驻地北 1 千米处，德巴屯北面。因该山山脚原有个名“登岭”的村寨，故名。长 1 千米，宽 0.5 千米，海拔 1070 米。为石灰岩山，山上植被为野草和野生杂木林。

要深山 Yàoshēn Shān 在巴别乡德爱村村委会驻地北 1 千米处，丁安屯东南面。要深，壮语 Yiuhlaeg，“要 yiuh”指鹞鹰，“深 laeg”同汉义，指从上到下距离很大。因是有鹞鹰栖息的高大石山，故名。长 0.92 千米，宽 0.38 千米，海拔 1000 米。为石灰岩山，山上植被为野草和野生杂木林。

山排女山 Shānpáinǚ Shān 在巴别乡德爱村村委会驻地西北 1 千米处，多柳屯西北面。山排女，壮语 Byabaizniq，“山 bya”指石山，“排 baiz”意为排队，“女 niq”壮语方言中指小姑娘，此处指婢女。因传民国时，有一户大户人家嫁女，陪嫁的一排排婢女路过此山脚，故名。长 0.35 千米，宽 0.17 千米，海拔 1010 米。为石灰岩山，山上植被为野草和野生杂木林。

各淘山 Gètáo Shān 在巴别乡德爱村村委会驻地东南 0.8 千米处，多柳屯东南面。各淘，壮语 Goekdauz，“各 goek”指角落，“淘 dauz”意为淘洗。因群众冲洗衣物均到此山脚的小水池冲洗，故名。长 0.36 千米，宽 0.24 千米，海拔 1070 米。为石灰岩山，山上植被为野草和野生杂木林。

顶香山 Dǐngxiāng Shān 在巴别乡德爱村村委会驻地东南 1 千米处，多柳屯东南面。顶香，壮语 Dingjyangh，“顶 dingj”意为山顶，“香 yangh”指麝香。传有能分泌麝香的野生动物在此山山顶活动，故名。长 0.51 千米，宽 0.3 千米，海拔 1080 米。为石灰岩山，山上植被为野草和野生杂木林。

德文山 Déwén Shān 在巴别乡德爱村村委会驻地东南1.5千米处，陇站屯西北面。德文，壮语Deihvwnz，“德deih”指地，“文vwnz”意为文化。因该山山顶似一支毛笔，寓意着文化，故名。长0.53千米，宽0.36千米，海拔1099.4米。为石灰岩山，山上植被为野草和野生杂木林。

大排山 Dàpái Shān 在巴别乡德爱村村委会驻地东1千米处，多柳屯东面。大排，壮语Baizlaux，“大laux”意为最大，“排baiz”指排序。因此山是柳下屯中最大的山，故名。长0.51千米，宽0.31千米，海拔1066.9米。为石灰岩山，山上植被为野草和野生杂木林。

排漠山 Páimò Shān 在巴别乡德爱村村委会驻地东南2.6千米处，多达屯南面。排漠，壮语Byamoz，“排bya”指石山，“漠moz”指黄牛。因是附近村民常放牛的石山，故名。长0.33千米，宽0.28千米，海拔1030.6米。为石灰岩山，山上植被为野草和野生杂木林。

叫甘山 Jiàogān Shān 在巴别乡德爱村村委会驻地西南2.9千米处，陇站屯东南面，为田阳区和德保县的界山。叫甘，壮语Geuqgamj，“叫geuq”指山坳，“甘gamj”指岩洞。因该石山山坳口边有岩洞，故名。长0.8千米，宽0.24千米，海拔1023.1米。为石灰岩山，山上植被为野草和野生杂木林。该山位于田阳区和德保县的界线上，为两县（区）界山。

排积山 Páijī Shān 在巴别乡德爱村村委会驻地西南2.3千米处，陇站屯东北面。排积，壮语Deihciq，“排deih”指石山，“积ciq”指一种长尾鸟。因该山多当地称“积”的长尾鸟，故名。长0.31千米，宽0.21千米，海拔1010米。为石灰岩山，山上植被为野草和野生杂木林。

大山 Dà Shān 在巴别乡德爱村村委会驻地东2.5千米处，登宁屯东南面。因该山在登宁屯的山中较为高大，故名。长0.47千米，宽0.37千米，海拔1091.2米。为石灰岩山，山上植被为野草和野生杂木林。

排三山 Páisān Shān 在巴别乡德爱村村委会驻地东北2.8千米处，多用屯东北面。排三，壮语Byasam，“排bya”指石山，“三sam”指第三个。因其是多用屯前排第三位的石山，故名。长0.41千米，宽0.3千米，海拔1052.5米。为石灰岩山，山上植被为野草和野生杂木林。

德育山 Déyù Shān 在巴别乡德爱村村委会驻地东北2.6千米处，登宁屯东北面。因传有个名陆德育的人曾在该山居住，故名。长0.6千米，宽0.34千米，海拔1060.6米。为石灰岩山，山上植被为野草和野生杂木林。

排岭 Páilǐng 在巴别乡德爱村村委会驻地东北 2 千米处，登宁屯北面。排岭，壮语 Byalingq，“排 bya”指石山，“岭 lingq”意为陡峭。因该山有一面山崖十分陡峭，故名。长 0.35 千米，宽 0.24 千米，海拔 1046.2 米。为石灰岩山，山上植被为野草和野生杂木林。

排拦山 Páilán Shān 在巴别乡德爱村村委会驻地东北 1.3 千米处，登宁屯西北面。排拦，壮语 Byalak，“排 bya”指石山，“拦 lak”意为崩塌、滚落。因此山险峻，常有石头从山上滚落将山脚的道路拦截，故名。长 0.44 千米，宽 0.33 千米，海拔 1067.7 米。为石灰岩山，山上植被为野草和野生杂木林。

德玖山 Déjiǔ Shān 在巴别乡德爱村村委会驻地西北 0.99 千米处，德巴屯西北面。德玖，壮语 Daekgouj，“德 daek”指德巴屯，“玖 gouj”指数字 9。因以德巴屯为起点按顺序排列该山为第九座山。故名。长 0.31 千米，宽 0.25 千米，海拔 1043.8 米。为石灰岩山，山上植被为野草和野生杂木林。

上堂山 Shàngtáng Shān 在巴别乡德爱村村委会驻地西南 0.34 千米处，多柳屯东北面。上堂，壮语 Gwnzdaemz，“上 gwnz”指上面，“堂 daemz”指池塘。因该山山脚有一个池塘，故名。长 0.54 千米，宽 0.35 千米，海拔 1090.6 米。为石灰岩山，山上植被为野草和野生杂木林。

叫金山 Jiàojīn Shān 在巴别乡德爱村村委会驻地北 0.7 千米处，德巴屯北面。叫金，壮语 Geuqgimz，“叫 geuq”指山坳，“金 gimz”指钳。因此山在一个山坳口形似钳子的弄场中，故名。东西走向。长 1 千米，宽 0.31 千米，海拔 1120 米。为石灰岩山，山上植被为野草和野生杂木林。

弄拆山 Lòngchāi Shān 在巴别乡德弄村村委会驻地西南 1.7 千米处，陇拆屯南面。因该山在陇拆屯南面，“弄、陇”均为壮语 rungh 的音译，指弄场、石山间平地，故名。长 0.62 千米，宽 0.33 千米，海拔 1052.5 米。为石灰岩山，山上植被为野草和野生杂木林。

大亮后山 Dàliàng Hòushān 在巴别乡德弄村村委会驻地北 1 千米处，大亮屯西面。因该山在大亮屯后，故名。长 0.43 千米，宽 0.3 千米，海拔 1013.1 米。为石灰岩山，山上植被为野草和野生杂木林。

大山 Dà Shān 在巴别乡德弄村村委会驻地北 0.67 千米处，登四屯北面。因该山是这片区域最大的山，故名。长 0.73 千米，宽 0.49 千米，海拔 1021.5 米。为石灰岩山，山上植被为野草和野生杂木林。

得太山 Détài Shān 在巴别乡德弄村村委会驻地东 1.7 千米处，登岁屯东面。得太，壮语 Daekdaiq，“得 daek”指某地，“太 daiq”指外婆，“德太”指外婆家。因很多男子曾到登岁屯娶老婆，这里成了很多人的外婆家，故名。长 0.69 千米，宽 0.33 千米，海拔 1081.2 米。为石灰岩山，山上植被为野草和野生杂木林。

甲酒山 Jiǎjiǔ Shān 在巴别乡德弄村村委会驻地东南 2 千米处，多帮屯东北面。甲酒，壮语 Gailaeuj，“甲 gai”意为卖，“酒 laeuj”指酒，意为卖好酒。因该山在多邦屯旁，村民常酿酒拿到集市上卖，故名。长 0.9 千米，宽 0.39 千米，海拔 1056.2 米。为石灰岩山，山上植被为野草和野生杂木林。

叫娃山 Jiàowā Shān 在巴别乡德弄村村委会驻地西南 1.3 千米处，德翁屯西南面。叫娃，壮语 Geuqva，“叫 geuq”指山沟，“娃 va”指小孩。因传有个女人曾在这座山上生孩子，故名。长 0.49 千米，宽 0.35 千米，海拔 1033.8 米。为石灰岩山，山上植被为野草和野生杂木林。

者山 Zhě Shān 在巴别乡德弄村村委会驻地西北 1.8 千米处，多俄屯西面。者，壮语 Ceh，是壮族地区对堡垒、炮台等掩体的称谓，此处指藏身的山洞。因村民曾在此山山洞避匪患，故名。长 0.32 千米，宽 0.28 千米，海拔 1027.5 米。为石灰岩山，山上植被为野阜和野生杂木林。

德绿山 Délǜ Shān 在巴别乡德安村村委会驻地西北 3 千米处，德良屯东北面。德绿，壮语 Daekloeg，指绿油油的地方。因该山杂草丛生，望去绿油油一片，故名。长 0.4 千米，宽 0.3 千米，海拔 1023 米。为石灰岩山，山上植被为野草和野生杂木林。

登谷山 Dēnggǔ Shān 在巴别乡德安村村委会驻地西南 0.85 千米处，德麻屯南面。登谷，壮语 Gutdingz，“登 dingz”指山顶上，“谷 gut”意为弯曲。因该山山顶弯曲延伸，故名。长 0.82 千米，宽 0.28 千米，海拔 1014.4 米。为石灰岩山，山上植被为野草和野生杂木林。

公丈山 Gōngzhàng Shān 在巴别乡德安村村委会驻地北 2.96 千米处，东来屯北面。公丈，壮语 Goengcangh，“公 goeng”指对男性的尊称，“丈 cangh”指工匠或有本领、令人尊敬的人。因传曾有一个德高望重的人在这里居住，人们称他为“公丈”，故名。长 0.46 千米，宽 0.32 千米，海拔 1016.2 米。为石灰岩山，山上植被为野草和野生杂木林。

叫胡山 Jiàohú Shān 在巴别乡三坡村村委会驻地西北 4.15 千米处，多无屯西北面。叫胡，壮语 Geuqhuk，“叫 geuq”指山坳，“胡 huk”指多无屯。因此山在三坡村多无屯旁，故名。长 0.76 千米，宽 0.43 千米，海拔 1056.2 米。为石灰岩山，山上植被为野草和野生杂木林。

山牛山 Shānniú Shān 在巴别乡三坡村村委会驻地西北 2.5 千米处，多料屯西北面。山牛，壮语 Byamoz，“山 bya”指石山，“牛 moz”指黄牛。因村民曾在此山放牛，故名。长 0.63 千米，宽 0.27 千米，海拔 1003.8 米。为石灰岩山，山上植被为野草和野生杂木林。

山嫩山 Shānnèn Shān 在巴别乡三坡村村委会驻地西北 3 千米处，多料屯北面。山嫩，壮语 Byanomj，“山 bya”指石山，“嫩 nomj”意为幼嫩、年轻、长不大。因此山比周围的山坡低，故名。长 0.27 千米，宽 0.25 千米，海拔 1003.8 米。为石灰岩山，山上植被为野草和野生杂木林。

三角架山 Sānjiǎojià Shān 在巴别乡三坡村村委会驻地东南 0.8 千米处，三坡屯东南面。三角形架子，壮语 Samgozgya，指航标的形状。因以前此山地势高，民国时曾在此山立有三角形架子作航标，故名。长 0.35 千米，宽 0.26 千米，海拔 1018.8 米。为石灰岩山，山上植被为野草和野生杂木林。

坡索山 Pōsuǒ Shān 在巴别乡三坡村村委会驻地西北 1 千米处，三坡屯西北面。坡索，壮语 Bosog，“坡 bo”指山坡，“索 sog”指泡桐树。因该山有泡桐树，故名。长 0.33 千米，宽 0.27 千米，海拔 1041.2 米。为石灰岩山，山上植被为野草和野生杂木林。

坡岁山 Pōsuì Shān 在巴别乡三坡村村委会驻地西北 0.9 千米处，三坡屯西北面。坡岁，壮语 Bosuenq，“坡 bo”指山坡，“岁 suenq”指大蒜。因传曾有位老人在此山种蒜，故名。长 0.33 千米，宽 0.27 千米，海拔 1041.2 米。为石灰岩山，山上植被为野草和野生杂木林。

排鹰山 Páiyīng Shān 在巴别乡三坡村村委会驻地西北 2.8 千米处，多料屯西北面。排鹰，壮语 Baizraemx，“排 baiz”意为排泄，“鹰 raemx”指蓄水塘。因该山有一个蓄水塘，故名。长 0.75 千米，宽 0.53 千米，海拔 1080.6 米。为石灰岩山，山上植被为野草和野生杂木林。

排翁卖山 Páiwēngmài Shān 在巴别乡三坡村村委会驻地西北 3 千米处，三多屯北面。排翁卖，壮语 Byagungjgai，“排 bya”指石山，“翁 gungj”指老人，“卖 gai”指卖柴。因该石山原来有一老翁以卖柴为生，故名。长 0.57 千米，宽 0.32 千米，海拔 1041.2 米。为石灰岩山，山上植被为野草和野生杂木林。

排拿山 Páiná Shān 在巴别乡三坡村村委会驻地西北 4 千米处，多令屯东北面。排拿，壮语 Baiznaj，“排 baiz”指一片山，“拿 naj”意为前面。因此山在多令屯前，故名。长 0.66 千米，宽 0.37 千米，海拔 1062.5 米。为石灰岩山，山上植被为野草和野生杂木林。

叫门石山 Jiàoménshí Shān 在巴别乡三坡村村委会驻地东南 1.26 千米处，多寿屯东面。叫门石，壮语 Geuqdourin，“叫 geuq”指山坳，“门石 dourin”指石门。因此山曾天然生成一个石门，故名。长 0.41 千米，宽 0.27 千米，海拔 1015.8 米。为石灰岩山，山上植被为野草和野生杂木林。

更对山 Gēngduì Shān 在巴别乡三坡村村委会驻地东南 2.14 千米处，多班屯南面。更对，壮语 Gengdoiq，“更 geng”指山冈，“对 doiq”指竹子。因该山山冈上多竹子，故名。长 0.22 千米，宽 0.14 千米，海拔 1008.1 米。为石灰岩山，山上植被为野草、竹子和野生杂木。

得布山 Débù Shān 在巴别乡三坡村村委会驻地东南 0.9 千米处，多寿屯西面。因此山旁曾有个村寨名得布屯，故名。长 0.44 千米，宽 0.24 千米，海拔 1016.9 米。为石灰岩山，山上植被为野草和野生杂木林。

布牙山 Bùyá Shān 在巴别乡三坡村村委会驻地东南 1.36 千米处，多班屯西北面。布牙，壮语 Boraz，“布 bo”指山坡，“牙 raz”指芝麻。因有人曾在此山种植芝麻，故名。长 0.29 千米，宽 0.21 千米，海拔 1018.8 米。为石灰岩山，山上植被为野草和野生杂木林。

卜星山 Bǔxīng Shān 在巴别乡三坡村村委会驻地西 0.5 千米处，三坡屯西南面。卜星，壮语 Boeksing，“卜 boek”意为翻跟斗，“星 sing”指天上的星星。因此山是屯里最大、最高的山，人称翻个跟斗就可以摘到星星，故名。长 0.42 千米，宽 0.27 千米，海拔 1012.5 米。为石灰岩山，山上植被为野草和野生杂木林。

排邦山 Páibāng Shān 在巴别乡三坡村村委会驻地西 0.4 千米处。因以前有一个名排邦的人先到此地，占有该山，故名。长 0.39 千米，宽 0.27 千米，海拔 1088 米。为石灰岩山，山上植被为野草和野生杂木林。

天阳岭 Tiānyáng Lǐng 在巴别乡三坡村村委会驻地东南 0.6 千米处。因该山过去在天保县（今德保县）和田阳县（今田阳区）交界处，取天保、田阳各一字得名。长 0.41 千米，宽 0.36 千米，海拔 1016.2 米。为石灰岩山，山上植被为野草和野生杂木林。

洞穴

感云洞 Gǎnyún Dòng 为石灰岩溶洞。在坡洪镇西部，古美村天马山腰。传古时龙女下凡到古美，和一位名感云的书生结为夫妻，感云赴京考试，龙王闻之大怒，令天兵天将用山镇住龙女。感云中状元归来，不见龙女，捧着她送的一双鞋，满山遍野寻找，最后悲愤至极，死于洞中，故名。长 1 千米。洞内分 6 个洞室。与镇龙女之山（称望夫山）各有一泉水流出，汇成古眉河，传这是龙女和感云泪水流成的河。中华人民共和国成立前，当地人用天然的清泉制成古眉酱销售到海外。有小路通达岩洞口。

母娘洞 Mǔniáng Dòng 又称母娘岩。为石灰岩溶洞。在百育镇六联村那贯屯北 600 米处的敢壮山上。传是布洛陀与母勒甲降凡后，在这里生儿育女而居住的岩洞，故名。面积 750 平方米。长 500 米，宽 1.5 米，洞前高 4 米。海拔 200 米。该洞前有草坪，后有连洞，正堂两边有两个山洞通到后山。传布洛陀与母勒甲的孩子都在该洞出生，因此被奉为壮族先民的发祥地，后人在岩洞塑起母勒甲母娘和布洛陀祖公的神像，每年农历二月十九至三月初九，以及农历六月十九、九月十九，人们都从四面八方赶来敢壮山烧香拜神，诵念祖公创世经文，纪念布洛陀祖公和勒甲母娘。后来，布洛陀神像搬出另建祖公庙。此洞只有母娘神像。有小路可通达岩洞口。

敢怀洞 Gǎnhuái Dòng 石灰岩溶洞。在洞靖镇东南部，百林村村委会驻地东南 2.25 千米处的敢怀山上。敢怀，壮语 Gamjvaiz，“敢 gamj”指岩洞，“怀 vaiz”指水牛。因从前为防土匪盗窃耕牛，把牛藏到该洞，故名。面积 1000 平方米。长 25 米，宽 20 米，高 8 米。海拔 807 米。洞中有围墙遗址。洞口坐东向西，背靠大石山，山底是一片开阔地，洞口竹林遮掩，有利于革命活动。民国二十五年（1936）9 月，中共田阳县党支部在此成立，由许光担任支部书记，负责领导田阳全县革命工作。并多次在此召开支部会，开展党的地下工作，并继续发展党员，壮大党组织，开展抗日救国宣传，组织抗日武装队伍，开展各种抗日救亡活动，等等。有小路可通达岩洞口。

凉洞岩 Liángdòng Yán 喀斯特溶洞。在洞靖镇靖安村。因洞中有深水潭，洞内清凉，故名。长 100 余米，宽 10 余米，高数十米，洞中有洞。洞内有深水潭，为活旺河源头，传为“仙女池”，水深清且碧，有不知名奇鱼，拇指大小，通体透明，可见五脏六腑。溶洞顶上有钟乳石。1988 年辟为游览景点。

陆地水系

河流

右江 Yòu Jiāng 郁江干流上游河段。在广西壮族自治区西部，流经田阳区境中部。源头是云南省达良河、沱沱河，向东流进广西西林县后称驮娘江，至田林县八渡瑶族乡合塘村附近复入云南省境，至富宁县剥隘镇再折入广西境，在百色市右江区纳澄碧河后始称右江，经百色市右江区、田阳区、田东县、平果市及南宁市隆安县等，至南宁市江西镇宋村左江汇合止。因在邕江上游右方而得名。于那坡镇东红村流入田阳区境，向东流经头塘镇、田州镇、百育镇、那满镇，于那满镇治塘村出田阳区境后入田东县境。源头至南宁宋村段干流长 755 千米，其中，田阳区境内干流长 71 千米，宽 100 ～ 300 米。流域面积 2237.65 平方千米，落差 19.9 米，坡降 0.28‰。年平均径流量 85.88 亿立方米，田阳辖域内汇入右江的径流量 89170 万立方米，径流深 398.5 毫米。田阳区辖域内的主要一级支流有田州河、那音河、驮烈河、响水河、活旺河。沿线建有那吉航运枢纽工程、那坡大桥、右江大桥、东江渡口、六联码头、那满大桥等。田阳区辖域内的河道可通航 500 ～ 1000 吨级船舶。

右江环绕田阳城区

田州河 Tiánzhōu Hé 又称百东河。右江左岸一级支流。在区境西北部。因该河流经田州，故名。发源于凌云县沙里瑶族乡，自源头至河池市巴马瑶族自治县所略乡局桑村后进入田阳区境，流经玉凤镇那江、百甲、坡旺、坤平、甫里等村，西流经马鞍岭北进入百色市右江区，在百东河水库库尾再折回田阳区境，于头塘镇百沙村右岸纳磺桑江（通常百沙村以上河段称百东河，以下河段称田州河），经头塘镇百坡村、百里村，田州镇那塘村、三雷村，于三雷村河口屯注入右江。干流长 131 千米，田阳区境内干流 88.7 千米，宽 10 ～ 30 米。总流域面积 1299 平方千米，田阳区境内流域面积 534.1 平方千米。年平均径流量 5.79 亿立方米。主要支流有磺桑江。沿线建有百东河水库及其坝后水电站 1 座，还建有坤平水文站、敢壮大桥、田州大桥等。

那音河 Nàyīn Hé 右江一级支流。在区境南部。因在那音村汇入右江，故名。发源于德保县境，是地下河与地表河相间的河流。自德保县隆桑镇向北流，进入田阳区五村镇，潜入地下后又露出地表，经坡洪镇局盛村又潜入地下，在那坡镇弄坡村内坡屯涌出，至那音村坡坡落纳扁村河后汇入右江，习惯上称坡洪镇以上河段为惠洞河、以下河段为那音河。全流域面积 296.1 平方千米，其中田阳区境内流域面积 281 平方千米。河长 58.9 千米，干流坡降 2.69‰。年平均径流量 13325 万立方米。主要支流有扁村河。沿线于民国三十年（1941）建成那坡灌溉工程；1958 年在上游建成总容 1942 万立方米的惠洞水库，还建有小水电站 9 处装机 9 台，总容量 478.3 千瓦；1960 年 4 月在那音河下游建成总库容 1813 万立方米的那音水库，并于 1978—1989 年先后建成一级、二级小水电站，装机 5 台，总容量 920 千瓦。

扁村河 Biǎncūn Hé 那音河支流。在区境西南部。因其为地下河与地表河相间的河流，在扁村涌出地表，故名。发源于德保县那甲镇，向北流经定六村后入田阳区坡洪镇新景村，流经坡洪镇新建村、古美村、五合村、兴达村，在兴达村陇祥屯潜入地下，以上河段习惯称古美河，至洞靖镇扁村流出地表后称扁村河，流经那坡镇弄初村、弄山村，于那音村坡落屯汇入那音河。干流长 62 千米，其中田阳区境内干流长 40 千米，宽 10 ～ 20 米。全流域面积 158.1 平方千米，其中田阳区境内流域面积 146.5 平方千米。年平均径流量 7115 万立方米。坡降 12.8‰，落差 380.2 米，已利用落差 42 米，水能理论蕴藏量 9538 千瓦。沿线于 1971 年在上游古美河段建成兴达水库，在下游扁村河段建有小水电站 2 处、引水工程 9 处。

驮烈河 Tuóliè Hé 右江一级支流。在那满镇东北部。驮烈，壮语 Dahlieb，“驮 dah”指河流，“烈 lieb”意为破出、露出。因是由地下河露出地表后形成的河流，故名。发源于那满镇新立村指挥屯，经新立村、大成村汇入右江。河长 6.6 千米，坡降 5.4‰，落差 35 米。地表流域面积 156 平方千米。年平均径流量 12186 万立方米（含地下河径流量）。沿河于 1960 年在下游建成驮烈引水工程 1 处、水轮泵站 1 处。

响水河 Xiǎngshuǐ Hé 右江一级支流。在那满镇东部。因地表河出口处比右江高 18.6 米，洪水季节，河水倾泻而下，形成瀑布，声若雷鸣，传数里外，故名。发源于田东县布兵镇模范村布红山石洞，为地下河流出地表后形成的河流，自南向北流，经田东县布兵镇保利村、模范村后进入田阳区那满镇治塘村注入右江。河长 9 千米，其中田阳境内河段长 2 千米。地表流域面积 34.7 平方千米，其中田阳区境内流域面积 77 平方千米。年平均径流量 1562 万立方米。沿河于 1952 年建成响水引水工程 1 座，1966 年建成响水电灌站。

玉凤河 Yùfèng Hé 红水河右岸一级支流灵岐河（或称灵奇河、良岐河）田阳区河段。在玉凤镇东部。因流经玉凤镇而得名。发源于河池市巴马瑶族自治县那社乡，经所略乡甲略村集贤屯进入田阳区玉凤镇巴庙村那床屯，流经玉凤镇华彰村、玉凤村、岭平村、长高村后进入田东县，流经玉凤镇境内的河段称为玉凤河，而灵岐河经玉凤镇入田东县境后再折入巴马瑶族自治县，并于大化瑶族自治县羌圩乡汇入红水河。长 27.5 千米，宽 10 ～ 30 米，流域面积 155.2 平方千米，年平均径流量 6948 立方米，坡降 5.3‰，落差 200.8 米，可利用落差 148 米，河床窄，落差大，滩多水急。沿河建有玉凤水电站、玉凤水文站及引水工程 24 处、机灌工程 18 处、水轮泵站 3 处。

磺桑江 Huángsāng Jiāng 田州河一级支流。在头塘镇西北部。磺桑，壮语 Vuenghsang，“磺 vuengh”意为势头猛烈，“桑 sang”指高大。因该河洪水来时凶猛可怕，故名。发源于凌云县沙里瑶族乡的弄雅、弄哄、六腊之间的群山中，于百色市右江区龙川镇那银村、四塘镇百兰村几条小河汇入后，称磺桑江。于右江区四塘镇六合村那特屯入田阳区境，流经头塘镇的新山村、百沙村，于百沙村那徐屯汇入百东河。总长 68.8 千米，全流域面积 459 平方千米，其中田阳区境内河段长 10 千米，流域面积 20.5 平方千米。最大洪峰流量 1140 米^3/ 秒（1967 年 8 月 6 日），最枯流量 0.19 米^3/ 秒。年平均径流量 2.07 亿立方米。沿线于 1954 年 5 月建成磺桑江引水工程，还建有电灌工程 13 处，装机 14 台，总功率 392 千瓦，抽渠道水灌溉高田。

活旺河 Huówàng Hé 右江一级支流福禄河的上段。在洞靖镇西部。因该河主要流经活旺村，故名。发源于德保县东凌镇高国村，潜入地下后于田阳区洞靖镇那峨村流出地表，经活旺村，

活旺河风光

流入右江区大楞乡。田阳区境内河长 22.7 千米，宽 10 ～ 30 米，坡降 6.7‰，落差 152.1 米，可利用落差 148 米。流域面积 119 平方千米，年平均径流量 31100 万立方米。沿河建有小水电站 7 处、机灌工程 13 处、电灌工程 4 处、水轮泵站 1 处、山塘 10 处。

河岛、洲、瀑布

东慕岛 Dōngmù Dǎo　又称东务洲。在田州镇隆平村村委会驻地南 0.5 千米处的右江中。东慕、东务，含义有两说，一说为壮语 Doenghmu 的音译转写，“东 doengh”指地块，“慕、务 mu”指芦苇，因该岛曾长满一丛丛芦苇，故名；一说为壮语 Doenghmoj 的音译转写，“东 doengh”指沙洲，“慕、务 moj”意为隆起、凸起，因是在右江中凸起的沙洲岛，故名。面积 1.8 平方千米。近陆距离 80 米。相对高程 30 米。土壤为冲积土。岛上主要建筑有玉皇阁。是隆平村所辖马巷、平街、顺隆、牌楼、四芽等自然村的耕地。主种玉米、花生、芒果、西红柿。建有东慕岛公路连通岛上及河岸陆地。

东慕岛风光

秣马沙洲 Mòmǎ Shāzhōu　在田州镇凤马村村委会驻地南 0.52 千米处的右江中。因该沙洲与秣马屯隔江相望，属秣马屯，故名。面积 0.17 平方千米。近陆距离 60 米。相对高程 30 米。土壤为冲积土。植被覆盖率 80%。均为耕地，主种香蕉、西红柿。

右江中的秣马沙洲

万平沙洲 Wànpíng Shāzhōu 在那坡镇万平村村委会驻地东南 0.75 千米处的右江中。因该沙洲与万平村隔江相望，属万平村，故名。面积 0.15 平方千米。近陆距离 100 米。相对高程 30 米。土壤为冲积土。植被覆盖率 80%。均为耕地，主种香蕉、甘蔗、西红柿等。

驮亮沙洲 Tuóliàng Shāzhōu 在那坡镇六合村村委会驻地西 2 千米处的右江中。因该沙洲岛与六合村驮亮屯隔江相望，故名。面积 0.2 平方千米。近陆距离 100 米。相对高程 30 米。土壤为冲积土。植被覆盖率 75%。均为耕地，主种香蕉、西红柿。有小路连通河对岸。

响水瀑布 Xiǎngshuǐ Pùbù 在那满镇治塘村村委会驻地东南 2.6 千米处。由响水河与右江地势落差而自然形成。最大落差 18.6 米，最大宽度 10 米。上游水源为响水河。因响水河出口处比右江高 18.6 米，洪水季节，河水倾泻而下，形成瀑布，声若雷鸣，传数里外，故名。

拼音索引

an
安二 352
安怀 291
安康 372
安康后山 477
安楼 65
鞍马山 486
安内 345
安宁 369
安宁村 369
安上 317
安外 345
安下 318
安显山 480
安一 352
鞍窑山 488
ang
盎淋新屯 48
盎六 128
ao
凹地 168
凹坊山 469
凹令 151
ba
巴别村 343
巴别—三坡公路 388
巴别圩 344
巴别乡 341
巴帝 283
八冬 69
巴刚 95
巴汉 114
巴怀 43
巴怀山 486
巴甲 277
巴郎 170
巴朗 219
巴朗桥 412
巴浪村 276
巴利 359
巴僚 179
巴令 219
巴令桥 412
巴陋 293
巴律 88
巴麦 333
巴忙 281
巴庙 216
巴庙村 216
巴庙二桥 413
巴庙一桥 412
巴明 256
巴某村 292
巴弄 294
岜弄山 479
巴盆 103
巴生（坡洪镇朝马村） 134
巴生（五村镇巴某村） 293
巴时 214
巴桃 220
巴旺（坡洪镇古美村） 103
巴旺（洞靖镇活旺村） 333
岜望山 486
把信山 479
巴烟 320
巴造 219
巴州 53
巴州安置点 55
bai
百安 345
百布 345
百昌 179
百朝（田州镇三雷村） 28
百朝（五村镇百谷村） 297
百登 58
百东河大桥 404
百东河二号双线特大桥 414
百东河干渠 424

百东河水库 423
百东路 400
百东南路 399
百懂 203
百懂大桥 414
百发 117
百峰村 66
百峰互通立交桥 406
百峰林场大桥 407
百峰林场中桥 407
百峰乡 38
百峰圩 66
百峰右江大桥 406
百敢 309
百敢村 150
百谷（五村镇百谷村） 296
百谷（洞靖镇活旺村） 333
百谷村 294
百关 207
百国 87
百果 250
百合村 116
百荷旧屯 241
百荷新屯 241
百斛 243
百甲 229
百甲村 229
百叫（坡洪镇坡丹村） 82
百叫（坡洪镇陇含村） 92
百叫（坡洪镇新洞村） 115
百堪 246
百赖 307
百乐 200
百里 203
百里村 250
百里桥 414
百力 231
百林 310
百林村 310
百林山 477
百灵 180
百陇邦山 484
百鸾 181
百迈 101
百慢（那坡镇六合村） 52
百慢（百育镇六联村） 194
百庙 202
百民村 228
百坡村 248
百琴 168
百洒 336
百色巴马机场 392
百色大道 392
百色港田阳港区二塘作业区 376
百色机场公路 385
百色市田阳区巴别乡卫生院 457
百色市田阳区巴别乡中心小学 457
百色市田阳区百育镇卫生院 453
百色市田阳区百育镇中心小学 453
百色市田阳区博物馆 442
百色市田阳区初级中学 450
百色市田阳区第八小学 447
百色市田阳区第二小学 445
百色市田阳区第九小学 447
百色市田阳区第六小学 446
百色市田阳区第七小学 446
百色市田阳区第三初级中学 444
百色市田阳区第三小学 445
百色市田阳区第十小学 447
百色市田阳区第十一小学 447
百色市田阳区第四初级中学 444
百色市田阳区第四小学 445
百色市田阳区第五初级中学 454
百色市田阳区第五小学 445
百色市田阳区第一小学 444
百色市田阳区洞靖镇桥业小学 456
百色市田阳区洞靖镇卫生院 457
百色市田阳区洞靖镇中心小学 456
百色市田阳区妇幼保健院 449
百色市田阳区革命烈士纪念陵园 426
百色市田阳区民族高级中学 443

百色市田阳区民族中学 443
百色市田阳区那满镇露美小学 453
百色市田阳区那满镇中心卫生院 453
百色市田阳区那满镇中心小学 452
百色市田阳区那坡镇百峰小学 451
百色市田阳区那坡镇中心卫生院 451
百色市田阳区那坡镇中心小学 451
百色市田阳区南山实验小学 448
百色市田阳区坡洪镇坡洪中心小学 451
百色市田阳区坡洪镇琴华中心小学 452
百色市田阳区坡洪镇中心卫生院 452
百色市田阳区人民医院 448
百色市田阳区实验中学 443
百色市田阳区特殊教育学校 448
百色市田阳区田阳高中 442
百色市田阳区田州镇卫生院 450
百色市田阳区头塘镇卫生院 455
百色市田阳区头塘镇中心小学 455
百色市田阳区五村镇雷圩小学 455
百色市田阳区五村镇中心卫生院 456
百色市田阳区五村镇中心小学 455
百色市田阳区玉凤镇中心卫生院 454
百色市田阳区玉凤镇中心小学 454
百色市田阳区中医医院 449
百色新山铝产业示范园 374
百沙 224
百沙村 245
百沙桥 414
百社 228
百武 248
百务 97
百务—百林公路 382
百务收费站 389
百务隧道 417
百香 150
百徐 201
百牙（洞靖镇扁村） 314
百牙（洞靖镇活旺村） 334
百雅 229
百岩 74
百耀 203
百勇村 306
百育 179
百育村 178
百育—敢壮山公路 386
百育—科技园区公路 386
百育—那满公路 379
百育水库 422
百育新街 178
百育镇 176
百宙 272
百宙村 271
拜铭山 477
ban
班除 59
班贯 307
班六 216
班伞山 479
板老山 459
板斜山 466
半巴山 470
半谷山 473
bao
宝美村 48
宝市 158
bei
北府庙 427
贝更 136
贝上 135
贝下 135
beng
崩提 136
bi
笔号 134
碧桂豪庭小区 7
bian
蝙蝠洞石刻 431

扁村 314
扁村河 499
扁桃路 400
biao
表内 319
表外 319
bin
滨江小区 6
bo
博爱街 399
bu
卜多 171
卜星山 495
布爱 337
布爱山 472
布本 317
布查山 464
布呈 84
布定山 459
布尖 303
布块 260
布兰山 470
布露 157
布洛陀大道 395
布洛陀文化中心广场 439
布青 170
布洒 335
布沙 153
布完 128
布压山 488
布牙山 495
布奄 85
布砚 195
布羊 332
布尧 85
布益 330
布直 303
cen
岑巴 359
岑金 325
岑练 357
岑那 359
岑任 346
岑石 344
cha
茶灯 138
chang
常安路 401
常安社区 10
常红 75
长高村 209
长沙 34
chao
朝马（田州镇红康社区） 16
朝马（那坡镇宝美村） 51
朝马（坡洪镇朝马村） 132
朝马村 132
cheng
城旺 128
城厢 35
chi
池琴 65
chong
冲口 68
憧舍 193
崇正书院 428
chou
稠烟大桥 407
da
达巴 260
达巴村 259
达里（那坡镇那音村） 69
达里（坡洪镇兴达村） 99
达立 271
达吝 258
达龙 260
达落 283
达蓬上屯 304
达蓬中屯 304
达数 327
达押 313
大安 270
大熬 323
大帮 302
大毕 282
大毕山 459
大边 271
大卜 286
大侧 287
大层 286
大成 148
大成村 148
大出 284
大初 329
大船 267
大道 105

大德（坡洪镇新建村） 104
大德（洞靖镇德乐村） 325
大斗 326
大端 263
大娥上屯 262
大娥下屯 262
大甫 264
大贡 318
大管 257
大还 317
大合 261
大化—五村公路 379
大吉山 476
大架 341
大架村 338
大剪 267
大江 361
大将 279
大坤 263
大兰 266
大朗 358
大朗山 488
大浪 296
大楞 270
大力（五村镇定夜村） 281
大力（五村镇雷圩村） 285
大立 256
大连 326
大良 329
大亮（五村镇五村） 256
大亮（洞靖镇弄岩村） 302
大亮（巴别乡德弄村） 355
大亮后山 492
大列 274
大列村 274
大林（五村镇大言村） 265
大林（洞靖镇大架村） 339
大令 363
大龙 370
大楼 272
大录 358
大录村 358
大路（五村镇大路村） 268
大路（五村镇康华村） 282
大路（洞靖镇弄岩村） 302
大路村 267
大绿 258
大麦 303
大盟 263
大命 311
大内 281
大嫩 277
大能 322
大能村 322
大浓 262
大排山 491
大派 323
大平 201
大勤 261
大若（五村镇陇华村） 262
大若（五村镇巴浪村） 277
大色 101
大山（巴别乡安宁村） 476
大山（巴别乡德爱村） 491
大山（巴别乡德弄村） 492
大吞 267
大外 257
大旺 268
大伟 322
大伟山 470
大文 340
大文布 299
大问 360
大问村 360
大信（五村镇百宙村） 273
大信（洞靖镇桥业村） 318
大言村 263
大雁 258
大益 323
大音 338
大永 286
大酉 275
大元 353
大远 278
大增 277
dang
当斗山 461
de
得布山 495
得地山 487
得太山 493
德爱 356
德爱村 355
德安村 350
德巴 356
德灯 336

德合 347
德怀 371
德玖山 492
德狼山 488
德乐（田州镇红康社区） 16
德乐（洞靖镇德乐村） 325
德乐村 325
德良 352
德林 351
德六山 479
德录 347
德绿山 493
德麻 351
德莫 351
德弄村 353
德荣 348
德文山 491
德翁 354
德心山（巴别乡德爱村） 489
德心山（巴别乡德爱村） 490
德崖山 465
德仰 354
德宜 336
德育山 491
德云山 459
deng
灯塔 336
登班山 478
登帮 368
登的 107
登更 320
登贡 50
登谷山 493
登叫 110
登朗上屯 324
登朗下屯 324
登雷山 470
登利 352
登岭山 490
登宁 357
登思山 471
登四 354
登岁 355
登腰胺马山 470
登应 107
登有 362
邓屋 62
ding
丁安 357
丁补山 479
丁淡 303
丁凳山 461
丁谷山 479
丁角山 478
丁农山 479
丁坡（洞靖镇叮叭村） 337
丁坡（巴别乡德安村） 351
叮叭 338
叮叭村 337
顶拜山 478
顶雷山 476
顶陇亮山 484
顶泥泊山 484
顶香山 490
顶崭山 479
顶者山 478
定恩 259
定贯上屯 22
定贯下屯 23
定吉 351
定律村 34
定律廉租房小区 7
定律上屯 35
定律下屯 35
定律中屯 35
定弄 65
定师 83
定夜村 280
dong
东帮 196
东包 32
东茶 203
东城 75
东二 208
东干 179
东弓 149
东贯 213
东红 77
东红村 77
东江村 29
东江上屯 30
东江下屯 31
东江新屯 31
东来 351
东令 221
东六 204

东梅 295
东美 102
东明 72
东慕岛 501
东那 338
东内 146
东平 194
东桥 358
东色 147
东沙 246
东省 340
东旺村 31
东尾 33
东位 31
东下 309
东下新屯 309
东一 208
懂立村 204
懂立水库 422
懂立—朔柳公路 386
峒忙 186
洞靖 300
洞靖街 299
洞靖镇 297
洞楼 115
洞琴 283
洞印村 78
洞印上屯 78
洞印下屯 78
洞印中屯 78
du
都爱山 466
都康 365
都康后山 485
独山 465
肚因 278
度立 20
渡口 66
duo
多熬 369
多柏 371
多班 350
多邦 355
多别 358
多达 357
多担山 481
多俄 354
多感 335
多感村 334
多吉 346
多敬 350
多宽 368
多朗 349
多乐 348
多里山 481
多亮 335
多料 349
多列 359
多令 350
多留 371
多留后山 476
多柳 355
多六 370
多龙那屋山 480
多隆 368
多眉（巴别乡大录村） 359
多眉（巴别乡安宁村） 370
多敏 347
多平山 476
多曲 349
多荣 352
多寿 349
多太 366
多太门前山 481
多无 349
多用 357
en
恩阳县苏维埃政府旧址 430
er
二塘安置点 56
二塘村 241
二塘街 242
二塘—新山公路 387
fa
发财 323
发令山 475
发叶山 461
法度 155
法烈山 476
fan
翻云山 461
凡星山 464
fang
方内 312
方屯 229
方外 312

放哨山 477
fen
坟背 62
feng
风情园—七联公路 385
蜂山 464
凤凰 21
凤马村 19
凤桥中桥 412
fu
伏领 117
伏王 287
伏王村 287
福林 337
福龙 326
福州—昆明公路 378
甫安 300
甫懂 205
甫华 330
甫华上屯 213
甫华下屯 213
甫里村 206
甫力 311
甫孟 314
甫孟大桥 415
甫平 309
甫穷 207
甫少 205
甫圩 189
甫牙 221
甫雅 255
甫也 274
甫夜 209
甫勇 211
gan
甘帮 345
甘合 347
甘吉 363
甘念 347
甘羊山 484
敢拔 98
敢常 318
敢城 131
敢瓜 126
敢怀洞 496
敢间 54
敢利 54
敢亮 42
敢亮村 41
敢那山 470
敢示 266
敢示村 266
敢忑 151
敢壮大道 393
敢壮山 460
敢壮山布洛陀文化遗址景区 435
敢壮山赤卫军战斗遗址 432
感云洞 496
gang
岗催山 462
岗低山 466
港口路 399
港阳路 400
gao
高地 146
高旺 24
告劳上屯 136
告劳下屯 136
ge
哥卢山 462
个凤 51
个劳上屯 252
个劳下屯 252
个强（田州镇康达社区） 17
个强（坡洪镇陇升村） 96
各淘山 490
gen
根的山 459
geng
更邦 105
更表 344
更卜 122
更朝 296
更达 155
更登 339
更对山 495
更佛上屯 273
更佛下屯 273
更革山 467
更红 94
更怀 153
更结 272
更近 175
更劳 92
更老 174
更闷 58
更桑 155
更屯 201

更旺　297
更阳　353
更宜　103
更宜大桥　410
gong
公路局小区　11
公园新城小区　12
公丈山　493
共联　156
供销家源小区　11
gu
古罗新屯　48
古美村　102
古美二桥—新建公路　384
古美街　102
古美隧道　416
古沙　348
谷卜　323
谷布（坡洪镇陇升村）　94
谷布（洞靖镇那峨村）　329
谷布山　462
谷登山　471
谷丰　209
谷丰二桥　413
谷丰一桥　413
谷干　265
谷刚　362
谷怀山　466
谷界　42
谷救　335
谷就　330
谷力（那坡镇永常村）　61
谷力（五村镇雷圩村）　287
谷力（巴别乡安宁村）　371
谷林路　400
谷陋　175
谷麦　62
谷内山（坡洪镇天安村）　458
谷内山（五村镇弄里村）　464
谷坡　58
谷秋　359
谷守　121
谷西　208
谷西—坤平公路　381
谷西桥　413
谷西新屯　208
谷昔　168
谷优山　475
谷针　121
谷周（那坡镇洞印村）　79
谷周（五村镇定夜村）　281
gua
挂色　47
guang
光琴村　158
光玉山　473
广场二路　402
广场一路　401
广昆高速公路　376
广内　326
广投银海小区　10
广外　326
广西田阳农副产品综合批发市场　440
guo
果花　104
果腊　360
过灯　174
han
含甫　326
含莫　323
含内　316
含外　315
he
合力村　54
合源美地小区　10
和平　363
河边安置点　56
河东社区　11
河口　28
荷洪　51
hong
红康社区　16
红岭坡　65
红岭坡安置点　56
红棉路　398
hua
花参　361
花参村　360
花茶　189
花茶庙遗址　433
花山上屯　247
花山下屯　248
花园　21
花园大道　394
华迅城小区　11

华彰村 218
huai
怀号 304
怀仁 329
怀台山 471
huang
黄恒栈四平楼 430
黄恒栈烟厂旧址 430
磺桑江 500
磺桑江坝首 425
磺桑江干渠 425
hui
惠洞 286
惠洞南干渠 425
惠洞水库 424
惠洞总干渠 425
huo
活卜 332
活旺村 331
活旺河 500
ji
鸡冠山 487
及马 91
吉朗 366
吉朗前山 485
暨布 44
jia
加亮 275
加灵 110
加旺 257
加旭 292
甲酒山 493
甲屯 296
架内 341
jian
建保 309
jiang
江巴（坡洪镇坡丹村） 82
江巴（五村镇巴浪村） 276
江洪 40
江堂 109
江与城小区 12
江洲 231
将军路 398
jiao
交多加山 475
胶山 481
角刚山 466
角谷目山 481
角靠山 477
角龙 302
叫甘山 491
叫胡山 494
叫架 100
叫金山 492
叫猫山 486
叫门石山 495
叫那 264
叫那山 480
叫能 279
叫娃山 493
叫王 122
叫眼 157
叫羊 340
叫照 140
jie
解放东路 394
解放西路 395
解放中路 395
jin
金宝 359
金光 101
金狮路 397
金狮苑小区 12
金穗街 402
金穗小区 10
金源小区 10
jing
京凤 161
井靛 172
靖安村 299
境布 107
境立 108
jiu
九合村 181
久怀 24
久濑 77
旧城 33
旧村山 468
旧绿海屯 183
旧屯 264
旧圩 285
jü
局蒙 131
局盛 88
局盛村 88

juan
绢纺厂—定律公路 382
ka
卡楼 109
kan
砍社 239
kang
康达社区 17
康浮村 134
康华村 281
康华街 282
康华下屯 282
康弄上屯 135
康弄下屯 134
抗读 133
ke
科坤山 468
科蒙 257
ken
肯兰山（坡洪镇天安村） 459
肯兰山（五村镇弄里村） 466
肯兰山（五村镇驮逢村） 467
肯设山 467
垦田山 464
啃兰山 462
kong
孔福 232
ku
枯沙 122
kun
坤平村 223
坤平乡 198
坤圩 224
la
拉单山 469
拉萨 276
lai
濑鄂 195
濑贡村 257
濑觉 182
濑奎 69
濑旺村 61
lan
兰地 19
兰松 21
兰弯山 464
兰州—龙邦公路 378
lang
郎含 97
郎含村 96
郎汉 94
郎来 90
郎米 175
朗含 47
朗江 23
朗上（洞靖镇雪平村） 309
朗上（巴别乡弄朗村） 362
朗下（洞靖镇雪平村） 309
朗下（巴别乡弄朗村） 362
浪社 205
浪要 295
浪下 276
lao
老乡家园二期 14
老乡家园三期 15
老乡家园一期 13
le
乐讲 151
乐讲上屯 151
乐上 124
乐上村 123
乐下 124
lei
雷公 28
雷公点 14
雷屯 101
雷圩碑刻 433
雷圩村 284
雷圩街 285
雷圩—陇里公路 388
雷圩乡 254
li
礼科 308
礼敏 307
李屋 62
哩额 41
哩徐上屯 188
哩徐下屯 188
丽林老乡家园社区 13
lian
莲花山 458
莲花山寺遗址 431
联坡村 251
liang
良屯 114
凉洞岩 497

亮往 131
lie
列圣宫 428
裂山 89
lin
林基 317
林龙山 478
林莫 311
淋定 96
淋楞 313
淋楞村 311
淋塘 123
淋仙 96
ling
灵山 471
凌云 168
岭平村 212
令烈 132
liu
刘屋 34
留基 129
六才 222
六逢 76
六古 29
六谷水库 421
六贯 216
六合（坡洪镇新美村） 110
六合（头塘镇联坡村） 252
六合村 52
六红 217
六华 76
六华水库 421
六惠村 214
六勒 212
六累 69
六楞 76
六联村 192
六联渡口 376
六联隧道 417
六林 230
六令 217
六龙 71
六么 201
六密 67
六算（坡洪镇兴达村） 100
六算（玉凤镇玉凤村） 199
六头山 1 号大桥 415
六头山 2 号大桥 415
六头山 3 号大桥 415
六往 218
六旺 222
六显 215
六元 213
六直 215
六追 228
long
龙河村 21
龙洪 315
龙京 327
龙腊 338
龙六 315
龙妹 315
龙门（那坡镇弄初村） 74
龙门（洞靖镇淋楞村） 314
龙我 313
龙削山 462
龙云 47
龙针 302
隆平村 18
陇爱（洞靖镇天德村） 320
陇爱（洞靖镇太平村） 328
陇爱（巴别乡陇怀村） 366
陇隘 115
陇安山 465
陇凹 265
陇帮（那坡镇弄坡村） 57
陇帮（坡洪镇新景村） 108
陇帮（巴别乡陇怀村） 365
陇傍 277
陇崩 93
陇层 173
陇拆 354
陇产 171
陇呈 323
陇酬 324
陇床 119
陇德 47
陇登加山 483
陇弟山 462
陇典 328
陇顶山 485
陇都 365
陇沌 93
陇发 169
陇飞上 165
陇逢上屯 279

陇逢下屯 279
陇敢 95
陇干 331
陇割 119
陇公 372
陇谷 364
陇谷山（五村镇伏王村） 463
陇谷山（五村镇弄里村） 464
陇含（坡洪镇陇含村） 91
陇含（坡洪镇新美村） 109
陇含村 91
陇合（坡洪镇局盛村） 89
陇合（五村镇百宙村） 273
陇合（巴别乡陇怀村） 367
陇合（巴别乡陇合村） 367
陇合村 367
陇合—陇梅公路 384
陇荷上屯 59
陇荷下屯 59
陇洪（坡洪镇陇含村） 92
陇洪（五村镇大路村） 268
陇洪（五村镇大列村） 275
陇洪（五村镇定夜村） 281
陇洪（洞靖镇弄岩村） 303
陇华村 260
陇华上屯 261
陇华下屯 261
陇怀（五村镇桥马村） 271
陇怀（五村镇百宙村） 272
陇怀（洞靖镇天德村） 319
陇怀（巴别乡陇怀村） 365
陇怀村 364
陇环 82
陇荒山 484
陇会安置点 56
陇吉 366
陇吉后山 485
陇甲 90
陇接 366
陇禁 174
陇京（那坡镇永常村） 59
陇京（洞靖镇多感村） 335
陇井 163
陇抗 85
陇赖 354
陇兰（坡洪镇局盛村） 90
陇兰（坡洪镇新建村） 105
陇劳（那坡镇宝美村） 51
陇劳（坡洪镇局盛村） 89
陇乐 368
陇勒 173
陇累 95
陇黎 59
陇礼 170
陇里（五村镇巴某村） 294
陇里（洞靖镇念堂村） 322
陇力 367
陇立 340
陇列 169
陇列—新楼公路 385
陇烈山 466
陇林山 480
陇龙 370
陇陋 278
陇逻 284
陇落 61
陇律 322
陇麦 361
陇慢 46
陇忙 320
陇梅（坡洪镇新建村） 106
陇梅（坡洪镇百合村） 119
陇美山 483
陇蒙山 471
陇孟（那满镇新楼村） 165
陇孟（五村镇伏王村） 288
陇孟（巴别乡陇怀村） 365
陇迷 328
陇木美山 485
陇南（坡洪镇局盛村） 91
陇南（巴别乡巴别村） 346
陇南（巴别乡陇合村） 368
陇内 99
陇内山（五村镇伏王村） 462
陇内山（五村镇驮逢村） 467
陇内山（巴别乡安宁村） 478
陇内山（巴别乡陇怀村） 483
陇内隧道 417
陇内中桥 410
陇泥山 472
陇匿上屯 60
陇匿下屯 60
陇娘 333
陇弄 174
陇怕 176
陇排 318

陇培 364
陇平 87
陇坡 171
陇朴 320
陇桥 171
陇钦山 471
陇穷 51
陇秋 61
陇求 365
陇阮 95
陇桑 164
陇桑内屯 173
陇桑山（五村镇弄里村） 466
陇桑山（巴别乡巴别村） 472
陇桑外屯 173
陇扫 50
陇上山 472
陇深山 486
陇升 16
陇升村 93
陇石 172
陇沓（那坡镇宝美村） 52
陇沓（坡洪镇新屯村） 85
陇沓（那满镇新楼村） 164
陇沓（五村镇濑贡村） 259
陇忑 172
陇体山 462
陇驮 50
陇外（那满镇新楼村） 165
陇外（那满镇新仓村） 170
陇外（五村镇百宙村） 274
陇旺内屯 50
陇旺外屯 50
陇位 265
陇问山 487
陇翁 367
陇翁后山 481
陇吾山 484
陇下（坡洪镇百合村） 118
陇下（五村镇大言村） 266
陇吓（那坡镇永常村） 60
陇吓（洞靖镇念堂村） 321
陇现 366
陇现门前山 482
陇现山 480
陇祥 99
陇想佬屯 60
陇想依屯 60
陇谢 265
陇牙山 483
陇雅 92
陇央外屯隧道 417
陇羊 90
陇样 117
陇衣山 483
陇宜 278
陇英 340
陇鹰山 481
陇盈 87
陇由 98
陇有（那坡镇义安村） 46
陇有（巴别乡新平村） 364
陇右 371
陇运 268
陇站 357
陇章上山 463
陇章下山 463
陇召 173
陇正 371
陇直 332
陇总 50
弄百 153
弄棒 160
弄菜 154
弄残 161
弄拆山 492
弄朝 364
弄冲内屯 161
弄冲外屯 161
弄初 74
弄初村 72
弄辞 141
弄达上屯 142
弄达下屯 142
弄岱 142
弄旦 124
弄道（那坡镇弄初村） 74
弄道（坡洪镇康浮村） 138
弄定 127
弄动 143
弄沌 121
弄额 160
弄飞 137
弄浮 137
弄敢 162
弄贡 154

弄谷 73
弄骨 159
弄光 159
弄洪上屯 140
弄洪下屯 140
弄怀 289
弄鸡 64
弄鸡安置点 55
弄急 156
弄甲 221
弄蕉 64
弄蕉安置点 55
弄禁 128
弄扣 138
弄朗村 361
弄浪 72
弄勒 137
弄黎 138
弄黎上屯 141
弄黎下屯 141
弄里村 289
弄立 125
弄良 73
弄烈 212
弄淋安置点 55
弄令 138
弄六 125
弄弄 136
弄楼 222
弄仑 155
弄律 133
弄民 121
弄那 154
弄内（坡洪镇朝马村） 133
弄内（五村镇大列村） 275
弄念 290
弄朋 363
弄彭 133
弄坡 127
弄坡村 56
弄琴 154
弄权山 472
弄任 139
弄山村 70
弄山内屯 71
弄山外屯 70
弄石 141
弄提 133
弄外 290
弄为 72
弄下（坡洪镇新合村） 129
弄下（玉凤镇长高村） 210
弄显 142
弄谢山 461
弄岩村 301
弄羊内屯 71
弄羊外屯 71
弄洋 129
弄仰 160
弄腰 219
弄依（坡洪镇双达村） 141
弄依（那满镇新立村） 155
弄仪 124
弄增内屯 127
弄增外屯 127
弄照（坡洪镇康浮村） 138
弄照（坡洪镇双达村） 139
弄值 123
弄周 141
弄作 129
lu
鲁龙 336
陆立大桥 409
陆现半幅桥 409
陆现中桥 409
陆园 179
渌碧 52
路班山 475
路半山 472
路畔山 483
露美村 156
luo
罗屋 62
lü
绿端 187
绿谷 239
绿机 245
绿江 186
绿扣怀 248
绿郎 54
绿岭水库 422
绿浓 183
绿塘 211
绿托 183
绿务 64

ma
妈江山 484
马洪 361
马凌 106
马岭 328
马宁 324
马巷 18
mai
埋断 175
mao
茂业小区 8
帽头山 473
men
门前山（巴别乡巴别村） 470
门前山（巴别乡新平村） 487
闷约二号大桥 408
闷约一号大桥 407
meng
孟屯 295
min
民权街 401
民生花园小区 6
民生街 398
民主街 399
民族街 401
ming
明珠路 397
mo
秣马 20
秣马沙洲 501
mu
母娘洞 496
幕陋 174
na
那巴 217
那柏 187
那笔 187
那弼上屯 53
那弼下屯 53
那弼中屯 53
那标 250
那兵 29
那藏 186
那测（那坡镇万平村） 41
那测（那坡镇那茈村） 45
那朝 220
那池 108
那床 217
那丹（坡洪镇坡丹村） 83
那丹（头塘镇新山村） 245
那当 226
那东（百育镇百育村） 180
那东（玉凤镇玉凤村） 199
那东（五村镇百谷村） 295
那东（洞靖镇靖安村） 301
那东（洞靖镇大架村） 339
那豆 18
那峨 330
那峨村 328
那告新屯 307
那戈 181
那葛 44
那葛新屯 45
那更 244
那弓山 469
那谷 227
那关 212
那贯（百育镇六联村） 192
那贯（洞靖镇靖安村） 300
那广 28
那浩 251
那合 65
那荷 249
那亨 190
那恒 213
那厚 243
那厚栋 243
那斛上屯 240
那斛下屯 240
那斛新屯 240
那斛中屯 239
那虎 306
那华 146
那话 181
那怀（那坡镇万平村） 41
那怀（玉凤镇坤平村） 225
那鸡 300
那吉 46
那吉航运枢纽 419
那甲 307
那坚 26
那渐 126
那江村 230
那将 231
那谨（田州镇平坡村） 25
那谨（坡洪镇南兴村） 126

那居 34
那坤上屯 190
那坤下屯 190
那来（坡洪镇新景村） 107
那来（五村镇濑贡村） 259
那赖 34
那赖遗址 426
那濑 76
那兰 184
那朗山 465
那劳山 465
那老（那坡镇敢亮村） 42
那老（坡洪镇古美村） 103
那老（玉凤镇坤平村） 223
那老—公篓公路 380
那了（百育镇六联村） 193
那了（玉凤镇懂立村） 205
那了（玉凤镇坡旺村） 226
那雷 251
那类 220
那累 232
那冷 190
那礼 224
那里 251
那哩上屯 45
那哩下屯 45
那立（百育镇新民村） 191
那立（百育镇七联村） 195
那亮 23
那林 73
那林大桥 408
那六（坡洪镇五合村） 100
那六（坡洪镇新景村） 108
那龙（田州镇平坡村） 25
那龙（那坡镇弄山村） 71
那龙（洞靖镇西平村） 305
那龙山 458
那娄 202
那楼 29
那陋 228
那路 232
那逻 24
那逻新屯 48
那卖 212
那满大桥 411
那满街 145
那满镇 143
那慢 73
那么 83
那么街 199
那么林场 373
那么山 467
那美（坡洪镇新美村） 110
那美（玉凤镇懂立村） 206
那门 256
那迷 307
那敏（玉凤镇坤平村） 225
那敏（洞靖镇活旺村） 332
那莫 77
那耐 225
那匿 45
那宁 190
那弄 332
那排 69
那旁 334
那培 242
那芘村 44
那芘—濑旺公路 383
那平（玉凤镇百甲村） 230
那平（洞靖镇靖安村） 300
那坡大桥 404
那坡—定夜公路 379
那坡二号高架大桥 405
那坡互通立交桥 405
那坡街（那坡镇辖街） 38
那坡街（那坡镇那坡街辖街圩） 38
那坡烈士公墓 431
那坡—那满公路 381
那坡上屯 249
那坡收费站 389
那坡下屯 250
那坡一号高架大桥 404
那坡镇 35
那墙 115
那琴 300
那勤 83
那洒 340
那沙（玉凤镇玉凤村） 200
那沙（玉凤镇坡旺村） 227
那生上屯 185
那生水库 421
那生下屯 185
那生新屯 186
那苏 77
那太 232

那塘（那坡镇晚塘村） 76
那塘（百育镇七联村） 195
那塘村 26
那桃（那坡镇万平村） 41
那桃（那坡镇尚兴村） 65
那停 224
那同山 465
那托 183
那驮（那坡镇那驮村） 44
那驮（头塘镇百坡村） 248
那驮村 43
那驮高架大桥 405
那晚（玉凤镇长高村） 211
那晚（玉凤镇坡旺村） 226
那围 238
那温 25
那务（田州镇龙河村） 22
那务（百育镇六联村） 194
那务（玉凤镇巴庙村） 218
那西安置点 56
那虾 224
那徐（玉凤镇长高村） 211
那徐（头塘镇百沙村） 246
那徐桥 413
那烟 227
那要 227
那爷上屯 246
那爷下屯 246
那夜 218
那音 68
那音车行天桥 406
那音村 67
那音大桥 405
那音河 499
那音桥 406
那音水库 420
那音中桥 405
那银 204
那用 126
那造（玉凤镇能带村） 222
那造（玉凤镇坡旺村） 226
那直 33
那中 230
那尊 184
nan
南昆铁路 391
南宁 142
南兴村 125
nang
囊黎 240
nei
内江村 145
内坡 70
内坡新屯 58
内驮 114
neng
能带村 221
能造 221
nian
念槽山 474
念登 353
念登隧道 418
念三 344
念堂 321
念堂村 321
念仙山 472
ning
宁馨家园小区 8
nong
农卜山 463
农地（坡洪镇兴达村） 98
农地（五村镇百宙村） 272
农豆 114
农贡 258
农科所—弄坡公路 383
农老 85
农酒 131
农周 118
依更山 470
nu
弩弓山 487
ou
欧艺新城小区 9
pai
排邦山 495
排崩山 474
排大山（巴别乡陇怀村） 485
排大山（巴别乡新平村） 486
排逢山 474
排积山 491
排坤山 476
排拦山 492
排灵山 478
排岭 492
排领山 480
排漠山 491

排拿山　495
排荣成山　474
排三山　491
排翁卖山　495
排鹰山　494
牌楼　19
pen
盆地　117
pian
片二　305
片一　305
ping
平法　73
平高　238
平合　238
平怀林　194
平江山　487
平街　18
平镜　67
平陇　42
平那　220
平坡村　24
平朴村　39
平朴旧屯　39
平朴新屯　40
平泗　237
平泗—百东河公路　387
平泗中桥　414
平旺　238
平旺内屯　64
po
坡虫　188
坡达　229
坡大山　488
坡丹村　81
坡顶山　471
坡东　217
坡福　222
坡盖山（巴别乡陇合村）　482
坡盖山（巴别乡德爱村）　489
坡洪—百合公路　381
坡洪街　82
坡洪—雷圩公路　382
坡洪烈士公墓　431
坡洪—弄陇公路　378
坡洪—桥马公路　382
坡洪—桥业公路　379
坡洪—桥业跨线桥　416
坡洪—下邦公路　384
坡洪镇　79
坡尖山　488
坡脚　66
坡靠　151
坡赖　233
坡乐内屯　140
坡乐外屯　140
坡哩上屯　247
坡哩新屯　247
坡立　151
坡林　182
坡六　88
坡六遥 1 号大桥　416
坡六遥 2 号大桥　416
坡落　69
坡律　43
坡庙山　474
坡拿　82
坡南岭大桥　408
坡平（那坡镇宝美村）　49
坡平（那坡镇弄初村）　74
坡求　231
坡三搜 1 号大桥　409
坡三搜 2 号大桥　409
坡桑　75
坡蛇　74
坡松山（巴别乡安宁村）　476
坡松山（巴别乡新平村）　486
坡岁山　494
坡索山　494
坡旺　226
坡旺—百民公路　387
坡旺村　225
坡圩上屯　249
坡圩下屯　249
坡谢　90
坡星　88
坡烟　362
坡腰山　473
pu
朴图　275
qi
七联村　195
qian
千上　369
千下　370
千中　370

乾母洞中桥 416
qiang
墙红 21
qiao
桥刚山 485
桥马 270
桥马村 269
桥头（那坡镇那音村） 68
桥头（坡洪镇陇升村） 94
桥头（巴别乡巴别村） 345
桥烟 68
桥业 317
桥业村 316
桥业—连安下公路 388
桥业—太平公路 388
桥业乡 299
qin
琴爱 319
琴光—绿机公路 387
琴华村 119
琴华街 120
琴华乡 81
琴叫 71
琴叫大桥 408
琴叫中桥 408
琴梨 162
琴那 259
琴内 310
琴鸟 330
琴坡 147
琴色 319
琴外 310
琴伊山 473
琴音 247
勤丰 85
qing
清咸丰元年路碑 434
ren
仁德 301
rong
荣鑫路 396
荣鑫苑小区 9
ru
汝那 354
rui
瑞金—清水河公路 377
瑞田花园小区 11
瑞阳阁小区 6
san
三多 349
三记山 459
三角架山 494
三界（五村镇陇华村） 262
三界（五村镇百宙村） 273
三今 29
三雷村 27
三雷花园广场 439
三雷林场 373
三雷林场廉租房小区 13
三弄 139
三坡 348
三坡村 347
三升 94
三同 145
三同村 144
三修山 489
三燕山 469
三中 232
三重 89
sang
桑园街 398
sha
沙泉 86
shan
山布山 482
山尖山 474
山口新屯 43
山林山 474
山陇卜山 463
山美山 474
山嫩山 494
山牛山 494
山排女山 490
山岩基山 459
山依山 477
山泽山 482
汕昆高速公路 377
shang
上帮 270
上仇 214
上敬 350
上里 206
上练 244
上腮 210
上堂山 492
上往 205

上雪 308
上勇 306
上镇村 207
尚兴村 63
she
舍屯 232
社王 77
sheng
胜荷 159
胜利街 178
shi
狮子山 458
狮子山森林公园 435
石龙山 468
实力 223
使除 228
shu
树标 180
shuang
双达村 139
双达新村 17
爽使 179
shui
水塘 40
水月宫 429
shun
顺隆 18
shuo
朔客 204
朔柳村 200
朔柳水库 423
朔莫 223
朔上 202
朔下 202
si
四冬 70
四联村 239
四那村 184
四那—六联公路 385
四那桥 412
四那—新民公路 385
四维 63
四芽 19
su
苏屋 76
tai
太平 327
太平村 327
tan
坛道 288
tang
堂备 368
堂东 303
堂弄 369
堂弄前山 475
塘兵 223
塘兵山 463
塘茶上屯 26
塘茶下屯 27
塘茶中屯 26
塘定 114
塘甘 191
塘汉 187
塘换山 468
塘坤（洞靖镇百林村） 311
塘坤（洞靖镇淋楞村） 313
塘磊山 465
塘哩 62
塘例 149
塘领山 467
塘罗 21
塘民上屯 240
塘民下屯 241
塘平 187
塘桃 51
塘细 256
te
忑更上屯 150
忑更下屯 150
忑面 54
忑夏 166
ti
提马 175
tian
天安村 111
天德 320
天德村 318
天盛小区 8
天阳 283
天阳村 283
天阳岭 496
田东大桥—新立公路 381
田垌 43
田阳布洛陀文化中心 437
田阳电力大厦 438
田阳国际大酒店 438

田阳互通立交桥 402
田阳聚之乐休闲农业景区 436
田阳绢纺厂小区 13
田阳汽车总站 389
田阳区 1
田阳区城东轻工业园区 374
田阳区红岭坡工业园区 375
田阳商场 437
田阳收费站 389
田阳双线特大桥 402
田阳体育场 440
田阳体育馆 438
田阳县国民党政府旧址 430
田阳县廉租房县城小区 13
田阳县水利局综合楼 438
田阳右江大桥 403
田阳粤东会馆 427
田阳站 391
田州大桥 402
田州渡口 376
田州古城 434
田州河 498
田州—红岭坡公路 380
田州—平坡公路 383
田州区苏维埃政府旧址 429
田州—三雷公路 380
田州镇 4
ting
亭怀—能带公路 386
亭闹 153
停怀 200
tong
同乐 152
统合村 203
tou
头东 180
头孔 106
头孔 1 号中桥 411
头孔 2 号中桥 411
头龙 157
头塘 237
头塘—百沙公路 387
头塘村 237
头塘街 237
头塘—那坡公路 380
头塘镇 233
头晚 332
头羊 175
tu
土汗山 469
土司官塘 419
tun
吞雷 302
tuo
驮拜 280
驮邦 295
驮帮 125
驮昌 112
驮筹 112
驮从内屯 135
驮从外屯 135
驮呆 73
驮呆大桥 410
驮旦 290
驮帝 164
驮电 109
驮逢 291
驮逢村 290
驮甫 83
驮富 293
驮干 47
驮割 163
驮谷 130
驮瓜 118
驮还 137
驮汉 87
驮华 121
驮惠 215
驮或（坡洪镇朝马村） 132
驮或（那满镇新楼村） 164
驮架（坡洪镇康浮村） 137
驮架（那满镇新生村） 167
驮九 163
驮抗 112
驮兰（坡洪镇天安村） 112
驮兰（那满镇新生村） 166
驮朗 288
驮老 166
驮乐 167
驮立 122
驮利 123
驮亮 52

驮亮沙洲　502
驮烈河　499
驮林　112
驮灵　164
驮楼（坡洪镇琴华村）　120
驮楼（那满镇新楼村）　163
驮楼（那满镇新仓村）　171
驮仑　169
驮罗　111
驮楞　128
驮闷　131
驮孟　99
驮闹　292
驮内　166
驮宁　83
驮农　115
驮盘　288
驮岂　180
驮岂赤卫队烈士公墓　432
驮前　93
驮如　94
驮伞　293
驮虽（坡洪镇琴华村）　123
驮虽（那满镇新生村）　167
驮索　79
驮吞（坡洪镇天安村）　112
驮吞（坡洪镇乐上村）　125
驮妥　288
驮文　165
驮翁　171
驮雁　167
驮央　131
驮尧　167
驮宜　291
驮乙　47
驮硬　132
驮章　86
驮侦　289
驮忠　294
驮庄　170
驮足　167
wa
瓦氏夫人墓　426
瓦氏路　397
瓦窑　41
瓦窑—坟背公路　383
wai
外老　215
外论　209
外驮　114
wan
玩毒　278
晚江　147
晚老（百育镇六联村）　193
晚老（洞靖镇扁村）　315
晚亮　24
晚使　27
晚塘　75
晚塘村　75
万班　160
万吹山　473
万村　40
万和新城小区　9
万斤　250
万平村　40
万平—那驮公路　383
万平沙洲　502
万屯　296
wang
王台　346
网顶安置点　55
wei
威龙山　482
韦屋　196
维新街　401
卫东　57
wen
文东中桥　414
文体路　397
weng
翁部　356
翁兰　163
翁棉　163
wu
五才　162
五村　255
五村街　255
五村—雷圩公路　388
五村镇　252
五鬼山　486
五合村　100
五指山　188
五指山老乡家园社区　14

勿林 160
勿隆 160
xi
西二 305
西平村 304
西一 305
昔居 366
昔居后山 483
xia
下巴 270
下邦 136
下邦村 86
下邦新屯 86
下崩 155
下仇 214
下村 62
下栋 238
下栋新屯 238
下岗山 467
下更（那坡镇弄初村） 74
下更（坡洪镇央律村） 130
下更（那满镇新生村） 168
下更（五村镇百谷村） 296
下更怀 168
下更桑 256
下果 154
下皓 46
下花水库 422
下架 339
下叫（那满镇光琴村） 159
下叫（五村镇百宙村） 273
下叫（洞靖镇淋楞村） 313
下啃罩山 461
下郎 265
下里 206
下哩安置点 55
下练 244
下路山塘 419
下莫 258
下弄 154
下坡 58
下琴 92
下洒 117
下山 260
下说 126
下驮 143
下晚 304
下往 205
下圩 333
下雪 308
下养 275
下勇 306
下月 231
下祖 153
夏位山 489
xian
贤农 210
xiang
相屯 230
香芒路 399
祥旺 32
响水 69
响水河 499
响水瀑布 502
xiao
小布益 330
小平 201
小驮楼 120
小文布 300
xin
新安 95
新层村 172
新村（那坡镇宝美村） 49
新村（那坡镇濑旺村） 61
新村（那坡镇百峰村） 67
新村（百育镇新民村） 192
新洞村 113
新合村 127
新加坡 245
新建 330
新建村 103
新建—马凌中桥 411
新街社区 177
新景村 107
新立 329
新立村 152
新立—那满公路 384
新联 84
新楼村 162
新仑村 169
新绿海屯 183
新美 109
新美村 108

新民村 189
新民村烈士陵园 433
新平村 363
新山村 243
新生村 166
新胜 329
新屯（坡洪镇新屯村） 84
新屯（坡洪镇局盛村） 89
新屯（坡洪镇五合村） 101
新屯（坡洪镇新美村） 110
新屯（坡洪镇百合村） 117
新屯（坡洪镇央律村） 130
新屯（五村镇大言村） 264
新屯（洞靖镇百林村） 311
新屯（洞靖镇桥业村） 317
新屯村 84
新屯—新景公路 384
新兴 362
鑫祥 16
xing
兴城村 32
兴达村 98
兴达水库 420
兴福 65
兴鸿（田州镇康达社区） 17
兴鸿（那坡镇尚兴村） 64
兴鸿安置点 56
兴华路 397
兴华社区 7
兴侨二组 236
兴侨六组 236
兴侨三组 235
兴侨社区 234
兴侨四组 236
兴侨五组 236
兴侨一组 235
兴旺 17
行马 227
xue
雪平村 308
ya
崖红山 475
yan
言内 265
岩表山 487
岩朝 307
岩岗山 468
岩户 321
岩怀山 468
岩金新屯 48
岩康乐大桥 410
岩康乐天桥 410
岩拉 162
岩朗 325
岩立 205
岩闷山 480
岩念 207
岩四山 489
岩松 324
岩桃（那满镇光琴村） 159
岩桃（洞靖镇太平村） 327
岩屯 116
岩旺 313
岩位 341
岩喜 241
岩霞 208
岩下隧道 417
岩央（坡洪镇兴达村） 99
岩央（洞靖镇弄岩村） 301
岩育山 469
岩照 161
岩猪山 475
砚逢 291
yang
央律村 129
央内 312
央外 312
阳光家园小区 8
阳光路 396
yao
要深山 490
ye
夜上 280
夜下 280
yi
一品湾小区 7
宜洒村 336
乙华 270
义安 16
义安村 46
yin
银百高速公路 377
ying
鹰嘴山 468

应山 484
yong
永常村 58
永常—义安公路 383
you
优屯 227
右江 498
右江林场 373
yu
玉凤—巴庙公路 386
玉凤村 198
玉凤河 500
玉凤镇 196
玉凤中桥 412
玉皇阁 429
玉兰路 400
育才路 396
yun
云桂铁路 390
zai
在标 199
在飘 211
在吾 215
zha
炸巴老山 464
炸定 82
炸浪山 468
炸劳山（五村镇达巴村） 461
炸劳山（五村镇弄里村） 465
炸桑山 469
炸志者山 482
榨肯栏山（巴别乡大录村） 489
榨肯栏山（巴别乡大录村） 489
榨贤栏山 488
zhan
占谷 278
zhao
兆壮山 473
zhe
者山（巴别乡德爱村） 489
者山（巴别乡德弄村） 493
zheng
争恐山 477
zhi
执岜志山照碑 431
指挥 153
治例 149
治落 247
治使（田州镇平坡村） 25
治使（头塘镇百里村） 251
治使新屯 25
治塘村 149
秩芽 45
zhong
中安 352
中国－东盟（百色）农业新技术新品种交易中心广场 440
中山街 398
中山社区 5
钟山 482
zhou
洲垢 164
zhuan
专上 346
专上前山 473
专下 346
篆虞上屯 191
篆虞中屯 191
zhuang
壮城小区 12
壮东 339
壮圩 339
zi
自强 147
自强村 147
zou
走洞 112
zu
足窑岭 461
足壮 315
zuo
作老 277
作里 220

笔画索引

一画

一品湾小区 7

乙华 270

二画

二塘—新山公路 387

二塘安置点 56

二塘村 241

二塘街 242

丁安 357

丁农山 479

丁谷山 479

丁角山 478

丁补山 479

丁坡（洞靖镇叮叭村） 337

丁坡（巴别乡德安村） 351

丁淡 303

丁凳山 461

七联村 195

卜多 171

卜星山 495

八冬 69

九合村 181

三画

三中 232

三升 94

三今 29

三记山 459

三同 145

三同村 144

三多 349

三弄 139

三角架山 494

三坡 348

三坡村 347

三界（五村镇陇华村） 262

三界（五村镇百宙村） 273

三重 89

三修山 489

三雷花园广场 439

三雷村 27

三雷林场 373

三雷林场廉租房小区 13

三燕山 469

土司官塘 419

土汗山 469

下山 260

下仇 214

下月 231

下巴 270

下叫（那满镇光琴村） 159

下叫（五村镇百宙村） 273

下叫（洞靖镇淋楞村） 313

下邦 136

下邦村 86

下邦新屯 86

下圩 333

下驮 143

下弄 154

下花水库 422

下村 62

下更（那坡镇弄礽村） 74

下更（坡洪镇央律村） 130

下更（那满镇新生村） 168

下更（五村镇百谷村） 296

下更怀 168

下更桑 256

下里 206

下岗山 467

下坡 58

下果 154
下往 205
下郎 265
下练 244
下栋 238
下栋新屯 238
下养 275
下洒 117
下祖 153
下说 126
下架 339
下勇 306
下莫 258
下哩安置点 55
下雪 308
下晚 304
下啃罩山 461
下崩 155
下琴 92
下皓 46
下路山塘 419
大卜 286
大力（五村镇定夜村） 281
大力（五村镇雷圩村） 285
大山（巴别乡安宁村） 476
大山（巴别乡德爱村） 491
大山（巴别乡德弄村） 492
大元 353
大内 281
大化—五村公路 379
大文 340
大文布 299
大斗 326
大龙 370
大平 201
大令 363
大外 257
大立 256
大兰 266
大永 286
大出 284
大边 271
大吉山 476
大列 274
大列村 274
大成 148
大成村 148
大毕 282
大毕山 459
大伟 322
大伟山 470
大合 261
大色 101
大问 360
大问村 360
大江 361
大安 270
大麦 303
大吞 267
大远 278
大贡 318
大甫 264
大西 275
大还 317
大连 326
大言村 263
大良 329
大初 329
大层 286
大坤 263
大若（五村镇陇华村） 262
大若（五村镇巴浪村） 277
大林（五村镇大言村） 265
大林（洞靖镇大架村） 339
大旺 268
大侧 287
大命 311
大录 358
大录村 358
大帮 302
大信（五村镇百亩村） 273
大信（洞靖镇桥业村） 318
大将 279
大亮（五村镇五村） 256
大亮（洞靖镇弄岩村） 302
大亮（巴别乡德弄村） 355
大亮后山 492
大音 338
大派 323
大浓 262
大架 341
大架村 338
大益 323
大浪 296
大朗 358
大朗山 488

大娥下屯 262
大娥上屯 262
大能 322
大能村 322
大排山 491
大船 267
大剪 267
大绿 258
大雁 258
大道 105
大勤 261
大楞 270
大楼 272
大盟 263
大路（五村镇大路村） 268
大路（五村镇康华村） 282
大路（洞靖镇弄岩村） 302
大路村 267
大敖 323
大管 257
大端 263
大嫩 277
大增 277
大德（坡洪镇新建村） 104
大德（洞靖镇德乐村） 325
万屯 296
万斤 250
万平—那驮公路 383
万平村 40
万平沙洲 502
万村 40
万吹山 473
万和新城小区 9
万班 160
上仇 214
上里 206
上往 205
上练 244
上帮 270
上勇 306
上雪 308
上堂山 492
上敬 350
上腮 210
上镇村 207
小文布 300
小布益 330
小平 201
小驮楼 120
山口新屯 43
山牛山 494
山布山 482
山尖山 474
山陇卜山 463
山林山 474
山岩基山 459
山依山 477
山泽山 482
山美山 474
山排女山 490
山嫩山 494
千下 370
千上 369
千中 370
个凤 51
个劳下屯 252
个劳上屯 252
个强（田州镇康达社区） 17
个强（坡洪镇陇升村） 96
久怀 24
久濑 77
凡星山 464
及马 91
广内 326
广外 326
广场一路 401
广场二路 402
广西田阳农副产品综合批发市场 440
广投银海小区 10
广昆高速公路 376
门前山（巴别乡巴别村） 470
门前山（巴别乡新平村） 487
义安 16
义安村 46
卫东 57
马宁 324
马岭 328
马巷 18
马洪 361
马凌 106

四画

王台 346
井靛 172

天安村 111
天阳 283
天阳村 283
天阳岭 496
天盛小区 8
天德 320
天德村 318
韦屋 196
专下 346
专上 346
专上前山 473
云桂铁路 390
五才 162
五合村 100
五村 255
五村街 255
五村—雷圩公路 388
五村镇 252
五指山 188
五指山老乡家园社区 14
五鬼山 486
太平 327
太平村 327
瓦氏夫人墓 426
瓦氏路 397
瓦窑 41
瓦窑—坆背公路 383
中山社区 5
中山街 398
中安 352
中国－东盟（百色）农业新技术新品种交易中心广场 440
内江村 145
内驮 114
内坡 70
内坡新屯 58
水月宫 429
水塘 40
贝下 135
贝上 135
贝更 136
长沙 34
长高村 209
仁德 301
片一 305
片二 305
公丈山 493
公园新城小区 12
公路局小区 11
勿林 160
勿隆 160
风情园—七联公路 385
凤马村 19
凤桥中桥 412
凤凰 21
六才 222
六么 201
六元 213
六古 29
六龙 71
六令 217
六头山 1 号大桥 415
六头山 2 号大桥 415
六头山 3 号大桥 415
六华 76
六华水库 421
六合（坡洪镇新美村） 110
六合（头塘镇联坡村） 252
六合村 52
六红 217
六谷水库 421
六直 215
六林 230
六旺 222
六往 218
六贯 216
六显 215
六追 228
六逢 76
六勒 212
六累 69
六密 67
六联村 192
六联渡口 376
六联隧道 417
六惠村 214
六楞 76
六算（坡洪镇兴达村） 100
六算（玉凤镇玉凤村） 199
文东中桥 414
文体路 397
方屯 229
方内 312
方外 312
孔福 232
巴甲 277

巴生（坡洪镇朝马村） 134
巴生（五村镇巴某村） 293
巴令 219
巴令桥 412
巴汉 114
巴刚 95
巴州 53
巴州安置点 55
巴忙 281
巴弄 294
巴麦 333
巴时 214
巴别—三坡公路 388
巴别乡 341
巴别圩 344
巴别村 343
巴利 359
巴怀 43
巴怀山 486
巴旺（坡洪镇古美村） 103
巴旺（洞靖镇活旺村） 333
巴明 256
巴庙 216
巴庙一桥 412
巴庙二桥 413
巴庙村 216
巴郎 170
巴陋 293
巴某村 292
巴律 88
巴盆 103
巴帝 283
巴桃 220
巴造 219
巴烟 320
巴浪村 276
巴朗 219
巴朗桥 412
巴僚 179
邓屋 62
双达村 139
双达新村 17

五画

玉凤中桥 412
玉凤—巴庙公路 386
玉凤村 198
玉凤河 500
玉凤镇 196
玉兰路 400
玉皇阁 429
甘吉 363
甘合 347
甘羊山 484
甘念 347
甘帮 345
古沙 348
古罗新屯 48
古美二桥—新建公路 384
古美村 102
古美街 102
古美隧道 416
右江 498
右江林场 373
石龙山 468
布牙山 495
布本 317
布兰山 470
布压山 488
布尧 85
布尖 303
布羊 332
布块 260
布呈 84
布沙 153
布完 128
布青 170
布直 303
布奄 85
布定山 459
布查山 464
布砚 195
布洒 335
布洛陀大道 395
布洛陀文化中心广场 439
布爱 337
布爱山 472
布益 330
布露 157
龙门（那坡镇弄初村） 74
龙门（洞靖镇淋楞村） 314
龙云 47
龙六 315
龙针 302
龙我 313

龙京 327
龙河村 21
龙妹 315
龙削山 462
龙洪 315
龙腊 338
平朴旧屯 39
平朴村 39
平朴新屯 40
平合 238
平江山 487
平那 220
平怀林 194
平陇 42
平坡村 24
平旺 238
平旺内屯 64
平法 73
平泗 237
平泗中桥 414
平泗—百东河公路 387
平高 238
平街 18
平镜 67
东一 208
东二 208
东干 179
东下 309
东下新屯 309
东弓 149
东内 146
东六 204
东平 194
东令 221
东包 32
东色 147
东江下屯 31
东江上屯 30
东江村 29
东江新屯 31
东那 338
东红 77
东红村 77
东来 351
东位 31
东沙 246
东尾 33
东旺村 31
东明 72
东贯 213
东帮 196
东城 75
东茶 203
东省 340
东美 102
东桥 358
东梅 295
东慕岛 501
卡楼 109
北府庙 427
占谷 278
旧屯 264
旧圩 285
旧村山 468
旧城 33
旧绿海屯 183
叮叭 338
叮叭村 337
甲屯 296
甲酒山 493
田东大桥—新立公路 381
田州—三雷公路 380
田州大桥 402
田州区苏维埃政府旧址 429
田州古城 434
田州—平坡公路 383
田州—红岭坡公路 380
田州河 498
田州渡口 376
田州镇 4
田阳区 1
田阳区红岭坡工业园区 375
田阳区城东轻工业园区 374
田阳互通立交桥 402
田阳双线特大桥 402
田阳右江大桥 403
田阳布洛陀文化中心 437
田阳电力大厦 438
田阳收费站 389
田阳县水利局综合楼 438
田阳县国民党政府旧址 430
田阳县廉租房县城小区 13

田阳体育场　440
田阳体育馆　438
田阳汽车总站　389
田阳国际大酒店　438
田阳站　391
田阳绢纺厂小区　13
田阳商场　437
田阳粤东会馆　427
田阳聚之乐休闲农业景区　436
田垌　43
央内　312
央外　312
央律村　129
叫门石山　495
叫王　122
叫甘山　491
叫羊　340
叫那　264
叫那山　480
叫金山　492
叫胡山　494
叫娃山　493
叫架　100
叫能　279
叫眼　157
叫猫山　486
叫照　140
凹令　151
凹地　168
凹坊山　469
四冬　70
四那—六联公路　385
四那村　184
四那桥　412
四那—新民公路　385
四芽　19
四维　63
四联村　239
令烈　132
乐下　124
乐上　124
乐上村　123
乐讲　151
乐讲上屯　151
外老　215
外论　209
外驮　114
兰地　19
兰州—龙邦公路　378
兰松　21
兰弯山　464
半巴山　470
半谷山　473
头孔　106
头孔 1 号中桥　411
头孔 2 号中桥　411
头龙　157
头东　180
头羊　175
头晚　332
头塘　237
头塘—百沙公路　387
头塘—那坡公路　380
头塘村　237
头塘街　237
头塘镇　233
宁馨家园小区　8
礼科　308
礼敏　307
永常—义安公路　383
永常村　58
民生花园小区　6
民生街　398
民主街　399
民权街　401
民族街　401
加旭　292
加灵　110
加旺　257
加亮　275
发叶山　461
发令山　475
发财　323
母娘洞　496

六画

吉朗　366
吉朗前山　485
老乡家园一期　13
老乡家园二期　14
老乡家园三期　15
执岜志山照碑　431
共联　156
朴图　275
过灯　174
西一　305

西二　305
西平村　304
在吾　215
在标　199
在飘　211
百力　231
百牙（洞靖镇扁村）　314
百牙（洞靖镇活旺村）　334
百布　345
百东河二号双线特大桥　414
百东河干渠　424
百东河大桥　404
百东河水库　423
百东南路　399
百东路　400
百甲　229
百甲村　229
百叫（坡洪镇坡丹村）　82
百叫（坡洪镇陇含村）　92
百叫（坡洪镇新洞村）　115
百乐　200
百务　97
百务—百林公路　382
百务收费站　389
百务隧道　417
百民村　228
百发　117
百迈　101
百合村　116
百色大道　392
百色巴马机场　392
百色市田阳区人民医院　448
百色市田阳区五村镇中心小学　455
百色市田阳区五村镇中心卫生院　456
百色市田阳区五村镇雷圩小学　455
百色市田阳区中医医院　449
百色市田阳区巴别乡卫生院　457
百色市田阳区巴别乡中心小学　457
百色市田阳区玉凤镇中心小学　454
百色市田阳区玉凤镇中心卫生院　454
百色市田阳区田州镇卫生院　450
百色市田阳区田阳高中　442
百色市田阳区头塘镇卫生院　455
百色市田阳区头塘镇中心小学　455
百色市田阳区民族中学　443
百色市田阳区民族高级中学　443
百色市田阳区百育镇卫生院　453
百色市田阳区百育镇中心小学　453
百色市田阳区那坡镇中心小学　451
百色市田阳区那坡镇中心卫生院　451
百色市田阳区那坡镇百峰小学　451
百色市田阳区那满镇中心小学　452
百色市田阳区那满镇中心卫生院　453
百色市田阳区那满镇露美小学　453
百色市田阳区妇幼保健院　449
百色市田阳区初级中学　450
百色市田阳区坡洪镇中心卫生院　452
百色市田阳区坡洪镇坡洪中心小学　451
百色市田阳区坡洪镇琴华中心小学　452
百色市田阳区实验中学　443
百色市田阳区革命烈士纪念陵园　426
百色市田阳区南山实验小学　448
百色市田阳区洞靖镇卫生院　457
百色市田阳区洞靖镇中心小学　456
百色市田阳区洞靖镇桥业小学　456

百色市田阳区特殊教育学校 448
百色市田阳区第一小学 444
百色市田阳区第二小学 445
百色市田阳区第十一小学 447
百色市田阳区第十小学 447
百色市田阳区第七小学 446
百色市田阳区第八小学 447
百色市田阳区第九小学 447
百色市田阳区第三小学 445
百色市田阳区第三初级中学 444
百色市田阳区第五小学 445
百色市田阳区第五初级中学 454
百色市田阳区第六小学 446
百色市田阳区第四小学 445
百色市田阳区第四初级中学 444
百色市田阳区博物馆 442
百色机场公路 385
百色港田阳港区二塘作业区 376
百色新山铝产业示范园 374
百关 207
百安 345
百里 203
百里村 250
百里桥 414
百谷（五村镇百谷村） 296
百谷（洞靖镇活旺村） 333
百谷村 294
百沙 224
百沙村 245
百沙桥 414
百社 228
百灵 180
百陇邦山 484
百武 248
百坡村 248
百林 310
百林山 477
百林村 310
百果 250
百国 87
百昌 179
百岩 74
百庙 202
百育 179
百育水库 422
百育—那满公路 379
百育村 178
百育—科技园区公路 386
百育—敢壮山公路 386
百育新街 178
百育镇 176
百宙 272
百宙村 271
百香 150
百洒 336
百勇村 306
百荷旧屯 241
百荷新屯 241
百峰乡 38
百峰互通立交桥 406
百峰右江大桥 406
百峰圩 66
百峰村 66
百峰林场大桥 407
百峰林场中桥 407
百徐 201
百斛 243
百鸾 181
百敢 309
百敢村 150
百琴 168
百堪 246
百朝（田州镇三雷村） 28
百朝（五村镇百谷村） 297
百雅 229
百登 58
百赖 307
百慢（那坡镇六合村） 52
百慢（百育镇六联村） 194
百懂 203

百懂大桥　414
百耀　203
达巴　260
达巴村　259
达龙　260
达立　271
达里（那坡镇那音村）　69
达里（坡洪镇兴达村）　99
达吝　258
达押　313
达落　283
达蓬上屯　304
达蓬中屯　304
达数　327
列圣宫　428
光玉山　473
光琴村　158
当斗山　461
同乐　152
网顶安置点　55
伏王　287
伏王村　287
伏领　117
优屯　227
华迅城小区　11
华彰村　218
自强　147
自强村　147
行马　227
合力村　54
合源美地小区　10
兆壮山　473
各淘山　490
多无　349
多太　366
多太门前山　481
多六　370
多龙那屋山　480
多平山　476
多令　350
多用　357
多乐　348
多邦　355
多吉　346
多达　357
多列　359
多曲　349
多寿　349
多里山　481
多别　358
多担山　481
多荣　352
多柏　371
多柳　355
多俄　354
多亮　335
多眉（巴别乡大录村）　359
多眉（巴别乡安宁村）　370
多班　350
多留　371
多留后山　476
多料　349
多宽　368
多朗　349
多敏　347
多隆　368
多敬　350
多感　335
多感村　334
多熬　369
争恐山　477
壮东　339
壮圩　339
壮城小区　12
冲口　68
刘屋　34
交多加山　475
灯塔　336
江与城小区　12
江巴（坡洪镇坡丹村）　82
江巴（五村镇巴浪村）　276
江洪　40
江洲　231
江堂　109
汕昆高速公路　377
池琴　65
汝那　354
兴达水库　420
兴达村　98
兴华社区　7
兴华路　397
兴旺　17
兴侨一组　235

兴侨二组　236
兴侨三组　235
兴侨五组　236
兴侨六组　236
兴侨四组　236
兴侨社区　234
兴城村　32
兴鸿（田州镇康达社区）　17
兴鸿（那坡镇尚兴村）　64
兴鸿安置点　56
兴福　65
安一　352
安二　352
安下　318
安上　317
安内　345
安外　345
安宁　369
安宁村　369
安怀　291
安显山　480
安康　372
安康后山　477
安楼　65
农卜山　463
农老　85
农地（坡洪镇兴达村）　98
农地（五村镇百宙村）　272
农贡　258
农豆　114
农周　118
农科所—弄坡公路　383
农洒　131
那了（百育镇六联村）　193
那了（玉凤镇懂立村）　205
那了（玉凤镇坡旺村）　226
那么　83
那么山　467
那么林场　373
那么街　199
那广　28
那门　256
那弓山　469
那太　232
那戈　181
那中　230
那丹（坡洪镇坡丹村）　83
那丹（头塘镇新山村）　245
那六（坡洪镇五合村）　100
那六（坡洪镇新景村）　108
那巴　217
那龙（田州镇平坡村）　25
那龙（那坡镇弄山村）　71
那龙（洞靖镇西平村）　305
那龙山　458
那平（玉凤镇百甲村）　230
那平（洞靖镇靖安村）　300
那东（百育镇百育村）　180
那东（玉凤镇玉凤村）　199
那东（五村镇百谷村）　295
那东（洞靖镇靖安村）　301
那东（洞靖镇大架村）　339
那甲　307
那生下屯　185
那生上屯　185
那生水库　421
那生新屯　186
那用　126
那务（田州镇龙河村）　22
那务（百育镇六联村）　194
那务（玉凤镇巴庙村）　218
那立（百育镇新民村）　191
那立（百育镇七联村）　195
那兰　184
那宁　190
那礼　224
那吉　46
那吉航运枢纽　419
那托　183
那老（那坡镇敢亮村）　42
那老（坡洪镇古美村）　103
那老（玉凤镇坤平村）　223
那老—公篓公路　380
那西安置点　56
那当　226
那同山　465
那华　146
那合　65
那爷下屯　246
那爷上屯　246
那关　212
那江村　230
那池　108

那驮（那坡镇那驮村） 44
那驮（头塘镇百坡村） 248
那驮村 43
那驮高架大桥 405
那弄 332
那茈村 44
那茈—濑旺公路 383
那劳山 465
那苏 77
那更 244
那豆 18
那来（坡洪镇新景村） 107
那来（五村镇濑贡村） 259
那坚 26
那里 251
那围 238
那告新屯 307
那兵 29
那谷 227
那亨 190
那床 217
那冷 190
那沙（玉凤镇玉凤村） 200
那沙（玉凤镇坡旺村） 227
那怀（那坡镇万平村） 41
那怀（玉凤镇坤平村） 225
那鸡 300
那坤下屯 190
那坤上屯 190
那坡一号高架大桥 404
那坡二号高架大桥 405
那坡下屯 250
那坡大桥 404
那坡上屯 249
那坡互通立交桥 405
那坡—那满公路 381
那坡收费站 389
那坡—定夜公路 379
那坡烈士公墓 431
那坡街（那坡镇辖街） 38
那坡街（那坡镇那坡街辖街圩） 38
那坡镇 35
那直 33
那林 73
那林大桥 408
那卖 212
那虎 306
那夜 218
那话 181
那居 34
那陋 228
那贯（百育镇六联村） 192
那贯（洞靖镇靖安村） 300
那标 250
那柏 187
那要 227
那厚 243
那厚栋 243
那耐 225
那虾 224
那将 231
那亮 23
那音 68
那音大桥 405
那音车行天桥 406
那音中桥 405
那音水库 420
那音村 67
那音河 499
那音桥 406
那美（坡洪镇新美村） 110
那美（玉凤镇懂立村） 206
那类 220
那迷 307
那娄 202
那洒 340
那测（那坡镇万平村） 41
那测（那坡镇那茈村） 45
那恒 213
那匿 45
那莫 77
那荷 249
那桃（那坡镇万平村） 41
那桃（那坡镇尚兴村） 65
那哩下屯 45
那哩上屯 45
那峨 330
那峨村 328
那造（玉凤镇能带村） 220
那造（玉凤镇坡旺村） 226
那笔 187
那徐（玉凤镇长高村） 211

那徐（头塘镇百沙村） 246
那徐桥 413
那旁 334
那烟 227
那浩 251
那朗山 465
那排 69
那培 242
那晚（玉凤镇长高村） 211
那晚（玉凤镇坡旺村） 226
那累 232
那逻 24
那逻新屯 48
那银 204
那敏（玉凤镇坤平村） 225
那敏（洞靖镇活旺村） 332
那停 224
那斛下屯 240
那斛上屯 240
那斛中屯 239
那斛新屯 240
那渐 126
那琴 300
那葛 44
那葛新屯 45
那朝 220
那尊 184
那温 25
那弼下屯 53
那弼上屯 53
那弼中屯 53
那塘（那坡镇晚塘村） 76
那塘（百育镇七联村） 195
那塘村 26
那勤 83
那楼 29
那赖 34
那赖遗址 426
那雷 251
那路 232
那满大桥 411
那满街 145
那满镇 143
那谨（田州镇平坡村） 25
那谨（坡洪镇南兴村） 126
那墙 115
那慢 73
那濑 76
那藏 186
阳光家园小区 8
阳光路 396
妈江山 484
红岭坡 65
红岭坡安置点 56
红康社区 16
红棉路 398
驮乙 47
驮九 163
驮干 47
驮内 166
驮从内屯 135
驮从外屯 135
驮仑 169
驮文 165
驮旦 290
驮电 109
驮央 131
驮瓜 118
驮乐 167
驮立 122
驮兰（坡洪镇天安村） 112
驮兰（那满镇新生村） 166
驮汉 87
驮宁 83
驮邦 295
驮老 166
驮尧 167
驮岂 180
驮岂赤卫队烈士公墓 432
驮华 121
驮伞 293
驮庄 170
驮农 115
驮如 94
驮吞（坡洪镇天安村） 112
驮吞（坡洪镇乐上村） 125
驮抗 112
驮甫 83
驮还 137
驮呆 73
驮呆大桥 410
驮足 167
驮利 123

驮谷 130
驮妥 288
驮闷 131
驮灵 164
驮林 112
驮或（坡洪镇朝马村） 132
驮或（那满镇新楼村） 164
驮昌 112
驮忠 294
驮罗 111
驮侦 289
驮闹 292
驮宜 291
驮孟 99
驮帮 125
驮虽（坡洪镇琴华村） 123
驮虽（那满镇新生村） 167
驮拜 280
驮亮 52
驮亮沙洲 502
驮帝 164
驮前 93
驮架（坡洪镇康浮村） 137
驮架（那满镇新生村） 167
驮索 79
驮烈河 499
驮翁 171
驮逢 291
驮逢村 290
驮朗 288
驮盘 288
驮章 86
驮惠 215
驮硬 132
驮雁 167
驮割 163
驮富 293
驮楼（坡洪镇琴华村） 120
驮楼（那满镇新楼村） 163
驮楼（那满镇新仑村） 171
驮筹 112
驮楞 128
七画
弄下（坡洪镇新合村） 129
弄下（玉凤镇长高村） 210
弄山内屯 71
弄山外屯 70
弄山村 70
弄飞 137
弄内（坡洪镇朝马村） 133
弄内（五村镇大列村） 275
弄仑 155
弄六 125
弄为 72
弄石 141
弄旦 124
弄甲 221
弄仪 124
弄令 138
弄外 290
弄立 125
弄民 121
弄动 143
弄扣 138
弄权山 472
弄百 153
弄达下屯 142
弄达上屯 142
弄光 159
弄任 139
弄仰 160
弄冲内屯 161
弄冲外屯 161
弄羊内屯 71
弄羊外屯 71
弄那 154
弄弄 136
弄贡 154
弄里村 289
弄作 129
弄谷 73
弄沌 121
弄怀 289
弄良 73
弄初 74
弄初村 72
弄鸡 64
弄鸡安置点 55
弄拆山 492
弄坡 127
弄坡村 56
弄岩村 301
弄岱 142

弄依（坡洪镇双达村） 141
弄依（那满镇新立村） 155
弄念 290
弄朋 363
弄周 141
弄定 127
弄残 161
弄显 142
弄骨 159
弄律 133
弄急 156
弄洪下屯 140
弄洪上屯 140
弄洋 129
弄烈 212
弄值 123
弄浮 137
弄浪 72
弄朗村 361
弄勒 137
弄菜 154
弄淋安置点 55
弄敢 162
弄琴 154
弄提 133
弄彭 133
弄朝 364
弄棒 160
弄道（那坡镇弄初村） 74
弄道（坡洪镇康浮村） 138
弄谢山 461
弄禁 128
弄楼 222
弄照（坡洪镇康浮村） 138
弄照（坡洪镇双达村） 139
弄辞 141
弄腰 219
弄增内屯 127
弄增外屯 127
弄蕉 64
弄蕉安置点 55
弄黎 138
弄黎下屯 141
弄黎上屯 141
弄额 160
吞雷 302
坛道 288
走洞 112
坟背 62
抗读 133
把信山 479
花山下屯 248
花山上屯 247
花园 21
花园大道 394
花参 361
花参村 360
花茶 189
花茶庙遗址 433
苏屋 76
李屋 62
忑更下屯 150
忑更上屯 150
忑面 54
忑夏 166
甫力 311
甫也 274
甫牙 221
甫少 205
甫平 309
甫圩 189
甫华 330
甫华下屯 213
甫华上屯 213
甫安 300
甫里村 206
甫穷 207
甫夜 209
甫孟 314
甫孟大桥 415
甫勇 211
甫雅 255
甫懂 205
更卜 122
更屯 201
更对山 495
更邦 105
更老 174
更达 155
更阳 353
更红 94
更劳 92
更佛下屯 273

更佛上屯 273
更近 175
更闷 58
更怀 153
更表 344
更旺 297
更宜 103
更宜大桥 410
更革山 467
更结 272
更桑 155
更朝 296
更登 339
丽林老乡家园社区 13
足壮 315
足窑岭 461
岗低山 466
岗催山 462
岑巴 359
岑石 344
岑任 346
岑那 359
岑金 325
岑练 357
岜弄山 479
岜望山 486
告劳下屯 136
告劳上屯 136
作老 277
作里 220
谷卜 323
谷力（那坡镇永常村） 61
谷力（五村镇雷圩村） 287
谷力（巴别乡安宁村） 371
谷干 265
谷丰 209
谷丰一桥 413
谷丰二桥 413
谷内山（坡洪镇天安村） 458
谷内山（五村镇弄里村） 464
谷布（坡洪镇陇升村） 94
谷布（洞靖镇那峨村） 329
谷布山 462
谷西 208
谷西—坤平公路 381
谷西桥 413
谷西新屯 208
谷刚 362
谷优山 475
谷守 121
谷麦 62
谷针 121
谷怀山 466
谷坡 58
谷昔 168
谷林路 400
谷周（那坡镇洞印村） 79
谷周（五村镇定夜村） 281
谷陋 175
谷界 42
谷秋 359
谷救 335
谷就 330
谷登山 471
含内 316
含外 315
含甫 326
含莫 323
肚因 278
角龙 302
角刚山 466
角谷目山 481
角靠山 477
言内 265
应山 484
闷约一号大桥 407
闷约二号大桥 408
沙泉 86
怀仁 329
怀号 304
怀台山 471
良屯 114
社王 77
灵山 471
局盛 88
局盛村 88
局蒙 131
陆立大桥 409
陆园 179
陆现中桥 409
陆现半幅桥 409

陇力　367
陇干　331
陇下（坡洪镇百合村）118
陇下（五村镇大言村）266
陇上山　472
陇飞上　165
陇井　163
陇木美山　485
陇牙山　483
陇内　99
陇内山（五村镇伏工村）462
陇内山（五村镇驮逢村）467
陇内山（巴别乡安宁村）478
陇内山（巴别乡陇怀村）483
陇内中桥　410
陇内隧道　417
陇升　16
陇升村　93
陇公　372
陇正　371
陇右　371
陇石　172
陇龙　370
陇平　87
陇甲　90
陇由　98
陇央外屯隧道　417
陇凹　265
陇乐　368
陇外（那满镇新楼村）165
陇外（那满镇新仑村）170
陇外（五村镇百宙村）274
陇立　340
陇兰（坡洪镇局盛村）90
陇兰（坡洪镇新建村）105
陇礼　170
陇召　173
陇发　169
陇吉　366
陇吉后山　485
陇扫　50
陇朴　320
陇有（那坡镇义安村）46
陇有（巴别乡新平村）364
陇列　169
陇列—新楼公路　385
陇吓（那坡镇永常村）60
陇吓（洞靖镇念堂村）321
陇华下屯　261
陇华上屯　261
陇华村　260
陇会安置点　56
陇合（坡洪镇局盛村）89
陇合（五村镇百宙村）273
陇合（巴别乡陇怀村）367
陇合（巴别乡陇合村）367
陇合村　367
陇合—陇梅公路　384
陇衣山　483
陇产　171
陇问山　487
陇羊　90
陇忙　320
陇安山　465
陇阮　95
陇驮　50
陇弄　174
陇麦　361
陇运　268
陇抗　85
陇劳（那坡镇宝美村）51
陇劳（坡洪镇局盛村）89
陇求　365
陇忑　172
陇吾山　484
陇呈　323
陇里（五村镇巴某村）294
陇里（洞靖镇念堂村）322
陇体山　462
陇位　268
陇谷　364
陇谷山（五村镇伏王村）463
陇谷山（五村镇弄里村）464
陇含（坡洪镇陇含村）91
陇含（坡洪镇新美村）109
陇含村　91
陇床　119
陇弟山　462
陇沌　93
陇怀（五村镇桥马村）271

陇怀（五村镇百亩村） 272
陇怀（洞靖镇天德村） 319
陇怀（巴别乡陇怀村） 365
陇怀村 364
陇穷 51
陇层 173
陇环 82
陇现 366
陇现山 480
陇现门前山 482
陇顶山 485
陇拆 354
陇坡 171
陇英 340
陇直 332
陇林山 480
陇旺内屯 50
陇旺外屯 50
陇典 328
陇沓（那坡镇宝美村） 52
陇沓（坡洪镇新屯村） 85
陇沓（那满镇新楼村） 164
陇沓（五村镇濑贡村） 259
陇京（那坡镇永常村） 59
陇京（洞靖镇多感村） 335
陇泥山 472
陇怕 176
陇宜 278
陇孟（那满镇新楼村） 165
陇孟（五村镇伏王村） 288
陇孟（巴别乡陇怀村） 365
陇陋 278
陇帮（那坡镇弄坡村） 57
陇帮（坡洪镇新景村） 108
陇帮（巴别乡陇怀村） 365
陇荒山 484
陇南（坡洪镇局盛村） 91
陇南（巴别乡巴别村） 346
陇南（巴别乡陇合村） 368
陇钦山 471
陇秋 61
陇律 322
陇美山 483
陇迷 328
陇总 50
陇洪（坡洪镇陇含村） 92
陇洪（五村镇大路村） 268
陇洪（五村镇大列村） 275
陇洪（五村镇定夜村） 281
陇洪（洞靖镇弄岩村） 303
陇盈 87
陇匿下屯 60
陇匿上屯 60
陇都 365
陇荷下屯 59
陇荷上屯 59
陇桥 171
陇样 117
陇烈山 466
陇爱（洞靖镇天德村） 320
陇爱（洞靖镇太平村） 328
陇爱（巴别乡陇怀村） 366
陇翁 367
陇翁后山 481
陇逢下屯 279
陇逢上屯 279
陇站 357
陇祥 99
陇娘 333
陇桑 164
陇桑山（五村镇弄里村） 466
陇桑山（巴别乡巴别村） 472
陇桑内屯 173
陇桑外屯 173
陇排 318
陇培 364
陇接 366
陇勒 173
陇梅（坡洪镇新建村） 106
陇梅（坡洪镇百合村） 119
陇累 95
陇逻 284
陇崩 93
陇章下山 463
陇章上山 463
陇深山 486
陇敢 95
陇落 61
陇雅 92
陇傍 277
陇割 119
陇谢 265
陇隘 115

陇登加山 483
陇蒙山 471
陇禁 174
陇想佬屯 60
陇想依屯 60
陇赖 354
陇酬 324
陇慢 46
陇黎 59
陇德 47
陇鹰山 481
鸡冠山 487

八画

玩毒 278
表内 319
表外 319
坤平乡 198
坤平村 223
坤圩 224
者山（巴别乡德爱村） 489
者山（巴别乡德弄村） 493
顶陇亮山 484
顶者山 478
顶泥泊山 484
顶拜山 478
顶香山 490
顶崭山 479
顶雷山 476
拉单山 469
拉萨 276
坡三搜 1 号大桥 409
坡三搜 2 号大桥 409
坡大山 488
坡丹村 81
坡六 88
坡六遥 1 号大桥 416
坡六遥 2 号大桥 416
坡平（那坡镇宝美村） 49
坡平（那坡镇弄初村） 74
坡东 217
坡乐内屯 140
坡乐外屯 140
坡立 151
坡圩下屯 249
坡圩上屯 249
坡达 229
坡尖山 488
坡虫 188
坡岁山 494
坡求 231
坡顶山 471
坡林 182
坡松山（巴别乡安宁村） 476
坡松山（巴别乡新平村） 486
坡旺 226
坡旺—百民公路 387
坡旺村 225
坡庙山 474
坡南岭大桥 408
坡星 88
坡律 43
坡洪—下邦公路 384
坡洪—百合公路 381
坡洪—弄陇公路 378
坡洪—桥马公路 382
坡洪—桥业公路 379
坡洪—桥业跨线桥 416
坡洪烈士公墓 431
坡洪街 82
坡洪—雷圩公路 382
坡洪镇 79
坡索山 494
坡哩上屯 247
坡哩新屯 247
坡拿 82
坡烟 362
坡桑 75
坡蛇 74
坡脚 66
坡盖山（巴别乡陇合村） 482
坡盖山（巴别乡德爱村） 489
坡落 69
坡谢 90
坡赖 233
坡腰山 473
坡福 222
坡靠 151
昔居 366
昔居后山 483
茂业小区 8
林龙山 478
林莫 311
林基 317

板老山 459
板斜山 466
欧艺新城小区 9
肯兰山（坡洪镇天安村） 459
肯兰山（五村镇弄里村） 466
肯兰山（五村镇驮逢村） 467
肯设山 467
贤农 210
尚兴村 63
果花 104
果腊 360
明珠路 397
岩下隧道 417
岩屯 116
岩户 321
岩央（坡洪镇兴达村） 99
岩央（洞靖镇弄岩村） 301
岩四山 489
岩立 205
岩岗山 468
岩位 341
岩闷山 480
岩怀山 468
岩表山 487
岩拉 162
岩松 324
岩旺 313
岩金新屯 48
岩念 207
岩育山 469
岩桃（那满镇光琴村） 159
岩桃（洞靖镇太平村） 327
岩朗 325
岩猪山 475
岩康乐大桥 410
岩康乐天桥 410
岩喜 241
岩朝 307
岩照 161
岩霞 208
罗屋 62
岭平村 212
和平 363
供销家源小区 11
使除 228
依更山 470
舍屯 232
金光 101
金宝 359
金狮苑小区 12
金狮路 397
金源小区 10
金穗小区 10
金穗街 402
念三 344
念仙山 472
念堂 321
念堂村 321
念登 353
念登隧道 418
念槽山 474
京凤 161
夜下 280
夜上 280
放哨山 477
育才路 396
法度 155
法烈山 476
河口 28
河东社区 11
河边安置点 56
治使（田州镇平坡村） 25
治使（头塘镇百里村） 251
治使新屯 25
治例 149
治落 247
治塘村 149
宝市 158
宝美村 48
定吉 351
定师 83
定弄 65
定夜村 280
定贯下屯 23
定贯上屯 22
定律下屯 35
定律上屯 35
定律中屯 35

定律村 34
定律廉租房小区 7
定恩 259
宜洒村 336
实力 223
郎汉 94
郎米 175
郎来 90
郎含 97
郎含村 96
建保 309
孟屯 295
弩弓山 487

九画

挂色 47
城旺 128
城厢 35
指挥 153
茶灯 138
荣鑫苑小区 9
荣鑫路 396
南宁 142
南兴村 125
南昆铁路 391
枯沙 122
相屯 230
树标 180
要深山 490
威龙山 482
砚逢 291
砍社 239
响水 69
响水河 499
响水瀑布 502
峒忙 186
钟山 482
拜铭山 477
香芒路 399
科坤山 468
科蒙 257
顺隆 18
盆地 117
胜利街 178
胜荷 159
狮子山 458
狮子山森林公园 435
独山 465
将军路 398
亭怀—能带公路 386
亭闹 153
亮往 131
度立 20
炸巴老山 464
炸志者山 482
炸劳山（五村镇达巴村） 461
炸劳山（五村镇弄里村） 465
炸定 82
炸浪山 468
炸桑山 469
洞印下屯 78
洞印上屯 78
洞印中屯 78
洞印村 78
洞琴 283
洞楼 115
洞靖 300
洞靖街 299
洞靖镇 297
活卜 332
活旺村 331
活旺河 500
洲垢 164
扁村 314
扁村河 499
扁桃路 400
垦田山 464
架内 341
统合村 203

十画

班六 216
班伞山 479
班贯 307
班除 59
埋断 175
都爱山 466
都康 365
都康后山 485
莲花山 458
莲花山寺遗址 431
荷洪 51
桥马 270
桥马村 269
桥业 317

桥业乡 299
桥业—太平公路 388
桥业村 316
桥业—连安下公路 388
桥头（那坡镇那音村） 68
桥头（坡洪镇陇升村） 94
桥头（巴别乡巴别村） 345
桥刚山 485
桥烟 68
根的山 459
哥卢山 462
夏位山 489
哩徐下屯 188
哩徐上屯 188
哩额 41
恩阳县苏维埃政府旧址 430
盎六 128
盎淋新屯 48
秣马 20
秣马沙洲 501
秩芽 45
笔号 134
翁兰 163
翁部 356
翁棉 163
胶山 481
留基 129
凌云 168
高地 146
高旺 24
凉洞岩 497
朔下 202
朔上 202
朔柳水库 423
朔柳村 200
朔客 204
朔莫 223
浪下 276
浪社 205
浪要 295
朗下（洞靖镇雪平村） 309
朗下（巴别乡弄朗村） 362
朗上（洞靖镇雪平村） 309
朗上（巴别乡弄朗村） 362
朗江 23
朗含 47
祥旺 32
能带村 221
能造 221
桑园街 398
绢纺厂—定律公路 382
十一画
排三山 491
排大山（巴别乡陇怀村） 485
排大山（巴别乡新平村） 486
排邦山 495
排灵山 478
排坤山 476
排拦山 492
排岭 492
排荣成山 474
排积山 491
排拿山 495
排翁卖山 495
排逢山 474
排崩山 474
排领山 480
排漠山 491
排鹰山 494
黄恒栈四平楼 430
黄恒栈烟厂旧址 430
乾母洞中桥 416
爽使 179
雪平村 308
堂东 303
堂弄 369
堂弄前山 475
堂备 368
常安社区 10
常安路 401
常红 75
晚老（百育镇六联村） 193
晚老（洞靖镇扁村） 315
晚江 147
晚使 27
晚亮 24
晚塘 75
晚塘村 75
啃兰山 462
崖红山 475
崩提 136
崇正书院 428

银百高速公路 377
偿怀 200
得太山 493
得布山 495
得地山 487
康达社区 17
康华下屯 282
康华村 281
康华街 282
康弄下屯 134
康弄上屯 135
康浮村 134
清咸丰元年路碑 434
淋仙 96
淋定 96
淋塘 123
淋楞 313
淋楞村 311
渌碧 52
敢示 266
敢示村 266
敢瓜 126
敢壮大道 393
敢壮山 460
敢壮山布洛陀文化遗址景区 435
敢壮山赤卫军战斗遗址 432
敢那山 470
敢忑 151
敢利 54
敢间 54
敢怀洞 496
敢拔 98
敢城 131
敢亮 42
敢亮村 41
敢常 318
隆平村 18
维新街 401
绿务 64
绿扣怀 248
绿托 183
绿机 245
绿江 186
绿谷 239
绿岭水库 422
绿郎 54
绿浓 183
绿塘 211
绿端 187
十二画
琴内 310
琴叫 71
琴叫大桥 408
琴叫中桥 408
琴外 310
琴鸟 330
琴光—绿机公路 387
琴华乡 81
琴华村 119
琴华街 120
琴伊山 473
琴色 319
琴那 259
琴坡 147
琴音 247
琴爱 319
琴梨 162
提马 175
博爱街 399
联坡村 251
朝马（田州镇红康社区） 16
朝马（那坡镇宝美村） 51
朝马（坡洪镇朝马村） 132
朝马村 132
惠洞 286
惠洞水库 424
惠洞南干渠 425
惠洞总干渠 425
裂山 89
帽头山 473
牌楼 19
鲁龙 336
港口路 399
港阳路 400
渡口 66
登叫 110
登四 354
登宁 357
登有 362
登岁 355
登贡 50

登更 320
登利 352
登谷山 493
登应 107
登岭山 490
登的 107
登帮 368
登思山 471
登班山 478
登朗下屯 324
登朗上屯 324
登雷山 470
登腰胺马山 470
十三画
瑞田花园小区 11
瑞阳阁小区 6
瑞金—清水河公路 377
塘甘 191
塘平 187
塘汉 187
塘民下屯 241
塘民上屯 240
塘兵 223
塘兵山 463
塘坤（洞靖镇百林村） 311
塘坤（洞靖镇淋楞村） 313
塘罗 21
塘例 149
塘定 114
塘细 256
塘茶下屯 27
塘茶上屯 26
塘茶中屯 26
塘换山 468
塘桃 51
塘哩 62
塘领山 467
塘磊山 465
勤丰 85
幕陋 174
感云洞 496
雷屯 101
雷公 28
雷公点 14
雷圩乡 254
雷圩村 284
雷圩—陇里公路 388
雷圩街 285
雷圩碑刻 433
路半山 472
路班山 475
路畔山 483
蜂山 464
稠烟大桥 407
解放中路 395
解放东路 394
解放西路 395
靖安村 299
新山村 243
新屯（坡洪镇新屯村） 84
新屯（坡洪镇局盛村） 89
新屯（坡洪镇五合村） 101
新屯（坡洪镇新美村） 110
新屯（坡洪镇百合村） 117
新屯（坡洪镇央律村） 130
新屯（五村镇大言村） 264
新屯（洞靖镇百林村） 311
新屯（洞靖镇桥业村） 317
新屯村 84
新屯—新景公路 384
新仓村 169
新平村 363
新生村 166
新立 329
新立—那满公路 384
新立村 152
新民村 189
新民村烈士陵园 433
新加坡 245
新合村 127
新兴 362
新安 95
新村（那坡镇宝美村） 49
新村（那坡镇濑旺村） 61
新村（那坡镇百峰村） 67
新村（百育镇新民村） 192
新层村 172
新建 330
新建—马凌中桥 411
新建村 103
新胜 329
新美 109
新美村 108

新洞村　113
新绿海屯　183
新联　84
新景村　107
新街社区　177
新楼村　162
滨江小区　6
福龙　326
福州—昆明公路　378
福林　337
十四画
碧桂豪庭小区　7
墙红　21
境布　107
境立　108
榨肯栏山（巴别乡大录村）　489
榨肯栏山（巴别乡大录村）　489
榨贤栏山　488
暨布　44
十五画
鞍马山　486
鞍窑山　488
蝙蝠洞石刻　431
篆虞上屯　191
篆虞中屯　191
德云山　459
德六山　479
德文山　491
德心山（巴别乡德爱村）　489
德心山（巴别乡德爱村）　490
德巴　356
德乐（田州镇红康社区）　16
德乐（洞靖镇德乐村）　325
德乐村　325
德仰　354
德合　347
德灯　336
德安村　350
德弄村　353
德玖山　492
德怀　371
德良　352
德林　351
德育山　491
德宜　336
德录　347
德荣　348
德莫　351
德爱　356
德爱村　355
德翁　354
德狼山　488
德崖山　465
德麻　351
德绿山　493
懂立水库　422
懂立村　204
懂立—朔柳公路　386
憧舍　193
十六画
磺桑江　500
磺桑江干渠　425
磺桑江坝首　425
濑贡村　257
濑旺村　61
濑奎　69
濑觉　182
濑鄂　195
十八画
翻云山　461
鹰嘴山　468
二十一画
露美村　156
二十二画
囊黎　240
二十四画
鑫祥　16

后记

《广西地名词典·百色市田阳区》是“广西地名词典”县级卷系列丛书的第二卷，在全体编纂人员的努力下，即将付梓。

本词典作为一部综合、实用的地名工具书，收录百色市田阳区各乡、镇政区居民地，以及百色市田阳区辖域内非行政区域、交通运输设施、水利设施、纪念地与旅游景点、建筑物、文教卫机构、陆地地形、陆地水系等9类地名。全书收录地名2217个，每个地名词条从音形、隶属、位置、四邻、面积、辖区、人口、民族、沿革、含义、经济、文化、交通、环境等多个方面进行介绍，为广大读者提供翔实的地名信息。这既是对百色市田阳区地情信息的汇集，也是对百色市田阳区地名文化、历史文化的挖掘、整理与弘扬。

本词典凝聚了全体编纂人员的心血和汗水，经历了艰辛的编纂过程。2014年12月，田阳县民政局根据《广西壮族自治区人民政府关于开展全区第二次全国地名普查的通知》开展第二次全国地名普查。2017年，地名普查形成地名条目5166条、外业照片1.08万张、壮语地名录音3705条等资料，通过自治区验收。2019年10月，百色市田阳区（2019年8月，撤销田阳县，设立百色市田阳区）民政局完成第二次全国地名普查档案收集整理工作，随后将工作重点转到地名普查成果转化工作上，积极开展本词典的编纂整理工作。整个编纂过程历经初稿撰写、编辑初审、统稿复审、出版社审校四个环节。

第一，初稿撰写。按照第二次全国地名普查成果转化工作的要求，百色市田阳区民政局于2019年11月开始着手整理编纂《田阳地名词典》，编纂人员在第二次全国地名普查资料的基础上加以分析、考证，实事求是地撰写《田阳地名词典》初稿。2020年11月，广西壮族自治区民政厅先后印发《广西壮族自治区县级地名志编纂细则》和《广西壮族自治区县级地名词典编纂细则》及《广西壮族自治区第二次全国地名普查成果转化三年行动计划（2021—2023年）》。随后，百色市田阳区民政局召开本词典编纂工作会议，成立编辑部，在前期初稿的基础上按照有关要求和规范加以梳理、审改，于2022年7月形成本词典初稿的定稿。

第二，编辑初审。2022年11月，初稿交至《广西地名词典》编辑部。2022年12月至2023年2月，编辑部组织自治区地名档案馆编辑对书稿进行初审。编辑严格按照《广西壮族自治区

县级地名词典编纂细则》《广西地名词典编纂体例规范》，以细致严谨的态度逐条审校，统一体例，纠正错讹，考证史实，增删内容，插配图片等，形成本词典的二稿。

第三，统稿复审。为进一步拾遗补漏，提高书稿的质量，《广西地名词典》编辑部向百色市田阳区反馈修改意见，并于2023年3月组织自治区地名档案馆编辑赴田阳区，与当地编纂人员一起统稿。统稿人员围绕书稿中存在的问题开展相应的资料补充更新、核实、考证等工作。2023年4—7月，编辑部根据统稿搜集的资料对书稿进行编辑加工，形成本词典的三稿。

第四，出版社审校。2023年8月，书稿交至出版社，由出版社进行三审三校，纠正书稿中的政治性差错、知识性差错、结构和体例差错、语言文字差错等各种差错，提升书稿质量，使书稿达到出版要求。

本词典的编纂始终得到广西科学技术出版社、百色市田阳区各有关部门和各乡镇政府的高度重视和鼎力支持，使编纂工作得以顺利开展，在此一并致谢！由于编纂工作难度大、时间紧、任务重，加之编纂县级地名词典的经验不足、水平有限，不足和谬误之处在所难免，祈望各界有识之士不吝批评指正。

《广西地名词典》编纂委员会

2023年12月